Ove Jensen (Hrsg.)

Sales Management Review Jahrgang 2014

Zeitschrift für Vertriebsmanagement

Zuvor erschienen als Ausgabe 1 – 6, 2014
und ein Sonderheft in der Sales Management Review

 Springer Gabler

Herausgeber
Prof. Dr. Ove Jensen
WHU – Otto Beisheim School of Management
Vallendar
Deutschland

ISBN 978-3-658-14838-6

Die Deutsche Nationalbibliothek verzeichnet diese Publikation in der Deutschen Nationalbibliografie; detaillierte
bibliografische Daten sind im Internet über http://dnb.d-nb.de abrufbar.

Springer Gabler
© Springer Fachmedien Wiesbaden 2017
Gedruckt auf säurefreiem und chlorfrei gebleichtem Papier

Springer Gabler ist Teil von Springer Nature
Die eingetragene Gesellschaft ist Springer Fachmedien Wiesbaden GmbH

Pendant zum Produktmanagement

Der Begriff Kundenmanagement ist in der deutschsprachigen Vertriebsdiskussion weniger gebräuchlich als der Begriff Customer Management in der englischsprachigen. Im Deutschen wird häufiger von Kundenbeziehungsmanagement gesprochen. Hört man den englischen Begriff Customer Relationship Management, denkt man jedoch schnell an Informationstechnologie und CRM-Systeme. Zu schnell! Denn Kundenmanagement ist zunächst eine konzeptionelle Aufgabe, wie es auch Lars Binckebanck in diesem Heft betont. Vielleicht ist der unverbrauchte Begriff Kundenmanagement – als Pendant zum Produktmanagement – besser geeignet, die strategische Perspektive zu verdeutlichen.

Produktmanagement bezeichnet das Management des Produktsortiments sowie die Koordination der auf ein einzelnes Produkt bezogenen Entscheidungen über Kunden hinweg. Kundenmanagement umfasst dementsprechend das Management des Kundenportfolios sowie die Koordination der auf einen Kunden bezogenen Entscheidungen über Produkte hinweg.

Ausgangspunkt des Kundenportfoliomanagements ist die Kundenpriorisierung, im Englischen oft als Targeting bezeichnet. Im Massengeschäft mit Konsumenten bedeutet Targeting insbesondere die Frage, wie hoch für definierte Kundengruppen der Akquisitions-, Betreuungs- und Bindungsaufwand sein soll. Daran schließt sich die Auswahl der Akquisitionskanäle und Bindungsinstrumente an. Der Beitrag von Torsten Bornemann in diesem Heft beleuchtet Kundenbindungsinstrumente für Konsumenten, die insbesondere im Bereich der abonnementbasierten Dienstleistungen, aber auch im Handel relevant sind.

Gewinnwachstum kann aus dem Kundenportfolio generiert werden, indem mehr Kunden akquiriert werden, indem Kunden länger gebunden werden, indem die fixen Cost-to-Serve durch die Optimierung des Kanalmix reduziert werden und indem mit den Bestandskunden mehr Deckungsbeitrag erzielt wird. Mehr Deckungsbeitrag resultiert aus dem Verkauf eines Produktmix mit höherer Marge (Up-Selling) sowie aus dem Verkauf zusätzlicher Produktkategorien (Cross-Selling).

Im persönlichen Geschäft mit Geschäftskunden sind die Mechanismen sehr ähnlich. Hier führt Targeting zur Selek-

Univ.-Prof. Dr. Ove Jensen
Inhaber des Lehrstuhls für Vertriebs-
management und Business-to-Business-
Marketing der WHU – Otto Beisheim
School of Management, 56179 Vallendar,
E-Mail: ove.jensen@whu.edu
www.whu.edu/vertrieb

tion von Key Accounts, für die die Vertriebsarbeit in der Regel länderübergreifend und geschäftseinheitenübergreifend koordiniert wird. Auch hier geht es ganz zentral um eine Fokussierung der Organisation auf die Akquisition neuer Projekte und Kunden, um Cross-Selling und um die Verbesserung des Produktmix. In diesem Zusammenhang wirft der Beitrag von Belz eine sehr spannende Frage auf: Hat die Ausweitung der Kundenportfolios und die Ausweitung der im Cross- und Up-Selling angebotenen Leistungen auch eine Schattenseite?

Ich hoffe, dass ich Ihnen ein wenig Lust auf die Beiträge in diesem Heft machen konnte und wünsche Ihnen eine spannende Lektüre!

Ove Jensen

1|2014

www.springerprofessional.de

Spektrum

Strategie

Innovation

Service

Beilagenhinweis
Dieser Ausgabe liegt eine Beilage der VNR Verlag für die deutsche Wirtschaft AG, Bonn, bei. Wir bitten unsere Leserinnen und Leser um Beachtung.

Kundenmanagement

Die Größe eines Wortes stellt die relative Häufigkeit in den Beiträgen des Heft-Schwerpunktes dar.

STP Zusätzlicher Verlagsservice für Abonnenten von „Springer für Professionals | Vertrieb"

Zum Thema   Kundenmanagement   🔍 Suche

finden Sie unter www.springerprofessional.de 1.207 Beiträge, davon 319 im Fachgebiet Vertrieb   Stand: Februar 2014

Medium
☐ Online-Artikel (83)
☐ Kompakt-Dossier (4)
☐ Interview (13)
☐ Zeitschriftenartikel (358)

☐ Buch (2)
☐ Buchkapitel (745)
☐ Veranstaltung (1)
☐ Nachrichten (1)

Sprache
☐ Deutsch (1.194)
☐ Englisch (13)

Schwerpunkt
Kundenmanagement

Kundenmanagement als strategische Führungsaufgabe im Vertrieb

Professionelles Kundenmanagement ist die Basis einer differenzierten, nachhaltigen und ganzheitlichen Marktbearbeitung. Die Voraussetzungen hierfür sind durch die Führungskraft im Vertrieb im Rahmen strategischer Weichenstellungen zu schaffen. Der Beitrag beschäftigt sich mit den strategischen Führungsaufgaben des Vertriebs im Kundenmanagement von Unternehmen.

Lars Binckebanck

Marketing ist ein duales Konzept, das einerseits als Leitbild der marktorientierten Unternehmensführung fungiert und andererseits auch eine operative absatzwirtschaftliche Unternehmensfunktion darstellt. In der klassischen Rollenverteilung gibt das Marketing auf der Basis fundierter Analysen strategische Konzepte vor. Diese werden dann operativ durch den Marketingmix umgesetzt, in dem der Vertrieb üblicherweise der Distributionspolitik zugeschlagen wird. Entsprechend wird der Vertrieb zumeist als operative Aufgabe begriffen.

Eine rein operative Interpretation des Vertriebs ist jedoch angesichts der aktuellen und zukünftigen Anforderungen an die Absatzfunktion von Unternehmen problematisch. Denn der Vertrieb spielt eine zentrale Rolle bei der Übersetzung von Unternehmens- und Marketingstrategien in überlegenen Kundennutzen und damit in strategische Wettbewerbsvorteile.

Notwendigkeit eines strategischen Vertriebsmanagements

Zeitgemäße Führung im Vertrieb umfasst demnach notwendigerweise auch komplexe strategische Überlegungen: „Professionelle Vertriebsarbeit muss sich auf eine klare Vertriebsstrategie stützen (…). Sie stellt die zentralen Weichen für das Tagesgeschäft und reduziert die Gefahr, dass zu oft aus dem Bauch heraus gehandelt wird".

Strategisches Vertriebsmanagement beinhaltet laut Backhaus et al. (2011) insbesondere solche Entscheidungen, die einen grundlegenden und vollständigen Handlungsplan für alternative zukünftige Umweltkonstellationen beschreiben, ohne auf operative Details einzugehen. Insofern ist es eine zentrale Aufgabe für die Führungskraft im Vertrieb, grundlegende strategische Vorgaben für die Vertriebsarbeit zu definieren.

Diese längerfristigen und nur schwer revidierbaren Grundsatzentscheidungen fungieren als Steuerungsmechanismen, um sicherzustellen, dass alle operativen Instrumente auch zielführend eingesetzt werden. Damit wird gleichzeitig auch das vertriebliche Kundenmanagement maßgeblich durch strategische Weichenstellungen determiniert.

Dazu gehören aus den übergeordneten Unternehmenszielen abgeleitete Entscheidungen zur

- Kundendefinition,
- Kundensegmentierung und -priorisierung,
- Definition von Wettbewerbsvorteilen,
- Kundenbeziehungsstrategie und
- Vertriebskanalstrategie.

Kundendefinition, -segmentierung und -priorisierung

Startpunkt der Vertriebsstrategie ist zunächst einmal die Kundendefinition, auf deren Basis anschließend Segmentierungs- und Priorisierungsentscheidungen getroffen werden können (Backhaus et al. 2011). Eine zu enge Kundendefinition kann beispielsweise in komplexen Lieferketten die Kunden der Kunden ausblenden und so die Bedürfnisse der direkten Kunden nicht

Prof. Dr. Lars Binckebanck
ist Professor für Marketing & International Management an der Nordakademie in Hamburg/Elmshorn. Nach dem Studium der Betriebswirtschaftslehre in Lüneburg, Kiel und Preston promovierte er an der Universität St. Gallen. Er war seit 1997 in leitender Funktion als Marktforscher, Unternehmensberater und Vertriebstrainer tätig. Zuletzt verantwortete er als Geschäftsführer bei einem führenden Münchener Bauträger Verkauf und Marketing.
E-Mail: lars.binckebanck@nordakademie. de

Kerngedanke 1

Kundenmanagement braucht strategische Rahmenbedingungen und ist daher eine zentrale vertriebliche Führungsaufgabe.

umfassend genug berücksichtigen. Wer seine Kundschaft dagegen zu weit fasst, verliert möglicherweise seinen Marktfokus, wird zum Anbieter generischer Leistungen und damit austauschbar. Eine adäquate Kundendefinition folgt dem Leitgedanken der Effektivität im Kundenmanagement.

Anschließend ist der Heterogenität der Kunden durch Segmentierung Rechnung zu tragen, um ein effizientes Kundenmanagement sicherzustellen. Das Leistungsangebot des Unternehmens ist möglichst gut an die unterschiedlichen Ansprüche, Wünsche und Präferenzen unterschiedlicher Kundengruppen anzupassen. Bei der Kundensegmentierung wird die Gesamtheit der Kunden bezüglich ihrer Marktreaktion intern in homogene und untereinander heterogene Untergruppen (Kundensegmente) aufgeteilt und anschließend differenziert bearbeitet.

Effektivität vs. Effizienz

Während die Kundensegmentierung aus Sicht der Marktbearbeitung vorgenommen wird, erfolgt die Kundenpriorisierung aus ökonomischer Sicht auf der Basis einer Kundenbewertung. Die Kundenpriorisierung soll eine Marktbearbeitung nach dem „Gießkannenprinzip" vermeiden, indem der Leitgedanke der Effizienz im Fokus steht.

Knappe Vertriebsressourcen sollen für diejenigen Kunden eingesetzt werden, deren wirtschaftliche Attraktivität dies rechtfertigt. Entsprechende Kundenwertmodelle sind vielfältig und reichen von der klassischen ABC-Analyse über Scoring- und Portfolioansätze bis zum Customer Lifetime Value. Die Entscheidung über die Methode und das damit verbundene Detailniveau müssen Marketing und Vertrieb gemeinsam (horizontale Koordination) unter Beachtung strategischer Vorgaben (vertikale Koordination) treffen. Denn die Segmentierung ist in der Regel im Marketing aufgehängt, während die hierzu erforderliche Informationsbasis meist durch den Vertrieb bereitgestellt werden muss.

Definition von Wettbewerbsvorteilen

Im Kundenmanagement spielen die Analyse und Berücksichtigung von Kundenbedürfnissen eine zentrale Rolle. Jedes Kundenbedürfnis bietet grundsätzlich die Möglichkeit zur Schaffung von Kundennutzen. Diese Überlegungen sind im nächsten Schritt in der Vertriebsstrategie durch die Entwicklung eines klar definierten Nutzenversprechens unter gleichzeitiger Abgrenzung vom Wettbewerb zu berücksichtigen. Nur so lassen sich strategische Wettbewerbsvorteile entwickeln und absichern. Dem Vertrieb kommt dabei nach klassischer Lesart lediglich die Aufgabe zu, die Wettbewerbsvorteile, die in anderen Unternehmensbereichen geschaffen werden, zu verkaufen. Doch gerade der persönliche Verkauf als vertriebliche Grundfunktion kann mehr: Er kommuniziert darüber hinaus im Rahmen interaktiver Kommunikation unternehmerische (Mehr-)Werte und schafft eine im Wettbewerb differenzierende Positionierung in der Kundenwahrnehmung. Die zentrale Rolle des Vertriebs bei der Schaffung und Durchsetzung von Wettbewerbsvorteilen am Markt wird mit zunehmender Austauschbarkeit von

Primärleistungen wichtiger. Der Vertrieb wird dann unternehmerische Kernkompetenz und kann selbst zum strategischen Wettbewerbsvorteil werden.

Wettbewerbsvorteile im Rahmen des vertrieblichen Kundenmanagements

Folgende Kompetenzen können zu strategischen Wettbewerbsvorteilen im vertrieblichen Kundenmanagement führen:

„Der Vertrieb spielt eine zentrale Rolle bei der Übersetzung von Unternehmens- und Marketingstrategien in überlegenen Kundennutzen und damit in strategische Wettbewerbsvorteile."

- **Flexibilität und Individualität der Leistungen:** Notwendige Kernkompetenzen für die Erfüllung individualisierter Kundenanforderungen mit angemessenem Aufwand sind insbesondere Strukturen und Prozesse beim Anbieter, die eine unbürokratische Abstimmung zwischen unterschiedlichen Unternehmensfunktionen ermöglichen (Schnittstellenkompetenz). Grundlegende Voraussetzung dabei ist das Wissen um die individuellen Anforderungen der Kunden, das aus einem engem Kundenkontakt entsteht (Individualisierungskompetenz).
- **Informationen und Schnelligkeit:** Die Absatzfunktion lässt sich rasch an veränderte Rahmenbedingungen im Markt anpassen und ermöglicht eine zügige Reaktion auf Kundenanfragen. Notwendige Kernkompetenzen hierfür sind insbesondere marktorientierte Informationssysteme zum Monitoring von Umfeldentwicklungen und Kundenstrukturen (Informationskompetenz) sowie professionelle Logistikstrukturen (Distributionskompetenz).
- **Qualität der Kundenbetreuung:** Der Vertriebserfolg in Märkten mit persönlich geprägten Geschäftsbeziehungen ist von der Quantität verfügbarer Vertriebsmitarbeiter und deren Qualität im Hinblick auf Kompetenz und Kundenorientierung abhängig. Notwendige Kernkompetenzen hierfür sind entsprechende professionelle Verkaufstechniken (Interaktionskompetenz).
- **Problemlösungsfähigkeit:** Vertriebsmitarbeiter erkennen, welche Probleme ihre Kunden derzeit beschäftigen und welche Lösungsoptionen bestehen. Eine notwendige Kernkompetenz hierfür ist, dass entweder die eigenen Mitarbeiter oder Netzwerkpartner den Kunden bei komplexen Problemen als Ansprechpartner, Berater und Problemlöser überzeugend zur Verfügung stehen (Fachkompetenz).
- **Image:** Vertriebsmitarbeiter agieren als zentrales Bindeglied zwischen Anbieter und Kunde. Sie sind Botschafter des Unternehmens vor Ort und beeinflussen somit stark die kundenseitige Wahrnehmung der Leistungsfähigkeit des Vertriebs. Damit sind die Vertriebs- und Kundendienstmitarbeiter

Zusammenfassung:
- Das Kundenmanagement wird durch strategische Grundsatzentscheidungen determiniert.
- Ausgangspunkt ist die Kundendefinition, -segmentierung und -priorisierung.
- Im zweiten Schritt müssen die resultierenden Kundenbedürfnisse durch strategische Wettbewerbsvorteile adressiert werden.
- Im dritten Schritt sind Fragen der Effektivität und Effizienz der Marktbearbeitung im Rahmen einer Kundenbeziehungsstrategie zu berücksichtigen.
- Schließlich sind die Vertriebskanäle als Träger des Kundenbeziehungsmanagements auszuwählen.

eines Unternehmens auch ein zentrales Instrument der Markenführung. Die notwendige Kernkompetenz hierfür ist, dass der Vertrieb in eine ganzheitliche und interaktive Markenführung eingebunden ist und die Vertriebsmitarbeiter eine entsprechende Kenntnis der Markenwerte und -strategie haben (Markenkompetenz).

Kundenbeziehungsstrategie

Unter einer Geschäftsbeziehung ist ein von ökonomischen Zielen geleiteter Interaktionsprozess zwischen dem Anbieter und seinen Kunden zu verstehen. Im Rahmen des Beziehungsmarketings werden Aufbau, Pflege und Gestaltung von langfristigen und für den Anbieter profitablen Geschäftsbeziehungen zur Kernaufgabe des Kundenmanagements. Die Marketinginstrumente sind daher an den verschiedenen Phasen der Geschäftsbeziehung auszurichten, um diese im Sinne der Anbieterziele optimal auszugestalten.

In der Praxis wird in diesem Zusammenhang häufig der Begriff Customer Relationship Management (CRM) verwendet. Allerdings ist damit gleichzeitig häufig eine Überbetonung von informationstechnologischen Aspekten verbunden, die zu sehr an Datenbanken und zu wenig an zwischenmenschlichen Interaktionskategorien geknüpft ist. Für die Führungskraft im Vertrieb kommt es eher darauf an, die operative Notwendigkeit von kunden-individuellen Schwerpunkten der Vertriebsarbeit mit der grund-

„Wer seine Kundschaft zu weit fasst, verliert möglicherweise seinen Marktfokus, wird zum Anbieter generischer Leistungen und damit austauschbar."

sätzlichen strategischen Ausrichtung der Vertriebsorganisation zu verbinden. Dabei ist zwischen den Anforderungen der Kunden, die zunehmend eine individuelle Betreuung fordern, und den daraus entstehenden Kosten zur Bearbeitung und Bedienung dieser Kunden abzuwägen. Für den Anbieter steigen mit zunehmender Intensität der Kundenbindung auch die damit verbundenen Kosten überproportional. Folgende Aspekte sollten hierbei Beachtung finden:

● **Primat der Effektivität:** Aus Kundendefinition, -segmentierung und -priorisierung ergeben sich vielfältige Ansatzpunkte für ein weitgehend kundenindividuelles Beziehungsmanagement. Diese vom Kunden her abgeleitete Outside-In-Perspektive verspricht durch klassisches Pull-Marketing eine hohe Effektivität, ist aber andererseits mit vergleichsweise hohen Kosten verbunden. Die Marketinginstrumente lassen sich an den 3R (Recruitment, Retention, Recovery) ausrichten, also der Kundenakquisition mit dem Fokus Kundendialog, Kundenbindung mit dem Fokus Kundenzufriedenheit und Kundenrückgewinnung mit dem Fokus Wechselbarrieren. Die Geschäfts-

Kerngedanke 2

Die Vertriebskanalstrategie bestimmt die Träger und Mittel des Kundenmanagements.

beziehungen werden primär unter Anwendung des Interaktionsparadigmas gestaltet und stark durch Personenpräferenzen geprägt.

● **Primat der Effizienz:** Auf der Basis der Definition von Wettbewerbsvorteilen ist das Beziehungsmanagement stärker strategiegeleitet und damit eher standardisiert zu gestalten. Diese Inside-Out-Perspektive verspricht durch klassisches Push-Marketing eine hohe Effizienz und ist auf die Wirtschaftlichkeit der Transaktionen fokussiert. Die Marketinginstrumente lassen sich an den traditionellen 4P (Product, Price, Promotion, Place) ausrichten. Die Geschäftsbeziehungen werden tendenziell unter IT- und Rationalisierungsaspekten gesehen und umfassen Ansätze des CRM und des Computer Aided Selling (CAS).

Es ist davon auszugehen, dass die Kundenbindung den Erfolg eines Unternehmens positiv beeinflusst. Dabei können zwei aufeinander aufbauende Erfolgsgrößen unterschieden werden:

● **Beziehungserfolg:** Kundenbindung fördert Vertrauen in Geschäftsbeziehungen und erhöht die Kundenloyalität. Loyale Kunden sind toleranter bei

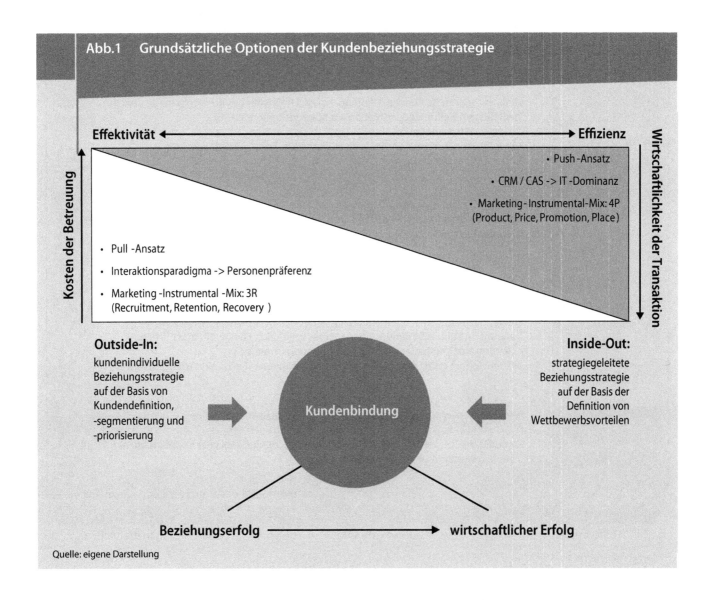

Abb.1 Grundsätzliche Optionen der Kundenbeziehungsstrategie

Effektivität ←——————————————→ Effizienz

Kosten der Betreuung

Wirtschaftlichkeit der Transaktion

- Push-Ansatz
- CRM / CAS -> IT-Dominanz
- Marketing-Instrumental-Mix: 4P (Product, Price, Promotion, Place)

- Pull-Ansatz
- Interaktionsparadigma -> Personenpräferenz
- Marketing-Instrumental-Mix: 3R (Recruitment, Retention, Recovery)

Outside-In:
kundenindividuelle Beziehungsstrategie auf der Basis von Kundendefinition, -segmentierung und -priorisierung

Kundenbindung

Inside-Out:
strategiegeleitete Beziehungsstrategie auf der Basis der Definition von Wettbewerbsvorteilen

Beziehungserfolg ——————————→ wirtschaftlicher Erfolg

Quelle: eigene Darstellung

Fehlern des Anbieters. Sie kommunizieren offener und empfehlen aktiv weiter.

• **Wirtschaftlicher Erfolg:** Als Resultat des Beziehungserfolgs ergibt sich eine Absatzsteigerung durch eine intensivere Produktnutzung, die Reduktion alternativer Beschaffungsquellen und das Cross-Buying. Auch weisen gebundene Kunden eine höhere Preisbereitschaft und eine geringere Preissensitivität auf. Schließlich sinken im Lauf der Geschäftsbeziehung die Kosten der Kundenbetreuung. **Abbildung 1** fasst die grundsätzlichen Optionen der Kundenbeziehungsstrategie zusammen.

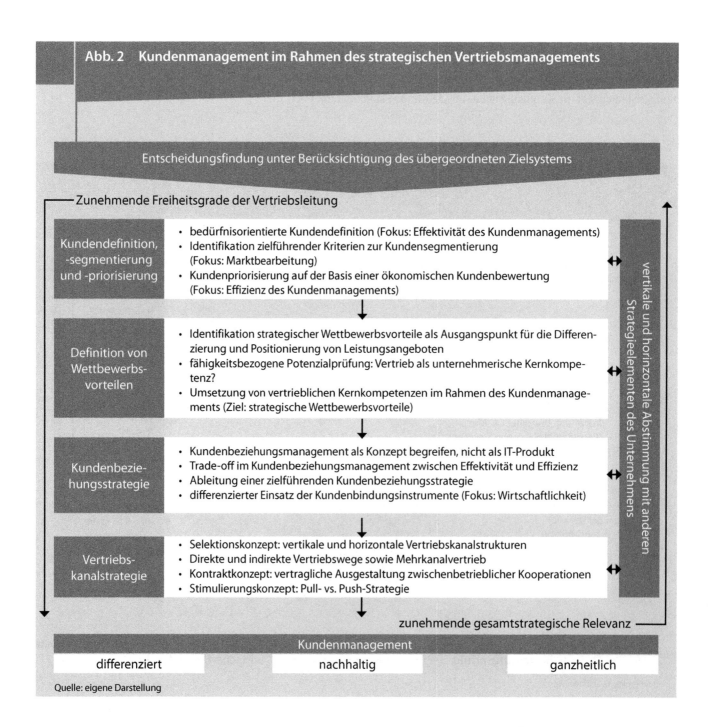

Abb. 2   Kundenmanagement im Rahmen des strategischen Vertriebsmanagements

Entscheidungsfindung unter Berücksichtigung des übergeordneten Zielsystems

Zunehmende Freiheitsgrade der Vertriebsleitung

Kundendefinition, -segmentierung und -priorisierung
- bedürfnisorientierte Kundendefinition (Fokus: Effektivität des Kundenmanagements)
- Identifikation zielführender Kriterien zur Kundensegmentierung (Fokus: Marktbearbeitung)
- Kundenpriorisierung auf der Basis einer ökonomischen Kundenbewertung (Fokus: Effizienz des Kundenmanagements)

Definition von Wettbewerbsvorteilen
- Identifikation strategischer Wettbewerbsvorteile als Ausgangspunkt für die Differenzierung und Positionierung von Leistungsangeboten
- fähigkeitsbezogene Potenzialprüfung: Vertrieb als unternehmerische Kernkompetenz?
- Umsetzung von vertrieblichen Kernkompetenzen im Rahmen des Kundenmanagements (Ziel: strategische Wettbewerbsvorteile)

Kundenbeziehungsstrategie
- Kundenbeziehungsmanagement als Konzept begreifen, nicht als IT-Produkt
- Trade-off im Kundenbeziehungsmanagement zwischen Effektivität und Effizienz
- Ableitung einer zielführenden Kundenbeziehungsstrategie
- differenzierter Einsatz der Kundenbindungsinstrumente (Fokus: Wirtschaftlichkeit)

Vertriebskanalstrategie
- Selektionskonzept: vertikale und horizontale Vertriebskanalstrukturen
- Direkte und indirekte Vertriebswege sowie Mehrkanalvertrieb
- Kontraktkonzept: vertragliche Ausgestaltung zwischenbetrieblicher Kooperationen
- Stimulierungskonzept: Pull- vs. Push-Strategie

vertikale und horizontale Abstimmung mit anderen Strategieelementen des Unternehmens

zunehmende gesamtstrategische Relevanz

Kundenmanagement

| differenziert | nachhaltig | ganzheitlich |

Quelle: eigene Darstellung

Vertriebskanalstrategie

Nachdem festgelegt wurde, welche Kunden in welcher Intensität, mit welchen Argumenten und mit welcher Beziehungsstrategie zu bearbeiten sind, ist nunmehr zu bestimmen, über welche Vertriebskanäle (z. B. Einzelhandel, Großhandel, Webshop, Vertriebsmitarbeiter etc.) diese erreicht werden sollen. Vertriebskanäle als „Pipeline des Marketings" stellen sicher, dass die Leistungen des Anbieters die Zielkunden tatsächlich erreichen. Denn erst die markt- und unternehmensadäquate Präsenz der Leistungen ermöglicht ihren Absatzerfolg und ist damit ein wesentlicher Bestandteil der gesamten Marktleistung des Unternehmens. Der Marktzugang und die Marktabdeckung werden grundsätzlich und mittel- bis langfristig determiniert und können zumeist nicht ohne Weiteres kurzfristig verändert werden. Gleichzeitig haben die verschiedenen Vertriebskanäle einen wesentlichen Einfluss auf alle anderen Marktentscheidungen des Unternehmens: Der Marketingmix beim Exklusivvertrieb über Fachgeschäfte unterscheidet sich deutlich von den Instrumenten, die bei einem Absatz über Supermärkte notwendig sind. Schließlich beeinflussen Vertriebswege und -partner wesentlich die gesamte Wahrnehmung eines Unternehmens durch die Kunden und damit auch die Positionierung als Marke im Wettbewerb.

Fazit

Das Kundenmanagement wird wesentlich durch grundsätzliche Weichenstellungen im Rahmen eines strategischen Vertriebsmanagements bestimmt. Ziel ist ein Kundenmanagement, das kundenindividuelle Bedürfnisse erfasst (differenziert), Aspekte der Effektivität und Effizienz in die Kundenbeziehung integriert (nachhaltig) und die Basis für eine funktionen- und schnittstellenübergreifende Marktbearbeitung (ganzheitlich) liefert.

Ausgangspunkt ist die Definition der zu bearbeitenden Kunden und die Analyse ihrer Bedürfnisse. Handelt es sich im Ergebnis um eine große Zahl heterogener Kunden, so sollte im nächsten Schritt eine Kundensegmentierung erfolgen. Die definierten Segmente sind schließlich mit Blick auf eine differenzierte Marktbearbeitung nach ökonomischen Kriterien zu priorisie-

Kerngedanke 3

Kundendefinition, Kundensegmentierung und -priorisierung determinieren die Zielgruppen des Kundenmanagements.

Kerngedanke 4

Strategische Wettbewerbsvorteile im und durch den Vertrieb bestimmen die inhaltlichen Ansatzpunkte des Kundenmanagements.

ren. Im Ergebnis werden die Zielgruppen des Kundenmanagements festgelegt.

Im zweiten Schritt ist die Leistung zu definieren, die der Marktbearbeitung zugrunde gelegt werden soll. Diese Leistung muss gleichzeitig Kundenbedürfnisse befriedigen, sich vom Wettbewerb abheben und ökonomisch ertragreich sein. Es geht also um die Identifikation strategischer Wettbewerbsvorteile als inhaltliche Ansatzpunkte des Kundenmanagements.

Im dritten Schritt ist die Kundenbeziehungsstrategie auszugestalten. Dabei steht die Wirtschaftlichkeit des Kundenmanagements im Mittelpunkt. Nicht jeder Kunde darf aus Kostengründen als König behandelt werden. Die Effektivitätsperspektive (Zielgröße: Kundenzufriedenheit) ist zwingend mit einer Effizienzperspektive (Zielgröße: Kundendeckungsbeitrag) zu kombinieren. Die Kundenbindungsinstrumente sind vor diesem Hintergrund gezielt und systematisch einzusetzen.

Im letzten Schritt müssen die Träger des Kundenbeziehungsmanagements ausgewählt werden. Vertriebswege und Vertriebspartner müssen die Zielkunden mit den definierten Leistungen in der vorgegebenen Art und Weise der Interaktion erreichen und dabei die Anbietermarke positionieren und differenzieren. Im Rahmen der Festlegung der vertikalen und horizontalen Vertriebskanalstruktur ist insbesondere zu klären, ob das Unternehmen direkt, indirekt oder parallel im Rahmen eines Mehrkanalvertriebs vertreiben möchte.

Diese strategischen Grundsatzentscheidungen müssen im Kontext der unternehmerischen Zielpyramide einerseits vertikal und unter Abstimmung mit anderen Funktionsstrategien horizontal vorgenommen werden. Sie legen den Rahmen der vertrieblichen Aktivitäten langfristig fest. Damit wird auch das Kundenmanagement zur strategischen Führungsaufgabe. **Abbildung 2** (siehe **Seite 14**) fasst die Diskussion dazu zusammen.

Literatur

Albers, S./Mantrala, M.K./Sridhar, S. (2010): A meta-analysis of personal selling elasticities, in: Journal of Marketing Research, Vol. 47, No. 4, pp. 840-853.

Backhaus, K./Budt, M./Neun, H. (2011): Strategisches Vertriebsmanagement, in: Homburg, C./Wieseke, J. (Hrsg.), Handbuch Vertriebsmanagement: Strategie – Führung – Informationsmanagement – CRM, Wiesbaden, S. 35-55.

Backhaus, K./Schneider, H. (2009): Strategisches Marketing, 2. Aufl., Stuttgart.

Baumgarth, C./Binckebanck, L. (2011a): Zusammenarbeit von Verkauf und Marketing – reloaded, in: Binckebanck, L. (Hrsg.), Verkaufen nach der Krise, Wiesbaden, S. 43-60.

Baumgarth, C./Binckebanck, L. (2011b): Sales Force Impact on B-to-B Brand Equity: Conceptual framework and empirical test, in: Journal of Product and Brand Management, Vol. 20, No. 6, pp. 487-498.

Becker, J. (2009): Marketing-Konzeption – Grundlagen des zielstrategischen und operativen Marketing-Managements, 9. Aufl., München.

Belz, C./Reinhold, M. (2012): Internationaler Industrievertrieb, in: Binckebanck, L./Belz, C. (Hrsg.), Internationaler Vertrieb, Wiesbaden, S. 3-222.

Binckebanck, L. (2006): Interaktive Markenführung, Wiesbaden.

Binckebanck, L. (2013): Grundlagen zum strategischen Vertriebsmanagement, in: Binckebanck, L./Hölter, A.-K./Tiffert, A. (Hrsg.), Führung von Vertriebsorganisationen, Wiesbaden, S. 3-35.

Bruhn, M. (2012): Marketing: Grundlagen für Studium und Praxis, 11. Aufl., Wiesbaden.

Esch, F.-R../Herrmann, A./Sattler, H. (2011): Marketing – Eine managementorientierte Einführung, 3. Aufl., München.

Finnegan, D.J./Currie, W.L. (2010): A multi-layered approach to CRM implementation: An integration perspective, in: European Management Journal, Vol. 28, No. 2, pp. 153-167.

Hölter, A.K. (2013): Grundlagen zur Koordination im Vertrieb, in: Binckebanck, L./Hölter, A.-K./Tiffert, A. (Hrsg.), Führung von Vertriebsorganisationen, Wiesbaden, S. 129-154.

Homburg, C. (2012): Marketingmanagement, 4. Aufl., Wiesbaden.

Homburg, C./Bruhn, M. (2010): Kundenbindungsmanagement – Eine Einführung in die theoretischen und praktischen Problemstellungen, in: Bruhn, M./Homburg, C. (Hrsg.), Handbuch Kundenbindungsmanagement, 7. Aufl., Wiesbaden, S. 3-39.

Homburg, C./Schäfer, H./Schneider, J. (2010): Sales Excellence – Vertriebsmanagement mit System, 6. Aufl., Wiesbaden.

Krafft, M. (2007): Kundenbindung und Kundenwert, 2. Aufl., Heidelberg.

Meffert, H./Burmann, C./Kirchgeorg, M. (2012): Marketing – Grundlagen marktorientierter Unternehmensführung, 11. Aufl., Wiesbaden.

Kerngedanke 5

Die Kundenbeziehungsstrategie stellt durch die Betrachtung von Effektivitäts- und Effizienzgesichtspunkten die Wirtschaftlichkeit des Kundenmanagements sicher.

SfP Zusätzlicher Verlagsservice für Abonnenten von „Springer für Professionals | Vertrieb"

Zum Thema Kundennutzen   🔍 Suche

finden Sie unter www.springerprofessional.de 406 Beiträge   Stand: Februar 2014

Medium

☐ Online-Artikel (11)
☐ Interview (2)
☐ Zeitschriftenartikel (87)
☐ Buch (3)
☐ Buchkapitel (303)

Sprache

☐ Deutsch (405)
☐ Englisch (1)

Von der Verlagsredaktion empfohlen

Menthe, Th./Sieg M.: Das Nutzenmodell, in: Menthe, Th./Sieg, M.: Kundennutzen: die Basis für den Verkauf, Wiesbaden 2013, S. 121-127, www.springerprofessional.de/3245024

Mescheder, B./Sallach, Ch.: Kundenbeziehungen und Wissen, in: Mescheder, B./Sallach, Ch.: Wettbewerbsvorteile durch Wissen, Wiesbaden 2012, S. 23-38, www.springerprofessional.de/3027836.

Verbreiterung der Aufgabe des Verkaufs verunsichert Kunden

Viele Unternehmen verbreitern die Verkaufsaufgabe systematisch. Zum einen, um mehr Produkte und Services zu verkaufen. Zum anderen, um bestehende Kundenbeziehungen durch Kontakte mit weiteren Verantwortlichen auszubauen. Doch damit vergeben Anbieter wichtige Potenziale im Markt.

Christian Belz

Wenn die Aufgabe des Verkaufs im Unternehmen verbreitert wird, geschieht dies in der Praxis häufig nicht mit der nötigen Sorgfalt. Das birgt durchaus Risiken für eine gute Beziehung zwischen Anbieter und Kunden. Denn die Wirkung des Verkaufs ist meistens viel enger als angenommen. Der Zugang zum Kunden ist begrenzter, als viele glauben.

Breitere Aufgaben des Verkaufs

Bei einer Verbreiterung der Aufgabe soll der Verkauf beispielsweise:

- innovative Produkte und neue Teile des Sortiments bei bestehenden Kunden einbringen (dazu können auch Ergänzungsprodukte von Partnerunternehmen oder Handelsprodukte der Hersteller gehören)
- verbunden mit den Produkten auch spezifische Services vermarkten
- Lösungen statt nur Produkte verkaufen
- nach Übernahmen die Leistungen der neuen Firmen integrieren
- nicht nur in seinem Bereich der Verantwortung agieren, sondern den Bezug zu weiteren Sparten beim Kunden herstellen (was wir als Cross Selling bezeichnen)
- neue Kundensegmente mit bestehenden und neuen Produkten und Services erschließen

Die Zusammenhänge zeigt **Abbildung 1**. Im positiven Fall sind diese Verbreiterungen mit der Strategie des Unternehmens verknüpft. Ein Sonderfall besteht auch darin, wenn Mitarbeiter im Kundendienst oder Innendienst neu zusätzlich aktiv verkaufen sollen.

Prof. Dr. Christian Belz
Ordinarius für Marketing an der
Universität St. Gallen und Geschäfts-
führer des Instituts für Marketing
christian.belz@unisg.ch

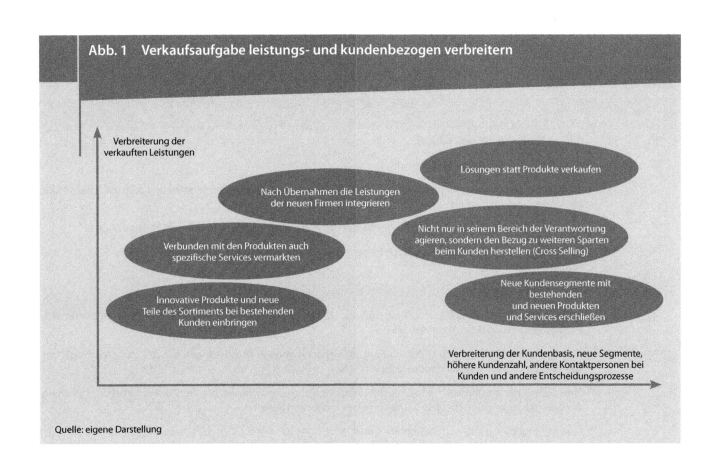

Abb. 1 Verkaufsaufgabe leistungs- und kundenbezogen verbreitern

Verbreiterung der verkauften Leistungen

Lösungen statt Produkte verkaufen

Nach Übernahmen die Leistungen der neuen Firmen integrieren

Nicht nur in seinem Bereich der Verantwortung agieren, sondern den Bezug zu weiteren Sparten beim Kunden herstellen (Cross Selling)

Verbunden mit den Produkten auch spezifische Services vermarkten

Neue Kundensegmente mit bestehenden und neuen Produkten und Services erschließen

Innovative Produkte und neue Teile des Sortiments bei bestehenden Kunden einbringen

Verbreiterung der Kundenbasis, neue Segmente, höhere Kundenzahl, andere Kontaktpersonen bei Kunden und andere Entscheidungsprozesse

Quelle: eigene Darstellung

Zentral ist dabei, wie weit entfernt die Aufgaben für neue Leistungen oder neue Kunden von der bestehenden Aufgabe sind, auf welche Fähigkeiten sich die Verkäufer stützen und welche Ressourcen oder Spielräume sie für die zusätzlichen Aufgaben haben.

„Nicht selten erhöhen Unternehmen die Leistungsbreite und die Kundenzahl gleichzeitig, selbst wenn der Verkauf schon vor den Korrekturen stark gefordert war.“

Kerngedanke 1

Viele Unternehmen erweitern die Aufgaben der Verkäufer erheblich, dies geschieht aber meist nicht sehr sorgfältig.

Alle Varianten steigern die Verkaufskomplexität. Die breitere Verkaufsverantwortung erfordert mehr internes Know-how zur eigenen Organisation, zu den Verantwortlichen im Unternehmen und ihren Fähigkeiten, zu den Abläufen in zusätzlichen Einheiten. Zudem ist es anspruchsvoll, zusätzliche Produkte und Services im Verkauf zu beherrschen. Ebenso gilt es, breitere Märkte zu kennen.

Teilweise spielen auch neue Wettbewerber für das breitere Angebot eine Rolle. Die Beziehungen zu Personen bei Kunden müssen dann ebenfalls breiter aufgebaut und abgestützt werden, Anwendungen und Nutzen der Kunden werden dadurch verändert.

Abb. 2	Was Verkäufer alles in kurze Gespräche mit Kunden einbringen sollten	
30'	**60'**	**Ganzes Gespräch mit dem Kunden**
5'	5'	Verspäteter Beginn und mehr Zeitdruck
1"	4'	Einstieg: Begrüßung, Erkundigung nach aktuellen Herausforderungen im Unternehmen und persönlich, Small Talk, verdankte Zusammenarbeit
4'	10'	Bestehendes Geschäft fortführen: Aktueller Bedarf des Kunden, mögliche Bestellungen, Präzisierungen
3'	6'	Kundenfeedback nutzen: Nachfrage nach bisheriger Zusammenarbeit und möglichen Problemen Problembesprechung
4'	4'	Störungen im Gespräch
4'	8'	Verkauf von Zusatzprodukten und Up-Selling: Hinweise auf weitere geeignete Produkte im Sortiment, Thematisierung von Produktinnovationen
4'	10'	Lösungsverkauf: Bedarf nach Unterstützung und Verkauf von Serviceleistungen bis zu Solutions, mögliches Vorgehen, um Lösungen statt Produkte zu verkaufen
3'	9'	Cross Selling: Hinweis auf weitere Sparten des Lieferanten und eine mögliche, breitere Zusammenarbeit, Abklärung der Beeinflusser und Entscheider; Diskussion eines möglichen Vorgehens
2'	4'	Ausstieg: Ergebnisse und nächste Schritte, Small Talk

„Unmögliche" Gespräche mit Kunden

Die Folge ist, dass Kunden verunsichert werden und sich in der Beschaffung nicht mehr konzentrieren können. Falls weitere Personen beim Kunden involviert werden müssen, ist nicht selten ein (impliziter) Widerstand der bisherigen Bezugspersonen zu spüren. Zudem beschränken die Kunden oder Einkäufer die Kontaktzeiten der Verkäufer oft immer mehr, was nur ein sehr gezieltes Vorgehen erlaubt. Ein fiktives Verkaufsgespräch von

„Bestehendes und Neues zu vermischen, funktioniert kaum."

30 Minuten oder einer Stunde macht in **Abbildung 2** deutlich: Es ist nicht möglich, in den vorgesehenen Zeiten alle Themen aufzugreifen, wie oft vom Verkäufer verlangt.

Verkäufer fokussieren sich nicht mehr auf spezifische Abschlüsse, sondern zeigen dem Kunden viele verschiedene Möglichkeiten auf. Zudem gehen sie Risiken in der Kundenbeziehung ein, weil sie sich nicht auf die erfahrenen und eingespielten Abläufe im Unternehmen stützen können, sondern je nach

Kerngedanke 2

Eine breitere Verkaufsverantwortung erfordert mehr internes Know-how zur eigenen Organisation, zu den Verantwortlichen im Unternehmen und zu den Abläufen in anderen Einheiten.

Zusammenfassung

Verschiedene Ursachen führen dazu, dass Unternehmen die Aufgaben im Verkauf für Kunden und Leistungen verbreitern. Sie steigern damit die Komplexität im Vertrieb und überfordern die Verkäufer. Zudem wird weit überschätzt, was sich in den kurzen Interaktionen mit Kunden noch transportieren lässt. Lösungen liegen in der stärkeren Fokussierung auf Leistungen und Kunden, in einer Verkaufsspezialisierung, in einem wirksamen Zusammenspiel von Technik, Innen- und Außendienst, in einer erweiterten Verkäuferqualifikation sowie in einer situativen Vernetzung von Anbieter- und Kundenorganisation. Es gilt, Ressourcen, Aufgaben und Führung im Verkauf sorgfältig abzustimmen, sonst entgehen viele Geschäfte.

Kundenofferte oder -auftrag andere interne Abteilungen und Personen einbeziehen müssen. Dabei sind sie unsicher, ob weitere Organisationseinheiten im Unternehmen sie aktiv unterstützen, um ihre Versprechen gegenüber dem Kunden einzulösen.

Leistungen und Kunden nicht gleichzeitig verbreitern

Der breiteren Verantwortlichkeit für Leistungen ist in der Regel nur beizukommen, wenn die Verkäufer sich auf engere Kundensegmente konzentrieren können oder weniger Kunden bearbeiten (vgl. **Abbildung 3**).

Ist Kundenselektion oder Leistungsselektion erfolgreicher? Das hängt davon ab, ob die neuen Kundenaufgaben oder die neuen Leistungsaufgaben im Vergleich zu den Verkaufsfähigkeiten weiter entfernt sind und welche Umsätze und Erträge ein Anbieter schätzt.

Nicht selten erhöhen aber Unternehmen die Leistungsbreite und die Kundenzahl gleichzeitig, selbst wenn der Verkauf schon vor den Korrekturen stark gefordert war. Die Wirkung ist fatal. Den Unternehmen gelingt es immer weniger, ihre Leistungsfähigkeit wirksam in die Interaktion mit Kunden zu bringen. Die Kundenbeziehung des Verkäufers ist nicht tragfähig genug für breitere Angebote. Die Ressourcen des Verkaufs werden auf zu breite Aufgaben verteilt. Die breitere Aufgabe des Verkaufs lässt sich nicht mehr steuern und Verkäufer setzen beliebig ihre eigenen Schwerpunkte.

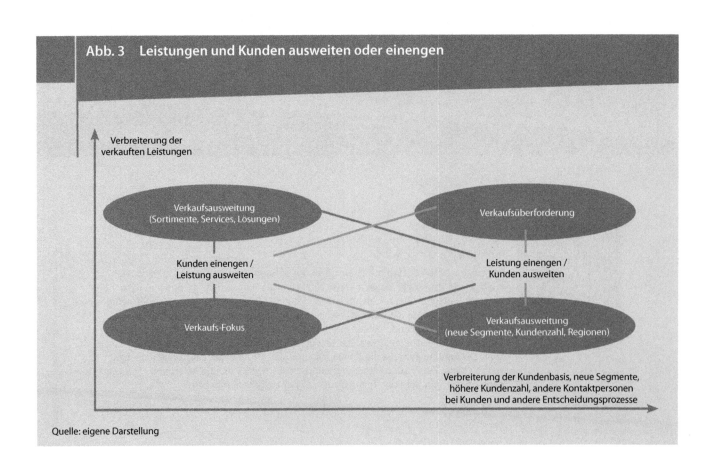

Abb. 3   Leistungen und Kunden ausweiten oder einengen

Verbreiterung der verkauften Leistungen

Verkaufsausweitung (Sortimente, Services, Lösungen)

Verkaufsüberforderung

Kunden einengen / Leistung ausweiten

Leistung einengen / Kunden ausweiten

Verkaufs-Fokus

Verkaufsausweitung (neue Segmente, Kundenzahl, Regionen)

Verbreiterung der Kundenbasis, neue Segmente, höhere Kundenzahl, andere Kontaktpersonen bei Kunden und andere Entscheidungsprozesse

Quelle: eigene Darstellung

Fundierte Leistungs- und Kundendiagnose

Abbildung 4 zeigt die Lösungsräume. Basis muss eine fundierte Leistungs- und Kundendiagnose bilden.

Es gibt kritische Erfolgsvariablen für eine Verbreiterung der Verkaufsaufgabe: Kundenbezug und -nutzen durch eine Verbreiterung, leistungs- und kundenbezogene Vertriebsqualifikation für die verbreiterte Aufgabe, Abstimmung von Kundenzahl, -segment und Leistungsbreite, Abstimmung von Verkaufsressourcen und Aufgabe, Voraussetzungen in Organisation und Prozessen. Zudem muss der Verkäufer nicht nur größere Aufgaben erhalten, sondern auch mehr Erfolg erzielen. Dieser Erfolg ist geprägt durch Zielerreichung, eingeschätzter Treffsicherheit bei Kunden und auch bessere Entlohnung.

Werden diese Voraussetzungen nicht sorgfältig geschaffen, so erweisen sich die Initiativen in diesem Bereich schnell als Rohrkrepierer. Es genügt nicht, breitere Verkaufsaufgaben konzeptionell plausibel begründen zu können. Die konkrete Wirkung auf den Verkäufer und die Kunden ist zentral. Nur jene Führungskräfte weiten aus, ohne anzupassen, die davon ausgehen, dass Verkäufer ihre heutige Leistung leicht steigern könnten, weil sie sich in der Komfortzone bewegen. Auch solche Einschätzungen beruhen aber selten auf Fakten.

Handlungsempfehlungen

- Verbreitern Sie die Aufgaben des Verkaufs sehr vorsichtig. Vermeiden Sie fein ausgedachte und plausible ‚Integrationen', die doch nicht funktionieren.
- Analysieren Sie die konkreten Aufgaben in der Praxis der Verkäufer.
- Analysieren Sie die realisierten Interaktionszeiten und -inhalte bei Kunden.
- Nutzen Sie die Zeit beim Kunden verkaufswirksam, steigern Sie die Verkaufszeit bei Kunden und erschließen Sie neue Beeinflusser und Entscheider für ‚new business'. Trennen Sie dazu den Ausbau des bestehenden Geschäfts und den Aufbau neuer Geschäfte.
- Stimmen Sie Verkaufsressourcen (und -qualifikation), Kundenzahl, Aufgaben und Führung sorgfältig und realistisch ab.

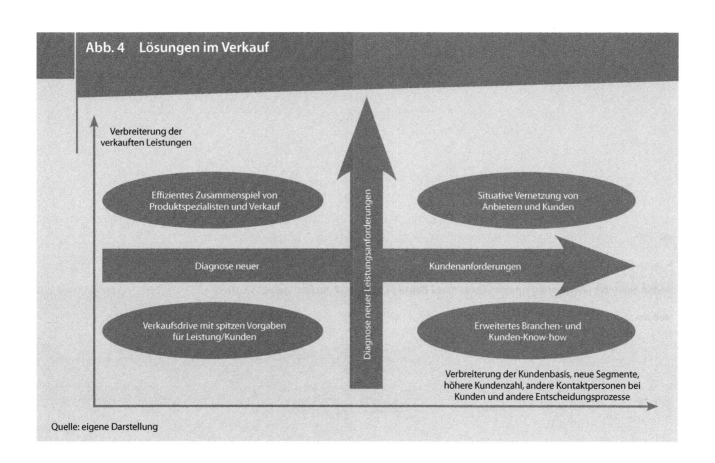

Abb. 4 Lösungen im Verkauf

Verbreiterung der verkauften Leistungen

Effizientes Zusammenspiel von Produktspezialisten und Verkauf

Situative Vernetzung von Anbietern und Kunden

Diagnose neuer Leistungsanforderungen

Diagnose neuer Kundenanforderungen

Verkaufsdrive mit spitzen Vorgaben für Leistung/Kunden

Erweitertes Branchen- und Kunden-Know-how

Verbreiterung der Kundenbasis, neue Segmente, höhere Kundenzahl, andere Kontaktpersonen bei Kunden und andere Entscheidungsprozesse

Quelle: eigene Darstellung

Kerngedanke 3

Der breiteren Verantwortlichkeit für Leistungen ist in der Regel nur beizukommen, wenn die Verkäufer sich auf engere Kundensegmente konzentrieren können oder weniger Kunden bearbeiten.

Fazit

In diesem Beitrag werden die Gefahren aufgezeigt. Natürlich sind auch die Chancen attraktiv, wenn Unternehmen die Verkaufsaufgaben verbreitern. Nur gilt es vorerst, die Voraussetzungen im Verkauf und bei Kunden zu klären, um diese Chancen auch erfolgreich ausschöpfen zu können.

Grundsätzliche Antworten liegen in den Verkaufsressourcen, der Verkaufsspezialisierung und vielleicht gelingt es auch, die Zeit mit Kunden maßgeblich zu steigern. Neben dem bestehenden Geschäft lassen sich auch neue Begegnungen mit Kunden lancieren, die sich dann auf das neue Geschäft konzentrieren können. Bestehendes und Neues zu vermischen, funktioniert kaum, umso mehr als auch andere Personen bei Kunden einbezogen werden müssen.

Literatur

Belz, C. (2013): Stark im Vertrieb, Stuttgart

Belz, C. et al. (2011): Customer Value, 3. Auflage, München

Belz, C. / Schmitz, C. (2011): Verkaufskomplexität: Leistungsfähigkeit des Unternehmens in die Interaktion mit Kunden übertragen, in: Homburg, C./Wieseke, J. (Hrsg.): Handbuch Vertriebsmanagement, Wiesbaden, S. 179-206

Malms, O. (2012): Realizing Cross Selling Potential in Business-to-Business Marketing, St. Gallen

Rackham, N. / De Vincentis, J. (1999): Rething the Sales Force, New York

---

SfP Zusätzlicher Verlagsservice für Abonnenten von „Springer für Professionals | Vertrieb "

Zum Thema	Verkaufsaufgaben	🔍 Suche

finden Sie unter www.springerprofessional.de 62 Beiträge, davon 12 im Fachgebiet Vertrieb   Stand: Februar 2014

Medium

☐ Online-Artikel (1)
☐ Interview (1)
☐ Zeitschriftenartikel (7)
☐ Buchkapitel (53)

Sprache

☐ Deutsch (62)

Von der Verlagsredaktion empfohlen

Glaser, C.: Vertriebsorganisation und -steuerung, in: Glaser, C.: Wettbewerbsfaktor Vertrieb bei Finanzdienstleistern, Wiesbaden 2013, S. 193-226 , www.springerprofessional.de/4950508

Belz, C.: Systematik des Verkaufsmanagements, in: Binckebanck, L., Hölter, A.-K., Tiffert, A. (Hrsg.): Führung von Vertriebsorganisationen. Wiesbaden 2013, S. 37-49 , www.springerprofessional.de/4950508

Campus for Sales

WHU — Otto Beisheim School of Management

Teilnehmerzielgruppe:
▸ Geschäftsführer
▸ Vertriebsleiter

▸ Vorträge aus Unternehmen
▸ Podiumsdiskussion
▸ Methoden-Workshops

CAMPUS FOR SALES KONFERENZ 2014

Vertrieb als Wachstumsmotor

VALLENDAR | 01. APRIL 2014 | 09:30 – 17:45 UHR

Themen

▸ **Renaissance der Feldmannschaft**

▸ **„Brandchising" im Mittelstand**

▸ **Paid-Content Strategien**

▸ **Differenzierung durch Mehrwert-Beratung im Außendienst**

▸ **Vertrieb im Wandel von Push zu Pull**

▸ **Mensch-zu-Mensch vs. Online-Kanäle**

Referenten u.a.

▸ **Daniel Daub**
Senior VP Consumer Sales, T-Mobile Austria

▸ **Martin Schäfer**
Vorstand Vertrieb, Adolf Würth

▸ **Jan Bayer**
Mitglied des Vorstands, Axel Springer

▸ **Dr. Alfred Petri**
Senior VP Sales & Marketing, Evonik Industries

▸ **Sascha Gervers**
Geschäftsführer Deutschland, Storck

▸ **Gudrun Degenhart**
Member of Management Board, ThyssenKrupp Access Solutions

Veranstalter

Lehrstuhl für Vertriebsmanagement | Prof. Dr. Ove Jensen

Freundeskreis Vertriebsmanagement an der WHU

Information und Vormerkung

campus-for-sales.de

Willkommen im Club!

Die Popularität von Kundenbindungsprogrammen ist insbesondere auf die weitgehend anerkannte Feststellung zurückzuführen, dass es kostengünstiger und profitabler ist, bestehende Kunden zu binden als neue Kunden zu gewinnen. Eine Vielzahl der initiierten Programme erreicht jedoch ihr angestrebtes Ziel nicht. Die sorgfältige Planung solcher Programme ist deshalb unverzichtbar.

Torsten Bornemann

Ein Kundenbindungsprogramm bezeichnet den an die Mitglieder des Programms gerichteten integrativen Einsatz von Marketinginstrumenten zur Schaffung ökonomischer und psychologischer Bindungsursachen. Das Ziel eines Kundenbindungsprogramms ist die Realisierung von Erfolgsauswirkungen, die aus einer erhöhten Kundenbindung resultieren.

Der hellgrau hinterlegte Bereich in **Abbildung 1** verdeutlicht den Fokus und integrativen Charakter von Kundenbindungsprogrammen anhand beispielhafter Instrumente des Kundenbindungsmanagements.

Kundenbindungsprogramme effektiv gestalten

Im Rahmen von Kundenbindungsprogrammen ist für den Erhalt gewisser Basisleistungen (zum Beispiel Newsletter) häufig nur die Mitgliedschaft im jeweiligen Programm erforderlich. Der Erhalt weitergehender Leistungen ist jedoch in der Regel an Voraussetzungen gebunden, welche das Erreichen einer erhöhten Kundenbindung sicherstellen sollen. Dies erfolgt dadurch, dass Programmteilnehmern für ein vom Anbieter erwünschtes Kaufverhalten spezifisch kreierte Werteinheiten (Bonuspunkte) gutgeschrieben werden.

Vordefinierte Mindestanzahlen solcher Werteinheiten (Einlöseschwellen) fungieren dann als Voraussetzung für den Erhalt von Leistungen (Boni). Man spricht in diesem Zusammenhang daher auch von Bonusprogrammen. Bei der Umsetzung eines solchen punktebasierten Programms muss festgelegt werden, nach welchem Sammelmechanismus Punkte gutgeschrieben werden und wie der spätere Einlösemechanismus funktioniert.

Im Hinblick auf den Sammelmechanismus ist zunächst zu klären, an welches Bezugsobjekt die Vergabe von Bonuspunkten gekoppelt sein soll. Dies können Größen wie getätigter Umsatz, die Anzahl geflogener Meilen oder die Anzahl ausgesprochener Weiterempfehlungen sein. Darüber hinaus muss entschieden werden, nach welcher Vergaberegel Bonuspunkte gewährt werden. Wie in **Abbildung 2** veranschaulicht, kann hier zwischen einer proportionalen, einer gestaffelten und einer S-förmigen Punktevergabe unterschieden werden.

Prof. Dr. Torsten Bornemann
ist Inhaber des Lehrstuhls für Allgemeine
Betriebswirtschaftslehre und Marketing an
der Universität Stuttgart
E-Mail: torsten.bornemann@bwi.uni-
stuttgart.de
www.uni-stuttgart.de/marketing

Abb. 1	Fokus von Kundenbindungsprogrammen im Rahmen des Marketingmix			
	Bindungsursachen			
Instrumentalbereich	**vertraglich**	**technisch-funktional**	**ökonomisch**	**psychologisch**
Produktpolitik	Kopplung von Zusatz- an Kernleistung	technische Inkompatibilität	individuelle Produkt-anpassungen Zusatzleistungen	Kundeneinbindung in die Produktentwicklung
Preispolitik	Preisgleitklauseln	proprietäre Online-Zahlungssysteme	Rabatte Preisgarantien	Einfachheit des Preissystems
Kommunikationspolitik	gemeinsame Werbeverträge mit Weiterverarbeitern	kundenspezifische Kommunikationskanäle	exklusive Informationen über Sonderpreisaktionen	Einladung zu speziellen Events
Vertriebspolitik	langfristige Lieferverträge Abonnements	gemeinsamer Infrastrukturaufbau	hohe Standortdichte	24h-Service Express-Belieferung

Quelle: eigene Darstellung, in Anlehnung an Homburg 2012

Kerngedanke 1

Das Ziel eines Kundenbindungsprogramms ist die Realisierung von Erfolgsauswirkungen, die aus einer erhöhten Kundenbindung resultieren.

Bei einer proportionalen Punktevergabe erhält der Kunde pro Einheit des Bezugsobjektes (zum Beispiel getätigte Euro Umsatz) eine dauerhaft gleiche Anzahl an Bonuspunkten. Bei einer gestaffelten Punktevergabe hingegen wird einem Kunden mit höherem, kumuliertem Umsatz eine höhere Anzahl an Bonuspunkten gutgeschrieben. Ein solches Vergabesystem schafft somit einen Anreiz, Käufe beim programmbetreibenden Unternehmen zu konsolidieren.

Unprofitable Kunden werden abgehalten

Noch stärker ist dieser Anreiz bei der S-förmigen Punktevergabe ausgeprägt. Bei dieser Vergaberegel wird jeder zusätzliche Euro Umsatz mit einer höheren Anzahl an Bonuspunkten belohnt, der Anreiz zum Wiederkauf steigt also stetig. Darüber hinaus weist die Funktion unterschiedliche Steigungen auf, was eine Selbstselektion umsatzstarker und somit tendenziell profitablerer Kunden forciert. So können über die unterproportionale Belohnung geringer Umsatzvolumina unprofitable Kunden vom Eintritt in das Programm abgehalten werden, während Kunden mit mittleren Umsatzvolumina motiviert werden, einen höheren Anteil ihres Bedarfs beim programmbetreibenden Anbieter zu decken.

Der Einlösemechanismus beschreibt, nach welchen Regeln die gesammelten Bonuspunkte in Leistungen umgewandelt werden können. Er umfasst drei grundsätzliche Gestaltungsaspekte:

- Einlöseschwellen
- Punkteverfallsregelungen
- Zuzahlungsmöglichkeiten

Einlöseschwellen bezeichnen die erforderliche Anzahl von Bonuspunkten, die zum Erhalt einer Leistung erforderlich ist. Bei der Festsetzung der Höhe von Einlöseschwellen sind grundsätzlich die gegenläufigen Präferenzen von Anbieter und Kunde zu beachten. So sind aus Anbietersicht hohe

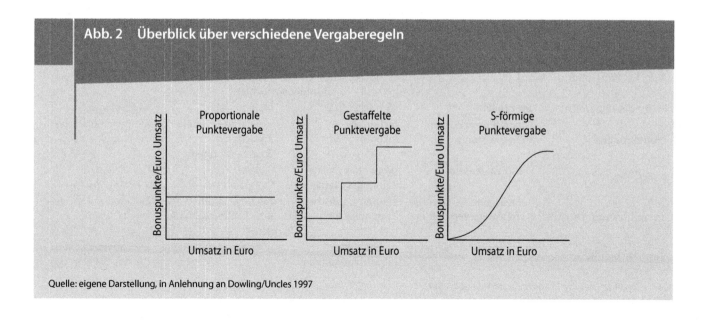

Abb. 2   Überblick über verschiedene Vergaberegeln

Proportionale Punktevergabe
Bonuspunkte/Euro Umsatz
Umsatz in Euro

Gestaffelte Punktevergabe
Bonuspunkte/Euro Umsatz
Umsatz in Euro

S-förmige Punktevergabe
Bonuspunkte/Euro Umsatz
Umsatz in Euro

Quelle: eigene Darstellung, in Anlehnung an Dowling/Uncles 1997

Einlöseschwellen attraktiver, weil dadurch eine ökonomische Wechselbarriere geschaffen wird.

Aus Kundensicht hingegen sind niedrige Einlöseschwellen attraktiver, da sie zu einem schnelleren Erhalt von Bonusleistungen führen. So bevorzugen Kunden grundsätzlich solche Programme, bei denen die Einlöseschwelle als niedrig wahrgenommen wird.

Punkteverfallsregelungen beziehen sich auf die zeitliche Begrenzung der Gültigkeit gesammelter Bonuspunkte. Ein solches Verfallsdatum für Bonuspunkte ist in der Praxis weit verbreitet und hat insbesondere zwei Vorteile. Zum einen kann mit Hilfe einer Verfallsregelung eine Selektion besonders attraktiver Kundengruppen erfolgen. Kunden, die ihre Punkte verfallen lassen, erreichen entweder nicht die erforderliche Einlöseschwelle, sind also tendenziell weniger attraktiv, oder haben an den Bonusleistungen des Programms nur ein geringes Interesse. Zum anderen wäre für den Betrieb eines Programms mit zeitlich unbegrenzt gültigen Bonuspunkten nach dem deutschen Kreditwesengesetz (KWG) eine Banklizenz notwendig.

Schließlich stellt auch die Gewährung von Zuzahlungsmöglichkeiten eine Gestaltungsdimension im Rahmen des Einlösemechanismus dar. Das Angebot, Programmleistungen gegen eine Kombination aus Bonuspunkten und Zuzahlungen zu erhalten besitzt den Vorteil, dass Kunden, die kurz vor dem Verfall ihrer Bonuspunkte stehen, über eine Zuzahlung doch noch eine attraktive Prämie erhalten können. Darüber hinaus können gemischte Bezahlungen unter Umständen die wahrgenommenen Kosten eines Kaufs reduzieren (zum Beispiel, wenn gesammelte Meilen auf die Buchung eines Fluges angerechnet werden können). Problematisch ist hierbei allerdings, dass durch eine Zuzahlungsmöglichkeit gesammelte Punkte nicht mehr notwendigerweise eine ökonomische Wechselbarriere darstellen, da sie (mit Hilfe der Zuzahlung) in jedem Fall eingelöst werden können. Hier ist es unter Umständen sinnvoll, eine Mindestanzahl an Bonuspunkten für den Erhalt von Leistungen festzusetzen.

Neben den Voraussetzungen zum Erhalt von Leistungen besteht ein weiteres Entscheidungsfeld im Rahmen der Gestaltung der Anreizstruktur in der Wahl der Art der Leistung. **Abbildung 3** zeigt die in diesem Zusammenhang relevanten Gestaltungsdimensionen.

Prinzipiell ist bei der Gestaltung des Leistungsspektrums von Kundenbindungsprogrammen zu klären, inwieweit die Anreize in der Lage sind, auch psychologische Kundenbindung in Form von Verbundenheit zu erzeugen. Idealerweise sollten Leistungen, die auf die Schaffung ökonomischer Bindungsursachen abzielen, mit Leistungen kombiniert werden, die sich auf psychologische Bindungsursachen beziehen.

So ist auf erster Ebene zu unterscheiden zwischen materiellen und immateriellen Leistungen. Materielle Leistungen zielen tendenziell auf die Schaffung ökonomischer Anreize ab. Dies trifft insbesondere auf finanzielle Anreize zu, welche in der Regel dadurch entstehen, dass ein Mitglied in einem Kundenbindungsprogramm Rabatte erhält. Eine vor allem im Lebensmitteleinzelhandel verbreitete Form ist die Gewährung transaktionsgebundener

Zusammenfassung
Basierend auf der Annahme, dass die Bestandskunden am profitabelsten sind, dienen Kundenbindungsprogramme dazu, die Beziehungen zu bestehenden Kunden zu pflegen. Dies kann durch eine Kombination von Maßnahmen zur Kundenbindung bei Produkt, Preis, Kommunikation und Vertrieb mit dem Ziel der wirtschaftlichen (zum Beispiel Rabatte) und/oder psychologischen Belohnung (zum Beispiel Zufriedenheit) erreicht werden. Die Umsetzung der „richtigen" Programme stellt jedoch eine Herausforderung für viele Unternehmen dar, die wichtigsten Dimensionen der Gestaltung von Kundenbindungsprogrammen müssen sorgfältig aufeinander abgestimmt werden.

sofortiger Preisnachlässe für Programmmitglieder. Auf Grund ihrer Transaktionsgebundenheit belohnen solche Rabatte jedoch nicht das Wiederkaufverhalten und sind zudem einfach durch den Wettbewerb zu imitieren. Dies kann in der Konsequenz dazu führen, dass Kunden versuchen, bei jedem Einkauf Mitnahmeeffekte zu realisieren, indem sie Mitglied bei mehreren zur Verfügung stehenden Programmen unterschiedlicher lokaler Einzelhändler werden.

Wiederkaufverhalten belohnen

Eine andere Art von Rabatten sind solche, die an Voraussetzungen gebunden sind, welche Wiederkaufverhalten belohnen. Dies kann beispielsweise dadurch erreicht werden, dass zum Erhalt eines Rabattes zunächst Gutschriften für mehrere getätigte Käufe gesammelt werden müssen, die erst bei Erreichen einer gewissen Mindestanzahl eingelöst werden können. Oftmals wird ausschließlich diese letztgenannte Rabattart im Rahmen von Kundenbindungsprogrammen thematisiert.

Prämien hingegen bezeichnen Sachleistungen, deren Erhalt ebenfalls an bestimmte Voraussetzungen gebunden ist. Obwohl Prämien den materiellen Leistungen zuzurechnen sind, bieten sie einen gewissen Gestaltungsspielraum im Hinblick auf die Schaffung psychologischer Bindungsursachen. So können Prämien zunächst hinsichtlich ihres Bezugs zur Kernleistung des Anbieters unterschieden werden.

Besitzt die Prämie einen direkten Bezug zum Produkt- und Leistungsangebot des Anbieters, spricht man von Eigenprämien. Ein großer Vorteil von

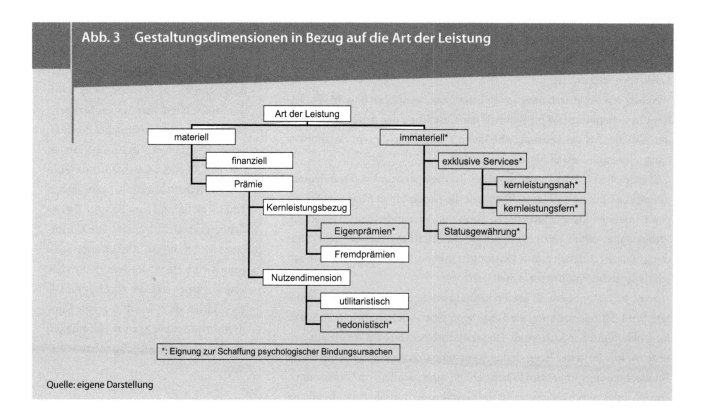

Abb. 3   Gestaltungsdimensionen in Bezug auf die Art der Leistung

Art der Leistung

materiell — finanziell — Prämie

immateriell*

exklusive Services* — kernleistungsnah* / kernleistungsfern*

Statusgewährung*

Kernleistungsbezug — Eigenprämien* / Fremdprämien

Nutzendimension — utilitaristisch / hedonistisch*

*: Eignung zur Schaffung psychologischer Bindungsursachen

Quelle: eigene Darstellung

Eigenprämien ist darin zu sehen, dass diese eher in der Lage sind, positive Assoziationen gegenüber dem Anbieter hervorzurufen, was sich wiederum positiv auf die psychologische Kundenbindung auswirkt.

Ein Beispiel für ein Programm, welches stark auf Prämien mit Bezug zur Kernleistung setzt, ist das Vielfliegerprogramm Miles & More. Während Freiflüge als Basisprämie unmittelbar dem Leistungsangebot des Anbieters entstammen, besitzen auch viele der zusätzlich angebotenen Sachprämien (insbesondere in Form von Reiseutensilien) einen direkten Bezug zur Kernleistung und verstärken somit die psychologische Bindung an den Anbieter.

Darüber hinaus können Eigenprämien genutzt werden, um Kunden auf weitere oder höherwertige Produkte aus dem Sortiment des Anbieters aufmerksam zu machen. Auf diese Weise können Cross- und Up-Selling-Potenziale aufgebaut werden. Auch dieser Effekt wird im Miles & More-Programm umgesetzt. So besteht hier eine mögliche Leistung aus Upgrades (zum Beispiel von Economy auf Business Class). Ein solches Upgrade stellt einen Testkauf dar, der, sollte das getestete Produkt überzeugen, zu Wiederholungskäufen führen kann.

„Bei der Festsetzung der Höhe von Einlöseschwellen sind grundsätzlich die gegenläufigen Präferenzen von Anbieter und Kunde zu beachten."

Kerngedanke 2

Für Anbieter sind hohe Einlöseschwellen attraktiver, weil dadurch eine ökomische Wechselbarriere geschaffen wird, Kunden bevorzugen niedrige Einlöseschwellen, um schneller die Bonusleistungen zu erhalten.

Neben der Frage des Bezugs zum eigenen Leistungsangebot ist zu klären, welche primäre Nutzendimension die angebotenen Prämien aufweisen sollen. Hier ist zu unterscheiden zwischen utilitaristischem Nutzen und hedonistischem Nutzen. Produkte mit einem hohen utilitaristischen Nutzen sind eher funktional wohingegen der Konsum hedonistischer Produkte das Bedürfnis nach Freude, Genuss und Erlebnis befriedigt. Die Bedeutung des hedonistischen Nutzens für die Attraktivität von Prämien sollte nicht unterschätzt werden. So wird ein Freiflug zu einem exotischen Ziel attraktiver bewertet werden als Gutscheine für einen lokalen Supermarkt, auch wenn beide Leistungen den gleichen monetären Wert besitzen.

In einer amerikanischen Studie konnte gezeigt werden, dass Mitglieder von Kundenbindungsprogrammen doppelt so häufig Produkte mit hedonistischem Charakter (zum Beispiel aus dem Bereich Unterhaltungselektronik) als solche mit utilitaristischem Charakter (zum Beispiel Haushaltsgeräte) auswählen. Prämien mit einem hohen hedonistischen Nutzen ermöglichen den Konsum von Leistungen, die ein Kunde sich allein aus eigenen Mitteln häufig nicht geleistet hätte. Die so entstehenden positiven Assoziationen mit dem Anbieter bleiben länger im Gedächtnis und können zu einer erhöhten psychologischen Bindung beitragen.

Kerngedanke 3

Die Bedeutung des hedonistischen Nutzens für die Attraktivität von Prämien sollte nicht unterschätzt werden.

Psychologischer Zusatznutzen durch Statusgewährung

Generell stärker auf den Aufbau psychologischer Bindungsursachen ausgerichtet sind immaterielle Leistungen. Hierunter fallen insbesondere exklusive Services sowie Statusgewährung. Als kernleistungsnah werden dabei exklusive Services bezeichnet, die eine verbesserte Nutzenwahrnehmung der Kernleistung des Anbieters anstreben. Dies kann insbesondere durch einen höheren Standard in der Kundenbetreuung, beispielsweise durch das Angebot von Expressbelieferungen und -reparaturen oder in Form einer bevorzugten Informationsbereitstellung erreicht werden. Diese kernleistungsnahen Dienstleistungen zielen über eine Steigerung der Kundenzufriedenheit mit den Kernleistungen des Unternehmens auf eine Erhöhung der psychologischen Kundenbindung ab.

Als kernleistungsfern werden dagegen Services bezeichnet, die auf den Aufbau eines Zugehörigkeitsgefühls zum Anbieter abzielen. Ein Beispiel für eine solche kernleistungsferne Dienstleistung ist das Angebot spezieller Events. Hier sollen, ähnlich wie bei Prämien mit hedonistischem Charakter, über das Erleben von Spaß positive Assoziationen zum Anbieter geweckt werden.

Nicht überschneidungsfrei mit dem Angebot exklusiver Services ist die Statusgewährung. So können bestimmte exklusive Services allen Mitgliedern des Programms zur Verfügung stehen, während andere Dienstleistungen Mitgliedern mit einem bestimmten Status innerhalb des Programms vorbehalten sind. Neben dieser statusabhängigen Leistungsgewährung bietet auch die Einräumung des Status an sich einen psychologischen Zusatznutzen.

Da die Erlangung einer bestimmten Statusstufe in der Regel an Voraussetzungen gebunden ist, die mit der finanziellen Leistungsfähigkeit des Kunden einhergehen (zum Beispiel ein bestimmter Mindestumsatz, eine Mindestanzahl geflogener Meilen), besitzt die Statusmitgliedschaft die Funktion eines Statussymbols. Dies setzt allerdings voraus, dass die Zugehörigkeit zu einer bestimmten Statusstufe auch von außen sichtbar ist. Hierzu eignen sich Erkennungsmerkmale wie je nach Statusstufe unterschiedlich gefärbte Kundenkarten oder spezielle Reisegepäckanhänger (Priority-Baggage-Tags) im Rahmen von Vielfliegerprogrammen.

Abb. 4 Überblick über kundenspezifische Daten	
Kundenspezifische Daten	
Stammdaten	Name, Vorname, Geschlecht, Straße, Wohnort, Telefonnummer, Altersgruppe, Haushaltsgröße, Beruf, Ausbildungsabschluss, Kartennummer
Geografische Daten	Wohngebiet, Entfernung zum nächsten Händler bzw. zu der nächsten Service- oder Reparaturwerkstätte usw.
Marketing- und verkaufshistorische Daten	Form der Akquisition des Kunden, Reaktionen auf unterschiedliche Kommunikationsmittel und -medien, Beschwerdeverhalten, geäußerte Kundenpräferenzen, Anzahl geworbener Freunde und Bekannter, Datum und Uhrzeit des Kaufs, Kauffrequenz, Kaufmenge, Kaufort, Kaufwert, Art und Kombination der Leistungen, Nutzung von Sonderangeboten, Zahlungsverhalten

Quelle: Tomczak et al. 2008, S. 336

Der große Vorteil der Statusgewährung ist, dass diese als psychologischer Zusatznutzen zu ohnehin gewährten exklusiven Services für den Anbieter relativ kostengünstig ist. So fallen nur Zusatzkosten für ein entsprechendes Erkennungsmerkmal (zum Beispiel ein Kofferanhänger) an. Bei der praktischen Umsetzung muss allerdings beachtet werden, dass Mitglieder einer Statusstufe wahrnehmen, welche Leistungen Mitglieder einer niedrigeren Statusstufe erhalten. So ist bei der Gepäckausgabe an Flughäfen häufig zu beobachten, dass nicht unbedingt immer die Koffer mit einem Priority-Baggage-Tag zuerst ausgeliefert werden, sondern oftmals jene der „normalen" Fluggäste. Dies kann bei den Mitgliedern einer Statusstufe zu Unzufriedenheit mit dem Anbieter führen. Die erfolgreiche Differenzierung von Leistungen zwischen Statuskategorien stellt deshalb einen essenziellen Erfolgsfaktor dar.

Kundenkarten und -clubs als integrative Bezugsrahmen von Kundenbindungsprogrammen

Grundsätzlich findet im Rahmen von Kundenbindungsprogrammen ein kombinierter Einsatz verschiedener Gestaltungsparameter bzw. Leistungen statt. Kundenkarten und -clubs ermöglichen die Zusammenführung dieser Leistungen. Eine Kundenkarte stellt dabei in der Regel eine normierte Plastikkarte dar, die den Kunden als Mitglied des Programms ausweist und ihm

„Prämien mit einem hohen hedonistischen Nutzen ermöglichen den Konsum von Leistungen, die ein Kunde sich allein aus eigenen Mitteln häufig nicht geleistet hätte."

entsprechende Leistungen zugänglich macht. Neben dem Angebot von materiellen Leistungen und Serviceleistungen kann die visuelle/farbliche Gestaltung der Karte je nach Statuslevel des Besitzers im Programm auch der Statusgewährung dienen, da das Aussehen der Karte von Dritten beobachtbar ist. Darüber hinaus sind Kundenkarten oftmals Bestandteil des Sammelmechanismus, indem die Gutschrift von Bonuspunkten für getätigte Käufe gegen Vorlage der Karte erfolgt. Schließlich verfügen Kundenkarten häufig über eine Zahlungs- oder Kreditkartenfunktion, was eine weitere Zusatzleistung für den Karteninhaber impliziert.

Durch die Integration verschiedenster Programmleistungen in Form einer Kundenkarte entstehen jedoch auch für den Anbieter Vorteile in Form einer Informationsfunktion. So können demografische Angaben, die bei Beantragung der Mitgliedschaft abgefragt wurden, mit Daten kombiniert werden, die im Rahmen der Sammel- und Zahlungsfunktion der Karte gewonnen werden (siehe **Abbildung 4**). Die so gewonnenen Informationen kön-

Handlungsempfehlungen
- Zunächst muss festgelegt werden, an welches Bezugsobjekt die Vergabe von Bonuspunkten gekoppelt sein soll.
- Bevor die taktischen Fragestellungen in den Fokus rücken, muss geklärt werden, an wen sich die Bemühungen überhaupt richten sollen.
- Die Voraussetzungen zum Erhalt von Leistungen sollten die tatsächliche Profitabilität von Kunden berücksichtigen.
- Bei der Gestaltung des Leistungsspektrums von Kundenbindungsprogrammen ist zu klären, inwieweit die Anreize auch psychologische Kundenbindung in Form von Verbundenheit erzeugen können.
- Leistungen, die sich auf die Schaffung ökonomischer Bindungsursachen beziehen, sollten mit Leistungen kombiniert werden, die sich auf psychologische Bindungsursachen beziehen.
- Neben der Frage des Bezugs zum eigenen Leistungsangebot ist zu klären, welche primäre Nutzendimension die angebotenen Prämien aufweisen sollen.
- Um ein Feedback der Kunden zu ermöglichen, sind entsprechende Kommunikationskanäle bereitzustellen.
- Die Gestaltung des Anreizsystems sollte sich insbesondere an den Präferenzen und Bedürfnissen jener (potenziell) attraktiven Kunden orientieren, die bisher noch nicht zu den loyalen Kunden gehörten.

nen dazu genutzt werden, die angebotenen Leistungen stärker an die Präferenzen einzelner Teilsegmente anzupassen.

Bei einem Kundenclub hingegen handelt es sich um eine konkrete Erscheinungsform von Kundenbindungsprogrammen, bei der eine Integration von Leistungen über eine intensive dialogorientierte Kommunikation erfolgt. So sind Kundenclubs durch eine individuelle Kundenansprache in Form von Direct Marketing gekennzeichnet, wobei dem Kunden auch die Möglichkeit des Feedbacks gegeben werden soll. Die Bedeutung, die der Kommunikationsfunktion in Kundenclubs zukommt, spiegelt sich in der in **Abbildung 5** dargestellten Verbreitung verschiedener Kundenclubleistungen wider. So bilden mit dem Clubmagazin, der internetbasierten Kommunikation und den Events kommunikationsbezogene Leistungen eindeutig den Leistungsschwerpunkt. Darüber hinaus verfügen mehr als die Hälfte der Kundenclubs auch über eine Kundenkarte. Wird diese genutzt, um kundenspezifische Daten zu gewinnen, kann eine noch effektivere individuelle Kundenansprache erfolgen.

Angesichts ihrer zentralen Bedeutung für den Kundenclub muss die Kommunikationsfunktion einer Reihe von Anforderungen gerecht werden, die in **Abbildung 6** dargestellt sind. Dabei wird ersichtlich, dass eine wichtige inhaltliche Komponente der dialogorientierten Kommunikation in Informationen zu den konkreten Leistungen des Kundenclubs besteht. Diese können prinzipiell alle Arten von materiellen und immateriellen Leistungen umfassen.

Um ein Feedback von Seiten des Kunden zu ermöglichen, sind entsprechende Kommunikationskanäle bereitzustellen. Beispiele hierfür sind Response-Elemente in Newslettern und Clubmagazinen, aber auch Events können so gestaltet werden, dass sie eine Face-to-Face-Kommunikation begüns-

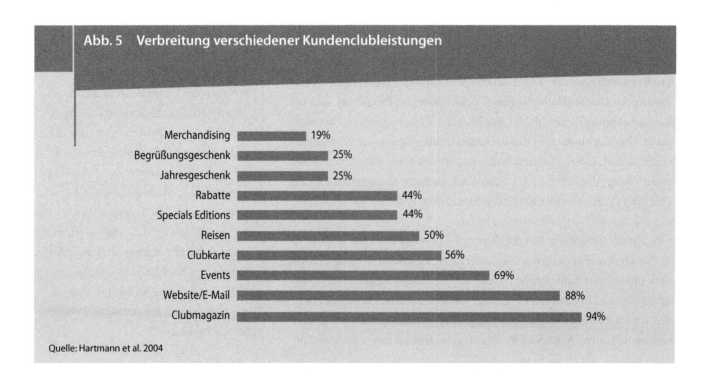

Abb. 5 Verbreitung verschiedener Kundenclubleistungen

Merchandising — 19%
Begrüßungsgeschenk — 25%
Jahresgeschenk — 25%
Rabatte — 44%
Specials Editions — 44%
Reisen — 50%
Clubkarte — 56%
Events — 69%
Website/E-Mail — 88%
Clubmagazin — 94%

Quelle: Hartmann et al. 2004

tigen. Die aus diesem Dialog resultierende erhöhte Kontaktfrequenz zwischen Anbieter und Kunde macht die Nutzung von Kundenclubs als Kommunikationsinstrument insbesondere auch für solche Branchen attraktiv, die Beschränkungen in Bezug auf die klassische Werbung unterliegen (zum Beispiel die Tabakindustrie).

Schlussbemerkungen

Obwohl Kundenbindungsprogramme in der Praxis eine weite Verbreitung besitzen und auch in Zukunft eine weitere Zunahme dieser Programme zu erwarten ist, klagen viele Unternehmen über ausbleibende Resultate. Eine Ursache hierfür ist in der oftmals unzureichenden Auseinandersetzung mit den zur Verfügung stehenden Gestaltungsparametern von Kundenbindungsprogrammen zu sehen. Der vorliegende Beitrag kann vor diesem Hintergrund als Orientierungshilfe in Bezug auf zentrale Fragestellungen im Rahmen der Gestaltung von Kundenbindungsprogrammen dienen.

Bevor jedoch die thematisierten taktischen Fragestellungen (Welche Leistungen sollen nach welchem Schema angeboten werden?) in den Fokus rücken, muss geklärt werden, an wen sich die Bemühungen überhaupt richten sollen. So kann die Ineffektivität zahlreicher Programme darauf zurückgeführt werden, dass eine undifferenzierte Ansprache des gesamten Kundenstamms erfolgt. Ist dies der Fall, kann es zu einer Selbstselektion von Kunden kommen, die dem Unternehmen bereits loyal gegenüberstehen und die daher ohne eine Verhaltensänderung von zusätzlichen Leistungen profitieren. So konnte in einer Studie im Lebensmittel-Einzelhandel gezeigt werden, dass 86 Prozent des Effektes der Mitgliedschaft in einem Kundenbindungsprogramm auf den Share of Wallet auf einen solchen Selbstselektionseffekt ohnehin loyaler Kunden zurückzuführen ist. Aus diesem Grund sollte sich die Gestaltung des Anreizsystems insbesondere an den Präferenzen und Bedürfnissen jener (potenziell) attraktiven Kunden orientieren, die bisher noch nicht zu den loyalen Kunden gehören.

Ein weiterer Aspekt, der zur Erklärung der Ineffektivität vieler Programme beitragen kann, ist die Tatsache, dass die Voraussetzungen zum Erhalt von Leistungen sich in der Regel an Umsatzgrößen orientieren, ohne die tatsächliche Profitabilität von Kunden zu berücksichtigen. Insbesondere wenn Programme derart gestaltet sind, dass sie für den Anbieter auch eine Infor-

Kerngedanke 4

Durch die Integration verschiedenster Programmleistungen in Form einer Kundenkarte entstehen für den Anbieter auch Vorteile in Form einer Informationsfunktion.

Abb. 6 Anforderungen an die Kommunikation im Kundenclub	
Bezogen auf die Clubleistungen	**Bezogen auf das Individuum**
Über Grund- und Zusatzleistungen des Unternehmens und Clubs informieren Über aktuelle Angebote und Club-Events informieren Über Abwicklung der einzelnen Leistungen informieren Hintergrundinformationen zum Unternehmen und seinen Leistungen geben	Auswahl zielgruppenrelevanter Medien und Response-Elemente Persönliche Ansprache und Kommunikationsstil; gleicher Ansprechpartner Zielgruppenrelevante Themen (nicht nur produkt- oder unternehmensbezogen) Persönliche Ereignisse des Mitglieds beachten (z.B. Geburtstag, Einschulung des Kindes)

Quelle: Tomczak et al. 2008, S. 333

mationsfunktion besitzen (zum Beispiel durch die Integration einer Kundenkarte mit Sammel- und Zahlungsfunktion), ist jedoch die Abschätzung der zukünftigen Profitabilität von Kunden relativ einfach. Die geschätzte zukünftige Profitabilität kann dann zur Gestaltung einer Anreizstruktur herangezogen werden, die auf eine Bindung profitabler Kunden abzielt.

Kerngedanke 5

Ein Grund für die Ineffektivität vieler Programme ist die Tatsache, dass die Voraussetzungen zum Erhalt von Leistungen sich an Umsatzgrößen orientieren, nicht an der Profitabilität von Kunden.

Literatur

Bolton, R. N., Lemon, K. N., Verhoef, P. C. (2004), The Theoretical Underpinnings of Customer Asset Management: A Framework and Propositions for Future Research, Journal of the Academy of Marketing Science, 32, 3, 271-292

De Wulf, K., Odekerken-Schröder, G., De Cannière, M. H., Van Oppen, C. (2003), What Drives Consumer Participation to Loyalty Programs? A Conjoint Analytical Approach, Journal of Relationship Marketing, 2, 1/2, 69-85

Dittrich, S. (2000), Kundenbindung als Kernaufgabe im Marketing, St. Gallen

Dowling, G. R., Uncles, M. (1997), Do Customer Loyalty Programs Really Work?, Sloan Management Review, 38, 4, 71-82

Eggert, A. (1999), Kundenbindung aus Kundensicht: Konzeptualisierung – Operationalisierung – Verhaltenswirksamkeit, Wiesbaden

Glusac, N. (2005), Der Einfluss von Bonusprogrammen auf das Kaufverhalten und die Kundenbindung von Konsumenten, Wiesbaden

Gröppel-Klein, A., Königstorfer, J., Terlutter, R. (2008), Verhaltenswissenschaftliche Aspekte der Kundenbindung, in: Bruhn, M., Homburg, Ch. (Hrsg.), Handbuch Kundenbindungsmanagement - Strategien und Instrumente für ein erfolgreiches CRM, 6. Auflage, Wiesbaden, 42-76

Hartmann, W., Kreutzer, R. T., Kuhfuß, H. (2004), Kundenclubs & More: Innovative Konzepte zur Kundenbindung, Wiesbaden

Hauschild, U., Hilverkus, S. (2008), Fallstudie Miles & More: Profitable Kundenbindung in der Airline Industrie, in: Bruhn, M., Homburg, Ch. (Hrsg.), Handbuch Kundenbindungsmanagement – Strategien und Instrumente für ein erfolgreiches CRM, 6. Auflage, Wiesbaden, 796-809

Hoffmann, A. (2008), Die Akzeptanz kartenbasierter Kundenbindungsprogramme aus Konsumentensicht: Determinanten und Erfolgsauswirkungen, Wiesbaden

Homburg, Ch., Bruhn, M. (2008), Kundenbindungsmanagement – Eine Einführung in die theoretischen und praktischen Problemstellungen, in: Bruhn, M., Homburg, Ch. (Hrsg.), Handbuch Kundenbindungsmanagement - Strategien und Instrumente für ein erfolgreiches CRM, 6. Auflage, Wiesbaden, 3-37

Homburg, Ch. (2012), Marketingmanagement: Strategie – Instrumente – Umsetzung – Unternehmensführung, 4. Aufl., Wiesbaden

Krafft, M. (2007), Kundenbindung und Kundenwert, 2. Aufl., Heidelberg

Lauer, T. (2002), Bonusprogramme richtig gestalten, Harvard Business Manager, 24, 3, 98-106

Leenheer, J., van Heerde, H. J., Bijmolt, T. H. A., Smidts, A. (2007), Do loyalty programs really enhance behavioral loyalty? An empirical analysis accounting for self-selecting members, International Journal of Research in Marketing, 24, 1, 31-47

Meffert, H. (2008), Kundenbindung als Element moderner Wettbewerbsstrategien, in: Bruhn, M., Homburg, Ch. (Hrsg.), Handbuch Kundenbindungsmanagement – Strategien und Instrumente für ein erfolgreiches CRM, 6. Auflage, Wiesbaden, 157-180

Meyer, A., Oevermann, D. (1995), Kundenbindung, in: Tietz, B., Köhler, R., Zentes, J. (Hrsg.), Handwörterbuch des Marketing, 2. Auflage, Stuttgart, 1340-1351

Nunes, J. C., Drèze, X. (2006), Your Loyalty Program Is Betraying You, Harvard Business Review, 84, 4, 124-131

O'Brien, L., Jones, C. (1995), Do Rewards Really Create Loyalty?, Harvard Business Review, 73, 3, 75-82

Ranaweera, C., Prabhu, J. (2003), The influence of satisfaction, trust and switching barriers on customer retention in a continuous purchasing setting, International Journal of Service Industry Management, 14, 4, 374-395

Reichheld, F., Sasser, W. (1990), Zero Defections: Quality Comes to Services, Harvard Business Review, 68, 5, 105-111

Reinartz, W. J. (2006), Understanding Customer Loyalty Programs, in: Krafft, M., Mantrala, M. K. (Hrsg.), Retailing in the 21st Century, Berlin, 361-379

Reinartz, W. J., Kumar, V. (2002), The Mismanagement of Customer Loyalty, Harvard Business Review, 80, 7, 86-94

Roehm, M. L., Pullins, E. B., Roehm, H. A. (2002), Designing Loyalty-Building Programs for Packaged Goods Brands, Journal of Marketing Research, 39, 2, 202-213

Tomczak, T., Reinecke, S., Dittrich, S. (2008), Kundenbindung durch Kundenkarten und -clubs, in: Bruhn, M., Homburg, Ch. (Hrsg.), Handbuch Kundenbindungsmanagement: Strategien und Instrumente für ein erfolgreiches CRM, 6. Auflage, Wiesbaden, 323-345

Yi, Y., Jeon, H. (2003), Effects of Loyalty Programs on Value Perception, Program Loyalty, and Brand Loyalty, Journal of the Academy of Marketing Science, 31, 3, 229-240

Zusätzlicher Verlagsservice für Abonnenten von „Springer für Professionals | Vertrieb"

| Zum Thema | Kundenbindungsprogramme | Q Suche |

finden Sie unter www.springerprofessional.de 264 Beiträge, davon 34 im Fachgebiet Vertrieb   Stand: Februar 2014

Medium

☐ Online-Artikel (2)
☐ Dossier (99)
☐ Interview (99)
☐ Zeitschriftenartikel (46)
☐ Buch (2)
☐ Buchkapitel (214)

Sprache

☐ Deutsch (263)
☐ Englisch (1)

Von der Verlagsredaktion empfohlen

Ranzinger, A.: Grundlagen: Kundenbindungsprogramme kennen und auswählen, in: Praxiswissen Kundenbindungsprogramme, Wiesbaden 2001, www.springerprofessional.de/1821228

Hoffmann, A.: Kartenbasierte Kundenbindungsprogramme als Instrument der Kundenbindung, in: Hoffmann, A.: Die Akzeptanz kartenbasierter Kundenbindungsprogramme aus Konsumentensicht, Wiesbaden 2008, S. 28-68, www.springerprofessional.de/1861550

Verkaufen zwischen Freiheit und Systematik

Der Verkauf, insbesondere eine eigene Verkaufsmannschaft, ist eine teure Unternehmensressource. Umso erstaunlicher, dass wenig Energie darauf verwendet wird, das Optimum aus der Mannschaft herauszuholen.

Dirk Zupancic
ist Professor für Industriegütermarketing und -vertrieb an der German Graduate School of Management & Law in Heilbronn und Dozent der Universität St. Gallen.
Kontakt: dirk.zupancic@ggs.de, www.ggs.de
Social Media: Xing, LinkedIn, Facebook und Twitter

In keiner Unternehmensfunktion gibt es so große Unterschiede zwischen den besten Mitarbeitern und dem Durchschnitt. Eine McKinsey-Studie kam vor einigen Jahren zu dem Schluss, dass der Unterschied zwischen Spitzenleuten im Vertrieb und Vertriebsmitarbeitern mit durchschnittlicher Leistung bis zu 70 Prozent beträgt. Eine derart große Differenz konnte in keinem anderen Unternehmensbereich festgestellt werden. In meiner eigenen Arbeit konnten wir in Unternehmensprojekten immer wieder ähnlich große Differenzen ermitteln. Hier konnten wir auch sicherstellen, dass Rahmenbedingungen, wie ein unterschiedliches Marktpotenzial einzelner Verkäufer, berücksichtigt wurden. Die Unterschiede blieben groß. Wenn man sich vorstellt, dass man die gesamte Mannschaft nur ein Stück zur Spitze hin verändert, wird das Potenzial, das im Verkauf schlummert, schnell deutlich.

Trainingsprogramme, Systeme und Konzepte wie Customer Relationship Management (CRM) kommen häufig nicht an der Verkaufsfront an. Es überrascht kaum, dass die meisten CRM-Projekte als gescheitert gelten oder die Erwartungen nicht erfüllt haben. Das liegt in der Regel nicht an den Konzepten, sondern an der Umsetzung. In kritischen Diskussionen mit Führungskräften heißt es dann sinngemäß: „Unsere Vertriebsmitarbeiter sind eher freischaffende Künstler, sie lassen sich nicht führen. Wenn die Ergebnisse stimmen, sind wir zufrieden, sonst müssen wir den Druck erhöhen." Ich halte dies für grundfalsch. Denn die Praxis zeigt, dass man den Vertrieb sehr wohl führen kann wie jede andere Funktion auch. Man kann auch die Prozesse im Vertrieb weitestgehend optimieren wie in anderen Unternehmensbereichen. Wenn man die Prozesse kennt, die zu optimalen Ergebnissen führen, muss man dafür sorgen, dass sich alle Beteiligten daran ori-

entieren und danach handeln. Das ist Aufgabe der Vertriebsführung. So lässt sich die Lücke der Mannschaft zu Ihren Top-Verkäufern zumindest zum großen Teil schließen. Trotzdem ist dies nur die halbe Wahrheit. Denn da gibt es noch individuelle Kunden, die zumindest im Business-to-Business-Verkauf eine neue verkäuferische Qualität fordern. Gemeint sind strategisch wichtige Kunden (Key Accounts) oder so genannte Lösungskunden. Sie stellen besonders hohe Anforderungen an die Mitarbeiter im Vertrieb. Hier ist individuelles Vorgehen und systematische Arbeit gefragt. Dazu sind Einblicke und das Verständnis für Prozesse und Strukturen des Kunden erforderlich. Umsetzungsorientierung und die Fähigkeit ein Team zu orchestrieren werden wichtig.

Fazit: Die Anforderungen an Spitzenleute im Verkauf steigen – aber auch die Anforderungen an das Verkaufsmanagement.

Spektrum

Gamification im Vertrieb: Spielerisch zu mehr Erfolg im Business

Der Spieltrieb des Menschen ist seit jeher stark ausgeprägt. Manager und Personalverantwortliche, die diese Veranlagung mit intelligenten Gamification-Konzepten anzuspornen wissen, können Mitarbeiter zu Höchstleistungen bringen und die Kundenbindung nachhaltig verbessern. Der Beitrag erläutert, welche Potenziale in Gamification stecken und wie Spielmechanismen gewinnbringend zur Mitarbeitermotivation und Kundenbindung im Vertrieb eingesetzt werden können.

Anabel Ternès

Für das grundlegende Verständnis der Potenziale von Gamification ist die Einsicht essenziell, dass die menschliche Psyche auf den Wettbewerb mit anderen ausgerichtet ist. Menschen lieben es, sich mit anderen zu messen. Doch Motivation entsteht dabei nur, wenn die richtigen Rahmenbedingungen gesetzt werden, um die es hier praxisnah gehen soll. So ist es kein Zufall, dass Gamification schon erfolgreich bei Global Playern wie SAP oder Nike umgesetzt wird. Gemäß der renommierten Unternehmensberatung Gartner werden schon im Jahre 2015 etwa 70 Prozent der weltweit größten Unternehmen spielerische Strategien umsetzen, um die Motivation von Vertriebsmitarbeitern zu erhöhen und das Kundenmanagement effektiv zu verbessern. Marktforscher von M2 Research prognostizieren, dass Firmen im Jahre 2016 etwa drei Milliarden Dollar durch Gamification verdienen werden. Die Erfolgsformel für Gamification zeigt die **Abbildung 1**.

Theoretische Fundierung: Definitorische Annäherung und ökonomische Perspektiven

Der Begriff Gamification bezeichnet die Übernahme von spielerischen Elementen in sogenannte spielfremde Zusammenhänge, beispielsweise in Vertrieb und Kundenmanagement mit dem Ziel, die Motivation der Mitarbeiter und/oder Kunden zu erhöhen, um die Resultate zu verbessern. Angestrebt wird letztlich eine Verhaltensänderung, die in Form gestiegener Umsätze und einer höheren Zufriedenheit von Kunden und Mitarbeitern konkret messbar ist. Klare Regeln und realistische Ziele sowie transparente Vergleichsmöglichkeiten gehören zu den wesentlichen Rahmenbedingungen, um den natürlichen Spieltrieb des Menschen effektiv zu nutzen. In vielen Lebens- und Arbeitsbereichen werden solche spielerischen Ansätze schon umgesetzt, um die Motivation zu fördern und Handlungsimpulse auszulösen. Kunden werden mit Bonusprogrammen erfolgreich gebunden und immer wieder zum Kauf animiert. Im Bereich der Personalentwicklung können vermeintlich schnöde Fortbildungen spielerisch zu einem effektiven Wettbewerb mit optimalem Output werden. Es ist wichtig, zu erkennen, dass Glück und Zufriedenheit respektive subjektives Wohlbefinden einen direkten Einfluss auf die Motivation und Leistungsbereitschaft haben. Wer dies versteht und an den richtigen Stellschrauben justiert, kann die Leistungsfähigkeit und Produktivität der Mitarbeiter nachhaltig erhöhen und Kunden durch einen exzellenten Service begeistern.

Prof. Dr. Anabel Ternès
ist Geschäftsführende Direktorin des IISM International Institute for Sustainability Management an der SRH Berlin International Management University
E-Mail: anabel.ternes@srh-hochschule-berlin.de

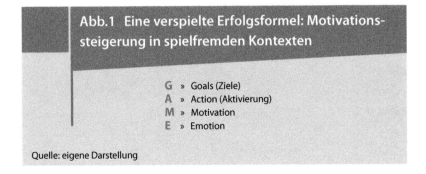

Abb.1 Eine verspielte Erfolgsformel: Motivationssteigerung in spielfremden Kontexten

G » Goals (Ziele)
A » Action (Aktivierung)
M » Motivation
E » Emotion

Quelle: eigene Darstellung

Zentrale Fragen dabei sind:

- Was macht Glück aus?
- Wie ist die menschliche Psyche gestrickt?
- Welchen Regeln sollten Gamification-Prozesse folgen?

Die psychologischen Hintergründe von Gamification

Wer Spielmechanismen im Business-Kontext effektiv nutzen möchte, sollte das menschliche Verhalten samt den Beeinflussungsmöglichkeiten vor dem Hintergrund psychologischer Wirkungszusammenhänge betrachten. Einen wichtigen Beitrag zum Verständnis der Potenziale von Gamification liefert das „Perma"-Modell, das in der **Abbildung 2** näher dargestellt ist. Es beleuchtet die Faktoren für die subjektive Zufriedenheit jenseits des Materiellen quasi von Innen heraus: Demzufolge spielen positive Emotionen eine Schlüsselrolle, um sich wohlzufühlen und dies gegenüber Kunden auch ausstrahlen zu können. Soziale Beziehungen (relationships) sind ebenfalls essenziell für das subjektive Wohlergehen. Hier greifen die Spielmechanismen im Wettbewerb mit anderen. Schließlich geht es um Erfolgserlebnisse (accomplishment), denn die Wahrnehmung der eigenen Erfolgswirksamkeit hat einen großen Einfluss auf die Zufriedenheit und Motivation. In diesem Kontext spielt das Engagement für den erstrebenswerten Flow eine wichtige Rolle: So entsteht Zufriedenheit, wenn sich Anforderungen und persönliche Fähigkeiten möglichst im Einklang befinden. Ganz wesentlich für persönliche Glücksmomente ist die Bedeutung (meaning): Menschen sollten sich mit dem, was sie beruflich tun, vollends identifizieren und da-

rin aufgehen. Ist dies gegeben, so können sich die eigenen Ressourcen bestmöglich entfalten.

Konsequenzen für den Vertrieb

Das Perma-Modell sollte von Personalverantwortlichen im Vertrieb dazu genutzt werden, die Bedingungen für die Zufriedenheit der Mitarbeiter dauerhaft zu verbessern, indem die Inhalte durch Spielmechanismen betriebsspezifisch auf-

„Wird der Spieltrieb der Kunden professionell genutzt, lässt sich ein erlebnisreicher Mehrwert inszenieren, der sich auch positiv auf das Image einer Marke auswirkt."

gegriffen werden. In Spielsituationen kommt es im Wesentlichen auf die Motivation an, die gegeben sein muss. Menschen lassen sich dann zu Handlungen oder Aufgaben motivieren, wenn sie sich in der Lage dazu sehen, etwas bewältigen zu können und es als realistisch erscheint. Ist eine solche Motivationslage gegeben, reicht ein Trigger (Impuls bzw. Zünder) aus, um eine Handlung auszulösen. In der Werbung sind Call-to-Action-Elemente klassische Beispiele (Motto: „Kaufen Sie jetzt…"), um motivierte Kunden zu Handlungen aufzufordern. Diese notwendige Grundmotivation lässt sich auch mit der Bedürfnispyramide nach Maslow erläutern: Erst wenn materielle Grundbedürfnisse (Einkommen etc.) gesichert sind, strebt der Mensch nach Selbstverwirklichung. Insofern sollten höhere Ebenen der Bedürfnispyramide in konkreten Spielsituationen explizit angesprochen werden, um Mitarbeiter aus der Reserve zu locken. Was macht den Einzelnen glücklich? Was kann ihm jenseits der materiellen Vergütung

Zusammenfassung

Der Beitrag stellt Gamification als eine Methode bzw. als eine Toolbox dar, die für den Vertrieb und für das Kundenmanagement genutzt werden kann, um sich für den Markt der Zukunft erfolgreich aufzustellen. Den Anfang macht eine Begriffsdefinition. Anschließend werden die psychologischen Hintergründe von Gamification beleuchtet. Von konkreten Unternehmensbeispielen ausgehend erhält der Leser Tipps, Handlungsempfehlungen sowie Wege aufgezeigt, wie jedes Unternehmen im Vertrieb und im Unternehmensmanagement Gamification-Konzepte erfolgreich einsetzen kann.

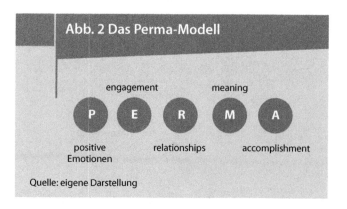

Abb. 2 Das Perma-Modell

engagement   meaning

P E R M A

positive Emotionen   relationships   accomplishment

Quelle: eigene Darstellung

an spielerischen Elementen zur Motivationssteigerung geboten werden? Solche Fragestellungen werden in naher Zukunft im hart umkämpften Wettbewerb einen erfolgskritischen Wettbewerbsvorteil ermöglichen, denn die materielle Entlohnung alleine sichert keine dauerhafte Zufriedenheit. Psychologische Untersuchungen zeigen, dass der positive Effekt einer Lohnerhöhung schon nach kurzer Zeit verpufft und die Zufriedenheit eben nicht dauerhaft erhöhen kann.

Gamification im Business: Ein leichteres Spiel im Vertrieb?

Immer mehr Unternehmen entdecken die Gamification-Methode in Geschäftsprozessen für sich, um Mitarbeiter zu neuen Höchstleistungen anzuspornen. Ohnehin ist der Wettbewerb im Vertrieb ja immanent: Viele Mitarbeiter wollen die Besten sein. Dies gilt es auch spielerisch mit Blick auf die Motivation und Produktivität aufzugreifen. Im Marketingbereich wird mithilfe von Loyalitätsprogrammen schon lange erfolgreich auf Spielmechanismen gesetzt, um das Kundenverhalten zu steuern und die Bindung langfristig zu sichern. Gamification bietet im Vertriebsbereich insbesondere die Chance, weltweite Marken-Communities via Internet aufzubauen, so wie es das Sportartikelunternehmen Nike derzeit sehr erfolgreich beweist.

Spielkomponenten motivieren Vertriebsmitarbeiter und steigern ihre Leistung

Als moderner und zeitgemäßer Ansatz im Bereich der Personalführung und -entwicklung bieten Spielmechanismen die große Chance, Mitarbeiter verstärkt zu involvieren und durch eine größere Identifikation mit ihrer Arbeit für eine höhere Zufriedenheit und letztlich eine größere Produktivität zu sorgen. Spielerische Vergleiche (Ranglisten und Visualisierung von Erfolgen) im Vertriebswettbewerb führen nachweislich zu höheren Umsatzerlösen. Die Wahrnehmung der eigenen Erfolge führt zu weiteren Motivationsschüben. Und selbst verpflichtende Schulungen können im Rahmen von Gamification positiv greifen, wenn etwa ein höherer Status als Belohnung winkt. Wer dauerhaft erfolgreich agieren will, sollte den natürlichen Spieltrieb in den Mitarbeitern wecken und diesen ökonomisch nutzen, sodass letztlich als Idealfall eine Win-Win-Situation steht.

Ein klassisches Problem sind lange Wartezeiten beim Kundenservice. Nichts ist ärgerlicher für Kunden, als lange und unbegründet erscheinende Wartezeiten. Gamification kann die Wartezeiten für Kunden deutlich verringern, wenn Mit-

arbeiter mehrerer Gruppen im transparenten Wettbewerb miteinander stehen. Belohnungen und die Visualisierung von Fortschritten erweisen sich als Schlüssel für eine erfolgreiche Praxisumsetzung. Molenaar hat in diesem Sinne eine Anzeige installiert, die beispielsweise den Serviceteams der Rabobank wie bei einem Hürdenlauf vor Augen führt, wie es im Vergleich zu anderen Teams steht. So wird der Ehrgeiz geweckt, und positive Erfolge stärken nachhaltig das Gemeinschaftsgefühl der Vertriebsmitarbeiter. Eine für Personalverantwortliche wegweisende Nachricht dürfte sein, dass die unmittelbaren Feedbacks über eine solche Anzeigetafel das Verhalten der Mitarbeiter deutlich stärker beeinflussen als klassische jährliche Personalgespräche.

Kundenmanagement 2.0 mit Mehrwert: Mit Gamification den Service optimieren

Unlängst wurde in Analogie zum boomenden E-Commerce der Begriff gCommerce geprägt, was der wirtschaftlichen Bedeutung von Gamification in eindrucksvoller Weise Rechnung trägt. Studien zum Kaufverhalten mit Blick auf Gamification-Maßnahmen zeigen, dass buchstäblich verspielte Kunden mit einer 20 Prozent höheren Wahrscheinlichkeit zu Käufern werden und sogar zu 50 Prozent ein Produkt eher weiterempfehlen. Die ökonomische Legitimation für die strategische Beschäftigung mit Gamification ist also nicht von der Hand zu weisen. Wird der Spieltrieb der Kunden professionell genutzt, lässt sich ein erlebnisreicher Mehrwert inszenieren, der sich auch positiv auf das Image einer Marke auswirkt. Ob Punkte sammeln, Rekorde brechen oder weltweite Vernetzung: Spielerische Elemente mit belohnendem Charakter sind aus dem Bereich Kundenmanagement nicht mehr wegzudenken. Mit der weltweiten Plattform Nike+ hat das Sport-

---

Kerngedanken

• Menschliche Psyche und spielerischer Wettbewerb: Das passt zusammen!

• Positive Emotionen und soziale Kontakte sorgen für nachhaltige Zufriedenheit, Materielles kann nur vorübergehende Effekte schaffen („Kein Ziel ist erstrebenswerter als positive Emotionen", Gamification-Manager Maarten Molenaar).

• Ganzheitlichkeit: Die Potenziale von Gamification wirken auf Mitarbeiter und Kunden.

bekleidungsunternehmen einen virtuellen Wettbewerb geschaffen, bei dem Menschen auf der ganzen Welt ihre sportlichen Leistungen auf einer Online-Plattform vergleichen können. Dieser Wettbewerb stachelt viele zu neuen Höchstleistungen an, stärkt gleichzeitig immens die Kundenbindung und bewirkt außerdem positive Image-Effekte für die ohnehin starke Marke.

Die strategische Zukunft liegt auf dem Spielfeld der Personalverantwortlichen

Die strategische Rolle von Gamification wird in betrieblichen Prozessen rasant an Bedeutung gewinnen und zu einem wichtigen Wettbewerbsfaktor für die Mitarbeitermotivation und die Kundenbindung im Vertrieb. Es gilt, den natürlichen menschlichen Spieltrieb von Mitarbeitern und Kunden ökonomisch zu nutzen und dabei gleichzeitig die eigene Marke bzw. Produkte durch virtuelle Vermarktungsmöglichkeiten im Internet zu profilieren.

Fazit

Ohne Übertreibung kann festgehalten werden, dass im Computerzeitalter des Web 2.0 spielerische Motivation für Mitarbeiter und Kunden zu einem wesentlichen Produktivitätsfaktor werden. Allerdings muss jedes unternehmerische Spiel klare und transparente Regeln haben und einen motivierenden Mehrwert stiften. Es reicht nicht, nur Punkte zu verteilen oder schnöde Listen auszuhängen. Um die Umsätze und die Leistungsbereitschaft der Mitarbeiter zu erhöhen, bedarf es mit Blick auf Unternehmensspezifika einer gesunden Portion Kreativität gemischt mit psychologischem Fachwissen. Zwar steht Spaß zur Motivationssteigerung im Vordergrund.

> *„Immer mehr Unternehmen entdecken Gamification als Spielart in Geschäftsprozessen für sich, um Mitarbeiter zu neuen Höchstleistungen anzuspornen."*

Handlungsempfehlungen

Praxisorientierte Handlungsempfehlungen für betriebliche Gamification-Prozesse:

● Interaktion multimedial inszenieren: betriebliche Prozesse quasi als Spielfeld visualisieren und Transparenz zur Motivationssteigerung im Wettbewerb schaffen

● Kundenmanagement 2.0 mit spielerischen Elementen umsetzen: Kunden mit Hilfe des Internets binden und gezielt aktivieren (Online-Communities gründen)

● Ein notwendiges psychologisches Bewusstsein als Basis schaffen: Was macht wirklich zufrieden? Was wirkt motivierend? Wie kann ich produktiver arbeiten? Das vorgestellte Perma-Modell liefert konkrete Ansatzpunkte für Personalverantwortliche.

● Direktes Feedback im Arbeitsalltag hat eine stärker motivierende Wirkung auf das Mitarbeiterverhalten als jährliche Mitarbeitergespräche.

SfP Zusätzlicher Verlagsservice für Abonnenten von „Springer für Professionals | Vertrieb"

Zum Thema	Gamification	🔍 Suche

finden Sie unter www.springerprofessional.de 5 Beiträge   Stand: Februar 2014

Medium
☐ Zeitschriftenartikel (2)
☐ Buchkapitel (3)

Sprache
☐ Deutsch (2)
☐ Englisch (3)

Von der Verlagsredaktion empfohlen

Heinemann, G.: Die digitale Revolution, in: Sales Management Review, 04/2012, Wiesbaden 2012, S.8-11, www.springerprofessional.de/ 3064432

Gonzales-Scheller, Ph.: Trendthema Gamification – was steckt hinter diesem Begriff?, in: Dierks, J./Kupka, Ch.: Recrutainment, Wiesbaden 2013, S. 33-51, www.springerprofessional.de/ 4945150

WHU EXECUTIVE EDUCATION

WHU
Otto Beisheim School of Management
30 Years 1984–2014

Thinking in new directions.

Maßgeschneiderte Programme

- Konzeption und Durchführung interner Weiterbildungsmaßnahmen im Bereich General Management
- Angepasst an die individuellen Bedürfnisse Ihres Unternehmens

Offene Programme

- General Management Plus Program
- Doing Business With India Program
- Negotiations Program
- Excellence in Finance für Family Office Executives Programm

EFMD
EQUIS
ACCREDITED

**30 Years
Excellence in
Management
Education**

SYSTEMAKKREDITIERT
nach **Akkreditierungsrat** ■ durch ✕ FIBAA

1984–2014

Weitere Informationen: whu.edu/execed
E-Mail: execed@whu.edu

Informationsaktivitäten des Vertriebs im Innovationsprozess

Die Informationsaktivitäten des Vertriebs sind eine wichtige Grundlage für den Innovationserfolg. Marktorientierte Unternehmen priorisieren dabei kundenorientiertes Marktlernen, also das Gewinnen und die Weitergabe von Wissen über Kunden, Zulieferer, Händler und Wettbewerber. Damit besitzen sie das Rüstzeug für rasche Anpassungen an erkennbare und latente Kundenbedürfnisse. Dieser Beitrag beschäftigt sich anhand einer durchgeführten Studie mit den Treibern der unternehmensinternen Weitergabe von Marktwissen.

Sabine Kuester, Andreas Rauch

Das systematische Lernen über den Markt führt im Vergleich zu direkten Wettbewerbern erwiesenermaßen zu einer höheren Profitabilität, höheren Marktanteilen und innovativeren Produkten (Baker & Sinkula 2005). Externe Marktinformationsquellen, z. B. Marktforschungsinstitute, Kunden, Zulieferer und Händler sind hierfür von großer Bedeutung, da sie häufig über neues, nicht redundantes Marktwissen verfügen (Gruner & Homburg 2000, Song & Thieme, 2009). Auf der anderen Seite birgt die Einbindung dieser externen Marktteilnehmer die Gefahr der Diffusion von internem Firmenwissen zu Wettbewerbern (Trott & Hartmann, 2009), des Verlusts von intellektuellem Eigentum (Dahlander & Gann, 2010) und der Fokussierung auf eher inkrementelle anstatt radikaler Innovationen (Grunert, 2005). Interne Marktinformationsquellen haben daher in jüngster Zeit in Praxis und Forschung an Bedeutung gewonnen.

In dieser Hinsicht kommt Vertriebsmitarbeitern eine besondere Rolle zu (Chonko, Tanner & Smith, 1990; Cross et al., 2001). Denn aufgrund ihrer Position an der Schnittstelle zum Markt haben Vertriebsmitarbeiter Zugang zu einzigartigem Wissen über Kunden, Zulieferer, Händler und Wettbewerber (siehe **Abbildung 1**). Des Weiteren befinden sie sich in einer idealen Position, um dieses Wissen unternehmensintern weiterzugeben (Ahearne et al., 2010). Die Informationsaktivitäten des Vertriebs können daher eine wichtige Grundlage für Vorteile im Innovationswettbewerb bilden (Joshi, 2010).

„Wenn Vertriebsmitarbeiter ihre zentralen Vertriebsaufgaben im Zwiespalt mit ihrer Tätigkeit der Wissensweitergabe (d. h. Rollenambiguität) empfinden, dann sind sie weniger bereit, Marktwissen im Unternehmen weiterzugeben.“

Udo Brandt, Vorsitzender der Geschäftsführung der Saint-Gobain Building Distribution Deutschland GmbH, fasst den Hintergrund der vorliegenden Studie treffend zusammen: „Unsere Vertriebsmitarbeiter sind ständig in Kontakt mit unseren Kunden und sammeln so wichtige Informationen über Kundenbedürfnisse, Trends, aber auch über unseren Wettbewerb. Dieses Wissen muss dem Unternehmen zur Verfügung gestellt werden. Es kann unter anderem im Neuproduktprozess entscheidende Impulse setzen.”

Jedoch nutzen viele Unternehmen die interne Marktinformationsquelle Vertrieb nicht oder nur unzureichend, obwohl diese effektiv und effizient für das Unternehmen nutzbar gemacht werden kann (Cross et al., 2001; Pass, Evans & Schlacter, 2004). Ziel der vorliegenden Studie ist es deshalb, die Voraussetzungen und Treiber von verschiedenen Informationsaktivitäten des Vertriebs, d. h. der unternehmensinternen Weitergabe von Marktwissen, zu identifizieren. Die zentralen Fragestellungen vor dem Hintergrund der Studie lauten:

Prof. Dr. Sabine Kuester
ist Inhaberin des Lehrstuhls für ABWL
insb. Marketing III an der Universität
Mannheim. Zudem ist sie Direktorin des
Instituts für Marktorientierte Unternehmensführung und akademische Direktorin
des Mannheim MBA Programms an der
Mannheim Business School.
E-Mail: kuester@bwl.uni-mannheim.de

Dipl. Kfm. Andreas Rauch
ist wissenschaftlicher Mitarbeiter am
Lehrstuhl für ABWL insb. Marketing III
und Doktorand an der Graduate School
of Economics and Social Sciences an der
Universität Mannheim.
E-Mail: rauch@bwl.uni-mannheim.de
http://kuester.bwl.uni-mannheim.de

Zusammenfassung

• Relevanz: Informationsaktivitäten des Vertriebs, d.h. die unternehmensinterne Weitergabe von Marktwissen, bilden eine wichtige Grundlage für Vorteile im Innovationswettbewerb. Voraussetzung ist die erfolgreiche Integration von Vertriebsinformationen in den Innovationsprozess. Dafür bedarf es eines koordinierten Vertriebsmanagementansatzes.

• Ziel: Die Studie identifiziert psychologische Voraussetzungen von Vertriebsmitarbeitern, die die unternehmensinterne Weitergabe von Marktwissen begünstigen.

• Ergebnisse:

1. Wenn Vertriebsmitarbeiter ihre zentralen Vertriebsaufgaben im Zwiespalt mit ihrer Tätigkeit der Wissensweitergabe (d. h. Rollenambiguität) empfinden, dann sind sie weniger bereit, Marktwissen im Unternehmen weiterzugeben.

2. Eine positive Einstellung gegenüber der Weitergabe von Marktwissen und hoher sozialer Druck (d.h. eine starke subjektive Norm) diese Aufgabe auszuführen, haben einen positiven Einfluss auf ihre Bereitschaft zur Wissensweitergabe.

3. Des Weiteren identifiziert die Studie intrinsische und extrinsische Belohnung als betriebliche Faktoren, die Manager beeinflussen können, um Informationsaktivitäten des Vertriebs zu fördern.

1. Was sind die individuellen psychologischen Voraussetzungen von Vertriebsmitarbeitern, die die unternehmensinterne Weitergabe von Marktwissen begünstigen?

2. Welche betrieblichen Faktoren zur Beeinflussung der unternehmensinternen Weitergabe von Marktwissen durch Vertriebsmitarbeiter existieren?

Die Studie

Im Fokus der Studie steht die unternehmensinterne Weitergabe von Marktwissen. Damit sind Verhaltensweisen von Vertriebsmitarbeitern gemeint, die darauf abzielen, durch den direkten oder indirekten Austausch von Informationen, einen Transfer von Marktwissen zu Kollegen und Vorgesetzten zu erreichen, die dann den Innovationsprozess befruchten können. Zunächst betrachten wir die psychologischen Voraussetzungen, die Vertriebsmitarbeiter dazu veranlassen, Marktwissen unternehmensintern weiterzugeben. Hierbei unterscheiden wir zwischen einem indirekten motivationalen Prozess und einem direkten nicht-motivationalen Prozess.

Indirekter motivationaler Prozess

Im Rahmen des indirekten motivationalen Prozesses nehmen wir gemäß der Theorie des überlegten Handelns (Ajzen und Fishbein 1975) an, dass eine positive Einstellung und eine hohe subjektive Norm zu einer höheren Motivation führt, und diese wiederum die Weitergabe von Marktwissen positiv beeinflusst. Die Einstellung bezeichnet hierbei den Grad, zu dem ein Vertriebsmitarbeiter die unternehmensinterne Wei-

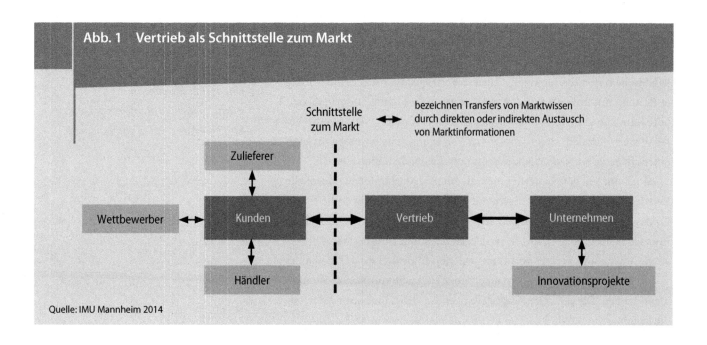

Abb. 1   Vertrieb als Schnittstelle zum Markt

Quelle: IMU Mannheim 2014

tergabe von Marktwissen positiv beurteilt. Die subjektive Norm ist definiert als der wahrgenommene soziale Druck, Marktwissen unternehmensintern weiterzugeben.

Direkter nicht-motivationaler Prozess

Des Weiteren stellen wir die Hypothese auf, dass Rollenambiguität, d. h. der wahrgenommene Mangel an Informationen und die Unsicherheit über die Erwartungen Anderer in Bezug auf die eigene Rolle, einen direkten negativen Einfluss auf die unternehmensinterne Weitergabe von Marktwissen ausübt. Aufgrund ihrer Position an der Schnittstelle zwischen Kunden und Unternehmen sind Vertriebsmitarbeiter häufig verschiedenen Erwartungen, Bedürfnissen und Anforderungen ausgesetzt. Dies führt bei Vertriebsmitarbeitern häufig zur Wahrnehmung von Rollenambiguität (Nonis et al., 1996). Die negative Wirkung von Rollenambiguität auf den Verkaufserfolg konnte im Vertriebskontext schon in zahlreichen Studien demonstriert werden (z. B. Zablah et al., 2012).

Zusätzlich ziehen wir betriebliche Faktoren in Betracht, die Manager nutzen können, um die unternehmensinterne Weitergabe von Marktwissen durch Vertriebsmitarbeiter zu fördern. Hierbei unterscheiden wir zwischen intrinsischer und extrinsischer Belohnung. Intrinsische Belohnung bezeichnet das Bestreben der Vertriebsmitarbeiter, um ihrer selbst Willen Marktwissen unternehmensintern weiterzugeben, z. B. weil es ihr Interesse befriedigt oder eine Herausforderung darstellt. Extrinsische Belohnung bezeichnet Motive, die Vertriebsmitarbeiter dazu veranlassen, Marktwissen unterneh-

Kerngedanken

- Informationsaktivitäten des Vertriebs bilden eine wichtige Grundlage für Vorteile im Innovationswettbewerb.
- Viele Unternehmen nutzen die interne Marktinformationsquelle Vertrieb nicht oder nur unzureichend, obwohl diese effektiv und effizient für das Unternehmen nutzbar gemacht warden.
- Für die erfolgreiche Integration von Vertriebsinformationen in Innovationsprozesse bedarf es eines koordinierten Vertriebsmanagement-Ansatzes.

mensintern weiterzugeben, um sich Vorteile zu verschaffen, beispielsweise in Form von Vergütung oder Anerkennung.

Die Theorie des überlegten Handelns legt nahe, dass Vertriebsmitarbeiter eine positive Einstellung gegenüber der unternehmensinternen Weitergabe von Marktwissen entwickeln, wenn sie diese mit bestimmten Attributen verbinden, die sie als wertvoll betrachten (Ajzen & Fishbein, 1975). Gemäß der globalen extrinsischen und intrinsischen Motivationstheorie können extrinsische und intrinsische Belohnung als solche Attribute angesehen werden (Amabile et al., 1994). Des Weiteren gehen wir davon aus, dass in Situationen hoher Rollenambiguität diejenigen Vertriebsmitarbeiter, die eine extrinsische Belohnung für die unternehmensinterne Weitergabe von Marktwissen erhalten, eher ihre Anstrengungen bei

der Interpretation ambivalenter situationsbezogener Informationen erhöhen als Vertriebsmitarbeiter, die nicht dafür belohnt werden. Somit sind Erstere eher in der Lage, ambivalente situationsbezogene Informationen in Handlungen umzusetzen und somit ihre Rollenambiguität zu reduzieren (Miao & Evans, 2007).

Wir nehmen daher eine differenzierte Wirkungsweise von intrinsischer und extrinsischer Belohnung an. Auf der einen Seite erwarten wir einen positiven Einfluss von intrinsischer und extrinsischer Belohnung auf die Einstellung. Auf der anderen Seite nehmen wir an, dass extrinsische Belohnung Rollenambiguität reduziert. Alle Modell-Hypothesen sind noch einmal in der nachfolgenden **Abbildung 2** zusammengefasst.

Um unsere Hypothesen zu testen, führten wir eine Befragung unter Vertriebsmitarbeitern in Deutschland durch. Insgesamt nahmen 160 Vertriebsmitarbeiter an unserer Befragung teil. Die Stichprobe umfasst ein breites Spektrum an Unternehmen in Bezug auf Branchen, Größe und Umsatz. Zur Messung der Modellvariablen wurden ausschließlich aus mehreren Fragen bestehende, in der Literatur bereits etablierte Likert-Skalen verwandt. Die Vertriebsmitarbeiter wurden zu psychologischen Voraussetzungen, betrieblichen Stellhebeln und der unternehmensinternen Weitergabe von Marktwissen befragt. Die Auswertung der Stichprobe erfolgte mittels Analyse von Strukturgleichungsmodellen.

Zentrale Relevanz und Implikationen

Die Resultate der Modellanalyse zeigen, dass die unternehmensinterne Weitergabe von Marktwissen durch den Vertrieb von den individuellen psychologischen Voraussetzungen der Vertriebsmitarbeiter abhängt. Wenn Vertriebsmitarbeiter ihre zentralen Vertriebsaufgaben im Zwiespalt mit ihrer Tätigkeit der Wissensweitergabe (d. h. Rollenambiguität) empfinden, dann sind sie weniger bereit, Marktwissen im Unternehmen weiterzugeben. Eine positive Einstellung gegenüber der Weitergabe von Marktwissen und hoher sozialer Druck (d. h. eine starke subjektive Norm), diese Aufgabe auszuführen, haben einen positiven Einfluss auf ihre Bereitschaft der Wissensweitergabe. Zusätzlich identifiziert die Studie intrinsische und extrinsische Belohnung als betriebliche Stellhebel, die Manager nutzen können, um Informationsaktivitäten des Vertriebs zu fördern. Auf der einen Seite entwickeln Vertriebsmitarbeiter eine positivere Einstellung gegenüber der unternehmensinternen Weitergabe von Marktwissen, wenn es positive intrinsische Motive und Gründe gibt, die Aufgabe auszuführen. Auf der anderen Seite verbessert eine extrinsische Belohnung die Einstellung gegenüber der Weitergabe von Marktwissen interessanterweise nicht.

Frühere Forschungsergebnisse zeigen, dass die aufgabenbezogene Belohnung sowie ein nicht konstruktives Feedback die Gefühle von Autonomieverlust und externer Regulation ver-

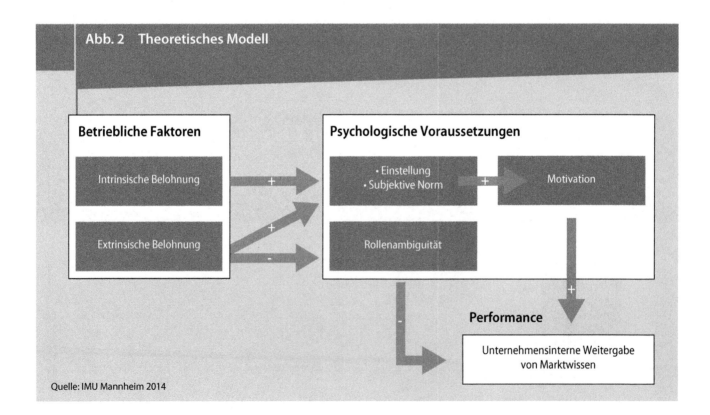

Abb. 2   Theoretisches Modell

Betriebliche Faktoren

Intrinsische Belohnung

Extrinsische Belohnung

Psychologische Voraussetzungen

• Einstellung
• Subjektive Norm

Motivation

Rollenambiguität

Performance

Unternehmensinterne Weitergabe von Marktwissen

Quelle: IMU Mannheim 2014

stärken können (Deci & Ryan, 2000). Dies könnte erklären, warum eine extrinsische Belohnung keinen Einfluss auf die Einstellung ausübt. Nichtsdestotrotz zeigen die Studienergebnisse, dass diese ein wichtiger Stellhebel ist, der den negativen Einfluss von Rollenambiguität abschwächen kann.

Zusammenfassend empfehlen wir Unternehmen daher einen koordinierten Vertriebsmanagement-Ansatz zur Förderung von Informationsaktivitäten des Vertriebs. Ein koordinierter Vertriebsmanagement-Ansatz umfasst erstens klare Rollen für Vertriebsmitarbeiter bezüglich der unternehmensinternen Weitergabe von Marktwissen. Vertriebsmanager sollten ihre Mitarbeiter umfassend bezüglich der Anforderungen der Aufgabe und den Erwartungen potenzieller Empfänger von Marktwissen (z. B. Mitarbeiter aus F&E oder dem Marketing) informieren. Vertriebsmitarbeiter benötigen Klarheit

• über die Art von Marktwissen, welches als relevant erachtet wird,

• die Weise, wie Informationen aufgearbeitet/vorbereitet werden sollen,

• den bevorzugten Berichtsweg für die Wissensweitergabe und

• die potenziellen Empfänger von Marktwissen.

Zweitens beinhaltet der koordinierte Vertriebsmanagement-Ansatz die Kopplung der unternehmensinternen Weitergabe von Marktwissen an das Belohnungssystem. Vertriebsmitarbeiter benötigen Anreize, um Marktwissen unternehmensintern weiterzugeben und um ein klares Rollenverständnis bezüglich der Aufgabe zu entwickeln. Dies impliziert ein eher verhaltensbezogenes Belohnungssystem (im Gegensatz zu einem ergebnisorientierten Belohnungssystem).

In einem verhaltensbezogenen Belohnungssystem müssen Vertriebsmanager

• ständig in engem Kontakt zu ihren Mitarbeitern stehen,

• gut informiert über die Aktivitäten ihrer Mitarbeiter bleiben,

• häufig Orientierung bieten und

• bei der Beurteilung eine Vielzahl von Verhalten und Leistungen berücksichtigen.

Drittens empfehlen wir die unternehmensübergreifende Förderung der unternehmensinternen Weitergabe von Marktwissen. Dies beinhaltet zuallererst, eine Feedback-Kultur zu etablieren: Demnach liegt es im Verantwortungsbereich eines jeden Mitarbeiters, der Marktwissen von Vertriebsmitarbeitern erhält, im Gegenzug ein angemessenes Feedback zu liefern. Des Weiteren sollte durch die Stärkung von Werten wie Kun-

Handlungsempfehlungen
Erkenntnisse für Manager

1. Informationsaktivitäten des Vertriebs bilden eine wichtige Grundlage für Vorteile im Innovationswettbewerb.
2. Vertriebsmanager sollten ein besonderes Augenmerk darauf richten, nicht die Rollenambiguität von Vertriebsmitarbeitern zu erhöhen, wenn sie von ihnen verlangen, zusätzlich zu ihrer eigentlichen Aufgabe des Verkaufs, Marktwissen unternehmensintern weiterzugeben.
3. Es liegt im Verantwortungsbereich eines jeden Mitarbeiters, der Marktwissen von Vertriebsmitarbeitern erhält, im Gegenzug angemessenes Feedback zu liefern.
4. Die Weitergabe von Marktwissen sollte an das Vergütungssystem von Vertriebsmitarbeitern gekoppelt sein, z.B. in der Form eines verhaltensbezogenen Vergütungssystems.
5. Unternehmen sollten versuchen, Aspekte der unternehmensinternen Weitergabe von Marktinformationen an Vertriebsmitarbeiter zu kommunizieren, die diese als intrinsisch lohnend ansehen.

denorientierung, Wettbewerbsorientierung und abteilungsübergreifender Zusammenarbeit die Marktorientierung in der Unternehmenskultur stärker verankert werden.

Viertens sollten die Unternehmen versuchen, Aspekte der unternehmensinternen Weitergabe von Marktinformationen an Vertriebsmitarbeiter zu kommunizieren, die diese als intrinsisch lohnend ansehen. So könnten Vertriebsmanager zum Beispiel in ihren Vertriebsmeetings, Rundmails oder während informeller Treffen erwähnen, dass ihre Vertriebsmitarbeiter durch die unternehmensinterne Weitergabe von Marktwissen ihre innerbetrieblichen Beziehungen verbessern können. Außerdem könnte in unternehmensinternen Medien, wie Newslettern, dem Intranet, Broschüren oder der Firmenzeitung der Wert der unternehmensinternen Weitergabe von Marktwissen durch die eigenen Vertriebsmitarbeiter für den Innovationserfolg des Unternehmens herausgestellt werden.

Literatur

Ahearne, M./Rapp, A./Hughes, D. E./Jindal, R. (2010): "Managing Sales Force Product Perceptions and Control Systems in the Success of New Product Introductions", in: Journal of Marketing Research, 47 (4), pp. 764-76.

Amabile, T.M./Hill, K.G./B.A. Hennessey/Tighe, E.M. (1994): The Work Performance Inventory: Assessing Intrinsic and Extrinsic Motivational Orientations, in: Journal of Personality and Social Psychology, 66(May), pp. 950-967.

Baker, W.E./Sinkula, J. M. (2005). Market Orientation and the New Product Paradox., in: Journal of Product Innovation Management, 22(6), pp. 483-502.

Chonko, L.B./Tanner Jr., J.F./Smitz, E.R. (1991): "Selling and Sales Management in Action: The Sales Force's Role in International Marketing Research and Marketing Information Systems,", in: Journal of Personal Selling & Sales Management, 11 (1), PP. 69-79.

Cross, J./Hartley, W.S./Rudelius, W./Vassey, M.J. (2001): "Sales Force Activities and Marketing Strategies in Industrial Firms: Relationships and Implications," in: Journal of Personal Selling & Sales Management, 21 (3), pp. 199-206.

Dahlander, L./Gann, D. M. (2010): How open is innovation?. Research Policy, 39(6), pp. 699-709.

Deci, E.L./Ryan, R.M. (2000): Self-Determination Theory and the Facilitation of Intrinsic Motivation, Social Development and Well-Being. American Psychologist, 58(1), pp. 68-78.

Fishbein, M./Ajzen, I. (1975): Belief Attitude, Intention and Behavior: An Introduction to Theory and Research. Upper Saddle River, NJ: Addison-Wesley.

Gruner, K. E.,/Homburg, C. (2000): Does Customer Interaction Enhance New Product Success?. Journal of Business Research, 49(1), pp. 1-14.

Grunert, K. G. (2005): "Consumer Behaviour with Regard to Food Innovations: Quality Perception and Decision-Making," in: Innovation in Agri-Food Systems: Product Quality and Consumer Acceptance, W. M. F. Jongen and M. T. G. Meulenberg, eds. Wageningen: Wageningen Academic Publishers, pp. 57–85.

Joshi, A. W. (2010): Salesperson Influence on Product Development: Insights from a Study of Small Manufacturing Organizations, in: Journal of Marketing, 74(1), pp. 94-107.

Miao, C. F./Lund, D. J./Evans, K. R. (2009): Reexamining the Influence of Career Stages on Salesperson Motivation: A Cognitive and Affective Perspective. Journal of Personal Selling & Sales Management, 29(3), pp. 243-255.

Nonis, S. A./ Sager, J. K./Kumar, K. (1996): Salespeople's Use of Upward Influence Tactics (Uits) in Coping with Role Stress. Journal of the Academy of Marketing Science, 24(1), p. 44.

Pass, M. W./Evans, K.R./Schlacter, J.L. Schlacter (2004): "Sales Force Involvement in CRM Information Systems: Participation, Support, and Focus," in: Journal of Personal Selling & Sales Management, 24 (3), pp. 229-34.

Song, M., & Thieme, J. (2009): The Role of Suppliers in Market Intelligence Gathering for Radical and Incremental Innovation, in: Journal of Product Innovation Management, 26(1), pp. 43-57.

Trott, P., & Hartmann, D. (2009): Why 'Open Innovation' is Old Wine in New Bottles. International Journal of Innovation Management, 13(4), pp. 715-736.

Zablah, A., Franke, G., Brown, T., & Bartholomew, D. (2012). How and When Does Customer Orientation Influence Frontline Employee Job Outcomes? A Meta-Analytic Evaluation, in: Journal of Marketing, 76(3), pp. 21-40.

[SfP] Zusätzlicher Verlagsservice für Abonnenten von „Springer für Professionals | Vertrieb"

Zum Thema | Innovation Marktwissen Vertrieb | 🔍 Suche |

finden Sie unter www.springerprofessional.de 14 Beiträge   Stand: Februar 2014

Medium

☐ Zeitschriftenartikel (1)
☐ Buchkapitel (13)

Sprache

☐ Deutsch (14)

Von der Verlagsredaktion empfohlen

Binckebanck, L.: Grundlagen zum strategischen Vertriebsmanagement, in: Führung von Vertriebsorganisationen, Wiesbaden 2013, S.3-35, www.springerprofessional.de/ 4727638

Voigt, I.: Der Innovationsprozess, in: Voigt, I.: Industrielles Management, Wiesbaden 2008, S. 369-40, www.springerprofessional.de/ 1949066

Service

Buchrezensionen

Ulrich Dirk Frey/ Gabriele Hunstiger/
Peter Dräger

Shopper-Marketing: Mit Shopper Insights
zu effektiver Markenführung bis an den POS

Springer Gabler, 1. Auflage

Wiesbaden, 2011

356 Seiten, 49,99 €

ISBN: 978-3-8349-2224-3

Kerngedanke

"Shopper Marketing ist eine Strategie, in der Hersteller und Handel, basierend auf Shopper Insights, messbar und profitabel Business schaffen und Marken- als auch Einkaufsstätten Equity verbessern."

Nutzen für die Praxis

Die Autoren beschreiben die Aufgaben und Methoden des Shopper-Marketings sehr umsetzungsorientiert. Jede Aufgabe bzw. Methode wird mit mehreren Beispielen aus der Agenturarbeit illustriert.

Abstract

Shopper-Marketing ist noch eine junge Disziplin des Marketings. Die Autoren beschreiben dessen Entwicklung und Status im In- und Ausland und beschäftigen sich zudem mit In-store-Design und digitalem Shopper-Marketing.

Susanne Czech-Winkelmann

Der neue Weg zum Kunden: Vom
Trade-Marketing zum Shopper-Marketing

Deutscher Fachverlag, 1. Auflage

Frankfurt am Main, 2011

384 Seiten, 78 €

ISBN: 978-3-8664-1221-7

Kerngedanke

"Ziel von Trade-Marketing ist es, über die in der Praxis unverändert im Mittelpunkt stehenden Konditionen und Werbekostenzuschüsse (WKZ) hinaus einen ganzheitlichen, umfassenderen Ansatz für eine erfolgreiche Zusammenarbeit mit Kunden und Handel aufzuzeigen."

Nutzen für die Praxis

Die Autorin gibt einen umfassenden Überblick zu Trade Marketing, Category Management und Shopper-Marketing aus Sicht der Konsumgüterhersteller. Praktiker werden dabei durch Interviews und Beispiele stark einbezogen.

Abstract

Der Leitfaden beschreibt Grundlage, Umfeld, Konzeption und Instrumente des Trade-Marketings in Marketing und Vertrieb eines Konsumgüterherstellers.

Toby Desforges/ Mike Anthony

The Shopper Marketing Revolution:
Consumer - Shopper – Retailer

RTC Publishing, 1. Auflage

Chicago, 2013

340 Seiten, 16,02 €

ISBN: 978-1-9394-1827-2

Kerngedanke

„Shopper marketing is the systematic creation and application of elements of a marketing mix to affect positive change in shopper behavior and drive consumption of a brand."

Nutzen für die Praxis

Die Autoren entwickeln einen fünf-Schritte Shopper-Marketing-Prozess für Konsumgüterhersteller und geben umfassende Hinweise zur Umsetzung in der eigenen Organisation und mit den Händlern.

Abstract

Veränderungen der Konsumenten, Käufer und Händler sind Gründe für die Entwicklung von Shopper-Marketing. Die Autoren betrachten diese detailliert und erläutern fünf Schritte des Shopper-Marketing-Prozesses.

Veranstaltungen

Veranstaltungen zum Thema Vertrieb				
Datum	**Event**	**Website**	**Ort**	**Veranstalter**
17.03. - 18.03.2014	Die besten Verkäufer finden und halten: Zielvereinbarungen für Verkäufer	www.xenagos.de	Stuttgart	Xenagos – The Sales Recruiter
19.03.2014	Die besten Verkäufer finden und halten 2014	www.xenagos.de	München	Xenagos – The Sales Recruiter
20.03. - 21.03.2014	Die besten Verkäufer finden und halten – SalesOnboarding	www.xenagos.de	Köln	Xenagos – The Sales Recruiter
25.03. - 26.03.2014	Professionelles Vertriebsmanagement	www.b2bseminare.de/790	Köln	Marconomy-Akademie Vogel Business Media
26.03. - 03.04.2014	Online Marketing Forum	www.onlinemarketingforum.de	verschieden	Neue Mediengesellschaft Ulm mbH
27.03.2014	Der Kunde der Zukunft	www.imu-mannheim.de	Mannheim	Institutes für Marktorientierte Unternehmensführung, Uni Mannheim
05.05. - 07.05.2014	iico2014 – Konferenz für digitales Business	www.iico.de	Berlin	Infopark AG
05.06.2014	Sales Performance Summit	www.millerheiman.eu	München	Miller Heimann Europe GmbH
Studienbeginn jederzeit	Vertriebsprofi mit Management-Know-how	www.euro-fh.de	Hamburg	Europäische Fernhochschule Hamburg

Auskunft bei Wettbewerbsverstößen

Wer gegen ein vertragliches Wettbewerbsverbot verstößt, schuldet nicht nur Schadensersatz, sondern muss vorbereitend auch Auskunft über den Umfang von Fremdvermittlungen geben.

Immer wieder erliegen Außendienstmitarbeiter der Versuchung, gegen ein bestehendes Wettbewerbsverbot zu verstoßen. Sei es, dass ein Angebot der Konkurrenz allzu verlockend erscheint, sei es, dass Störungen in einem bereits gekündigten Vertragsverhältnis zur verfrühten Aufnahme einer Konkurrenztätigkeit bewegen.

Das Wettbewerbsverbot gilt sowohl für Angestellte als auch Selbstständige während der gesamten Vertragslaufzeit, selbst dann, wenn es nicht ausdrücklich vertraglich geregelt wurde. Die Nebenpflicht zur Wettbewerbsenthaltung folgt schon aus allgemeinen gesetzlichen Treue- und Interessenwahrnehmungspflichten. Wird eine solche Pflicht verletzt, bestehen grundsätzlich ein Unterlassungs- sowie ein Schadensersatzanspruch, letzterer gerichtet auf entgangenen Gewinn. Hinzutreten können, wenn wirksam vereinbart, Vertragsstrafeansprüche.

Das Unternehmen kennt in einer solchen Situation oft das genaue Ausmaß verbotswidriger Konkurrenztätigkeit nicht. Die Rechtsprechung gesteht dem Unternehmen deshalb einen vorbereitenden Auskunftsanspruch zu. Mit dessen Umfang beschäftigt sich der Bundesgerichtshof in einer aktuellen Entscheidung vom 26.09.2013 – VII ZR 227/12:

Ausgangsfall und Grundsätze

Der beklagte Finanzdienstleistungsvermittler wurde während noch laufender Kündigungsfrist bereits als Vertriebsleiter für ein konkurrierendes Versicherungsunternehmen tätig. Das vormals vertretene Unternehmen verlangte deshalb unter anderem vorbereitend Auskunft über selbst bzw. zugeordnete Außendienstmitarbeiter bei der Versicherung fremdvermitteltes Versicherungsgeschäft. Die Auskunft sollte auch Namen und Anschriften der Kunden enthalten.

Zunächst wiederholte der Bundesgerichtshof die Grundsätze seiner ständigen Rechtsprechung: Treu und Glauben gebieten es, einem Anspruchsberechtigten einen Auskunftsanspruch zuzubilligen, wenn der Anspruchsberechtigte in entschuldba-

Dr. Michael Wurdack
ist Rechtsanwalt und Partner der seit 40 Jahren auf Vertriebsrecht spezialisierten Kanzlei Küstner, v. Manteuffel & Wurdack in Göttingen. Telefon: 0551/49 99 60 E-Mail: kanzlei@vertriebsrecht.de Weitere Informationen, aktuelle Urteile und Seminarangebote rund um das Vertriebsrecht finden Sie auf der Kanzlei-Homepage: www.vertriebsrecht.de

rer Weise über das Bestehen oder den Umfang seines Rechts im Ungewissen und der Verpflichtete in der Lage ist, unschwer die zur Beseitigung dieser Ungewissheit erforderliche Auskunft zu erteilen. Ein aus § 242 BGB abgeleiteter Anspruch auf Auskunft setzt dabei voraus, dass

- zumindest der begründete Verdacht einer Vertragspflichtverletzung besteht und
- ein daraus resultierender Schaden des Anspruchstellers wahrscheinlich ist.

Verletzt ein Handelsvertreter während der Laufzeit des Handelsvertretervertrags ein Wettbewerbsverbot, macht er sich regelmäßig schadensersatzpflichtig. Hat der Handelsvertreter verbotswidrig Geschäfte für Konkurrenzunternehmen vermittelt, kann dem Unternehmer zur Vorbereitung des Anspruchs auf Ersatz des entgangenen Gewinns ein Anspruch auf Auskunft über die verbotswidrig für Konkurrenzunternehmen vermittelten Geschäfte zustehen, da dieser Umsatz als Grundlage einer Schadensschätzung nach § 287 ZPO dienen kann.

Auch Umsätze zugeordneter Außendienstmitarbeiter

Die Vorinstanz hatte die Auskunftspflicht auch auf diejenigen Geschäfte erstreckt, die von Außendienstmitarbeitern vermittelt wurden, die der Beklagte als Vertriebsleiter für die Konkurrenzversicherung angeworben hatte. Verneint wurde sie jedoch für Mitarbeiter, die lediglich – ohne Anwerbung durch den Beklagten – zugeordnet wurden. Dieser Einschränkung widersprach der BGH:

Es fehlt nach seiner Ansicht nicht am Kausalzusammenhang mit der Verletzung des Wettbewerbsverbots. Es sei möglich, dass die Tätigkeit des Beklagten als Vertriebsleiter jedenfalls für einen Anteil des Geschäftsvermittlungsvolumens bei den nur zugeordneten und angeleiteten, aber nicht von ihm neu angeworbenen Außendienstmitarbeitern, etwa durch Steigerung dieses Volumens, ursächlich gewesen sei. Des Weiteren sei ein Gewinnentgang in der Weise möglich, dass der Beklagte bei einer Tätigkeit für die Klägerin in dem fraglichen Zeitraum auf eine entsprechende Weise auf das Geschäftsvermittlungsvolumen Einfluss genommen hätte. Die Auskunft könne als Grundlage einer Schätzung des insoweit entgangenen Gewinns dienen. Dem Umstand, dass die Tätigkeit nur für einen Anteil des Geschäftsvermittlungsvolumens ursächlich sei, könne gegebenenfalls im Rahmen der Schadensschätzung nach § 287 ZPO Rechnung getragen werden.

Im Einzelfall: Keine Kundennamen und -anschriften

Bei der Zubilligung eines Auskunftsanspruchs sind nach Ansicht des BGH weiterhin die beiderseitigen Interessen angemessen zu berücksichtigen. Insbesondere seien das Informationsinteresse des Gläubigers und ein geltend gemachtes schutzwürdiges Geheimhaltungsinteresse des Schuldners gegeneinander abzuwägen.

Diese Abwägung ergebe im streitgegenständlichen Fall, dass ein Anspruch auf Nennung der Namen und Anschriften der Versicherungsnehmer nicht bestehe. Zur Vorbereitung des Anspruchs auf Ersatz des entgangenen Gewinns seien diese Angaben nach Art der gewählten Schadensberechnung nicht unmittelbar erforderlich. Grundsätzlich könne sich ein Auskunftsanspruch zwar auch auf Umstände erstrecken, die dem Gläubiger eine Überprüfung der Richtigkeit und Vollständigkeit einer Auskunft ermöglichen. Im Streitfall überwiege jedoch das schutzwürdige Geheimhaltungsinteresse das Informationsinteresse der Klägerin. Zu berücksichtigen sei, dass eine solche Nennung nicht geeignet sei, die Vollständigkeit

einer erteilten Auskunft verlässlich zu belegen. Weiter sei gewichtig, dass es sich bei den Namen und Anschriften von Versicherungsnehmern um Angaben handele, die wettbewerblich besonders sensibel und zudem auf natürliche Personen bezogen seien, deren informationelles Selbstbestimmungsrecht durch eine solche Auskunft tangiert würde.

Offen ließ der BGH, ob das Geheimhaltungsinteresse weniger oder gar nicht schutzwürdig ist, wenn das Konkurrenzunternehmen an der Verletzung des Wettbewerbsverbots vorsätzlich mitgewirkt hat. Dazu war im Streitfall nichts festgestellt. Ebenso offen blieb, ob möglicherweise entgehende Folgeprovisionsansprüche eine Individualisierung der Kunden rechtfertigen: Diese Begründung wurde erstmals in der Revisionsinstanz angeführt und konnte daher vom BGH nicht berücksichtigt werden.

> **Zusammenfassung**
> - Bei Verstößen gegen das Wettbewerbsverbot steht dem geschädigten Unternehmen regelmäßig ein vorbereitender Auskunftsanspruch zu, wenn der begründete Verdacht einer Vertragspflichtverletzung vorliegt und ein Schadenseintritt wahrscheinlich ist.
> - Dieser Auskunftsanspruch erstreckt sich auch auf Geschäfte zugeordneter Untervermittler bei der Konkurrenz, selbst dann, wenn der Auskunftspflichtige diese Untervermittler nicht angeworben hat.
> - Welche Angaben die Auskunft zu enthalten hat, ist anhand einer einzelfallbezogenen Abwägung zu entscheiden. Die darauffolgende Entscheidung kann dazu führen, dass Kundennamen und -anschriften nicht angegeben werden müssen.

In Kürze

Gehaltsbarometer für Exportmitarbeiter

Vergütung für Mitarbeiter im Export nach Berufserfahrung

60.0000 €

Oberes Quartil Q3

50.0000 €

40.0000 € — Median

Unteres Quartil Q1
30.0000 €

3-6 Jahre   7-10 Jahre   11-14 Jahre

Angaben sind jeweils Gesamtvergütung pro Jahr

In Kooperation mit

Compensation-Online

Quelle: www.compensation-online.de

Exportmitarbeiter sind ein Stützpfeiler des Vertriebs, wenn es um das Auslandsgeschäft geht. Grundsätzlich haben sie ähnliche Aufgaben wie im Verkauf oder im Back-Office für den Inlandsvertrieb. Besonderheiten sind internationale Kommunikationspartner, ein komplizierteres Dokumentenmanagement bzw. Vorschriftenwesen, der internationale Zahlungsverkehr und der Umgang mit anderen Kulturen im Verkauf. Das wirkt sich auch auf das Gehaltsgefüge aus: So erzielen laut der Vergütungsberatung Personalmarkt, die über 1.000 Exportmitarbeiter befragt hat, Exportspezialisten mit bis zu zehn Jahren Berufserfahrung durchschnittliche Jahresbruttogehälter von 44.000 Euro. 25 Prozent der Befragten liegen darüber und kommen jährlich auf 56.700 Euro. In größeren Unternehmen mit über 1.000 Mitarbeitern fahren sie im oberen Quartil über 75.300 Euro pro Jahr an Bruttobezügen ein Euro. Der Prämienanteil im Vertrieb liegt mit durchschnittlich 32 Prozent ebenfalls höher als im Vertriebsinnendienst (27 Prozent).

Flexibles Kundenmanagement punktet

58 Prozent der kleinen und mittleren Unternehmen (KMU) haben laut Ergebnissen aus der Change-Fitness-Studie der Mutaree GmbH einen deutlichen Marktvorsprung gegenüber großen Organisationen, weil sie flexibler auf die Belange ihrer Kunden eingehen. Dagegen haben große Unternehmen ab 1.000 Mitarbeitern noch Nachholbedarf, wenn es um die frühzeitige Identifikation und klar definierte Prozesse geht. Hier liegt die Erfolgsquote bei nur 17 Prozent. Dies zeigt, dass das Wissen um volatile Märkte allein nicht ausreicht, damit Unternehmen auf Schwankungen am Markt mit einer gezielten Endkundenansprache bzw. durch ein sinnvolles CRM reagieren können. Die genaue Identifikation aller notwendigen Maßnahmen zur Steigerung der Kundenbindung in Verbindung mit einer zielgerichteten Steuerung der Aktivitäten im Kundenmanagement ist dabei essenziell.

Zahl des Monats: Steuerung im Kundenmanagement

58 %

■ Markt und Kunden
■ andere

Quelle: Change-Fitness-Studie, Mutaree GmbH

Onboarding im Vertrieb wirkt

Die ersten Tage von Führungskräften oder Mitarbeitern im Vertrieb sind oft entscheidend für den Erfolg und die effiziente Zusammenarbeit in einem neuen Team. Um in der Phase zwischen dem Neuantritt und dem erstem Arbeitstag einen guten Grundstein für die weitere Zusammenarbeit zu legen, sind gerade im Vertrieb so genannte „Onboarding"-Maßnahmen ein wichtiger Bestandteil der HR-Arbeit. Doch nur 47 Prozent der kleineren Unternehmen bieten solche strukturierten Einarbeitungsprogramme an, wie jetzt eine Umfrage der Xenagos GmbH ergab. Interessant ist dabei, dass der Zufriedenheitsgrad mit der Einarbeitung in Vertriebsunternehmen jedoch signifikant höher ist, wenn Onboarding-Maßnahmen angeboten werden. Das zeigt, dass Unternehmen, die Onboarding als HR-Instrument einsetzen, gleich ob mit internen oder externen Spezialisten, langfristig gesehen einen Wettbewerbs- und Imagevorteil im Markt und gegenüber Bewerbern für sich erzielen können. Beim Onboarding geht es nicht nur um die rein fachliche Integration des neuen Mitarbeiters, sondern auch um eine Verkürzung der Zeit, bis dieser im neuen Unternehmen produktive Arbeit leistet. Hinzu kommen Faktoren wie Mitarbeiterbindung und die Integration in laufende Prozesse. Auch zwischen Kundenunternehmen und deren Lieferanten wird Onboarding zunehmend eingesetzt. Mehr zum Thema auf www.springerprofessional.de/4741650.

Einsatz von Onboarding in Unternehmen

66,67% 33,33%   46,88% 53,13%

■ Kein Onboarding
■ Onboarding

Im Cross Channelling liegt die Zukunft

„Channel Hopping" von Kunden wird immer mehr gelebte Realität im Handel und dem E-Commerce-Geschäft. Darauf muss sich der Vertrieb mit entsprechenden Cross-Channel-Strategien einstellen. Eine aktuelle Studie von BSI Business Systems Integration AG in Kooperation mit der Zürcher Hochschule für Angewandte Wissenschaften ZHAW belegt, dass Einzelhandelsunternehmen, die intelligent auf digitale Kanäle setzen, branchenübergreifend Mehrwert generieren können, wenn sie parallele Vertriebskanäle richtig aufstellen – vom PoS über den Webshop bis zur App. Der Vorteil: Der Kunde hat so die maximale Freiheit, wie und wann er jeden einzelnen Schritt des Kaufvorgangs mit dem Unternehmen abwickelt. Er wählt jeweils den Kanal, der ihm in der betreffenden Phase des Kaufs am besten geeignet scheint. Dr. Frank Hannich von der ZHAW erklärt, dass künftig im Multichannel-Vertrieb zunehmend auch ein Cross-Channel-Kunden-management gefragt sein wird, das die Kunden nahtlos über alle Kanäle hinweg begleitet und ihn im Prozess des so genannten „Seamless Shopping" nicht alleine lässt, gleich in welcher Einkaufswelt er sich gerade bewegt. Doch „dies erfordert einerseits eine nahtlose CRM-Unterstützung, andererseits stellt es neue Ansprüche an das Prozessmanagement und die Unternehmenskultur", sagt Dr. Frank Hannich, Studienautor an der ZHAW. Mehr Infos zur Studie unter http://bit.ly/1hu9QCe. Weitere Literatur und Beiträge zum Thema Cross Channeling im Vertrieb finden Sie auch auf dem Online-Portal Springer für Professionals:

Strategien für das Channel Hopping: www.springerprofessional.de/4911850,

Heinemann, Gerrit: Grundlagen des Cross-Channel-Managements im Handel, Wiesbaden 2011: www.springerprofessional.de/1816930.

Sales Management Review auf Springer für Professionals

Die Vernetzung mit dem Wissensportal Springer für Professionals I Vertrieb bietet Abonnenten der Fachzeitschrift Sales Management Review Zugang zu einem zukunftsorientierten digitalen Wissensdienst für das gesamte Spektrum des Vertriebsmanagements.

Sales Management Review – Die Zeitschrift

- Hervorgegangen aus der Zeitschrift Sales Business versteht sich der Sales Management Review als hochwertige, wissenschaftlich fundierte Fachzeitschrift für den Themenbereich Vertrieb.
- Herausgeber ist Professor Dr. Ove Jensen, Inhaber des Lehrstuhls für Vertriebsmanagement & Business-to-Business-Marketing an der angesehenen WHU – Otto Beisheim School of Management, Vallendar.
- Top-Entscheider und renommierte Fachautoren analysieren, bewerten und schreiben über zukunftsorientierte Vertriebs- und Sales-Management-Themen für Praktiker und Wissenschaftler auf höchstem fachlichen Niveau.
- Die Qualitätsprüfung und redaktionelle Bearbeitung erfolgen durch eine wissenschaftliche Hochschulredaktion in Zusammenarbeit mit einer spezialisierten Fachredaktion.
- Das zweimonatlich erscheinende Magazin sowie die Sonderhefte präsentieren sich in einem neuen, didaktisch für den Entscheider in der Praxis aufbereiteten Layout, das vielfältige vertiefende Nutzungsmöglichkeiten in dem Wissensportal Springer für Professionals | Vertrieb aufzeigt.

Mit der Entwicklung der digitalen Medien hat sich auch das Mediennutzungsverhalten der Leser von Fachinformationen verändert, und die Ansprüche an Qualität und Nutzwert sind gestiegen. Vor diesem Hintergrund haben sich die Herausgeber und der Verlag entschlossen, das Konzept der Zeitschrift für Vertriebsmanagement zu überarbeiten, um die Transferfunktion von der Wissenschaft in die Praxis und umgekehrt noch besser bedienen zu können.

Im Mittelpunkt der Entwicklung der Fachzeitschrift stand der Anspruch, die Transferfunktion durch eine noch zielgruppenorientiertere Auswahl von Beiträgen, eine eingeforderte textuale Ausrichtung auf professionelle Nutzer und ein neuartiges Layout zu erhöhen. Letzteres soll durch ein modernes Zwei-Spalten-Layout sowie eine zusätzliche Servicespalte mit komprimierten Informationen aus den Beiträgen erreicht werden, das dem unter Zeitdruck stehenden Nutzer ein Schnell-Lesen der verdichteten Informationen ermöglichen soll. Parallel dazu wird das Wissensangebot der

Innovative crossmediale Vernetzung von Print und Online

SfP Mehr Infos auf www.springerprofessional.de

gedruckten Fachzeitschrift in innovativer Weise mit dem digitalen Wissensdienst „Springer für Professionals" verknüpft. Print und Online ergänzen sich dabei mit unterschiedlichen Rollen zu einem zukunftsorientierten Informationsangebot:

• Der Sales Management Review setzt als unabhängige, wissenschaftlich fundierte Fachzeitschrift die wichtigsten Schwerpunktthemen für den Praktiker im Vertriebsmanagement.

• „Elektronische Heimat" des Sales Management Review wird der für die Zeitschriften-Abonnenten frei zugängliche Bereich auf Springer für Professionals | Vertrieb. Dort befindet sich jetzt auch das Zeitschriftenarchiv von Sales Business und Sales Management Review: www.springerprofessional.de/vertrieb

• Springer für Professionals | Vertrieb bietet den Lesern des Sales Management Review weitere Services und umfangreiche zusätzliche Wissensangebote. So können Abonnenten des Wissensportals auf Literaturquellen aus Beiträgen des Sales Management Review (sofern in einem Verlag der Springer-Gruppe publiziert) direkt im Volltext zugreifen. Diese sind in der Printzeitschrift bereits mit einem Icon gekennzeichnet.

• Die enge Zusammenarbeit zwischen Herausgebern, Wissenschaftsredaktion und Online-Fachredaktion unterstützt die Vernetzung.

• Die Schwerpunktthemen des Sales Management Review werden auf dem Portal mit eigenen Dossiers zum Thema begleitet.

• Abonnenten der Zeitschrift haben die Möglichkeit, Springer für Professionals drei Monate kostenfrei unter Angabe des persönlichen Aktionscodes (C0006818) zu testen und gegebenenfalls danach zu einem Vorzugspreis zu beziehen. www.springerprofessional.de/fachzeitschriften

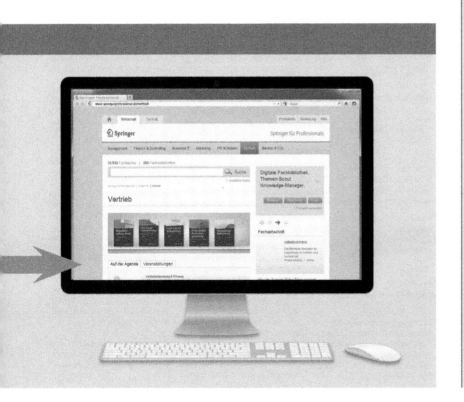

Springer für Professionals – Das Wissensportal

Digitale Fachbibliothek

Die digitale Wissensbibliothek bietet Volltextzugriff auf 57.387 deutsch- und englischsprachige Beiträge (Stand: Januar 2014) aus dem Fachgebiet Vertrieb und wird laufend aktualisiert. Das Archiv von Sales Management Review ist zentraler Bestandteil dieses Informationsangebotes.

Themen-Scout

Eine spezialisierte Fachredaktion adressiert im Wissensportal Springer für Professionals | Vertrieb in enger Kooperation mit der Wissenschaftsredaktion des Sales Management Review relevante Themen aus den Bereichen Strategie & Management, Vertriebssteuerung & Planung, Kundenmanagement & CRM, Vertriebswege & -kanäle, Vergütung & Anreizsysteme sowie Expansion & Ausland. Die Online-Redaktion verknüpft diese mit Hintergrundbeiträgen aus der Fachbibliothek zu einem digitalen Wissensportal für Vertriebsmanager.

Knowledge-Manager

Abonnenten des Wissensportals können ihr eigenes Archiv mit persönlichen Einstellungen individuell organisieren.

Thema der nächsten Ausgabe:

Risikomanagement

Risikomanagement im Vertrieb ist eine permanente Gratwanderung zwischen Gefahr und Chance. Die entscheidenden Fragen dabei sind: Wie kann es dem Vertrieb gelingen, die Risiken für die Kunden zu verringern? Kann er für den dafür nötigen Einsatz auch Geld verlangen? Und wie sinnvoll ist das unter dem Strich? Aber nicht nur der Kunde, auch der Vertrieb selbst ist verschiedenen Risiken ausgesetzt: Wettbewerbsrecht und Compliance seien hier als Stichpunkte genannt. In der nächsten Ausgabe von Sales Management Review beleuchten wir verschiedene Aspekte des Risikomanagements vor dem Hintergrund der Besonderheiten im Vertrieb.

Impressum

Sales Management Review
Zeitschrift für Vertriebsmanagement
www.salesmanagementreview.de
Ausgabe 1/2014 | 2323. Jahrgang Jahrgang
ISSN 1865-6544

Verlag
Springer Gabler
Springer Fachmedien Wiesbaden GmbH
Abraham-Lincoln-Straße 46
65189 Wiesbaden
www.springer-gabler.de
Amtsgericht Wiesbaden | HRB 9754
USt-IdNr. DE811148419

Geschäftsführer
Armin Gross | Peter Hendriks | Joachim Krieger

Gesamtleitung Anzeigen und Märkte
Armin Gross

Gesamtleitung Produktion
Olga Chiarcos

Herausgeber
Prof. Dr. Ove Jensen
WHU – Otto Beisheim School of Management, Lehrstuhl für Vertriebsmanagement und Business-to-Business-Marketing, Vallendar

Verantwortliche Redakteure WHU
Benjamin Klitzke
Tel.: +49 (0)261 6509-345
benjamin.klitzke@whu.edu

Redaktionsleitung Springer Gabler
Gabi Böttcher
Tel.: +49 (0)611 7878-220
gabi.boettcher@springer.com

Leitung Programmbereich Marketing | Sales | Kommunikation
Barbara Roscher
Tel.: +49 (0)611 7878-233
barbara.roscher@springer.com

Redaktionelle Mitarbeiterin
Eva-Susanne Krah

Kundenservice
Springer Customer Service GmbH
Springer Gabler-Service
Haberstr. 7 | 69126 Heidelberg
Tel.: +49 (0)6221 345-4303
Fax: +49 (0)6221 345-4229
Montag – Freitag 8.00 Uhr – 18.00 Uhr
springergabler-service@springer.com

Produktmanagement
Melanie Engelhard-Gökalp
Tel.: +49 (0)611 7878-315
melanie.engelhard-goekalp@springer.com

Gesamtverkaufsleitung Fachmedien
Britta Dolch
Tel.: +49 (0)611 7878-323

Fax: +49 (0)611 7878-78323
britta.dolch@best-ad-media.de

Verkaufsleiterin Online und akademische Zielgruppen
Carolin Habermann
Tel.: +49 (0)611 7878-211
Fax: +49 (0)611 7878-78211
carolin.habermann@best-ad-media.de

Anzeigenpreise
Es gelten die Mediainformationen vom 01.10.2013

Anzeigendisposition
Susanne Bretschneider
Tel.: +49 (0)611 7878-153
Fax: +49 (0)611 7878-443
susanne.bretschneider@best-ad-media.de

Layout und Produktion
Erik Dietrich
Tel.: +49 (0)611 7878-170
erik.dietrich@springer.com

Titelbild
Jörg Block
info@joergblock.de

Bezugsmöglichkeit
Das Heft erscheint sechsmal jährlich.
Bezugspreise Print + Online in Deutschland: 169 €, Studenten/Azubis in Deutschland 70 € (jeweils inkl. MwSt., Porto und Versand), Einzelheftpreis 33 €, Bezugspreise Print + Online im Ausland: 195 €

Jedes Abonnement enthält eine Freischaltung für das Online-Archiv auf www.springerprofessional.de/2787710 (Registrierung erforderlich). Der Zugang gilt ausschließlich für den einzelnen Empfänger des Abonnements.
Das Abonnement kann jederzeit zur nächsten erreichbaren Ausgabe schriftlich mit Nennung der Kundennummer gekündigt werden. Eine schriftliche Bestätigung erfolgt nicht. Zuviel gezahlte Beträge für nicht gelieferte Ausgaben werden zurückerstattet.

Druck und Verarbeitung
Stürtz, Würzburg

Hinweise für Autoren
Der Autor ist mit der Veröffentlichung seines Beitrags damit einverstanden, dass sein Beitrag außer in der Zeitschrift auch durch Lizenzvergabe in anderen Zeitschriften (auch übersetzt), durch Nachdruck in Sammelbänden (z. B. zu Jubiläen der Zeitschrift oder des Verlages oder in Themenbänden), durch längere Auszüge in Büchern des Verlages auch zu Werbezwecken, durch Vervielfältigung und Verbreitung auf CD-ROM oder anderen Datenträgern, durch Speicherung auf Datenbanken, deren Weitergabe und den Abruf von solchen Datenbanken während der Dauer des Urheberrechtsschutzes an dem Beitrag im In- und Ausland vom Verlag und seinen Lizenznehmern genutzt wird.

Spiel mit dem Risiko

Kennen Sie noch die Spielshow „Der Große Preis" mit Wim Thoelke? Ich habe noch seine sonore Stimme im Ohr, wenn er im Spiel „Riiiisiko" rief. Heute ist Risiko kein Spiel mehr. Risikomanagement ist in den letzten zehn Jahren auf der strategischen Prioritätenliste für Unternehmen weit nach oben gerückt. Nach der Jahrtausendwende gab es mehrere scharfe Einschnitte: von 9/11 über Aschewolken und Fukushima bis zur Finanzkrise und (hoffentlich nicht!) zum Krim-Konflikt. Diese Ereignisse haben einer Managergeneration, die in der längsten Friedensperiode in Europas Geschichte groß geworden ist, eingeprägt, dass „Risk" und „Return" gleichen Maßes an Aufmerksamkeit bedürfen. Verstärkt wird heute die Robustheit von (Vertriebs-)Prozessen hinterfragt. Das bekannte Buch von Taleb spricht sogar von Robustheit lernenden Prozessen und bezeichnet diese als „antifragile".

Das vorliegende Heft Ihres Sales Management Review beleuchtet wichtige Risikofelder, die von der Vertriebsleitung gemanagt werden müssen. Deutsche Weltmarktführer müssen auch in ihren fernöstlichen und fernwestlichen Vertriebsgesellschaften das Thema Wettbewerbsrecht und Compliance ins Auge fassen, was die Beiträge von Behringer und Binckebanck und von Werner erläutern. Manche Unternehmenszentralen wollen heute lieber gar nicht wissen, was draußen vor Ort „läuft" – besonders, wenn die Ergebnisse stimmen. Und wer von Big Data und den Möglichkeiten von Online-Marketing schwärmt, darf den Datenschutz nicht vergessen, wie die Beiträge von Bahr und von Grützmacher zeigen. Denn vieles, was heute in den Unternehmen in den Bereichen Tele-Sales und Direktmarketing läuft, ist nicht legal. Die Beiträge von Schiel und von Zupancic schließlich thematisieren die kulturellen Aspekte von Risiko und Gewinn im Vertrieb, also der Funktion, in der Wachstumshunger besonders wichtig ist. Darüber steht die Frage: Kann der Vertrieb sich selbst regulieren?

Auch im Spektrum dieser Ausgabe geht es um Risiko – konkret: um die wirtschaftliche Relevanz von Supply-Chain-Ri-

Univ.-Prof. Dr. Ove Jensen
Inhaber des Lehrstuhls für Vertriebs-
management und Business-to-Business-
Marketing der WHU – Otto Beisheim
School of Management, Vallendar,
Tel.: +49-(0)261-6509-340
E-Mail: ove.jensen@whu.edu
www.whu.edu/vertrieb

siken. Wer seine Supply Chain global aufspannt und über Same-Day Delivery nachdenkt, muss das Reißen der Lieferkette vertraglich und preislich einkalkulieren, wie der Beitrag von Wurst zeigt.

Ich wünsche Ihnen eine spannende Lektüre!
Mit herzlichen Grüßen

Ove Jensen, Herausgeber Sales Management Review

2|2014

Schwerpunkt

Maxime

Methode

www.springerprofessional.de

Beilagenhinweis
Dieser Ausgabe liegt eine Beilage
der German Graduate School of
Management and Law GmbH,
Heilbronn sowie der ifsm - insti-
tut für salesmanagement GmbH
& Co. KG, Urbar bei.

Risikomanagement

Die Größe eines Wortes stellt die relative Häufigkeit in den Beiträgen des Heft-Schwerpunktes dar.

Compliance-Management

CRM-Daten

E-Mail **Wettbewerber**

Vertrauenswürdigkeit Rechtsprechung

Ausgestaltung

Korruption Händler beachten Reichweite

Zusammenhang Werbung Umgang Nutzung Einhaltung

Kartellrecht Fälle

Unternehmen Praxis

Grundsatz Verwendung Vertrieb Einwilligung Absatz Compliance UWG datenschutzrechtlich

Kunde **Daten** regeln Risiken

Verkauf erlaubt

Beispiel Informationen

ethisch

Verkaufsleitung Unternehmer **BDSG** Erklärung Bedeutung

Mitarbeiter Anforderungen führen

Maßnahmen Verarbeitung

Verkäufer

Schwerpunkt

Risikomanagement

Risiken im Verkauf systematisch managen

Spektakuläre Unternehmensskandale wie die Siemens-Korruptionsaffäre haben den Bedarf für mehr Compliance im Verkauf deutlich gemacht. Ausgehend von den besonderen ethischen Dilemmata, in dem Verkäufer und Verkaufsleiter hier stecken, beschäftigt sich dieser Beitrag mit den Methoden, die ein systematisches Compliance-Management im Verkauf unterstützen können.

Stefan Behringer, Lars Binckebanck

Der Beruf des Verkäufers hat in Deutschland von jeher ein schlechtes Image, denn Verkäufer werden in der Medienlandschaft typischerweise als zwielichtige Gestalten porträtiert, die mit allerlei manipulativen Methoden nur darauf lauern, ihre Kunden über den Tisch zu ziehen. Regelmäßige Berichte über illegale oder mindestens anrüchige Geschäftspraktiken bestätigen dieses Bild. Fast jeder kann aus seinem Alltag Geschichten über Fehlverhalten von Verkaufspersonal beisteuern. Dieses Imageproblem kann sich negativ auf die Rekrutierung qualifizierter Nachwuchskräfte sowie auf die Kundenbeziehungen und -zufriedenheit auswirken.

Problemfall Image im Verkauf

Darüber hinaus ist die Notwendigkeit eines umfassenden und systematischen Compliance-Managements im Verkauf spätestens seit dem Siemens-Skandal unübersehbar. Dort wurden aus „schwarzen Kassen" insgesamt 1,36 Milliarden US-Dollar für Korruptionszahlungen an ausländische Amtsträger und Geschäftspartner gezahlt. Der gesamte Vermögensschaden aus dieser Affäre beziffert sich auf geschätzte 2,5 Milliarden Euro. Ethische Normen haben nachweislich einen positiven Einfluss auf die Verkaufsergebnisse, die langfristige Rentabilität und die Kundenbindung. Aus dieser Perspektive heraus umfasst ethisches Verhalten im Verkauf faire und ehrliche Aktivitäten, die dem Verkäufer den Aufbau und die Pflege langfristiger Kundenbeziehungen auf der Basis von Zufriedenheit und Vertrauen ermöglichen.

Anreize für unethisches Verhalten im Verkauf

„Verkauf als wirtschaftssozialer Prozess umfasst alle beziehungsgestaltenden Maßnahmen, bei welchen Verkaufspersonen (Verkäufer) durch persönliche Kontakte Absatzpartner (Käufer) direkt oder indirekt zu einem Kaufabschluss bewegen wollen". Daraus ergibt sich eine besondere Anfälligkeit für unethisches Verhalten:

- Die permanente soziale Interaktion mit Kunden und Kollegen impliziert deutlich mehr Ansatzpunkte für ethisches und unethisches Verhalten als ein klassischer Bürojob.
- Die Arbeit im Außendienst bedingt hohe Freiheitsgrade bei relativ geringen externen Kontrollmöglichkeiten.
- Die Verantwortung für den Absatz und damit die Wirtschaftlichkeit des Arbeitgebers kann starken Stress im Tagesgeschäft und Druck seitens der Verkaufsleitung auslösen.
- Die Entlohnung erfolgt zumeist auf der Basis eher kurzfristig ausgerichteter und transaktionsorientierter Anreizsysteme.

Betont ethisches Verhalten mindert unter kurzfristigen Gesichtspunkten meist Verkaufschancen, während unethisches Verhalten langfristig die Kundenbeziehungen von Unternehmen gefährden und rechtliche Konsequenzen haben kann. Dies führt zu einer Reihe von ethischen Dilemmata im Verkauf.

Prof. Dr. Stefan Behringer
ist Professor für Controlling & Corporate Governance an der Nordakademie in Hamburg/Elmshorn. Nach der Promotion an der Universität Flensburg war er in verschiedenen Funktionen im Bereich Controlling bei der Deutschen Post AG, Bonn, und der Olympus Europa GmbH, Hamburg, tätig. Zuletzt war er Chief Compliance Officer EMEA bei Olympus Europa. E-Mail:
stefan.behringer@nordakademie.de

Prof. Dr. Lars Binckebanck
ist Professor für Marketing & International Management an der Nordakademie in Hamburg/Elmshorn. Nach dem Studium der Betriebswirtschaftslehre in Lüneburg, Kiel und Preston promovierte er an der Universität St. Gallen. Zuletzt verantwortete er als Geschäftsführer bei einem führenden Münchener Bauträger Verkauf und Marketing. E-Mail:
lars.binckebanck@nordakademie.de

Kerngedanke 1

Unethisches Verhalten kann einen kurzfristigen Verkaufserfolg bringen. Langfristig führt es zu Reputationsverlust und rechtlichen Risiken.

Ethische Spannungsfelder für Verkäufer

Mitarbeiter im Verkauf befinden sich demnach in einem ethischen Spannungsfeld zwischen ihren Vorgesetzten und den Kunden:

• Gegenüber den Kunden kann Unehrlichkeit für den kurzfristigen Verkaufserfolg förderlich sein. Falschangaben im Verkaufsgespräch können aber neben ethischen Problemen auch rechtlich nachteilig für das Anbieterunternehmen sein. Verkäufer können versuchen, sich die Gunst ihrer Kunden mit Geschenken oder Einladungen zu erkaufen, wobei die Grenzen zu Bestechung und Korruption häufig fließend sind.

Ein weiteres potenzielles Problem ist die nicht wirtschaftlich gerechtfertigte Bevorzugung „guter" Kunden, beispielsweise durch Sonderkonditionen, und die damit einhergehende Diskriminierung anderer Kunden. Schließlich kann bei zu großer Nähe zu den Kunden eine Weitergabe vertraulicher interner Informationen den Interessen des Anbieterunternehmens schaden.

• Gegenüber der Verkaufsleitung besteht die Gefahr, dass Verkäufer die eingeschränkten Kontrollmöglichkeiten im Außendienst nutzen und sich mit Falschinformationen einen Vorteil verschaffen oder Probleme verschleiern. Weiterhin ist der Missbrauch von Unternehmensressourcen insbesondere im Bereich der Reisekosten nicht selten, was den Tatbestand der Unterschlagung erfüllt. Schließlich sind unangemessene persönliche Beziehungen zu Kunden oder Kollegen potenziell problematisch.

„Mit einem „Code of Conduct" können Unternehmens- und Verkaufsleitung gewünschtes und unerwünschtes Verhalten an die Mitarbeiter kommunizieren."

Ethische Spannungsfelder für die Verkaufsleitung

Die Verkaufsleitung muss sich mit weiteren ethischen Dilemmata auseinandersetzen, die ihrer Funktion im mittleren Management geschuldet sind:

• Gegenüber den Verkaufsmitarbeitern bauen Manager zur Erreichung der Unternehmensziele häufig übermäßigen Verkaufsdruck auf, der unethisches Verhalten provoziert. Ein weiteres potenzielles Problem ist die Täuschung von Verkaufsmitarbeitern durch die Vorspiegelung falscher Tatsachen (zum Beispiel einseitige Feedbacks). Schließlich ist auch die Missachtung von Mitarbeiterrechten (zum Beispiel Diskriminierung) ein Problemfeld für die Verkaufsleitung.

• Gegenüber dem Top Management sind die Verkaufsleiter verantwortlich für das ethische Klima im Verkauf. Als Vorbild sollten sie auf keinen Fall unethisches Verhalten tolerieren oder gar unterstützen. Außerdem sollten sie gegenüber der Unternehmensleitung als Fürsprecher des Verkaufs auftreten. Die Besonderheiten der Verkaufsaufgabe sollten bei der Umsetzung von Unternehmensstrategien im Verkauf Berücksichtigung finden.

Ethische Spannungsfelder im internationalen Verkauf

Die meisten wissenschaftlichen Studien zum internationalen Verkauf folgen einer kulturrelativistischen Argumentation. Das bedeutet, sie unterstellen eine Abhängigkeit von Ethik und kulturellem Kontext. Demnach ist Ethik relativ zum jeweiligen Umfeld zu interpretieren und gegebenenfalls auch anzupassen. Entsprechende Studien haben gezeigt, dass sich ethische Einstellungen in verschiedenen Ländern signifikant voneinander unterscheiden und dass Unternehmen daher ihre ethischen Standards je nach länderspezifischem Umfeld anpassen. In diesem kulturbedingten, ethischen Pluralismus müssen Verkaufsmitarbeiter im internationalen Einsatz sehr verschiedene Normen in den Bereichen Ethik, Kultur und Recht berücksichtigen. Kulturelle Faktoren, wie etwa kulturelle Distanz oder kulturelle Sensibilität, beeinflussen nachweislich die fundamentalen Prozesse des Kundenbeziehungsmanagements, wie beispielsweise die Beziehungsqualität oder Vertrauen. Die **Abbildung 1** fasst die ethischen Dilemmata im Verkauf zusammen.

Als Gegenmaßnahmen zu den dargestellten Problemfeldern werden in der Literatur verschiedene Maßnahmen empfohlen. Dazu gehören

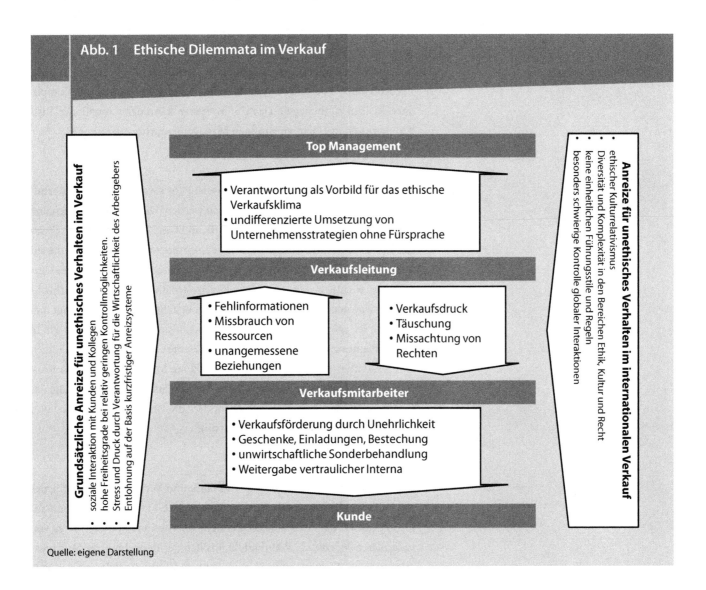

Abb. 1   Ethische Dilemmata im Verkauf

Grundsätzliche Anreize für unethisches Verhalten im Verkauf
- soziale Interaktion mit Kunden und Kollegen
- hohe Freiheitsgrade bei relativ geringen Kontrollmöglichkeiten.
- Stress und Druck durch Verantwortung für die Wirtschaftlichkeit des Arbeitgebers
- Entlohnung auf der Basis kurzfristiger Anreizsysteme

Top Management
- Verantwortung als Vorbild für das ethische Verkaufsklima
- undifferenzierte Umsetzung von Unternehmensstrategien ohne Fürsprache

Verkaufsleitung
- Fehlinformationen
- Missbrauch von Ressourcen
- unangemessene Beziehungen

- Verkaufsdruck
- Täuschung
- Missachtung von Rechten

Verkaufsmitarbeiter
- Verkaufsförderung durch Unehrlichkeit
- Geschenke, Einladungen, Bestechung
- unwirtschaftliche Sonderbehandlung
- Weitergabe vertraulicher Interna

Kunde

Anreize für unethisches Verhalten im internationalen Verkauf
- ethischer Kulturrelativismus
- Diversität und Komplexität in den Bereichen Ethik, Kultur und Recht
- keine einheitlichen Führungsstile und Regeln
- besonders schwierige Kontrolle globaler Interaktionen

Quelle: eigene Darstellung

Kerngedanke 2

Das Kartellrecht beinhaltet viele, häufig übersehene Haftungsrisiken im Verkauf. Eine Haftung für Unternehmensorgane ist auch für unethische Verkaufshandlungen im Ausland mittlerweile so streng, dass ein Wegschauen zu risikoreich ist.

- ein formalisierter und verbindlicher Ethik-Kodex,
- Personalmaßnahmen im Verkauf, wie z. B. Personalauswahl und -qualifizierung,
- qualitative Steuerungssysteme sowie
- die Funktion der Verkaufsleitung als Vorbild.

Weeks et al. haben in diesem Zusammenhang einen stark positiven Einfluss des subjektiv wahrgenommenen, unternehmensinternen Ethikklimas auf den Verkaufserfolg nachgewiesen.

Systematisches Vorgehen, um Compliance-Risiken zu managen

Dabei handelt es sich aber zumeist um unzusammenhängende Empfehlungen und Instrumente. Für einen systematischen Umgang mit ethischen Dilemmata sollten diese in ein umfassendes Compliance-Management für den Verkauf integriert werden. Der Begriff „Compliance" drückt dabei eine Selbstverständlichkeit aus, nämlich die „Einhaltung von Regeln". Alle Unternehmen sowie ihre Mitarbeiter und alle anderen Stakeholder müssen die Gesetze des Staates, in dem sie tätig sind, einhalten. Allerdings verbirgt sich hinter dem Begriff im Managementkontext ein umfassendes Konzept. Durch eine systematische Herangehensweise soll mit einem System zum Risikomanagement Verstößen gegen interne und externe Regeln begegnet werden. Die **Abbildung 2** zeigt eine systematische Herangehensweise, um Compliance-Risiken zu managen. Das Unternehmen kann den Compliance-Risiken demnach in einem vierstufigen Managementprozess begegnen:

1. Scanning

Das Unternehmen muss beobachten, welche für sie relevanten Regulierungen in der Makroumgebung beschlossen werden. Dies verlangt ein genaues Beobachten der Entwicklungen in Politik und Gesellschaft, um auch schwache Signale, also nur wenig strukturierte Informationen zu erkennen, die auf künftige Entwicklungen hindeuten. Insbesondere im internationalen Umfeld ist es wichtig zu wissen, welche Regeln sich ändern, da hieraus erhebliche Auswirkungen auf die Verkaufspraxis entstehen können. Das zeigt dieses Beispiel: „Schmiergelder" zur Auslandsbestechung waren bis 1998 in Deutschland von der Steuer abzugsfähig. Heute erfüllen solche Zahlungen den Straftatbestand der Bestechung. Denkbare Methoden in diesem Kontext sind Lobbying und das Engagement in Verbänden. Auf dieser Stufe des Compliance-Managements ist insbesondere die Unternehmensleitung und weniger der Verkauf in der Verantwortung.

2. Prüfung der Relevanz von Regeln

Im zweiten Schritt müssen die durch Politik und Verwaltung verabschiedeten Regeln auf ihre Relevanz für das Compliance-Management im Verkauf hin geprüft werden. Hier sind die Bereiche Korruption und Kartellrecht von besonderer Bedeutung. Während die Risiken der Bestechung zur Auftragserlangung seit Siemens allgemein bekannt sind, wird die Relevanz von kartellrechtlichem Fehlverhalten häufig unterschätzt. Preis- oder Mengenabsprachen können eine rechtswidrige Wettbewerbsverzerrung darstellen, die durch die Kartellbehörden auf nationaler und internationaler Ebene mit teilweise drakonischen Strafen sanktioniert werden. Zudem muss beachtet werden, dass im internationalen Kontext häufig gesetzliche Regeln und tatsächliche Praxis voneinander abweichen. Damit bewegen sich Unternehmen zwangsläufig in Grauzonen.

Die Aussage, dass Geschäftsabschlüsse in bestimmten Kulturen ohne Korruption nicht erreichbar sind, widerspricht nicht der Aussage, dass auch in diesen Ländern Korruption verboten ist. So sind beispielsweise in Indien alle Geschenke an Amtsträger mit einem Wert von umgerechnet ca. sechs Euro rechtswidrig – trotz einer weit verbreiteten Korruptionspraxis. Da Auslandsbestechung auch in Deutschland strafbar ist, haftet ein deutscher Verkaufsleiter auch für Verfehlungen seiner ausländischen Verkaufsmannschaft. Gleichfalls sind Rückwirkungen von Gesetzgebungen anderer Staaten zu beachten. So formulieren sowohl der US-amerikanische Foreign Corrupt Practices Act (FCPA) als auch der britische UK Bribery Act einen Anspruch auf weltweite Anwendung, so dass Korruption in Drittländern Konsequenzen in Großbritannien und den USA haben kann.

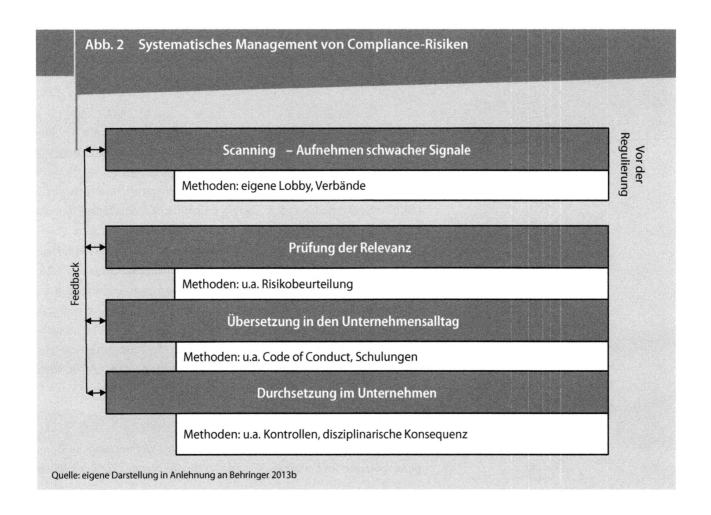

Abb. 2   Systematisches Management von Compliance-Risiken

Scanning   – Aufnehmen schwacher Signale

Methoden: eigene Lobby, Verbände

Prüfung der Relevanz

Methoden: u.a. Risikobeurteilung

Übersetzung in den Unternehmensalltag

Methoden: u.a. Code of Conduct, Schulungen

Durchsetzung im Unternehmen

Methoden: u.a. Kontrollen, disziplinarische Konsequenz

Feedback

Vor der Regulierung

Quelle: eigene Darstellung in Anlehnung an Behringer 2013b

Kerngedanke 3

Compliance-Management muss mit System und Augenmaß durchgeführt werden – auch und gerade im Verkauf.

3. Übersetzung in den Unternehmensalltag der Verkaufsabteilung

Sind die Regeln identifiziert, die für den Verkauf relevant sind oder werden, so sind diese in den Unternehmensalltag zu übersetzen. Dieser Schritt ist für die Akzeptanz des Compliance-Managements von außerordentlicher Bedeutung. Rückwirkungen auf die Anreizsysteme im Verkauf sind besonders zu beachten. Eine zu ambitionierte Zielvorgabe in Staaten mit starker Korruption kann eine Umsetzung von Compliance-Strukturen unglaubwürdig machen. Fehlanreize könnten sogar dazu führen, dass unethische Praktiken gefördert werden.

Die am weitesten verbreitete Methode der Übersetzung in den Unternehmensalltag sind Verhaltenskodizes zur Formalisierung von Regeln, die bisher unausgesprochen im Unternehmen galten. Mit einem „Code of Conduct" können Unternehmens- und Verkaufsleitung gewünschtes und unerwünschtes Verhalten an die Mitarbeiter kommunizieren. Darüber hinaus soll mit einem Verhaltenskodex häufig auch eine Kontrolle über ausländische Tochtergesellschaften ausgeübt werden. Insbesondere US-amerikanische Konzerne verlangen häufig von ihren Mitarbeitern in anderen Staaten, dass sie amerikanische Regeln akzeptieren. Bei der Formulierung eines unternehmenseigenen Kodex ist wichtig, dass die Regeln klar und verständlich

„Verstöße durch die Verkaufsleitung oder das explizite oder implizite Dulden unethischer Verhaltensweisen lässt jedes Compliance-Management ins Leere laufen."

sind. So sollten zum Beispiel für Geschenke an potenzielle Kunden konkrete Wertgrenzen verwendet werden. Schulungen sollten die Einführung von Kodizes begleiten. Hier müssen konkrete, auf das individuelle Unternehmen zugeschnittene Lösungen für Verkaufsmitarbeiter erarbeitet werden. Ebenfalls muss dargestellt werden, inwiefern unethische Verhaltensweisen das Unternehmen schädigen und langfristig Absatzchancen verringern.

Besondere Bedeutung kommt aufgrund der teilweise komplexen und teilweise der normalen Verkaufslogik zuwiderlaufenden Rechtslage den Schulungen zur kartellrechtlichen Compliance zu. Die Verkaufsleitung ist in der Verantwortung, die Regeln gemeinsam mit der Compliance-Abteilung zu formulieren. Sie können den Unternehmensalltag des Verkaufs besser beurteilen als eine weit entfernt stehende Compliance-Abteilung. Außerdem wird die Glaubwürdigkeit des Compliance-Managements deutlich erhöht, wenn die Verkaufsleitung von Anfang an eingebunden ist.

4. Durchsetzung von Regeln in der Verkaufsabteilung

Von besonderer Schwierigkeit ist die nachhaltige Durchsetzung der Compliance-Regeln im Unternehmen. Als Methoden bieten sich hier positive

Maßnahmen an, die insbesondere das Vorleben durch die Verkaufsleitung beinhalten („Tone from the Top").

Grundsätzlich gelten für Verkaufsleiter die gleichen Regeln wie für ihre Mitarbeiter. Allerdings ist der Maßstab ein anderer. Die Anforderungen an ethisches Verhalten sind höher, da Führungskräfte eine Vorbildfunktion haben, die ihnen eine besondere Verantwortung gibt. Sie prägen mit ihrem Handeln und Unterlassen die Organisationskultur und setzen damit auch die Maßstäbe für die Mitarbeiter. Verstöße durch die Verkaufsleitung oder das explizite oder implizite Dulden von unethischen Verhaltensweisen lässt jedes Compliance-Management ins Leere laufen.

Neben dieser positiven Komponente muss das Unternehmen auch mit Kontrollen versuchen, Compliance-Richtlinien durchzusetzen. Alleine die Ankündigung von Kontrollen führt zu einer besseren Einhaltung von Regeln. Zudem muss das Unternehmen bei Verstößen disziplinarisch konsequent handeln.

Eine Verrechnung von vergangenen Verkaufserfolgen mit Verstößen darf es nicht geben. Ansonsten verspielt das Unternehmen seine Glaubwürdigkeit gegenüber Kunden und Mitarbeitern.

Feedback als Systemkomponente

Die Ebenen des systematischen Compliance-Managements haben eine gegenseitige Rückwirkung. So kann sich beispielsweise durch Verstöße der Verkäufer herausstellen, dass die Regeln nicht verständlich in den Unternehmensalltag übersetzt worden sind. Dies muss beispielsweise zur Klarstellung des Verhaltenskodex führen. Diese Feedback-Schleifen sind für die Unternehmens- und Verkaufsleitung von besonderer Bedeutung. Sie geben Aufschlüsse über die Wirksamkeit des Compliance-Managements in der Praxis und sorgen für einen kontinuierlichen Verbesserungsprozess.

Zusammenfassung

• Verkäufer sind aufgrund ihrer Freiheitsgrade und in Verbindung mit Stress und Druck besonders anfällig für unethisches Handeln, was sich in zahlreichen potenziellen Dilemmata äußert.

• Insbesondere im internationalen Verkauf sind die Herausforderungen an die Compliance aufgrund unterschiedlicher, kulturell bedingter Werte besonders groß.

• Unternehmensweit ist ein systematisches Compliance-Management notwendig. Relevante Themenbereiche für den Verkauf sind insbesondere die Korruption und das Kartellrecht.

• Ein zielgerichteter Einsatz von Instrumenten des Compliance-Managements auch im Verkauf hilft dabei, den langfristigen Unternehmenserfolg zu sichern.

Kerngedanke 4

Der Interessensgegensatz zwischen Verkauf und Compliance-Management ist nur vordergründig. Beide streben den langfristigen Erfolg des Unternehmens an.

Fazit

Der Verkauf lebt von seinen besonderen Freiheitsgraden und benötigt diese auch in der Überzeugungsarbeit. Compliance-Management engt diese Freiheitsgrade ein, da bestimmte Praktiken ausgeschlossen werden. Diese gegensätzlichen Interessen zwischen Verkauf und Compliance-Management sind aber nur vordergründig. Denn beide Bereiche haben das Ziel, den Unternehmenserfolg langfristig zu steigern. Ethisches Verhalten und die Einhaltung von Regeln zahlen langfristig auf den Unternehmenserfolg ein. Ziel des Compliance-Managements ist es dabei, solche Praktiken zu verhindern, die dem Unternehmen auf lange Sicht mehr schaden als nützen. Um dies im Verkauf durchzusetzen, bedarf es einer systematischen Herangehensweise und eines behutsamen sowie zielgerichteten Einsatzes der Instrumente aus dem Compliance-Management.

Literatur

Albers, S./Krafft, M. (2013): Vertriebsmanagement, Wiesbaden.

Anderson, E./Oliver, R. (1987): Perspectives on behavior-based versus outcome-based sales control systems, in: Journal of Marketing, Vol. 51, No. 4, pp. 76-88.

Ansoff, I. (1976): Managing surprise and discontinuity: Strategic response to weak signals, in: Zeitschrift für betriebswirtschaftliche Forschung, Jg. 28, Nr. 3, S. 129-152.

Arthurs, H.W. (2005): Corporate codes of conduct: Profit, power and law in the global economy, in: Wesley, C. (Ed.): Ethics codes, corporation, and the challenge of globalization, Northampton.

Barmeyer, C.I./Davoine, E. (2011): Die Implementierung wertefundierter nordamerikanischer Verhaltenskodizes in deutschen und französischen Tochtergesellschaften: Eine vergleichende Fallstudie, in: Zeitschrift für Personalforschung, Jg. 25, Nr. 1, S. 5-27.

Behringer, S. (2013a): Compliance – Modeerscheinung oder Prüfstein guter Unternehmensführung, in: Behringer, S. (Hrsg.): Compliance kompakt, 3. Aufl., Berlin, S. 29-48.

Behringer, S. (2013b): Regeln mit System und Augenmaß, in: Management Kompass: kosteneffiziente Regulierung, Frankfurt, S. 8-10.

Binckebanck, L./Hölter, A.-K. (2012): Internationaler Vertrieb: Stand der Forschung, in: Binckebanck, L./Belz, C. (Hrsg.), Internationaler Vertrieb, Wiesbaden, S. 223-240.

Blau, P.M. (1955): The dynamics of bureaucracy, Chicago.

Carrigan, M./Marinova, S./Szmigin, I. (2005): Ethics and international marketing: Research background and challenges, in: International Marketing Review, Vol. 22, No. 5, pp. 481-493.

Grisaffe, D.B./Jaramillo, F. (2007): Towards higher levels of ethics: Preliminary evidence of positive outcomes, in: Journal of Personal Selling and Sales Management, Vol. 27, No. 4, pp. 355-371.

Ingram, T.N./LaForge, R.W./Schwepker Jr, C.H. (2007): Salesperson ethical decision making: The impact of sales leadership and sales management control strategy, in: Journal of Personal Selling & Sales Management, Vol. 27, No. 4, pp. 301-315.

Johnston, M.W./Marshall, G.W. (2013): Contemporary Selling, 4th ed., New York.

Meckl, R. (2010): Internationales Management, 2. Aufl., München.

Mulki, J.P./Jaramillo, F./Locander, W.B. (2009): Determinants and consequences of ethical behaviors, in: Journal of Business Ethics, Vol. 86, No. 2, pp. 125-141.

Passarge, M. (2012): Korruption, in: Behringer, S. (Hrsg.): Compliance für KMU, Berlin, S. 77–97.

Rieder, M.S./Falge, S. (2013): Compliance Due Diligence – dargestellt am Beispiel der Anti-Korruptions-Due Diligence, in: Inderst, C./Bannenberg, B./Poppe, S. (Hrsg.): Compliance. Aufbau – Management – Risikobereiche, 2. Aufl., Heidelberg u.a., S. 557–580.

Román, S. (2011): Ethics in personal selling and sales management, in: Guenzi, P./Geiger, S. (eds.), Sales Management – A multinational perspective, Basingstoke, pp. 147-170.

Román, S./Ruiz, S. (2005): Relationship outcomes of perceived ethical sales behaviour: The customer's perspective, in: Journal of Business Research, Vol. 58, No. 4, pp. 439-445.

Rosenstiel, L. (2003): Organisationspsychologie, 5. Aufl., Stuttgart.

Scholtens, B./Dam, L. (2007): Cultural values and international differences in business ethics, in: Journal of Business Ethics, Vol. 75, No. 3, pp. 273-284.

Schweikert, C./Grüninger, S. (2012): Anreizsysteme als Element des Anti-Fraud-Managements in mittelständischen Unternehmen, in: Zeitschrift für Corporate Governance, Jg. 7, Nr. 2, S. 82-87.

Sidhu, K./Heuking, C. (2012): Korruption und Compliance in Indien: Herausforderungen für deutsche Unternehmen, Deutsch-Indische Wirtschaft, o.Jg., Nr. 6, S. 3-4.

Solberg, C.A. (2008): Product complexity and cultural distance effects on managing international distributor relationships: A contingency approach, in: Journal of International Marketing, Vol. 16, No. 3, pp. 57-83.

Statman, M. (2007): Local ethics in a global world, in: Financial Analysts Journal, Vol. 63, No. 3, pp. 32-41.

Weeks, W.A./Loe, T.W./Chonko, L.B./Ruy Martinez, C./Wakefield, K. (2006): Cognitive moral development and the impact of perceived organizational ethical climate on the search for sales force excellence: A cross-cultural Study, in: Journal of Personal Selling & Sales Management, Vol. 26, No. 2, pp. 205-217.

Wood, G. (1995): Ethics at the purchasing/sales interface: An international perspective, in: International Marketing Review, Vol. 12, No. 4, pp. 7-19.

Datenschutzrecht und Direktmarketing – Die eierlegende Wollmilchsau?

In der anwaltlichen Beratungspraxis nimmt die Frage, ob und wie ich als Unternehmer meinen gewerblichen Kunden im Rahmen von Direktmarketing kontaktieren darf, einen entscheidenden Anteil ein. Eine Vielzahl von Rechtsstreitigkeiten lassen sich auf den Punkt zurückführen, ob der Kunde eine wirksame Einwilligung gegeben hat.

Martin Bahr

Spätestens nachdem Ende des Jahres 2009 unerlaubte Werbeanrufe nunmehr als Ordnungswidrigkeiten gelten, die mit einer Geldbuße von bis zu 300.000 Euro pro Einzelfall geahndet werden können, kommt dieser Frage eine noch gesteigerte wirtschaftliche Bedeutung zu. Im weiteren Verlauf der Darstellung wird sich zeigen, dass vor allem Datenschützer und Gerichte absolut unrealistische Anforderungen aufstellen. Anstatt, dass Datenschützer offen aussprechen, dass ihnen die derzeitige Praxis am Markt ein Dorn im Auge ist, wird durch die Hintertür mit Scheinargumenten versucht, diesem Gebaren Einhalt zu gebieten.

Die Frage zur Reichweite einer gegebenen Einwilligung ist in der Praxis häufig Gegenstand rechtlicher Auseinandersetzungen. Eine rechtskonforme und zugleich wirtschaftlich sinnvolle Einwilligung existiert nicht.

Die zwei Ebenen der Einwilligung: Datenschutzrecht und Wettbewerbsrecht

In der Praxis wird häufig übersehen beziehungsweise missverstanden, dass die Einwilligung aus zwei Teilbereichen besteht: Einmal aus der datenschutzrechtlichen Einwilligung (§§ 4 a, 28 Abs. 3 a und b BDSG) und einmal aus der wettbewerbsrechtlichen Einwilligung (§ 7 UWG). Diese beiden Bereiche sind bei der juristischen Betrachtung voneinander zu trennen. An die datenschutzrechtliche Einwilligung sind andere Anforderungen zu stellen als an die wettbewerbsrechtliche. Insbesondere bei der Verfolgung von Rechtsverstößen des Unternehmers ergeben sich erhebliche Unterschiede mit entsprechenden Konsequenzen.

Denn während die Verletzung von datenschutzrechtlichen Vorschriften zivilrechtlich nur sehr eingeschränkt verfolgt werden kann, gilt dies für die Verletzung von UWG-Normen gerade nicht. Leider ist es häufig so, dass auch in Gerichtsentscheidungen von Richterseite aus beide Ebenen miteinander vermischt werden, so dass für den juristischen Laien die Abgrenzung nur außerordentlich schwer erkennbar ist.

Wie unterscheiden sich nun beide Bereiche voneinander? Bei der datenschutzrechtlichen Einwilligung geht es um die Frage: Darf ich die Daten überhaupt erheben und speichern? Im Fall der wettbewerbsrechtlichen Einwilligung stellt sich hingegen die Frage: Darf ich die gespeicherten Personen kontaktieren und wenn ja, mittels welchen Mediums (Telefonat, E-Mail usw.)?

Bei der rechtlichen Überprüfung, ob eine konkrete Einwilligungserklärung Bestand hat, muss der Unternehmer stets beide Ebenen betrachten. Nur wenn beide Ebenen – die datenschutzrechtliche und wettbewerbsrechtliche – juristisch nicht zu beanstanden sind, liegt eine wirksame Einwilligung vor.

Entscheidend dabei ist: Sobald nur einer von beiden Teilen rechtswidrig ist, ist auch die Einwilligung insgesamt unwirksam. Daraus ergeben sich verschiedene rechtliche Einwilligungsvarianten für die Verarbeitung, Erhebung und Verwendung von Adressdaten, die auf der nachfolgenden Seite im Einzelnen näher dargestellt sind.

Dr. Martin Bahr
ist Rechtsanwalt und Gründer der Kanzlei
Dr. Bahr in Hamburg. Er ist spezialisiert
auf Direktmarketing- und Datenschutz-
recht, TÜV-zertifizierter Datenschutzbe-
auftragter sowie Betreiber der Internet-
Plattform www.Datenschutz.eu.
Tel.: 040-35017760
E-Mail: Bahr@Dr-Bahr.com

Abb. 1 Einwilligung zur Verarbeitung von Adressdaten	
datenschutzrechtliche	wettbewerbsrechtliche
Darf ich die Adressdaten überhaupt erheben und speichern?	Darf ich die erhobenen Adressdaten benutzen und die Personen kontaktieren?

Quelle: eigene Darstellung

Kerngedanke 1

Trotz eindeutiger Rechtsprechung behaupten viele Unternehmen im Direktmarketing auch noch 2014 steif und fest, jede noch so halbseidene Verbindung reiche aus, um von einer mutmaßlichen Einwilligung für Werbeanrufe auszugehen.

1. Die datenschutzrechtliche Einwilligung

Betrachten wir zunächst die datenschutzrechtliche Einwilligung.

Freiwilligkeit

Über viele Jahrzehnte hinweg war umstritten, ob die Einwilligung freiwillig vom Betroffenen abgegeben werden muss oder Fälle denkbar sind, in denen die Einwilligung mit einer Vergünstigung gekoppelt sein darf.

Beispiel: *Kunden des Versandhauses A erhalten die bestellte Ware zehn Prozent günstiger, wenn sie zugleich eine Werbeeinwilligung erteilen.*

Die Front der Verbraucherschützer hatte das Erfordernis der Freiwilligkeit aus dem Wortlaut der Norm hergeleitet, wonach die Einwilligung nur wirksam ist, „wenn sie auf einer freien Entscheidung des Betroffenen beruht". Dies hat sich durch die BDSG-Reform im Jahr 2009 grundlegend geändert. Nach der neuen Rechtslage statuiert das Gesetz nunmehr ausdrücklich, dass kein grundsätzliches Kopplungsverbot mehr existiert.

Schriftlich

Die datenschutzrechtliche Einwilligung hat grundsätzlich schriftlich, das heißt, in Papier- oder Fax-Form, zu erfolgen. Das Gesetz bestimmt jedoch selbst, dass wegen besonderer Umstände eine andere Form möglich ist. Dies ist heute in der Praxis nicht selten. Wird nämlich die Einwilligung mündlich erhoben, beispielsweise im Rahmen eines Telefonats, liegt die zuvor genannte Ausnahme vor. Da es in der Vergangenheit in der Praxis immer wieder zu rechtlichen Problemen bei nur mündlich abgegebenen Einwilligungserklärungen gekommen war, führte der Gesetzgeber im Rahmen der BDSG-Reform die Verpflichtung ein, dass mündlich abgegebene Erklärungen nachträglich schriftlich bestätigt werden müssen. Der Unternehmer muss nicht den Original-Wortlaut des Einwilligungstextes zuschicken, sondern es ist ausreichend, wenn der Inhalt der Erklärung sinngemäß wiedergegeben wird. Die Erklärung muss jedoch so ausführlich und vollständig sein, dass der Betroffene in die Lage versetzt wird, die Reichweite seiner Einwilligung abzuschätzen und etwaigen Datennutzungen zu widersprechen.

Ein weiterer wichtiger Punkt bei der schriftlichen Bestätigung ist, innerhalb welchen Zeitrahmens diese erfolgen muss. Wie schnell muss das Unternehmen seiner Benachrichtigungspflicht nachkommen? Muss die Bestätigung sofort, direkt nach dem Telefonat, erfolgen? Oder reicht es aus, wenn die Information zusammen mit der ersten bestellten Ware verschickt wird? Eine klare Antwort findet sich in den Gesetzesmaterialien nicht, es existiert keine exakte Vorgabe. Somit ist auf die allgemeinen Rechtsgrundsätze zurückzugreifen. Danach hat die schriftliche Bestätigung unverzüglich, also ohne schuldhaftes Zögern, zu erfolgen. Es ist daher als ausreichend anzusehen, wenn die Erklärung zusammen mit dem Werbeschreiben übersendet wird. Ausnahmsweise kann die Einwilligung auch elektronisch erfolgen. Dies ist jedoch nur dann erlaubt, wenn sichergestellt ist, dass die Einwilligung protokolliert wird und der Betroffene jederzeit die Erklärung einsehen und widerrufen kann. Die Erklärung muss elektronisch, also zum Beispiel per E-Mail oder über ein Formular auf einer Webseite, erfolgen. Eine per Telefon mündlich erklärte Einwilligung fällt somit nicht unter den Begriff der elektronischen Erklärung.

„Die Voraussetzung, an der die meisten Einwilligungserklärungen scheitern, ist die hinreichende Bestimmtheit.“

Hinreichende Bestimmtheit

Die Voraussetzung, an der die meisten Einwilligungserklärungen scheitern, ist die hinreichende Bestimmtheit. Dabei gilt es, zwischen der persönlichen und sachlichen Reichweite zu unterscheiden:
- Sachliche Reichweite: Für was willige ich ein? Für welche Arten von Medien (zum Beispiel Telefon, Fax, SMS, E-Mail usw.) erteile ich meine Einwilligung? Für welchen Werbebereich (zum Beispiel Unterhosen, Versicherungen oder PKW) erteile ich meine Einwilligung?
- Persönliche Reichweite: Wem gegenüber willige ich ein? Welches Unternehmen erhält die Einwilligung von mir und kann mich somit später kontaktieren?

Im Folgenden werden diese beiden Bereiche noch einmal näher in den rechtlichen Details dargestellt:

Sachliche Reichweite

(1) Art des Werbemediums

Aus der Einwilligungserklärung muss klar und eindeutig hervorgehen, für welche Art von Werbemedien die Zustimmung erteilt wird. In Betracht kommen hier: Briefpost, Telefon, Fax, SMS und E-Mail. Also jeder bekannte Kommunikationskanal aus dem Bereich des Direktmarketings. Auch Varia-tionen der SMS, also EMS oder MMS, fallen ebenfalls unter den Begriff der SMS.

So denkbar einfach dieser Punkt zunächst erscheint, so liegt der Teufel in der Praxis doch häufig im Detail. Viele Unternehmen versuchen nämlich, lediglich den aktuell genutzten Kommunikationskanal anzugeben und nehmen von sich aus weitere, nicht notwendige Einschränkungen vor. Dabei rächt sich eine solche freiwillige Einschränkung innerhalb kürzester

Zeit. Denn die einmal vorgenommene Beschränkung kann nachträglich nicht mehr ohne ausdrückliche Nachfrage aufgehoben werden.

(2) Werbebereich

Große juristische Probleme bereitet der in den Einwilligungserklärungen zu benennende Werbebereich. Fasst ihn das Unternehmen zu weit oder zu unspezifisch, dann besteht die Gefahr, dass die Erklärung vor Gericht keinen Bestand hat. Wird sie hingegen zu eng formuliert, ist die Problematik, dass die Einwilligung kaum von wirtschaftlicher Bedeutung ist.

Das Interesse des Adresshändlers ist es, die gewonnenen Daten zeitlich so lange und so häufig wie möglich zu verwenden. Um dieses Ziel zu erreichen, bedarf es hinsichtlich des Werbebereiches einer größtmöglichen Flexibilität. Da dem Adresshändler nicht bekannt ist, an wen er einmal die Adresse weitergibt, ist jede Eingrenzung, die er im Vorfeld vornimmt, für ihn finanziell nachteilig. Dieses wirtschaftliche Interesse steht im diametralen Gegensatz zu der von Verbraucherschützern geforderten Vorgabe, die Einwilligung so konkret und so bestimmt wie möglich zu formulieren. In der Praxis führt dies häufig zu nachfolgender Formulierung:

„Ich bin damit einverstanden, dass mich Firma XY für weitere interessante Angebote anruft."

Hierbei handelt es sich quasi um den Klassiker der Einwilligungserklärungen. In dieser Form findet er sich in Abertausenden von Klauseln wieder.

Beispiele für rechtswidrige Klauseln

Beispiel 1: „Ich bin damit einverstanden, dass die Zeitung XY meine Daten für Zwecke der Werbung, Marktforschung und Beratung nutzt und selbst oder durch Dritte verarbeitet und dass ich schriftlich, telefonisch oder per E-Mail über weitere Angebote informiert werde."

Rechtswidrig, da der Kunde der Zeitung nicht erkennen kann, welche Dritten seine Daten erhalten.

Beispiel 2: „Sind Sie damit einverstanden, wenn Sie nach der Auswertung der Studie von anderen Firmen aus diesem Bereich nochmals telefonisch kontaktiert werden?"

Unwirksam, da unklar, wer mit „andere Firmen" gemeint ist.

Beispiel 3: „Ich akzeptiere die Teilnahmebedingungen und bin damit einverstanden, dass ich von der X GmbH sowie den Sponsoren des Gewinnspiels über interessante Angebote informiert werde."

Rechtswidrig, da für den Verbraucher nicht ersichtlich, wer Sponsor ist und wer nicht.

Die Rechtsprechung zu dieser Klausel zu interessanten Angeboten ist eindeutig. Die Formulierung ist rechtswidrig und die Einwilligung somit unwirksam, denn sie erfüllt nicht die Anforderungen an eine hinreichende Bestimmtheit.

„E-Mail-Werbung ist auch ohne eine Einwilligung zulässig, wenn zuvor eine geschäftliche bzw. quasivertragliche Geschäftsbeziehung bestanden hat."

Die entscheidende Frage ist nun: Wie weit ist der Werbebereich einzugrenzen? Müssen einzelne Produkte genannt werden oder reichen Branchenangaben aus?

Die deutschen Gerichte haben es bislang vermieden, hierzu klare, nachvollziehbare und vor allem in sich logische Aussagen zu treffen. Gerichtsurteile zu dieser konkreten Einzelfrage existieren bislang – soweit ersichtlich – nicht. Dies hat einen simplen Grund: Grob geschätzt halten 98 Prozent der am Markt befindlichen Klauseln noch nicht einmal die Mindeststandards ein und sind somit offensichtlich rechtswidrig.

Diese Praxis rührt von zwei Gründen her. Erstens: Die Rechtslage ist im Bereich der Einwilligung derart kompliziert und widersprüchlich, dass die Formulierung einer Erklärung ohne anwaltliche Hilfe von vornherein zum Scheitern verurteilt ist. Auch der Unternehmer, der sich rechtskonform verhalten will, verstößt in Unkenntnis gegen geltendes Recht. Zweitens: Da viele rechtliche Fragen der Einwilligung nach wie vor nicht abschließend höchstrichterlich geklärt sind, nutzen viele Unternehmer den bestehenden Freiraum und gehen bewusst ein unternehmerisches Risiko ein, indem sie wirtschaftlich vorteilhafte, aber rechtlich problematische Einwilligungserklärungen benutzen.

Die Rechtsprechung hat bislang keine Vorgaben gemacht, wie viele Werbebereiche der Unternehmer maximal in die Einwilligungserklärung mit aufnehmen darf.

Persönliche Reichweite

Eine weitere juristische Hürde, die bei Einwilligungserklärungen genommen werden muss, ist die persönliche Reichweite. Für den Betroffenen muss stets ersichtlich sein, wem er denn überhaupt seine Zustimmung erteilt. Das bedeutet nichts anderes, als dass die Firmen namentlich genannt werden müssen. Klauseln hingegen, die allgemein auf Dritte oder Partner abstellen, ohne diese klar zu benennen, sind mangels Bestimmtheit rechtswidrig.

Es ist nicht erforderlich, dass das Unternehmen seine vollständige Firmierung angibt. Vielmehr ist es ausreichend, wenn sich aus den Angaben für den Verbraucher ohne Weiteres erschließt, wem er seine Einwilligung erteilt. Aussagekräftige Schlagworte, wie zum Beispiel „Veranstalter des Gewinnspiels" oder der Domain-Name reichen aus, um die persönliche Reich-

Zusammenfassung

● Eine Einwilligung besteht aus zwei Seiten: Der Datenschutzrechtlichen und der wettbewerbsrechtlichen

● Der Unternehmer sollte sich genau überlegen, für welche Zwecke er die gewünschten Daten einsetzen will, damit er die Einwilligung hinreichend sauber formulieren kann.

● Unternehmer denken immer noch, dass Datenschutzverletzungen ein rechtliches Problem sind. In Wahrheit handelt es sich aber um ein PR-Problem.

weite hinreichend sicher zu bestimmen. Erforderlich ist aber stets, dass der Betroffene ohne große Anstrengungen in der Lage ist, die Bezeichnung einer konkreten Firma zuzuordnen. Besteht nur die geringste Gefahr von Irrtümern oder Verwechslungen, reicht eine allgemeine Beschreibung nicht mehr aus. In einem solchen Fall muss eine individuelle, klar zuzuordnende Unternehmensbezeichnung vorliegen. Unzureichend ist auch, einen abgekürzten Firmennamen zu verwenden, wenn es mehrere Tochterunternehmen gibt, die alle ähnlich firmieren.

„Für den Betroffenen muss stets ersichtlich sein, wem er denn überhaupt seine Zustimmung erteilt, das heißt nichts anderes, als dass die Firmen namentlich genannt werden müssen."

2. Die wettbewerbsrechtliche Einwilligung

Grundsätzlich kann bei der wettbewerbsrechtlichen Einwilligung auf die Ausführungen zur datenschutzrechtlichen Einwilligung verwiesen werden. Es gelten insofern die identischen Ausführungen. Hiervon gibt es jedoch einige wichtige Ausnahmen. Diese werden nachfolgend näher erörtert.

Opt-In und Opt-Out

Der Kunde muss seine wettbewerbsrechtliche Einwilligungserklärung ausdrücklich abgeben. Es reicht nicht aus, dass er lediglich passiv zustimmt, sondern es bedarf vielmehr einer aktiven Handlung. Dabei gilt es, zwischen zwei Modellen zu unterscheiden:

- Opt-In
  = nur auf ausdrücklichen Wunsch des Empfängers wird die konkrete Handlung (z. B. Empfang eines Newsletters) vorgenommen
- Opt-Out
  = ohne ausdrückliche Zustimmung wird die konkrete Handlung vorgenommen, Empfänger kann jedoch konkrete Handlung ausschließen (zum Beispiel, sich von einem Newsletter abzumelden)

In zwei wichtigen Grundlagen-Entscheidungen (siehe die Kundenbindungsprogramme Payback und Happy Digits) hat der Bundesgerichtshof (BGH) klargestellt, dass für sämtliche Bereiche des Direktmarketings (Telefon, SMS, Fax, E-Mail) das Opt-In-Prinzip gilt. Einzige Ausnahme: Allein für den Bereich der Briefpost darf der Unternehmer das Opt-Out-Prinzip verwenden. Dies hat zur Folge, dass Erklärungen, bei denen bereits die Zustimmungshandlung vom werbenden Unternehmen vorgegeben ist, nur dann rechtlich zulässig sind, wenn sie ausschließlich den Bereich des Postbriefes betreffen. Sind hingegen auch andere Felder des Direktmarketings mit umfasst, ist die Klausel unwirksam.

Beispiel für eine wirksame Klausel

„Ja ich willige ein, dass die Firma U mir Werbung für (...) per Brief-post zuschickt. Wenn Sie keine Werbung möchten, streichen Sie bit-te diese Zeilen einfach durch."

Diese Opt-Out-Klausel, bei der die Zustimmung bereits vorgegeben ist, ist rechtlich einwandfrei, weil sie lediglich den Bereich des pos-talischen Briefes betrifft.

Beispiele für unwirksame Klauseln

„Ja ich willige ein, dass die Firma U mich zu Werbezwecken (...) per Telefon anrufen darf. Wenn Sie keine Werbung möchten, streichen Sie bitte diese Zeilen einfach durch."

„Ja ich willige ein, dass die Firma U mich zu Werbezwecken (...) per E-Mail kontaktieren darf. Wenn Sie keine Werbung möchten, strei-chen Sie bitte diese Zeilen einfach durch."

Diese Opt-Out-Klauseln, bei denen die Zustimmung bereits vorge-geben sind, sind rechtswidrig, weil sie den Bereich des Telefon- und E-Mail-Marketings betreffen. Hier darf nur mittels eines Opt-In ge-arbeitet werden.

Quelle: eigene Darstellung

Werbung per Brief-Post

(1) Grundsatz: Zulässigkeit postalischer Werbung

Aus rechtlicher Sicht bedarf es bei reiner Briefpostwerbung grundsätzlich jedoch keiner expliziten wettbewerbsrechtlichen Einwilligungserklärung. Denn nach dem Gesetz darf ein Unternehmen einem Verbraucher grund-sätzlich Werbung per Briefpost zuschicken, beispielsweise im Rahmen von Marketingkampagnen oder Vertriebsmaßnahmen.

(2) Ausnahme: postalische Werbung ist unzulässig

Nur ausnahmsweise ist postalische Werbung unzulässig. Nämlich dann, wenn für das versendende Unternehmen erkennbar ist, dass der Empfänger keine weitere Werbung wünscht. Der entgegenstehende Wille muss für das werbende Unternehmen erkennbar sein. Dabei muss der Empfänger sich nicht des gleichen Kommunikationskanals wie der Werbende bedienen. Es reichen bereits Erklärungen gegenüber der Allgemeinheit aus, zum Beispiel ein entsprechender Aufkleber auf dem Briefkasten. Bei der Beantwortung der Frage, wann eine solche erkennbare Unerwünschtheit vorliegt, ist zwischen zwei Arten von Briefpost zu unterscheiden:

- Briefwerbung
  = der potenzielle Kunde wird mittels eines an ihn adressierten Briefes direkt angesprochen
- Briefkastenwerbung
  = Werbung mittels nicht personalisierter Medien, beispielsweise Prospekten, Postwurfsendungen, Katalogen oder Anzeigenblättern

Bei der Briefwerbung reicht ein allgemeiner Aufkleber auf dem Briefkasten nicht aus, denn der Postbote kann von außen nicht beurteilen, ob es sich bei dem Brief um Werbung handelt oder nicht. Vielmehr muss hier der Empfänger aktiv werden und seine Ablehnung äußern. Er kann dies entweder durch Benachrichtigung des werbenden Unternehmens selbst oder durch einen Eintragung in eine Robinson-Liste erklären.

Abb. 2 Einwilligungsformen	
Sachverhalt	konkludente bzw. mutmaßliche Einwilligung?
Beispiel 1: Unternehmer U nimmt einen kostenlosen Eintrag in eine Internet-Suchmaschine vor. Darf der Betreiber der Suchmaschine annehmen, der Unternehmer sei mit einem Anruf bzgl. einer gebührenpflichtigen Ausweitung des Angebots einverstanden?	**Nein.** Eine mutmaßliche Einwilligung liegt nicht vor, da kein wirkliches Interesse des U an kostenpflichtigen Dienstleistungen erkennbar ist. Denn der U hat bislang nur kostenlose Angebote in Anspruch genommen.
Beispiel 2: Der Unternehmer U nimmt einen kostenpflichtigen Grundeintrag in den „Gelben Seiten" vor. Darf das Unternehmen für eine Erweiterung dieses Grundeintrages angerufen werden?	**Ja.** Es liegt eine mutmaßliche Einwilligung vor. Da der Unternehmer U bereits einen kostenpflichtigen Grundeintrag vorgenommen hat, ist es möglich, dass er auch an einer Erweiterung Interesse hat.
Beispiel 3: Ein Handwerksmeister H hat bei der Bank B ein Konto. Ein Sachbearbeiter der Bank ruft den Handwerksmeister nun an und fragt ihn, ob er nicht auch an einem Aktiendepot interessiert ist. Darf die Bank das?	**Nein.** Aus der Tatsache, dass eine Konto-Geschäftsbeziehung besteht, lässt sich kein sachlicher Grund für die Annahme finden, dass Interesse an einem Aktiendepot besteht.
Beispiel 4: Der Angerufene ist Handwerksmeister H, der Bauleistungen erbringt. Der Anrufer ist das Unternehmen U, das u.a. Bauaufträge von Dritten vermittelt. Darf der Anrufer ungefragt beim Handwerksunternehmen anrufen?	**Nein.** Es reicht nicht aus, dass möglicherweise Schnittmengen zwischen den Handwerksleistungen des H und den von U vermittelten Geschäften bestehen. Es bedarf vielmehr konkreter Umstände. Ein abstraktes sachliches Interesse ist nicht ausreichend.
Beispiel 5: Der Anrufer A bietet Zeitschriften, Anwalts-Versicherungen und Autos an. Darf der A Rechtsanwälte telefonisch kontaktieren und für seine Produkte werben?	**Nein.** Es ist nicht erkennbar, dass hier konkrete Umstände vorliegen, die ein Interesse der angerufenen Rechtsanwälte begründen könnten. Vielmehr handelt es sich um ein bloßes abstraktes Interesse.
Beispiel 6: Darf Bürobedarfshändler B bei einem Übersetzungsbüro zwecks Verkaufs von Büromaterial anrufen?	**Nein.** Auch hier liegen keine konkreten Umstände, sondern nur ein abstraktes Interesse vor.
Beispiel 7: Das Unternehmen U inseriert in einem Print-Branchenbuch. Darf diese Firma zwecks kostenpflichtiger Eintragung in ein elektronisches Branchenbuch angerufen werden?	**Nein.** Es liegt keine ausreichende Vermutung vor, dass eine Person, die im Print-Bereich inseriert, auch einen Online-Eintrag will.

Quelle: eigene Darstellung

Werbung per Telefon

Telefonwerbung gegenüber Unternehmern ist ohne Einwilligung in Deutschland grundsätzlich rechtswidrig. Im B2B-Bereich muss bei der Telefonwerbung jedoch nicht unbedingt eine ausdrückliche Einwilligung gegeben sein. Ausreichend ist vielmehr auch eine konkludent erteilte Einwilligung oder eine mutmaßliche Einwilligung. Eine konkludent erteilte Einwilligung liegt vor, wenn der Angesprochene zwar nicht explizit eine Erklärung abgibt, er aber Handlungen vornimmt, die mittelbar darauf schließen lassen, dass er mit der Werbung einverstanden ist.

Eine mutmaßliche Einwilligung ist hingegen gegeben, wenn aufgrund konkreter Umstände ein sachliches Interesse des Angerufenen vermutet werden kann. Ein abstraktes Interesse, zum Beispiel der Fall, dass ein Versicherer einen Rechtsanwalt, der gesetzlich eine Haftpflichtversicherung abschließen muss, kontaktieren darf, reicht nicht aus. Diese Wertung ist auch leicht nachvollziehbar, denn andernfalls könnte jeder Versicherer dann telefonisch bei Anwälten für seine Produkte werben.

In der Praxis verschwimmen häufig die Grenzen zwischen konkludent erteilter und mutmaßlicher Einwilligung. Eine klare Abgrenzung ist häufig nicht möglich beziehungsweise nur sehr subjektiv möglich.

Folgende Prüfungspunkte bieten sich als Checkliste an. Dabei gilt es zu beachten, dass es sich hierbei um erste Orientierungen handelt, nicht um verbindliche, abschließende Punkte:

- **Art und Inhalt einer bereits existierenden Geschäftsbeziehung**
  Besteht bereits eine Geschäftsbeziehung? Je enger und intensiver eine bereits bestehende geschäftliche Verbindung ist, desto eher ist von einer mutmaßlichen Einwilligung auszugehen.
- **Sachliche Nähe zwischen Angebot und dem Bedarf des Angerufenen**
  Je interessanter das beworbene Produkt für den Angerufenen ist, desto eher liegt eine mutmaßliche Einwilligung vor. Ein abstrakter Sachbezug ist jedoch nicht ausreichend.
- **Art und Intensität der Kontaktaufnahme**
  Welcher Direktmarketing-Kanal wurde genutzt? Wurde mehrfach eine Kontaktaufnahme versucht?
- **Bisheriges Verhalten des Angerufenen**
  Hat der Angerufene in der Vergangenheit ein Interesse an bestimmten Waren geäußert?
- **Kosten des Angebots**
  Je günstiger ein Angebot desto größer die Wahrscheinlichkeit, dass das beworbene Produkt für den Angerufenen interessant ist.

Die Rechtsprechung ist somit auch im B2B-Bereich, in denen der Angerufene weniger schutzbedürftiger ist als ein Verbraucher, sehr zurückhaltend mit der Annahme einer mutmaßlichen Einwilligung. Zur Verdeutlichung werden nachfolgend die wichtigsten Urteile in Kürze aufbereitet:
Trotz dieser eindeutigen Rechtsprechung begegnet man als beratender Anwalt im Direktmarketing auch noch heutzutage regelmäßig Unternehmen,

Handlungsempfehlungen
- Überlegen Sie sich genau, für welche Zwecke Sie die gewünschten Daten einsetzen wollen.
- Denken Sie dabei auch ein paar Jahre in die Zukunft, damit Sie den Verwendungsbereich nicht zu stark eingrenzen und die Daten somit nur einen geringen Wert haben.

die steif und fest behaupten, jede noch so halbseidene Verbindung reiche aus, um von einer mutmaßlichen Einwilligung auszugehen.

Werbung per Fax

Bei der Faxwerbung differenziert das Gesetz nicht zwischen Verbrauchern und Unternehmern. Der Gesetzestext schreibt vielmehr vor, dass nur noch ausdrücklich erteilte Einwilligungen wirksam sind. Damit wäre eine konkludent oder mutmaßliche Einwilligung nicht mehr ausreichend.

Unklar ist, ob dem Gesetzgeber eine solche Gesetzgebungskompetenz überhaupt zusteht. Die deutsche Legislative hat damit nämlich eine Regelung getroffen, die über die EU-Richtlinie hinausgeht. Da diese Richtlinie jedoch abschließenden Charakter hat, ist der Wortlaut der deutschen Vorschrift entsprechend auszulegen, so dass auch konkludent erteilte Einwilligungen ausreichend sind. Es bleibt abzuwarten, ob die Rechtsprechung diesem Ansatz folgen wird oder tatsächlich nur ausdrückliche Einwilligungen als wirksam erachtet.

Nicht genügend hingegen ist in jedem Fall die mutmaßliche Einwilligung. Somit kommt bei der Faxwerbung gegenüber Unternehmern – anders als bei der Telefonwerbung – der Unterscheidung zwischen konkludenter und mutmaßlicher Einwilligung eine entscheidende Bedeutung zu.

Eine konkludent erteilte Einwilligung liegt vor, wenn der Angesprochene zwar nicht explizit eine Erklärung abgibt, er aber Handlungen vornimmt, die mittelbar darauf schließen lassen, dass er mit der Werbung einverstanden ist. Eine mutmaßliche Einwilligung ist hingegen gegeben, wenn aufgrund konkreter Umstände ein sachliches Interesse des Angerufenen vermutet werden kann. So verständlich und nachvollziehbar sich diese Differenzierung in der Theorie anhört, so ist eine Abgrenzung jedoch nur sehr schwer möglich. Die **Abbildung 3** (siehe unten) bietet dazu eine erste Orientierung.

Abb. 3　Beispiele für Einwilligungsklauseln im Datenschutzrecht	
Sachverhalt	**konkludente Einwilligung?**
Beispiel 1: Das Unternehmen U betreibt eine PKW-Filiale und befasst sich mit dem An- und Verkauf von Gebrauchtfahrzeugen. U hat seine Faxnummer in allgemein zugänglichen Verzeichnissen und auf seiner Homepage veröffentlicht. Der Werbetreibende W schickt ein Fax, in dem er mitteilt, er würde generell bestimmte PKW-Klassen ankaufen. Erlaubt?	**Konkludente Einwilligung und somit ausreichend.** Das Fax des Werbetreibenden W ist nicht wettbewerbswidrig, denn es ist auf die übliche Verkaufstätigkeit ausgerichtet und bezieht sich auf konkrete Umstände .
Beispiel 2: Wie Beispiel 1, diesmal will der W aber generell bestimmte PKW-Klassen verkaufen.	**Keine Einwilligung,** weder konkludent noch mutmaßlich. Das Fax des W ist wettbewerbswidrig, denn es ist nicht auf die übliche Verkaufstätigkeit des Unternehmens ausgerichtet, sondern dient rein dem Verkaufsinteresse des Unternehmens.
Beispiel 3: Unternehmen U ruft den Gewerbetreibenden G zum Thema „Kindesmisshandlung und Kindesmissbrauch" an. Im Verlauf des Gesprächs gibt G dem U seine allgemeinen Kontaktdaten, u. a. auch seine Fax-Nummer.	**Keine Einwilligung,** weder konkludent noch mutmaßlich. Es reicht nicht aus, dass ein Unternehmen seine Kontaktdaten gibt. Vielmehr muss diese Nennung auch mit dem Willen geschehen, Werbung zu erhalten.

Quelle: eigene Darstellung

Werbung per elektronischer Post (E-Mail, SMS, MMS)

Grundsatz

Die Richtlinien für Faxwerbung gelten grundsätzlich auch für die Werbung
per elektronischer Post. Unter den Begriff der elektronischen Post fallen
nicht nur E-Mails, sondern auch SMS- und MMS-Nachrichten.

Das verdeutlichen die nachfolgenden Beispiele:

Ausnahme: vertragliche Geschäftsbeziehung

Vom zuvor dargestellten Grundsatz gibt es eine wichtige Ausnahme. Danach
ist E-Mail-Werbung auch ohne eine Einwilligung zulässig, wenn zuvor eine
geschäftliche oder quasi-vertragliche Geschäftsbeziehung bestanden hat. Die
Ausnahme gilt sowohl gegenüber Verbrauchern als auch Unternehmern.

Es müssen vier Voraussetzungen vorliegen, damit eine Werbung rechtmä-
ßig ist. Liegt eine der Voraussetzungen nicht vor, greift die Ausnahme nicht
und die Werbung ist rechtswidrig.

- Die E-Mail-Adresse muss im Zusammenhang mit dem Verkauf von Waren und Dienstleistungen mitgeteilt worden sein.
- Bewerbung von ähnlichen Waren oder Dienstleistungen
- kein Widerspruch des Kunden
- Einhaltung der Hinweispflichten

Datenschutzverletzungen sind primär ein PR-Problem

Um es an dieser Stelle ganz deutlich zu sagen: Datenschutzverletzungen sind
primär ein Public-Relations-Problem und kein juristisches! Auch wenn diese Aussage im Zusammenhang des Beitrags befremdlich klingen mag, so bestätigt ein Blick in die Praxis exakt diese Situation. Herkömmlicherweise haben juristische Artikel die Angewohnheit, die rechtlichen Konsequenzen,
zum Beispiel die Geldbußen bei Ordnungswidrigkeiten, verstärkt hervorzu-

Abb. 4 Varianten für Sachverhalte bei Einwilligungen	
Sachverhalt	**Einwilligung?**
Beispiel 1: Der Anbieter eines Online-Fußballspiels mailt dem Amateur-Fußballverein S und wirbt darin für sein Game. Die E-Mail-Adresse des S ist auf seiner Webseite im Impressum angegeben. Zulässig?	**Keine Einwilligung.** Die Angabe einer allgemeinen E-Mail-Adresse auf der Homepage des S dient nicht derartigen Werbe-Interessen. Vielmehr soll sie nur die schnelle Kontaktaufnahme für Nachfragen von Mitgliedern bzw. potenziell interessierten Personen dienen.
Beispiel 2: Der Kfz-Händler K erklärt auf seiner Webseite, dass derjenige, der mit ihm in Kontakt treten oder ihm etwas mitteilen möchte, ihm hierzu unter anderem eine E-Mail senden kann. Ein anderer Kfz-Händler mailt ihm daraufhin bestimmte aktuelle Angebote zu. Ausreichende Einwilligung?	**Keine Einwilligung.** Die Äußerung des K, man könne ihn auch per E-Mail kontaktieren, bezieht sich auf die Veräußerung von PKW an Kunden und nicht auf den Umstand, selbst PKW-Angebote zu erhalten.
Beispiel 3: Das Unternehmen U versendet an einen Rechtsanwalt nur ein einziges Mal unerlaubte E-Mail-Werbung. Muss das Unternehmen U nun Konsequenzen fürchten oder gilt das Prinzip „Einmal ist keinmal"?	**Keine Einwilligung.** Der Grundsatz „Einmal ist keinmal" gilt hier nicht. Bereits die Zusendung einer einzigen E-Mail reicht für einen Wettbewerbsverstoß aus.
Quelle: eigene Darstellung	

Kerngedanke 2

Datenschutzverletzungen sind primär ein PR-Problem und kein juristisches. Viele Unternehmer denken immer noch falsch und betrachten Datenschutzverletzungen immer noch isoliert nur unter rechtlichen Gesichtspunkten.

heben. Eine solche Darstellung ist jedoch, wie die nachfolgenden Ausführungen zeigen werden, im Datenschutzrecht fern jeder Realität.

Ein guter Anwalt wird die Rechtsfolgen aus einer Datenschutzverletzung stets auf ein erträgliches Maß für den Unternehmer reduzieren können. Ein unkalkulierbares Risiko ist und bleibt aber die Wahrnehmung des Unternehmers in der Öffentlichkeit. Denn ist nämlich erst einmal das berüchtigte Kind in den Brunnen gefallen, dann ist es nahezu unmöglich, dass am Adresshändler kein Makel hängen bleibt.

Datenschutz in der Praxis: alle 39. 400 Jahre eine Datenschutzprüfung

Es gibt kaum ein Rechtsgebiet, bei dem Anspruch und Wirklichkeit so weit auseinander liegen. Einerseits wird stets von der Wichtigkeit des Grundrechtes auf informationelle Selbstbestimmung gesprochen, andererseits sind seit Jahrzehnten die Defizite bekannt, ohne dass sich hieran etwas ändert. In der Praxis führt dies dazu, dass jedes Unternehmen – statistisch gesehen – nur alle 39.400 Jahre datenschutzrechtlich geprüft wird.

Fazit

Die Verhängung von Bußgeldern für Datenschutzvergehen hat in der Praxis nach wie vor Seltenheitswert. Auch wenn in einzelnen Fällen, wie beispielsweise gegenüber Lidl (1,5 Millionen Euro) oder gegenüber Tönnies (80.000 Euro), hohe Bußgelder ausgesprochen wurden, ist das Bußgeldverfahren nach wie vor ein ungeliebtes Instrument für die Aufsichtsbehörden. So wurden z. B. im Zeitraum von September 2005 bis August 2006 in der gesamten Bundesrepublik Deutschland lediglich 44 Bußgeldbescheide verhängt. Dies macht pro Bundesland 2,75 Bußgeldbescheide im Jahr. Die Höhe der Bußgelder lag zwischen 100 Euro und 3.000 Euro.

Datenschutzverletzungen von Unternehmen sind primär ein PR-Problem und kein juristisches. Viele Unternehmer denken bei diesem Thema immer noch falsch und betrachten Datenschutzverletzungen immer noch isoliert nur unter rechtlichen Gesichtspunkten. Hier ist ein dringendes Umdenken erforderlich.

Sfp Zusätzlicher Verlagsservice für Abonnenten von „Springer für Professionals | Vertrieb"

Zum Thema | Datenschutz Vertrieb | 🔍 Suche

finden Sie unter www.springerprofessional.de 1.106 Beiträge, davon 70 im Fachgebiet Vertrieb Stand: März 2014

Medium
☐ Online-Artikel (2)
☐ Interview (1)
☐ Zeitschriftenartikel (273)
☐ Buchkapitel (830)

Sprache
☐ Deutsch (1100)
☐ Englisch (6)

Von der Verlagsredaktion empfohlen

Neumann, R. : Woran Qualitätsprojekte häufig scheitern, in: Sales Management Review, Ausgabe 11/2012, S. 52-53, Wiesbaden 2012, www.springerprofessional.de/4420764

Jacob, M: Markt, in: Informationsorientiertes Management, S. 231-278, Wiesbaden 2012, www.springerprofessional.de/3114286

Rechtliche Damoklesschwerter beim Umgang mit Kundendaten

Dem Umgang mit Kundendaten wurden über die letzten Jahre – teils getrieben durch die Rechtsprechung – immer engere Grenzen gesetzt. Die EU plant weitere, drastische Bußgelder für Verstöße gegen das Datenschutzrecht. Schon heute ist die Rechtslage mehr als unübersichtlich. Das bedeutet für den Vertrieb, dass CRM-Maßnahmen und Kundenmailings für das Unternehmen teuer werden können.

Malte Grützmacher

Marketing und Vertrieb sind heute ohne CRM-Daten kaum noch denkbar. Die Kundendaten sind sozusagen der Kraftstoff eines funktionierenden Absatzes. Ohne sie geht praktisch nichts mehr. Die Möglichkeiten, solche Daten zu generieren und in Zeiten von Big Data anzureichern, wachsen stetig; die Daten, die dazugehörigen Softwaretools und Datenvolumen ebenso. Gleichzeitig sind die datenschutzrechtlichen und wettbewerbsrechtlichen Anforderungen, die bei der Nutzung solcher CRM-Daten zu beachten sind, in den letzten Jahren von Gesetzgeber und Rechtsprechung immer weiter verschärft worden. Kurzum: Nicht alles, was machbar ist, darf gemacht werden. Vieles wird jedoch gemacht, und zwar oft unabhängig davon, ob es legal oder illegal ist.

Nähert man sich dem Thema CRM-Daten von der rein juristischen Seite, so wird schnell klar, dass es sich um ein sehr komplexes Thema handelt. Grundlegend zu beachten sind die Normen des § 7 UWG sowie des § 28 BDSG. Diese Normen regeln, in welchem Rahmen und Umfang Werbemaßnahmen mit vorhandenen Kundendaten oder sonst generierten, personenbezogenen Daten betrieben werden dürfen. In Zeiten, in denen überdies die IT zusehends ausgelagert wird und gerade im Bereich der CRM-Systeme vielfältige Cloud-basierte Lösungen angeboten werden, stellt sich darüber hinaus aber auch die Frage, in welchem Umfang entsprechende CRM-Daten eigentlich auch außerhalb des Unternehmens, etwa bei entsprechenden Service-Providern gehalten werden dürfen. Auch besteht in Konzernen die Thematik, dass naturgemäß konzernzugehörige Unternehmen gerne auch auf die CRM-Daten ihrer Tochter- und Schwestergesellschaften zugreifen würden, um diese für eigene Zwecke zu nutzen. Und schließlich spielen CRM-Daten heute auch eine große Rolle bei Unternehmensübernahmen.

Dr. Malte Grützmacher
ist Fachanwalt für Informationstechnologierecht und als Partner der Kanzlei CMS Hasche Sigle Partnerschaft von Rechtsanwälten und Steuerberatern mbB in Hamburg tätig. Schwerpunkte seiner Beratungstätigkeit sind IT-Projekt-, Outsourcing- und Cloudverträge, das Datenschutzrecht sowie der Rechtsschutz von Software.
E-Mail: Malte.Gruetzmacher@cms-hs. com, www.cms-hs.com

Werbemaßnahmen und ihre wettbewerbs- und datenschutzrechtlichen Grenzen

Kundendaten resultieren oft aus Vertragsschlüssen. Die für den Vertragsschluss an und für sich erforderlichen Daten zu speichern, ist nach § 28 Absatz 1 S. 1 Nr. 1 BDSG zulässig. Doch wie dürfen diese genutzt werden?

CRM-Daten dienen der Kundenansprache. Daher prägt keine Norm den Umgang mit CRM-Daten so sehr wie § 7 UWG. Dies liegt nicht zuletzt daran, dass Verstöße gegen diese Norm auch von Wettbewerbern und Verbraucherschutzorganisationen abgemahnt und gerichtlich verfolgt werden können. Und so lohnt ein Blick ins Gesetz:

§ 7 Unzumutbare Belästigungen

(1) Eine geschäftliche Handlung, durch die ein Marktteilnehmer in unzumutbarer Weise belästigt wird, ist unzulässig. (...)

(2) Eine unzumutbare Belästigung ist stets anzunehmen

1. bei Werbung unter Verwendung eines in den Nummern 2 und 3 nicht aufgeführten, für den Fernabsatz geeigneten Mittels der kommerziellen Kommunikation, durch die ein Verbraucher hartnäckig angesprochen wird, obwohl er dies erkennbar nicht wünscht;

Kerngedanke 1

Das Wettbewerbsrecht und vor allem auch das Datenschutzrecht bestimmen die Grenzen des legalen Umgangs mit CRM-Daten.

_____

2. *bei Werbung mit einem Telefonanruf gegenüber einem Verbraucher ohne dessen vorherige ausdrückliche Einwilligung oder gegenüber einem sonstigen Marktteilnehmer ohne dessen zumindest mutmaßliche Einwilligung,*

3. *bei Werbung unter Verwendung einer automatischen Anrufmaschine, eines Faxgerätes oder elektronischer Post, ohne dass eine vorherige ausdrückliche Einwilligung des Adressaten vorliegt, oder*

4. *(...)*

Schon auf den ersten Blick fällt auf, dass hier im Wesentlichen vier Arten der Werbung zu unterscheiden sind, nämlich die Werbung per Brief, Telefon, Telefax und E-Mail.

Hinzu kommt aber eine weitere Differenzierung zwischen Privatverbrauchern und Geschäftskunden. Je nachdem wird eine ausdrückliche Einwilligung, eine mutmaßliche Einwilligung oder einfach nur keine ausdrückliche Ablehnung verlangt.

Und schließlich findet sich in Absatz 3 der Norm eine an zahlreiche Bedingungen geknüpfte Spezialregelung für E-Mails an „Stammkunden". Bei diesen

... ist eine unzumutbare Belästigung bei einer Werbung unter Verwendung elektronischer Post nicht anzunehmen, wenn

1. *ein Unternehmer im Zusammenhang mit dem Verkauf einer Ware oder Dienstleistung von dem Kunden dessen elektronische Postadresse erhalten hat,*

2. *der Unternehmer die Adresse zur Direktwerbung für eigene ähnliche Waren oder Dienstleistungen verwendet,*

3. *der Kunde der Verwendung nicht widersprochen hat und*

4. *der Kunde bei Erhebung der Adresse und bei jeder Verwendung klar und deutlich darauf hingewiesen wird, dass er der Verwendung jederzeit widersprechen kann, ohne dass hierfür andere als die Übermittlungskosten nach den Basistarifen entstehen.*

Allerdings liegen, wie in der Folge noch aufzuzeigen ist, die Bedingungen zur Berufung auf diese Ausnahmeregelung auch für die Daten existenter Kunden in der Praxis oft nicht vor. Denn auch diese Regelung muss im Rahmen der Vertriebsstrategie aktiv umgesetzt werden.

Rechtssichere Anwendung schwierig

Damit aber nicht genug. Hat man § 7 UWG ausreichend Rechnung getragen, so ist überdies noch § 28 Absatz 3 BDSG zu beachten. Auch hier, so wünschte man es sich zumindest, sollte der Blick ins Gesetz die Rechtsfindung erleichtern. Doch schnell wird klar, dass dem so nicht ist:

§ 28 Datenerhebung und -speicherung für eigene Geschäftszwecke

(...)

(3) Die Verarbeitung oder Nutzung personenbezogener Daten für Zwecke des Adresshandels oder der Werbung ist zulässig, soweit der Betroffene eingewilligt hat und im Falle einer nicht schriftlich erteilten Einwilligung die verantwortliche Stelle nach Absatz 3a verfährt. Darüber hinaus ist die Verarbeitung oder Nutzung personenbezogener Daten zulässig, soweit es sich um listenmäßig oder sonst zusammengefasste Daten über Angehörige einer Personengruppe handelt, die sich auf die Zugehörigkeit des Betroffenen zu dieser Personengruppe, seine Berufs-, Branchen- oder Geschäftsbezeichnung, sei-

„Die gesetzlichen Regelungen zu CRM-Daten sind vielschichtig und nur schwer zu durchschauen. Nähert man sich dem Ganzen, indem man das Gesetz wie Checklisten liest, ist man schon einen Schritt weiter. "

nen Namen, Titel, akademischen Grad, seine Anschrift und sein Geburtsjahr beschränken, und die Verarbeitung oder Nutzung erforderlich ist,

1. *für Zwecke der Werbung für eigene Angebote der verantwortlichen Stelle, die diese Daten mit Ausnahme der Angaben zur Gruppenzugehörigkeit beim Betroffenen nach Absatz 1 Satz 1 Nummer 1 oder aus allgemein zugänglichen Adress-, Rufnummern-, Branchen- oder vergleichbaren Verzeichnissen erhoben hat,*
2. *für Zwecke der Werbung im Hinblick auf die berufliche Tätigkeit des Betroffenen und unter seiner beruflichen Anschrift oder*
3. *(...)*

Wer diesen Teil der Norm noch zu verstehen vermag, wird spätestens beim weiteren Lesen des § 28 Absatz 3 Sätze 3 – 7 BDSG ins Straucheln geraten. Diese Regelungen sind ein Lehrstück schlechter Gesetzgebung:

Für Zwecke nach Satz 2 Nummer 1 darf die verantwortliche Stelle zu den dort genannten Daten weitere Daten hinzuspeichern. Zusammengefasste personenbezogene Daten nach Satz 2 dürfen auch dann für Zwecke der Werbung übermittelt werden, wenn die Übermittlung nach Maßgabe des § 34 Absatz 1a Satz 1 gespeichert wird; in diesem Fall muss die Stelle, die die Daten erstmalig erhoben hat, aus der Werbung eindeutig hervorgehen. Unabhängig vom Vorliegen der Voraussetzungen des Satzes 2 dürfen personenbezogene Daten für Zwecke der Werbung für fremde Angebote genutzt werden, wenn für den Betroffenen bei der Ansprache zum Zwecke der Werbung die für die Nutzung der Daten verantwortliche Stelle eindeutig erkennbar ist. Eine Verarbeitung oder Nutzung nach den Sätzen 2 bis 4 ist nur zulässig, soweit schutzwürdige Interessen des Betroffenen nicht entgegenstehen. Nach den Sätzen 1, 2 und 4 über-

Zusammenfassung

Die Rechtslage beim Umgang mit Kundendaten ist für den juristischen Laien unübersichtlich. Dem Umgang mit diesen Daten wurden über die letzten Jahre – teils getrieben durch die Rechtsprechung – immer engere Grenzen gesetzt. Bei Verstößen gegen das Wettbewerbsrecht drohen Abmahnungen etwa durch die Konkurrenz. Verstöße gegen das Datenschutzrecht können jedenfalls von den Betroffenen abgemahnt werden und je nach Verstoß gemäß § 43 BDSG zu Bußgeldern von bis zu 50.000 bzw. 300.000 Euro führen. Die EU plant für die Zukunft sogar noch höhere Bußgelder. Bei CRM-Maßnahmen und Kundenmailings gibt es insofern viele Praktiken, die für das Unternehmen teuer werden können.

mittelte Daten dürfen nur für den Zweck verarbeitet oder genutzt werden, für den sie übermittelt worden sind.

Kerngedanke 2
Eine CRM-Datenbank sollte auch die Informationen abspeichern, die es später erlauben oder erleichtern, die Voraussetzungen für die Zulässigkeit der CRM-Maßnahme nachzuweisen.

Bereitet schon die rechtssichere Anwendung des § 7 UWG Schwierigkeiten, so potenziert sich das Problem mit den zahlreichen Regelungsvarianten des § 28 Absatz 3 BDSG. So hat der Gesetzgeber das von der Werbewirtschaft lieb gewonnene Listenprivileg einerseits in der BDSG-Novelle von 2009 stark beschränkt, andererseits aber um kaum verständliche Regelungen in den Sätzen 3 bis 5 ergänzt.

So ist völlig unklar, in welchem Umfang etwa vom Listenprivileg eigentlich nicht gedeckte Attribute wie etwa der Geburtstag, Hobbys oder der Name der Ehefrau hinzugespeichert werden. Diskutiert wird jedenfalls, dass dieses erlaubt ist, auch um eine Selektion im Rahmen der Listenbildung sinnvoll zu unterstützen. Gerichtlich geklärt hingegen sind die Grenzen nicht.

Und der Gesetzgeber hat vor allen Dingen den datenverarbeitenden Unternehmen mit dem Einwilligungsvorbehalt in gesetzlicher Schriftform, also einer echten Unterschrift (oder in der Theorie: einer qualifizierten elektronischen Signatur), eine hohe Hürde auferlegt. Umgangen werden kann diese allenfalls unter den erleichterten Voraussetzungen des § 28 Absatz 3a BDSG sowie in rein Internet-bezogenen Sachverhalten. Bei Letzteren kann auf das Einwilligungserfordernis des § 13 Absatz 2 TMG zurückgegriffen werden. Aber auch dort sind Hürden zu überwinden:

(2) Die Einwilligung kann elektronisch erklärt werden, wenn der Diensteanbieter sicherstellt, dass

1. der Nutzer seine Einwilligung bewusst und eindeutig erteilt hat,

2. die Einwilligung protokolliert wird,

3. der Nutzer den Inhalt der Einwilligung jederzeit abrufen kann und

4. der Nutzer die Einwilligung jederzeit mit Wirkung für die Zukunft widerrufen kann.

(3) Der Diensteanbieter hat den Nutzer vor Erklärung der Einwilligung auf das Recht nach Absatz 2 Nr. 4 hinzuweisen. Absatz 1 Satz 3 gilt entsprechend.

Konsequenzen für verschiedene Werbemedien
Hieraus folgt sodann im Grundsatz folgende Rechtslage:

1. Werbung per Post
Nach dem UWG weitgehend unkritisch ist die Werbung per Brief. Etwas anderes gilt aber, wenn auf entsprechenden Briefkästen Werbeverbote zu finden sind, etwa „Keine Werbung". Zudem müssen Mitgliedsunternehmen von Organisationen, die so genannte „Robinsonlisten" führen – wie der Deutsche Dialogmarketing Verband – von Werbung gegenüber den in den Listen eingetragenen Personen absehen.

Datenschutzrechtlich ist diese Form der Werbung selbst nach den Datenschutznovellen weiterhin relativ unproblematisch, wenn entsprechend § 28

Absatz 3 Satz 2 Nr. 2 BDSG „Werbung in Hinblick auf die berufliche Tätigkeit des Betroffenen und unter seiner beruflichen Anschrift" oder wenn sie auf Basis von beim Betroffenen erhobenen Daten aus öffentlichen Verzeichnissen entsprechend Satz 2 Nr. 1 erfolgt. Hier kann noch das „Listenprivileg" genutzt werden. Allerdings gilt Absatz 3 Satz 2 Nr. 1 nur für „eigene Angebote" und damit gerade im Fall fremd beworbener Angebote – worüber man im Einzelfall wieder streiten kann – unter Umständen nur begrenzt.

Sonst hingegen bedarf es regelmäßig der Einwilligung gemäß § 28 Absätze 3, 3a und 3b sowie 4a BDSG. Das Datenschutzrecht kommt insofern immer ins Spiel, wenn natürliche Personen (etwa auch Einzelunternehmer), nicht aber wenn juristische Personen angeschrieben werden.

2. Telefonwerbung

Strenger sind die Anforderungen schon bei Telefonwerbung, die bei Verbrauchern nur mit einer ausdrücklichen Einwilligung möglich ist. Der Gesetzgeber hat hier (an-) erkannt: Der Anruf zu Hause ist eine Belästigung.

Für die Telefonwerbung im beruflichen Kontext, wenn also nicht Verbraucher angesprochen werden, reicht gemäß § 7 Absatz 2 Nr. 2 UWG demgegenüber eine mutmaßliche Einwilligung. Allerdings sind die Anforderungen an eine solche mutmaßliche Einwilligung nicht zu unterschätzen: So verlangt die Rechtsprechung, dass ein konkreter aus dem Interessenbereich des Anzurufenden herzuleitender Grund besteht, der die Werbung rechtfertigen könnte, und zwar im Zweifel mit Blick auf den Inhalt der Werbung wie auch auf deren Art (Telefonanrufe).

Dementsprechend muss laut Rechtsprechung der Anzurufende mutmaßlich (gerade) auch mit einer telefonischen Werbung – also dem Anruf als solchem – einverstanden sein. Das gilt auch, wenn im Übrigen ein mehr oder minder klarer beziehungsweise akuter Bedarf für das Produkt oder das sonstige Angebot des Werbenden unterstellt werden kann. Darüber, ob diese Anforderungen bei der Telefonwerbung vorliegen, kann man sich im Einzelfall trefflich streiten. Deswegen ist trotz der insofern herabgesetzten Anforderungen gemäß § 7 UWG im Zweifel zu empfehlen, hierfür eine ausdrückliche, gegebenenfalls sogar schriftliche Einwilligung einzuholen, sofern sich hierfür eine Gelegenheit bietet.

Datenschutzrechtlich ist auch das Erstellen von Telefonlisten für Telefonwerbung gemäß § 28 Absatz 3 BDSG zu beurteilen. Dabei gilt, dass die Verarbeitung oder Nutzung personenbezogener Daten grundsätzlich nur auf Basis einer Einwilligung, gegebenenfalls sogar schriftlichen Einwilligung erlaubt ist. Unklar ist, inwieweit Telefonlisten gemäß § 28 Absatz 3 Satz 2 Nr. 1 BDSG zulässig sind. Danach ist zwar eigentlich für die Zusammenfassung von Daten die Zusammenstellung der Rufnummern als solches nicht privilegiert. Andererseits verweist Absatz 3 Satz 2 Nr. 1 aber gerade darauf, dass ein Privileg zugunsten der Werbung dann besteht, wenn Daten aus Rufnummernverzeichnissen erhoben werden. Auch ist es nach Absatz 3 Satz 3 erlaubt, sonstige Daten und damit wohl auch die Telefonnummer hinzuzuspeichern.

Handlungsempfehlungen

In einer CRM-Datenbank sind insbesondere die folgenden Informationen über die Daten vorzuhalten, damit eine entsprechende Einwilligung nachgehalten bzw. der erlaubte Nutzungsumfang entsprechender Daten auch künftig bestimmt werden kann:

- Adress-Datensatz
- Datum der erstmaligen Erhebung
- Direkterhebung beim Betroffenen
- sonstige Herkunft der Daten
- ausdrückliche Einwilligung für
  o Fax
  o Telefon
  o E-Mail
- schriftliche Einwilligung
  o wenn keine schriftliche Einwilligung, Protokollierung derselben
  o gegebenenfalls bei mündlicher Einwilligung Name des Erklärungsempfängers und Datum der E-Mail zur Bestätigung der Einwilligung
  o Datum der Einwilligung

Bei Cloud-Lösungen für CRM-Daten ist Vorsicht geboten. Europäische Angebote, bei denen die Daten innerhalb der EU beziehungsweise des EWR verarbeitet werden, sind aus datenschutzrechtlicher Sicht zu präferieren. § 11 BDSG ist im Sinne einer datenschutzrechtlichen Checkliste für den Vertrag zu beachten.

Beim Erwerb von Unternehmen, deren Wert wesentlich durch die Kundendaten bestimmt wird, sollte – ausgenommen beim Erwerb aus der Insolvenz – schon mit Blick auf die Transaktionsstruktur an den Datenschutz gedacht werden. Es sollten im Zweifel nicht bloß die Vermögenswerte (Assets) übernommen, sondern eine Gesamtrechtsnachfolge vorgesehen werden.

Auf der sicheren Seite ist man daher leider (auch) datenschutzrechtlich nur bei einer schriftlichen Einwilligung.

3. Telefaxwerbung

Für die Telefaxwerbung bedarf es schon nach dem UWG einer ausdrücklichen Einwilligung. Das heißt, dass eine reine Opt-Out-Lösung auch hier unzureichend ist. Aber kann etwa die auf einem Messestand überreichte Visitenkarte mit Faxnummer als eine solche ausdrückliche Einwilligung verstanden werden? Im Zweifel nicht. Im Optimalfall sollten Mitarbeiter daher gleich beim Überreichen der Visitenkarte nachhaken, ob den Interessenten auch die Übersendung per Telefax genehm ist und dieses kurz notieren (sei es auf der Karte oder in einem gesonderten Vermerk) und hierzu ihr Kürzel setzen, damit später nachgewiesen werden kann, wem gegenüber die Einwilligung erklärt wurde.

Wichtig ist, dass sich die ausdrückliche Einwilligung gerade auch auf den Bezug der Werbung per Telefax richtet. Eine allgemeine Einwilligung, Werbung entgegenzunehmen, reicht insofern nicht aus. Genauso wenig würde es ausreichen, sie auf eine Generaleinwilligung aufgrund der bloßen Angabe der Telefaxnummer zu verlassen, wenn nicht klar wäre, dass hiermit erlaubt wird, bestimmte Werbeprodukte und -informationen zu übersenden. Datenschutzrechtlich gilt das zu Telefonanrufen Gesagte entsprechend.

4. E-Mail-Werbung

Der Versand von Werbung, wozu etwa auch Newsletter zu zählen sind, ist nach § 7 UWG in Form „elektronischer Post", also per E-Mail grundsätzlich nur mit einer vorherigen ausdrücklichen, gesonderten Einwilligung des Adressaten erlaubt (vergleiche Absatz 2 Nr. 3). Eine solche besteht oft nicht.

Davon ausgenommen sind Werbe-E-Mails nach Absatz 3 ausnahmsweise auch dann zulässig, wenn ein Unternehmer im Zusammenhang mit dem Verkauf einer Ware oder Dienstleistung direkt von dem Kunden dessen E-Mail-Adresse erhalten hat, der Unternehmer die Adresse zur Direktwerbung für eigene ähnliche Waren oder Dienstleistungen verwendet, der Kunde der Verwendung nicht widersprochen hat und der Kunde bei der Erhebung der Adresse und bei jeder Verwendung klar und deutlich darauf hingewiesen wird, dass er der Verwendung jederzeit widersprechen kann, ohne dass hierfür andere als die Übermittlungskosten nach den Basistarifen entstehen.

Und Vorsicht ist geboten, denn:

- Oft sind CRM-Datenbanken durchsetzt von E-Mail-Adressen, die nicht direkt beim Adressaten erhoben, sondern vielmehr zugekauft worden sind.
- Erforderlich ist wohl wegen des Wortlauts „Verkauf einer Ware oder Dienstleistung" ein Vertragsschluss in der Vergangenheit.
- Die Information über die Widerspruchsmöglichkeit muss bereits bei der erstmaligen Erhebung erfolgen, während oft auf diese Widerspruchsmöglichkeit erst später hingewiesen wird.

Auch datenschutzrechtlich würde man sich bei der Versendung entsprechender E-Mails zumindest im Graubereich bewegen. Denn schon das einstige Listenprivileg des § 28 Absatz 3 BDSG (a.F.) umfasste nicht die Nutzung von E-Mail-Adressen. Und dieses gilt auch nach wie vor in Ansehung des § 28 Absatz 3 Satz 2 BDSG, der sonst etwa bei berufsbezogener Werbung (vergleiche Nr. 2) nach wie vor eine listenmäßige Nutzung auch von neuen Daten zulässt, aber eben nicht die Nutzung und listenmäßige Zusammenfassung von E-Mail-Adressen erlaubt.

Einwilligung muss spezifisch und eindeutig sein

Hinzu tritt die Schwierigkeit, dass datenschutzrechtlich im Grundsatz nach § 28 Absatz 3 Satz 1 BDSG eigentlich eine schriftliche Einwilligung erforderlich ist. Gemäß § 28 Absatz 3a BDSG ist aber auch eine Einwilligung in anderer als Schriftform möglich, soweit wegen der besonderen Umstände eine andere Form angemessen erscheint. Allerdings ist dann erforderlich, dass dem Betroffenen der Inhalt der Einwilligung noch einmal schriftlich bestätigt wird; etwas anderes gilt gemäß § 12 Absatz 2 TMG nur, sofern die Einwilligung in elektronischer Form erklärt wurde und sichergestellt ist, dass die elektronische Einwilligung protokolliert wird und der Betroffene den Inhalt jederzeit abrufen sowie mit Wirkung für die Zukunft widerrufen kann.

„Die Einwilligung für das konkrete Werbemedium ist entscheidend. Insoweit muss der Adressat die Wahl haben."

Mithin würde eine hundertprozentig rechtssichere Einwilligung datenschutzrechtlich nur schwer zu dokumentieren sein, wobei dieses andersherum natürlich auch nur dann erforderlich ist, wenn überhaupt natürliche Personen betroffen sind.

Gerade für die Einwilligung in E-Mail-Werbung ist zumindest ein so genanntes Double-Opt-In-Verfahren erforderlich. Darunter versteht man ein Verfahren, bei dem der Werbeadressat nicht nur sein Einverständnis mit der Werbung erklärt, sondern vor dem Erhalt von Werbung zunächst noch eine E-Mail erhält, mit der er dieses Einverständnis noch einmal bestätigt. Hierdurch wird abgesichert, dass es auch wirklich der Account-Inhaber war, der sein Einverständnis mit der Werbung erklärt hat (Authentifizierung). Allerdings wird – teils auch durch die Rechtsprechung – zusehends skeptisch hinterfragt, ob nicht auch diese E-Mail, gegebenenfalls mangels Einwilligung, bereits eine unzulässige Werbemail ist.

Die Einwilligung muss freiwillig und informiert erfolgen. Sollen verschiedene Werbemedien genutzt werden, so muss für alle Medien eine eindeutige Erklärung abgefragt werden. Die Einwilligung en bloc ist unwirksam. Vielmehr muss sie nicht nur die Art der zu bewerbenden Produkte beschreiben, sondern vor allem auch die Möglichkeit bieten, sich für oder gegen einzelne Werbemedien zu entscheiden. Umgesetzt werden kann dieses durch weitere Tick-Boxen für Telefonanrufe, Faxwerbung und Werbe-E-Mails.

Kerngedanke 3

CRM-Lösungen in Form von Cloud-Angeboten werden von den Behörden kritisch gesehen. Umso sorgfältiger sind Datenschutzfragen vertraglich abzusichern.

CRM mittels Cloud-Lösungen unter kritischem Blick

Seit Jahren gibt es einen Trend, Software as a Service (SaaS) anzubieten. Und naturgemäß hat dieses Phänomen auch vor der Verarbeitung von CRM-Daten nicht Halt gemacht. Die Wetteraussichten sind insofern jedoch nur in Teilen heiter, tendenziell eher bedeckt bis wolkig. Denn Cloud-basierte Softwarelösungen und damit insbesondere auch CRM-Lösungen werden von den Datenschutzbehörden im Grundsatz kritisch beäugt, weitaus kritischer als etwa ausgelagerte CRM-Systeme, die im Rahmen einer Auftragsdatenverarbeitung von einem Outsourcing-Provider betrieben werden.

Hintergrund ist hier, dass im Rahmen einer so genannten Auftragsdatenverarbeitung, wie sie das deutsche Recht in § 11 BDSG regelt, das Daten übertragende Unternehmen Herr der Daten bleiben und hierzu im Grundsatz in der Lage sein muss, die IT-Systeme nicht lediglich zu prüfen und zu kontrollieren, sondern auch entsprechende Weisungsbefugnisse ausüben zu können. Echte Einflussmöglichkeiten wird ein Unternehmen im Rahmen von Cloud-Angeboten aber allenfalls reduziert haben. Und auch die Überprüfung und Kontrolle von IT-Systemen in der Cloud ist schwierig bis unmöglich. Kritisch hat sich diesbezüglich auch die das europäische Datenschutzrecht richtliniengemäß begleitende Artikel 29-Gruppe in ihrem Working Paper 196 geäußert.

Vor diesem Hintergrund von den Behörden besonders kritisch beäugt wurden und werden seit jeher außereuropäische Cloud-Angebote. Denn bei diesen greift nicht nur die Fiktion des § 3 Absatz 8 BDSG nicht, nach der bei einer ordnungsgemäß vereinbarten Auftragsdatenverarbeitung innerhalb

„Was nur auf den erste Blick perplex wirkt: Amerikanische Cloud-Angebote sind trotz Safe-Harbor in den Augen der Behörden nicht sicher."

des Europäischen Wirtschaftsraums (EWR), fingiert wird, dass keine Übertragung der personenbezogenen Daten an Dritte vorliegt. Nein, hinzu kommt, dass in einer solchen Konstellation per se in Frage steht, wie beziehungsweise dass etwa ein europäischer Kunde einen über das Internet angebotenen amerikanischen Cloud-Dienst, zumal über die große Distanz hinweg, kontrollieren kann. Und in Zeiten von NSA & Co. ist die Skepsis der Datenschutzbehörden insofern noch einmal deutlich gewachsen.

Daran ändert sich auch dann nichts, wenn das anbietende Unternehmen, wie so oft, dem Safe-Harbor-„Abkommen" beigetreten ist. Denn auch dieses wird mittlerweile von der Artikel 29-Gruppe und den Behörden kritisch hinterfragt. Gefordert sind daher im Zweifel zusätzliche Maßnahmen, wie die Garantie der Compliance mit europäischem bzw. deutschem Datenschutzrecht, entsprechende Verpflichtungen der Subunternehmer des

Cloud-Anbieters und zahlreicher weiterer Maßnahmen, wie sie das Working Paper 196 der Artikel 29-Gruppe fordert.

Dazu gehört auch, dass Anbieter außerhalb des EWR entweder mit Hilfe der so genannten Standardvertragsklauseln der Kommission vom 5. Februar 2010 für die Übermittlung personenbezogener Daten an Auftragsverarbeiter in Drittländern (EU Amtsblatt Nr. L 39 vom 12.2.2010, S. 5 ff.) verpflichtet sein oder Binding Corporate Rules (BCR) besitzen sollten. Letztere stellen nach überwiegender Auffassung durch die europäischen Datenschutzbehörden zu genehmigende, rechtlich verbindliche Unternehmensregelungen zum Umgang mit personenbezogenen Daten im Konzern dar.

Weniger Bedenken bestehen mit Blick auf die Kontrollfähigkeit und auch im Ansehung von § 3 Abs. 8 BDSG hingegen bei (rein) europäischen, das heißt EWR-basierten Cloud-Lösungen. Das reduziert auch den Aufwand der Prüfung der Vertragsbedingungen.

Schiebt man die grundsätzlichen Bedenken beiseite, so ist unter Einhaltung der gesetzlichen Schriftform bei Cloud-Angeboten im Grundsatz wie bei allen anderen Formen der Auftragsdatenverarbeitung der – in den meisten Aspekten mit dem Working Paper 196 kohärente – Regelungskatalog des § 11 BDSG abzuarbeiten.

Vertraglich ist danach insbesondere klarzustellen, dass eine Auftragsdatenverarbeitung erfolgt. Das heißt, dass das werbetreibende Unternehmen als Herr der Daten datenschutzrechtlich verantwortlich bleibt. Dementsprechend hat es den Auftragnehmer unter besonderer Berücksichtigung der Eignung der von ihm getroffenen technischen und organisatorischen Maßnahmen sorgfältig auszuwählen. Und der Cloud-Anbieter darf die personenbezogenen Daten auch nur im Rahmen der Weisungen des Auftraggebers erheben, verarbeiten oder nutzen. Ist der Cloud-Anbieter der Ansicht, dass eine Weisung des Auftraggebers gegen dieses Gesetz oder andere Vorschriften über den Datenschutz verstößt, hat er den Auftraggeber unverzüglich darauf hinzuweisen. All dieses ist vertraglich so zu verankern.

Darüber hinaus ergibt sich aus § 11 Absatz 2 BDSG folgender Regelungsbedarf für einen Vertrag über die Auftragsdatenverarbeitung:
- der Gegenstand und die Dauer des Auftrags,
- der Umfang, die Art und der Zweck der vorgesehenen Erhebung, Verarbeitung oder Nutzung von Daten, die Art der Daten und der Kreis der Betroffenen,
- die nach § 9 BDSG zu treffenden technischen und organisatorischen Maßnahmen (sog. TOMs),
- die Berichtigung, Löschung und Sperrung von Daten,
- die nach § 11 Absatz 4 BDSG bestehenden Pflichten des Auftragnehmers, insbesondere die von ihm vorzunehmenden Kontrollen, die Verpflichtung seiner Mitarbeiter auf das Datengeheimnis sowie die Kooperationspflichten gegenüber Aufsichtsbehörden,

Kerngedanke 4
Der Austausch von CRM-Daten im Konzern ist nicht ohne weiteres möglich.

Kerngedanke 5

Stellen Kundendaten das Haupt-Asset eines Unternehmens dar, kann das Datenschutzrecht im Fall von Unternehmenskäufen sogar Auswirkungen auf die Transaktionsstruktur haben.

- die etwaige Berechtigung zur Begründung von Unterauftragsverhältnissen,
- die Kontrollrechte des Auftraggebers und die entsprechenden Duldungs- und Mitwirkungspflichten des Auftragnehmers,
- mitzuteilende Verstöße des Auftragnehmers oder der bei ihm beschäftigten Personen gegen Vorschriften zum Schutz personenbezogener Daten oder gegen die im Auftrag getroffenen Festlegungen,
- der Umfang der Weisungsbefugnisse, die sich der Auftraggeber gegenüber dem Auftragnehmer vorbehält,
- die Rückgabe überlassener Datenträger und die Löschung beim Auftragnehmer gespeicherter Daten nach Beendigung des Auftrags.

Im Übrigen muss der Werbetreibende als Auftraggeber die Einhaltung so genannter technisch-organisatorischer Maßnahmen nach § 9 BDSG nicht nur vor Beginn der Datenverarbeitung, sondern auch in der Folge kontrollieren und dokumentieren.

Datenfluss im Konzern und M&A-Transaktionen

Weiter stellt sich oft die Frage, wie mit CRM-Daten im Konzern umgegangen werden kann. Hierzu ist zunächst zu beachten, dass es im Konzern kein so genanntes Konzernprivileg gibt.

Das heißt, dass Konzernunternehmen als (normale) Dritte angesehen werden. Aufgrund § 4 Absatz 1 BDSG bedarf aber jede Übertragung von Daten an Dritte einer speziellen Erlaubnis. Diese wird daher in der Regel in entsprechenden Einwilligungserklärungen zu suchen sein. Wenn es diese nicht gibt, wird man auf Hilfskonstrukte wie das so genannte Lettershop-Konzept zurückgreifen. Hierunter versteht man ein Verfahren, bei dem das werbetreibende Konzernunternehmen keinen Zugriff auf die Daten erhält, sondern vielmehr das datenbesitzende Unternehmen diese im Rahmen einer Auftragsdatenverarbeitung zur Verfügung stellt.

Last but not least, werden heute nicht selten Unternehmen gekauft, um an deren CRM-Daten zu gelangen. Kundenbeziehungen sind, insbesondere im Online-Bereich, wertvoll. Allerdings gilt auch hier: Der Datenschutz ist zu beachten und auch § 7 UWG stellt eine gewisse Hürde dar.

Will man diese Probleme vermeiden und stellen die Kundendaten das Haupt-Asset eines zu veräußernden Unternehmens dar, so ist mit Blick auf das Datenschutzrecht darüber nachzudenken, den Weg der so genannten Gesamt- oder Sonderrechtsnachfolge zu gehen. Das heißt, es dürfen nicht lediglich die Daten und sonstigen Vermögenswerte des Unternehmens übernommen werden, sondern das Unternehmen ist als solches zu erwerben, entweder im Rahmen eines so genannten Sharedeals oder aber durch Abspaltung oder Ausgliederung im Rahmen des Umwandlungsgesetzes. Denn hier bleibt im Grundsatz die verantwortliche Person erhalten, auch wenn es hierüber im Fall der Rechtsnachfolge durch das Umwandlungsgesetz einen gewissen Meinungsstreit gibt.

Schwicrigkeiten hingegen bestehen, wenn Unternehmen aus der Insolvenz erworben werden sollen. Gerade wenn es hierbei darum geht, die Kundendaten zu übernehmen, stößt man hier an Grenzen. Denn aufgrund der Überschuldung des Unternehmens wird eine Gesamtrechtsnachfolge nicht möglich beziehungsweise wirtschaftlich sinnvoll sein. Daher ist nach anderen Wegen zu suchen. § 28 BDSG kann hingegen leider nicht bemüht werden, so dass oft nur die Verpachtung der Daten durch den Insolvenzverwalter bleibt. Hierzu müssen aufwändig gestaltete Letter-Shop-Konzepte genutzt werden.

Literatur:

Article 29 Data Protection Working Party, Working Paper 196, Opinion 05/2012 on Cloud Computing, Adopted July 1st 2012

Düsseldorfer Kreis, Arbeitskreis der Konferenz der Datenschutzbeauftragten des Bundes und der Länder, „Anwendungshinweise der Datenschutzaufsichtsbehörden zur Erhebung, Verarbeitung und Nutzung von personenbezogener Daten für werbliche Zwecke", 29.11.2013

Selk, R. „Kundendaten im Unternehmen und Konzern", in Conrad/Grützmacher (Hrsg.), Recht der Daten und Datenbanken im Unternehmen, Köln 2014

34. Internationale Konferenz der Beauftragten für den Datenschutz und für die Privatsphäre (25. – 26. Oktober 2012, Punta del Este, Uruguay), Entschließung zum Cloud Computing

---

SfP Zusätzlicher Verlagsservice für Abonnenten von „Springer für Professionals | Vertrieb"

Zum Thema | CRM Datenschutz | 🔍 Suche

finden Sie unter www.springerprofessional.de 391 Beiträge, davon 26 im Fachgebiet Vertrieb   Stand: März 2014

Medium
☐ Kompakt-Dossier (1)
☐ Zeitschriftenartikel (108)
☐ Buchkapitel (282)

Sprache
☐ Deutsch (377)
☐ Englisch (13)

Von der Verlagsredaktion empfohlen

Hippner, H., Hubrich, B., Wilde, K. D.: Datenschutzaspekte in CRM-Projekten, in: Hippner, H., Hubrich, B., Wilde, K. D. (Hrsg.): Grundlagen des CRM, Wiesbaden 2011, S. 183-209, www.springerprofessional.de/1819324

Heinemann, G.: Risk-Benefit und Mythen im Online-Handel, in: Heinemann, G.: Der neue Online-Handel, Wiesbaden 214, S. 255-273, www.springerprofessional.de/4647972

Wenn durch Kartellrechtsverstöße Verträge ungültig werden

Nach wie vor wird im Vertrieb vielfach sorglos mit dem Kartellrecht umgegangen. Im Alltagsgeschäft treten häufig Grenzsituationen auf. Rechtsverstöße können für das Unternehmen teuer werden. Deshalb ist es wichtig, dass die eigenen Vertriebsmitarbeiter einschätzen können, was eindeutig erlaubt ist und in welchen Fällen eine Einschätzung der eigenen Rechtsabteilung oder von externen Anwälten eingeholt werden muss.

Philipp Werner

Rechtsverstöße gegen das Vertriebskartellrecht können für das Unternehmen teuer werden. Es drohen nicht nur Bußgelder durch das Bundeskartellamt und die Europäische Kommission – verstärkt suchen auch Wettbewerber und Kunden Schadensersatz vor den Zivilgerichten. Darüber hinaus droht die Unwirksamkeit von Vertragsklauseln.

Das deutsche und europäische Kartellrecht setzen sowohl der Ausgestaltung des Vertriebs durch Vertriebshändler als auch der Durchführung des Eigenvertriebs bestimmte Grenzen, die häufig im Konflikt mit den kommerziellen Interessen der Vertragsparteien stehen. Durch frühzeitige Beachtung des Kartellrechts kann dennoch ein ökonomisch sinnvoller und kartellrechtlich unbedenklicher Vertrieb gesichert werden.

Von besonderer Bedeutung ist dabei die „Vertikal-Gruppenfreistellungsverordnung ("Vertikal-GVO"). Sind die Voraussetzung der Vertikal-GVO erfüllt (Die Vertikal-GVO ist nur anwendbar, wenn der Marktanteil der Vertragspartner jeweils 30 Prozent nicht übersteigt.), ist die Vereinbarung bzw. das Verhalten kartellrechtlich unbedenklich. In den meisten Fällen wird man daher versuchen, den Vertrieb so auszugestalten, dass die Vertikal-GVO eingreift. In besonderen Fällen ist es aber auch möglich, durch eine sorgfältige Vertragsgestaltung in Fällen, die nicht unter die Vertikal-GVO fallen, eine mit dem Kartellrecht vereinbare Lösung zu finden.

Das Kartellrecht verbietet wettbewerbsbeschränkende Vereinbarungen und abgestimmte Verhaltensweisen und erfasst sowohl förmliche Verträge als auch informelle Absprachen wie „Gentlemen Agreements". Umgehungen dieser Verbote durch Vertragsgestaltungen, die denselben Effekt haben, sind ebenfalls vom Kartellverbot erfasst.

Die kartellrechtlichen Probleme stellen sich daher einerseits hinsichtlich der Organisation des Vertriebs (vertikale Beziehungen zu den Händlern) als auch bei der Durchführung des (Eigen-)Vertriebs im Verhältnis zu Wettbewerbern.

Zu den bekanntesten Fällen dürften (horizontale) Preis- oder Ausschreibungskartelle zwischen Wettbewerbern gehören, aber auch (vertikale) Vereinbarungen wie zum Beispiel bestimmte Wettbewerbsverbote oder Preisbindungen von Vertriebshändlern. Im Folgenden werden ohne Anspruch auf Vollständigkeit einige der häufigsten Problemfälle aufgegriffen.

Kartellrechtsprobleme bei der Vertriebsorganisation

Unternehmen müssen zunächst entscheiden, welche Art des Vertriebs sie wählen, insbesondere, ob sie sich für einen Eigenvertrieb, für einen Vertrieb über Handelsvertreter oder über Vertriebshändler oder für eine Mischform entscheiden. Wird ein Vertrieb über Dritte gewählt, so stellen sich kartellrechtliche Fragen bei der Ausgestaltung der vertraglichen Beziehungen zu diesen Dritten, insbesondere bei exklusivem oder selektivem Vertrieb, bei Wettbewerbsverboten für Vertriebshändler und bei Versuchen der Hersteller, auf die Preise der Händler Einfluss zu nehmen.

Handelsvertreter: Der „echte" Handelsvertreter nimmt eine Sonderstellung zwischen Eigenvertrieb und Drittvertrieb ein, da das Kartellrecht auf

Philipp Werner
ist Rechtsanwalt und Partner im Brüsseler Büro von McDermott Will & Emery Belgium LLP. Er ist im deutschen und europäischen Kartellrecht einschließlich des Vertriebskartellrechts spezialisiert. Er berät und vertritt Mandanten in Verfahren vor dem Bundeskartellamt, der Europäischen Kommission sowie vor deutschen und europäischen Gerichten. E-Mail: Pwerner@mwe.com

Kerngedanke 1

Durch frühzeitige Beachtung des Kartellrechts kann ein ökonomisch sinnvoller und kartellrechtlich unbedenklicher Vertrieb gesichert werden.

die Ausgestaltung der Beziehung zwischen Hersteller und echtem Handelsvertreter keine Anwendung findet und daher einen größeren Spielraum bei der Ausgestaltung der Beziehung und der Lenkung des Handelsvertreters durch den Hersteller lässt.

Ein „echter" Handelsvertreter liegt dann vor, wenn das Risiko des Vertriebs vollständig beim Hersteller und nicht beim Handelsvertreter liegt. In der Praxis ist bei der vertraglichen Ausgestaltung darauf zu achten, dass diese Voraussetzung wirklich erfüllt ist.

Exklusive Vertriebssysteme: Bei einem exklusiven Vertriebssystem werden dem exklusiven Vertriebspartner bestimmte Gebiete oder Kundengruppen zugewiesen. Der Hersteller verspricht sich dadurch ein besonderes Commitment und Engagement des Händlers. Dies ist kartellrechtlich grundsätzlich erlaubt. Im Gegenzug möchten sowohl Hersteller als auch Händler dieses Monopol schützen, da sonst die Exklusivität für beide weniger attraktiv wird. Ein absolutes Verbot für andere Händler, in das exklusive Gebiet zu verkaufen, würde jedoch jeden Wettbewerb verhindern und ist deswegen kartellrechtlich unzulässig.

Abgrenzung von aktivem und passivem Verkauf

In diesem Spannungsverhältnis erlaubt die Vertikal-GVO dem Händler, „aktive Verkäufe" zu verbieten, untersagt dies allerdings für „passive Verkäufe". Als passiver Verkauf werden Verkäufe aufgrund unaufgeforderter Bestellungen von Kunden ebenso wie allgemeine Werbe- oder Verkaufsfördermaßnahmen verstanden. Einschränkungen des aktiven Verkaufs, also die direkte bzw. gezielte Ansprache von Kunden aus einem anderen Gebiet, bleiben hingegen erlaubt. Mit anderen Worten: Man darf in einem exklusiven Vertriebssystem einem Händler verbieten, aktiv auf Kunden in einem anderen Gebiet zuzugehen. Man darf ihm aber nicht untersagen, Kunden zu bedienen, die von sich selbst aus auf ihn zukommen.

Die Abgrenzung von aktivem und passivem Verkauf stellt sich insbesondere im Bereich des Internetvertriebs als schwierig dar. Bevor Verkaufsverbote vereinbart werden, muss daher im Einzelfall genau überprüft werden, ob das Verbot nur aktive Verkäufe betrifft.

In der Praxis ist auch zu beachten, dass die kartellrechtliche Zulässigkeit des Verbots aktiven Verkaufs eine Ausnahme darstellt, die nur für den exklusiven Vertrieb gilt. Wird ein anderes Vertriebssystem gewählt (zum Beispiel selektiver Vertrieb) darf der Hersteller auch einen aktiven Verkauf nicht untersagen. In Mischsystemen (Mischung aus exklusiven Vertriebsgebieten und anderen Vertriebsformen in anderen Gebieten) ist dieses Verbot aktiven Verkaufs nur eingeschränkt zulässig.

Selektive Vertriebssysteme: Unter selektivem Vertrieb sind Vertriebssysteme zu verstehen, in denen sich der Anbieter verpflichtet, nur an Händler zu verkaufen, die anhand festgelegter Merkmale ausgewählt werden. Gleichzeitig verpflichten sich diese Händler, nicht an Händler außerhalb des Vertriebssystems weiter zu verkaufen.

Beim qualitativen selektiven Vertrieb werden die Händler ausschließlich nach objektiven qualitativen Kriterien ausgewählt. Ein rein qualitativer selektiver Vertrieb ist kartellrechtlich unbedenklich, wenn die folgenden drei Voraussetzungen erfüllt sind:

● Das Produkt muss so beschaffen sein, dass es einen selektiven Vertrieb erfordert (zum Beispiel ein Markenprodukt, bei dem die Auswahl der Händler einen Vertrieb im Einklang mit dem Markenimage sichern soll.)

● Die Wiederverkäufer sind aufgrund einheitlich festgelegter und unterschiedslos angewandter objektiver Kriterien qualitativer Art ausgewählt.

● Diese Kriterien gehen nicht über das erforderliche Maß hinaus (Europäische Kommission, Leitlinien für vertikale Beschränkungen, ABl. Nr. C 130 vom 19. May 2010, S. 1, Rn. 175).

Kommen noch weitere Merkmale dazu, welche die Anzahl der potenziellen Händler weiter beschränken, zum Beispiel durch eine ausdrückliche Begrenzung der Händlerzahl, handelt es sich um ein quantitatives selektives Vertriebssystem, bei dem das Kartellrecht zu beachten ist.

Ein selektives Vertriebssystem wird in der Regel gewählt, um das Markenimage zu schützen. Daher sind bestimmte Beschränkungen erlaubt, die den Händlern verbieten, an nicht zugelassene Händler zu verkaufen. Verbote des Verkaufs an andere Vertragshändler oder an Kunden sind aber nicht zulässig.

Praktische Bedeutung hat in letzter Zeit insbesondere der Schutz der Marke im Internetvertrieb erlangt. Ein vollständiges Verbot von Verkäufen im Internet wird nur unter engen Voraussetzungen zulässig sein. Es ist zum Beispiel grundsätzlich nicht möglich, den Internetvertrieb mit dem Argument zu verbieten, das Markenimage des Produkts verlange eine physische Präsenz. Anforderungen an die Ausgestaltung der Webseite und des Internet-

Kerngedanke 2

Man darf in einem exklusiven Vertriebssystem einem Händler verbieten, aktiv auf Kunden in einem anderen Gebiet zuzugehen. Man darf ihm aber nicht untersagen, Kunden zu bedienen, die von sich selbst aus auf ihn zukommen.

„In der Praxis ist zu beachten, dass die kartellrechtliche Zulässigkeit des Verbots aktiven Verkaufs eine Ausnahme darstellt, die nur für den exklusiven Vertrieb gilt.“

vertriebs müssen mit den Anforderungen an Brick-and-Mortar-Shops vergleichbar sein, um nicht gegen das Kartellrecht zu verstoßen.

Wenn also Qualitätsvorgaben an die Ausgestaltung von Verkaufsräumen gemacht werden, dann können vergleichbare Qualitätsvorgaben auch an die Ausgestaltung des Internetauftritts gemacht werden (gediegene Farben, qualitätsvolle Musik, keine „billigen" Werbebanner), aber der Internetvertrieb kann nicht deswegen verboten werden, weil bestimmte Anforderungen an den physischen Verkaufsraum (Präsenz einer bestimmten Anzahl von Verkäufern) im Internet schlicht nicht möglich sind.

Kerngedanke 3

Beschränkungen der Händler durch eine „Preisbindung der zweiten Hand" (Resale Price Maintenance) sind in aller Regel kartellrechtswidrig und können in der Praxis zu empfindlichen Bußgeldern führen.

Im Hinblick auf ein Verbot der Nutzung bestimmter Internetplattformen durch Händler ist noch nicht abschließend geklärt, ob ein solches überhaupt und wenn ja unter welchen Voraussetzungen zulässig ist. In einigen Urteilen deutscher Gerichte wird eine Beschränkung des Vertriebs über Drittplattformen für Händler nicht als Wettbewerbsbeschränkung betrachtet, während andere Gerichte ein solches Verbot freistellen wollen. Das Bundeskartellamt untersucht derzeit in mehreren Fällen solche Drittplattformverbote.

Wettbewerbsverbote für Vertriebshändler: Hersteller wollen häufig erreichen, dass ihre Vertriebspartner möglichst ihren kompletten Bedarf bei ihnen decken. Oder sie wollen feste Abnahmemengen zur Planungssicherheit vereinbaren oder den gleichzeitigen Vertrieb von Produkten ihrer Wettbewerber verbieten. Solche Wettbewerbsverbote für die Händler können in bestimmten Grenzen im Einklang mit dem Kartellrecht vereinbart werden.

Als Wettbewerbsverbote werden kartellrechtlich alle Verpflichtungen für den Händler verstanden, keine konkurrierenden Waren herzustellen, zu beziehen, zu verkaufen oder weiterzuverkaufen oder mehr als 80 Prozent des Gesamtbezugs vom Anbieter zu beziehen. Solche Beschränkungen sind aber nicht automatisch kartellrechtswidrig. Vielmehr können sie für einen Zeitraum von maximal fünf Jahren vereinbart werden.

In der Praxis ist zu beachten, dass Wettbewerbsverbote, die sich automa-

> *„Bei der Vertragsgestaltung sollte daran gedacht werden, dass der der Vertriebsvertrag für einen längeren Zeitraum abgeschlossen und das Wettbewerbsverbot auf einen festen Zeitraum begrenzt werden kann."*

tisch verlängern, als auf unbestimmte Zeit geschlossen gelten und dann unzulässig sind. Häufig wird das Wettbewerbsverbot für die Vertragslaufzeit vereinbart und wenn der Vertrag sich dann automatisch verlängert, ist das Wettbewerbsverbot kartellrechtswidrig und nicht durchsetzbar.

Bei der Vertragsgestaltung sollte daher daran gedacht werden, dass der Vertriebsvertrag für einen längeren Zeitraum abgeschlossen und das Wettbewerbsverbot auf einen festen Zeitraum begrenzt werden kann. Nachvertragliche Wettbewerbsverbote für den Händler sind maximal für ein Jahr nach Vertragsbeendigung und bei Vorliegen zusätzlicher Voraussetzungen zulässig.

Beschränkungen für den Anbieter, zum Beispiel eine Alleinbelieferungsverpflichtung, stellen kein Wettbewerbsverbot im Sinne der Vertikal-GVO dar, und sind daher jedenfalls dann auch zeitlich unbegrenzt möglich, wenn die Marktanteilsschwellen der Vertikal-GVO (30 Prozent) nicht überschritten werden.

Preisbindung der zweiten Hand: Im Vertrieb möchten Unternehmen gerne möglichst viel Einfluss auf die Preisgestaltung ihrer Händler nehmen, weil sie für ihre Produkte die besten Absatzchancen in einem bestimmten Preissegment sehen oder weil sie durch einen bestimmten Preis die Positionierung des Produkts in einem bestimmten Segment steuern wollen.

Das kann gefährlich sein: Beschränkungen der Händler durch eine „Preisbindung der zweiten Hand" (Resale Price Maintenance) sind in aller Regel kartellrechtswidrig und können in der Praxis zu empfindlichen Bußgeldern führen. Das Verbot betrifft dabei nicht nur die Bestimmung von Festpreisen, sondern auch die Festlegung des Preisniveaus, zum Beispiel von Mindestpreisen. Höchstpreisbindungen sind dagegen in der Regel möglich, wenn sie nicht indirekt zu Fest- oder Mindestpreisen führen. Verboten sind auch Verhaltensweisen, die sich durch die Ausübung von Druck auf die Händler oder wegen der Gewährung besonderer Anreize genau wie eine Mindestpreis- bzw. Festpreisbindung auswirken. Unter der Ausübung von Druck auf Händler werden zum Beispiel Drohungen, Einschüchterungen und Strafen oder Lieferverzögerungen und -aussetzungen, die Einrichtung von Preisüberwachungssystemen, bis hin zu Vertragskündigungen verstanden. Unter der Gewährung besonderer Anreize wird eine Preisunterbietung durch in Aussichtstellen von Vorteilen – zum Beispiel Skonti oder Rabatte – verstanden, die faktisch eine freie Entscheidung der Händler bei der Festlegung der Weiterverkaufspreise verhindern (Europäische Kommission, Leitlinien für vertikale Beschränkungen, ABl. Nr. C 130 vom 19. May 2010, S. 1, Rn. 47).

Besondere Schwierigkeiten bereitet oftmals die klare Abgrenzung zwischen unverbindlichen Preisempfehlungen und verbotenen Preisbindungen der Händler beim Weiterverkauf. Unverbindliche Preisempfehlungen werden als einseitige Handlung der Anbieter gewertet und unterfallen demnach nicht dem Kartelltatbestand. Wichtig ist, dass es sich tatsächlich um eine unverbindliche Empfehlung des (Weiter-)Verkaufspreises handelt, welche dem Händler die Preisgestaltung nur nahelegt, aber nicht vorschreibt.

Problematisch sind aber Fälle, in denen aus einseitigem Handeln des Anbieters eine abgestimmte Verhaltensweise mit dem Händler wird und die „unverbindliche" Preisempfehlung sich wie eine mittelbare Preisbindung auswirkt, etwa indem auf Händler Druck ausgeübt wird oder besondere Anreize gewährt werden. Nach der sehr restriktiven Praxis des deutschen Bundeskartellamts kann bereits beim Einsatz eines Systems zur Überwachung und Ahndung von Verstößen gegen die unverbindliche Preisempfehlung oder unter Umständen auch schon bei mehrfachem eindringlichem Hinweis auf die Preisempfehlung ein Verstoß gegen das Kartellrecht angenommen werden.

Kartellrechtsprobleme bei der Durchführung des Vertriebs

Nicht nur bei der Wahl und Ausgestaltung eines Vertriebssystems stellen sich kartellrechtliche Fragen, sondern auch bei der konkreten Durchführung

Zusammenfassung
Im Vertrieb wird oft noch zu sorglos mit dem Kartellrecht umgegangen. Unternehmen möchten möglichst viele Informationen über Wettbewerber erhalten und nutzen, Händler langjährig vertraglich binden oder den Weiterverkauf durch Händler weitgehend mitbestimmen. Doch im Alltagsgeschäft treten viele Grenzsituationen auf. Und Rechtsverstöße können für das Unternehmen teuer werden. Es drohen nicht nur Bußgelder durch das Bundeskartellamt und die Europäische Kommission – verstärkt suchen auch Wettbewerber und Kunden Schadensersatz vor den Zivilgerichten. Deshalb ist es wichtig, dass die eigenen Vertriebsmitarbeiter einschätzen können, was eindeutig erlaubt ist und in welchen Fällen eine Einschätzung der eigenen Rechtsabteilung oder von externen Anwälten eingeholt werden muss.

Kerngedanke 4

Die unmittelbare oder mittelbare Absprache der An- oder Verkaufspreise zwischen Wettbewerbern zählt als horizontale Kernbeschränkung zur schwerwiegendsten Form der Wettbewerbsbeschränkung.

des (Eigen-)Vertriebs. Klassische Problemfälle sind etwa Preisabsprachen und der Austausch von Informationen zwischen Wettbewerbern.

Preisabsprache zwischen Wettbewerbern: Auch wenn es teilweise wirtschaftlich attraktiv sein kann: Absprachen über Preise mit Wettbewerben sind ganz klar verboten. Die unmittelbare oder mittelbare Absprache der An- oder Verkaufspreise zwischen Wettbewerbern zählt als horizontale Kernbeschränkung zur schwerwiegendsten Form der Wettbewerbsbeschränkung.

Unter das Kartellverbot fällt dabei neben der Vereinbarung von Festpreisen beispielsweise auch die Festsetzung von Höchst-, Mindest- und unter gewissen Umständen Richtpreisen. Zu beachten ist, dass das Kartellverbot nicht nur Preisabsprachen im engeren Sinn umfasst, sondern auch Absprachen hinsichtlich sämtlicher Preiselemente und Preisbestandteile. Dies kann beispielsweise Preisnachlässe und Rabatte, Währungsaufschläge und Gewinnspannen oder auch Produktionsmengen und Kapazitäten umfassen. Die Methode der Preisabsprache ist dabei irrelevant.

So kann die Vereinbarung auch durch Instrumente wie beispielsweise Preisempfehlungen, gemeinsame Preisinitiativen oder Anweisungen eines Verbandes an seine Mitglieder erfolgen. Unternehmen können aber selbstverständlich weiterhin das Verhalten ihrer Wettbewerber berücksichtigen und ihre Preise entsprechend anpassen. Sofern sich die Wettbewerber dabei nicht unmittelbar oder mittelbar abstimmen, liegt kein Wettbewerbsverstoß vor.

Unternehmen müssen ihre Vertriebsmitarbeiter hierbei nicht nur anweisen, solche Absprachen zu unterlassen, sondern müssen diese auch entsprechend überwachen.

Informationsaustausch zwischen Wettbewerbern und Teilnahme an Marktinformationssystemen: Im Zeitalter der Informationstechnologie ist der Austausch von allen erdenklichen Informationen einfach wie nie zuvor. Unternehmen nehmen auch immer wieder an Marktinformationssystemen teil. Das sind in der Regel vertraglich organisierte oder anderweitig abgestimmte Meldeverfahren zwischen Wettbewerbern zur Sammlung von Marktdaten, zum Beispiel im Rahmen von Arbeitskreisen oder Verbänden. Marktdaten wie etwa Marktpreise und Marktvolumen werden auch häufig an Verbände, an Marktforschungsinstitute oder an auf die Veröffentlichung von Marktstudien spezialisierte Verlage weitergegeben, die Statistiken und Marktstudien erstellen.

Ein solcher Informationsaustausch kann bereits dann kartellrechtlich problematisch sein, wenn er sensible Geschäftsinformationen betrifft, die geeignet sind, durch eine künstliche Erhöhung der Markttransparenz die Ungewissheit hinsichtlich des zukünftigen Verhaltens der Wettbewerber auf dem Markt zu senken. Dazu gehören beispielsweise Informationen über Produktionskosten, Verkaufszahlen, Umsätze und Lagerbestände.

Ob der Austausch von Informationen im konkreten Fall einen Kartellrechtsverstoß darstellt, ist nicht immer leicht zu beurteilen. Dabei sind unter anderem Faktoren wie die Marktstruktur und die Eigenschaften der ausgetauschten Informationen zu berücksichtigen. So wird der Austausch von Informationen zwischen Wettbewerbern eher eine Wettbewerbsbeschränkung bewirken, wenn der Markt eine hohe Konzentration aufweist. Der Austausch von aggregierten Daten ist grundsätzlich weniger bedenklich, als der Austausch von unternehmensindividuellen Informationen. Hinsichtlich des Alters der Daten gilt, dass der Austausch historischer Daten aus kartellrechtlicher Sicht grundsätzlich weniger problematisch ist, als der Austausch aktueller Informationen.

Wenn Informationen über künftiges Marktverhalten ausgetauscht werden, liegt die Annahme einer verbotenen Wettbewerbsbeschränkung nahe. Andernfalls bedarf es einer konkreten Feststellung im Einzelfall, wobei es hier wieder auf die Struktur des Marktes und auf die Art und Weise der ausgetauschten Informationen ankommt. Unbedenklich ist grundsätzlich der Austausch von historischen oder aggregierten statistischen Informationen, zum Beispiel in Veröffentlichungen von Verbänden, zu denen die Mitglieder ihre Informationen an den Verband geliefert haben. Diese Veröffentlichungen müssen dann aber die Informationen so aggregieren, dass es nicht möglich ist, die Teilnehmer zu identifizieren.

Steigt die Marktkonzentration, so wird es aber auch bei aggregierten Informationen immer wahrscheinlicher, dass die Teilnehmer am Marktinformationssystem identifiziert werden können. Deshalb müssen Unternehmen auf hochkonzentrierten homogenen Produktmärkten genau abwägen, zu

„Unverbindliche Preisempfehlungen werden als einseitige Handlung der Anbieter gewertet und unterfallen demnach nicht dem Kartelltatbestand."

welchem Zeitpunkt und welche konkreten Informationen überhaupt ausgetauscht oder an Verbände weitergegeben werden dürfen.

Hub-and-Spoke-Konstellationen: Auch die mittelbare horizontale Abstimmung zwischen Wettbewerbern über sogenannte Hub-and-Spoke-Konstellation kann einen Wettbewerbsverstoß darstellen. In Hub-and-Spoke-Konstellationen schließen Wettbewerber vertikale Vertragsverhältnisse mit einem Dritten, zum Beispiel einem Händler, auf der vor- oder nachgelagerten Marktstufe ab und nutzen diesen Dritten für die horizontale Abstimmung.

Die Abgrenzung zwischen zulässiger vertikaler Informationsweitergabe und Vertragsverhandlungen einerseits und wettbewerbsbeschränkender unzulässiger Absprache im Horizontalverhältnis andererseits ist oft schwierig und muss im konkreten Einzelfall beurteilt werden. Ein Wettbewerbsverstoß kann jedoch mit Sicherheit angenommen werden, wenn die Wettbewerber die vertikalen Verträge nur zum Zweck der horizontalen Abstimmung abschließen und sich der Dritte seiner Funktion bewusst ist.

Handlungsempfehlungen

● Organisieren Sie Ihren Vertrieb nach den Vorgaben der Vertikal-GVO.

● Die kartellrechtliche Zulässigkeit verschiedener Klauseln hängt davon ob, welches Vertriebssystem sie verwenden. Stellen Sie sicher, dass das gewählte Vertriebssystem die Klauseln zulässt, die ökonomisch sinnvoll sind.

● Erstellen Sie Vorlagen für alle Ihre Vertriebsverträge, insbesondere für alle kartellrechtsrelevanten Klauseln, wie zum Beispiel Wettbewerbsverbote.

● Schulen Sie Ihre Vertriebsmitarbeiter, zum Beispiel durch ein vertriebskartellrechtliches Compliance-Training.

● Handeln Sie schnell und erörtern Sie die Möglichkeit eines Kronzeugenantrags, wenn Sie oder Ihre Mitarbeiter kartellrechtswidriges Verhalten feststellen.

Das deutsche Bundeskartellamt prüft gegenwärtig, ob das Verhalten verschiedener Markenproduzenten und Supermarktketten in Deutschland als ein Hub-and-Spoke-Kartell eingestuft werden kann. Ähnliche Untersuchungen sind aus Großbritannien bekannt, wo das Office of Fair Trading diesem Thema auch verschiedene Veröffentlichungen gewidmet hat.

Kerngedanke 5

Ob der Austausch von Informationen im konkreten Fall einen Kartellrechtsverstoß darstellt, ist nicht immer leicht zu beurteilen. Dabei sind unter anderem Faktoren wie die Marktstruktur und die Eigenschaften der ausgetauschten Informationen zu berücksichtigen.

Vertrieb und Kartellrecht sind miteinander verzahnt

Auch wenn die hier beschriebenen Fallgruppen nur einen Ausschnitt der Problematik abbilden können, wird klar: Vertrieb und Kartellrecht gehen Hand in Hand. Sowohl bei der Ausgestaltung der Vertriebssysteme und der Händlerbeziehungen, zum Beispiel hinsichtlich des Preisbildungsprozesses, als auch im Verhalten gegenüber anderen Wettbewerbern kann ein Nichteinhalten der kartellrechtlichen Vorgaben weitreichende Konsequenzen für das Unternehmen haben.

„Insbesondere alle horizontalen Wettbewerbsbeschränkungen und die Preisbindung der zweiten Hand führen häufig zu Bußgeldern in zwei- bis dreistelliger Millionenhöhe.“

Insbesondere alle horizontalen Wettbewerbsbeschränkungen und die Preisbindung der zweiten Hand führen häufig zu Bußgeldern in zwei- bis dreistelliger Millionenhöhe. Zusätzlich sind Schadensersatzklagen durch Wettbewerber und Kunden zu befürchten, was noch einmal die Kosten derartiger Verstöße gewaltig in die Höhe treibt. Aber selbst wenn ein Bußgeld nicht verhängt wird, können Kartellrechtsverstöße dazu führen, dass Verträge ungültig und damit nicht durchsetzbar werden. Gerade bei Vertriebsverträgen kann dies sehr misslich sein.

SfP Zusätzlicher Verlagsservice für Abonnenten von „Springer für Professionals | Vertrieb"

Zum Thema Kartellrecht   🔍 Suche

finden Sie unter www.springerprofessional.de 819 Beiträge davon 43 im Fachgebiet Vertrieb   Stand: März 2014

Medium
☐ Online-Artikel (3)
☐ Interview (2)
☐ Zeitschriftenartikel (111)
☐ Buch (5)
☐ Buchkapitel (698)

Sprache

☐ Deutsch (799)
☐ Englisch (20)

> **Von der Verlagsredaktion empfohlen**
>
> Meyer, J.: Rechtsformen der Unternehmen, in: Meyer, J.: Wirtschaftsprivatrecht, Wiesbaden 2012, S. 169-197, www.springerprofessional.de/3318742
>
> Herrmann, H.: Das wertphilosophische Leitbild persönlicher Verantwortlichkeit und Toleranz im internationalen Kartellrecht, in: Herrmann, H, Voigt, K.-I.: Globalisierung und Ethik, Wiesbaden 2005, S. 63-75, www.springerprofessional.de/976830

WHU EXECUTIVE EDUCATION

WHU
Otto Beisheim School of Management
30 Years 1984–2014

Thinking in new directions.

Maßgeschneiderte Programme
- Konzeption und Durchführung interner Weiterbildungsmaßnahmen im Bereich General Management
- Angepasst an die individuellen Bedürfnisse Ihres Unternehmens

Offene Programme
- General Management Plus Program
- Doing Business With India Program
- Negotiations Program
- Excellence in Finance für Family Office Executives Programm

Weitere Informationen: whu.edu/execed
E-Mail: execed@whu.edu

EFMD
EQUIS
ACCREDITED

SYSTEMAKKREDITIERT
nach **Akkreditierungsrat** ■ durch ✕ FIBAA

30 Years
Excellence in
Management
Education

1984–2014

Vertriebskultur versus Risikokultur

Im Marketing- und Vertriebsbereich vieler Unternehmen ist die Unternehmenskultur tendenziell eher chancenorientiert als risikoorientiert. Schließlich ist es dort die zentrale Aufgabe, Marktchancen zu identifizieren, zu bewerten und Strategien für deren Nutzung zu entwickeln. Trotz dieser Fokussierung auf das Chancenmanagement können Fehlanreize und Fehlverhalten im Vertrieb das Verhältnis zu Kunden, Regulierungsbehörden und anderen Stakeholdern massiv beeinträchtigen.

Christian Schiel

In einer Befragung verschiedener Finanzdienstleistungsunternehmen durch die Wirtschaftsprüfungsgesellschaft Ernst & Young zum Thema Risikomanagement im Jahr 2012 identifizierte ein Großteil der Führungskräfte eine tiefe kulturelle Kluft zwischen Vertriebsfunktion und Compliance-Funktion: „Executives cautioned that, as seen all too often before 2008, there is a tendency for a sales-driven culture to adopt a minimum compliance approach to risk."

Beispiele für typische Spannungsfelder sind:
- Bewirtungen, Geschenke und Spenden,
- Preisabsprachen mit Wettbewerbern,
- Korruption, etwa im Zusammenhang mit Kick-Back-Zahlungen,
- Kennzeichnungspflichten,
- Produktsicherheit inkl. Rückrufe,
- Einhaltung von Qualitätsversprechen,
- Verhalten bei Reklamationen

Dr. Christian Schiel
promovierte am Lehrstuhl für Wirtschafts-
und Unternehmensethik der HHL Leipzig
Graduate School of Management und be-
rät Unternehmen in Fragen der risikoori-
entierten Unternehmenssteuerung
E-Mail: christian.schiel@gmx.net

Compliance-Management als bürokratischer Formalismus?

Compliance-Management-Systeme sollen es Unternehmen ermöglichen, nachhaltig und umfassend mit den beschriebenen Spannungsfeldern umzugehen. In der betrieblichen Praxis werden sie jedoch häufig als zu formalistisch und deshalb eher als hinderlich für das Geschäft wahrgenommen.

Beispiel: Zur Stärkung der Anlegerrechte in Fällen von Falschberatung durch Finanzdienstleister trat im Jahr 2010 in Deutschland eine gesetzliche Vorschrift in Kraft, welche Anlageberater nach jedem Beratungsgespräch zur Erstellung eines Beratungsprotokolls und zu dessen Aushändigung an den Kunden verpflichtet.

Viele Unternehmen fürchten den mit Compliance verbundenen Kontroll- und Dokumentationsaufwand. Prof. Josef Wieland von der Hochschule Konstanz etwa kam in Audit Comittee Quarterly Nr. 2/2012 zu der Erkenntnis: „Nicht nur Non-Compliance kann teuer sein, sondern auch bürokratische Compliance". Eine Studie von Pricewaterhouse Coopers zum Thema Compliance aus dem Jahr 2010 zeigt, welche Befürchtungen viele Manager mit Compliance-Programmen verbinden:

1. zu viele und zu bürokratische Kontrollen
2. unverhältnismäßiger Aufwand
3. zu hohe Kosten

Im Rückblick auf die Entwicklung der vergangenen Jahre ist zu beobachten, dass „die Interpretation von Compliance in seiner ersten Entwicklungsphase bisher sehr stark in Richtung Kontrolle und Rechtssicherheit ausgeschlagen hat. Mit der Konsequenz, dass die entsprechenden Compliance-Management-Systeme dann auch sehr stark juristisch orientiert gestaltet wurden", schreiben Stefan Heißner und Felix Benecke in ihrem Fachbeitrag „Compliance-Praxis im Wandel: von der reinen Kontrolle zum Integrity Management" in der Zeitschrift Betriebs-Berater Nr. 48/2013. Ein im rein juristischen Sinne verstandenes Compliance-Management-System inklusive

Prüfung nach IDW PS 980 wäre dann laut Audit Committee Quartely im schlimmsten Fall lediglich ein „Mittel zur Enthaftung der Verantwortlichen im Unternehmen, ein ‚Persilschein' für vermeintliches Fehlverhalten".

Legalität versus wahrgenommene Legitimität

Mittlerweile zeichnen sich in der Compliance-Theorie und -Praxis jedoch klare Tendenzen hin zu einem breiteren Verständnis von Compliance ab. Entsprechende Ansätze fokussieren weniger auf das Verhältnis des Unternehmens zu seinem regulatorischen Umfeld, sondern auf dessen Verhältnis zu verschiedensten Stakeholdern. Der Begriff Compliance wird dabei als Bestandteil eines breiter aufgestellten „Integrity Management" verstanden.

Der erlittene Reputationsschaden der Ergo Versicherung im Zusammenhang mit den öffentlich gewordenen Informationen über ihr Anreizprogramm für Vertriebsmitarbeiter ist ein Beispiel dafür, dass Compliance nicht lediglich auf die formale Einhaltung von gesetzlichen oder vertraglichen Regelungen begrenzt werden kann. Vielmehr geht es um den richtigen Umgang mit expliziten oder impliziten gesellschaftlichen Erwartungen an Unternehmen, die sich auch – aber bei weitem nicht allein – auf die Einhaltung von Regeln beziehen. Formale Legalität und wahrgenommene Legitimität von Unternehmenshandlungen stehen dabei gleichermaßen im Fokus des Compliance-Managements.

Im Folgenden wird ein konkreter Compliance-Management-Ansatz vorgestellt, der sich hinsichtlich der Legalität und Legitimität von Unternehmenshandlungen am Vertrauensverhältnis zwischen dem Unternehmen und seinen Kunden und Partnern orientiert. Aufgrund der enormen Bedeutung der eigenen Vertrauenswürdigkeit bei der Interaktion mit Kunden ist er insbesondere für die Anwendung in Vertriebsprozessen geeignet.

Vertrauenswürdigkeit ist ein zentraler Erfolgsfaktor im Vertrieb

Das Verhältnis eines Unternehmens zu seinen Kunden ist in vielen Fällen ein vertrauensbasiertes Verhältnis. Dies gilt in besonderem Maße für den Vertrieb. Vertriebssituationen sind häufig dadurch geprägt, dass der Verkäufer über wesentlich größeres Wissen hinsichtlich der Eigenschaften des Produkts beziehungsweise der Leistung (zum Beispiel Qualität der Verarbeitung, Haltbarkeit) oder damit verbundener Gebühren und Provisionen verfügt, als der Kunde. Dies gilt ebenso für die sozialen oder ökologischen Umstände, unter denen das Produkt hergestellt bzw. die Leistung erbracht wird. Auch weiß der Verkäufer besser, ob sich das Unternehmen im Falle eventueller späterer Reklamationen kulant oder abweisend zeigen wird und gegebenenfalls auch, ob es Off-Shore-Gesellschaften betreibt, um Steuern auf seine Gewinne zu minimieren.

Diese Informationsasymmetrie erfordert die Erbringung riskanter materieller oder ideeller Vorleistungen durch den Kunden. Der Soziologe Niklas Luhmann bezeichnet Vertrauen vor diesem Hintergrund als „Problem der riskanten Vorleistung". Der Kunde muss etwa (sofern ihm dies wichtig er-

Kerngedanke 1

Die wahrgenommene Vertrauenswürdigkeit eines Unternehmens ist ein strategischer Faktor in Vertriebssituationen.

Zusammenfassung

● Compliance-Management-Systeme werden häufig als hinderlich als hinderlich fürs Geschäft wahrgenommen.

● Viele Unternehmen fürchten den mit Compliance verbundenen Kontroll- und Dokumentationsaufwand.

● In diesem Beitrag wird ein Compliance-Management-Ansatz vorgestellt, der sich hinsichtlich der Legalität und Legitimität von Unternehmenshandlungen am Vertrauensverhältnis zwischen dem Unternehmen und seinen Kunden und Partnern orientiert.

scheint) auf die soziale oder ökologische Integrität der Lieferkette vertrauen und auch darauf, dass er bei späteren Mängeln angemessene Unterstützung vom Unternehmen erhält. Die Beurteilung der Vertrauenswürdigkeit des Unternehmens (beziehungsweise dessen Vertriebsmitarbeiter) durch den Kunden ist vor diesem Hintergrund von besonderer Bedeutung.

Die Vertrauenswürdigkeit eines Unternehmens kann nach der Definition von Springer-Autor Prof. Andreas Suchanek in drei Arten unterteilt werden:

• Vertrauenswürdigkeit kann sich zum einen auf die Funktionalität eines Produktes (zum Beispiel Stabilität, Nutzen) oder auf die fachliche Kompetenz des Erbringers einer Leistung (zum Beispiel eines Beraters) beziehen.

• Vertrauenswürdigkeit als Nicht-Opportunismus betrifft im Kern den Umgang eines Unternehmens mit gegebenen Versprechen zum Beispiel an Kunden, um diese (zum Beispiel mit Qualitäts- oder Serviceversprechen) zu riskanten Vorleistungen zu motivieren.

• Vertrauenswürdigkeit als Rechtschaffenheit beinhaltet schließlich den Umgang des Unternehmens mit anderen, indirekt beteiligten Akteuren oder seiner Beziehung zur Gesellschaft. Hierunter fallen beispielsweise die soziale oder ökologische Integrität der Lieferkette, der Umgang mit Korruption oder die Steuerehrlichkeit des Unternehmens. Das Beispiel der Ergo Versicherung verdeutlicht in diesem Zusammenhang, dass Vertrauenserwartungen sich gerade auch auf moralische Ideale beziehen können.

Es ist hierbei wichtig zu verstehen, dass Vertrauen im Grunde ein auf Gegenseitigkeit beruhendes Prinzip ist (siehe **Abbildung 1**). Denn für das Gelingen von Vertrauensbeziehungen ist neben der Bereitschaft des Vertrauensgebers zum Beispiel des Kunden), in gewissem Maße Unsicherheit und Verwundbarkeit in Kauf zu nehmen, auch die Bereitschaft des Vertrauensnehmers (zum Beispiel des Verkäufers) erforderlich, dies nicht zu seinem Vorteil und zum Schaden des Kunden auszunutzen. Viele Geschäftsbezie-

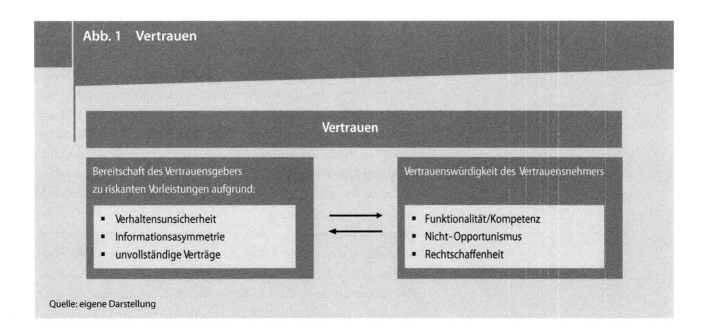

Abb. 1   Vertrauen

Vertrauen

Bereitschaft des Vertrauensgebers zu riskanten Vorleistungen aufgrund:

- Verhaltensunsicherheit
- Informationsasymmetrie
- unvollständige Verträge

Vertrauenswürdigkeit des Vertrauensnehmers

- Funktionalität/Kompetenz
- Nicht-Opportunismus
- Rechtschaffenheit

Quelle: eigene Darstellung

Kerngedanke 2

Compliance-Management-Systeme können Aufbau und Erhaltung der eigenen Vertrauenswürdigkeit unterstützen.

hungen könnten sonst nicht oder nur zu deutlich höheren Transaktionskosten stattfinden.

Die eigene Vertrauenswürdigkeit ist entsprechend als strategischer Wert für den Vertrauensnehmer zu verstehen. Sie ist, so Andreas Suchanek und Martin von Broock, eine „unabdingbare Voraussetzung für nachhaltigen Unternehmenserfolg: Wer kein Vertrauen genießt, findet keine Kunden, Investoren, Mitarbeiter, Lieferanten und sonstigen Kooperationspartner; niemand möchte mit jemandem kooperieren, dem er nicht vertraut".

Umgang mit Vertrauenserwartungen

Die Identifikation sinnvoller Möglichkeiten zur Investition in die eigene Vertrauenswürdigkeit im Rahmen von Compliance-Management-Systemen ist eine keineswegs triviale Gestaltungsaufgabe für Unternehmen und deren Führungskräfte. Denn sowohl die Erfüllung als auch die Zurückweisung von Vertrauenserwartungen anderer Akteure kann für Unternehmen und Gesellschaft mit Risiken verbunden sein.

Insbesondere gilt es, eigene Versprechen nur dann abzugeben, wenn die strategischen, funktionalen und organisationalen Voraussetzungen dafür geschaffen sind, um diese später tatsächlich auch einhalten zu können.

Beispiel: Fehlende Qualität und Unabhängigkeit werden im Zusammen-

„Der erlittene Reputationsschaden der Ergo Versicherung im Zusammenhang mit den öffentlich gewordenen Informationen über ihr Anreizprogramm für Vertriebsmitarbeiter ist ein Beispiel dafür, dass Compliance nicht lediglich auf die formale Einhaltung von gesetzlichen oder vertraglichen Regelungen begrenzt werden kann."

hang mit dem Vertrieb von Finanzdienstleistungen häufig kritisiert. Die Ursache hierfür ist, dass die Kundenerwartung nach professioneller Vermögensberatung in der Vergangenheit in einen strukturellen Konflikt mit dem Umstand geriet, dass viele Kunden nicht bereit sind, diese Leistung zu vergüten. Dies führte letztlich zu einer indirekten Vergütung über (mitunter versteckte) Provisionen und Gebühren nach Vertragsabschluss, was wiederum mit einer weiteren Kundenerwartung in Konflikt geriet, nämlich der nach unabhängiger Beratung.

Auch gilt es abzuwägen, welche Erwartungen von Kunden und anderen Stakeholdern erfüllt werden können, ohne zugleich legitime Erwartungen anderer Akteure zu beeinträchtigen. Ist die Erfüllung der Erwartungen einer Stakeholdergruppe nur zu Lasten anderer Stakeholdergruppen möglich, handelt es sich gemäß Prof. Nick Lin-Hi um nicht legitime Erwartungen.

Beispiel: Die Erwartung von Kunden nach den niedrigsten Preisen kann aufgrund des Margen- und Wettbewerbsdrucks in bestimmten Fällen nur durch Ausbeutung von gegebenenfalls minderjährigen Arbeitern unter schlechtesten Sicherheitsstandards oder durch nicht nachhaltige Ressourcennutzung realisiert werden.

Drei methodische Ebenen zum Management der eigenen Vertrauenswürdigkeit

Die Kritik an formalen Compliance-Management Systemen zeigt, dass das Management der eigenen Vertrauenswürdigkeit auf der richtigen methodischen Ebene erfolgen muss. Sofern erforderlich, sind formale Compliance-Vorgaben nicht pauschal, sondern problemspezifisch zu implementieren. Nur so können unangemessene Kontrollkosten vermieden, die Leistungsfähigkeit des Unternehmens gesteigert und die Akzeptanz der betroffenen Mitarbeiter gesteigert werden. Im Rahmen der Erarbeitung eines Leitbildes für verantwortliches Handeln in der Wirtschaft beschreiben Suchanek und Broock drei methodische Ebenen für das Management der eigenen Vertrauenswürdigkeit (siehe **Abbildung 2**).

Ebene 1: Spielzugebene

Die Spielzugebene beschreibt ein Umfeld, in dem die das eigene Handeln begrenzenden Rahmenbedingungen (zum Beispiel Gesetze, Wettbewerb, Nachfrageverhalten) kurzfristig als gegeben und nicht veränderbar angenommen werden. Trotz dieser Beschränkungen können Führungskräfte geeignete Strategien zum Umgang mit Compliance-Risiken definieren. Hierbei spielt die Wahl der Märkte, der angebotenen Produkte und Leistungen

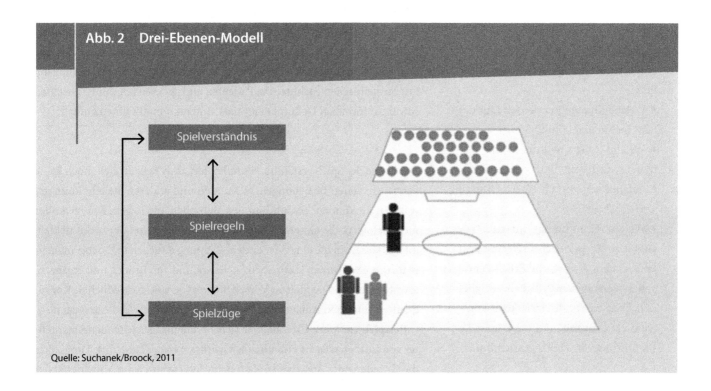

Abb. 2   Drei-Ebenen-Modell

Spielverständnis

Spielregeln

Spielzüge

Quelle: Suchanek/Broock, 2011

Kerngedanke 3

Um unangemessene Kontrollkosten zu vermeiden, sollten Unternehmen sich bei der Auswahl von geeigneten Compliance-Instrumenten am konkreten Vertrauenskontext orientieren.

Handlungsempfehlungen

Fragestellungen für die Compliance-Praxis:

● Welche Kundengruppen sind für das Unternehmen relevant?

● Welche Rolle spielt die eigene Vertrauenswürdigkeit für das Gelingen der Kundenbeziehung (z.B. Analyse je nach Vertriebskanal)?

● Welche Compliance-Instrumente sind je nach spezifischem Vertrauenskontext zum Aufbau und Erhalt der eigenen Vertrauenswürdigkeit geeignet (z.B. Transparenz der Lieferkette, konstruktiver Umgang mit Reklamationen, Einführung von Verhaltensrichtlinien)

sowie das Vertriebsmodell eine wesentliche Rolle, denn bestimmte Compliance-Risiken resultieren bereits unmittelbar oder mittelbar aus diesen Entscheidungen.

Beispiel: Der Korruptionsskandal bei Siemens verdeutlicht, dass Korruption im Geschäft mit Infrastrukturprojekten in vielen Absatzmärkten weit verbreitet ist. Aufgrund der globalen Dimension des Problems und des enormen Wettbewerbsdrucks ist es für viele Unternehmen schwer, sich dem durch individuellen Verzicht auf „Zuwendungen im Geschäftsverkehr" zu entziehen. Auch branchenweite und internationale Ansätze zur politischen Bekämpfung von Korruption blieben bislang wenig wirkungsvoll. Neben der Einführung eines formalen Compliance-Management-Systems reagierte Siemens hierauf mit einer Fokussierung seiner Wettbewerbsstrategie auf die Schaffung von technologischen und anderen Wettbewerbsvorteilen, die nicht auf Korruption beruhen, um den vermeintlichen Nachteil durch Verzicht auf Korruption kompensieren zu können.

Ebene 2: Regelebene

Die Regelebene umfasst alle Maßnahmen zur Steuerung individuellen Verhaltens durch formalisierte oder implizit gelebte Regeln, Vorschriften und Standards. Diese können unter anderem gesetzliche Regeln, Branchenregeln oder unternehmensinterne Vorschriften umfassen. Unternehmen versuchen etwa das Verhalten ihrer Mitarbeiter über Verhaltensrichtlinien („Code of Conduct"), Regeln zur Vergütung und Motivation, Regeln zur Annahme von Geschenken etc. zu steuern.

Beispiel: Fälle von unangemessener Beeinflussung der Entscheidungen von medizinischem Fachpersonal durch Pharmareferenten haben in der Vergangenheit zu einem massiven Vertrauensverlust der Pharmaindustrie geführt. Um dem entgegenzuwirken und zugleich gesetzliche Vorschriften zu vermeiden, wurde im Rahmen einer branchenweiten Initiative zur freiwilligen Selbstkontrolle der Arzneimittelindustrie ein umfangreiches Compliance Regelwerk geschaffen, welches detaillierte Vorschriften zum Umgang mit medizinischen Fachkreisen, Patienten und anderen relevanten Gruppen sowie zur formalen Dokumentation der Interaktion mit ihnen enthält.

Ebene 3: Spielverständnisebene

Die Ebene des Spielverständnisses reflektiert, dass Regeln allein noch keine vertrauensvollen Beziehungen zu Kunden und anderen Stakeholdern gewährleisten können: „Es sind immer Menschen, die Regeln befolgen oder nicht befolgen, die Gesetzesverstöße als solche melden oder nicht melden, die das Gesetz in die eine oder andere Richtung auslegen und dabei manchmal auch überdehnen", schreiben Suchanek und von Broock und ergänzen: „Anders gesagt: Die gleiche Vorschrift wird zu unterschiedlichen Konsequenzen führen in Abhängigkeit vom ‚Spielverständnis' des Adressaten".

Beispiel: Im März 2012 äußerte sich ein ehemaliger leitender Angestellter von Goldman Sachs öffentlichkeitswirksam in der New York Times über die Gründe seines Ausscheidens aus dem Unternehmen. Im Mittelpunkt der

Struktur eines an Vertrauenswürdigkeit orientierten Compliance-Management-Systems

Bei der konzeptionellen und inhaltlichen Ausgestaltung von Compliance-Management-Systemen sollten Führungskräfte zwei grundlegende Dimensionen berücksichtigen:

1. Die drei Arten von Vertrauenswürdigkeit
2. Die drei methodischen Ebenen zum Management von Compliance Risiken

Das Zusammenwirken beider Dimensionen und Beispiele für jeweils geeignete Instrumente und Fragestellungen des Compliance-Managements sind in **Abbildung 3** dargestellt.

Kritik stehen insbesondere der Umgang des Unternehmens mit Kundeninteressen und seine Strategien zur Gewinnerzielung: „To put the problem in the simplest terms, the interests of the client continue to be sidelined in the way the firm operates and thinks about making money."

Fazit

Nachhaltig profitable Geschäftsbeziehungen erfordern vertrauenswürdiges Handeln der Geschäftspartner. Wertorientierte Compliance-Management-Systeme können als Instrument zum Erhalt der eigenen Vertrauenswürdigkeit eingesetzt werden. Dies stellt jedoch eine komplexe organisatorische He-

Abb. 3   Konzept für ein Compliance-Management-System

		Ebenen zum Management von Compliance-Risiken		
		Spielzüge	Spielregeln	Spielverständnis
Arten von Vertrauenswürdigkeit	Kompetenz / Funktionalität	• Ausbildung • Aufbau individueller Fähigkeiten • Investition in Technologie	• Implementierung von Qualitätsstandards	• Qualität als Grundlage für nachhaltige Kundenbeziehungen
	Nicht-Opportunismus	• Vorbildhaftes Verhalten der Führungskräfte zur Entwicklung und Förderung der persönlichen Integrität aller Mitarbeiter (Tone at the Top) • Beratung von Mitarbeitern in schwierigen Entscheidungssituationen (Dilemmata)	• Regelungen zur Vergütung und Motivation von Mitarbeitern • Schaffung von Kanälen zur Meldung von Fehlverhalten (z.B. Whistleblowing Hotline) • Anti-Korruptionsmaßnahmen	• Entwicklung einer auf Innovation, Kosteneffizienz etc. basierenden Unternehmensstrategie • Ausrichtung der individuellen Zielvorgaben an langfristigen Unternehmenszielen
	Rechtschaffenheit		• Prüfung der persönlichen Integrität von Bewerbern im Recruiting Verfahren • Unterstützung und Einhaltung von wettbewerbsneutralen Brancheninitiativen z.B. gegen Korruption, für höhere Arbeitssicherheit	• Beschreibung des Verhältnisses des Unternehmens zur Gesellschaft • Welchen gesellschaftlichen Nutzen erbringt das Unternehmen? • Geschieht dies zu Lasten einzelner Akteure?

Quelle: eigene Darstellung

Kerngedanke 4

Compliance-Instrumente können auf verschiedenen methodischen Ebenen ansetzen: der Spielzugebene, der Spielregelebene und der Ebene des Spielverständnisses.

rausforderung für Unternehmen dar. Ziel ist die zeitnahe Identifikation relevanter Konfliktfelder und zugleich die Vermeidung unangemessener Kontrollkosten. Compliance-Strategien sind dann erfolgreich, wenn Compliance-Maßnahmen nicht pauschal formalisiert werden, sondern auf den spezifischen Vertrauenskontext zugeschnitten sind. Der Vertrauenskontext muss deshalb in einen systematischen Zusammenhang mit der Compliance-Methodik gebracht werden (siehe **Abbildung 3**). Ein Compliance-Management-System, das sich an Vertrauensbeziehungen zwischen dem Unternehmen und seinen Stakeholdern orientiert, fördert die Steigerung der Performance, reduziert Kontrollkosten und steigert die Akzeptanz der Mitarbeiter und damit die Chancen auf eine nachhaltige Implementierung des Compliance-Management-Systems.

Literatur

Heißner, S. und Benecke, F. (2013): Compliance-Praxis im Wandel: von der reinen Kontrolle zum Integrity Management, in: Betriebs-Berater, Nr. 48, 2013, S. 2923ff.

Audit Committee Institute (2012): Der neue Prüfungsstandard IDW PS 980: „Keine bloße Pflichtübung.", in: Audit Committee Quarterly, Nr. 2, 2012, S. 20.

Suchanek, A. (2012): Vertrauen als Grundlage nachhaltiger unternehmerischer Wertschöpfung. In: Schneider, A. und Schmidpeter, R. [Hrsg] (2012): Corporate Social Responsibility - Verantwortungsvolle Unternehmensführung in Theorie und Praxis. Berlin 2012, S. 55-66.

Suchanek, A. und Broock, M. von (2011): Konzeptionelle Überlegungen zum Leitbild für verantwortliches Handeln in der Wirtschaft. In: Wittenberg-Zentrum für Globale Ethik e.V. [Hrsg.]: Diskussionspapier Nr. 2, 2011.

Schiel, C. (2014): Moralisches Risikomanagement: Strategien zum risikoorientierten Umgang mit Konflikten zwischen Gewinn und Moral, Wiesbaden 2014.

Lin-Hi, N. (2009): Eine Theorie der Unternehmensverantwortung: Die Verknüpfung von Gewinnerzielung und gesellschaftlichem Interesse, Berlin 2009.

New York Times: Why I am Leaving Goldman Sachs. Unter: http://www.nytimes.com/2012/03/14/opinion/why-i-am-leaving-goldman-sachs.html?_r=2 (abgerufen am 22.03.2014).

Wieland, J. (2012): Strategische normative Unternehmensführung und Compliance Management, In: Audit Committee Institute [Hrsg]: Audit Committee Quarterly, Nr. 2, 2012, S. 36.

No Risk, no Fun...

... lautet das Motto vieler Extremsportler. Ist es auch für das Verkaufsmanagement geeignet? Ich meine, im übertragen Sinne ja.

Alle Investitionen im Vertrieb und Marketing finden unter Unsicherheit statt. Man weiß nie mit Sicherheit, wie Kampagnen, Messeauftritte, Vertriebsinitiativen oder neue Honorierungssysteme für den Außendienst wirken. Am Ende des Tages entscheidet immer der Markt, das heißt die Kunden, die zwischen den Lösungen verschiedener Anbieter wählen und deren Verhalten von vielen Faktoren der Wirtschaft beeinflusst wird. Diese Tatsache sollte allerdings nicht dazu führen, dass man Vertrieb und Marketing als kreative Disziplinen ansieht – wie es häufig in der Praxis anzutreffen ist. Vertrieb und Marketing sollten nach den neuesten Standards aus Wissenschaft und Praxis „gemanagt" werden. Dazu gehört auch das Risiko.

Zu typischen Risiken in Vertriebs- und Kundenmanagement gehören zum Beispiel:
• Erwartungen der Kunden werden enttäuscht. Das gilt zum Beispiel für viele Kampagnen, die Neues anpreisen und die damit Erwartungen wecken, die in der Praxis nicht erfüllt werden. Hier gilt es im Sinne eines Risikomanagements nicht nur darum, die Inhalte von Kampagnen zu hinterfragen, sondern auch zu antizipieren, was Kunden daraus ableiten.
• Mitarbeitende im Vertrieb übertreten aus Unwissenheit oder bewusst Gesetze und schaden damit dem Unternehmen (und sich selbst). Ein gutes Compliance-System im Vertrieb kann dazu dienen, Fehler zu vermeiden oder zumindest das Haftungsrisiko zu verringern.
• Die Konzentration von Ressourcen auf ausgewählte Kunden, zum Beispiel im Rahmen eines Key Account Managements, führt zu „Klumpenrisiken". Diesen kann man zum einen dadurch begegnen, dass man die Key Account Manager dafür sensibilisiert, dass sie auch die Risiken ihrer Kunden analysieren müssen. Zum anderen müssen sie durch ein Management des Kundenportfolios ausgeglichen werden, in dem man alle Kundensegmente professionell führt und so Risiken ausbalanciert.

Dirk Zupancic
ist Professor für Industriegütermarketing und -vertrieb an der German Graduate School of Management & Law in Heilbronn und Dozent der Universität St. Gallen. Kontakt: dirk.zupancic@ggs.de, www.ggs.de Social Media: Xing, LinkedIn, Facebook und Twitter

• Vertriebsmitarbeitende sammeln viel Wissen über ihre Kunden und dieses Wissen steht unter Umständen nicht dem Unternehmen zur Verfügung. Auch aus diesem Grund ist ein gut geführtes CRM-System und eine systematische Ablage nicht „nice to have", sondern strategisch wichtig.

Die Liste möglicher Risiken lässt sich verlängern. Sie sieht aber in jedem Unternehmen anders aus. Risikomanagement im Vertrieb beginnt mit einer systematischen Sammlung und Bewertung der möglichen Risiken. Welche Risiken könnten eintreten? Wie groß ist die Wahrscheinlichkeit, dass sie eintreten? Wie groß ist der mögliche Schaden?

Erst wenn diese Informationen vorliegen, können mögliche Maßnahmen erarbeitet werden, wie die Eintrittswahrscheinlichkeit reduziert oder im Falle des Eintretens die negativen Folgen verringert werden können. Nur selten entstehen dabei komplett neue Lösungen. Vielmehr führen viele Maßnahmen im Risikomanagement zu einem professionellen Vertriebsmanagement.

Ich empfehle, den Fokus zunächst auf die Chancen zu setzen. Vertrieb sollte Motor eines Unternehmens für Wachstum und Weiterentwicklung sein. Diese Chance bergen aber zwangsläufig auch Risiken. Daher: No Risk, no Fun (bzw. keine guten Geschäfte).

Spektrum

Wenn die Lieferkette reißt ...

Wenn man Top-Manager fragt, was ihnen nachts den Schlaf raubt, gehören Lkw, Container und Gabelstapler in der Regel nicht dazu. Das sollten sie aber, denn Probleme mit der Lieferkette gehören zu den größten Zerstörern von Firmenwert und Reputation. Hinzu kommt, dass der Anstieg der Wettbewerbsintensität und Kundenmacht die Anforderungen an die Supply-Chain-Fähigkeiten erhöhen.

Christian Wurst

Nicht nur bei spektakulären Naturereignissen wie dem Japan-Erdbeben und der Thailand-Flut im Jahr 2011 oder dem Ausbruch des Island-Vulkans 2010 (die Umsatzausfälle wurden von der EU Europäischen Union auf 1,5 bis 2,5 Milliarden Euro eingeschätzt) kann man weltweit die Lieferketten schnappen hören. Mit Folgekosten im Milliardenbereich.

Im Rahmen einer Studie wurden 2005 die Jahresabschlüsse von 600 globalen börsennotierten Firmen nach Hinweisen auf die Ursachen von Kurseinbrüchen untersucht. Die Wirkung von Supply-Chain-Problemen auf den Aktienpreis lag demnach viermal so hoch wie die von IT-Problemen, achtmal so hoch wie die negative Wirkung von Werksschließungen und immerhin 60 Prozent höher als die Folgen von Verzögerungen in der Einführung neuer Produkte. Dies war unabhängig von Selbstverschuldung oder Fremdeinwirkung. Die allermeisten Supply-Chain-Katastrophen waren allerdings „hausgemacht": 50 Prozent gehen auf interne Fehler oder Probleme bei Lieferanten zurück.

Basierend auf der in der Studie ermittelten 885 Lieferketten-Probleme durchlitten betroffene Firmen im Durchschnitt

- 107 Prozent Ergebnis-Rückgang
- 114 Prozent ROS-Rückgang
- 93 Prozent ROA-Rückgang
- 7 Prozent niedrigere Umsatzentwicklung
- 11 Prozent Kostensteigerung
- 14 Prozent Anstieg im Lagerbestand

(Quelle: Hendrick & Singhai, The effect of supply chain disruptions on long-term shareholder value, profitability and shareprice volatility; ChainLink Research, 2011)

Probleme beeinflussen Image und Markenwerte

Alles in allem waren große Supply-Chain-Probleme für 35 Prozent am Rückgang der Aktienrendite verantwortlich. Kleine Firmen litten stärker als größere und es gab keine schnelle Erholung vom Kursrückgang. Die Effekte waren lang anhaltend und beeinflussten auch das Firmenimage und Markenwerte.

Drei Beispiele aus den 885 Einzelfällen geben ein Gefühl für das Ausmaß der Probleme:

- Ein Sportartikelhersteller führte eine neue Lagersoftware ein und automatisiert Läger – beides Projekte, die nicht termingerecht fertig wurden. Die Firma konnte kurzfristig 80 Prozent ihrer Monatslieferungen nicht erfüllen und verlor Marktanteile, die jahrelang beim Wettbewerb blieben.
- Ein Schokoladenproduzent hatte Verzögerungen bei der Bearbeitung von Bestellungen und der Implementierung neuer Läger. Die kritische Halloween-Bestellungen wurden nicht erfüllt – 150 Millionen US-Dollar Umsatzverlust, Gewinneinbruch um 19 Prozent und der Einbruch des Aktienkurses um ein Drittel waren die Folge.
- Ein Technologiekonzern hatte im Wachstumsboom versäumt, adäquate Kontrollprozesse über Bestellungen und Lagerbestände einzuführen. Im

Dr. Christian Wurst
ist Deutschlandchef der CEVA Logistics
mit Sitz in Frankfurt am Main. E-Mail:
christian.wurst@cevalogistics.com

Rahmen einer Konjunkturdelle mussten Milliardenwerte an Lagerbeständen abgeschrieben werden, der Aktienpreis halbierte sich.

Wenn das Risiko aber so groß ist – warum behandelt man dann in vielen Unternehmen das Thema nicht mit größerer Aufmerksamkeit? Dafür gibt es drei wesentliche Gründe:

1. **Mangelndes Bewusstsein:** Die Folgen sind nicht bekannt oder bewusst. Der Zeitabstand zwischen Ursache (eine besondes risikoanfällige Supply Chain entsteht) und Wirkung (große Supply-Chain-Probeme treten auf) beträgt meist Jahre. Supply-Chain-Probleme großen Ausmaßes sind innerhalb von Firmen darüber hinaus relativ seltene Ereignisse: Im Schnitt tritt ein größerer Ausrutscher alle zehn Jahre pro Firma auf. Die wenigsten Manager sind lang genug in derselben Position, um in ihrer aktuellen Position bereits ein solches Drama mit allen Konsequenzen erlebt zu haben.

2. **Fehlende Ressourcen:** In den Supply-Chain-Abteilungen vieler Unternehmen bestehen nicht immer ausreichend Ressourcen für den Krisenfall, da ja auch wenige Organisationen für Ausnahmezustände angelegt werden. Und die Bereiche, die sich mit Risikomanagement befassen, sind oft nicht nah genug an der Logistik beziehungsweise es fehlt der notwendige abteilungsübergreifende Austausch zur Diagnose des Problems.

3. **Falscher Denkansatz:** In der Regel wird es generell belohnt, bestehende Probleme zu lösen, anstelle sich mit eventuellen Problemen in der Zukunft zu beschäftigen. Wenn zum Beispiel die Produktion immer mehr Wertschöpfungsstufen outsourct, der Einkauf sich auf zwei günstige Lieferanten in Hochrisiko-Standorten konzentriert, das Controlling erfolgreich die Lagerbestände durch „Just-in-time"-IT-Prozesse reduziert – dann wird das übergreifende Risiko-Assessment schwierig.

Die konkreten Auslöser für Supply-Chain-Probleme sind vielfältig und haben nur in den wenigsten Fällen direkt mit der Logistik zu tun. Es ist vielmehr so, dass die Supply Chain umso risikoanfälliger für viele dieser Ursachen wird, je grö-

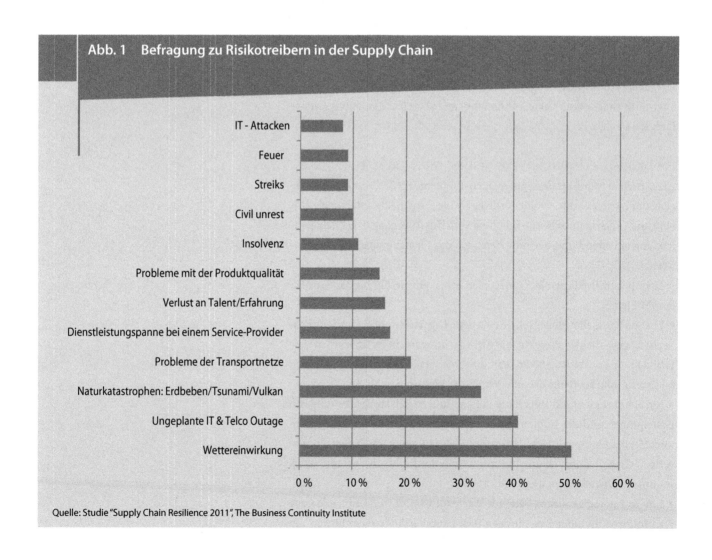

Abb. 1   Befragung zu Risikotreibern in der Supply Chain

Quelle: Studie "Supply Chain Resilience 2011", The Business Continuity Institute

ßer das Spannungsfeld zwischen Risikofaktoren und Supply-Chain-Ressourcen wird. Sie müssen verstehen, was die Risikotreiber Ihrer Supply Chain sind, um dann adäquate Ressourcen einzusetzen. Um ein Bild zu verwenden: Je schneller das Auto, desto besser müssen die Bremsen sein.

Anforderungen an die Supply Chain

Die Risiken werden aber auch durch höhere Anforderungen an die Supply Chain aus Kunden- und Produktionsperspektive getrieben. Verstärkt wird dieser Effekt noch durch die Art und Weise, wie Supply Chains in den allermeisten Firmen gemanagt werden – nämlich vorwiegend unter Kostenaspekten.

Anforderung aus Kundensicht: Der Anstieg an Wettbewerbsintensität und Kundenmacht erhöht die Anforderungen an die Supply-Chain-Fähigkeiten von Firmen. Eine Ursache dafür sind die wachsenden Ansprüche der Kunden: Sie greifen sofort zum Wettbewerbsprodukt, wenn ihr Wunschprodukt nicht verfübar ist. Hinzu kommt, dass der Einzelhandel durch Online-Einkauf revolutioniert wird. In US-amerikanischen und britischen Metropolen besteht bereits die Möglichkeit zur „Same-Day Delivery".

Eine weitere Ursache für die die erhöhten Anforderungen sind eine volatilere Nachfrage und kürzere Produktlebenszyklen. Verlangt wird eine stärkere Flexibilität und kürzere Durchlaufzeiten der Supply Chain. Und: Der Trend zur kundenindividuellen Anfertigung vieler Produkte und der Anstieg der Produktvielfalt führen zum erhöhtem Bedarf an vorgehaltenem Lagerbestand.

Anforderung aus Produktionssicht: Die erhöhte Komplexität der Supply Chain vergrößert auch die Anzahl der Stellen, an denen etwas schiefgehen kann. Eine typische Waschmaschine hatte 1980 etwa 150 Einzelteile, wurde in drei Ländern produziert (lokaler Einkauf) und in zehn Ländern verkauft. Eine typische Waschmaschine heute hat mehr als 500 Einzelteile, wird in sechs Ländern produziert (globaler Einkauf) und in 30 Ländern verkauft.

• Outsourcing & Partnerships: Je mehr Glieder in der Supply Chain bestehen, desto risikoanfälliger wird sie. Während die Top-Lieferantenbeziehungen in der Regel aus der Supply-Chain-Perspektive gemanagt werden können, ist dies bei Beziehungen der zweiten oder dritten Ebene extrem schwer zu bewerten und zu managen.

• Konzentration der Lieferantenbasis auf wenige Kern-Lieferanten (häufig aus der gleichen Region): Die Reduktion der Lieferanten zur Intensivierung der Zusammenarbeit und Reduktion der Transaktionskosten begrenzt die Flexibilität der Supply Chain erheblich. Im Nachgang zur Überschwemmungskatastrophe in Thailand 2011 sind zum Beispiel die deutschen Festplattenpreise um ein Mehrfaches in die Höhe geschnellt. Hintergrund war, dass einige Kernkomponenten der Festplatten von nur wenigen Firmen in Thailand hergestellt wurden.

• Global Sourcing: Auf der Suche nach dem günstigsten Lieferanten wird heute weltweit gesucht. Dabei machen die Risikokosten im Zusammenhang mit der Finanzierung der Supply Chain bis zu 20 Prozent des Transaktionswertes aus, wenn man alle Kosten inkludiert.

• Logistikabläufe: Die dominante Philosophie des „Lean Management" mit Just-in-Time-Belieferung und laufender Optimierung der betrieblichen Prozesse erfordert absolut reibungslose Logistikabläufe.

• Analog zur Inbound-Logistik führen internationale Märkte und globale Produkte dazu, dass immer mehr Ländermärkte aus wenigen Standorten beliefert werden. Dies reduziert analog zur Inbound-Logistik die Flexibilität der Supply Chain und damit das Risiko bei Problemen.

Management der Supply Chain: Wird beim Management der Supply Chain der Fokus auf Effizienz gelegt, reduziert dies die Flexibilität, während gleichzeitig das Risiko erhöht wird. Die wesentlichen Gründe dafür:

• Der oder die oberste Logistikleiter ist in den allermeisten Firmen nicht in der Geschäftsführung vertreten. In vielen Firmen besteht auch keine bereichsübergreifende Logistik bezie-

---

Zusammenfassung

• Durch welche Faktoren die Risiken in der Supply Chain getrieben werden.

• Wie man sich vor Supply-Chain-Problemen schützen kann und auf welche Warnsignale man achten muss, um ein Versagen der Lieferkette zu erkennen und gegensteuern zu können.

• Weshalb es unter Berücksichtigung finanzieller Aspekte sinnvoller ist, in die Prävention zu investieren statt die Kosten einer verfehlten Supply-Chain-Optimierung zu tragen.

hungsweise die zentral gesteuerten Elemente sind stark begrenzt.

• Die verschiedenen Phasen der Supply Chain werden durch unterschiedliche Bereiche gesteuert. Der Abruf vom Lieferanten erfolgt häufig vom Einkauf, der Abruf ins Werk von der Produktion, der Versand der Fertigwaren vom Vertrieb. Während dies einerseits effizient ist, fehlen andererseits bereichsübergreifende Steuergrößen und Kommunikation.

• Aufgrund des großen Kostenanteils der Logistikkosten wird die Supply Chain in der Regel unter Einkaufs- beziehungsweise Finanzgesichtspunkten optimiert. Reduzierte Kosten, kürzere Durchlaufzeiten und geringere Lagerbestände (gebundenes Kapital) sind die Kernanforderungen an Supply-Chain-Verantwortliche.

• Der Einfluss der Supply Chain auf Umsatz, Firmenimage und Beziehungen mit Geschäftspartnern und Kunden wird immer wieder unterschätzt. Im B2B-Geschäft zum Beispiel ist fast immer die erste Kontaktperson für den Kunden nach einem Kauf der Fahrer, der die letzte Strecke ausliefert und häufig auch Zusatzdienstleistungen erbringt.

Die Supply Chain richtig gestalten

Auf der strategischen Ebene kommt es zunächst darauf an, ob die Supply Chain im Regelbetrieb überhaupt zur Strategie und zu den Kundenbedürfnissen passt. Bei dieser Dimension gibt es vor allem zwei Orientierungspunkte:

Kerngedanken

• Der Anstieg an Wettbewerbsintensität und Kundenmacht erhöht die Anforderungen an die Supply-Chain-Fähigkeiten von Firmen.

• Die erhöhte Komplexität der Supply Chain vergrößert auch die Anzahl der Stellen, an denen etwas schiefgehen kann.

• Jede Veränderung der Produktarchitektur und des Geschäftsmodells muss analog im Supply-Chain-Design widergespiegelt werden.

• Neben ausreichender Erfahrung im Logistikbereich ist ebenfalls wichtig, die richtigen „Zutaten" – also Leute, Partner, Prozesse und Systeme – zusammenzubringen.

• Auf der ersten Ebene der Kompromiss zwischen vertikal integriertem (effizient/unflexibel) und modular aufgebautem (weniger effizient/größere Flexbilität) Geschäftsmodell.

• Auf der zweiten Ebene innerhalb des gewählten Geschäftsmodells der Kompromiss zwischen Kosten und Qualität/Risiken in der Supply Chain.

Der Kompromiss zwischen vertikal integriertem (effizient/unflexibel) und modular aufgebautem (weniger effizient/größere Flexibilität) Geschäftsmodell wurde von Charles Fine mit dem Modell der Doppelhelix verglichen (siehe **Abbildung 2**).

Wenn eine Firma sich auf der falschen Seite dieses Trends befindet, verliert sie strukturell Kunden entweder aufgrund mangelnder Flexibilität und Innovation oder aufgrund einer zu wenig wettbewerbsfähigen Kostenstruktur. Jede Veränderung der Produktarchitektur und des Geschäftsmodells muss analog im Supply-Chain-Design widergespiegelt werden. Es ergibt zum Beispiel wenig Sinn, eine integrierte Produktionsstrategie zu verfolgen, aber das gesamte Logistik-Know-how an dritte Parteien zu vergeben. Umgekehrt ist es ineffizient, über eine modulare Wertschöpfung mit vielen Partnern zu verfügen, aber die Transportströme selber kontrollieren und durchführen zu wollen.

Auf der anderen Seite ist es innerhalb eines etablierten Geschäftsmodells wichtig, ob der Kompromiss zwischen Kosten und Qualität/Risiken in der Supply Chain richtig getroffen wurde. Eine Modefirma wie Zara zum Beispiel hat einen Lagerzyklus von nur zwei Wochen im Laden. Der Warenbestand muss jederzeit aktuell sein, darauf beruht das Geschäftsmodell. Hierzu eine aus Kostensicht optimierte Supply Chain zu haben, wäre fatal. In den sechs bis sieben Wochen, die das (kostenoptimale) Schiff von Asien benötigt, hat sich der Markt gegebenenfalls wieder gedreht. Ganz anders bei einem Hersteller von preissensibler Unterwäsche an ein modisch anspruchsloseres Kundensegment – hier kommt es auf die kostenoptimale Supply Chain an.

Man kann selbst innerhalb einer relativ kleinen strategischen Gruppe von Firmen (zum Beispiel den führenden Automobilherstellern) sehr große Unterschiede in der Supply-Chain-Strategie erkennen (siehe **Abbildung 3**).

Was trivial aussieht, ist im Umfeld schnell wechselnder Marktverhältnisse und Wettbewerbspositionen keinesfalls selbstverständlich. Viele Firmen haben ihre Supply-Chain-Strategie nicht auf die Gesamtstrategie abgestimmt. Ein extremes Beispiel hiefür ist ein überaus erfolgreicher Elektronikhersteller, dessen Waren ähnlich Modewaren extrem kurzen Produktzyklen unterworfen sind. Diese Firma hatte bis vor kurzem eine rein kostenoptimierte Logistikstrategie verfolgt, die massive Umsatzverluste durch Produktknappheit zur Folge hatte. Die Logistikkosten betrugen zwei Prozent vom Umsatz, die Umsatzausfälle betrugen hunderte von Millionen Euro. Je eher eine Differenzierungsstrategie vorliegt, desto leichter fällt es, bereits im Design des Geschäftsmodells und der Supply Chain risikobegrenzende Elemente einzubauen (siehe Handlungsempfehlungen).

Die richtigen „Zutaten" verwenden

Investieren Sie in Ihr Logistik-Know-how: Auf der operativen Ebene gilt, die richtigen „Zutaten" – also Leute, Partner, Prozesse und Systeme – zusammenzustellen. Firmen mit starker Supply-Chain-Kompetenz wie zum Beispiel Volkswagen oder Glencore haben viele Führungskräfte im operativen Bereich, die aus dem Logistikbereich kommen oder tiefe Logistikkompetenz erworben haben. Nicht alle Aspekte des Supply-Chain-Managements sind analytisch leicht zu greifen. Während Personal- und Materialkosten in der Regel bis auf die letzte Kommastelle bekannt sind, besteht selbst bei Top-Entscheidern bezüglich Logistik- und Folgekosten der Supply Chain eine viel größere Unsicherheit.

Folgende Schritte erhöhen das Verständnis Ihrer Firma für den Umgang mit Supply-Chain-Problemen:

● Die Ursachen von Logistikproblemen aus **Abbildung 1** sind „Klassiker", die jede Firmen irgendwann treffen. Gehen Sie Ihre Firmenentwicklung der vergangenen Jahre durch und Sie können davon ausgehen, dass drei der Top fünf Faktoren in den letzten Jahren eingetreten sind. Nutzen Sie die gemachten Erfahrungen als Training für Ihre Organisation. In vielen Fällen reichen simple Checklisten und Standardfragen anhand vergangener Probleme aus, um grobe Schnitzer frühzeitig zu beseitigen.

● Es gibt Supply-Chain-Projekte, die riskanter sind als andere. Standortschließungen gegen den Willen der lokalen Organisation und IT-Implementierungen im Supply-Chain-Bereich gehören dazu. Berücksichtigen Sie dies frühzeitig in der Projektplanungsphase.

● Jedes Logistikprojekt hat eine bestimmte Mindestzeit, die auch mit großem Ressourceneinsatz nicht stark verringert werden kann. Wenn Sie zum Beispiel in einem Lager die Warenbestandskontrolle aufgrund unkontrollierter Einlagerung verlieren, werden Sie dies nicht in einigen Tagen lösen. Genausowenig beseitigen Sie in wenigen Tagen aufgrund von IT-

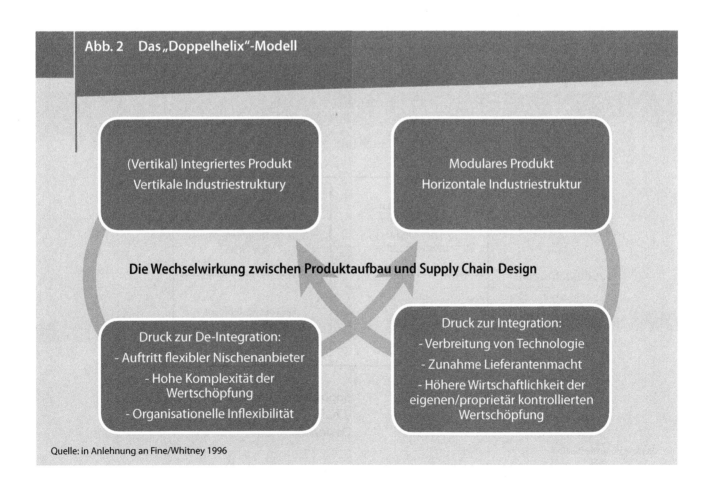

Abb. 2   Das „Doppelhelix"-Modell

(Vertikal) Integriertes Produkt
Vertikale Industriestruktury

Modulares Produkt
Horizontale Industriestruktur

Die Wechselwirkung zwischen Produktaufbau und Supply Chain Design

Druck zur De-Integration:
- Auftritt flexibler Nischenanbieter
- Hohe Komplexität der Wertschöpfung
- Organisationelle Inflexibilität

Druck zur Integration:
- Verbreitung von Technologie
- Zunahme Lieferantenmacht
- Höhere Wirtschaftlichkeit der eigenen/proprietär kontrollierten Wertschöpfung

Quelle: in Anlehnung an Fine/Whitney 1996

Problemen entstandene Auftragsrückstaus. Der Engpass in diesen Fällen liegt in der Regel nicht in Infrastruktur oder verfügbarem Personal, sondern am Mangel von Führungskräften und Mitarbeitern , die für die Probleme des Engpassbereichs spezifisch ausgebildet sind. Bilden Sie dafür bewusst mehr Leute aus und fördern Sie Cross-Trainings.

„Supply-Chain-Probleme großen Ausmaßes sind innerhalb von Firmen darüber hinaus relativ seltene Ereignisse: Im Schnitt tritt ein größerer Ausrutscher alle zehn Jahre pro Firma auf."

Wählen Sie die richtigen Logistik-Partner und vertragliche Regelungen: Man kann immer wieder beobachten, dass Weltkonzerne bei wirklich kritischen Stellen ihrer Supply Chain auf mittelständische Logistikdienstleister zurückgreifen. An diesen Stellen ist allerdings entscheidend, im Krisenfall einen Partner zu haben, der wirklich über die Ressourcen verfügt, auch kurzfristig Hilfestellung geben zu können. Ein neu eröffneter Lagerstandort kann zum Beispiel aufgrund von IT-Problemen sehr schnell lahmgelegt werden. Es dauert dann in der Regel Monate und kostet bei größeren Lagern regelmäßig Millionenbeträge, um die Lage anschließend wieder in den Griff zu bekommen.

Neben der Firmengröße und dem Know-how ist entscheidend, dass verkehrsträgerübergreifende Fähigkeiten vorliegen: Wer zum Beispiel feststellt, dass plötzlich aufgrund Niedrigwasser die Binnenschiffahrt versagt und größere Mengen mit dem Lkw schlicht nicht zu organisieren sind, der sollte nicht darauf hoffen, innerhalb weniger Tage die notwendigen Schienenkapazitäten am Markt einkaufen zu können.

Auch wenn es bei der Lösung von Supply-Chain-Risiken normalerweise nicht primär ums Geld geht, gibt es zwei goldene Regeln für den Abschluss von Logistikverträgen:
• Vereinbaren Sie die Supply-Chain-Services durch detaillierte Leistungs- und KPI-Beschreibung, die auch Eventualitäten im Krisenfall regelt. Im Krisenfall sind Regelungslücken, die offenlassen, wer das kommerzielle Risiko trägt, schlecht.
• Verstehen Sie die Grenzen dessen, was ein Dienstleistungsvertrag für Sie sicherstellen kann. Tracken Sie die KPIs im Detail auf Tages-/Wochen-/Monatsebene.

Bewerten Sie Lieferanten und Partner unter Supply-Chain-Aspekten: Streng nach dem Vorbild „only the paranoid survive" geht es darum, vom Basislieferanten in der dritten Ebene bis zum Endkunden die verschiedenen Elemente der Lie-

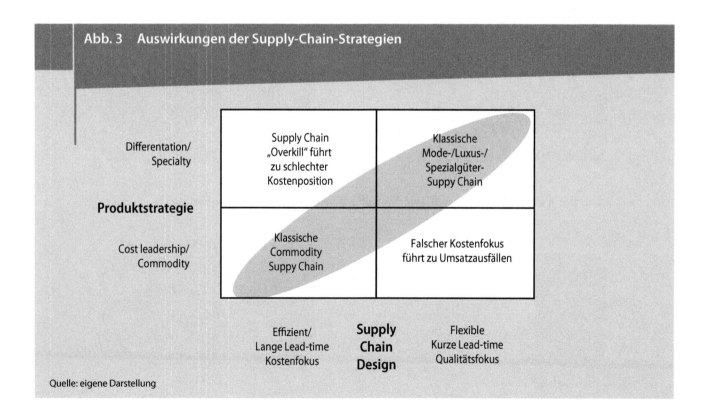

Abb. 3   Auswirkungen der Supply-Chain-Strategien

Produktstrategie

Differentation/Specialty — Supply Chain „Overkill" führt zu schlechter Kostenposition | Klassische Mode-/Luxus-/Spezialgüter-Supply Chain

Cost leadership/Commodity — Klassische Commodity Supply Chain | Falscher Kostenfokus führt zu Umsatzausfällen

Supply Chain Design

Effizient/Lange Lead-time Kostenfokus | Flexible Kurze Lead-time Qualitätsfokus

Quelle: eigene Darstellung

ferkette und ihre Fehlerquellen zu durchdenken. Dabei müssen es nicht immer weit entfernte Länder oder große Naturkatastrophen sein, die Probleme bereiten.

Hätten Sie zum Beispiel gedacht, dass ein gesunkenes Schiff den Verkehr auf dem Rhein in 2011 für über 30 Tage lahmlegen würde, mit verheerenden Folgen für die Versorgung von Basisrohstoffen? In England und anderen Ländern mit seltenem Schneefall reicht häufig bereits ein leichter Schneefall aus, um Ausnahmezustände in der Logistik zu erzeugen. Wie sieht der Trade-off zwischen Lagerbeständen und Umsatzausfällen aus? Anstelle das nächste Supply Chain vorhersagen zu wollen, hilft es bereits, die Lieferanten unter einer Risikobrille für die Supply Chain zu betrachten:

• Lieferantenstandorte beziehungsweise die Logistikinfrastruktur in deren Versandbereich: Wie stark sind diese gefährdet durch Naturkatastrophen oder Wettereinflüsse? Bestehen politische oder andere soziale Umstände, welche für Lieferprobleme sorgen könnten? Man muss kein Prophet sein, um bei japanischen Lieferantenwerken an die Erdbeben- und/Tsunamigefahr zu denken.

• Abhängigkeit des Lieferanten von eigenen Ressourcen, Materialien und Komponenten oder auch regulatorischen Prämissen: Die finanzielle Stabilität wird in der Regel vor Vertragsabschluss geprüft, aber wovon hängt im Zweifelsfall die Fähigkeit zum Versand ab?

• Transport-Routen: Zu welchem Umfang hängt die Supply Chain von bestimmten Transportrouten ab, und welche Alternativen bestehen? Gibt es andere Aspekte, welche das Supply Routing riskant machen?

Sorgen Sie für das richtige Design von Systemen und Prozessen: In vielen Firmen, die durch Übernahmen gewachsen sind beziehungsweise eine stark divisionalisierte Struktur haben, ist die Systemlandschaft so heterogen, dass Warenflüsse und andere logistikrelevante Informationen nur sehr mühsam aggregiert werden können. Es ist ein völlig normaler Vorgang, dass Logistikdienstleister zur Bereitstellung von Informationen zum Beispiel über Produktversand oder Sendungszahlen (um nur zwei Beispiele zu nennen) herangezogen werden, weil die interne Aggregation der Daten zu aufwendig wäre. Je heterogener die Systemlandschaft jedoch ist, desto schwieriger wird es, Probleme in einzelnen Teilen der Supply Chain frühzeitig zu entdecken.

Nur bei klarer Prozessdokumentation und einer gewissen Redundanz von Fähigkeiten kann im Krisenfall schnell reagiert werden. Es hilft darüber hinaus, ein „Plan B"-Szenario mit Probeläufen zur Behebung von Logistikproblemen in die Prozessbeschreibungen aufzunehmen.

Managen Sie den Risiko-Transfer zwischen Ihren Vertragspartnern: Ein Risikotransfer für Supply-Chain-Risiken erfolgt in der Regel zwischen Ihrer Firma und vier Partnern:
• Ihrem Logistikdienstleister
• Ihrer Versicherung
• Ihrem Lieferanten
• Ihrem Kunden

In der Regel gibt es hier keine billige Verlagerung von Risiken, sehr wohl aber das Risiko, unbewusst sehr große Risiken bei sich zu behalten. Existenzgefährdende Risiken sind nur zu sehr hohen Kosten (wenn überhaupt) versicherbar bezie-

---

Handlungsempfehlungen

Auf der strategischen Ebene sollten bereits bei der Gestaltung der Lieferkette risikobegrenzende Elemente eingebaut werden:
• Begrenzung der Anzahl von Outsourcing-Partnern
• Mindestzahl von Lieferquellen für alle kritischen Komponenten
• Ausreichend Lagerbestand/Reservekapazitäten

Auf der operativen Ebene kommt der Entscheidung für die richtigen Partner, Prozesse und Systeme eine besondere Bedeutung zu:
• Bei Führungskräften ist auf Logistik-Know-how zu achten.
• An kritischen Stellen der Supply Chain ist entscheidend, im Krisenfall einen Partner zu haben, der über die Ressourcen verfügt, kurzfristig Hilfestellung zu geben.
• Lieferanten und Partner sollten unter Supply-Chain-Aspekten bewertet werden.

Auf der taktischen Ebene gilt es, Warnsignale für Supply-Chain-Probleme zu erkennen und wirkungsvoll gegenzusteuern:
• Durch geschulte Aufmerksamkeit können die „Klassiker" unter den Warnsignalen frühzeitig erkannt und die Risiken systematisch beobachtet werden.
• Checklisten und Standardfragen erleichtern die Fehleranalyse.

hungsweise abzudecken. In vielen Fällen stellt sich die Frage der „Einklagbarkeit" von Rechtsansprüchen.

Im Tagesgeschäft auf Warnsignale achten und schnell eingreifen

Auf der taktischen Ebene geht es um frühes Entdecken eines konkreten Supply-Chain-Versagens sowie wirkungsvolles Gegensteuern.

Implementieren Sie Systeme und Prozesse zur Frühwarnung: Sie benötigen täglichen Überblick über Ihre gesamte Supply Chain – Lieferanten, interne Warenströme und die Lieferungen zum Kunden. Sie können dies über einen Logistikdienstleister organisieren oder selber zusammenführen. Entscheidend ist, dass es auch wirklich getan wird und die Daten jederzeit analysierbar und intepretierbar sind.

Um eine sofortige Reaktion zu gewährleisten, muss es zentrale Analyse-Kompetenzen geben. Sie wollen nicht im Krisenfall bei 30 Werken anrufen, wer alles vom Wintereinbruch an der US Küste betroffen ist. Viele Firmen haben eine Art "Lagezentrum" für solche Informationen.

Steuern Sie im Krisenfall schnell und wirksam gegen: Sichern Sie sich schnell ausreichend Kapazitäten, ob dies physischer Platz ist, zusätzliches Personal oder Transportkapazitäten. Supply-Chain-Probleme schaffen Folgeprobleme an vielen Stellen Ihrer Firma, so dass die Dinge in der Regel schlimmer werden als sie zuerst aussehen.

Bemühen Sie weiterhin intern eine realistische Erwartungshaltung bezüglich der Lösung der Supply-Chain-Probleme:

Wie beschrieben, können bestimmte Prozesse auch mit mehr Ressourcen nicht beschleunigt werden.

Berücksichtigen Sie: Mehr Ressourcen machen die Sache nicht immer besser. Entscheidend ist die reale Einsetzbarkeit. Neue Leute im Krisenfall zu traininieren, reduziert erstmal die Kapazitäten Ihrer erfahrenen Leute.

Betrachten Sie Ihre Firma durch die „Supply-Chain-Brille", um wesentliche Risiken zu identifizieren und zu managen: Sie müssen nachts nicht von Lkw, Containern und Gabelstaplern träumen, um Ihre Firma zu schützen. Aber Sie können es sich nicht leisten, existenzgefährdende Supply-Chain-Risiken zu ignorieren. Auf strategischer, operativer und taktischer Ebene müssen Sie mit einer „Supply-Chain-Brille" nach Risiken suchen. Mit Blick auf die finanziellen Kosten von Supply-Chain-Problemen ist es für Sie günstiger, in die Prävention zu investieren, als die Folgekosten einer verfehlten Supply-Chain-Optimierung zu tragen.

Literatur

Berenberg Bank Studie, Testing, Inspection and Certification Branche 2012

Business Continuity Institute (2011): Supply Chain Resilience 2011, 3rd annual survey (Nov)

Hendrick, K./Singhal, V. (2011): "The effect of supply chain disruptions on long-term shareholder value, profitability and shareprice volatility", in: Chain Link Research

Fine, C./Whitney, D. (1996): Is the Mak-buy Decision Process a Core Competence?", in: MIT Center for Technology, Policy and Industrial Development

Zurich Insurance Company (2011): Zurich supply chain risk management: risk assessment and insurance

Service

Multichannel-Ansatz bleibt Favorit im CRM

Telefon, E-Mail und Webformular sind die wichtigsten Kontaktkanäle im Multichannel-Kundenmanagement. Doch Social Media und Web Chat zu integrieren, bleibt eine große Herausforderung.

Multichannel ist das Gebot der Stunde für das Kundenmanagement im Vertrieb. Die Kundenkommunikation über viele unterschiedliche Kanäle, so genannte Customer Touchpoints, war auch Thema auf der Kommunikationsmesse Call Center World (CCW) im Februar in Berlin. Einer Vor-Ort-Umfrage von BSI Business Systems Integration AG zufolge zeigt sich, dass zwar das Telefon noch immer das beliebteste Kontaktmedium für die Kunden ist. Social Media bleibt jedoch unverändert wichtig und Apps sowie Live Web Chats nehmen an Bedeutung zu. Dazu kommt Videotelefonie als weiterer Trendkanal im Kundenmanagement. Unternehmen wie Telefonica, Uni Credit oder die Zürcher Kantonalbank machen laut BSI Systems vor, dass diese weitere neue Technologie ein zusätzlicher Baustein für künftiges Customer Relationship Management sein wird. Über die ganzheitliche Beratung des Kunden mit einer Vernetzung zum Service Center bis hin zum stationären Verkauf – die neuen Kundenkontaktkanäle bieten Unternehmen wichtige Chancen für Cross- und Upselling bei Bestandskunden. Vorausgesetzt, sie werden von den Unternehmen richtig und vor allem mit konsequenten Strategien eingesetzt. Die Aufgabe, bestehende Kundenkanäle professionell zu verbinden und die jeweiligen Stärken auszuspielen, sahen ein Fünftel der zur CCW befragten Teilnehmer als große Herausforderung. Dabei wird deutlich, dass die Kanalvielfalt und Integration von Touchpoints nicht nur ein technisches Thema ist, sondern auch entsprechende Organisationsstrukturen geschaffen werden müssen, die ein integriertes Multichannel-Management zulassen und es als Teil von CRM-Strategien betrachten. Mehr dazu finden Sie auf **STP*** www.springerprofessional.de/4911850

Sicherheit in der Cloud

Bei der Auslagerung von IT-Diensten wird die Cloud immer wichtiger. Doch Unternehmen haben Sicherheitsbedenken.

Das Thema Cloud Computing polarisiert: In seinem Cloud-Monitor 2013 kommt der Branchenverband BITKOM zu dem Schluss, dass der Markt in einen gewissen Reifeprozess eingetreten ist. Während eine wachsende Zahl von Auftraggebern positive Erfahrungen mit dem Auslagern von Diensten in die Private und/oder Public Cloud gemacht hat und diese Alternative zum Inhouse-Betrieb weiter nutzen möchte, nehmen auch die Cloud-Skeptiker zu – geschrumpft ist hingegen der Anteil der Unentschlossenen. Dabei fällt auf, dass große Unternehmen tendenziell offener an das Thema herangehen als kleine und mittelständische Unternehmen. Das dürfte nicht zuletzt daran liegen, dass der Markt für Cloud-Services in raschem Wachstum begriffen und die Vertrauenswürdigkeit der einzelnen Anbieter für Auftraggeber nur schwer zu überprüfen ist, sofern man kein ausgesprochener Spezialist ist. Die Orientierung erleichtern könnte eine unabhängige und neutrale Zertifizierung von Cloud-Services. Mehr dazu finden Sie auf

[SfP]* www.springerprofessional.de/1376925

Vom Netzwerk profitieren

Mithilfe von Netzwerkorganisationen können Unternehmen projektweise auf externes Spezialwissen zugreifen.

Über viele Jahre verzeichneten die Management-Literatur und der betriebliche Alltag nur zwei wesentliche Organisationsformen: die funktionale und die divisionale Organisation. Mit dem Trend zur Wissensgesellschaft, dem Siegeszug des Internets und der Konzentration vieler Unternehmen auf den Kern ihres Geschäftes setzt sich nun auch die Netzwerkorganisation in etlichen Branchen durch. Nach Meinung von Experten gehört dieser Organisationsform sogar die Zukunft, weil sie hierarchische Elemente der Koordination mit Marktelementen intelligent verknüpft. Unter Netzwerkorganisationen verstehen Wissenschaftler den Zusammenschluss von autonomen, meist auch unternehmerisch selbstständigen Experten für die Durchführung eines gemeinsamen Projektes. Unternehmen können so auf externes Expertenwissen zurückgreifen, ohne dass sie diese Kompetenzen aufwendig und kostenintensiv selber aufbauen müssten. Die Experten arbeiten meist an verschiedenen Arbeitsplätzen, in verschiedenen Ländern und schließen sich im Internet zu einem Wissensnetzwerk zusammen. Mehr dazu finden sie auf

[SfP]* www.springerprofessional.de/1376925

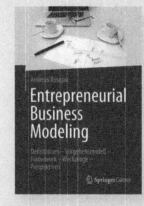

Buchrezensionen

Markus Milz
Vertriebspraxis Mittelstand
Springer Gabler, 2013, 275 Seiten
ISBN: 978-3-658-01198-7

Vertriebspraxis Mittelstand

Inhaltsüberblick

Mit diesem Buch möchte der Autor Markus Milz Geschäftsführern, Vertriebsleitern und Vertriebsmitarbeitern, aber auch Neueinsteigern im Vertrieb – insbesondere im Mittelstand – einen erfolgsorientierten Leitfaden für die Praxis bieten. Mithilfe einer Toolbox, die alle in Unternehmen benötigten Vertriebsprozesse und Vertriebsstrukturen beinhaltet, kann jedes Unternehmen in zehn Schritten seine Strategie überprüfen, um anschließend an den richtigen Stellschrauben anzusetzen. Die zehn Strategiemodule bilden chronologisch alle Schritte eines erfolgreichen Vertriebsprozesses ab – von Vision und Strategie über Marketing, Akquise und Kundenbeziehungsmanagement bis hin zu Innovationen und Controlling. Mit dem effizienten Ineinandergreifen aller Prozesse wird der strukturelle Rahmen abgeschlossen.

Nutzen für die Praxis

Das Hauptanliegen des Autors ist es, den Lesern dieses Praxisratgebers konkrete Handlungsanleitungen für Verbesserungen in den einzelnen Vertriebsbereichen zu vermitteln. Diesem Anspruch entsprechend sind die aufgeführten Kontakte, Tipps und Adressen – zum Beispiel zu Messen oder Plattformen – vor allem auf die Bedürfnisse der jeweiligen Branchen ausgelegt. Der Zehn-Punkte-Plan soll es sowohl ermöglichen als auch vereinfachen, die Problembereiche im eigenen Unternehmen zu strukturieren und entsprechende Optimierungspotenziale zu heben.

Bewertung

Die strukturierte Aufteilung des Buches in Checklisten und die sich Schritt für Schritt erweiternden Fragen, deren Beantwortung die Qualität der Leistungsfähigkeit jedes Moduls ausmachen, sind gute Arbeitshilfen. Damit können nicht nur Optimierungspotenziale erkannt, sondern auch die eigene Leistungsfähigkeit und Positionierung überprüft werden. Auf jeden Fall kann die Checkliste die „offenen Baustellen" im Unternehmen aufzeigen helfen. Praxisbeispiele machen zudem deutlich, worauf es bei der Vertriebsoptimierung ankommt. Das ist es dann aber auch schon, denn dieser Leitfaden ist kein Problemlöser. Er bietet die Grundlage für einen umfassenden Check des Vertriebs, nicht aber Anleitungen für die „Feinarbeit". Die Umsetzung der gewonnenen Erkenntnisse obliegt dem mittelständischen Leser selbst. Mit anderen Worten: Es werden Potenziale zur Vertriebsoptimierung aufgezeigt, die Optimierung selbst fängt nach dem Buch an.

Gabi Böttcher

Veranstaltungen

Veranstaltungen zum Thema Vertrieb				
Datum	**Event**	**Website**	**Ort**	**Veranstalter**
26.06. - 27.06.2014	Verkauf Vertrieb Außendienst	www.arowa-trainings.de	Freiburg	Arowa Andy Rohrwasser
19.11. - 20.11.2014	Marketingmanager	www.marketinginstitut.biz	Köln	DIM Deutsches Institut für Marketing GmbH
26.08. - 28.08.2014	Der Online-Marketing-Manager	www.fff-online.com	Düsseldorf	Forum für Führungskräfte
06.10. - 10.10.2014	Certified Marketing Manager (FH)	www.akademie-marketing.com	München	Münchner Marketing Akademie
10.07. - 11.07.2014	Verkaufstraining Intensiv	www.frontline-consulting.de	Düsseldorf	Frontline Consulting GmbH
05.05. - 07.05.2014	iico2014 – Konferenz für digitales Business	www.iico.de	Berlin	Infopark AG
05.06.2014	Sales Performance Summit	www.millerheiman.eu	München	Miller Heimann Europe GmbH
Studienbeginn jederzeit	Vertriebsprofi mit Management-Know-how	www.euro-fh.de	Hamburg	Europäische Fernhochschule Hamburg

Herausgabe der Vergütung bei Wettbewerbsverstößen

Im letzten Heft (1/2014) wurde die Auskunftspflicht des Außendienstmitarbeiters bei verbotswidriger Fremdvermittlung dargestellt. Mit
der Herausgabe der beim Konkurrenzunternehmen bezogenen Vergütung beschäftigt sich ein
aktuelles Urteil des BAG.

Dr. Michael Wurdack
ist Rechtsanwalt und Partner der seit 40
Jahren auf Vertriebsrecht spezialisierten
Kanzlei Küstner, v. Manteuffel & Wurdack
in Göttingen. Telefon: 0551/49 99 60
E-Mail: kanzlei@vertriebsrecht.de
Weitere Informationen, aktuelle Urteile
und Seminarangebote rund ums Vertriebs-
recht finden Sie auf der Kanzlei-Home-
page: www.vertriebsrecht.de

Rechtsfolge eines Verstoßes des Außendienstmitarbeiters
gegen das vertragliche Wettbewerbsverbot ist grundsätzlich
die Verpflichtung zum Ersatz des Schadens, der dem Unternehmen durch die Konkurrenztätigkeit des Mitarbeiters entstanden ist. Daneben kommen
- Unterlassungsansprüche,
- vorbereitende Auskunftsansprüche,
- falls wirksam vereinbart: Vertragsstrafeansprüche sowie
- ein Recht zur außerordentlichen Kündigung des Vermitt-
lervertragsverhältnisses in Betracht.

Bei angestellten Außendienstmitarbeitern kann zudem die
Norm des § 61 HGB einschlägig sein: Absatz 1 wiederholt zunächst den Grundsatz, dass der Unternehmer vom verbotswidrig handelnden Arbeitnehmer Schadensersatz verlangen
kann. Stattdessen kann er jedoch auch verlangen, dass
- der Arbeitnehmer die für eigene Rechnung gemachten Geschäfte als für Rechnung des Unternehmers eingegangen gelten lässt und
- die aus Geschäften für fremde Rechnung (eines Konkur-
renzunternehmens) bezogene Vergütung
o herausgibt oder
o seinen Anspruch auf diese Vergütung an den Unternehmer
  abtritt.

Die Norm regelt also besondere Rechtsfolgen im Falle von
Wettbewerbsverstößen, die nach allgemeinem Zivil- und
Handelsrecht so nicht vorgesehen sind: Im „klassischen" Fall
eines fremdvermittelten Geschäftes kann der Unternehmer
statt eines oft schwierig zu beziffernden Schadens also die

Provision vom Arbeitnehmer fordern, die er für das fremd-
vermittelte Geschäft vom Konkurrenten erhalten hat. Dabei
beschränkt sich der Anwendungsbereich der Norm nicht auf
kaufmännische Handlungsgehilfen, wie der Wortlaut der
Norm suggeriert. Vielmehr werden die Regelungen der §§ 60,
61 BGB von der Rechtsprechung grundsätzlich auf sämtliche
Arbeitnehmer bzw. Arbeitsverhältnisse angewendet.

Wichtig: § 61 HGB enthält nicht nur besondere Ansprüche
im Falle von Wettbewerbsverstößen. Er normiert in Absatz 2
auch eine besonders kurze Verjährungsfrist für die Geltend-
machung von Ansprüchen aufgrund von Wettbewerbsverstößen. Diese Frist beträgt nur drei Monate.

Gestützt auf diese besondere Anspruchsgrundlage verlangte in dem Fall, den das Bundesarbeitsgericht mit Urteil vom

17. Oktober 2012 – 10 AZR 809/11 entschied, auch der alte Arbeitgeber die Vergütung für eine Tätigkeit eines ehemaligen Produktionsmanagers und technischen Leiters bei der Konkurrenz heraus:

Die Arbeitsvertragsparteien hatten sich bereits auf ein Ende des Arbeitsvertrages am 31. Januar 2010 sowie bis dahin auf eine bezahlte Freistellung des Managers geeinigt. Schon während dieser Freistellungsphase – in den Monaten Dezember 2009 und Januar 2010 – war er für ein Konkurrenzunternehmen tätig und bezog dort eine monatliche Vergütung in Höhe von 6.000 Euro brutto. Diese Vergütung verlangte der alte Arbeitgeber vom Arbeitnehmer unter Verweis auf § 61 Absatz 1 HGB heraus.

Die Entscheidungsgründe im Einzelnen

Das Bundesarbeitsgericht bestätigte indes die klageabweisenden Entscheidungen der Vorinstanzen. Ein Anspruch auf Herausgabe der beim Konkurrenzunternehmen bezogenen Festvergütung bestehe nicht. Das vom Konkurrenten bezogene Festgehalt sei keine „aus Geschäften für fremde Rechnung bezogene Vergütung" im Sinne des § 61 Absatz 1 HGB.

„Geschäfte machen" bedeute eine, wenn auch nur spekulative, auf Gewinn gerichtete Teilnahme am Geschäftsverkehr. Untersagt sei der Abschluss von Umsatzgeschäften im Handelszweig des Arbeitgebers oder das Anbieten von Diensten und Leistungen gegenüber Dritten im Marktbereich des Arbeitgebers. Der Arbeitnehmer müsse als Wettbewerber seines Arbeitgebers am Markt auftreten, also zu seinem Vorteil die gleichen Marktchancen nutzen. Tätige der Arbeitnehmer im Rahmen eines Arbeitsverhältnisses mit einer Wettbewerberin „Geschäfte für fremde Rechnung", indem er aktiv werbend im Handelszweig des Arbeitgebers auftrete und für Rechnung der Wettbewerberin Geschäfte abschließe oder anbahne, könne die unmittelbar aus solchen Drittgeschäften bezogene Vergütung herausverlangt werden.

Dass der Arbeitnehmer für das Wettbewerbsunternehmen im Marktbereich des alten Arbeitgebers Drittgeschäfte getätigt hat, war im Prozess nicht vorgetragen worden. Der Manager hatte „lediglich" einen Arbeitsvertrag mit einer Wettbewerberin geschlossen. Dies ist nach Ansicht des BAG kein „Geschäft" im Sinne der §§ 60, 61 HGB: Der Arbeitnehmer trete beim Abschluss eines weiteren Arbeitsvertrags nicht am Markt im Wettbewerb zu seinem bisherigen Arbeitgeber auf.

Der Anspruch auf ein Festgehalt sei regelmäßig auch keine „Vergütung" im Sinne des § 61 Absatz 1 HGB, deren Herausgabe verlangt werden könne. „Vergütung" sei nur das für ei-

nen bestimmten Geschäftsabschluss bezogene Entgelt, nicht aber das Gehalt für eine sonstige (wettbewerbswidrige) Tätigkeit. Dies ergebe die Auslegung der Norm, und zwar sowohl nach ihrem Wortlaut und ihrer Systematik als auch nach der Gesetzgebungshistorie.

Fazit

Da das Bundesarbeitsgericht auch die Einschlägigkeit anderer Normen prüfte und ablehnte, konnte der alte Arbeitgeber im Ergebnis nicht verlangen, dass der wettbewerbswidrig handelnde Arbeitnehmer die vom Konkurrenten bezogene Festvergütung an ihn herausgab. Das Bundesarbeitsgericht verwies den alten Arbeitgeber vielmehr auf die Möglichkeit, Schadensersatz zu verlangen. Einen solchen Anspruch hatte der Arbeitgeber jedoch erst gar nicht geltend gemacht.

Die Entscheidung ist gleichwohl kein „Freibrief" für verbotswidrige Konkurrenztätigkeiten. Gerade bei Außendienstmitarbeitern besteht oft die vertraglich vorgesehene Hauptpflicht (auch bei einem Konkurrenzunternehmen) darin, Geschäfte zu vermitteln. Hierfür erhalten sie in der Regel (neben einem Fixum) eine besondere Erfolgsvergütung in Form einer Provision. Diese Provision wäre zweifellos gemäß § 61 Absatz 1 HGB herauszugeben.

> **Zusammenfassung**
> ● Bei Verstößen eines Arbeitnehmers gegen das Wettbewerbsverbot stehen dem geschädigten Arbeitgeber besondere Ansprüche zu.
> ● Die besonderen Ansprüche erstrecken sich unter anderem auf die Herausgabe einer aus der Fremdvermittlung von Geschäften bezogenen Vergütung.
> ● Eine Festvergütung ohne konkreten Bezug zu vermittelten Geschäften ist keine Vergütung im Sinne dieser Herausgabepflicht, wohl aber eine erfolgsbezogene Provision.

Provisionen im Wandel

Der provisionsbasierte Vertrieb wird sicher auch künftig nicht aussterben. Doch 59 Prozent und damit die Mehrheit der Unternehmen im deutschen Versicherungsvertrieb, die von der Mutaree Group im Rahmen des Change Barometers zum Thema Provisionen befragt wurden, sieht es zu 50 Prozent als wahrscheinlich an, dass es zu einer gesetzlichen Begrenzung der Provisionszahlungen für Lebensversicherer kommt.* Als Folge der Provisionsdeckelung werden sich aus Sicht der Befragten neue Geschäftsmodelle etablieren, gefolgt von der Entwicklung neuer Vergütungssysteme und einer Konsolidierung der Vertriebe und Maklerpools. Ein Aufschwung des Direktvertriebs und die Verschiebung der Vertriebswege hin zum Ausschließlichkeitsvertrieb wird ambivalent gesehen.

Zahl des Monats: Gesetzliche Begrenzung von Provisionszahlungen

59 %

- dass keine gesetzlichen Begrenzungen bei Provisionszahlungen eingeführt werden
- dass gesetzlichen Begrenzungen bei Provisionszahlungen eingeführt werden

Quelle: Mutaree GmbH, *Befragungszeitraum Januar 2014

Entscheider in Unternehmen wollen ihre Kunden besser verstehen

Eine Studie von Verint Systems und dem Call Center Verband Deutschland e.V. (CCV) zeigt, dass Verbraucher immer weniger Feedback an Unternehmen geben, während diese ihre Bemühungen verstärken, die Einstellung ihrer Kunden zu verstehen.

Die Umfrage unter Führungskräften aus Kundenservice und Contact Centern deutscher und schweizerischer Unternehmen hat ermittelt, dass 85 Prozent in den Service investieren, indem sie ihren Kunden zuhören und die Ergebnisse analysieren.

87 Prozent der befragten Führungskräfte gehen davon aus, dass das Sammeln von Kundenfeedback ein wichtiges Instrument ist, um insbesondere den Umsatz mit den Stammkunden zu steigern und knapp 68 Prozent sind der Meinung, dass sich ihr Unternehmen häufiger bei ihren besten Kunden bedanken sollte.

In 79 Prozent der Organisationen will die Geschäftsführung die Meinung der Kunden besser verstehen. Gleichzeitig wird das Verbraucherfeedback aber in 47 Prozent der Organisationen nur einmal pro Woche oder seltener analysiert.

Die Ergebnisse der Studie machen außerdem deutlich, dass Unternehmen nicht mit der Zeit gehen. Sie vernachlässigen Diskussionen in sozialen Medien und werten stattdessen andere Kommunikationskanäle aus. Knapp 36 Prozent analysieren soziale Medien selten oder nie, während mehr als 60 Prozent Kundenzufriedenheitsumfragen und 92 Prozent Beschwerden auswerten.

Eine Zusammenfassung wichtiger Ergebnisse aus der Kundenwert Studie 2014 kann kostenfrei beim CCV angefordert werden unter https://callcenter-verband.de/wissen/studien

Mehr zum Thema Kundenfeedback und Kundenzufriedenheit finden Sie auch online auf dem Wissensportal Springer für Professionals:

Stauss, B., Kundenlob – Integration durch positives Feedback, in: Bruhn, M., Stauss, B. (Hrsg.): Kundenintegration, S. 315-342, Wiesbaden 2009, www. springerprofessional. de/1855548

Künzel, H.-J., Reklamationsmanagement, in: Künzel, H.-J., Erfolgsfaktor Kundenzufriedenheit, S. 67-82, Wiesbaden 2012, www.springerprofessional.de/3718424

Online bleibt weiter Wachstumssäule

Laut neuesten Zahlen der GfK-Konsumforschung aus der Studie „GfK-Einzelhandelsumsatz 2014" bleibt der E-Commerce in Deutschland weiterhin eine starke Wachstumssäule des Vertriebs im Einzelhandel. Für den stationären Handel gehen die Marktforscher dagegen erstmals von einem leichten Minus aus. Diese Entwicklung ist nach Einschätzung der Konsumgüterexperten nicht zuletzt dem gegenwärtig starken

Strukturwandel im Handel geschuldet. Die Internet-Umsätze werden sich hingegen weiter erhöhen. Für den Einzelhandel bedeutet das insgesamt ein leichtes Plus von nominal 1,2 Prozent für das Jahr 2014. Allerdings könnten Preissteigerungen zu einer geringeren realen Wachstumsrate führen und somit dem Webgeschäft einen Strich durch die Rechnung machen. Mehr zur Studie unter www.gfk.com

Deutlich besseres Vertriebsklima im 4. Quartal

Gute Nachrichten für den Vertrieb: Zum Jahreswechsel 2013/2014 verzeichneten die für den Xenagos-Sales-Indikator befragten Vertriebsspezialisten höhere Angebote und ein besseres Neugeschäft. So stieg der Indikatorwert im vierten Quartal des vergangenen Jahres deutlich um 7,5 Punkte auf einen Wert von 28,18 Punkten. Insgesamt steht der Indikator mit 28,18 Punkten so hoch wie seit Anfang 2012 nicht mehr. Damals wurden 32,45 Punkte erreicht. Die Angebotshöhe lag

bei +7,56, die Neukundenquote verbesserte sich auf +7,43. Erfreulich entwickelte sich vor allem die Auftragslage bei Dienstleistungen und in der Produktion, während der Handel im Vergleich zum Vorquartal nach unten tendierte. Aus rund 25.000 Vertriebsfachleuten werden im Sales-Indikator ausgewählte Vertriebs- und Führungskräfte online befragt. Die Befragung orientiert sich am ifo-Geschäftsklimaindex. Mehr zur Geschäftsentwicklung im Vertrieb unter www.xenagos.de

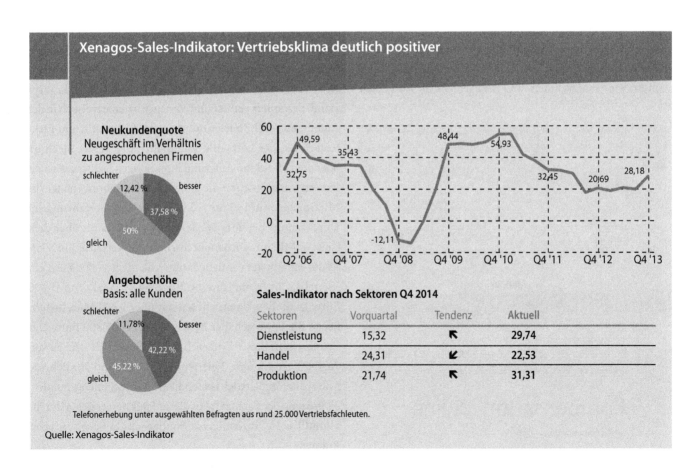

Xenagos-Sales-Indikator: Vertriebsklima deutlich positiver

Neukundenquote
Neugeschäft im Verhältnis zu angesprochenen Firmen

schlechter 12,42 %
besser 37,58 %
gleich 50 %

Angebotshöhe
Basis: alle Kunden

schlechter 11,78%
besser 42,22 %
gleich 45,22 %

Sales-Indikator nach Sektoren Q4 2014

Sektoren	Vorquartal	Tendenz	Aktuell
Dienstleistung	15,32	↖	29,74
Handel	24,31	↙	22,53
Produktion	21,74	↖	31,31

Telefonerhebung unter ausgewählten Befragten aus rund 25.000 Vertriebsfachleuten.

Quelle: Xenagos-Sales-Indikator

Langfristiges Wachstum durch Customer Experience Management

Im Zuge der allgemeinen Digitalisierung entwickelt sich Customer Experience Management zu einem wichtigen Treiber für Innovationen und langfristige Kundenloyalität. Doch eine fundierte Beschreibung dieses Managementansatzes existiert trotz zunehmender Praxisrelevanz bislang noch nicht. Das Mannheimer Institut für Marktorientierte Unternehmensführung (IMU) hat die konzeptionellen Grundlagen des Customer Experience Managements untersucht und gibt in der 19. Ausgabe der Forschungsreihe „IMU Research Insights" Handlungsempfehlungen für die direkte Umsetzung in Unternehmen. „Das Customer Experience Management ist nicht nur eine Frage des Produktdesigns oder herausragender Services. Vielmehr ist es primär ein unternehmensweit anerkannter und etablierter Koordinationsmechanismus zur ständigen, proaktiven Entwicklung und Anpassung des gesamten Markt-

auftritts, mit dem Ziel, über Kundenloyalität langfristiges Wachstum zu sichern", fasst Danijel Jozic, Mitautor der IMU-Studie, das zentrale Ergebnis der Untersuchung zusammen.

Auf Basis der Forschungsergebnisse leiten die Autoren zentrale Handlungsempfehlungen für Manager ab. So sollten sich die Führungskräfte in erster Linie darüber im Klaren sein, dass das Denken in Erlebnisabfolgen und Touchpoints in Unternehmen kulturell verankert sein muss, damit dieser Managementansatz als Kooordinationsmechanismus unternehmensweit greifen kann.

Die gesamte Erlebnispräsentation der Studie „Customer Experience Management" steht kostenlos zum Download bereit unter www.imu-mannheim.de. Literatur und Fachbeiträge zum Thema finden Sie auch auf dem Online-Portal Springer für Professionals, www.springerprofessional.de

Gehaltsbarometer für Vertriebsingenieure

Vertriebsingenieure sind die Spezialisten im Kundenmanagement technischer Branchen, unter anderem mit komplexen Gütern wie im Maschinen- und Anlagenbau. Sie sind daher

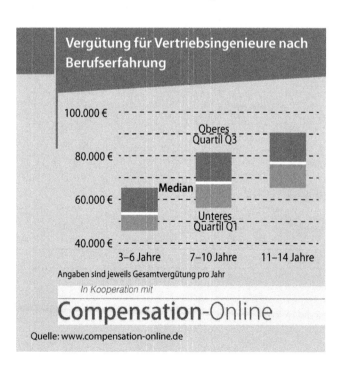

Vergütung für Vertriebsingenieure nach Berufserfahrung

Angaben sind jeweils Gesamtvergütung pro Jahr

In Kooperation mit

Compensation-Online

Quelle: www.compensation-online.de

häufig auch höher qualifiziert als normale Vertriebsmitarbeiter und stellen den Erstkontakt zum Kunden her. Die gesamte Betreuung bis hin zum Vertragsabschluss liegt in ihrer Hand. Besonders gefragt sind Vertriebsingenieure auch in der Automobil- und Zulieferindustrie, der Elektronik und Elektrotechnik, der Luft- und Raumfahrt, der Medizintechnik oder dem IT-Sektor. Aufgrund ihrer nötigen fachspezifischen Expertise liegen schon die Anfangs-Bruttojahresgehälter für Mitarbeiter mit drei bis sechs Jahren Berufserfahrung im Durchschnitt bei über 56.000 Euro – und damit über dem sonst üblichen Branchendurchschnitt im Vertrieb. Ein Viertel der Mitarbeiter verdient darüber, nämlich 64.000 Euro, ein Viertel darunter, mit Jahresbruttogehältern von knapp 47.000 Euro. In großen Unternehmen mit über 1.000 Mitarbeitern liegen die Jahresgehälter in der Spitze bei 87.800 Euro. Der Durchschnitt dieser Unternehmensgröße erzielt Bezüge von 73.400 Euro im Jahr. Vertriebsingenieure sind ähnlich wie Mitarbeiter im Vertriebsaußendienst stark prämiengebunden: 53 Prozent der Fachkräfte in dieser Funktion erzielen durchschnittlich 16 Prozent ihres Grundgehalts in Form variabler Prämien.

Service der Verlagsredaktion

Der Kanal Vertrieb im Wissensportal Springer für Professionals bietet aktuelle Themen sowie fundiertes Hintergrundwissen für Vertriebsmanager. In der Datenbank finden Sie derzeit rund 40.000 Fachbücher und 300 Fachzeitschriften aus den Bereichen Wirtschaft und Technik.

Grafik des Monats aus unserer Datenbank

Die Vernetzung von Kunden- und Eigeninteressen

Kundenbindung — Kundenerwartungen werden übertroffen — Vollkommen zufrieden = überzeugte, begeisterte Kunden

Zu-/Abwanderung — Kundenerwartungen werden erfüllt — Zufriedene, aber indifferente Kunden

Abwanderung — Kundenerwartungen werden nicht erfüllt — Unzufriedene, enttäuschte Kunden

Es reicht nicht mehr aus, nur die Basiswünsche der Kunden zu erfüllen. Nur die Unternehmen, die ihre Leistungen aus Kundensicht auf den Punkt bringen und ausreichend Mehrwert bieten, werden die Kunden dauerhaft binden.

Quelle: Biesel, H. (2013): Vertriebsarbeit leicht gemacht, S. 76, Wiesbaden; www.springerprofessional.de/4698212

Das Wissensportal Springer für Professionals

Alle Beiträge und Literaturtipps im Heft die mit gekennzeichnet sind, sind für Abonnenten des Portals Springer für Professionals im Volltext unter www.springerprofessional.de frei zugänglich. Abonnenten können das Portal drei Monate kostenfrei unter Angabe des Aktionscodes C0006818 kostenlos testen und danach zum Vorzugspreis beziehen.

SfP www.springerprofessional.de/fachzeitschriften/

Weiterführende Inhalte aus dem Portal

Wenn Risiken zur Gefahr werden

Vielen Unternehmen fehlt ein ganzheitliches Risikomanagement. Dabei können Risiken die Existenz der Firma bedrohen. www.springerprofessional.de/4781928

Gewinn auf Kosten der Moral?

Ein erfolgreiches Unternehmen muss sowohl wirtschaftlich denken als auch moralische Erwartungen erfüllen. Doch was, wenn ein Unternehmen sich zwischen Moral und Gewinn entscheiden muss? www.springerprofessional.de/4956244

Banken setzen Compliance-Regeln am besten um

Deutsche Kreditinstitute sind bei der Umsetzung von gesetzlichen Vorschriften Musterschüler. Dabei sind die Compliance-Anforderungen für die Geldhäuser eine große Herausforderung. www.springerprofessional.de/4877804

Mit Cockpit-Strategien die Krise meistern

Wenn Firmen ins Trudeln geraten, ist die Einhaltung der Grundsätze wertorientierter Unternehmensführung sinnvoll. www.springerprofessional.de/4993998

Thema der nächsten Ausgabe:

Service und Vertrieb

Die nächste Ausgabe von Sales Management Review befasst sich mit dem Spannungsfeld Vertrieb und Service. Nur mit einer Beratungsleistung, die für den Kunden einen Mehrwert bringt, wird der Außendienst in Zukunft eine Existenzberechtigung gegenüber günstigeren Kanälen haben. Die Zeiten, in denen der Service Kundennutzen erzeugt, den der Vertrieb bestenfalls kommuniziert, sind vorbei – der Vertrieb selbst muss eine Nutzenkomponente sein. Dabei stellt sich auch die Frage, wie die Zusatzleistungen bepreist werden sollen und können: Auf der einen Seite sollen die Servicekosten nicht die Renditen schmälern, auf der anderen Seite soll der Kunde nicht infolge hoher Preise zur Konkurrenz überlaufen.

Impressum

Sales Management Review
Zeitschrift für Vertriebsmanagement
www.salesmanagementreview.de
Ausgabe 2/2014 | 23. Jahrgang
ISSN 1865-6544

Verlag
Springer Gabler
Springer Fachmedien Wiesbaden GmbH
Abraham-Lincoln-Straße 46
65189 Wiesbaden
www.springer-gabler.de
Amtsgericht Wiesbaden | HRB 9754
USt-IdNr. DE811148419

Geschäftsführer
Armin Gross | Peter Hendriks | Joachim Krieger

Gesamtleitung Anzeigen und Märkte
Armin Gross

Gesamtleitung Produktion
Olga Chiarcos

Herausgeber
Prof. Dr. Ove Jensen
WHU – Otto Beisheim School of Management, Lehrstuhl für Vertriebsmanagement und Business-to-Business-Marketing, Vallendar

Verantwortlicher Redakteur WHU
Benjamin Klitzke
Tel.: +49 (0)261 6509-345
benjamin.klitzke@whu.edu

Redaktionsleitung Springer Gabler
Gabi Böttcher
Tel.: +49 (0)611 7878-220
gabi.boettcher@springer.com

Leitung Programmbereich Marketing | Sales | Kommunikation
Barbara Roscher
Tel.: +49 (0)611 7878-233
barbara.roscher@springer.com

Redaktionelle Mitarbeiterin
Eva-Susanne Krah

Kundenservice
Springer Customer Service GmbH
Springer Gabler-Service
Haberstr. 7 | D-69126 Heidelberg
Telefon: +49 (0)6221 345-4303
Fax: +49 (0)6221 345-4229
Montag – Freitag 8.00 Uhr – 18.00 Uhr
springergabler-service@springer.com

Produktmanagement
Melanie Engelhard-Gökalp
Tel.: +49 (0)611 7878-315
melanie.engelhard-goekalp@springer.com

Verkaufsleitung Anzeigen
Mandy Braun
Tel.: +49 (0)611 7878-313
Fax: +49 (0)611 7878-78313
mandy.braun@best-ad-media.de

Anzeigenpreise
Es gelten die Mediainformationen vom 01.10.2013

Anzeigendisposition
Susanne Bretschneider
Tel.: +49 (0)611 7878-153
Fax: +49 (0)611 7878-443
susanne.bretschneider@best-ad-media.de

Layout und Produktion
Erik Dietrich
Tel.: +49 (0)611 7878-170
erik.dietrich@springer.com

Titelbild
Jörg Block
info@joergblock.de

Bezugsmöglichkeit
Das Heft erscheint sechsmal jährlich.
Bezugspreise Print + Online in Deutschland: 169 €, Studenten/Azubis in Deutschland 70 € (jeweils inkl. MwSt., Porto und Versand), Einzelheftpreis 33 €, Bezugspreise Print + Online im Ausland: 195 €
Jedes Abonnement enthält eine Freischaltung für das Online-Archiv auf www.springerprofessional.de/2787710 (Registrierung erforderlich). Der Zugang gilt ausschließlich für den einzelnen Empfänger des Abonnements.
Das Abonnement kann jederzeit zur nächsten erreichbaren Ausgabe schriftlich mit Nennung der Kundennummer gekündigt

werden. Eine schriftliche Bestätigung erfolgt nicht. Zuviel gezahlte Beträge für nicht gelieferte Ausgaben werden zurückerstattet.

Druck und Verarbeitung
Stürtz, Würzburg

Die Zeitschrift und alle in ihr enthaltenen einzelnen Beiträge und Abbildungen sind urheberrechtlich geschützt. Jede Verwertung außerhalb der engen Grenzen des Urheberrechtes ist ohne Zustimmung des Verlages unzulässig und strafbar. Das gilt insbesondere für Vervielfältigungen, Übersetzungen, Mikroverfilmungen und die Einspeicherung in elektronischen Systemen. Nachdruckgenehmigung kann die Redaktion erteilen. Für unverlangt eingesandte Beiträge und Rezensionsexemplare wird nicht gehaftet. Jede im Bereich eines gewerblichen Unternehmens hergestellte oder benützte Kopie dient gewerblichen Zwecken gem. §-54-(2)-UrhG und verpflichtet zur Gebührenzahlung an die VG WORT, Abteilung Wissenschaft, Goethestr. 49, 80336 München, von der die einzelnen Zahlungsmodalitäten zu erfragen sind.
Alle Rechte vorbehalten. Kein Teil dieser Zeitschrift darf ohne schriftliche Genehmigung des Verlages vervielfältigt oder verbreitet werden. Unter dieses Verbot fällt insbesondere die gewerbliche Vervielfältigung per Kopie, die Aufnahme in elektronische Datenbanken und die Vervielfältigung auf

CD-Rom und allen anderen elektronischen Datenträgern.

Hinweise für Autoren
Der Autor ist mit der Veröffentlichung seines Beitrags damit einverstanden, dass sein Beitrag außer in der Zeitschrift auch durch Lizenzvergabe in anderen Zeitschriften (auch übersetzt), durch Nachdruck in Sammelbänden (z. B. zu Jubiläen der Zeitschrift oder des Verlages oder in Themenbänden), durch längere Auszüge in Büchern des Verlages auch zu Werbezwecken, durch Vervielfältigung und Verbreitung auf CD-ROM oder anderen Datenträgern, durch Speicherung auf Datenbanken, deren Weitergabe und den Abruf von solchen Datenbanken während der Dauer des Urheberrechtsschutzes an dem Beitrag im In- und Ausland vom Verlag und seinen Lizenznehmern genutzt wird.

© Springer Gabler ist eine Marke von Springer DE. Springer DE ist Teil der Fachverlagsgruppe Springer Science+Business Medi

Eine wichtige Schnittstelle

Vertrieb und Service sind vielfältig verknüpft. Erstens greifen Vertriebsaktivitäten und Serviceaktivitäten ineinander. Das weitsichtige Buch „Rethinking the Sales Force" von Rackham und DeVincentis betonte Mitte der 90er Jahre, also vor Google und Preisvergleichsmaschinen, dass eine Vertriebsmannschaft, die nur Nutzenbotschaften als „Postbote" überbringe, keine lange Existenzberechtigung in einer Zeit habe, in der die Kunden selbst immer besser informiert sind. Die Vertriebsmannschaft müsse selbst Nutzen schaffen, selbst Teil der Lösung werden. Die Nutzenstiftung durch die Vertriebsmannschaft wird mit Begriffen wie „Consultative Selling" oder neuerdings „Challenger Selling" beschrieben. Allerdings dürfen die Service-Belastungen der Vertriebsmannschaft nicht überhand nehmen: Viele Zeitstudien zeigen, dass die Vertriebsmannschaft mehr Zeit mit Service als mit aktivem Verkauf verbringt. Viele Unternehmen arbeiten an organisatorischen Entlastungen der Verkäufer.

Zweitens ist die Schnittstelle zwischen Vertriebsakteuren und Serviceakteuren relevant. Sie ist durchaus konfliktbeladen. Die Servicemitarbeiter werfen dem Vertrieb vor, dem Kunden zuviel zu versprechen oder die wertvollen Services nicht angemessen zu verkaufen. Die Vertriebsmitarbeiter werfen dem Service vor, durch zuviel Service für zu wenig Geld die Preispolitik zu unterlaufen oder durch zu wenig Service die Kunden zu verärgern. Die Strategie, dienstleistungsintensive Lösungen anzubieten, erfordert also viel Disziplin.

Ich wünsche Ihnen eine spannende Lektüre mit unserer Ausgabe des Sales Management Review, welche sich der Verknüpfung von Vertrieb und Service widmet.

Mit herzlichen Grüßen,

Ihr Ove Jensen

Univ.-Prof. Dr. Ove Jensen
Inhaber des Lehrstuhls für Vertriebs-
management und Business-to-Business-
Marketing der WHU – Otto Beisheim
School of Management, 56179 Vallendar,
E-Mail: ove.jensen@whu.edu
www.whu.edu/vertrieb

3|2014

Schwerpunkt

www.springerprofessional.de

Beilagenhinweis
Dieser Ausgabe liegen Beilagen
des Erich Schmidt Verlag GmbH
& Co., Berlin sowie der Service-
Value GmbH, Köln bei. Wir bitten
unsere Leserinnen und Leser um
Beachtung.

Service und Vertrieb

Die Größe eines Wortes stellt die relative Häufigkeit in den Beiträgen des Heft-Schwerpunktes dar.

Kundenzufriedenheit

Kommunikation Serviceleistungen

Verkäufer

Außendienst Entwicklung

Dienstleistung

Wettbewerb arbeiten

Unternehmen

Modularisierung

Mehrwert

Friseure Verkauf Zeit Vertrieb

Fall Kunden

Services

Erfolg heute Servicequalität

Service

Markt Servicetechniker

Kunde Produkt

aktiv Rolle

Module Deutschland

Mitarbeiter

Potenzial Kundenservice

nutzen zufrieden

Kundenbindung

Schwerpunkt
Vertrieb und Service

Servicetechniker als Verkäufer

Häufig hat der Service die höchsten Kontaktfrequenzen und das beste Image beim Kunden. Deshalb stecken auch erhebliche Vertriebspotenziale in dieser Funktion: vom Aufbau einer Kundenloyalität über das Erkennen von Verkaufschancen bis zur eigenständigen Vermarktung von Produkten und der Betreuung von Kunden.

Holger Dannenberg

Kaum ein Unternehmen kommt ohne Servicefunktionen aus und es ist auch allgemein bekannt, wie wichtig ein gut funktionierender Service für die Kaufentscheidung und die Kundenzufriedenheit ist. Er kann Mehrwerte bieten, mit denen sich ein Unternehmen vom Wettbewerb differenzieren kann. Die Verlässlichkeit eines Produktes sowie eine schnelle und unkomplizierte Störungsbeseitigung sind manchmal noch wichtiger als der reine Kaufpreis, können sofort in konkrete Preisvorteile umgerechnet werden. Nach dem Kauf kann der Service, über die Kundenzufriedenheit, auch die Kundenloyalität erhöhen und so Wiederkäufe absichern.

Den meisten Unternehmen ist aber nicht bewusst, dass der Service auch ein erfolgsentscheidender Vertriebskanal sein kann. Servicetechniker haben eine große Nähe zu ihren Kunden. Sie treffen Kunden nicht in Konferenzräumen, sondern bei der Leistungserstellung vor Ort, in der Produktion, Logistik oder in internen Dienstleistungsabteilungen. Sie verstehen oft besser als jeder Verkäufer, worauf es im Tagesgeschäft ankommt, was ein Kunde wirklich braucht oder wo ihn „der Schuh drückt". Sie erfahren frühzeitig von geplanten Kapazitätserweiterungen oder Rationalisierungsmaßnahmen. Wenn ein Unternehmen einmal als Lieferant etabliert ist, kann der Servicetechniker neue Verkaufschancen oft früher erkennen als der klassische Verkauf. Er muss sich nicht auf eine neutralisierte Ausschreibung beziehen, sondern erlebt den Bedarf hautnah vor Ort, kann ihn in vielen Fällen sogar selbst wecken. Durch sein „intimes" Kundenwissen kann er schlagkräftiger argumentieren, wirkt in vielen Fällen glaubwürdiger und profitiert von seinem Fachmann-Image.

Technischer Dienstleister oder Verkäufer?

Verkaufsprozesse sind komplexer als es auf den ersten Blick scheint, insbesondere wenn es um den Aufbau einer dauerhaften und stabilen Kundenbeziehung geht. Es ist nicht nur der Verkäufer, der das Verhältnis zum Kunden prägt. Viele Funktionen sind daran beteiligt und in der Investitionsgüterindustrie kennt inzwischen jeder den Leitsatz: „Die erste Maschine verkauft der Außendienst, die zweite der Service."

Aber auch wenn allen Beteiligten bewusst ist, wie wichtig der Service für die Kundenloyalität ist, so glauben viele noch immer, dass Loyalität quasi ein Abfallprodukt eines guten Produktes, gepaart mit einer guten technischen Dienstleistung, ist. Die Servicetechniker haben oft eher ein Selbstverständnis als Fachmann und nicht als Verkäufer. Sie sind durchaus engagiert, aber eher reaktiv. Sie identifizieren sich mit ihrer Aufgabe, sind aber auch nur auf diese eine Aufgabe fokussiert. Sie sehen nicht was rechts und links passiert, in welchem Rahmen die Produkte ihrer Firma eingesetzt werden. Dadurch entsteht aus der guten Kundenzufriedenheit im konkreten Einzelfall nicht automatisch eine generelle Kundenloyalität und Wiederkaufbereitschaft. Viele Chancen werden nicht genutzt (siehe **Abbildung 1**).

Trotzdem erhalten Servicetechniker überwiegend produktorientierte Trainings. Nur selten analysieren Unternehmen Kundenbindungsprozesse und

Holger Dannenberg
ist Geschäftsführer von Mercuri International, einem auf Vertrieb spezialisierten, internationalen Trainings- und Beratungsunternehmen und betreut mit seinem Team allein in Deutschland mehr als 100 Unternehmen aller Branchen und Größenklassen.
E-Mail: holger.dannenberg@mercuri.de

die Rolle, die der Service dabei spielt. In die verkäuferische Qualifikation der Servicemitarbeiter wird nur wenig investiert.

Dabei ist auch ein Servicetechniker ein Verkäufer, ob er will oder nicht. Bei Erbringung von Serviceleistungen wird sich der Kontakt zu Menschen in der Praxis nicht ganz vermeiden lassen. Während eine richtige Einstellung oder Konfiguration eines Produktes eher eine technische Anforderung ist, sieht es bei der Einweisung der Nutzer schon anders aus. Ohne pädagogisches Geschick und Kommunikationskompetenz sind Missverständnisse, Bedienungsfehler und damit Unzufriedenheit programmiert. Dadurch ist auch die Wahrnehmung einer technischen Dienstleistung subjektiv und wird stark durch den Wahrnehmungsfilter sowie den jeweiligen Typ des Kunden beeinflusst.

Servicetechniker, die so reden „wie mir der Schnabel gewachsen ist", können viel von dem zerstören, was ein Verkäufer mühsam aufgebaut hat. Angefangen von überflüssigen Wahrheiten („… das ist eine alte Krankheit der XY-Maschine") bis hin zur Rechthaberei. Es wird immer wieder Konfliktsituationen geben, in denen ein Servicetechniker viel Fingerspitzengefühl entwickeln muss. Mit einer technischen Ausbildung allein ist das nicht zu bewältigen. Der Service hat nicht nur eine technische Funktion, sondern ist selbst Produktbestandteil und kann das Image eines Lieferanten entscheidend prägen. Von daher sollte er auch eine entsprechende verkäuferische Ausbildung erhalten.

Natürlich wird man aus einem Vollblut-Techniker keinen Key Account Manager machen. Aber Servicetechniker haben zahlreiche Kundenkontakte und sind damit auch automatisch ein Element eines Verkaufsprozesses. Unternehmen sollten diesen Teil des Verkaufsprozesses genauso systematisch gestalten und monitoren wie den Teil des Verkaufsprozesses, der vom klassischen Außendienst abgedeckt wird. Nur dann wird man auf Dauer eine Chance haben, in immer enger werdenden Märkten erfolgreich zu arbeiten.

Diese Entwicklung hat sich beim Innendienst bereits in den 90er-Jahren vollzogen. Heute ist der verkaufsaktive Innendienst Standard. Vor mehr als

Kerngedanke 1

Der Service spielt oft eine entscheidende Rolle bei der Entstehung von Kundenloyalität.

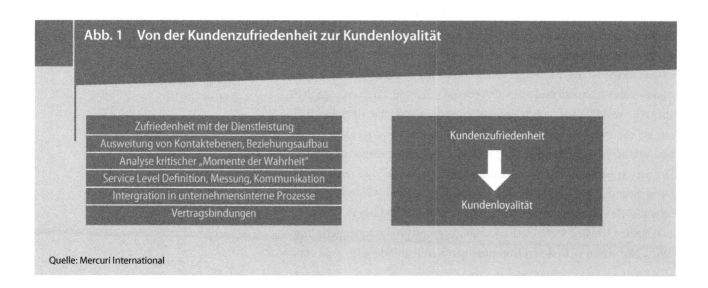

Abb. 1   Von der Kundenzufriedenheit zur Kundenloyalität

Zufriedenheit mit der Dienstleistung
Ausweitung von Kontaktebenen, Beziehungsaufbau
Analyse kritischer „Momente der Wahrheit"
Service Level Definition, Messung, Kommunikation
Intergration in unternehmensinterne Prozesse
Vertragsbindungen

Kundenzufriedenheit
Kundenloyalität

Quelle: Mercuri International

20 Jahren wurde er dagegen noch mehrheitlich als eine reine Abwicklungsfunktion angesehen. Heutzutage betreuen dagegen in vielen Branchen Innendienstmitarbeiter teilweise sogar weitgehend eigenverantwortlich Kunden. Sie haben mehr direkte Kontakte als der Außendienstverkäufer und erleben oft die Geschäftsentwicklung des Kunden viel direkter. Selbst bei großen Kunden konzentriert sich der Außendienst nur noch auf komplexe Jahresgespräche und Rahmenvereinbarungen. Alles andere und die operative Zielerreichung im laufenden Jahr liegen in der Verantwortung des Innendienstes. Eine ähnliche Entwicklung gibt es beim Service.

„Nur selten analysieren Unternehmen Kundenbindungsprozesse, die Rolle die der Service dabei spielt und in die verkäuferische Qualifikation der Servicemitarbeiter wird nur wenig investiert."

Fließende Grenze zwischen Dienstleistung und Verkauf

Zunächst geht es um das einwandfreie Funktionieren eines Produktes. Egal ob es eine Maschine ist, die in der Produktion eingesetzt wird oder eine reine Software, die regelmäßige Updates benötigt. Guter Service ist aber weitaus mehr, als nur im Störungsfall schnell zu reagieren und Abhilfe zu schaffen. Vorbeugende Maßnahmen gehören ebenso dazu wie das Erkennen von Kapazitätsengpässen oder von sich ändernden Leistungsanforderungen des Kunden. Dazu muss der Servicetechniker verstehen, in welchem Umfeld, in welcher Anlage ein Produkt eingesetzt wird, was der Kunde erwartet und wie sich all das im Laufe der Zeit verändert. Er muss Fragen stellen, Vorschläge präsentieren, argumentieren und sich mit Einwänden auseinander setzen. Also all das tun, was auch ein Verkäufer macht. Die Grenze zwischen der Erbringung einer technischen Service-Dienstleistung und dem Verkauf von Produkten ist dabei fließend.

Viele serviceintensive Unternehmen haben längst einen eigenständigen Verkauf nur für Serviceleistungen installiert. So lange der Verkauf von Service nur eine Zusatzaufgabe für einen Verkäufer ist, dessen eigentlicher Fokus auf dem Produktverkauf liegt, werden sich die Potenziale kaum ausschöpfen lassen. Der Verkäufer hat nur wenig Zeit für den Serviceverkauf und zum Teil fehlt ihm auch das nötige Fachwissen. Je nach Unternehmen ist dabei die Bandbreite der Aufgaben für den eigenen Servicevertrieb groß: vom Erzielen eines angemessenen Preises für Dienstleistungen (die vom klassischen Außendienst manchmal als kostenfreie „Zugabe" eingesetzt werden) über die Vermarktung von verschiedenen Service-Level-Agreements bis hin zu kompletten Effizienzanalysen für mehr Wertschöpfung im Produktionsbereich. Serviceabteilungen agieren so immer mehr als Profitcenter mit einer eigenen Vermarktungsstrategie, Zielkunden, definierten Verkaufsprozessen und übernehmen damit (fast) die komplette operative Bear-

Zusammenfassung
● Servicetechniker haben oft die meisten Kundenkontakte und kennen Kundenanforderungen und -entwicklungen manchmal besser als der Verkauf.
● Die Arbeit der Servicetechniker ist entscheidend für die Wahrnehmung einer Produktleistung und die Wiederkaufwahrscheinlichkeit.
● Service wird zwar mehr und mehr professionell verkauft, aber Servicetechniker haben oft kein Selbstverständnis als Verkäufer oder sind nicht systematisch in die verkäuferische Kundenbearbeitung integriert.

beitung von Bestandskunden. Der klassische Außendienst wird dann oft erst später, nach dem Bedarfsaufbau, eingeschaltet, wenn es um die Angebotserstellung geht.

Hier stellt sich die Frage: Wenn Servicetechniker so intensiv in ein Kundenunternehmen eingebunden sind und eine verkäuferische Ausbildung erhalten, können sie dann nicht auch einen Kunden komplett betreuen?

Kerngedanke 2

Vertriebspotenziale liegen im Serviceverkauf selbst und in der Zusammenarbeit mit dem klassischen Verkauf.

Schwachstelle Zusammenarbeit zwischen Verkauf und Service

Wenn ein Unternehmen alle Vertriebspotenziale ausschöpfen will, wird es ohne den „verkäuferischen" Einsatz von Servicetechniker nicht gehen. Verkäufer haben meistens nur Kontakt zu den Entscheidern und nicht unbedingt zu den Nutzern eines Produktes oder zu Beeinflussern. Sie alleine können also nicht alle Phasen und Einflussfaktoren eines Verkaufsprozesses abdecken und beeinflussen. Je „Service-lastiger" ein Unternehmen ist, desto stärker können Kaufentscheidungen von Servicetechnikern beeinflusst werden.

Zunächst können sie entscheidend dazu beitragen, dass die Kundenmitarbeiter, die konkret mit den Produkten arbeiten, auch zufrieden sind. Wenn nicht, ist in solchen Fällen immer der Hersteller schuld und die Wahrschein-

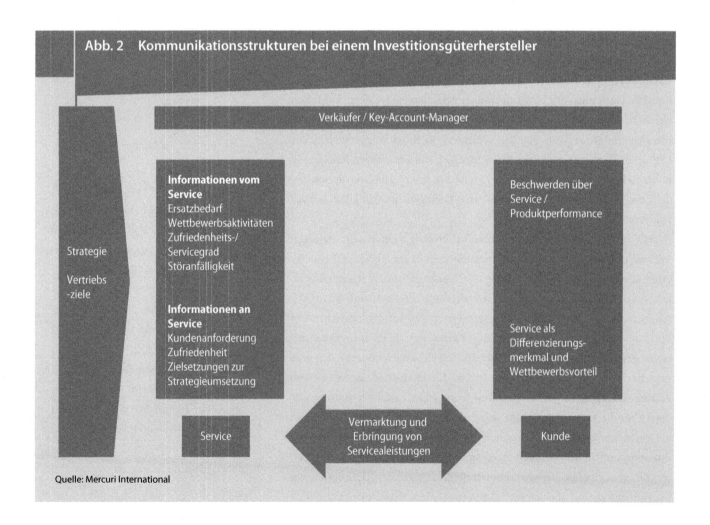

Abb. 2 Kommunikationsstrukturen bei einem Investitionsgüterhersteller

Verkäufer / Key-Account-Manager

Strategie

Vertriebs-ziele

Informationen vom Service
Ersatzbedarf
Wettbewerbsaktivitäten
Zufriedenheits-/
Servicegrad
Störanfälligkeit

Informationen an Service
Kundenanforderung
Zufriedenheit
Zielsetzungen zur
Strategieumsetzung

Beschwerden über
Service /
Produktperformance

Service als
Differenzierungs-
merkmal und
Wettbewerbsvorteil

Service

Vermarktung und
Erbringung von
Servicealeistungen

Kunde

Quelle: Mercuri International

lichkeit, dass ein weiteres Produkt gekauft wird, sinkt dramatisch. Daran kann auch der beste Verkäufer nichts ändern. Die erste Grundlage für einen Folgekauf wird daher meistens vom Servicetechniker gelegt und diese verkäuferische Rolle, die Bedeutung für den Produktverkauf hat, sollte ein Servicetechniker verstehen und beherrschen.

Aber es gibt noch mehr verkäuferische Rollen und Potenziale für den Service. Verkäufer erhalten in der Regel nur gefilterte Informationen, die immer auch einen taktischen Charakter haben. Kaum ein Unternehmen wird

„Serviceabteilungen agieren immer mehr als Profitcenter mit einer eigenen Vermarktungsstrategie, Zielkunden, definierten Verkaufsprozessen und übernehmen damit (fast) die komplette operative Bearbeitung von Bestandskunden."

völlig offen sein, vielmehr versuchen die Anbieter, sich gegeneinander auszuspielen. Anforderungen, die ein Lieferant gut erfüllen kann, werden untertrieben und Anforderungen, die Wettbewerber gut erfüllen können, werden übertrieben. Oftmals wird der Verkäufer erst mit den Informationen des Servicetechnikers ein vollständiges Bild vom Kunden und seinen Einsatzsituationen für Produkte erhalten.

Allerdings passiert auch ein solcher Informationsaustausch nicht von selbst. Der Servicetechniker muss lernen, nach bestimmten Informationen aktiv zu suchen, die für seine direkte Aufgabenerfüllung nicht unbedingt nötig sind und vertriebsrelevante Fragen beantworten: Welche Wettbewerbsfabrikate werden eingesetzt? Wie zufrieden sind die Nutzer mit den Wettbewerbsprodukten? Was sind deren Stärken und Schwächen? Welche Probleme treten bei vor und nachgelagerten Arbeitsschritten des Kunden auf? Mit welchen anderen Produkten des Herstellers würden sie sich vielleicht lösen lassen? (siehe **Abbildung 2**)

Selbst bei Unternehmen, für die der Service einen sehr hohen Stellenwert hat und bei denen der Serviceverkauf sehr gut organisiert ist, hapert es oft an der Zusammenarbeit zwischen klassischem Verkauf und Servicemitarbeitern. Auch wenn Servicetechniker ein variables Entlohnungssystem haben, das die Potenzialausschöpfung im Service berücksichtigt, sind sie am Verkauf der Produkte meistens nicht beteiligt. Entsprechend schlecht ist der Informationsaustausch in der Praxis.

Das liegt manchmal an der starken Profitcenter-Orientierung, wenn bereits aktiv Service vermarktet wird. Es ist aber auch oft der Außendienst, der sich abkapselt. Viele klassische Verkäufer sind noch immer der Ansicht, das Monopol auf die Kundenbeziehung zu haben. Sie schotten ihre Kontakte ab,

Handlungsempfehlungen
- Analysieren Sie Ihren Verkaufs- und Kundenbetreuungsprozess und die Rolle, die der Service dabei spielt.
- Formulieren Sie klare Ziele für Servicemannschaften, beobachten und messen Sie die Aktivitätsdurchführung und Zielerreichung.
- Definieren Sie Schnittstellen und Kommunikationsstrukturen zwischen klassischem Verkauf und Servicetechnikern, passen Sie die Steuerungssysteme entsprechend an.
- Qualifizieren Sie die Servicetechniker auch für ihre zahlreichen verkäuferischen Aufgaben.

Kerngedanke 3
Servicetechniker müssen technisch und verkäuferisch qualifiziert werden.

überschätzen ihren Einfluss und unterschätzen die Bedeutung einer engen Zusammenarbeit mit dem Service. Es lohnt sich, hier die gegenseitigen Abhängigkeiten zu verdeutlichen und eine offizielle Teamarbeit, Schnittstellen und Kommunikationsstrukturen zu definieren sowie gemeinsame Ziel-, Beurteilungs- und Entlohnungssysteme einzusetzen.

Dass Servicetechniker auch eine direkte Verantwortung für den Produktverkauf übernehmen, kommt durchaus vor, ist aber noch immer eher ein Ausnahmefall. Trotz aller Nähe zu vielen Kundenmitarbeitern fehlt häufig die kaufmännische Erfahrung. Wenn es um komplexe Verhandlungen mit Gremien und Einkäufern geht, fehlen nicht nur die Erfahrungen, sondern oft auch Ausstrahlungskraft und Auftreten.

„Selbst bei Unternehmen, für die der Service einen sehr hohen Stellenwert hat und der Serviceverkauf sehr gut organisiert ist, hapert es oft an der Zusammenarbeit zwischen klassischem Verkauf und Servicemitarbeitern.“

Fazit
Im Service stecken erhebliche Vertriebspotenziale. Angefangen von der Ausschöpfung der direkten Umsatz- und Ertragspotenziale bei der direkten Servicevermarktung bis hin zu einer sehr aktiven Rolle beim Produktverkauf und der ganzheitlichen Betreuung eines Kunden. Diese Potenziale werden sich aber nur ausschöpfen lassen, wenn allen Beteiligten ihre Rolle im Verkaufsprozess klar ist und auch Servicetechniker ein Selbstverständnis als Verkäufer entwickeln.

---

§fP Zusätzlicher Verlagsservice für Abonnenten von „Springer für Professionals | Vertrieb"

Zum Thema | Servicetechniker | Suche

finden Sie unter www.springerprofessional.de 353 Beiträge, davon 35 im Fachgebiet Vertrieb Stand: Mai 2014

Medium
☐ Online-Artikel (2)
☐ Zeitschriftenartikel (66)
☐ Buchkapitel (282)
☐ Nachrichten (3)

Sprache
☐ Deutsch (353)
☐ Englisch (99)

Von der Verlagsredaktion empfohlen

Maas, M.: Das Tagesgeschäft des Vertriebsmitarbeiters, in: Maas, M.: Praxiswissen Vertrieb, S. 123-277, Wiesbaden 2012, www. springerprofessional.de/2358486

Schweiger, S., Dressel, K., Pfeiffer, B.: Internationale Zusammenarbeit in Netzwerkform, in: Schweiger, S., Dressel, K., Pfeiffer, B.: Serviceinnovationen in Industrieunternehmen erfolgreich umsetzen, S. 153-168, Wiesbaden 2011, www.springerprofessional.de/2356602

WHU EXECUTIVE EDUCATION

WHU
Otto Beisheim School of Management
30 Years 1984–2014

Thinking in new directions.

Maßgeschneiderte Programme
- Konzeption und Durchführung interner Weiterbildungsmaßnahmen
- Angepasst an die individuellen Bedürfnisse Ihres Unternehmens

Offene Programme
- General Management Plus Program
- Doing Business With India Program
- Negotiations Program

Weitere Informationen: whu.edu/execed
E-Mail: execed@whu.edu

30 Years
Excellence in
Management
Education

1984–2014

Die Perlentaucher – wie Vertriebserfolge durch Dienstleistung gelingen

In vielen Branchen ist der Verdrängungswettbewerb durch Preismarketing allgegenwärtig. Dass es auch anders geht, zeigen die Beispiele der familiengeführten Mittelstandsunternehmen Torquato und La Biosthétique Paris. Dieser Beitrag widmet sich der Vertriebs- und Servicestrategie beider Unternehmen und stellt dar, wie der Weg aus dem Vertriebsdilemma gelingt: durch erfolgreiches Marketing und die Marktabgrenzung mit klar fokussierten Vertriebsdienstleistungen.

Kai Alexander Saldsieder, Nina Saldsieder

Der Einzelhandel ist schon seit Jahren das Sorgenkind der deutschen Wirtschaft. Die letzten zehn Jahre haben nur wenig Umsatzzuwächse, dafür aber umso mehr Veränderung für die Händler und Dienstleister gebracht: Konzentrationsprozesse, E-Commerce, Internationalisierung und veränderte gesellschaftliche Werte aufseiten der Konsumenten stellen die Unternehmer vor neue, stetig steigende Herausforderungen. Darüber hinaus schrumpft der Pool an potenziellen Kunden, denn die demografische Entwicklung ist in Deutschland rückläufig – und mit ihr sinken, auch getrieben durch steigende Lebenshaltungskosten insbesondere im urbanen Raum, die Konsumausgaben für Waren und Dienstleistungen insgesamt. In Folge dieser Entwicklung resignieren viele Unternehmen. Händler schließen ihre Läden und nicht wenige Dienstleister wandern in andere Bereiche ab – einige davon in die Schattenwirtschaft.

Dass es auch anders geht, zeigen die Erfolge des Spezialversenders Torquato und des Kosmetikherstellers La Biosthétique Paris. Beide Unternehmen sind familiengeführt und haben es geschafft, den Strukturwandel ihrer Branchen gestaltend zu nutzen, sich eine Marktnische innerhalb des Premium-Segmentes ihres Marktes zu sichern und diese konsequent zu entwickeln. Grundlage des Erfolgs ist die Weiterentwicklung und Erweiterung des klassischen Transaktionsmarketing-Ansatzes von McCarthy (1960), den sogenannten 4 P des Marketing-Mix (Produkt, Preis, Promotion und Platzierung) um weitere Elemente, die die Vermarktung eines bestehenden Produktes um Dienstleistungs-Aspekte ergänzen. Als prominente Modelle haben hierzu das 7-P-Modell von Booms/Bitner (1981) sowie das 15-P-Modell von Baumgartner (1991) Eingang in die marketingwissenschaftliche Literatur gefunden. Vor allem die Erweiterung der klassischen, produktbezogenen Vermarktungsstellschrauben um die Erfolgsfaktoren Personal, der Etablierung effizienter Prozesse sowie eines zielgerichteten Produktivitäts- und Qualitätsmanagements hat sich in der unternehmerischen Praxis bewährt. Diese Ausdifferenzierung des Marketing-Mixes durch Lovelock/Wright (1999) stellt eine Weiterführung in der Evolution des Vertriebs dar, wie sie von Winkelmann (2000/2012) beschrieben wird: Wo Verkäufer nur verkaufen sollen, und simple Verprovisionierung kurzfristiges Denken fördert, da ist Kundenbindung kein Thema und langfristiger Vertriebserfolg eher selten anzutreffen. Im Zuge eines zunehmenden Verdrängungswettbewerbs haben viele Vertriebsorganisationen von diesem Vertriebsansatz Abstand genommen. Sie wollen neue Verkaufsmethoden einführen und durch einen vom Marketing flankierten Beratungsverkauf Win-win-Partnerschaften erzielen, um damit gleichzeitig ihre Wettbewerbsposition abzusichern. Wie dies gelingen kann, zeigt der Spezialversender Torquato.

Prof. Dr. Kai Alexander Saldsieder lehrt Allgemeine und Internationale BWL an der Hochschule Pforzheim. Zuvor arbeitete er als Manager in den Bereichen Vertrieb und Kundenentwicklung für Procter & Gamble, MGM und Hasbro. E-Mail: kai.saldsieder@hs-pforzheim.de.

Nina Saldsieder ist externe Doktorandin an der Westfälischen Wilhelms-Universität Münster. Sie ist Lehrbeauftragte und war zuvor Managerin in den Bereichen Category Management/Einkauf sowie Trade-Marketing-Managerin bei Plus Discount und Red Bull. E-Mail: n.saldsieder@web.de

Spezialversand – Ausstatter für gehobenen Lebensstil

Das Unternehmen ist ein Shooting-Star im deutschen Spezialversandhandel. Seit seiner Gründung verzeichnet das Unternehmen von Jahr zu Jahr kontinuierlich zweistellige Wachstumsraten. Heute beschäftigt das in Geesthacht bei Hamburg ansässige Versandhandelshaus 70 Mitarbeiter und be-

Kerngedanke 1

Konzentrationsprozesse, E-Commerce, eröffnen gerade kleinen und mittleren Unternehmen Chancen, profitable, kleine aber feine Nischenmärkte zu besetzen, die Großunternehmen nicht mehr bedienen.

treut über 150.000 aktive Kunden. In etwas mehr als zehn Jahren ist es den Brüdern Axel, Max und Moritz Stürken gelungen, ein Unternehmen mit einem achtstelligen Umsatzvolumen aufzubauen. „Angefangen haben wir im Jahr 2 000 mit fünf Mitarbeitern. Drei davon waren seinerzeit Praktikanten", erzählt Moritz Stürken, der mittlerweile die Geschicke der Familien-AG gemeinsam mit seinen Brüdern führt. Unternehmerische Erfahrungen hatten alle bereits im elterlichen Unternehmen sammeln können – dem Leuchtturm Albenverlag, einem Hidden Champion, der Weltmarktführer im Bereich von Sammelzubehör für Briefmarken- und Münzsammler ist. Zusammen mit ihrem Vater, Kurt Stürken, sowie Philip Döbler, Geschäftsführer der Leuchtturm 917, entwickelten Axel und Max Stürken das Unternehmenskonzept für hochwertige Schreib- und Papierwaren zur Marke.

Wertvolle Erfahrungen im Bereich der Warengruppen Haus & Wohnen und Tisch & Küche sammelte die Familie für das spätere Versandgeschäft, indem sie ein von der Treuhand zurückerworbenes Gutshaus der Familie restaurieren, erneut ausstatten und als Hoteliers die Reaktionen der Übernachtungsgäste sorgfältig registrieren ließ. „Das Gutshaus Stolpe war für uns ein hervorragender Testmarkt für Güter des gehobenen Anspruchs. Zum einen konnten wir auf diese Weise ausprobieren, welche Artikel den Kunden gefielen und welche nicht. Vor allem konnten wir uns so aber ein Bild von unserer Zielgruppe machen, denn die war ja vor Ort", sagt Moritz Stürken heute im Rückblick auf die Anfänge des Unternehmens.

Mehrwert durch Dienstleistung

Der Erfolg des Gutshauses Stolpe, das schnell in den Kreis der Relais & Chateau-Häuser aufgenommen wurde, inspirierte die Unternehmensgründer, ein weiteres Geschäftsmodell zu testen: Ein Handelsunternehmen für speziell ausgesuchte Gebrauchsartikel aus allen Lebensbereichen: Tisch und Küche, Haus und Wohnen, Bad und Körperpflege, Gepäck und Outdoor, Spiel-

Abb. 1   Die Stellschrauben des dienstleistungsorientierten Vertriebs – vom reinen Transaktions-Marketing zum integrierten Dienstleistungs- und Erlebnis-Marketing

Personal
physische Erlebbarkeit
Prozesse
Produktivitäts- und Qualitätsmanagement

8P des Dienstleistungsmarketings

Produkt
Preis
Platzierung
Promotion

Quelle: in Anlehnung an Meffert/Burmann, Dienstleistungsmarketing

zeug und Kinder, Schuhe und Kleidung sowie Papier und Büro. „Torquato wurde zunächst als reiner Online-Shop konzipiert. Das Problem war, dass man im Jahr 2000 als Internet Pure Player mit einer spezifischen Zielgruppe ohne funktionsfähige Suchmaschine schlichtweg unbekannt war und blieb. Wir haben uns daher frühzeitig entschieden, einen Katalog herauszubringen", so Stürken weiter. Marktforschung im klassischen Sinn gab es keine. Stattdessen wurden neue Produkte zunächst in der eigenen Familie und mit Freunden getestet. Das Motto lautet: „Wir haben das, was man dort, wo die Masse einkauft, nicht bekommen kann. Unsere Produkte gibt es nicht bei Zalando oder Amazon. Als Familienunternehmen können wir Produktgruppen testen, die sich andernorts gar nicht rechnen würden. Genau das macht uns aus: die Sortimentskompetenz." Das Unternehmen setzt nicht auf Schnelldreher und schnelle kommerzielle Erfolge, sondern auf Produkte, die die Lebenswelt ihrer Kunden widerspiegeln. „Wir sind quasi Perlentaucher für unsere Kunden", stellt Stürken fest. Man sehe sich nicht nur als Händler, sondern eher als „Ausstatter und Partner für unsere Kunden."

Erfolgsfaktor Personal – Kunden verstehen und mitdenken

Diese Sortimentsausrichtung hat sich für Torquato ausgezahlt. Kundenzahl und Umsätze steigen kontinuierlich zweistellig. Angesichts der Marktumwälzungen und des zunehmenden Wachstums im Einzelhandel, insbesondere durch Einzelhandelsfilialisten und E-Commerce-Anbieter, steigt der allgemeine Wettbewerbsdruck. Gleichzeitig entsteht jedoch neues Geschäftspotenzial durch neue Marktnischen, die von den Massenanbietern nicht abgeddeckt werden können. Der Erfolg der Nischenpositionierung gibt dem Unternehmen Recht. „Wir haben eine sehr loyale Kundschaft", sagt Stürken. Gerade einmal zehn Prozent beträgt seinen Angaben nach die Retourenquote bei Torquato-Kunden – ein sensationell geringer Wert im Vergleich zu den Massenanbietern im Versandhandel. Ein Grund dafür liegt darin, dass die Kundenzielgruppe des Unternehmens vergleichsweise homogen in Bezug auf ihre Bedürfnisse und Kaufmotive ist. Marken spielen für die Käuferschicht eine relativ geringe Bedeutung, weshalb das Unternehmen weitestgehend auf Marken verzichtet, sich aber trotzdem als Premium-Anbieter positioniert hat. „Unsere Kunden sehen und anerkennen Referenzen untereinander, Abgrenzungsbemühungen durch Snob-Artikel passen nicht ins Bild", erklärt der Unternehmenschef.

Mit Ertragsstärke punkten

Eine tiefergehende Analyse des Stammkundenprofils belegt die Ertragsstärke der Torquato-Kunden: Ein Großteil ist mit einem überdurchschnittlichen Netto-Haushaltseinkommen beruflich erfolgreich, die meisten leben in selbstgenutztem Wohneigentum. Daraus folgt, dass der größte Teil der Kunden zwischen 40 und 60 Jahre alt ist. Die Mehrzahl aller Kunden lebt auf dem Land, außerhalb von den großen Ballungszentren mit ausgeprägtem Einzelhandel. Und: Über die Hälfte der Kundschaft ist weiblich. Diese Klientel will in aller Regel nicht nur online etwas bestellen, sondern sie sucht

Zusammenfassung

• Die Unternehmen Torquato und La Biosthétique sind klassische B2C-Unternehmen. Sie stellen selbst Produkte her und konzipieren diese direkt für Endverbraucher.

• Angesichts zunehmender Wettbewerbsintensität zeigt sich, dass trotz weitgehender Konzentrationsprozesse Platz für erfolgreiche Marktnischen erwächst. Dies gilt besonders für kleine und mittlere Unternehmen, die sehr spezifische Zielgruppen mit ihren Bedürfnissen ansprechen können, die andererseits durch Großkonzerne nicht mehr bedient werden.

• Die Basis für den Absatz ist in beiden Fällen ein schlüssiges Dienstleistungskonzept, aus dem sich ein relevanter Nutzen für eine gezielt umrissene und direkt angesprochene Verbrauchergruppe ergibt.

• Familienunternehmen punkten mit dem Vertrieb in Nischenmärkten neben ihren speziellen Produkten und Dienstleistungen durch eine Profilierung über ihre unternehmerischen Werte und ihr kundenorientiertes Auftreten im Kundenmarkt.

Kerngedanke 2

CRM-basierter Vertrieb und der Fokus auf Prozesse erhöhen die Effizienz im Vertrieb. Echten Mehrwert im Hinblick auf den Vertriebserfolg bietet die Erweiterung des Transaktionsmarketings durch Dienstleistungselemente.

ein besonderes Einkaufserlebnis. Vor diesem Hintergrund hat das Versandhaus schon früh eine Rückbesinnung auf den Wert des stationären Handels vollzogen und zunächst in der Hamburger Innenstadt, dann in Düsseldorf und vor wenigen Wochen in Berlin einen Torquato-Shop eröffnet. „Wir haben gesehen, dass Online-Kunden gezielt einkaufen, nicht aber mit Muße durch Sortimente wandern und sich inspirieren lassen. Deshalb war uns schnell klar: Was im Versand gut funktioniert, muss auch stationär ein Erfolg sein. So kam es zu der Eröffnung unseres Ladengeschäftes in Hamburg, das sofort sehr gut angenommen wurde", erklärt Moritz Stürken zur Strategie. Das Geschäft liegt zentral in 1-A- Lage in den Großen Bleichen in unmittelbarer Nähe der großen Monomarken-Stores und rechnet sich. Als Erfolgsfaktor hat Stürken dabei klar das Personal erkannt: „Gute Mitarbeiter, die sich in unsere Kunden hineinversetzen können, sind das A und O. Wünsche der Kunden schnell herausfinden, das ist die Königsklasse im Handel. Dafür brauchen Sie aber unbedingt Profis – zum Glück haben wir solche Mitarbeiter finden können". Der Schlüssel zum Erfolg der Hanseaten liegt in der ganzheitlich konzipierten Dienstleistung:

● konsequente, stets aus Kundensicht praktizierte Sortimentsgestaltung,
● eine kundenrelevante Lebenswelt,
● die Umsetzung im Multi-Channel-Vertrieb und
● professionell geschulte Mitarbeiter im Verkauf.

Das Ergebnis spricht für die Strategie des Unternehmens: Weit mehr als die Hälfte aller jemals kaufenden Torquato-Kunden bleibt dem Versandhandelshaus dauerhaft erhalten. Neben Ladengeschäften in Hamburg und Düsseldorf wurde vor kurzem ein weiterer Standort in Berlin eröffnet.

Kosmetikfachvertrieb – Servicekonzept Schönheit

Ein anderes Beispiel für eine erfolgreiche Marktabgrenzung durch Dienstleistung im Vertrieb findet sich in der Friseurbranche: Das deutsche Familienunternehmen La Biosthétique Paris mit Hauptsitz am Triumphbogen im Herzen von Paris, entwickelt und produziert hochwirksame Kosmetik für Haare und Haut, die international und exklusiv über Friseur- und Beautysalons vertrieben wird. Allein in Deutschland beliefert das Unternehmen über 2.000 Friseurunternehmen als Depositäre, knapp 8.000 angeschlossene Partnerkunden sind es weltweit. Die Umsätze des Unternehmens legen seit Jahren kontinuierlich zu, ebenso entwickelt sich die Zahl der Mitarbeiter. Allein im Jahr 2013 wurde der Mitarbeiterstamm um zehn Prozent aufgestockt. Derzeit erzielt La Biosthétique weltweit Umsätze im hohen achtstelligen Euro-Bereich. Hierfür arbeiten tagtäglich knapp 500 Menschen an den Hauptstandorten Pforzheim und Paris. International verfügt La Biosthétique über weitere Tochterunternehmen in Dänemark, Frankreich, Italien, Österreich, der Schweiz und Spanien. Dabei entwickelt man sich überproportional zum Markt: „Wie in vielen anderen Branchen auch ist der Markt für Friseurdienstleistungen hart umkämpft und hoch kompetitiv. Die Umsätze und Erträge stagnieren, die Mehrzahl der Friseursalons ist betriebswirtschaftlich erfolglos – zugleich steigt die Anzahl der Wettbewerber unaufhörlich", sagt Dieter Schneider, ein langjähriger Experte aus der Branche. Während im Jahr 2000 in Deutschland noch etwas über 60.000 Friseure um Kundschaft rangen, sind es aktuell knapp 20.000 mehr Anbieter, was einer Zunahme von annähernd 25 Prozent entspricht. Die Folgen lassen nicht lange auf sich warten – und sind dramatisch für die Friseure. Vielerorts wird der Kampf um Kunden über Dienstleistungspreise ausgetragen. Über die Jahre hat der untere Preisbereich einen erheblichen Marktanteil gewonnen. Seit einiger Zeit stagniert vor allem wegen erheblicher Preiserhöhungen das untere Preissegment. Aus früheren Zehn-Euro-Friseuren ist innerhalb weniger Jahre ein „13-Euro-für-Alles-Konzept" erwachsen. Das bedeutet zwar eine Preiserhöhung um 30 Prozent, hat aber zu einem Anstieg der Schattenwirtschaft und weitgehend steuerbefreiter Kleinstbetriebe geführt. Die preisliche und qualitative Marktmitte verliert dagegen nach oben und unten, weil auch dort die Preise steigen und gleichzeitig die Dienstleistungsqualität sinkt. „In der Marktspitze gibt es zwar sehr gute Dienstleistungskonzepte. Sie werden aber überwiegend von Einzelkämpfern geführt, die von den Lieferanten nur individuell und oberflächlich gefördert werden. Fast alle Betriebe haben auch in diesem Marktsegment den Anspruch eines vollständigen Schönheitspflegekonzeptes aufgegeben. Das ist die Marktlücke für Unternehmen wie La Biosthétique, die sich zu einem beachtlichen Marktanteil im Premiumsegment entwickelt hat, der bei insgesamt rund 20 Prozent liegen dürfte", vermutet Dieter Schneider. Das Unternehmen baut auf sechs Pfeiler:

1. Exklusiver Vertrieb aller Produkte über qualifizierte Friseurbetriebe,
2. Kontinuierliche Innovation und kompromisslose Premiumqualität,
3. Einbettung und Verknüpfung der Kosmetikprodukte mit Schönheits-Dienstleistungen,
4. Individuell abgestimmte, bedarfsgerechte Produktempfehlungen auf Basis von Haar- und Hautdiagnose-Instrumenten,
5. Kontinuierliche Aus- und Weiterbildung der Friseur-Partner,
6. Menschlichkeit und Verbindlichkeit im Miteinander als Familienunternehmen.

Erlebnis mit System

La Biosthétique ist nicht nur eine Friseur-exklusive Produktmarke mit sehr hohem Bekanntheitsgrad in der Branche und einem wachsenden Bekanntheitsgrad auf der Endverbraucherebene, sondern zugleich auch eine Dienstleistungsmarke, mit der die La Biosthétique-Salons am Markt über eine Alleinstellung verfügen. Flagship-Salons des Unternehmens, wie beispielsweise das Sevensenes in Hamburg, zeigen beispielhaft die Umsetzungsmöglichkeiten des biosthetischen Konzeptes. Überdies übt das Unternehmen so zunehmende Anziehungskraft auf andere hochklassige Friseurunternehmen in diesem Marktsegment aus. Der Erfolg kommt nicht von ungefähr, denn während Weltmarktkonzerne das Gros des Marktes für Standardlösungen im Bereich der Haar- und Hautpflege abfischen, hat sich das kleine, aber feine Unternehmen auf die Nische hochindividueller Pfle-

Handlungsempfehlungen

• Prüfen Sie die Möglichkeiten, eine konkrete Zielgruppe mit ihren Bedürfnissen bedienen zu können. Wenn dieser Markt gerade groß genug für ihr Leistungsangebot, aber zu klein für einen weiteren Wettbewerber ist, haben Sie die Chance, eine Marktlücke zu besetzen und zu entwickeln.

• Analysieren Sie die Ausrichtung ihres Unternehmens. Wie sieht Ihre Zielgruppe aus? Welche Bedürfnisse hat diese und welchen Nutzen können Sie dieser Kundengruppe dauerhaft bieten?

• Konkretisieren Sie Ihr Angebotsprofil anhand von drei, vier Merkmalen, die kundenrelevant sind, beispielsweise Begehrlichkeit, Servicequalität, Angebotsvielfalt, Beratungsqualität.

• Kommunizieren Sie Ihr Vorgehen intern und extern. Schärfen Sie Ihren Kurs und prüfen Sie regelmäßig Bewegungen von Mitbewerbern und Veränderungen in den Bedürfnissen Ihrer Kunden. Achten Sie auf Sortimentsqualitäten im Hinblick auf die Qualität der Bedarfsbefriedigung und nicht so sehr auf die Einkaufsmarge.

• Machen Sie den Einkaufsort Ihrer Kunden zum Erlebnisort, an dem Sie unvergessliche Signale setzen, die der Kunde mit Ihnen und keinem anderen in Verbindung bringt, beispielsweise eine ritualisierte Begrüßung oder ein bestimmtes Design (Farbe, Geruch, Textur, Raum) für einen Shop.

• Arbeiten Sie mit Ihren Mitarbeitern. Sie sind keine Kosten, sondern Ihr entscheidender Wettbewerbsvorteil. Schulen Sie Verhalten und bestimmen Sie Standards im Umgang. Das schafft Werte und Zugehörigkeit bei den Mitarbeitern und in der Qualitätswahrnehmung der Kunden.

Kerngedanke 3

Vernetzte, mehrstufige Dienstleistungskonzepte tragen dazu bei, die Kundenerlebnisse nachhaltig zu erhöhen.

geprodukte im Premiumsegment konzentriert und diesen Sektor konsequent ausgebaut. „Das perfekte individuelle Produkt für jede spezielle Aufgabe zu finden ist die Anforderung für unsere Vertriebspartner, die Friseure. Gerade für sie ist der Markt jedoch seit Jahren sehr schwierig und die Herausforderungen betriebswirtschaftlich zu bestehen sind groß. Dabei zu helfen, ist Ziel des Total Beauty Concepts", sagt Jean-Marc Weiser, Inhaber und Leiter des deutschen Geschäftsbereiches.

Hinter dem Total-Beauty-Ritual steht ein vernetztes, aufeinander aufbauendes Dienstleistungskonzept. Mit dessen Hilfe sollen Friseure die Erlebnisqualität ihrer Dienstleistungen weit über das Marktniveau heben und halten können. Konkret umfasst es detaillierte Arbeitsprozesse, von der Kundenbegrüßung, -beratung und -behandlung bis hin zur Steigerung des Dienstleistungserlebnisses durch den Einsatz von Luxuskosmetika und raffinierter Behandlungstechniken und -instrumente. Überdies dienen die einzelnen Schritte des Total-Beauty-Rituals zur systematischen Bedarfsanalyse der Kunden im Behandlungsstuhl, über die Schönheitsdienstleistung hinaus, auch für die individuelle Produktberatung und -anpassung – die Kernkompetenz und zugleich das Kerngeschäft des Unternehmens. „Die Prozesse des Beauty-Rituals unterstützen dabei unsere Salon-Partner und zugleich erhöhen sie das Dienstleistungserlebnis sowie die individuelle Beratungsqualität im Hinblick auf Schönheitsdienstleistungen und unsere Produkte. Das bietet so umfassend kein anderes Unternehmen. Allein deshalb sind Biosthetiker, gemessen am betriebswirtschaftlichen Gewinn laut Betriebsvergleichen – dreimal erfolgreicher als andere Friseure", sagt Felix Weiser, verantwortlich für den österreichischen Markt bei La Biosthétique Paris.

Absatzmittler als Partner und Berater

Als Forum für die Kunden, quasi als Informationsmarktplatz, aber auch als Plattform zur menschlichen Begegnung, wurde mit der Gründung des Unternehmens auch ein Kundenclub der Biosthétique, die „Société Française de Biosthétique" (SFB) gegründet. In dieser innerhalb der Branche einzigartigen Runde treffen sich Friseure und Kosmetiker, die sich als Biosthetiker bezeichnen. Das Unternehmen hat die starke Mitarbeiter- und Kundenorientierung massiv untermauert: Für die marktbezogene Kompetenzschärfung der Friseure hat La Biosthétique ein dreigliedriges System interner Dienstleistung geschaffen: Aus- und Weiterbildung, Beratung und Salongestaltung sowie das Total-Beauty-Ritual. Für die fachliche Aus- und Weiterbildung im Bereich der Haar- und Haut-Dienstleistung wurden an den Standorten im In- und Ausland Akademien eröffnet, unter anderem in Paris, Wien, Madrid, Hamburg und Dresden sowie in Pforzheim. Für die unternehmerische Ausbildung der Kunden wurden die Corporate Academy, ein mehrstufiges Ausbildungskonzept sowie die Corporate University geschaffen, die in Kooperation mit der Hochschulwelt die Managementkompetenz der Friseure als Salon-Unternehmer weiterentwickelt. Ausbildung umfasst dabei alle: Chefs, Mitarbeiter und auch die Lehrlinge der Kunden.

Fazit

Torquato und La Biosthétique ist es gelungen, sich in hochkompetitiven Märkten zu behaupten. Beide Unternehmen wissen, was Mehrwert für ihre Kunden schafft. Bei Torquato ist es die Ausstatter-Kompetenz auf Basis ausgesucht guter Produktsortimente, die andernorts so nur noch schwerlich für die klassisch-zeitlos orientierte Verbraucher-Klientel zu bekommen sind. Bei La Biosthétique kreiert der Friseur für seine Kunden ein Erholungs- und Verschönerungserlebnis in großer Perfektion und Tiefe. Hierfür werden die Unternehmen belohnt: Durch steigende Umsätze, steigende Kundenzahlen und eine überproportionale Kundenbindung.

Literatur

Baumgartner, J. (1991): Nonmarketing Professional Need More than 4Ps, in: Marketing News, Vol. 25, Heft 15, S. 28.

Booms, B. H./Bittner, M. J. (1981): Marketing Strategies and Organization Structures for Service Firms, in: Donnelly, J. H.; George, W. R. (Hrsg.): Marketing of Services, American Marketing Association, S. 47-51.

Bundesverband des Deutschen Versandhandels – BVH (2012): Kompendium des interaktiven Handels 2011/2012.

Gummesson, E. (1994). Making Relationship Marketing Operational, in: International Journal of Service Industry Management, Heft 5, S. 5-20.

Jobber, D.; Lancaster, G. (2012): Selling and Sales Management, Pearson, Harlow.

Lovelock, Ch./Wright, L. (1999): Principles of Service Marketing and Management, Prentice-Hall, Upper Saddle River, New Jersey.

McCarthy, E. J. (1960): Basic Marketing: A Managerial Approach, Homewood, Illinois.

Nitt-Drießelmann, D. (2013): Einzelhandel im Wandel, Studie im Auftrag der HSH Nordbank AG, Hamburg.

Schneider, D. (2014): Friseurmarkt Report 2013. Fakten – Analysen – Prognosen, in: Marktlücke. Betriebswirtschaftliche Themenreihe für Friseurunternehmen, Heft 9, Conzen, Tangstedt.

Winkelmann, P.(2012): Vertriebskonzeption und Vertriebssteuerung, Vahlen, München.

Wie sich exzellente Dienstleistung für Unternehmen bezahlt macht

Der Vertrieb ist ein erfolgskritischer Geschäftsbereich für das gesamte Unternehmen. Zufriedene Kunden sind hier der Garant für einen nachhaltigen Wachstumskurs. Welchen Einfluss die Servicequalität auf das Image, den Mehrwert und die Kundenwahrnehmung von Unternehmen hat.

Anabel Ternès

Viele Märkte zeichnen sich aktuell durch eine große Dynamik aus, die von der Erwartungshaltung und den sich schnell wandelnden Bedürfnisstrukturen der Kunden geprägt wird. Durch den deutlichen Nachfrageüberschuss genießen Kunden eine große Macht, die sie dank der omnipräsenten Informationsmöglichkeiten des Internets auch zielgerichtet nutzen, um ihre Kaufentscheidung abzusichern. Kunden agieren so aus einer informierten und selbstbewusst selektierenden Haltung. Für Unternehmen wird es daher immer schwieriger, Kunden langfristig zu binden und ihnen attraktive Leistungsvorteile im Vertrieb zu vermitteln.

In diesem Kontext wird deutlich, dass ein guter Kundenservice sich als erfolgskritisch erweist, zumal er einen starken und direkten Einfluss auf die Kundenwahrnehmung beziehungsweise die daraus folgende Qualitätseinschätzung hat. Hieraus folgt, dass klassische Instrumente des Marketingmix für den Anspruch des Kundenservice 2.0 nicht mehr greifen. Denn jetzt schon nutzt die immer größer werdende Zielgruppe der Digital Natives neue, interaktive Kommunikationsmöglichkeiten, um sich zu informieren. Daraus folgt, dass auch Unternehmen im Zuge einer zukunftsfähigen Wachstumsstrategie ihren Service an das veränderte Kundenverhalten anpassen müssen. Dies alles geschieht in einem schwierigen Umfeld, das von einem

- hart umkämpften globalen Wettbewerb,
- dem Kundenwunsch nach Autonomie und
- einer stark ausgeprägten Preissensitivität geprägt ist.

Aber auch hier bietet ein verbesserter, zeitgemäßer Kundenservice viele ökonomische Chancen, denn neben der Kundenbindung sollte auch die Produktivität respektive die Kosteneffizienz verbessert werden.

Prof. Dr. Anabel Ternès
ist geschäftsführende Direktorin des IISM
International Institute for Sustainability
Management an der SRH Berlin Interna-
tional Management University.
E-Mail: anabel.ternès@srh-hochschule@
berlin.de, www.srh-hochschule-berlin.de

„Es geht heute längst nicht mehr nur darum, Kundenerwartungen zu erfüllen, sondern man muss sie übertreffen."

Guter Kundenservice ist der Schlüssel für nachhaltiges Wachstum im Unternehmen

Nicht zu vergessen ist die simple, aber strategisch bedeutsame Feststellung, dass der Kundenservice nach wie vor die direkte Schnittstelle zum Unternehmen ist. Eine hohe Kundenzufriedenheit erweist sich als Schlüssel für eine profitable Unternehmensentwicklung, ganz zu schweigen von positiven Imageeffekten. Nach einer theoretischen Einführung in das Konzept und alle praxisrelevanten Facetten der Servicequalität werden in diesem Beitrag zentrale Aspekte des strategisch bedeutsamen Handlungsfeldes beleuchtet und mit Best-Practice-Beispielen anschaulich beleuchtet.

Kerngedanke 1
Guter Kundenservice ist kein Zufallsprodukt, sondern das Instrument für nachhaltiges Wachstum.

Eine definitorische Annäherung: Servicequalität und ihre konkreten Dimensionen

Die Service- oder auch Dienstleistungsqualität beschreibt den Grad der Erfüllung von Erwartungen an eine Dienstleistung, wobei vor allem die subjektive Wahrnehmung der Kunden entscheidend ist. Dabei geht es heute zum Beispiel im Tourismusbereich längst nicht mehr nur darum, Kundenerwartungen zu erfüllen, sondern diese zu übertreffen. Aus diesem Überraschungsmoment können Unternehmen einen starken, wahrgenommenen Mehrwert und somit einen Wettbewerbsvorteil erzeugen.

Studien von Meinungsforschungsinstituten belegen hierzu eindrucksvoll die betriebswirtschaftliche Bedeutung eines guten Kundenservices: So verlieren Unternehmen in zwei von drei Fällen einen Kunden aufgrund mangelnder Servicequalität. Der erste Eindruck ist aus psychologischer Sicht für eine lange Kundenbindung extrem wichtig. Umso produktiver ist es, die Erwartungshaltungen der Kunden möglichst direkt zu übertreffen. Unternehmen stehen dazu zahlreiche interaktive Kommunikationsmöglichkeiten offen, auf die noch exemplarisch eingegangen wird. Außer Acht gelassen werden sollte nicht, dass Servicequalität eine erlebte Dienstleistung ist, die der Kunde wahrnimmt. Daher ist es auch erforderlich, dass Mitarbeiter motiviert und authentisch sind und eine gewisse innere Haltung gegenüber Kun-

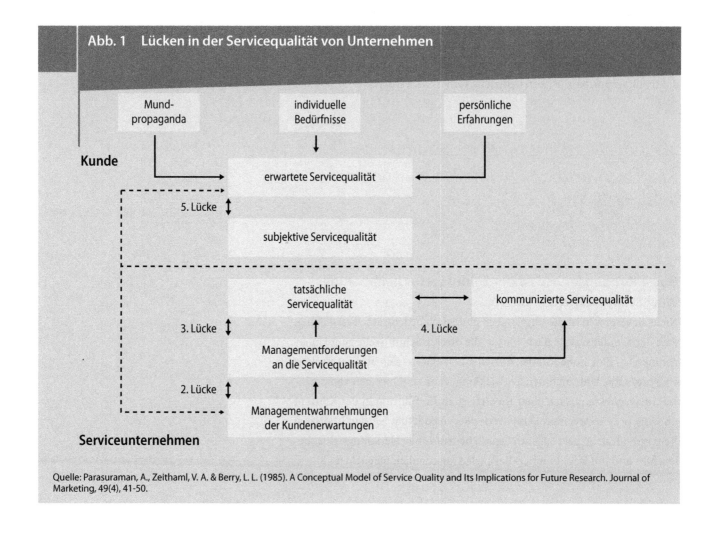

Abb. 1   Lücken in der Servicequalität von Unternehmen

Quelle: Parasuraman, A., Zeithaml, V. A. & Berry, L. L. (1985). A Conceptual Model of Service Quality and Its Implications for Future Research. Journal of Marketing, 49(4), 41-50.

den ausstrahlen. Kundenzufriedenheit hängt im Wesentlichen auch von der Zufriedenheit der eigenen Mitarbeiter ab. Diese ist als zentraler Bestandteil der Arbeits- und Organisationspsychologie als Erfolgsfaktor planbar (Stichworte Work Life Balance, autonomes Arbeiten und ganzheitliche Arbeitsaufgaben). Servicequalität lässt sich mit den folgenden für Kunden sehr wichtigen Dimensionen noch weiter konkretisieren:

- Verlässlichkeit (Termine fristgerecht einhalten)
- Aufmerksamkeit
- Höflichkeit und Hilfsbereitschaft
- Fachkompetenz => Beratungsqualität
- Glaubwürdigkeit
- Verständnis oder die Fähigkeit, Kunden zuzuhören
- aktive Kommunikation
- Vermittlung eines Gefühls von Sicherheit (Garantien etc.)

Etwaige Missstände in Bezug auf die vorhandene Servicequalität in Unternehmen werden auch mit dem Begriff der Servicelücke beschrieben: In diesem Fall kann ein Unternehmen die Erwartungen der Kunden nicht erfüllen. Das kann neben dem Verlust von Kunden und zukünftigen Umsätzen angesichts der interaktiven Kommunikationsmöglichkeiten auch negative oder imagebelastende Folgen haben. So können enttäuschte Kunden die subjektiv wahrgenommene Servicequalität im Internet verbreiten:

Entscheidungsträger in Unternehmen sollten sich verdeutlichen, dass gute Servicequalität einer ganzheitlichen Herangehensweise bedarf. Isolierte Hauruck-Maßnahmen sind nicht geeignet, um Kunden zu begeistern. Vielmehr müssen im Serviceteam selbst schon die motivationsspezifischen Grundlagen durch autonomes und selbstverantwortliches Handeln gestärkt werden. Das wirkt sich direkt auf die Zufriedenheit und Produktivität aus. Zufriedene Kunden sind treue Kunden, daher sollte das so wichtige Thema der Servicequalität gerade im Vertrieb zur Chefsache erklärt werden. Die weiter oben dargestellten Dimensionen des Begriffs Servicequalität zeigen konkrete Ansatzpunkte, die unternehmensspezifisch mit Leben gefüllt werden müssen. So können Kunden eine exzellente Servicequalität erleben und nebenbei erhöht sich auch die Mitarbeiterzufriedenheit, da sinnstiftende Arbeiten mit Selbstverantwortung einen starken Einfluss auf die Motivation und Leistungsbereitschaft haben.

Vertriebschancen und Servicequalität: Auswirkungen des Werte- und Verhaltenswandels von Kunden

Die skizzierten Umweltbedingungen zeigen, dass dem Vertrieb inklusive der angebotenen Servicequalität eine Schlüsselrolle zukommt. Kunden sind nicht mehr so treu wie früher und schneller bereit, etwas Neues auszuprobieren. Untersuchungen zeigen, dass sie wertorientiertes Handeln von Unternehmen sehr schätzen. Gewünscht beziehungsweise gefordert sind echte Bemühungen, ein reines Pro-forma-Verhalten ist nicht zielführend. Untersuchungen zur Servicequalität in deutschen Unternehmen belegen, dass

Kerngedanke 2

Eine hohe Kundenzufriedenheit erweist sich als Hebel zur profitablen Unternehmensentwicklung.

Zusammenfassung

- Die radikal veränderten Rahmenbedingungen erfordern eine Neuausrichtung traditioneller betriebswirtschaftlicher Ansätze.
- Servicequalität wird durch Menschen bewusst inszeniert bzw. wahrgenommen: Der Faktor Mensch entscheidet, wenn Mitarbeiter auf Kunden treffen.
- Nur Ganzheitlichkeit ermöglicht Serviceexzellenz: Gefragt sind abteilungsübergreifende Bemühungen, die für Kunden über alle (Vertriebs)kanäle hinweg ein stimmiges Serviceerlebnis ermöglichen.

Kerngedanke 3

Zufriedene Kunden sind treue Kunden, daher sollte das Thema Servicequalität gerade im Vertrieb zur Chefsache erklärt werden.

vor allem Warteschleifen oder schlechte Erreichbarkeit von Hotlines ein echtes Ärgernis für Kunden darstellen.

In Vertriebsprozessen bietet sich die Chance, eine neue Servicequalität zu leben, die viele unternehmerische Potenziale bereithält:

● Exzellente Servicequalität bindet Stammkunden und sichert den Unternehmenserfolg langfristig.

● Gezieltes Qualitätsmanagement senkt Kosten und erweist sich somit als eine zentrale betriebswirtschaftliche Größe.

● Guter Service ist besser als teure Werbung, im Internet lassen sich durch authentische Bewertungen reichweitenstarke Imageeffekte erzielen.

● Gute Servicequalität erhöht die Chance, kreative und innovative Problemlösungen anzubieten (da auch Mitarbeiter motivierter sind!).

Guter Kundenservice im Zeitalter des Web 2.0 muss nicht nur digital sein

Unverkennbar ist mit Blick auf aktuelle Entwicklungen im Kundenservice, dass trotz des Siegeszuges der digitalen Kommunikationsmöglichkeiten auch ein gewisser Gegentrend zu erkennen ist. So wünschen sich viele Kunden eine gewisse persönliche Wertigkeit des Services. Face-to-Face-Kommunikation bietet gerade im Vertrieb die Chance, im persönlichen Rahmen notwendiges Vertrauen aufzubauen. Dies erscheint aufgrund der dynamischen Umfeldbedingungen und der großen Vertrauenskrise in einigen Bereichen (etwa im Bankensektor) notwendig, um für Kunden erreichbar zu sein und echte Beziehungen aufzubauen, die für Verlässlichkeit stehen. In diesem Kontext zeigt sich ganz deutlich, dass ein exzellenter Kundenservice den Unterschied ausmachen und sich im Vertrieb buchstäblich bezahlt machen kann. Die angesprochenen Dimensionen der Servicequalität sind mit Blick auf konkrete Unternehmensspezifika gezielt zu beachten, sie müssen authentisch mit Leben gefüllt werden. Zwar spielen sogenannte Self-Services und interaktive Möglichkeiten in Zukunft eine immer größere Rolle im Kundenservice. Das Unternehmen muss aber immer persönlich greifbar bleiben. Es darf für Kunden nicht zu einem abstrakten, nicht mehr greifbaren digitalen Gerüst mutieren.

Vertrieb und Kundenservice in Unternehmen sollten sich ergänzen

Aus den vorangegangenen Überlegungen ergibt sich als logische Schlussfolgerung, dass Vertrieb und Kundenservice zusammengehören und einander sehr dienlich sein können. Sie dürfen auf keinen Fall getrennt gesehen werden – weder in strategischer noch in operativer Hinsicht. Nur eine enge Zusammenarbeit von Innen- und Außendienst oder von Vertriebs- und Serviceteam ermöglicht Kunden ein bei jedem Kontakt ganzheitliches Serviceerlebnis. Der Vertrieb soll in erster Linie verkaufen. Zusätzliche Serviceleistungen erhöhen automatisch den wahrgenommenen Mehrwert und tragen maßgeblich zur erwünschten Kundenbindung bei. Nicht zu vergessen sind die Zusammenhänge zwischen Teamarbeit beziehungsweise von

Mitarbeiterzufriedenheit und Servicequalität: Zufriedene und motivierte Mitarbeiter treten Kunden ganz anders gegenüber als unmotivierte Mitarbeiter, die nur Dienst nach Vorschrift machen und sich nicht mit den Unternehmenszielen identifizieren. Um die Servicequalität nachhaltig zu erhöhen, muss also auch an den organisatorischen und arbeitspsychologischen Strukturen gezielt angesetzt werden. Eine Untersuchung des Meinungsforschungsinstitutes Yougov zeigt in dieser Hinsicht mögliche, praxiserprobte

„Isolierte Hauruck-Maßnahmen sind nicht geeignet, um Kunden zu begeistern."

Elemente: Flexible Arbeitszeiten tragen danach maßgeblich zur Zufriedenheit und Motivation der Mitarbeiter bei. Auch Angebote zur Work Life Balance können einen direkten Beitrag zu einer verbesserten Servicequalität leisten. Was die einzelnen Arbeitsprozesse angeht, so sollten Mitarbeiter möglichst dem Kunden mit großer Autonomie gegenübertreten können, um selber Entscheidungen treffen und so eine schnelle Lösung herbeiführen zu können. Ganzheitliche Arbeitsaufgaben fördern die Motivation der Mitarbeiter. Kunden profitieren so letztlich spürbar von schnelleren Lösungen (Erhöhung der wahrgenommenen Servicequalität).

Exzellente Servicequalität für Kunden bei Henkel, Nike und Ikea

Generell lässt sich mit Blick auf die Unternehmenspraxis festhalten, dass eine zunehmende IT-Automatisierung zu einer deutlichen Erhöhung der Verfügbarkeit und letztlich auch der Servicequalität führt. Bei allen technischen Möglichkeiten darf es aber eben nicht nur um das Digitale gehen, denn bei der Servicequalität geht es immer auch um das Erleben. Neben aller Interaktivität dürfen persönliche Servicemomente nicht zu kurz kommen. Eine permanente Verfügbarkeit des Kundenservices darf auf keinen Fall zulasten der Qualität gehen. Daher bietet es sich an, alle Vertriebskanäle mit zusätzlichen Serviceleistungen (Hotline, Tutorials etc.) zu versehen, um Kunden

Handlungsempfehlungen

So wird die Servicequalität zukunftssicher und kundengerecht(er):
- Ganzheitlich denken und handeln: Servicequalität und Mitarbeiterzufriedenheit gehören zusammen.
- Eine hohe Servicekompetenz braucht eine gelebte, tief verwurzelte Servicekultur.
- digital & analog: Bei der Servicequalität geht es um subjektive Erlebnisse.
- Die angeführten Dimensionen der Servicequalität sind unternehmensspezifisch mit Leben zu füllen.
- Moderne Organisationsstrukturen und Führungsstile sowie abteilungsübergreifende Kooperation sind die operative Grundlage für einen exzellenten Kundenservice.

Abb. 2   Servicequalität bei Ikea.de

Quelle: Ikea

Kerngedanke 4
Face-to-Face-Kommunikation bietet dem Vertrieb die Chance, im persönlichen Rahmen notwendiges Vertrauen aufzubauen.

zu jeder Zeit erreichen bzw. helfen zu können. Ein solches Beispiel mit einem gewissen persönlichen Charakter sind virtuelle Berater auf der Website der schwedischen Möbelhauskette Ikea. Sie beantworten die Fragen und begleiten Kunden durch die Seiten.

Im Bereich des Internetmarketings haben Unternehmen die Chance, Kunden einen gezielten visuellen Mehrwert zu bieten. Videos mit Aufbauanleitungen oder Podcasts sind eine moderne Lösung, um Kunden kosteneffizient professionelle Hilfe zu leisten, ganz abgesehen von der immer verfügbaren Erreichbarkeit. Zudem bieten solche Videos oder Tutorials die gezielte Chance, im E-Commerce-Sektor zu wachsen. Henkel beispielsweise bietet Heimwerkern mit der Seite „eHow" ein nützliches Portal mit vielen Tipps und Tricks. Auch wenn diese Form des Kundenservices grundsätzlich digital ist, so wird dennoch ein persönliches Erlebnis inszeniert, da echte Personen in den Videos als Ansprechpartner dienen. Ein Unternehmen bleibt somit aus wahrnehmungspsychologischer Sicht für Kunden greifbar.

Über einen modernen Service, der mit dem Vertrieb gekoppelt wird oder darüber hinausgeht, können Kunden zudem aktiviert und somit zu späteren Käufe animiert werden: Die sportliche Serviceplattform von Nike bietet Kunden dazu beispielsweise einen virtuellen Raum, um sich mit anderen Kunden zu messen und gleichzeitig neue persönliche Bestleistungen aufzustellen.

„Das Unternehmen muss immer persönlich greifbar bleiben. Es darf für Kunden nicht zu einem abstrakten, digitalen Gerüst mutieren."

Fazit und Ausblicke zur Servicequalität 2.0: Der Mensch bleibt der Schlüssel zum nachhaltigen Wachstumserfolg

Neue, dank Internet omnipräsente Informationsmöglichkeiten, ein tiefgreifender Wertewandel, selbstbewusste Kunden und ein harter Wettbewerb mit globaler Reichweite sind zentrale Umfeldbedingungen, die die Wichtigkeit einer exzellenten Servicequalität als nachhaltigen Wettbewerbsfaktor darstellen. Zwar zeigt ein Blick auf die Entwicklungen im Vertriebs- und Servicebereich, dass das Digitale immer mehr in den Fokus rückt – schließlich spielt der Vertriebsweg Internet für das Wachstum mittlerweile eine große Rolle. Dennoch bleibt das analoge Element weiterhin entscheidend, um Kunden als Unternehmen persönlich gegenüberzutreten. In diesem Sinne muss es darum gehen, für Kunden über alle Vertriebskanäle und möglichen Kommunikationswege hinweg ein in sich stimmiges, hochwertiges Serviceerlebnis mit deutlichem Mehrwert zu schaffen. In vielen Branchen bleibt der persönliche Kontakt zum Kunden das A&O, so etwa im zuletzt stark krisengeschüttelten Bankensektor. Hier gilt es, verlorengegangenes Vertrauen wiederzugewinnen.

Anspruchsvolle Servicequalität muss vom Kunden her gedacht werden

Die Darstellungen zur Bedeutung einer exzellenten Servicequalität zeigen auch, dass ein ganzheitliches Vorgehen bzw. eine tiefe Verwurzelung erforderlich sind: Eine hohe Servicequalität bedarf einer ausgeprägten Servicekultur. Im Mittelpunkt steht dabei immer der Mensch, wobei der Zusammenhang zwischen der Mitarbeiter- und Kundenzufriedenheit nicht zu verachten ist. Ohne zufriedene und motivierte Mitarbeiter oder mit einem sehr schlechten Betriebsklima ist es schwer, eine begeisternde Servicephilosophie zu leben. Es muss darum gehen, ein hohes Maß an Kunden und Serviceorientierung nicht nur in den Köpfen, sondern auch in den Herzen aller Mitarbeiter und Führungskräfte zu verankern. Dies gilt abteilungsübergreifend. Gefragt ist ein effizientes Zusammenspiel von Vertrieb und Kundenservice, denn die Kunden sind die letzten, die sich für interne Grabenkämpfe des Unternehmens interessieren.

Fazit

Mit Blick auf Trends und künftige Herausforderungen bei der Servicequalität kann festgehalten werden, dass der Kundenservice ein neues, abteilungsübergreifendes Gesicht bekommen muss, falls Unternehmen sich langfristig erfolgreich positionieren wollen. Eine Studie von Detecon geht davon aus, dass in Deutschland bis 2015 etwa 25 Prozent aller Servicekontakte mit Kunden über sogenannte automatisierte Web-Self-Services erfolgen werden. Bei aller notwendigen Zahlenbasiertheit im Rahmen der unternehmensspezifischen Zieldefinition ist es mit Blick auf die Kundenbindung für Unternehmen wichtig, auch im digitalen Bereich ein Serviceerlebnis für Kunden zu inszenieren. Unternehmen müssen mit ihrem Profil und Image greifbar sein, um sich von Konkurrenten abzuheben. Die angeführten Beispiele veranschaulichen, in welche Richtungen die Lösungen dazu gehen können.

⬚ Zusätzlicher Verlagsservice für Abonnenten von „Springer für Professionals | Vertrieb"

Zum Thema | Servicequalität | 🔍 Suche

finden Sie unter www.springerprofessional.de 1.307 Beiträge, davon 99 im Fachgebiet Vertrieb   Stand: Mai 2014

Medium

☐ Online-Artikel (12)
☐ Interview (1)
☐ Zeitschriftenartikel (357)
☐ Buchkapitel (1332)

Sprache

☐ Deutsch (1699)
☐ Englisch (3)
☐ Niederländisch (1)

Von der Verlagsredaktion empfohlen

Geisbauer, R. et al.: Erfassen und Bedienen von Serviceanforderungen des Kunden, in: Geisbauer, R. et al: Serviceinnovation, Wiesbaden 2013, S.21 - 42, www.springerprofessional.de/3368772

Schlömer, S.: Mit Service Level Management die Qualität sichern, in: Sales Management Review, Ausg. 01-02/2011, Wiesbaden 2011, S. 48 - 49 www.springerprofessional.de/2834852

Servicevielfalt richtig steuern

Die Modularisierung von Service ermöglicht es, die zunehmende Vielfalt im Service zu steuern und Gewinnpotenziale auszuschöpfen. Durch diesen Ansatz sind Lerneffekte und eine hohe Qualitätssicherheit zur Steigerung des Kundennutzens erreichbar. Der Beitrag beschreibt das Konzept der Servicemodularisierung und zeigt deren Chancen und Risiken auf.

Horst Wildemann

Bei der Betrachtung der Lebenszykluskosten von Produkten ist ersichtlich, dass in einigen Branchen das Deckungsbeitragspotenzial vor allem im Service und nicht mehr in den Produkten selbst liegt. Diese Erkenntnis hat Auswirkungen: Das Differenzierungspotenzial des Leistungsangebots nimmt mit der Komplexität des Serviceangebots zu. Um Kundenlösungen wirtschaftlich bereitstellen zu können, ist die Anschlussfähigkeit zum Modulbegriff offensichtlich.

Services rechnen sich dann, wenn die Kunden zufrieden sind, weil ihre Probleme gelöst (besser noch: ihre Wünsche erfüllt) wurden – und wenn das Ergebnis sich aus Methoden und Maßnahmen zusammensetzt, die standardisierte Elemente umfassen. Erst dann lassen sich Lerneffekte für das Unternehmen realisieren und die Qualität hochhalten. Der Schlüssel hierfür ist die Modularisierung mit dem Ziel, ein breites Spektrum an Serviceleistungen zu geringen Kosten anzubieten (siehe **Abbildung 1**).

Modularisierung am Beispiel der Automobilindustrie

Was aber ist das überhaupt, ein Modul? Der Duden definiert den Begriff als „eine sich aus mehreren Elementen zusammensetzende Einheit innerhalb eines Gesamtsystems, die jederzeit ausgetauscht werden kann". Klingt wenig spektakulär. Doch welche Sprengkraft in der Modul-Idee steckt, macht die Automobilindustrie deutlich. So genannte Plattformen sorgten bislang dafür, dass auf einer gemeinsamen Basis verschiedene Modelle entwickelt und produziert werden konnten. Im Vergleich zu den alten Methoden à la Ford war das ein enormer Flexibilitätsgewinn – freilich eingeschränkt auf Fabrikate innerhalb einer Klasse. Wer stattdessen in Modulen denkt, löst die

Univ.-Prof. Dr. Dr. h.c. mult.
Horst Wildemann
ist Professor an der Technischen Universität München und geschäftsführender Gesellschafter der TCW Management Consulting.
E-Mail: prof.wildemann@tcw.de

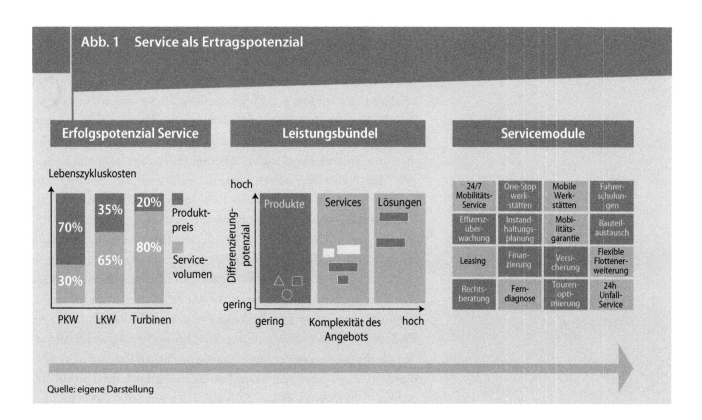

Abb. 1   Service als Ertragspotenzial

Quelle: eigene Darstellung

Plattform-Philosophie nicht nur ab, sondern auf: Plötzlich entstehen Einheiten, die vom Kleinwagen bis zur Luxusklasse eingesetzt werden können, also horizontale und vertikale Effizienz verbinden. Um es mit der Mengenlehre auszudrücken: Man sucht nicht mehr nach dem größten gemeinsamen Nenner, sondern nach dem kleinsten gemeinsamen Vielfachen. Damit bilden Module eine kleinere Einheit als die Plattform und eine größere Einheit als das Gleichteil; vor allem aber sind sie viel anpassungsfähiger, weil ihr jeweiliges Differenzierungsmerkmal variabel ist.

Module fassen zusammen, was zusammen gehört: Das klingt natürlich einfacher, als es umzusetzen ist. Ingenieure müssen lernen, über das jeweilige Produkt hinauszudenken, gewissermaßen die Logik der Produktion auf eine neue Basis zu stellen, die viel mehr von Evolution und Anpassung bietet, als es bisher der Fall war. Gewissermaßen übernimmt das Unternehmen Wachstumsmodelle der Natur, die einmal gefundene Lösungen unendlich variiert und damit viel flexibler und schneller produziert, als wir es bislang vermochten.

Kerngedanke 1

In vielen Branchen liegen die Deckungsbeitragspotenziale heute vermehrt im Service als in den eigentlichen Produkten.

„Die Servicearchitektur ist von besonderer Bedeutung für die Modularisierung von Dienstleistungen als Grundlage einzelner Serviceprodukte und Servicekonfigurationen."

Modularisierung im Service

In Zusammenhang mit der Modularisierung von Services und Dienstleistungen ist vor allem die Möglichkeit der Wiederverwendung einmal erstellter Dienstleistungsmodule für neue Dienstleistungen hervorzuheben. Dies beinhaltet eine strukturierte Vorgehensweise zur Serviceentwicklung, sodass der Vertrieb Dienstleistungsvarianten verkaufen kann. Anwendungsgebiete sind zum Beispiel Konfiguratoren, mit denen Kunden eine für sie individuelle Zusammenstellung an Servicemodulen auswählen und sich direkt über Preise informieren können, noch bevor die Dienstleistung tatsächlich erbracht worden ist. Trotz der Übertragbarkeit des Architekturkonzepts von Produkten auf Services und Dienstleistungen sind einige Abweichungen im Vergleich zur Entwicklung und Herstellung physischer Güter zu beachten. Zu beachten ist ein hoher Integrationsgrad des Kunden in den Erstellungsprozess von Dienstleistungen. Dies impliziert, dass eine Dienstleistung nicht ohne Mitwirken des Kunden produziert und bis zur Inanspruchnahme gelagert werden kann. Vielmehr erfolgt die Erstellung oder die Entwicklung einer Dienstleistung direkt beim oder am Kunden. So werden die zur Erbringung der Dienstleistung benötigten Ressourcen und Fähigkeiten wie Personal oder Know-how einerseits durch den Dienstleister bereitgestellt, andererseits aber auch durch den Kunden selbst. Neben der

Servicearchitektur kann die Modularisierung von Dienstleistungen in mehreren Ebenen erfolgen. Die nachfolgenden drei Ebenen stellen jeweils ein unterschiedliches Konkretisierungsniveau dar:

- Auf der obersten Ebene steht die Servicearchitektur, die alle für eine Dienstleistung verfügbaren Module und Schnittstellen abbildet.
- Die mittlere Ebene repräsentiert die Serviceprodukte. Auf dieser Ebene erfolgt die Zusammenstellung der in der Servicearchitektur vorgegebenen Module und Schnittstellen mit auf unterschiedliche Märkte zugeschnittenen Produkten.
- Die Servicekonfiguration bildet die unterste Ebene. Auf dieser Ebene besteht die Möglichkeit, aus einem Serviceprodukt eine Dienstleistung zu generieren, die speziell an die spezifischen Anforderungen eines Kunden angepasst ist. Eine Servicekonfiguration weist nur diejenigen Merkmale auf, die einerseits durch das definierte Serviceprodukt zu leisten sind und andererseits die Bedürfnisse des Kunden befriedigen. Sie bezeichnet somit die Anpassung einer Dienstleistung an den konkreten Anwendungsfall innerhalb einer Kundenbeziehung.

Das Ergebnis der Verzahnung der verschiedenen Ebenen ist somit eine kundenindividuelle Dienstleistung, die modular entwickelt und produziert wird. Von besonderer Bedeutung für die Modularisierung von Dienstleistungen ist dabei die Ebene der Servicearchitektur. Sie bildet die Grundlage für die Umsetzung von Varianten einzelner Serviceprodukte und Servicekonfigurationen. Die Servicearchitektur gewährleistet beispielsweise, dass die erforderlichen Leistungsmerkmale angeboten werden und dass die Prozesse und Ressourcen zur Erstellung und Erbringung von Dienstleistungen effizient umgesetzt werden. Besonders eng mit der Servicekonfiguration sind die Organisation der Entwicklung von Dienstleistungen sowie die Gestaltung der Supply Chain verbunden. So wird festgelegt, welche Teilleistungen eines Serviceprodukts im Unternehmen selbst erstellt oder von externen Dienstleistern bezogen werden.

Modulare Servicearchitekturen

Die Implikationen einer modular gestalteten Servicearchitektur sind:

- Die Wiederverwendbarkeit von Modulen, denn diese können in neuen oder bereits bestehenden Serviceprodukten erneut eingesetzt werden. Dies reduziert die Entwicklungskosten und führt zu Skaleneffekten in der Dienstleistungserstellung.
- Die weitgehende Weiterentwicklung einzelner Komponenten unabhängig von anderen Modulen. Ohne ein Serviceprodukt vollständig anpassen zu müssen, können auf diese Weise lokal Weiterentwicklungen durchgeführt und neue Bedarfe abgedeckt werden.
- Eine Individualisierung der Gesamtdienstleistung, die durch die selektive Verwendung einzelner Module erfolgen kann, da durch eine Neukombination von Modulen unterschiedliche Nachfrageanforderungen abgedeckt werden können. In diesem Fall ist bei der Anpassung an Kundenanforderungen keine individuelle Entwicklung mehr notwendig.

Zusammenfassung

- Das Deckungsbeitragspotenzial liegt in einigen Branchen heute vor allem im Service und nicht in den Produkten selbst.
- Das Differenzierungspotenzial des Leistungsangebots nimmt mit der Komplexität des Serviceangebots zu. Um dies wirtschaftlich umzusetzen, bietet sich die Servicemodularisierung als Lösungsansatz an.
- Die Servicemodularisierung verfolgt das Ziel, ein breites Spektrum an Serviceleistungen zu geringen Kosten anzubieten, indem Lernkurveneffekte ausgenutzt und eine hohe Qualitätssicherheit erreicht werden.
- Im Zusammenhang mit der Modularisierung von Services und Dienstleistungen ist vor allem die Möglichkeit der Wiederverwendung einmal erstellter Dienstleistungsmodule für neue Dienstleistungen hervorzuheben.
- Von besonderer Bedeutung für die Modularisierung von Dienstleistungen ist die Servicearchitektur. Sie bildet die Grundlage für die Umsetzung von Varianten einzelner Serviceprodukte und Servicekonfigurationen.
- Chancen und Risiken für oder gegen den Einsatz einer modularen Dienstleistung sind immer individuell zu analysieren.

Kerngedanke 2

Die Servicemodularisierung bietet erhebliche Potenziale, um die Variantenvielfalt zu steigern und gleichzeitig die Kosten zu beherrschen.

• Die raschere Erstellung von Dienstleistungen, da sie im Idealfall lediglich aus der Kombination bereits vorhandener, standardisierter Module zusammengesetzt werden.

• Die Teilstandardisierung von Dienstleistungen, da sich heterogene Anforderungen ebenfalls durch die Kombination von Modulen abbilden lassen.

• Eine lokale Verbesserung der einzelnen Module und damit die Optimierung der Dienstleistung. Die damit verbundenen Anpassungen können unabhängig von Veränderungen in anderen Modulen durchgeführt werden, solange die Schnittstellen nicht verändert werden.

Diese Möglichkeiten ergeben sich nicht nur bei der Entwicklung, Erstellung und Konfiguration einer Einzeldienstleistung, sondern sie lassen sich auch auf die Konzeption von hybriden Leistungsbündeln oder Serviceverträgen wie etwa Betreibermodelle übertragen. Bei hybriden Leistungsbündeln sind gerade die Schnittstellen zwischen dem physischen Produkt und der Dienstleistungskomponente des Leistungsbündels hervorzuheben.

Im Gegensatz zur integralen Erstellung des Leistungsbündels können durch eine modulare Konzeption die Produkt- oder Dienstleistungskomponente fast unabhängig voneinander weiterentwickelt oder den Kundenwünschen entsprechend angepasst werden, ohne die Architektur der jeweils anderen Leistungsbündelkomponente stark zu beeinflussen. So müssen bei modularen Strukturen bei Veränderung eines physischen Produkts oft nur die Dienstleistungsmodule angepasst werden, die eine direkte Schnittstelle zu dem veränderten Modul des physischen Produkts haben.

Je komplexer das System des hybriden Leistungsbündels und je höher der Anpassungsbedarf ist, desto eher kommen die Vorteile der Modularisierung für Unternehmen zum Tragen. Es zeigt sich also, dass gerade für die Entwicklung von differenzierten Leistungsprogrammen mit einer großen Anzahl von Varianten und Anpassungen modulare Servicearchitekturen ein großes Potenzial bieten.

Der Nutzen, den sich ein Kunde durch den Bezug einer Dienstleistung verspricht, ist das wesentliche Kaufkriterium. Um diesen Nutzen allerdings einschätzen zu können, müssen Dienstleistungen entlang der Dimensionen Ergebnis, Potenzial und Prozess determiniert sein. Darüber hinaus kann durch die Integration des Kunden in den Prozess der Serviceerbringung nicht von statischen Wirkzusammenhängen ausgegangen werden. Deswegen steht bei der Dienstleistungserbringung vielmehr der Prozess der Dienstleistung und weniger die funktionale Eigenschaft im Vordergrund. Die Angabe von Prozessen alleine ist allerdings nicht ausreichend, um eine Dienstleistung aus Kundensicht zu standardisieren und damit den Leistungsgehalt zu kommunizieren. Hier sind die Dienstleistungsergebnisse von zentralem Interesse.

Ein Beispiel: Der Kundennutzen bei einer Autoreparatur besteht nicht im Auswechseln der Bremsen. Das vom Kunden gewünschte Ergebnis ist hier viel eher in der wiederhergestellten Gebrauchstüchtigkeit des Fahrzeuges zu sehen. Auch die genauere Bestimmung der Potenzialdimension ist zielführend, um den Gehalt einer Dienstleistung erheben zu können. Das Potenzial ist zu interpretieren als die Fähigkeit, eine bestimmte Dienstleistung auszuführen. Hierbei ist zu bedenken, dass der Kunde häufig auf ein Leistungsversprechen des Unternehmens angewiesen ist. Dieser Sachverhalt ist besonders kritisch zu beurteilen, wenn die Bezahlung vor der Erbringung der Dienstleistung erfolgt. Die mögliche Umsetzungsgüte lässt sich durch das zu Grunde liegende Potenzial des Anbieters untermauern.

Die Beurteilung der unternehmensindividuellen Effizienz bei der Erbringung von Services ist an die Möglichkeit zur Quantifizierung des Leistungsgehaltes der bereitgestellten Services gebunden. Hier kann die Standardisierung von Services diesem Mangel begegnen, da standardisierte Services vergleichbar sind. Diese Vergleichbarkeit begünstigt das unternehmensinterne Potenzial, Kosten bei der Entwicklung und Erbringung von Services zielführend zu planen und zu überwachen. Um Services effizient zu entwickeln und zu erbringen, ist also eine gewisse Standardisierung von Dienstleistungen – auch vor dem Hintergrund von Skaleneffekten – erforderlich. Andererseits sehen sich Unternehmen mit der Anforderung konfrontiert, kundenindividuelle Services anzubieten, um sich so durch Alleinstellungsmerkmale gegenüber dem Wettbewerb behaupten zu können.

Durch die Bildung standardisierter und kombinierbarer Servicemodule und die anschließende Aggregation zu einem kundenindividuellen Serviceprodukt können die Potenziale von Standardisierung und Individualisierung gleichsam gehoben werden. Dabei ist zu beachten, dass bei der Modularisierung von Services zwei Blickfelder in die Analyse einzubeziehen sind: Es ist einerseits das modulare Serviceprodukt selbst als Leistungsbündel zu nennen. Andererseits erstreckt sich die Modularisierung auch auf die Prozesse und Aktivitäten, die zur Erbringung des modularen Serviceproduktes notwendig sind. Die Servicemodularisierung umfasst also grundsätzlich die beiden Dimensionen Organisation und Serviceprodukt.

Da Dienstleistungen gemäß ihrer Definition im selben Moment erbracht wie produziert werden, stehen bei modularen Dienstleistungen vor allem die den Dienstleistungen zu Grunde liegenden Prozesse und Aktivitäten im Vordergrund. Soll ein Serviceprodukt modular angeboten und erbracht werden können, gilt dies in analoger Weise auf für die dahinterstehenden Prozesse und Aktivitäten des Unternehmens.

Prozesslandschaft für modulare Services

Modulare Services bedürfen also einer Prozesslandschaft, die sich in modulare Aktivitäten aufgliedert. Dazu muss die Gesamtheit der Prozesse und Aktivitäten zu Modulen aggregiert werden. Module definieren sich durch folgende Eigenschaften, die im Rahmen einer Aggregation berücksichtigt werden müssen:

- Module sind intern homogen,
- Module sind extern heterogen,
- Module sind austauschbar,
- Module sind kombinierbar und
- Module sind autonom.

Handlungsempfehlungen

- Analysieren Sie Ihr Serviceportfolio im Hinblick auf die Möglichkeit der Standardisierung einzelner Servicebestandteile.
- Identifizieren Sie Möglichkeiten der Wiederverwendung einmal erstellter Dienstleistungsmodule für neue Dienstleistungen. Dies beinhaltet eine strukturierte Vorgehensweise zur Serviceentwicklung, sodass der Vertrieb Dienstleistungsvarianten verkaufen kann.
- Versuchen Sie, die Modularisierung von Dienstleistungen in mehreren Ebenen vorzunehmen. Differenzieren Sie Servicearchitektur, Serviceprodukte und Servicekonfiguration und verzahnen Sie die Ebenen zur Erreichung einer modularen und kundenindividuellen Dienstleistung.
- Modularisieren Sie Ihre Organisation und richten Sie diese an Ihren modularen Dienstleistungen aus.
- Bewerten Sie die Chancen und Risiken für oder gegen den Einsatz einer modularen Dienstleistung und entscheiden Sie immer auf dieser Grundlage.

Kerngedanke 3

Module sind anpassungs-
fähiger als Plattformen, weil
ihr jeweiliges Differenzierungsmerkmal variabel ist.

Je nach Modulgröße und Modulanzahl werden die genannten Eigenschaften mehr oder weniger stark berücksichtigt. Der optimale Grad der Modularisierung orientiert sich dabei an den situativen Anforderungen an Prozesse und Aktivitäten.

Eine vielversprechende Strategie zur Verbesserung der Wettbewerbsposition liegt in der Aufwertung von Produkten durch den Ausbau des Leistungsangebots hin zu integrierten Problemlösungen, bestehend aus Kombinationen von Sach- und Dienstleistungen. Diese Art von Leistungen wird auch als hybride Produkte bezeichnet. Hybride Produkte sind im Investitionsgütermarkt nichts Neues. Bereits über 90 Prozent der Industriegüterunternehmen bieten neben Sachgütern produktbegleitende Dienstleistungen an.

Der entscheidende Unterschied ist jedoch: Zu diesem Zeitpunkt nutzten die wenigsten Unternehmen Dienstleistungen, um sich zusätzliche Wettbewerbsvorteile zu verschaffen. Sie waren mit der Zeit vielmehr zu einem Industriestandard geworden. Dienstleistungen wie beispielsweise Wartung und Ersatzteilservices wurden marktüblich und sind als Ergänzung zum rei-

„Der modulare Charakter des Dienstleistungsportfolios ermöglicht einen raschen und kostengünstigen Organisationsaufbau sowie eine effiziente Organisationsentwicklung.“

nen Produktgeschäft kaum mehr wegzudenken. Warum From-Free-to-Fee nicht immer funktioniert: Als Crux der Dienstleistungen hat sich herausgestellt, dass sie im Nachkaufgeschäft (After Sales) zwar verhältnismäßig hohe Margen abwerfen, jedoch überwiegend am Rand des Kompetenzprofils eines produzierenden Unternehmens zu finden sind.

Dienstleistungen sind meist an das bestehende Produktangebot gekoppelt und werden vom Kunden oft als Dreingabe verstanden. Die wenigsten Kunden lassen sich davon überzeugen für Dienstleistungen getrennt zu bezahlen, geschweige denn einen höheren Preis für die Kombinationen von Produkten und Dienstleistungen zu entrichten. Die Folge ist, dass viele Unternehmen ihre From-Free-to-Fee-Strategie trotz steigender Servicekosten wieder aufgegeben haben.

Chancen und Risiken bei der Servicemodularisierung

Das größte Risiko für Anbieter modularer Dienstleistungen stellt die Entbündelung durch den Servicenehmer da. Dies führt in den meisten Fällen dazu, dass die Dienstleistung nicht mehr vollständig in Anspruch genommen wird und damit für den Serviceanbieter unwirtschaftlich wird. Voraussetzung für eine mögliche Entflechtung von modularen Dienstleistungen ist jedoch, dass der Kunde über die entsprechende Eigenkompetenz zur Erbringung des gleichen Services verfügt. Die Entbündelung kann jedoch auch durch einen Fremdbezug vom günstigsten Lieferanten erfolgen.

In der Praxis lassen sich die Risiken der Entbündelung am Beispiel des Kundendienstes beim Auto veranschaulichen. Hierbei ist der Kundendienst für ein Auto modular aufgebaut. Im ersten Modul wird die Verkehrssicherheit des Fahrzeugs überprüft, das zweite Modul beinhaltet das Ersetzen von Verschleißteilen nach Herstellerangaben, während im dritten Modul Zusatzleistungen der Vertragswerkstatt enthalten sind. Für den Kunden als Dienstleistungsnehmer wird unterstellt, dass dieser einen Neuwagen erworben hat. In den meisten Fällen wird ein solcher Kunde den ersten Kundendienst bei der Vertragswerkstatt durchführen lassen. Gründe hierfür sind die Loyalität, eine mögliche Ausweitung der Garantie oder eine erhöhte Kulanz bei der Durchführung des Kundendienstes. Gleichzeitig sammelt der Kunde erste Erfahrungen bei der Erbringung der modularen Dienstleistung. Je nach der Ausprägung dieser Erfahrungen wird der Kunde beginnen, nach Vergleichsangeboten zu suchen. Faktoren wie die Kosten der Dienstleistung, die Nähe zu einer anderen Werkstatt oder Empfehlungen können so zu einem Werkstattwechsel führen. Wählt der Kunde in diesem Fall eine freie Werkstatt, so nimmt er bereits eine Entbündelung vor. Es ist jedoch davon auszugehen, dass die Dienstleistung auch bei der freien Werkstatt modular aufgebaut ist.

Eine weitere Entbündelung kann immer noch vorgenommen werden, indem Teildienstleistungen, wie beispielsweise ein Ölwechsel, durch den Dienstleistungsnehmer selbst durchgeführt werden. Neben den Risiken bietet die Entbündelung modularer Dienstleistungen auch Chancen für Dienstleistungsanbieter. Dies hängt jedoch entscheidend von den Produkteigenschaften ab. So ist vor allem ein mittlerer bis hoher Servicebedarf notwendig. Dies ist beispielsweise bei Automobilen, Computern, Windrädern oder Flugzeugen der Fall.

Als eine weitere wichtige Produkteigenschaft ist der Produktlebenszyklus bei der Gestaltung modularer Dienstleistungen ins Kalkül zu ziehen. Kurze Produktlebenszyklen sorgen für einen schnellen Generationswechsel von Produkten. Mit jedem Generationswechsel eines Produktes muss auch der Aufbau einer modularen Dienstleistung überprüft werden. Gegebenenfalls muss die modulare Dienstleistung an die neue Produktgeneration angepasst werden, damit der Gefahr einer Entbündelung entgegengewirkt wird. Modulare Dienstleistungen eignen sich demnach vor allem für Produkte mit einem hohen Dienstleistungsbedarf und einem langen Produktlebenszyklus.

Diese Kriterien sind an den Beispielen der Windräder und Flugzeuge ebenfalls erfüllt. Bei diesen Produkten lassen sich modulare Dienstleistungen aufsetzen, die über einen langen Zeitraum angewendet werden können. Eine hohe technische Komplexität der Produkte sowie gesetzliche Vorschriften sorgen dafür, dass der Dienstleistungsnehmer in den meisten Fällen keine Entbündelung anstreben wird. Hinzu kommt, dass die meisten Unternehmen die Erbringung der Dienstleistung nicht als deren Kernkompetenz sehen.

Kerngedanke 4

Die Modularisierung von Servicedienstleistungen erfolgt in mehreren Ebenen, wobei die Ebenen jeweils ein unterschiedliches Konkretisierungsniveau darstellen.

Kerngedanke 5

Modulare Services bedürfen einer Prozesslandschaft, die sich in modulare Aktivitäten aufgliedert. Daher ist die Organisation an den modularen Dienstleistungen auszurichten.

Fazit

Chancen und Risiken ergeben sich aus der Betrachtung der Organisationsstruktur der Dienstleistungsanbieter, die an der Gesamtheit der modularen Dienstleistungen auszurichten ist. Hierbei sind der Organisationsaufbau, die Organisationsentwicklung sowie die Ablauforganisation zu betrachten. Der modulare Charakter des Dienstleistungsportfolios ermöglicht einen raschen und kostengünstigen Organisationsaufbau sowie eine effiziente Organisationsentwicklung. Die Langfristigkeit und Rigidität einer modularen Dienstleistungsorganisation ist als nachteilig zu sehen. So ist es beispielsweise schwierig, eine modular aufgesetzte Organisation wieder in eine andere Organisationsform zurückzuführen. Ein weiterer Vorteil einer modularen Organisation ist die einfache Einbindung von Lieferanten und Subdienstleistern. Wird beispielsweise ein Dienstleistungsmodul nicht als Kernkompetenz angesehen, kann es an einen Lieferanten vergeben werden. Eine modular gestaltete Dienstleistungsorganisation erleichtert zudem ein effizientes Management der einzelnen Dienstleistungsteams, da es klar definierte Ansprechpartner je Dienstleistungsmodul gibt. Eine Duplizierung und Fragmentierung von Ressourcen ist als nachteilig zu sehen, da in jedem Dienstleistungsmodul vergleichbare organisatorische Funktionen zu implementieren sind. Die Chancen und Risiken für oder gegen den Einsatz einer modularen Dienstleistung müssen immer individuell analysiert werden.

Literatur

Schreiber, K.: After-Sales-Management, München 2010

Wildemann, H.: Modularisierung von Organisation, Produkten, Produktion und Service, München 2014

Wildemann, H.: Vielfalt nutzen und optimieren: Modularisierung 4.0, München 2014

Wildemann, H.: Produkte und Service entwickeln und managen, 2. Aufl., München 2009

Wildemann, H.: Service-Modularisierung: Leitfaden zur Einführung, München 2014

SfP Zusätzlicher Verlagsservice für Abonnenten von „Springer für Professionals | Vertrieb"

Zum Thema	**Modularisierung Service**	🔍 Suche

finden Sie unter www.springerprofessional.de 1932 Beiträge, davon 25 im Fachbereich Vertrieb   Stand: Mai 2014

Medium
- ☐ Interview (1)
- ☐ Zeitschriftenartikel (134)
- ☐ Buch (1)
- ☐ Buchkapitel (825)
- ☐ Nachrichten (1)

Sprache
- ☐ Deutsch (920)
- ☐ Englisch (92)

Von der Verlagsredaktion empfohlen

Gouthier, M.H./Coenen, Ch./Schulze, H./Wegmann, Ch.: Modularisierung von Dienstleistungen, in: Service Excellence als Impulsgeber, Wiesbaden 2007, S. 163-185, www.springerprofessional.de/1858680

Hüttenrauch, M./Baum, M.: Die Lösung des Konflikts, in: Effiziente Vielfalt, Wiesbaden 2008, S. 127-169, www.springerprofessional.de/1735656

„Auch guter Service muss aktiv verkauft werden"

Kundenbeziehungsmanagement muss beim Reifenhersteller Apollo Vredestein mit Hauptsitz im niederländischen Enschede sowohl den Endkunden als auch den Fachhändler überzeugen. Um im umkämpften Reifenmarkt in der Oberklasse zu spielen, ist es notwendig, sich bei den verschiedenen Kundengruppen durch Serviceerlebnisse vom Wettbewerb abzuheben.

Das Interview führte Gabi Böttcher .

Susan Aurich-Hofmann
ist für den Kundenservice bei der
Vredestein GmbH, Vallendar, dem deut-
schen Standort von Apollo Vredestein B.V.
zuständig. Kerngeschäft von Vredestein ist
die Produktion und Vermarktung sowie
der Verkauf und die Distribution von
PKW- und LKW-Reifen bzw. Reifen für
die Landwirtschaft und Industrie.

Frau Aurich-Hofmann, vor ein paar Jahren sprach man noch von der Servicewüste Deutschland. Inzwischen könnte man fast vom Servicedschungel reden. Der Kunde wird oft mit After-Sales-Serviceangeboten überhäuft, alles im Namen der Kundenorientierung oder Kundenbindung. Kann es auch ein Zuviel an Service geben?
Wenn ich heute in Deutschland zum Telefonhörer greife, kann ich schnell zum genervten und bockigen Kunden mutieren. Eben noch gut gelaunt, fünf Minuten später gereizt. Ich kann locker einen Tag in einer Warteschleife verbringen. Versuchen Sie nur mal als Neukunde in Deutschland einen Telefonanschluss zu bestellen!

Also doch noch immer eher Wüste als Dschungel?
Wüste finden Sie leider überall. Sie treffen bei Anrufen zuerst auf eine Maschine, die sie nötigt, Fragen zu beantworten, die vielleicht die eigenen Mitarbeiter beantworten können. Vor

ein paar Tagen rief ich in einem Baumarkt an. Die nette Stimme vom Band fragte mich nun, in welche Abteilung ich möchte. Sie gab mir fünf verschieden Auswahlmöglichkeiten. Ich konnte mich nicht entscheiden, ob nun der Teakholz-Aufheller in der Farbenabteilung oder im Gartencenter zu finden ist. Natürlich habe ich die falsche Abteilung gewählt und der Mitarbeiter sagte mir das auch so deutlich. „Da sind Sie hier falsch, wählen Sie bitte neu an." Ich könnte Ihnen ein Buch an Beispielen aus meiner langjährigen Tätigkeit als Trainerin im Bereich Verkauf und Kundenorientierung liefern, was Ihnen als Interessent oder Kunde in Deutschland passieren kann.

Dabei wird hierzulande gern darüber philosophiert, wie durch exzellenten Service Kunden begeistert werden können ...
Wir sind in Deutschland, denke ich, noch mit den Grundlagen der Kundenorientierung beschäftigt. Erst wenn die Kun-

denzufriedenheit als Basisleistung erfüllt ist, kann die nächste Kategorie erreicht werden: die Begeisterung.

Also weit und breit kein Dschungel in Sicht?
Der Dschungel wächst tatsächlich beim After Sale. Der Kunde oder Interessent wird nach dem Kauf regelrecht bombardiert mit E-Mails und Telefonaten, in denen er abgefragt wird, ob und wie sehr er zufrieden ist. An dieser Stelle passiert leider häufig zu viel und das auch noch schlecht. Trotzdem bin ich immer noch der Meinung, dass wir in einer Servicewüste bei der Kundenorientierung leben, wobei es erkennbare Spuren gibt, dass Unternehmen dieses Potenzial stärker nutzen wollen und hier investieren. Im Bereich Kundenorientierung muss in den einzelnen Mitarbeiter investiert werden, denn Begeisterung kann nur von einem begeisterten Mitarbeiter übertragen werden. Von Mensch zu Mensch.

Wie kann ein Unternehmen verhindern, dass der Kunde einen Serviceüberdruss empfindet? Stichpunkte Customizing, Bonussysteme oder Mixed Bundling – wie viel Service darf sein und wie muss oder sollte die Leistung dem Kunden vermittelt werden?
Wichtig ist heute, dass die Kundenwünsche im Bereich Service beachtet und auch so eingesetzt werden. Intelligente Kundenkontakte, die auch Sinn machen, sind dem Kunden heute wichtig. Es zählt, welchen erkennbaren Nutzen der Kunde von den Maßnahmen hat. In den unnötigen „Waren Sie zufrieden?"-Abfragen per E-Mail oder via Telefon ist jedenfalls kein Nutzen erkennbar. Denn meist ändert sich danach

nichts. Und die Stimme vom Band in zahlreichen Unternehmen gibt es ja auch immer noch.

Wie hat sich Apollo Vredestein vom – salopp gesagt – „Reifenverkäufer" zum ganzheitlichen Dienstleister entwickelt?
Apollo Vredestein BV produziert mehr als sechs Millionen Sommer-, Winter- und Ganzjahresreifen sowie hochwertige Reifen für die Industrie und Landwirtschaft. Heute sind weltweit mehr als 1.700 Mitarbeiter in 18 Ländern bei uns beschäftigt. Und wir wollen noch weiter wachsen. Das geht natürlich nicht ohne Service. Wir haben es uns seit Jahren auf die Fahne geschrieben, dass unser Kunde unser Partner ist.

Wie zeigt sich dieser Anspruch? Können Sie uns ein Beispiel nennen?
Wer zum Beispiel bei uns anruft, benötigt keine Kundennummer. Durch den Einsatz intelligenter CRM-Systeme ist es zum einen technisch möglich, dass die Telefonnummer dem Anrufer zugeordnet werden kann. Also der sprechende PC. Zum anderen sind die Mitarbeiter so gut ausgebildet, dass Sie authentisch sind und auch so mit dem Kunden sprechen. Denn so einzigartig wie der einzelne Mensch, so sind auch seine Wünsche im Bereich Service. Manche Kunden möchten nicht angeschrieben oder angerufen werden, sind aber treue Kunden. Und es gibt Kunden, die möchten mindestens einmal in der Woche einen Kontakt. Manche Kunden bevorzugen Anrufe, andere lieber E-Mails… Die Apollo-Vredestein-Mitarbeiter gehen auf diese ganz unterschiedlichen Ansprüche ein

und stimmen die daraus resultierenden Prozessen mit den Kunden und Unternehmen individuell ab. Das fängt schon bei Einladungen für Kundenevents an. Wir brauchen zum Beispiel nicht zu fragen, ob unser Kunde Raucher oder Nichtraucher ist, das wissen wir.

Woher?
Das setzt eine super Datenpflege und sehr genaues Arbeiten mit den Daten voraus.

Für das Unternehmen sind Serviceleistungen meist eine aufwändige und damit letztlich teure Angelegenheit. Der Kunde hat aber meist eine All-Inclusive-Sichtweise: Kosten soll die Zugabe möglichst nichts. Muss Service seinen Preis haben?
Ja, Service kann und sollte etwas kosten. Und zu wenig Service kostet wiederum Kunden. Bei soliden Produkten und den dazugehörigen Serviceleistungen darf der Kunde erwarten, dass diese positiv erfüllt werden. Wenn ich in ein gutes Restaurant gehe, erwarte ich auch einen perfekten Service. Und bin bereit, dafür auch mehr zu bezahlen als in der Fast-Food-Kette.

Aber es geht ja auch ohne Service, auch für Fast Food gibt es einen Markt …
Der Markt wird immer transparenter und anonymer durch diverse Internetplattformen. Ein guter Service und vor allem eine gute Kommunikation zum Kunden ist inzwischen oft nur ja noch der einzige gravierende Unterschied von Unterneh-

men. Teuer muss Service deshalb nicht unbedingt sein. Man muss sich nur dadurch abheben im Wettbewerb.

Welchen Stellenwert hat Service bei Vredestein: eigenständiges Produkt oder nettes Zusatzangebot?
Es gilt zu unterscheiden, welcher Service zur Basisleistung gehört und welcher Service der Überraschung und der Begeisterung zugeordnet wird. Wenn ein Kunde seine Reifen telefonisch bestellt, dann ist die Basisleitung, dass die Erreichbarkeit gewährleistet ist. Wenn der Kunde ohne eine Sprachsteuerung, ohne Warteschleife und ohne Weiterverbinden direkt beim richtigen Mitarbeiter ist und nun direkt mit Namen ohne Nennung seiner Kundennummer freundlich angesprochen wird, habe ich in Sekunden Top-Service geleistet. Voraussetzung ist natürlich, dass der Mitarbeiter so kompetent ist, dass er zu 80 bis 90 Prozent jede Anfrage kundenorientiert beantworten kann.

Und das ist bei Apollo Vredestein der Fall?
Wir produzieren hochqualitative Reifen mit sehr guten Testergebnissen. Der Service bei so hoher Qualität im Produkt muss zwangsläufig sehr gut sein. Daher gehören unser hoher Standard im Service und die hohe Qualität unserer Reifen zusammen.

Können Sie uns ein Beispiel für das Serviceportfolio von Vredestein nennen?
„Ich kenne keine Industrie, die so guten Service leistet und so toll am Telefon ist." – Solche Sätze sind das Ergebnis von

jahrelangem konsequentem Beziehungsmanagement. Unser schnelles Beschwerdemanagement läuft in etwa so ab: Ein Reifen, der vom Endverbraucher über seinen Händler – unseren Kunden – reklamiert wird, muss sehr schnell zur Begutachtung abgeholt werden. Wir holen diese Reifen innerhalb von 48 Stunden. Der Endverbraucher möchte eine schnelle Entscheidung. Die Servicequalität des Händlers oder der Werkstatt hängt nun an unserem Service. Unser Kunde ist damit sozusagen abhängig von uns. Je schneller wir sind, desto zufriedener ist sein Endkunde. Leisten wir hier einen guten Job, ist unser Kunde begeistert, da er seinem Kunden einen Top-Service im Bereich Beschwerdemanagement bieten kann.

Kann Service auch profitabel für das Unternehmen sein oder sollte man die Leistung wirklich nur als Kundenbindungsinstrument betrachten?

„Nur" Kundenbindung? Die Frage ist, wie wertvoll ein bestehender Kunde für das Unternehmen ist, wie viel man investieren muss, um einen neuen Kunden zu gewinnen. Treue Bestandskunden sind doch das Herzstück jedes erfolgreichen Unternehmens. Langjährige gute Geschäftsbeziehungen sind der Garant des Erfolges und der beiderseitigen Zufriedenheit. Die Profitabilität von gutem Service zeigt sich deshalb darin, dass der Kunde zufrieden mit unserem Angebot ist und sich unserem Unternehmen weiter treu verbunden fühlt.

„Die Frage ist, wie wertvoll ein bestehender Kunde für das Unternehmen ist."

Wie können Unternehmen den Spagat hinbekommen, für zusätzliche Serviceleistungen einerseits Geld zu verlangen und dem Kunden andererseits das Gefühl zu geben, eine echte Zusatzleistung zu bekommen?

Jedes Produkt und auch jede Dienstleistung führt einen weiteren Bedarf des Kunden mit sich. Wer zum Beispiel Tapeten kauft, braucht Kleber, Pinsel, Füllmaterial, Eimer, Abdeckfolie und vieles mehr. Ein guter Mitarbeiter bietet dies aktiv an. Auch guter Service muss aktiv verkauft werden. Der Kunde hat den direkten Nutzen und wird dafür gerne zahlen. Ich muss aber ein solides Produkt und Servicewissen haben, um weitere Serviceideen auszubauen, die Serviceleistungen präzise zu formulieren und aktiv zu verkau-

fen. So kann jede Sparte weiterführende Serviceleistungen entwickeln.

Vermittelt werden die Serviceangebote oft von der ersten Kontaktperson des Kunden – und die sitzt in der Regel in der Vertriebsabteilung. Wird der qualifizierte Verkäufer immer mehr zum ganzheitlichen Servicemanager?

Der Anspruch wächst in der Tat deutlich. Eine wichtige Rolle spielen deshalb klare Strukturen und eine optimale Aufgabenorganisation. Der Verkäufer weiß zum Beispiel genau, wohin er Serviceprozesse, die der Kunde erfragt, weiterleiten kann oder muss. Das setzt eine klare interne Kommunikation voraus. Der Kollege muss wissen, was an welcher Stelle im Unternehmen für den Kunden angeboten wird.

Wie läuft das in der Praxis ab?

Ein Beispiel: Der Kunde fragt den Verkäufer nach einer Ad-hoc-Anbindung. Dies wird in unserem Hause sofort an die richtige Stelle geleitet und der Kunde erhält sofort einen Anruf und die entsprechenden Informationen. Diese werden im CRM-System abgebildet und für jeden Kollegen einsehbar.

Wie sorgen Sie dafür, dass sich auch die Mitarbeiter im Vertrieb als ganzheitliche Dienstleister sehen und sich mit dem erweiterten Berufsbild identifizieren?

Ich denke, dass hier viele Faktoren eine Rolle spielen. Ein Punkt ist, dass alle Mitarbeiter regelmäßig im Austausch stehen und die Kommunikation zwischen Innendienst und Außendienst und von beiden zum Kunden sehr gut organisiert sein muss. Alle Prozesse rund um den Kunden müssen transparent sein, so dass auch ganzheitlich agiert werden kann.

Bei Vredestein muss Kundenbeziehungsmanagement ja in mehrere Richtungen wirken: in Richtung Fachhändler, aber auch in Richtung Endkunden. Welche besonderen Herausforderungen und Anforderungen bringen die unterschiedlichen Erwartungen und Ansprüche der verschiedenen Zielgruppen mit sich?

Einen direkten Endkundenkontakt haben wir nur selten. Der Fachhandel muss von uns so überzeugt und begeistert werden, dass er gerne Apollo-Vredestein-Produkte aktiv verkauft. Das ist eine sehr hohe Anforderung, da der Wettbewerb natürlich groß ist.

Wie werden Sie dieser Anforderung gerecht?

Optimale Service- und Aufbauorganisation ist bei uns die Voraussetzung für die tägliche Arbeit. Regelmäßige Schulungen im Bereich kundenorientierte Kommunikation, das tägliche Coaching und regelmäßige Besprechungen – das sind hier die einzigen Mittel, die Wirkung zeigen.

„Alle Prozesse rund um den Kunden müssen transparent sein, so dass auch ganzheitlich agiert werden kann."

Ist es Ihnen gelungen, sich mit Serviceorientierung von Ihren Mitbewerbern abzuheben?

Natürlich möchten wir uns abheben. Wenn der Kunde das Gefühl hat, dass er nicht nur eine Nummer ist, sondern uns wichtig ist, dann ist es gelungen. Daran arbeiten wir täglich sehr hart. Ein guter Service ist für uns die Voraussetzung, dass der Kunde zufrieden ist.

Und wie erfahren Sie, dass er zufrieden ist?

Zum Beispiel hören wir sehr oft den Satz: „Das ist aber nett, dass Sie anrufen, das machen die anderen nicht."

Welche Anforderungen sollte ein professionelles CRM-System erfüllen, um alle Prozesse effektiv steuern zu können?

Unsere CRM-Software ermöglicht es, dass wir unsere Mitarbeiter am Telefon zu kompetenten Beziehungsmanagern entwickeln können. CRM integriert und optimiert abteilungsübergreifend alle kundenbezogenen Prozesse und stellt den Kunden in den Mittelpunkt. Ebenso koordinieren wir die Kommunikation zum Kunden und die Serviceleistungen über unsere CRM-Software.

Hat das auch innerhalb des Unternehmens Auswirkungen auf die Abläufe?

Unsere Mitarbeiter arbeiten effizienter und effektiver. Dies resultiert aus einer Vereinfachung der täglichen administrativen Arbeit durch Prozessoptimierungen, eine systematische Datenintegration und -verteilung. Ein Beispiel: Alle eingehenden E-Mails und Faxe werden konsequent in der Kundendatei abgelegt, ebenso alle ausgehenden. Dadurch sind schnellere und gezieltere Analysen aller Daten möglich. Eine Optimierung der internen Back-Office-Bearbeitungsprozesse durch Workflow-Funktionalitäten zur automatisierten Verteilung von Informationen schafft die Voraussetzung, dass wir am Telefon kompetent und aussagekräftig sein können. Damit machen wir es möglich, dass der Kunde weniger Ansprechpartner benötigt.

Wie geht der Weg zum ganzheitlichen Lösungsanbieter weiter?

Wer in seinem Gebiet seine Produkte und die Kundenanforderungen kennt und dieses Wissen immer aufbereitet, kann neue Serviceideen entwickeln. Und daran arbeiten wir täglich.

Vom „Vertrieb von Services" zum „Vertrieb als Service"

Fast jede Branche klagt darüber, dass der Preis die Diskussionen mit Kunden dominiert. Dieses Phänomen hat selbst spezialisierte Anbieter, zum Beispiel in der Hightech-Industrie, erfasst.

Dirk Zupancic

ist Professor für Industriegütermarketing und Vertrieb sowie Präsident der German Graduate School of Management and Law in Heilbronn. Er stammt aus der Schule der Universität St. Gallen. Er berät, lehrt und forscht zu verschiedenen Vertriebsthemen. Sein Motto: Vertrieb ist der Wettbewerbsfaktor der Zukunft! Tel.: +49-(0)7131-64563674, E-Mail: dirk.zupancic@ggs.de, Web: www.ggs.de

Lässt man einmal die offensichtliche Preisaffinität vieler Einkaufsabteilungen außer Acht, muss man nüchtern konstatieren: Wer keine klaren Wettbewerbsvorteile besitzt, muss sich nicht wundern, wenn am Ende nur noch der Preis zählt. Wenn Sie an dieser Stelle stutzen, empfehle ich Ihnen einen kleinen Test. Stellen Sie sich zwei Fragen: Mit welchem eindeutigen Vorteil gegenüber dem Wettbewerb wollen Sie die Kunden überzeugen? Und ist genau das ein Vorteil, den die Kunden auch benötigen und wertschätzen?

Nachhaltige Wettbewerbsvorteile sind aus meiner Sicht eine strategische Hauptherausforderung der Zukunft. Ich erwarte, dass diese Vorteile – selbst in produzierenden Unternehmen – weniger im Produkt liegen, sondern in den Dienstleistungen. Der erfolgreiche „Vertrieb von Services" muss dabei folgende Herausforderungen bewältigen: Erstens müssen die richtigen Leistungen den richtigen Kunden angeboten werden. Zweitens muss ein Unternehmen Kompetenzen für diese Leistungen besitzen beziehungsweise aufbauen oder durch Kooperationen sicherstellen. Drittens müssen diese Leistungen durch den Vertrieb beim Kunden professionell argumentiert werden. Und, viertens, müssen sie auch noch erfolgreich verkauft, das heißt kommerzialisiert werden. Im Grunde geht es darum, den Wettbewerb durch Services zu gewinnen, die echte Vorteile darstellen. Viele Unternehmen haben dieses Potenzial nicht erkannt und geben solche Leistungen kostenlos ab. Eine konstruktive Vermarktung sieht anders aus.

Die hohe Kunst besteht jedoch in der Realisierung von „Vertrieb als Service". Das ist nicht wirklich neu. Schon St. Galler Studien aus den 90er-Jahren zeigen, dass verantwortliche Führungskräfte mit deutlicher Mehrheit prognostizierten, dass die erbrachte Vertriebsleistung ein Teil des Kundennutzens wird. Klingt trivial, bedingt aber einen kompletten Gesinnungswandel des Unternehmens. Hier reicht es nicht, darüber nachzudenken, was Vertriebsmitarbeiter für Kunden leisten müssen. Es geht vielmehr darum, dass der Vertrieb als möglicher Wettbewerbsvorteil zur strategischen Speerspitze des Unternehmens wird. Ich bezeichne solche Unternehmen als „Sales Driven Companies": Hier macht der Vertrieb den Unterschied zum Wettbewerb aus. Dieser Unterschied wird von Vertriebsmitarbeitern realisiert, die ihre Kunden wirklich kennen. Nicht nur die Personen, sondern ihre Bedürfnisse und ihre Prozesse. Durch solche Detailkenntnis sind sie in der Lage, Produkte und Dienstleistungen in die Prozesse der Kunden zu integrieren. Solche Vertriebsmannschaften benötigen eine andere Einbindung in die eigene Organisation. Unternehmensstrategie, -prozesse, -systeme und -kultur müssen sich am Vertrieb ausrichten. Vertrieb als Service kann man aber nicht auf die Rechnung für den Kunden schreiben. Die Qualität der Zusammenarbeit ist eine ganz andere als im normalen Verkauf. Sales Driven Companies wandeln Verkaufssituationen in Partnerschaften, die professionelle Kunden auch nicht mehr durch Preiskämpfe aufs Spiel setzen.

Spektrum

Management der Verkaufskultur in der strategischen Geschäftsentwicklung

Der proaktive Umgang mit Kernkompetenzen und das systematische Management von Veränderungsprozessen sind wesentliche Bausteine in der Geschäftsentwicklung von Unternehmen. Hierbei wird häufig die erfolgskritische Rolle der Kultur im Verkauf übersehen. Ausgehend von einer Operationalisierung werden in diesem Beitrag Ansätze für das Management der Verkaufskultur im Rahmen der strategischen Geschäftsentwicklung abgeleitet und analysiert.

Lars Binckebanck

Das Business Development beinhaltet die strategische Weiterentwicklung des Unternehmens in Anbindung an das Geschehen im Marktumfeld. Der Erfolg hängt dabei davon ab, inwieweit es gelingt, vorhandene interne Kompetenzen einzubinden, beziehungsweise notwendige, aber fehlende Kompetenzen aufzubauen. Verkauf als „die Menge aller vertrieblichen Aktivitäten durch eigene Mitarbeiter" (Albers/Krafft 2013, S. 2) ist insbesondere bei vielen Anbietern von Industriegütern eine erfolgskritische Kernkompetenz. Als Grenzgänger zwischen den Unternehmen und dem Markt befinden sich Verkäufer daher in besonderer Weise in einem Spannungsfeld von externen und internen Veränderungsprozessen.

Veränderungsbedarf im Verkauf

Einerseits führt ein Wandel im Kaufverhalten der Kunden vermehrt zu

- verlängerten Beschaffungszyklen,
- niedrigeren Abschlussquoten,
- weniger verlässlichen Prognosen sowie
- rückläufigen Margen,

so dass Veränderungen im Verkauf notwendig erscheinen (Adamson et al. 2013). Andererseits scheitern solche Veränderungsprozesse in der Praxis häufig daran, dass sich das Management zu sehr auf harte Faktoren der konzeptionellen Verkaufsleitung (zum Beispiel Strategien, Strukturen und Systeme) konzentriert und weiche Elemente der Führungsarbeit vernachlässigt (Homburg et al. 2010).

Der klassische Managementansatz konzentriert sich auf die Steigerung der Effizienz, indem Verkaufsaktivitäten quantitativ überwacht werden. Der Leadership-Ansatz im Verkauf setzt stärker auf die Effektivität und gestaltet dabei neben der strategischen Stoßrichtung insbesondere das verkäuferische Umfeld qualitativ: „Typical sales leadership activities include creating and articulating a vision, establishing core values, developing the culture, ensuring proper alignment, and inspiring those in the sales organization to achieve, grow, and develop. Producing significant change is soften a key sales leadership activity" (Ingram et al. 2005, S. 138). Das systematische Management kultureller Aspekte wird demnach zum Erfolgsfaktor für die Verkaufsleitung im Rahmen des Business Development (Binckebanck/Hölter 2012).

Perspektive Unternehmens- und Verkaufskultur

Die Kultur eines Unternehmens lässt sich allgemein als „basic assumptions and beliefs that are shared by members of an organization, that operate unconsciously and define in a basic taken-for-granted fashion an organization's view of itself and its environment" (Schein 1985, S. 6) definieren. Allerdings ist diese Kultur nicht unbedingt als unternehmensweit homogen anzusehen. Vielmehr bilden organisatorische Teilsysteme, wie etwa die Verkaufsorganisation, typischerweise Subkulturen heraus (Chonko et al. 2002, Tushman/ O'Reilly 1997, Wilkins/Ouchi 1983). Obgleich praktisch nur schwer greifbar, ist die Annahme der Existenz einer spezifischen Verkaufskultur plausi-

Prof. Dr. Lars Binckebanck *ist Professor für Marketing & International Management an der Nordakademie in Hamburg/Elmshorn. Nach dem Studium der Betriebswirtschaftslehre in Lüneburg, Kiel und Preston promovierte er an der Universität St. Gallen. Er war seit 1997 in leitender Funktion als Marktforscher, Unternehmensberater und Vertriebstrainer tätig, bevor er zuletzt als Geschäftsführer bei einem führenden Münchener Bauträger Verkauf und Marketing verantwortete. E-Mail: lars.binckebanck@nordakademie.de*

bel. Darunter sollen nachfolgend die aus dem übergeordneten Wertesystem des Unternehmens abgeleiteten, impliziten und unbewusst geteilten Annahmen über strategische Kernkompetenzen in der Verkaufsorganisation verstanden werden.

Auswirkungen für Führungskräfte

Eine solche Verkaufskultur hat verschiedene Implikationen für die Führungskräfte (Barnes et al. 2006):

Klare Rollenbilder. Da Verkaufsmitarbeiter physisch und mental schwerpunktmäßig außerhalb des Unternehmens aktiv sind, entziehen sie sich den gängigen Prozessen der Strategieumsetzung. Die Verkaufskultur vermittelt über klar definierte Rollenbilder den Sinn des unternehmerischen Handelns und dient so als impliziter Integrationsmechanismus im Rahmen von Veränderungsprozessen.

Orientierung. Veränderungen werden von Individuen grundsätzlich sehr unterschiedlich wahrgenommen und interpretiert. Verwirrung, Gerüchte und Ablenkung können die (unproduktive) Folge sein. Die spezifische Verkaufskultur eines Unternehmens liefert hier Orientierung und vereinfacht auf diese Weise den Wandel – jedenfalls, sofern dieser als identitätskonform wahrgenommen wird.

Werte. Eine starke Verkaufskultur fördert die Verinnerlichung von gewünschten Werten und Normen durch das Personal. Mitarbeiter identifizieren sich eher mit ihrer Verkaufsorganisation, integrieren sich besser in das Team und unterstützen aktiv die Unternehmensziele. Mehr Mitarbeiterzufriedenheit

und Motivation führen letztlich zu besseren Kundenbeziehungen und Verkaufsergebnissen (Briggs et al. 2012). Allerdings kann die Verkaufskultur auch zum Bremsklotz werden, denn je stärker sie ist, desto schwieriger ist sie zu verändern. Tiefgreifende Veränderungen der Identität sowie der Werte und Normen erzeugen Rollenkonflikte und Widerstände bei den Mitarbeitern. Diese tragen zur Inflexibilität der Verkaufsorganisation bei, wenn nicht die Anpassungsfähigkeit selbst und permanente Weiterentwicklung Teil der Verkaufskultur sind.

Determinanten des Verkaufsmanagements

Ein widerspruchsfreies Management der Verkaufskultur im Rahmen des Business Development muss einen Fit zwischen

- der strategischen Unternehmenspositionierung,
- der übergeordneten Unternehmenskultur und
- der operativen Verkaufsorganisation herstellen (Binckebanck/Hölter 2012).

Nur so kann gleichzeitig ein strategiekonformes und effektives Verhalten der Verkaufsmitarbeiter im Sinne eines „Management by Values" (Baumgarth/Binckebanck 2011a) gesichert werden.

Leitbild der Verkaufskultur

Unter Berücksichtigung der drei zuvor genannten Determinanten sollte die Verkaufsorganisation dann in Anlehnung an das Markensteuerrad als Identitätsansatz (Esch 2012) definieren, für

- welche Kernkompetenz es steht,
- welcher Kundennutzen hieraus entsteht,
- welchen Stellenwert das Geschäftsbeziehungsmanagement haben soll und
- wie der verkäuferische Auftritt gestaltet werden soll.

Bei aller notwendigen Individualität und situativen Flexibilität im täglichen Verkauf entsteht so nach innen ein Leitbild, das die Mitglieder einer Verkaufsorganisation für einen spezifischen Markt auf gemeinsame Ziele, Werte und Normen festlegt (Binckebanck 2006).

Dimensionen der Verkaufskultur

Konzeptionell lässt sich das daraus resultierende Verkaufssteuerrad als ein Paradigma der Verkaufskultur auffassen. Dieses Paradigma wird nach Johnson (1992) in einem kulturellen Netz durch spezifische Kulturdimensionen geprägt und beeinflusst diese wiederum gleichzeitig. In Anlehnung an Barnes et al. (2006) und Homburg/Pflesser (2000) sollen

---

Zusammenfassung

- Veränderungsprozesse im Business Development müssen weiche Faktoren stärker berücksichtigen.
- Die Verkaufskultur umfasst aus dem übergeordneten Wertesystem abgeleitete, implizite und unbewusst geteilte Annahmen über strategische Kernkompetenzen.
- Determinanten der Verkaufskultur sind die Unternehmenspositionierung, die Unternehmenskultur und die Verkaufsorganisation.
- Im Zentrum der Verkaufskultur steht das Paradigma, das als integratives Leitbild dienen kann.
- Das Paradigma der Verkaufskultur wird durch kulturelle Dimensionen geprägt: Symbole, Protagonisten, Rituale, Geschichten, Machtstrukturen und Kulturnetzwerke.

---

hier die folgenden Dimensionen unterschieden werden (siehe **Grafik 1**):

Symbole und Protagonisten: Werte lassen sich durch signifikante Objekte, Ereignisse oder Handlungen über deren funktionalen Zweck hinaus charakterisieren. Von besonderer Bedeutung sind exponierte und akzeptierte Mitglieder der Verkaufsorganisation (Protagonisten). An ihrem Vorbild orientieren sich andere Mitarbeiter. Diese Dimension ist von besonderer Bedeutung für den verkäuferischen Auftritt.

Rituale: Gewohnheitsmäßige und sich regelmäßig wiederholende soziale Aktivitäten im Verkauf, etwa Verkaufskonferenzen, Trainings oder Beförderungen, können die gewünschten Werte betonen oder verstärken – oder sie konterkarieren. Rituale prägen aber auch nach außen die Tonalität im Umgang mit den Kunden. Dazu gehören zum Beispiel Begrüßungen, Kulanz im Umgang mit Reklamationen oder Einladungen zur Sozialisation. Sie sind gut geeignet, um strategisch wünschenswerte Veränderungen im Management von Geschäftsbeziehungen innerhalb des Unternehmens zu unterstützen („Wie bin ich?").

Geschichten: Erzählungen aus der Historie der Verkaufsorganisation liefern den aktuellen Mitgliedern und Außenstehenden konkretes Anschauungsmaterial zu gelebten Werten und den damit verbundenen Erwartungshaltungen. Gerade die Kundenorientierung lässt sich als Wert besonders gut durch Fallbeispiele illustrieren. Geschichten über erfolgreich erzeugten Kundennutzen können daher insbesondere den Benefit und „Reason Why" des eigenen Angebots aus Kundensicht herausstellen („Über welche Eigenschaften verfüge ich?").

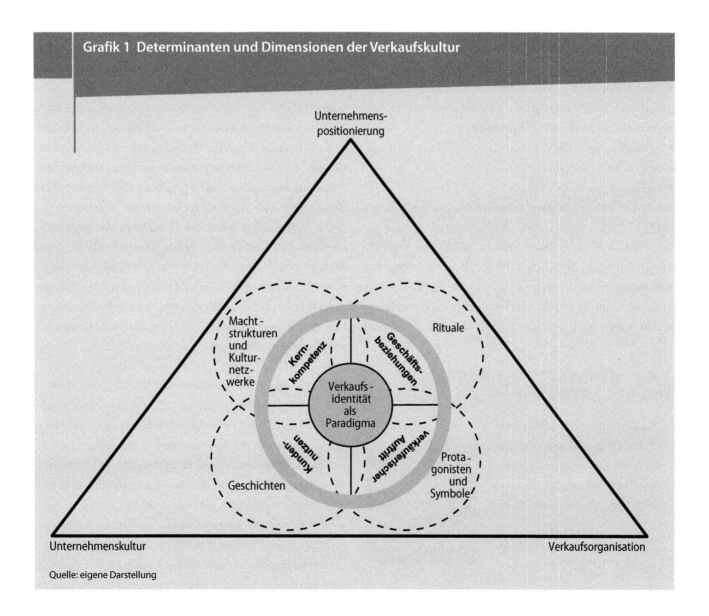

Grafik 1 Determinanten und Dimensionen der Verkaufskultur

Quelle: eigene Darstellung

Machtstrukturen und Kulturnetzwerke: Die mächtigsten Personengruppen in Organisationen sind häufig eng mit dem kulturellen Paradigma verbunden, da Karrieren und Milieus in der Regel zueinander passen. Sie repräsentieren damit die informellen Erfolgsfaktoren des hierarchischen Aufstiegs, nutzen ihre Macht aber auch, um Werte durch Symbole, Rituale und Geschichten innerhalb der Organisation zu diffundieren. Sie prägen damit auch in besonderer Weise die Kompetenzen des Verkaufs („Was biete ich an?") und müssen nicht zuletzt deswegen identifiziert und in kulturelle Veränderungsprozesse einbezogen werden.

Grafik 1 (Seite 53) fasst die Determinanten und Dimensionen der Verkaufskultur zusammen und zeigt die Zusammenhänge zwischen den Elementen des kulturellen Netzes und den Bestandteilen des Verkaufssteuerrads als kulturelles Leitbild.

Erfolgsfaktoren der Verkaufskultur

Aus einer identitätsorientierten Perspektive heraus ergeben sich Defizite im Hinblick auf die Verkaufskultur insbesondere dann, wenn deren Determinanten nicht miteinander kompatibel sind. Positiv ausgedrückt: Eine effektive Verkaufskultur entsteht, wenn die drei Determinanten

- Positionierung,
- Unternehmenskultur und
- Verkaufsorganisation

eine hohe Übereinstimmung aufweisen (Binckebanck/Hölter 2012).

Führungskräfte im Verkauf müssen im Rahmen des Business Development drei erfolgskritische Lücken zwischen den Determinanten verhindern: Eine Verankerungslücke liegt dann vor, wenn die von der Unternehmensleitung propagierte und fixierte Positionierung (häufig in Form der Marke)

nicht mit den von den Mitarbeitern gelebten Werten der Unternehmenskultur übereinstimmt. Die Folge: Das Top-Management befindet sich im Elfenbeinturm und wird bei der Implementierung von Strategien unternehmensweit erhebliche Schwierigkeiten zu überwinden haben. In dieser Situation sind Ansätze des internen Marketings empfehlenswert, bei denen es im Kern darum geht, „das in Bezug auf externe Austauschprozesse entwickelte Marketingkonzept unternehmensintern auf die Beziehungen zwischen Unternehmensleitung und Personal zu übertragen" (Stauss 2000, S. 207). Dies ist eine wesentliche Voraussetzung für die Verankerung eines angestrebten Leitbilds im Mitarbeiterverhalten. Eine Kooperationslücke resultiert dagegen aus Abweichungen des tatsächlichen Verhaltens der Verkaufsorganisation und den im restlichen Unternehmen gelebten Werten. Der Verkauf ist dann eine Insel im Unternehmen und eine abteilungsübergreifende Kooperation findet nur mit großem Konfliktpotenzial statt. In diesem Fall ist ein systematisches Schnittstellenmanagement ein geeigneter Lösungsansatz. Dabei bietet sich eine Systematisierung in organisationsbezogene, personenbezogene und informationsbezogene Instrumente an (Binckebanck 2013b). Eine Umsetzungslücke bedeutet schließlich, dass die vorgesehene strategische Positionierung nicht in konkrete Verhaltensweisen im Verkauf übersetzt wird. Die Kunden erleben eine Diskrepanz zwischen unpersönlicher Unternehmenskommunikation und persönlichen Erfahrungen mit den Botschaftern des Unternehmens. Vor diesem Hintergrund bieten sich Ansätze der interaktiven Markenführung an, die den Verkauf systematisch in ein ganzheitliches Brand Management integrieren (Binckebanck 2006). Gleichzeitig muss sich aber auch der Verkauf stärker in strategische Entscheidungsprozesse auf übergeordneten Unternehmensebenen einbringen und entsprechende strategische Kompetenzen entwickeln (Baumgarth/Binckebanck 2011b).

Operatives Management der Verkaufskultur

Das zuvor genannte, für die Verkaufskultur erfolgskritische Zusammenspiel der Determinanten durch internes Marketing, systematisches Schnittstellenmanagement und interaktive Markenführung ist eine übergeordnete und integrative Managementaufgabe, bei der die Verkaufsleitung natürlich eine Mitwirkungspflicht hat. Eigenständig kann sie dagegen auf den Ebenen des Verkaufsleitbilds und der kulturellen Dimensionen tätig werden. Das Verkaufssteuerrad zur Operationalisierung des Verkaufsleitbilds sollte hierbei der Ausgangspunkt sein. Auf der Basis einer umfassenden Analyse

Buchtipp

Lars Binckebanck und Christian Belz (Hrsg.): Internationaler Vertrieb. Grundlagen, Konzepte und Best Practices für Erfolg im globalen Geschäft, Wiesbaden 2013, ISBN 978-3-8349-3743-8, 69,90 Euro, www.springerprofessional.de/3492688

und unter Berücksichtigung der unternehmensweiten Vision und Mission kann das Verkaufssteuerrad in extern moderierten Workshops unternehmensindividuell erarbeitet werden. Dabei sind in gestaffelten Prozessphasen möglichst alle Mitglieder der Verkaufsorganisation einzubinden, um größtmögliche Akzeptanz für ein strategiekonformes Selbstverständnis zu schaffen. Auf dieser Basis sollten die kulturellen Dimensionen bewusst und systematisch gestaltet werden. Geeignete Symbole, zum Beispiel Beförderungen für kulturkonformes Verhalten und Protagonisten, zum Beispiel Mentoring durch Rollenvorbilder, sind zu identifizieren. Bestehende Rituale des Unternehmens nach außen hin, wie zum Beispiel die Tonalität von Messeauftritten oder Kundenveranstaltungen, sind zu hinterfragen und passende Geschichten zu dokumentieren, beispielsweise in Mitarbeiterzeitschriften oder Broschüren. Insbesondere müssen aber auch formelle und informelle Machtstrukturen, zum Beispiel Führungsstile und Kulturnetzwerke (funktionenübergreifende Projektarbeit) eingebunden werden. Schließlich ist das Fortbestehen der kulturellen Veränderungen durch geeignete Instrumente der Personalarbeit sicherzustellen, zum Beispiel durch Seminare, Feedbackgespräche oder Training-on-the-Job.

Nutzen der Verkaufskultur für die strategische Geschäftsentwicklung

In der Praxis arbeiten in der Verkaufsorganisation zumeist Individualisten, die über harte, quantitative Zielvorgaben ge-

steuert werden. Spannungen zwischen Marketing und Verkauf, Außen- und Innendienst, Zentrale und internationalen Niederlassungen, aber auch zwischen den einzelnen Verkaufsgebieten und Kundenzuständigkeiten der Verkaufsteams sind eher die Regel als die Ausnahme. So existiert häufig eine Vielzahl von persönlich motivierten Verkaufs- und Beziehungsphilosophien einzelner Verkäufer innerhalb einer Verkaufsorganisation in mehr oder weniger friedlicher Koexistenz.

Dieser Zustand stellt die größte Hürde für eine effektive Geschäftsentwicklung dar. Eine Identität im Sinne eines gemeinsam getragenen Selbstverständnisses und konstruktiven Wir-Gefühls existiert häufig bestenfalls inoffiziell und zufällig. Hier anzusetzen erscheint daher als zentrale Aufgabenstellung des Vertriebs. Es gilt, eine mit der gesamtunternehmerischen Positionierung kompatible Subkultur in der Verkaufsorganisation zu erzeugen, zu vermitteln und zu pflegen.

Nur Verkäufer, die sich kompatibel zur Unternehmensstrategie verhalten, können gleichzeitig individuell erfolgreich sein, übergreifende und internationale Kundenprogramme (etwa Customer Relationship Management, CRM oder Global Account Management, GAM) umsetzen und die Wertschöpfung des Gesamtunternehmens steigern. Sie identifizieren sich mit ihrem Arbeitgeber und positionieren sich selbst als Mehrwertleistung, die im Einklang mit dem Leistungsversprechen des übergeordneten Gesamtunternehmens steht. Durch die Ausrichtung an einer Verkaufskultur ergibt sich für

Unternehmen durch einen integrierten Marktauftritt die Chance, sich über den klassischen Abschluss hinaus durch verkäuferische Kernkompetenzen wirksam im Wettbewerb zu differenzieren (Binckebanck/Hölter 2012).

Literatur

Adamson, B./Dixon, M./Toman, N. (2013): Dismantling the sales machine, in: Harvard Business Review, Vol. 91, No. 11, pp. 102-109.

Albers, S./Krafft, M. (2013): Vertriebsmanagement, Wiesbaden.

Barnes, J.W./Jackson Jr., D.W./Hutt, M.D./Kumar, A. (2006): The role of culture strength in shaping sales force outcomes, in: Journal of Personal Selling & Sales Management, Vol. 26, No. 3, pp. 255-270.

Baumgarth, C./Binckebanck, L. (2011a): Nachhaltige Markenimplementierung im Business-to-Business-Geschäft, in: Business + Innovation – Steinbeis Executive Magazin, 2. Jg., Nr. 2, S. 20-26.

SfP[*] Baumgarth, C./Binckebanck, L. (2011b): Zusammenarbeit von Verkauf und Marketing – reloaded, in: Binckebanck, L. (Hrsg.), Verkaufen nach der Krise, Wiesbaden, S. 43-60. ID: 1816466

SfP[*] Binckebanck, L. (2006): Interaktive Markenführung – Der persönliche Verkauf als Instrument des Markenmanagements im B2B-Geschäft, Wiesbaden. ID: 4727650

SfP[*] SfP]Binckebanck, L. (2013a): Grundlagen zum strategischen Vertriebsmanagement, in: Binckebanck, L./Hölter, A.-K./Tiffert, A. (Hrsg.), Führung von Vertriebsorganisationen, Wiesbaden, S. 3-35. ID: 4727638

SfP[*] Binckebanck, L. (2013b): Schnittstellenmanagement zwischen Vertrieb und Marketing durch interaktive Markenführung, in: Binckebanck, L./Hölter, A.-K./Tiffert, A. (Hrsg.), Führung von Vertriebsorganisationen, Wiesbaden, S. 209-250. ID: 4727650

SfP[*] Binckebanck, L./Hölter, A.-K. (2012): Elemente und Management internationaler Vertriebsphilosophien, in: Binckebanck, L./Belz, C. (Hrsg.), Internationaler Vertrieb, Wiesbaden, S. 393-410. ID: 3492738

Briggs, E./Jarmillo, F./Weeks, W.A. (2012): The influence of ethical climate and organization identity comparisons on salespeople and their job performance, in: Journal of Personal Selling & Sales Management, Vol. 32, No. 4, pp. 421-436.

Chonko, L.B./Jones, E./Roberts, J.A./ Dubinsky, A.J. (2002): The role of environmental turbulence, readiness for change, and salesperson learning in the success of sales force change, in: Journal of Personal Selling & Sales Management, Vol. 22, No. 4, pp. 227-245.

Esch, F.-R. (2012): Strategie und Technik der Markenführung, 7. Auflage, München.

SfP[*] Homburg, C./Schäfer, H./Schneider, J. (2010): Sales Excellence, 6. Aufl., Wiesbaden. ID: 3528312

Homburg, C./Pflesser, C. (2000): A multiple-layer model of market-oriented organizational culture: measurement issues and performance outcomes, in: Journal of Marketing Research, Vol. 37, No. 4, pp. 449-462.

Ingram, T.N./LaForge, R.W./Locander, W.B./Mackenzie, S.B./Podsakoff, P.M. (2005): New directions in sales leadership research, in: Journal of Personal Selling & Sales Management, Vol. 25, No. 2, pp. 137-154.

Johnson, G. (1992): Managing strategic change: Strategy, culture and action, in: Long Range Planning, Vol. 25, No. 1, pp. 28-36.

Schein, E.H. (1985): Organizational culture and leadership, San Francisco.

Stauss, B. (2000): Internes Marketing als personalorientierte Qualitätspolitik, in: Bruhn, M./Stauss, B. (Hrsg.), Dienstleistungsqualität, 3. Aufl., Wiesbaden, S. 203-222.

Tushman, M.L./ O'Reilly, C.A. (1997): Winning through innovation, Boston.

Wilkins, A.L./Ouchi, W.G. (1983): Efficient cultures: Exploring the relationship between culture and organizational performance, in: Administrative Science Quarterly, Vol. 28, No. 3, pp. 468-481.

*Abonnenten des Portals Springer für Professionals erhalten diesen Beitrag im Volltext unter www.springerprofessional.de/ID

SfP Zusätzlicher Verlagsservice für Abonnenten von „Springer für Professionals | Vertrieb"

Zum Thema	Management Verkauf	🔍 Suche

finden Sie unter www.springerprofessional.de 39.384 Beiträge davon 961 im Fachgebiet Vertrieb   Stand: Mai 2014

Medium
- ☐ Online-Artikel (46)
- ☐ Interview (2)
- ☐ Zeitschriftenartikel (374)
- ☐ Buchkapitel (539)

Sprache
- ☐ Deutsch (957)
- ☐ Englisch (4)

Von der Verlagsredaktion empfohlen

Biesel, H.: Veränderungsprozesse gestalten und umsetzen, in: Vertriebspower in turbulenten Zeiten, Wiesbaden 2014, S. 77-131, www.springerprofessional.de/ 5000514

Heinrich, S.: Der radikale Umbruch im Verkauf, in: Verkaufen an Top-Entscheider, Wiesbaden 2011, S. 15 -30, www.springerprofessional.de/1814878

Wenn Lieferanten sich an Machbarkeitsstudien beteiligen

Unterstützt der Lieferant den Investor bei der Anfertigung der Machbarkeitsstudie für dessen Investitionsvorhaben, so verschafft er sich gegenüber der Konkurrenz einen Vorsprung im Wettbewerb um den Kaufvertrag.

Klaus Bretschneider

Anders als Unternehmen in Industrieländern, die sich bei ihrer Entscheidung für oder gegen eine Investition auf Machbarkeitsuntersuchungen stützen, die sie selbst durchgeführt haben, treffen Investoren in Entwicklungs- und Schwellenländern die Entscheidung vorwiegend auf der Basis von Machbarkeitsstudien, die von Fremden erarbeitet werden. Meistens beauftragen die Investoren einen Consultant, die Umsetzbarkeit der Investitionsidee zu prüfen. Ist das Objekt eine Industrieanlage, geben sie jedoch oft einer Firma den Vorzug, die im internationalen Anlagenbau erfahren ist und Interesse hat, die für die Errichtung und Inbetriebnahme der Anlage benötigten Lieferungen und Leistungen zu erbringen.

Die Zusammenarbeit ist für den Investor wie für den Lieferanten von Vorteil: Der Investor erhält sachkundige Hilfestellung und der Lieferant nutzt die Chance, mit der Akquisition des Investitionsprojekts vor dessen Ausschreibung zu beginnen und sich damit frühzeitig vom Wettbewerb abzuheben. Dieser Beitrag soll Lieferanten zeigen, wie bei der Anfertigung von Machbarkeitsstudien im Anlagenbau zweckmäßig vorzugehen ist. Als Objekt der Investition wird eine typische Fabrikanlage gewählt, weil die Errichtung von Produktionsstätten im Ausland oder deren Ausrüstung mit Maschinen und Anlagen zu den Hauptgeschäften der deutschen Investitionsgüterindustrie zählt. Der Begriff des Lieferanten steht synonym für das anbietende Unternehmen sowie für das Projektteam, welches unter der Federführung des Vertriebs die Machbarkeitsstudie ausarbeitet.

Wichtige Gründe sprechen für die Vergabe der Studie an einen Lieferanten

Der Investor, der einen Lieferanten auffordert, die Machbarkeitsstudie oder Teile davon anzufertigen, dürfte sich zuvor über dessen Produkteprogramm, Marktposition und Referenzen informiert haben. Der Lieferant, der - anders als ein Consultant - dem Investor die Kosten der Studie gewöhnlich nicht in Rechnung stellt, wird sich fragen, ob die Wahrscheinlichkeit, dass nach Vorlage der Studie der Kaufvertrag über die Lieferungen und Leistungen zwischen ihm und dem Investor zustande kommt, den Aufwand rechtfertigt.

Übernimmt der Lieferant die Aufgabe, sollte er dem Investor versichern, dass er die Erfolgschancen der Investition an Faktoren messen wird, die den Markterfolg jeder Unternehmung bestimmen. Es sind dies der Wert der Produkte, die in der Fabrikanlage hergestellt werden sollen, und die Identität der Fabrikanlage als Betrieb.

Das bedeutet, dass beurteilt wird, ob die Fabrikanlage so ausgerüstet und organisiert ist, dass ihre Produkte in Hinsicht auf Qualität, Zuverlässigkeit, Bereitstellungszeit und Kosten wettbewerbsfähig hergestellt werden können, und ob die Leistungsfähigkeit und Leistungsbereitschaft der Arbeitskräfte sowie die Kultur, die Organisation und der Service der Fabrik die Anforderungen des Absatzmarkts erfüllen werden. Der Lieferant wird darauf hinweisen, dass es alles in allem darauf ankommt festzustellen, ob in der Betriebsphase der Anlage eine angemessene Verzinsung des eingesetzten Ka-

Dr.-Ing. Klaus Bretschneider
berät Unternehmen vor allem des Maschinen- und Anlagenbaus in Fragen zum operativen und strategischen Management. In Masterstudiengängen des Fachbereichs Ingenieurwissenschaften der Jade-Hochschule Wilhelmshaven/Oldenburg/Elsfleth hält er Vorlesungen über Projektakquisition bei Auslandsgeschäften der Investitionsgüterindustrie.
E-Mail: bretschneider-OSM@t-online.de

pitals zu erwarten ist. Zu bedenken hat der Lieferant hierbei jedoch, dass der Investor die Machbarkeitsstudie an ihn und nicht an einen Consultant vergibt, um ihn zur Rechenschaft ziehen zu können, sollten bei der Erfüllung des Kaufvertrags in der Investitionsphase oder der sich daran anschließenden Betriebsphase Probleme auftreten, die auf falsche Annahmen in der Machbarkeitsstudie zurückgehen. Vor dieser Art von Inanspruchnahme kann sich der Lieferant aber durch entsprechende Regelungen in der Vereinbarung zur Erstellung der Machbarkeitsstudie sowie durch Hinweis auf den Haftungsausschluss in der Dokumentation der Machbarkeitsstudie schützen.

Einen wichtigen Grund, die Machbarkeitsstudie von dem Lieferanten anfertigen zu lassen, haben Investoren außerdem, wenn es ihnen an Produkt- und Produktions-Know-how fehlt und der Lieferant das Know-how besitzt. Die Investoren erwarten dann, dass der Lieferant bereit ist, mit ihnen den Lizenzvertrag zu schließen oder ein Joint Venture einzugehen. Dem Lieferanten ist jedoch von der einen wie von der anderen Geschäftsbeziehung abzuraten, wenn im Land des Investors die Unabhängigkeit der Gerichte nicht gewährleistet ist und befürchtet werden muss, dass der Investor die Schutzwürdigkeit der Technologie infrage stellt und mit Hilfe örtlicher Gerichte die Zahlung der Lizenzgebühren verweigert bezie-

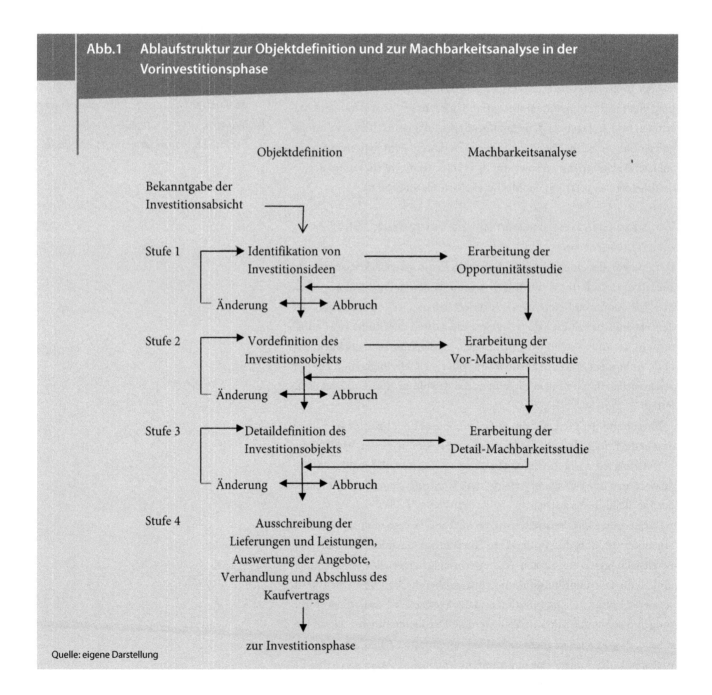

Abb.1   Ablaufstruktur zur Objektdefinition und zur Machbarkeitsanalyse in der Vorinvestitionsphase

Quelle: eigene Darstellung

hungsweise den Transfer des im Gemeinschaftsunternehmen erwirtschafteten Gewinns behindert.

Der Lieferant sollte in der Vereinbarung, die er für die Ausarbeitung der Machbarkeitsstudie mit dem Investor trifft, zum Ausdruck bringen, dass der Abschluss des Kaufvertrags Zielsetzung seines Engagements ist. Er wird sich mit dem Investor einigen, dass kein Dritter mit der Ausarbeitung der Machbarkeitsstudie beauftragt wird. Einen Rechtsanspruch auf den Vertragsabschluss kann er aus dem Exklusivabkommen gleichwohl nicht ableiten, zumindest dann nicht, wenn der Investor den für die Genehmigung der Investition zuständigen Behörden Angebote von mehreren Lieferanten vorlegen muss.

Dem Lieferanten wird es darum gehen, den Investor davon zu überzeugen, dass die Machbarkeitsstudie bei ihm in guten Händen ist. Er wird dem Investor daher regelmäßig über den Fortgang der Analyse berichten. Voraussetzung für aussagekräftige Fortschrittsberichte ist, dass bei der Sammlung und Auswertung der Informationen systematisch vorgegangen wird. Somit kommen auch bei Machbarkeitsuntersuchungen bewährte Methoden des Projektmanagements zur Anwendung.

Systematische Vorgehensweise führt zu verlässlichen Aussagen

Kennzeichen systematischer Vorgehensweise ist die Gliederung des Ablaufs der Machbarkeitsstudie in Stufen analog zum Ablauf der Definition des Objekts der Investition, die ebenfalls in Stufen erfolgt. Auf diese Weise wird sichergestellt, dass für die Entscheidung nach jeder Stufe der Objektdefinition, das Projekt fortzusetzen oder in Rückkopplung auf den vorangegangenen Prozessabschnitt Änderungen vorzunehmen oder aber das Vorhaben abzubrechen, das Ergebnis der in der Projektstufe stattgefundenen Machbarkeitsuntersuchung maßgeblich ist. In dem hier vorgestellten Strukturmodell wird die Vorinvestitionsphase des Anlagenprojekts in vier Stufen unterteilt (siehe **Abbildung 1**).

Nach Bekanntgabe der Investitionsabsicht werden in Stufe 1 die Investitionsideen identifiziert und in einer Opportunitätsstudie – mitunter, wie oft bei Infrastrukturprojekten, als Potenzialanalyse bezeichnet – auf Umsetzbarkeit untersucht. Es folgen in Stufe 2 und Stufe 3 die Vordefinition und die Detaildefinition des ausgewählten Investitionsobjekts sowie die Untersuchung der Definitionsergebnisse in der Vor-Machbarkeitsstudie beziehungsweise der Detail-Machbarkeitsstudie. Durch Verknüpfung der Prozessstränge gemäß

der Ablaufstruktur erhält der Investor verlässliche Informationen für die jeweilige Stufenentscheidung. Die vierte und letzte Stufe der Vorinvestitionsphase umfasst die Ausschreibung der Lieferungen und Leistungen, die Auswertung der Angebote sowie die Verhandlung und den Abschluss des Kaufvertrags.

Die Organisation der Vereinten Nationen für industrielle Entwicklung (UNIDO) bezeichnet die Teilstudie der dritten Stufe als technisch-wirtschaftliche Machbarkeitsstudie (techno-economic Feasibility Study). Der Beitrag folgt dieser Darstellung nicht, da nicht nur in der letzten, sondern auch in den vorangehenden Teilstudien technische, betriebswirtschaftliche und nationalökonomische Aspekte betrachtet werden müssen. Nicht realitätskonform ist außerdem die Vorgabe der UNIDO, die Vertragsverhandlungen und den Vertragsabschluss der Investitionsphase zuzuordnen, da die Praxis zeigt, dass Lieferanten, die bis zum Erhalt der Ausschreibung mit dem Investor keinerlei Kontakt hatten, bei der Präsentation ihrer Offerten Änderungsvorschläge einbringen, die das Ergebnis der Detail-Machbarkeitsstudie verändern können. Nicht auszuschließen ist überdies, dass örtliche Behörden die Genehmigung des Projekts verweigern oder Banken ihre Finanzierungszusage zurückziehen, so dass der geschlossene Kaufvertrag nicht in Kraft treten kann. Daher wird empfohlen, das Projekt erst nach Abschluss beziehungsweise Inkrafttreten des Kaufvertrags in die Investitionsphase zu überführen.

Während in der zweiten Hälfte des vergangenen Jahrhunderts die Entwicklungs- und Schwellenländer hauptsächlich in neue Produktionsanlagen investierten, entfällt seitdem ein großer Teil der industriellen Investitionen auf die Rehabilitation der Anlagen. Machbarkeitsstudien für diese Art von Investitionen lassen sich als Rehabilitationsstudien bezeichnen.

Tab. 1 Themen und Kapitelfolge der Teilstudien

1. Zusammenfassung
2. Absatzmarkt
3. Beschaffungsmarkt
4. Standort
5. Investitionsobjekt
6. Produktion
7. Personal
8. Organisation
9. Projektdurchführung
10. Projektfinanzierung
11. Wirtschaftlichkeit

Quelle: eigene Darstellung

Im Einzelnen betreffen sie Ersatzinvestitionen oder Erweiterungsinvestitionen, die häufig in Kombinationen miteinander durchgeführt werden. Ziel ist die Sicherung beziehungsweise Wiederherstellung der Überlebensfähigkeit der Anlage durch Ersatz veralteter Ausrüstungen durch moderne und leistungsfähigere oder durch Diversifikation des Produktionsprogramms mit neuen Produkten. Die Ablaufstruktur nach **Abbildung 1** bietet Firmen, die von Investitionsüberlegungen der Anlagenbetreiber erfahren und ihre Lieferungen und Leistungen einbringen wollen, ebenfalls Orientierungshilfe für die Mitwirkung bei der Erstellung der Rehabilitationsstudie.

Ein weiteres Merkmal systematischen Vorgehens bei der Erstellung der Machbarkeitsstudie ist die Festlegung und Einhaltung der Reihenfolge, in der die einzelnen Themenbereiche der beabsichtigten Investition untersucht werden sollen. Die Themenfolge spiegelt sich in der für alle drei Teilstudien identischen Gliederung der Dokumentation wider. Die hierzu angelegte Ausgangsstruktur hat im Fabrikanlagenbau weitgehende Allgemeingültigkeit (s. **Tabelle 1**). Ausgehend von einem in Frage kommenden Produkt beziehungsweise einem Spektrum von Produkten, werden in zehn Kapiteln der Absatz- und Beschaffungsmarkt, die zur Auswahl stehenden Standorte, das Objekt der Investition, die Fertigung der Produkte, der Bedarf und das Angebot an Arbeitskräften, die Aufbau- und Ablauforganisation und die Managementsysteme der Fabrikanlage, die Durchführung sowie die Finanzie-

rung des Investitionsprojekts und abschließend die Wirtschaftlichkeit der Investition untersucht. Die den Fachkapiteln vorangestellte Zusammenfassung enthält die für die jeweilige Stufenentscheidung relevanten Informationen.

Die Opportunitätsstudie ist eine Grobanalyse der Investitionsidee

Hat der Lieferant bei einer mit dem Investor vereinbarten Aufgabenteilung die Möglichkeit, unter den Themen zu wählen, wird er diejenigen übernehmen, deren Bearbeitung seinen Geschäftsinteressen, das heißt, vorrangig dem Verkauf der Produkte aus dem eigenen Maschinen- und Anlagenprogramm, förderlich ist. Es handelt sich dabei um die Kapitel Produktion, Personal und Organisation. Da die Opportunitätsstudie eine lediglich skizzenhafte Projektanalyse darstellt, wird er darin die Gegenstandsbereiche Anlagenkapazität, Materialeinsatz, Prozesstechnologie und Betriebsmittel, Werkstatt-Layout, Energieversorgung, Bedarf und Angebot an Arbeitskräften, Aufbau- und Ablauforganisation sowie Planungs-, Steuerungs- und Überwachungssysteme in Grobbetrachtung behandeln.

Für die Abschätzung der Investitions- und Produktionskosten wird der Lieferant auf vergleichbare Projekte zurückgreifen. Erfahrungsgemäß weichen die in der Opportunitätsstudie geschätzten Kosten von denen, die in der Investitionsphase und in der Betriebsphase tatsächlich anfallen, um etwa +/−30 Prozent ab. Für die Vor-Machbarkeitsstudie und Detail-Machbarkeitsstudie sollte die Kostenschätzung so verfeinert werden, dass die Abweichung nur noch +/−20 beziehungsweise +/−10 Prozent beträgt.

Mit der Vor-Machbarkeitsstudie fällt die Vorentscheidung

Die Chancen, mit dem Investor den Kaufvertrag zu schließen, vergrößern sich in dem Maße, in welchem es dem Lieferanten gelingt, in der Wechselbeziehung zwischen Projektdefinition und Machbarkeitsstudie die Projekteure des Investors für sich zu gewinnen. Generell groß sind die Chancen auf Vertragsabschluss, wenn der Lieferant nicht nur die Ausrüstung der Fabrik, sondern die gesamte Fabrikanlage errichten, in Betrieb nehmen und schlüsselfertig übergeben kann. In diesem Fall wird er dem Investor auch die Erarbeitung der Vor-Machbarkeitsstudie und der Detail-Machbarkeitsstudie anbieten.

Die Fabrikanlage ist ein Beispiel für eine Investition hoher Komplexität. Sie besteht aus miteinander vernetzten Werkstätten, Büro-, Lager- und anderen Gebäuden und hat Stra-

Zusammenfassung

• Die Erstellung der Machbarkeitsstudie oder die Mitwirkung daran ermöglicht es dem Lieferanten, früher als die Konkurrenz mit der Akquisition des Projekts zu beginnen.

• Die Aussagekraft der Machbarkeitsstudie hängt in hohem Maße von deren systematischen Erarbeitung in Verknüpfung mit der Definition des Investitionsobjekts ab.

• Die Chancen, die Projektakquisition erfolgreich, das heißt, mit dem Abschluss des Kaufvertrags zu beenden, sind umso größer, je mehr es im Zuge der Arbeit an der Machbarkeitsstudie dem Lieferanten gelingt, den Investor von den Wertmaßstäben seiner Lieferungen und Leistungen sowie den Merkmalen seiner Identität zu überzeugen.

ßen-, Bahn- oder Kanalanbindung sowie Anschluss an das Wasser-, Abwasser- und Stromnetz. Mitunter ist auch die Errichtung von Unterkünften für die Belegschaft ein Teil der Investition und damit eines der Arbeitspakete des Projekts. Der Lieferant wird nach Firmen suchen, die einzelne Projektteile

Kerngedanken

- Die Unterstützung des Investors durch den Lieferanten nützt beiden Seiten.
- Objektdefinition und die Erstellung der Machbarkeitsstudie sind miteinander verknüpft.
- Lieferanten sollten auch Rehabilitationsstudien durchführen.
- Der Investor bevorzugt „alles aus einer Hand".
- Unterstützung bei der Projektfinanzierung wird honoriert.

bearbeiten können und zum Zweck der Angebotserstellung und Vertragserfüllung ein Konsortium bilden wollen. Das Projekt wird dann von den Konsortialpartnern gemeinsam auf Machbarkeit untersucht. Abhängig davon, ob es sich bei der Firmengemeinschaft um ein offenes oder ein geschlossenes Konsortium handelt, schließt der Investor den Kaufvertrag mit allen Konsorten oder mit demjenigen, der als Hauptauftragnehmer auftritt. Das Konsortium bietet dem Investor die Lieferung der Anlage aus einer Hand, was ihm die Durchführung der Investition erleichtert.

Oft aber führen Investoren einen Teil der Arbeiten selbst aus. Zumeist sind dies die Vorbereitung des Grundstücks, Hoch- und Tiefbauarbeiten und Maßnahmen zur Herstellung der notwendigen Infrastruktur. Der Lieferant, der die Machbarkeitsstudie anfertigt, wird im Meilensteinplan für die Investitionsphase diejenigen Termine, zu deren Einhaltung er sich im Kaufvertrag verpflichten muss, an Ereignisse koppeln, die ausschließlich in seinem Einflussbereich und nicht in dem des Investors liegen. Nimmt er die Abgrenzung nicht vor,

muss er mit Auseinandersetzungen rechnen, wenn in der Investitionsphase Vertragstermine überschritten werden.

Um Streitigkeiten mit dem Investor bei der Inbetriebnahme der Anlage oder in der Betriebsphase zu vermeiden, wird der Lieferant außerdem in der Vor-Machbarkeitsstudie und in der Detail-Machbarkeitsstudie beschreiben, worauf seine Prognose hinsichtlich der Absatzzahlen der in der Anlage herzustellenden Produkte, der Bezugsquellen für das Einsatzmaterial, der Auslastung der Fertigungskapazitäten, der Art und Verfügbarkeit der Betriebsmittel, der Zuverlässigkeit der Energieversorgung sowie des Potenzials und Ausbildungsstands lokaler Arbeitskräfte beruht. Mit der Beschreibung dieser und gegebenenfalls anderer den Betrieb der Anlage bestimmenden Faktoren trägt er vorsorglich dem Sachverhalt Rechnung, dass der Kaufvertrag eine Klausel enthalten dürfte, nach der die Anlage in jeder Hinsicht zufriedenstellend laufen und die zu liefernde Ausrüstung dem neuesten Stand der Technik entsprechen muss. Da seine Unterschrift Anerkennung von Pauschalhaftung bedeutet, kann er sich nach der Maxime „was nicht im Vertrag steht, dafür wird auch nicht gehaftet" nur dadurch schützen, dass er in dem Kaufvertrag auf die Machbarkeitsstudie abhebt und die den Vertragsumfang bildenden Lieferungen und Leistungen genau aufführt

Handlungsempfehlungen

Erfährt der an dem Projekt eines ausländischen Investors interessierte Maschinen- und Anlagenlieferant, dass die Entscheidung für oder gegen die Investition von dem Ergebnis einer Machbarkeitsstudie abhängig sein wird, so sollte er

• dem Investor, soweit die Wahrscheinlichkeit des Kaufvertragsabschlusses in vertretbarem Verhältnis zum Aufwand steht, anbieten, die Machbarkeitsstudie zu erstellen oder sich daran zu beteiligen,

• im Fall einer Arbeitsteilung bei der Anfertigung der Machbarkeitsstudie zwischen ihm, dem Investor und gegebenenfalls Dritten diejenigen Gegenstandsbereiche übernehmen, die die Aufmerksamkeit des Investors auf sein Liefer- und Leistungsprogramm lenken,

• sich bei der Aufbereitung der für die Investitionsentscheidung notwendigen Informationen an dem im vorliegenden Beitrag empfohlenen, weitgehend allgemeingültigen Ablaufmodell orientieren.

sowie an geeigneter Stelle definiert, was unter dem neuesten Stand der Technik zu verstehen ist.

Besondere Aufmerksamkeit ist bei der Analyse des Absatzmarkts dem Warenangebot der Konkurrenz, bei der Analyse des Beschaffungsmarkts den Materialpreisen und bei der Analyse des Arbeitsmarkts den Arbeitskosten am Standort zu widmen. Da immer mehr Länder in Übersee dem Schutz der Umwelt Bedeutung beimessen und – wie das Beispiel der jüngsten Direktinvestition eines deutschen Stahlkonzerns in einem Schwellenland zeigt – der Verstoß gegen die für den Umweltschutz geschaffenen Gesetze und Vorschriften existenzbedrohende Folgen für den Investor haben kann, hat der Lieferant in der Vor-Machbarkeitsstudie ebenfalls zu prüfen, ob die zu erwartenden Emissionen der Anlage unzulässige Auswirkungen auf Wohn- und Schutzgebiete haben können und ob die vorgesehenen Abhilfemaßnahmen tauglich sind.

Die Vor-Machbarkeitsstudie schließt mit einem Design Review. In dieser Veranstaltung wird über den Stand der Projektbearbeitung und den Fortschritt der Machbarkeitsstudie berichtet. Im Mittelpunkt stehen der zeitliche Ablauf der Projektdurchführung, die Finanzierung des Projekts und die Profitabilität der Investition. In die Wirtschaftlichkeitsrechnung werden die Kostenentwicklung in der Investitionsphase, einschließlich der Kosten des Probebetriebes, der Abnahmetests und der Inbetriebnahme sowie die betriebswirtschaftlichen Planzahlen für üblicherweise die ersten zehn Jahre der Betriebsphase eingestellt. Insofern stellt die Vor-Machbarkeitsstudie die Informationsbasis für die Vorentscheidung für oder gegen die Investition dar. Die endgültige Entscheidung fällt nach Abschluss der Detail-Machbarkeitsstudie.

In der Detail-Machbarkeitsstudie geht es um die Rentabilität

Auch die dritte Stufe der Vorinvestitionsphase endet mit einem Design Review. Im Fokus steht die Bewertung des Investitionsvorhabens unter wirtschaftlichen Aspekten auf der Grundlage aktualisierter und ausreichend gesicherter Daten. Da es sich international durchgesetzt hat, die Frage nach der Rentabilität der Investition durch Berechnung des Kapitalwerts der Investition zu beantworten, gilt es, in der Detail-Machbarkeitsstudie nachzuweisen, dass dieser bei einem der geforderten Mindestverzinsung gleichen Kalkulationszinssatz positiv ist. Bleibt der Kapitalwert auch nach Änderung der Cash-Flow-Planung negativ, wird der Investor das Projekt abbrechen, weil sich die Kosten des eingesetzten Kapitals nicht decken beziehungsweise die Erwartungen an den Return on Investment (ROI) nicht erfüllen lassen.

In die Ermittlung des Kapitalwerts gehen auch die Zuflüsse an Kapital aus den aufzunehmenden Krediten und die Abflüsse durch Bankgebühren, Zinsen und Tilgung ein. Daher müssen für die Detail-Machbarkeitsstudie die Konditionen, unter denen das Investitionsvorhaben finanziert werden soll, mit den Kapitalgebern abgeklärt sein. Kann der Lieferant dem Investor einen Bestellerkredit vermitteln, nimmt er die Finanzierung zumindest des seine Lieferungen und Leistungen betreffenden Projektteils als den nach dem Produktwert und der Lieferantenidentität dritten Erfolgsfaktor des Vertriebs von Investitionsgütern in die Projektakquisition auf. Er muss sich jedoch bewusst sein, dass die Kreditvermittlung nicht risikofrei ist, denn er wird zugunsten der Bank eine Exporteurgarantie auslegen müssen, die dann greift, wenn der Investor den Kreditvertrag nicht erfüllt und dies mit Nichterfüllung des Kaufvertrags durch den Lieferanten begründet.

Der letzte Punkt der Tagesordnung im Design Review zur Detail-Machbarkeitsstudie ist die Freigabe der Systemspezifi-kation sowie der Teilsystem- und Komponentenspezifikationen für die Ausschreibung der Lieferungen und Leistungen in der vierten Stufe der Vorinvestitionsphase. Bei der Erstellung des Angebots und der Verhandlung des Kaufvertrags ist der Lieferant, der die Freigabe der Spezifikationen befürwortet hat, gegenüber der Konkurrenz im Vorteil, da von ihm Wege zur Lösung technisch-wirtschaftlicher, organisatorischer und anderer Problemstellungen auf Durchführbarkeit untersucht wurden.

Literatur

UNIDO: Manual for the Preparation of Industrial Feasibility Studies, United Nations Publication, New York, 1978 (Sales No. E.78.II.B.5),

Behrens, W., Hawranek, P. M.: Manual for the Preparation of Industrial Feasibility Studies, UNIDO Publication, Vienna, 1991 (ID/372, Sales No, E.91.III. E. 18, ISBN 92-1-106269-1),

Bretschneider, K.: Produktwert und Lieferantenidentität, in: Zeitschrift Sales Business, Heft 06/12, S. 28-29, Wiesbaden,

Bretschneider, K.: Vertragstechnik ist Sache des Vertriebs, in: Zeitschrift Sales Business, Heft 01/02.11, S. 18-20, Wiesbaden.

Service

Mobile CRM löst herkömmliche Tools bald ab

Eine neue Studie von Ec4u Expert Consulting zeigt, dass schon in drei Jahren CRM-Ssyteme komplett mobil nutzbar sind und damit gewohnte CRM-Bernutzeroberflächen ablösen könnten.

Bei der Befragung vonVertriebs- und Marketingmanagern im April dieses Jahres zeigte sich, dass viele sich für die Zukunft vollständig mobile Kundenmanagementlösungen wünschen, um ihre mobilen Endgeräte wie Tablets und Smartphones sinnvoll einsetzen zu können. 46 Prozent der Befragten erwarten, dass dies schon in den kommenden drei Jahren Realität wird. Damit hat sich im Blick auf eine Vergleichserhebung das Interesse an Mobile CRM innerhalb eines Jahres verdoppelt. Gleichzeitig hat sich die Zahl derjenigen, die dem mobilen CRM-Einsatz noch eher skeptisch für die eigene Arbeit gegenüberstehen, drastisch von 49 Prozent im vergangenen Jahr auf nur noch 21 Prozent in der diesjährigen Umfrage verringert. Inzwischen vorangetriebene Mobilitätsstrategien der Unternehmen und zunehmend mobiler gestaltete Arbeitsabläufe sowie zahlreiche neue Bedienfunktionalitäten, die die Anwenderfreundlichkeit von mobilen CRM-Tools verbessern, führen nicht zuletzt dazu, dass Kundenmanager in 30 Prozent der Unternehmen ihr CRM-System laut Studie schon jetzt am liebsten umfassend nützen würden. Jeder Zehnte würde auch ohne unmittelbaren Bedarf mobiles CRM einsetzen. 37 Prozent der Unternehmen sehen dagegen noch keine Notwendigkeit, im Kundenmanagement und der eigenen Vertriebs- und Marketingarbeit auf standortunabhängige, mobile Clients zurückzugreifen.

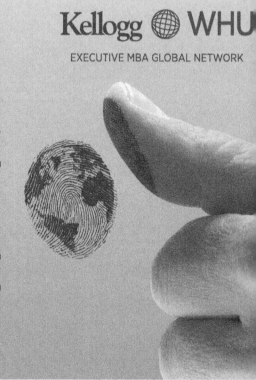

Globalisierung bringt neue Ansprüche an ERP-Software

Bei länderübergreifenen Expansionen müssen Enterprise-Resource-Planning-Lösungen (ERP) global angepasst werden.

Der Ruf der Deutschen als Exportweltmeister gründet sich zu einem wesentlichen Teil auf dem Mittelstand. Viele Mittelständler und Familienbetriebe belassen es nicht beim Vertrieb ihrer Produkte ins Ausland, sondern folgen mit Tochterunternehmen und Joint Ventures ihren Abnehmern. Eine der damit verbundenen Herausforderungen: Bei einer länderübergreifenden Expansion stoßen viele Enterprise-Resource-Lösungen (ERP) schnell an ihre Grenzen, wenn sie sich nicht individuell an nationale Standards und Gepflogenheiten anpassen lassen. Eine international eingesetzte ERP-Software muss zuverlässig die Anforderungen der Steuer- und Finanzbehörden im Heimatland ebenso wie in den Auslandsmärkten erfüllen. Zudem sollte sie skalierbar sein, damit die Lösung mit jedem Entwicklungsschritt des Unternehmens mitwachsen kann. Nicht zuletzt sollte auch der ERP-Anbieter selbst international aufgestellt sein. Mehr dazu auf:

sfp* www.springerprofessional.de/5008274

Cloud Logistics eröffnen Einsparpotenziale

Wenn Cloud Logistics keine Insellösungen bleiben sollen, müssen Anbieter noch stärker standardisieren.

Immer mehr Anbieter von Logistiksoftware unterstützen Cloud Computing als neue Form der Softwarebereitstellung und -nutzung. Durch Virtualisierung sollen Skalierbarkeit, Flexibilität und Konnektivität erhöht und zugleich Betriebskosten gesenkt werden. Besonders prädestiniert für Cloud Computing ist die Logistikbranche mit ihren arbeitsteiligen Prozessen. Der technologische Entwicklungsschritt von IT-gestützten Logistikprozessen zu cloudbasierten Logistics as a Service (LaaS) setzt die Übertragung unternehmensspezifischer Insellösungen in Standardsoftware auf Basis serviceorientierter Architekturen voraus. Um am Ende modular kombinierbare IT-Bausteine zur Abbildung der gesamten logistischen Prozesskette zu erhalten, müssen die Planungs- und Steuerungsaufgaben zunächst in sinnvolle Arbeitseinheiten zerlegt werden. Der Vorteil aus Anwendersicht: Die einzelnen Ressourcen können je nach spezifischem Bedarf hinzugefügt, entfernt oder verändert werden. Mehr dazu auf:

sfp* www.springerprofessional.de/4970008

Buchrezensionen

Heinz Siegl

Erfolgreiche Personalgewinnung im Vertrieb: Top-Performer interessieren, gewinnen und binden
Haufe, 1. Auflage
Freiburg, 2014
265 Seiten, 29,95 Euro
ISBN: 978-3-648-04937-2

Axel Birk/Joachim Löffler

Marketing- und Vertriebsrecht: Lehr- und Praxishandbuch zum Gewerblichen Rechtsschutz, Kartell- und Vertriebsrecht
Verlag Franz Vahlen, 1. Auflage
München, 2012
625 Seiten, 44, 90 Euro
ISBN: 978-3-8006-4268-7

Martin Maas

Investitionsgüter erfolgreich verkaufen: So machen Sie sich fit für die Praxis
SpringerGabler, 1. Auflage
Wiesbaden, 2013
131 Seiten, 34,99 Euro
ISBN: 978-3-658-00838-3

Kerngedanke

„Wer erfolgreiche Mitarbeiter einstellen möchte, muss sich zunächst darüber im im Klaren sein, welche Fähigkeiten und Eigenschaften er vom zukünftigen Mitarbeiter erwartet."

Nutzen für die Praxis

Der Autor zeigt, wie Vertriebsführungskräfte Recruitingprozesse zum Erfolg führen und nachhaltige Entscheidungen bei der Bewerberauswahl treffen.

Abstract

In diesem Buch werden wirkungsvolle Praxishilfen für optimale Recruitingprozesse geboten. Schritt für Schritt wird erläutert, wie man Top-Performer identifiziert, wie man sie im Auswahlprozess überzeugt und für sich gewinnt und schließlich dauerhaft bindet.

Kerngedanke

„Dieses Buch stellt die Rechtsfragen des Marketings und Vertriebs so eng wie möglich an der betriebswirtschaftlichen Systematik dar und bietet praktisch umsetzbare Lösungen."

Nutzen für die Praxis

Durch den Aufbau des Buches wird es auch Nicht-Juristen ermöglicht, tiefere Einblicke in die komplexen, aber wichtigen Rechtsfragen von Marketing und Vertrieb zu gewinnen.

Abstract

Der Aufbau des Buches orientiert sich an den Instrumenten des Marketing-Mix, Rechtsfragen der Beschaffung und der Verwendung von Informationen im Rahmen der Marketingforschung und des Marketingcontrollings.

Kerngedanke

„Der Vertriebsmitarbeiter von heute muss beides sein, auf der einen Seite eine Verkäuferpersönlichkeit, auf der anderen Seite ein Beratertyp."

Nutzen für die Praxis

In diesem Buch werden die für die Vertriebsaufgabe notwendigen „Handgriffe" geübt. Außerdem erhält der Leser Anregungen für weitere Karriereschritte im Investitionsgütervertrieb.

Abstract

Dieses Buch führt den Leser im ersten Teil in die moderne Verkaufspraxis von Investitionsgütern ein und bereitet ihn auf den zweiten Teil, den Trainingsteil, vor. Im dritten Teil können sich Praktiker im Vertrieb mit weiterführenden Inhalten und Aspekten ihrer Tätigkeit auseinandersetzen.

Veranstaltungen

Veranstaltungen zum Thema Vertrieb				
Datum	**Event**	**Website**	**Ort**	**Veranstalter**
26.06. - 27.06.14	Verkauf Vertrieb Außendienst	www.arowa-trainings.de	Freiburg	Arowa Andy Rohrwasser
10.07. - 11.07.14	Verkaufstraining Intensiv	www.frontline-consulting.de	Düsseldorf	Frontline Consulting GmbH
26.08. - 28.08.14	Der Online-Marketing-Manager	www.fff-online.com	Düsseldorf	Forum für Führungskräfte
30.08. - 31.08.14	Webchance	www.webchance.de	Frankfurt	Messe Frankfurt Exhibition GmbH
06.10. - 10.10.14	Certified Marketing Manager (FH)	www.akademie-marketing.com	München	Münchner Marketing Akademie
29.10.-30.10.14	Neocom	www.neocom.de	Düsseldorf	Management Forum
19.11. - 20.11.14	Deutscher Handelskongress 2014 und Kongressmesse Retail World	www.handelskongress.de	Berlin	Management Forum
19.11. - 20.11.14	Marketingmanager	www.marketinginstitut.biz	Köln	DIM Deutsches Institut für Marketing GmbH
29.10. - 30.10.14	Neocom	www.neocom.de	Düssledorf	Management Forum

Boni in der Insolvenz

Das Bundesarbeitsgericht hat klargestellt, unter welchen Voraussetzungen Bonusansprüche in der Insolvenz des Unternehmens Insolvenz- oder Masseforderung sind.

Dr. Michael Wurdack
ist Rechtsanwalt und Partner der seit 40 Jahren auf Vertriebsrecht spezialisierten Kanzlei Küstner, v. Manteuffel & Wurdack in Göttingen. Tel.: +49-(0)551-49 99 60 E-Mail: kanzlei@vertriebsrecht.de Weitere Informationen, aktuelle Urteile und Seminarangebote rund ums Vertriebsrecht finden Sie auf der Kanzlei-Homepage: www.vertriebsrecht.de

Neben „klassische" Vergütungsformen wie Festgehalt oder Provisionen treten in Arbeitsverhältnissen zunehmend Sonderzahlungen, die sich inzwischen weit vom ehemals typischen „Weihnachtsgeld" entfernt haben. Häufig anzutreffen – gerade im angestellten Außendienst – sind heutzutage etwa Bonuszahlungen auf Basis jährlicher Zielvereinbarungen.

Gerät ein Unternehmen in die Insolvenz, stellt sich die Frage, ob und wenn ja in welcher Höhe ein Anspruch auf die Sonderzahlung als so genannte „Masseforderung" gegenüber dem Insolvenzverwalter besteht und gegen diesen durchgesetzt werden kann. Soweit keine Masseforderung gegeben ist, ist der Anspruch nur Insolvenzforderung. Diese ist grundsätzlich nicht mehr durchsetzbar, sondern kann nur noch zur Tabelle angemeldet werden und wird nach den dafür geltenden Regeln mit einer Quote befriedigt.

Beispiel: Für das Kalenderjahr 2010 wird eine Jahreszielvereinbarung ohne gesonderte monatliche Einzelziele geschlossen. Fällig wird der Bonus erst im Februar 2011, da erst zu diesem Zeitpunkt die Zielerreichungsquote ermittelt werden kann. Das Insolvenzverfahren wird im Oktober 2010 eröffnet. Ist der Bonus ganz oder anteilig Masseforderung?

Mit dieser Frage hat sich das Bundesarbeitsgericht in einem Urteil vom 14. November 2012 – 10 AZR 3/12 auseinandergesetzt und dabei einige grundlegende Leitlinien aufgestellt:

Wenn Masseforderungen vorliegen

Masseforderungen liegen insbesondere dann vor, wenn Verbindlichkeiten für die Zeit nach Eröffnung des Insolvenzverfahrens erfüllt werden müssen (§ 55 Abs. 1 Nr. 2 2. Alt InsO). Diese Regelung stellt nach Ansicht des BAG sicher, dass der Gläubiger, der noch voll zur Masse leisten muss, auch die volle Gegenleistung erhält und die Masse nicht auf seine Kosten bereichert wird. Soweit Arbeitsverhältnisse betroffen seien, beruhe die Vorschrift auf dem Grundgedanken, dass der Ar-

beitnehmer trotz Insolvenz seine vertraglich geschuldete Arbeitsleistung erbringen müsse und im Gegenzug seine vertraglich vereinbarten Ansprüche behalten solle. Unter die Norm würden daher alle Lohn- und Gehaltsansprüche fallen, die aus der Beschäftigung von Arbeitnehmern nach der Verfahrenseröffnung durch den Insolvenzverwalter erwachsen. Maßgeblich sei, ob die geltend gemachten Ansprüche vor oder nach der Verfahrenseröffnung entstanden seien, wobei nicht auf die Fälligkeit, sondern auf den Zeitpunkt des Entstehens der Forderung abzustellen sei.

Unter welchen Voraussetzungen jährliche Sonderzuwendungen als Masseforderungen anzusehen seien, hänge vom Zweck der Sonderzuwendung ab. Dieser wiederum sei durch Auslegung der vertraglichen Bestimmungen zu ermitteln:

Zusätzliche Honorierung der Arbeitsleistung

Mit einer Sonderzuwendung könne die vom Arbeitnehmer im Bezugszeitraum erbrachte Arbeitsleistung zusätzlich honoriert werden. Der Anspruch auf eine solche Sonderzuwendung entstehe dann regelmäßig während des Bezugszeitraums entsprechend der zurückgelegten Dauer ("pro rata temporis"). Er werde nur zu einem anderen Zeitpunkt insgesamt fällig. Insolvenzrechtlich seien solche arbeitsleistungsbezogenen Sonderzuwendungen dem Zeitraum zuzuordnen, für den sie als Gegenleistung geschuldet seien:

- Soweit mit ihnen Arbeitsleistungen vergütet würden, die nach der Eröffnung des Insolvenzverfahrens erbracht wurden, handele es sich um Masseforderungen.
- Soweit durch sie vor Verfahrenseröffnung erbrachte Arbeitsleistungen honoriert werden, würden Insolvenzforderungen vorliegen.

Für einen ratierlichen Erwerb des Anspruchs in diesem Sinne genügt es nach Ansicht des BAG, dass der Anspruch kontinuierlich an die Arbeitsleistung anknüpfe. Auf eine tatsächlich gleichmäßige Zielerfüllung im Geschäftsjahr komme es dann nicht an. Sei die zusätzliche Vergütung hingegen ausdrücklich für besondere, zu bestimmten Zeiten während des Geschäftsjahres zu erbringende Leistungen versprochen, könne es allein auf diese Zeiträume ankommen.

Beispiel: Im obigen Beispielsfall bestünde nach der Rechtsprechung des BAG eine Vereinbarung über die zusätzliche Honorierung der Arbeitsleistung: Der Bonus wird als unmittelbare Gegenleistung für die entsprechend der Zielvereinbarung erbrachte Arbeitsleistung geschuldet. Der Vergütungscharakter ist eindeutig, wenn die Sonderzahlung an das Erreichen quantitativer oder qualitativer Ziele geknüpft ist.

Der Bonusanspruch wäre daher im Beispielsfall pro rata temporis entstanden. Die nach Verfahrenseröffnung im Oktober 2010 noch entstehenden anteiligen Ansprüche wären Masseforderungen, die vorhergehenden Insolvenzforderungen.

Honorierung der Betriebstreue

Sonderzuwendungen können jedoch auch anderen Zwecken als der Vergütung erbrachter Arbeitsleistung dienen. So können sie nach Ansicht des BAG als "Treueprämie" langfristige oder als "Halteprämie" kurzfristige bzw. künftige Betriebstreue honorieren. Der Arbeitgeber könne aber auch den Zweck verfolgen, sich etwa an den zum Weihnachtsfest typischerweise erhöhten Aufwendungen seiner Arbeitnehmer zu beteiligen. Die Zahlung solcher Sonderzuwendungen hänge nicht von einer bestimmten Arbeitsleistung, sondern regelmäßig nur vom Bestand des Arbeitsverhältnisses ab.

Insolvenzrechtlich seien derartige stichtags- oder anlassbezogenen Sonderzuwendungen dem Zeitraum zuzurechnen, in den der Stichtag falle. Liege der Stichtag zeitlich nach Eröffnung des Insolvenzverfahrens, handele es sich um eine Masseverbindlichkeit. Im anderen Fall sei eine solche Zahlung in voller Höhe als Insolvenzforderung anzusehen.

Fazit

Bei Beurteilung der Frage, inwieweit Sonderzahlungen an Arbeitnehmer in der Insolvenz gegebenenfalls Masseforderungen sein können, ist auf den Zweck der Sonderzahlung abzustellen.

Wichtig ist dabei, dass das BAG Schadensersatzansprüche, die an die Stelle von Vergütungsansprüchen treten, diesen Vergütungsansprüchen insolvenzrechtlich gleichstellt: Sie sind ebenfalls demjenigen Zeitraum zuzuordnen, auf den sich der ursprüngliche Vergütungsanspruch bezog. In dem vom BAG zu entscheidenden Fall betraf das Schadensersatzansprüche des Arbeitnehmers, die dieser daraus herleitete, dass es für die zeitlich letzte Periode vor der Insolvenz gar nicht mehr zum Abschluss einer Zielvereinbarung kam.

Zusammenfassung

- Masseforderungen, die auch im Falle der Insolvenz zu erfüllen sind, liegen nur vor, wenn Verbindlichkeiten für die Zeit nach Eröffnung des Insolvenzverfahrens erfüllt werden müssen.
- Ob jährliche Sonderzahlungen für die Zeit nach Eröffnung erbracht werden, hängt vom Zweck der Zuwendung ab
- Besteht der Zweck in der zusätzlichen Honorierung der Arbeitsleistung, entsteht der Anspruch regelmäßig pro rata temporis im Bezugszeitraum. Bei Zuwendungen, die nur vom Bestand des Arbeitsverhältnisses abhängig sind, kommt es hingegen auf die zeitliche Lage des Stichtags vor oder nach Insolvenzverfahrenseröffnung an.

In Kürze

Was Kundendienstleiter verdienen

Kundendienstleiter bilden eine der zentralen Schaltstellen im Vertrieb ab. Sie repräsentieren mit ihrer Position sowohl nach innen als auch nach außen einen wichtigen Servicekontakt zum Kunden. Zum einen übernehmen sie die Steuerung und organisatorische Leitung aller Servicebelange des Unternehmens. Dazu gehören neben der Abwicklung des Reklamationsmanagements auch After-Sales-Maßnahmen oder das komplette Wartungs- und Ersatzteilgeschäft im operativen Verkauf. Zum anderen steuern Kundendienstleiter mit Personalverantwortung sowohl im Handel als auch in der Industrie alle vertriebs- und kundenservicerelevanten Serviceteams im Innen- und Außendienst. Somit tragen sie Verantwortung für die Servicequalität des Unternehmens und unterstützen auch dessen Leistungsfähigkeit und das Image im Front End zu den Kunden. Darüber hinaus sind sie häufig für die Kostenstruktur und die Bereitstellung der aktuellen Vertriebs- und Erlöszahlen zuständig und kümmern sich darum, Prozessabläufe im Kundenservice des Unternehmens zu verbessern. Die Jahresgehälter liegen für Kundendienstprofis ab drei bis fünf Jahren Berufserfahrung im Mittel bei 70.400 Euro brutto. Ein Viertel verdient bis zu 78.500 Euro, wie das Gehaltsbarometer der Personalberater von Personalmarkt zeigt. Kundendienstprofis mit sieben bis zehn Jahren Berufserfahrung liegen bereits durchschnittlich bei einem Bruttogehalt von 86.300 Euro, 50 Prozent verdienen allerdings auch weniger. Spitzenkräfte dieses Berufsfelds mit bis zu zehn Jahren

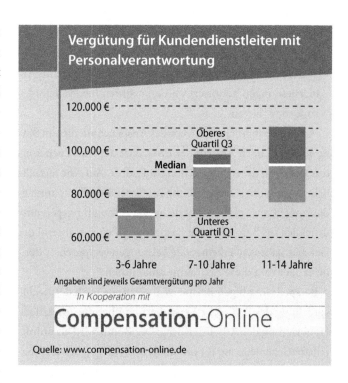

Vergütung für Kundendienstleiter mit Personalverantwortung

120.000 €
Oberes Quartil Q3
100.000 €
Median
80.000 €
Unteres Quartil Q1
60.000 €

3-6 Jahre 7-10 Jahre 11-14 Jahre

Angaben sind jeweils Gesamtvergütung pro Jahr

In Kooperation mit

Compensation-Online

Quelle: www.compensation-online.de

Berufserfahrung erzielen einen Bruttoverdienst von bis zu 98.600 Euro, Top-Kräfte mit langjähriger Berufserfahrung können mehr als 110.800 Euro verdienen. Naturgemäß ist der Anteil derer, die zusätzliche Prämien zu ihrem Gehalt bekommen, mit 73 Prozent relativ hoch. Der Anteil am Grundgehalt beträgt 16 Prozent, das entspricht einem durchschnittlichen Wert von 15.126 Euro.

Stress auf Geschäftsreisen nimmt zu

Lange Wege, Umsteigechaos – Geschäftsreisen werden für Fach- und Führungskräfte zunehmend zum Zeit- und Energiefresser. Hauptgrund für Stress auf Reisen sind lange Fahrzeiten wegen schlecht gewählter Unterkünfte. In der Studie „Chefsache Business Travel 2014" von Travel Management Companies im Deutschen Reiseverband (DRV) beklagen sich 55 Prozent der reisenden Geschäftsführer, Fach- und Füh-

rungskräfte darüber. Wer vom Flughafen zum Hotel am anderen Ende der Stadt fahren muss und zum Kundentermin ebenfalls einen weiten Weg hat, findet keine guten Voraussetzungen für erfolgreiche Termine vor. Zweithäufigster Grund für Stress ist mangelnde Orientierung vor Ort, gefolgt von ungünstigen Anschlussverbindungen. Mehr zum Thema unter ⎙* www.springerprofessional.de/4370392

Vorsicht bei hohem Einführungspreis

Radikale Produktinnovationen basieren oftmals auf bahnbrechenden Technologien, sprengen traditionelle Branchenkategorien und befriedigen bisher verborgen gebliebene Kundenbedürfnisse. Aus Kundensicht ist der Kauf einer solchen Innovation jedoch von erheblichen Unsicherheiten geprägt. Diese Unsicherheiten beziehen sich zum einen auf Aspekte des erwarteten Nutzens und zum anderen auf Aspekte der erwarteten Kosten. Das Institut für Marktorientierte Unternehmensführung hat im Rahmen der Forschungsreihe IMU Research Insights die „Auswirkungen des Einführungspreises einer radikalen Produktinnovation auf Adoptionsbarrieren von Kunden" untersucht. In Onlineexperimenten manipulierten die Autoren in je zwei Szenarien den Einführungspreis (hoch versus niedrig) einer fiktiven Skibrille mit Head-up Display und von Google Glass und fragten anschließend die Unsicherheiten sowie die Adoptionsneigung ab. Die Studie macht deutlich, dass bei der Wahl eines hohen Einführungspreises Vorsicht geboten ist. Insbesondere besteht keine Möglichkeit, den Einführungspreis einer radikalen Innovation zur Reduktion der von Kunden wahrgenommenen funktionalen und symbolischen Unsicherheit einzusetzen. Der Einführungspreis wirkt sich lediglich auf die finanzielle Unsicherheit aus, was letztendlich die Adoptionsneigung negativ beeinflusst. Die Studienautoren empfehlen deshalb Managern, die positive Signalwirkung des Einführungspreises nicht zu überschätzen. Unter diesen Gesichtspunkten erscheint grundsätzlich ein niedriger Einführungspreis für radikale Produktinnovationen sinnvoller.

Die Studienergebnisse zeigen jedoch auch, dass die negative Wirkung des Einführungspreises auf die finanzielle Unsicherheit bei innovativen Kunden und Meinungsführern nicht besteht. Bei diesen Zielgruppen besteht demnach ein gewisser Spielraum für einen höheren Einführungspreis.

Die Studie „Auswirkungen des Einführungspreises einer radikalen Produktinnovation auf Adoptionsbarrieren von Kunden" steht kostenlos zum Download bereit unter http://www.imu-mannheim.de. Weitere Infos zum Thema unter 𝖘𝖋𝖕* www.springerprofessional.de/5000510

Vertrieb von Lebensversicherungen leidet

Die aktuelle Niedrigzinsphase hinterlässt auch im Neugeschäft mit Lebensversicherungen deutliche Spuren: So zeigt die Befragung deutscher Versicherungsvertriebe der Mutaree Group im Rahmen des Change Barometers zum Thema Neugeschäft bei Lebensversicherungen, dass 58 Prozent den Vertrieb und die daraus resultierende Neugeschäftsentwicklung in der Lebensversicherungsbranche eher verhalten optimistisch einschätzen. Das prognostizierte Plus von bis zu 19 Prozent kann nach Meinung der Versicherer nur erreicht werden, wenn die Politik flankierende Maßnahmen in der Lebensparte umsetzt. Um zusätzlich den Servicegedanken der Versicherer auszubauen, könnte in den abgefragten Handlungsfeldern Management, Politik & Öffentlichkeitsarbeit auf regulatorische Auflagen, die Verbesserung der Lobby- und Imagearbeit, eine Verkürzung von Entwicklungs- und Entscheidungsprozessen sowie die Steigerung der Veränderungs-und Anpassungsfähigkeit der gesamten Branche eingewirkt werden.

Zahl des Monats: Die Entwicklung des Neugeschäfts in der Lebensversicherung

58 %

- > 0 bis 19 %*
- < -10 bis 0 %
- < -20 bis -10 %
- -30 bis -20 %
- > 20 bis 30 %

*Angenommene Neugeschäftsquote bei Lebensversicherungen

Quelle: Mutaree GmbH, *Befragungszeitraum Januar 2014, Change Barometer 4

Weiterbildung Pluspunkt bei Rekrutierung

Unternehmen, die in die Weiterbildung ihrer Mitarbeiter investieren, tun nicht nur etwas für die Entwicklung ihrer Fachkräfte und die Mitarbeiterbindung, sondern auch etwas für ihr Image. Wie die TNS Infratest-Studie „Weiterbildungstrends in Deutschland 2014", die im Auftrag der Studiengemeinschaft Darmstadt (SGD) unter 301 Personalentscheidern in deutschen Unternehmen durchgeführt wurde, weiter ermittelt hat, ist ein gutes Qualifizierungsangebot auch ein wichtiger Faktor für die Mitarbeiterbindung und -gewinnung (siehe Grafik). Beim Kampf um die besten Köpfe können Unternehmen mit einem ansprechenden Aus- und Weiterbildungsangebot punkten, indem sie zeigen, dass sie die individuelle fachliche und persönliche Entwicklung ihrer Mitarbeiter fördern und langfristige Karrierewege ermöglichen. Mehr zum Thema unter

StP * www.springerprofessional.de/4966484

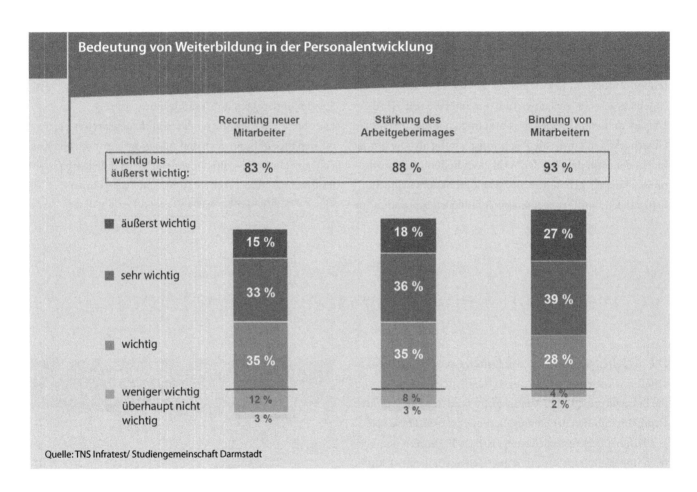

Bedeutung von Weiterbildung in der Personalentwicklung

	Recruiting neuer Mitarbeiter	Stärkung des Arbeitgeberimages	Bindung von Mitarbeitern
wichtig bis äußerst wichtig:	83 %	88 %	93 %
äußerst wichtig	15 %	18 %	27 %
sehr wichtig	33 %	36 %	39 %
wichtig	35 %	35 %	28 %
weniger wichtig	12 %	8 %	4 %
überhaupt nicht wichtig	3 %	3 %	2 %

Quelle: TNS Infratest/ Studiengemeinschaft Darmstadt

Was Social Media für Servicestrategien bringen

Ob Dialogprozesse, der Kundenaustausch zu Dienstleistungen oder die direkte Kundenkommunikation mit Anbietern: Social-Media-Kanäle können in jedem Fall dabei unterstützen, die Servicelandschaft zwischen Unternehmen und ihren Kunden zu verbessern. Zu diesem Schluss kommt eine Studie zu Social Media im Kundenservice von Mind Business Consultants. Die Studie gibt Tipps für Servicestrategien. Wichtig sind danach vor allem das passende Managementkonzept sowie passende Formen der Social-Media-Vernetzung zum Kunden. Mehr auf www. http://bit.ly/RsIXpL

Dienstleisterverzeichnis

**Präsentieren Sie Ihr
Unternehmen.**

Service der Verlagsredaktion

Der Kanal Vertrieb im Wissensportal Springer für Professionals bietet aktuelle Themen sowie fundiertes Hintergrundwissen für Vertriebsmanager. In der digitalen Datenbank finden Sie derzeit rund 40.000 Fachbücher und 300 Fachzeitschriften aus den Bereichen Wirtschaft und Technik.

Tabelle des Monats aus unserer Datenbank
Typische Denk- und Verhaltensmuster bei Buying-Teams

Geschäftführung	Fachabteilung	Einkauf
Generalist	Detaillist	Tunnelblick
Markt	Einzelheiten	Preis
langfristig	mittelfristig	kurzfristig
Zukunft	Projekt	heute
Allgemeinwissen	Kompetenzwissen	Finanzwissen
Rendite	best way	Preisdrücker
charismatisch	fachlich	tricky
Unternehmen	Team	Ego
komplex	Schnittstelle (n)	einseitig
flexibel	erfahren	starr
intrinsisch	semi-intrinsisch	extrinsisch

Entscheidungsträger repräsentieren oft eingefahrene, sicht- und hörbare Rollen, die sich an Wortwahl und Verhalten ablesen können. Dabei geht es um diese klassischen Denkmuster.

Quelle: Lasko, W. W., Lasko, L. M. (2014): Internationale Vertriebssteuerung by Result Framing, S. 144, Wiesbaden; www.springerprofessional.de/4867214

Weiterführende Inhalte aus dem Portal

So managen Sie exzellente Serviceprozesse
Warum die schnelle Beantwortung von Kundenanfragen und eine solide Kundenbeziehung wichtig für einen exzellenten Serviceprozess sind.
www.springerprofessional.de/3180420

Service in digitalen Kanälen
Warum Unternehmen zuverlässig digitale Kundenbindung betreiben sollten.
www.springerprofessional.de/4050540

Trend zu neuen Services im Maschinenbau
Neben den klassischen Serviceprozessen wie Wartung und Reparatur nimmt der Maschinenbau immer häufiger auch neuere Ansätze und Instrumente der Kundeneinbindung in den Blick.
www.springerprofessional.de/4926216

Warum der Service Value so wichtig ist
Viele Manager sehen das Thema Service als elementar, um sich vom Wettbewerber abzusetzen. Doch es mangelt weiterhin an guten Leistungen.
www.springerprofessional.de/4708278

Das Wissensportal Springer für Professionals

Alle Beiträge und Literaturtipps im Heft, die mit [SfP] gekennzeichnet sind, sind für Abonnenten des Portals Springer für Professionals im Volltext unter www.springerprofessional.de frei zugänglich. Abonnenten dieser Zeitschrift können das Portal drei Monate kostenfrei unter Angabe des Aktionscodes C0006818 testen und danach zum Vorzugspreis beziehen.

 www.springerprofessional.de/fachzeitschriften/

Thema der nächsten Ausgabe:

Business Development

Das Erschließen von Wachstumsquellen gehört zu den Kernaufgaben des Vertriebsmanagements. Wachstum kann durch Cross-Selling an bestehende Kunden, durch Akquisition von Nicht-Kunden und durch Aufbau neuer Geschäfts- und Vertriebsfelder generiert werden. Die nächste Ausgabe von Sales Management Review zeigt, wie groß das Wachstumsrisiko einer gering dimensionierten Außendienstmannschaft ist, wie über Online-Kanäle mehr Leads in die Pipeline gebracht werden und wie sich der Aufbau neuer Geschäftsfelder systematisch organisieren lässt.

Impressum

Sales Management Review
Zeitschrift für Vertriebsmanagement
www.salesmanagementreview.de
Ausgabe 2/2014 | 23. Jahrgang
ISSN 1865-6544

Verlag
Springer Gabler
Springer Fachmedien Wiesbaden GmbH
Abraham-Lincoln-Straße 46
65189 Wiesbaden
www.springer-gabler.de
Amtsgericht Wiesbaden | HRB 9754
USt-IdNr. DE811148419

Geschäftsführer
Armin Gross | Peter Hendriks |
Joachim Krieger

Gesamtleitung Anzeigen und Märkte
Armin Gross

Gesamtleitung Produktion
Olga Chiarcos

Gesamtleitung Publishing
Stefanie Burgmaier

Herausgeber
Prof. Dr. Ove Jensen
WHU – Otto Beisheim School of Management, Lehrstuhl für Vertriebsmanagement und Business-to-Business-Marketing, Vallendar

Verantwortlicher Redakteur WHU
Benjamin Klitzke
Tel.: +49 (0)261 6509-345
benjamin.klitzke@whu.edu

Redaktionsleitung Springer Gabler
Gabi Böttcher
Tel.: +49 (0)611 7878-220
gabi.boettcher@springer.com

Leitung Programmbereich Marketing |
Sales | Kommunikation
Barbara Roscher
Tel.: +49 (0)611 7878-233
barbara.roscher@springer.com

Redaktionelle Mitarbeiterin
Eva-Susanne Krah

Kundenservice
Springer Customer Service GmbH
Springer Gabler-Service
Haberstr. 7 | D-69126 Heidelberg
Telefon: +49 (0)6221 345-4303
Fax: +49 (0)6221 345-4229
Montag – Freitag 8.00 Uhr – 18.00 Uhr
springergabler-service@springer.com

Produktmanagement
Melanie Engelhard-Gökalp
Tel.: +49 (0)611 7878-315
melanie.engelhard-goekalp@springer.com

Verkaufsleitung Anzeigen
Mandy Braun

Tel.: +49 (0)611 7878-313
Fax: +49 (0)611 7878-78313
mandy.braun@best-ad-media.de

Anzeigenpreise
Es gelten die Mediainformationen
vom 01.10.2013

Anzeigendisposition
Susanne Bretschneider
Tel.: +49 (0)611 7878-153
Fax: +49 (0)611 7878-443
susanne.bretschneider@best-ad-media.de

Layout und Produktion
Erik Dietrich
erik.dietrich@springer.com

Titelbild
Jörg Block
info@joergblock.de

Bezugsmöglichkeit
Das Heft erscheint sechsmal jährlich.
Bezugspreise Print + Online in Deutschland:
169 €, Studenten/Azubis in Deutschland
70 € (jeweils inkl. MwSt., Porto und Versand), Einzelheftpreis 33 €, Bezugspreise
Print + Online im Ausland: 195 €
Jedes Abonnement enthält eine Freischaltung für das Online-Archiv auf www.springerprofessional.de/2787710 (Registrierung erforderlich). Der Zugang gilt ausschließlich für den einzelnen Empfänger des Abonnements.

Das Abonnement kann jederzeit zur nächsten erreichbaren Ausgabe schriftlich mit Nennung der Kundennummer gekündigt werden. Eine schriftliche Bestätigung erfolgt nicht. Zuviel gezahlte Beträge für nicht gelieferte Ausgaben werden zurückerstattet.

Druck und Verarbeitung
Stürtz, Würzburg

Ohne Alternative

Ein Wort wird Ihnen in dieser Ausgabe unseres Sales Management Review sehr oft begegnen: Wachstum. Im Vertrieb haben wir ein zwiespältiges Verhältnis zum Wachstum: Einerseits ahnen wir irgendwie, dass Wachstum besser als Stagnation ist. Andererseits erleben wir Wachstum als Erhöhung unserer Verkaufsziele und unseres Ergebnisdrucks. Man kann schon zynisch werden, wenn sich die Teppichetage der Unternehmung gegenüber den Aktionären überoptimistisch aus dem Fenster gelehnt hat und wir dann die übersteigerten Ambitionen als höhere Quoten übergebügelt bekommen. Dirk Zupancics Kolumne in diesem Heft fordert zu Recht eine Bottom-up-Logik für Wachstumsziele. Mehr Umsatz, mehr Service, mehr Reporting mit immer weniger Innendienstunterstützung und immer weniger Außendienstkollegen zu erbringen, da muss doch irgendwann das Ende der Fahnenstange erreicht sein, fragt sich so mancher.

Trotz allem will ich eine Lanze für das Wachstum brechen. Haben Sie mal in einer wachsenden Unternehmung und in einer stagnierenden Unternehmung gearbeitet? Wie hat sich das angefühlt? In wachsenden Unternehmen und Volkswirtschaften gibt es immer Aufstiegschancen für arbeitswillige junge Talente. In stagnierenden Unternehmen und Volkswirtschaften wenden sich die Menschen frustriert gegeneinander. Immer, wenn in der Geschichte eine öffentliche Knappheitsrhetorik dominierte, ob über knappes Brot, knappen Lebensraum oder knappe Arbeit, wurde ein Mensch des anderen Wolf. Wachstum ist ohne Alternative. Wenn Reinhold Würth sagt, „Was nicht wächst, ist krank", dann möchte ich ergänzen: „und macht krank". In unserem Interview erklärt Würths Geschäftsführer Martin Schäfer, warum die Unternehmerlegende so heftig auf Wachstumseinbrüche reagiert.

Um von der soziologischen zur betriebswirtschaftlichen Logik des Wachstums zu kommen: Im Wettbewerb zählt nicht nur Profitabilität, sondern Größe. Der Gewinn ist das Produkt aus Profitabilität und Größe. Gewinne sind die Grundlage für Wettbewerbsfähigkeit. Mit dem Fallen globaler Marktgrenzen bekam mancher deutscher Mittelständler seine relativ geringe internationale Größe schmerzhaft zu spüren. Deshalb haben wir einen Beitrag über internationale Marktbearbeitung

Univ.-Prof. Dr. Ove Jensen
Inhaber des Lehrstuhls für Vertriebs-
management und Business-to-Business-
Marketing der WHU – Otto Beisheim
School of Management, Vallendar,
Tel.: +49-(0)261-6509-340
E-Mail: ove.jensen@whu.edu
www.whu.edu/vertrieb

aufgenommen. Bei aller Freude, dass Deutschland (Export)-Weltmeister ist, sollten wir nicht die vielen Mittelständler mit Nachholbedarf vergessen. Ferner haben wir einen Beitrag über Preise aufgenommen, den größten Profitabilitätstreiber. Strukturiertes Business Development, plädieren Dieter Weißhaar und ich im Schwerpunkt, muss als Brückendisziplin zwischen Marketing und Vertrieb etabliert werden.

Ich hoffe, dass Ihnen unser Themenschwerpunkt im Mix mit unseren Spektrumsbeiträgen wieder eine anregende Lektüre bieten wird!

Mit herzlichem Gruß, Ihr

Ove Jensen, Herausgeber Sales Management Review

4|2014

Schwerpunkt

www.springerprofessional.de

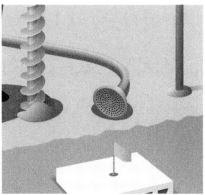

Beilagenhinweis
Dieser Ausgabe liegen Beilagen
der European School of Management and Technology, Erftstadt,
der Haufe Akademie, Freiburg sowie der Gesellschaft für Kongressmanagement Köhler-Lürssen
GbR, Lüneburg bei.

Business Development

Die Größe eines Wortes stellt die relative Häufigkeit in den Beiträgen des Heft-Schwerpunktes dar.

Schwerpunkt
Business Development

„Der Außendienst bleibt unsere Hauptschlagader – auch in Zukunft"

Multikanalvertrieb, E-Commerce, Mobile-Commerce – der Vertrieb als Wachstumsmotor befindet sich in einem enormen Wandlungsprozess. Strategische Entscheidungen in diesem Bereich haben nachhaltige Auswirkungen sowohl auf einzelne Unternehmen als auch auf die Volkswirtschaft. Martin Schäfer, Geschäftsführer Vertrieb der Adolf Würth GmbH & Co. KG, sprach mit Sales Management Review über Unternehmenskultur und Vertriebsstrategie.

Das Interview führte Gabi Böttcher.

Martin Schäfer

ist Geschäftsführer Vertrieb und stellvertretender Sprecher der 1945 als Schraubenhandlung gegründeten Adolf Würth GmbH & Co. KG in Künzelsau. Das Niederlassungsnetz des Unternehmens umfasst heute deutschlandweit über 400 Niederlassungen. Im Würth-Vertrieb sind rund 3.000 Außendienst-Mitarbeiter beschäftigt. Aus der Adolf Würth & Co. KG entwickelte sich die Würth-Gruppe, eine weltweit operierende, vornehmlich im Großhandel mit Produkten der Befestigungs- und Montagetechnik tätige Unternehmensgruppe.

Herr Schäfer – Sie bezeichnen den Außendienst als eines der Erfolgsgeheimnisse von Würth. Fast die Hälfte der 63.000 Mitarbeiter weltweit und der rund 6.000 Mitarbeiter in Deutschland ist im Außendienst tätig. Warum setzen Sie im digitalen Zeitalter auf Menschen statt auf Plattformen?

Grundsätzlich setzen wir auf Menschen und auf Plattformen. Doch Computer und Technik können Menschen nicht ersetzen. Im Wort Kundenbeziehung steckt das Wort „Beziehung" und eine dauerhafte zwischenmenschliche Beziehung zum Kunden kann nur durch persönlichen Kontakt entstehen. Dagegen sind Plattformen doch eher anonym. Die emotionale Bindung durch den Verkäufer ist viel intensiver als jegliche technische Bindung. Doch die Kombination ist ideal.

Internet, Telefon und Niederlassungen ersetzen also bei Würth nicht den Verkäufer?

Nein. Unser Außendienst ist nach wie vor unsere Königsdisziplin. Sicher wird sich die Arbeitsweise unserer Verkäufer aufgrund der zusätzlichen Kundenkontaktpunkte verändern, aber definitiv werden die Verkäufer dadurch nicht ersetzt. In Deutschland besuchen 3.000 Verkäufer im Schnitt am Tag

zwölf Kunden. Dies ergibt 36.000 Kundenkontakte am Tag. Dazu kommen noch 15.000 Kundenkontakte über die mehr als 400 Niederlassungen.

Welche Attribute zeichnen einen starken Außendienst ansonsten aus?

Aufgrund der vielen Kundenkontakte prägen unsere Außendienstmitarbeiter natürlich auch die Marke Würth. Daher ist es uns wichtig, dass die Außendienstmitarbeiter im Umgang mit dem Kunden stets freundlich, herzlich, sympathisch, zuverlässig, gewissenhaft, verbindlich und ehrlich sind. Diese Attribute gelten auch im Umgang mit Kolleginnen und Kollegen im Unternehmen. Für den Erfolg sind aber auch Ehrgeiz und Fleiß sowie ein gewisses Maß an Bissigkeit und Aggressivität im Verkauf erforderlich. Der Mitarbeiter muss optimistisch, dynamisch und durchsetzungsstark sein. Unser Grundsatz lautet: Wir kämpfen leidenschaftlich für den Erfolg.

Unvergessen ist der „Brandbrief", den Firmenpatriarch Reinhold Würth im September 2012 an die Außendienstmitarbeiter schickte und in dem er sie aufforderte, ihre Zeitein-

teilung an Werktagen zu überprüfen, um Umsatzsteigerungen von 25 bis 28 Prozent zu erreichen. Die Ankündigung, sich zur Not von Leuten zu trennen, die „vielleicht nicht mehr als ihre eigenen Kosten verdienen", zeugt nicht unbedingt von Wertschätzung. Ist da nicht ein Widerspruch zu dem vermeintlich hohen Stellenwert, den der Außendienst offiziell genießt?

In der Presse waren leider nur Auszüge des insgesamt siebenseitigen Briefes von Herrn Professor Würth zu lesen, was dazu führte, dass dieser Brief in einem völlig falschen Licht erschien. Liest man den Brief in seiner vollen Länge, so wird deutlich, dass Herr Professor Würth diesen aus Sorge um die Entwicklung seines Unternehmens verfasst hat.

Was halten Sie persönlich von dieser Maßnahme?

Ich finde, es ist etwas ganz Besonderes, wenn sich in einem so großen Unternehmen der erste Mann direkt an die Mitarbeiter im Vertrieb wendet und sie bittet, alles zu tun, damit das Unternehmen gesund wächst. Wohlgemerkt handelt es sich bei unserem Außendienst um den bei weitem kostenintensivsten Bereich im Unternehmen, er macht sogar die Hälfte der Belegschaft aus. Wenn da wirklich ein paar Leu-

te ihre Arbeit nicht richtig machen, dann dürfen die schon wissen, dass ihr Handeln vom Unternehmen nicht länger toleriert wird.

Sehen Sie in solchen Aktionen nicht eine Schwächung des Außendienstes?

Nein, bei uns bestimmen Werte wie Offenheit, Ehrlichkeit und Berechenbarkeit das Miteinander und dies weiß jeder Mitarbeiter. Ich halte es für immens wichtig, auf rückläufige Entwicklungen sofort zu reagieren. So war es in diesem Fall. Wir standen zwar zu diesem Zeitpunkt noch bei einem Umsatzzuwachs von fünf Prozent, doch würden wir nicht sofort Maßnahmen ergreifen, könnte das Unternehmen Gefahr laufen, große Umsatzeinbußen hinnehmen zu müssen. Bei einem Direktvertriebsunternehmen ist man dann sehr schnell in einer Spirale, die katastrophale Auswirkungen nach sich ziehen würde. Hier sind wir uns unserer großen sozialen Verantwortung gegenüber unseren Mitarbeiterinnen und Mitarbeitern bewusst.

Sie setzen auf regionale Marktbearbeitung mit zwei Vertriebsregionen – Nord und Süd – sowie mehr als 400 Niederlassungen in Deutschland. Was bezwecken Sie mit diesem Konzept der Nähe?

Dies hat den Vorteil, dass wir die regionalen Märkte besser kennen beziehungsweise kennen lernen und so gezielt reagieren und agieren können. Mit unserem flächendeckenden Niederlassungsnetz mit derzeit 406 Niederlassungen möchten wir für unsere Kunden die Fahrzeit minimieren. Wir streben an, dass für jeden Kunden eine Würth-Niederlassung innerhalb von maximal 15 Minuten erreichbar ist. Sie wissen ja: Zeit ist Geld.

Welche unterschiedlichen Vertriebswege stellen Sie dem Kunden zur Verfügung?

Nach dem Motto „Jedem Kunden seinen Würth" richten wir unsere Vertriebswege an den Bedürfnissen und Ansprüchen unserer Kunden aus. Daher differenzieren wir nach Branche und Betriebsgröße unserer Kunden und ordnen entsprechende Vertriebswege und Vertriebsinstrumente zu.

Wie sieht das konkret aus?

Die Kleinstkunden werden von der Firmenzentrale aus telefonisch betreut und regelmäßig angerufen. Für die klassischen

Handwerksbetriebe, die mittelständischen Handwerksbetriebe und die Key-Account-Kunden haben wir auf die jeweilige Kundengruppe spezialisierte Verkäufer und ebenso spezielle Vertriebsinstrumente.

Zur Unternehmensphilosophie gehört auch der hohe Stellenwert, den man bei Würth der Führungskultur sowie der Motivation und Begeisterung der Mitarbeiter einräumt. Könnte man darin eine Renaissance „alter Werte" sehen?

Wir legen größten Wert auf eine geradlinige, berechenbare, offene, ehrliche und faire Führungskultur. Die darin verankerten Werte sind für mich keine „alten Werte", denn diese gelten heute und morgen noch genauso wie gestern und machen eine menschliche und gerechte Zusammenarbeit erst möglich.

Was ist Ihnen dabei besonders wichtig im Hinblick auf Leistungsfähigkeit und Erfolg?

Damit die Mitarbeiter leistungsfähig sind, müssen ihre Grundbedürfnisse erfüllt sein, aber sie müssen darüber hinaus auch Spaß und Freude an der Arbeit haben. Daher ist

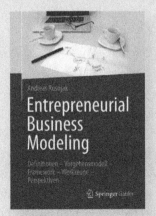

die Art und Weise der Steuerung des Außendienstes entscheidend für die Motivation und letzten Endes für den Erfolg. Motivation und Emotion sind der Antriebsmotor für gute Leistungen.

Und welche Rolle nehmen bei diesem Prozess die Führungskräfte ein?

Unsere Führungskräfte sollen Vorbild sein und ihre Mitarbeiter unterstützen. Führen nicht mittels Macht, sondern mit Herz und Verstand. Meine persönliche These: Ich kann von anderen nicht mehr erwarten, als ich selbst bereit bin zu geben.

Diesen Anspruch haben sich auch andere Unternehmen auf die Fahnen geschrieben, zumindest theoretisch. Gibt es Ihrer Ansicht nach etwas, was die Führungskultur im Würth-Vertrieb besonders auszeichnet?

Ich möchte einen Punkt nennen, der mir persönlich sehr am Herzen liegt, den Bereich Lob, Dank und Anerkennung. Dies ist für mich oberstes Gebot und daher bedanke ich mich bei jedem Mitarbeiter mit einem Brief, wenn er eine gute Leistung gebracht hat. Unsere im Unternehmen implementierte Kultur steckt übrigens in jeder Zielsetzung, jeder Maßnahme und jeder Umsetzung.

Würth ist Weltmarktführer im Vertrieb von Montage- und Befestigungstechnik. Wo sehen Sie die wichtigsten Stellhebel für Wachstum im Unternehmen?

Wir haben nur zwei Möglichkeiten, um unsere Umsätze zu steigern: 1. mehr Kunden, 2. mehr Umsatz pro Kunde. Das bedeutet also, Marktanteile dazu zu gewinnen. Da wir bisher erst fünf Prozent Marktanteil haben, gibt es noch genügend Wachstumspotenzial.

Wo sehen Sie Ihre Position im Wettbewerb? Haben Sie einfach nur bessere Produkte als andere oder was bieten Sie dem Kunden, was andere nicht bieten?

Fakt ist, dass Würth sehr viel Wert auf höchste Produktqualität legt. Zudem umfasst unser Sortiment zirka 130.000 Produkte. Doch ein weiterer entscheidender Punkt ist unser schneller Lieferservice. Wir schaffen es bei dieser Vielzahl an Produkten, unseren Servicegrad bei 99 Prozent zu halten. Das bedeutet also, dass von 100 Auftragspositionen 99 sofort lieferbar sind. Aber grundsätzlich darf man nie stehen bleiben. Man muss immer wieder neue Wege gehen und auch nicht selbstgefällig werden. Auch als Marktführer nicht!

Welche Rolle spielt der Service, zum Beispiel bei Kundenbindungsmaßnahmen?

Der Service spielt eine bedeutende Rolle, denn auf dem Markt sind die Produkte vergleichbar. Daher versuchen wir uns mit besonderen Serviceleistungen von unseren Wettbewerbern abzuheben.

Wie binden Sie den Faktor Service in Ihre Vertriebsstrategie ein?

Um hier ein Beispiel zu nennen, möchte ich auf die Kundensegmentierung zurückkommen. Durch die Vertriebskanäle haben wir die Möglichkeit, der jeweiligen Zielgruppe den benötigten und gewünschten Service anzubieten. Außerdem haben wir für unsere Kunden verschiedene Bestellsysteme. So kann die Ware via Internet beispielsweise über unseren Online-Shop oder eine Mobil App bestellt werden.

Haben Sie zur Verdeutlichung noch weitere Beispiele für Ihre Servicestrategie?

Würth ist auch auf verschiedenen Internetplattformen vertreten und hat Kooperationspartner, über die wir per Link erreichbar sind. Wir stellen weiterhin Regalsysteme für die Standardware des Kunden zur Verfügung. So hat man sofort einen Überblick über den Verbrauch und kann schnell nachordern. Die Regalpflege und Regalbestückung übernimmt unser Außendienstmitarbeiter. Zudem gibt es ausgeklügelte Scannersysteme, mit denen der Kunde Ware bestellen kann oder er holt sie in einer unserer 406 Niederlassungen in Deutschland direkt ab. Wenn es schnell gehen muss, liefern wir auch innerhalb eines Tages. Dies sind jetzt nur ein paar Beispiele aus unserem Serviceangebot. Sie sehen also, Service wird bei uns groß geschrieben!

Würden Sie eine Prognose wagen? Welchen Stellenwert wird bei Würth der Außendienst in Zukunft haben?

Unsere Verkäufer werden zu Mehrkanalmanagern. Durch die vielen Kundenkontaktpunkte wie Internet, Telefon und Niederlassungen wird sich die Arbeitsweise unserer Verkäufer verändern, aber seine Aufgabe wird in Zukunft noch bedeutender werden! Er muss seinem Kunden helfen, die für ihn geeigneten Bestellsysteme auszuwählen und diese erklären. Genauso wichtig ist es, dass der Verkäufer die richtigen Kundenbindungsmaßnahmen beim Kunden platziert. Der Außendienst bleibt unsere Hauptschlagader – auch in Zukunft.

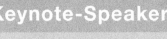

Budapest | Genf | Hamburg | Köln | Lyon | Moskau | Stuttgart | Wien | Zürich

Zukunft Personal ®

14.-16. Oktober 2014
koelnmesse | Eingang Süd

Europas größte Fachmesse für Personalmanagement
Hallen 2.1, 2.2, 3.1 und 3.2

- **mehr als 16.000 Fachbesucher**
- **mehr als 650 Aussteller**
- **mehr als 220 Vorträge & Diskussionen**
- **6 Themenreihen**

Business Development auf den Boden des Vertriebs stellen

Viele Unternehmen haben in den letzten Jahren Stellen für Business Development eingerichtet, um Wachstum zu generieren. Häufig ist die Bilanz jedoch ernüchternd: Viele dieser Abteilungen haben Schwierigkeiten, ihre Rolle zwischen Marketing und Vertrieb zu finden. Wir plädieren für eine vertriebsnahe Rolle des Business Development.

Dieter Weißhaar, Ove Jensen

Viele Unternehmen haben in den letzten Jahren Stellen und Stäbe eingerichtet, die den Namen Business Development tragen. Der Name ist Programm: Business Development soll Wachstum generieren, Geschäftsfelder aufbauen. In einigen Unternehmen wird das Business Development jedoch kritisch gesehen: „Die Business Developer erzählen immer von vielen tollen Meetings und Workshops mit wichtigen Leuten, aber es kommt nichts dabei rum", ist zu hören. Oder: „Diese Akademikertruppen in den Stäben malen Luftschlösser in Powerpoint und schreiben viel Papier mit Business Plänen voll, die komplett praxisfern sind." Dies mündet in die Frage, ob man Business Development Spezialisten überhaupt brauche, schließlich gebe es doch schon genug Leute in Marketing und Vertrieb.

Beispiele erfolgreicher Geschäftsentwicklung

Dem stehen Beispiele erfolgreicher Geschäftsfeldentwicklung gegenüber. Um zwei Beispiele aus dem ITK-Sektor herauszugreifen:
● Die Deutsche Telekom hat Festnetz- und Mobilfunkgeschäft miteinander verschmolzen. Dann hat sie das Geschäft mit Entertainment- oder Spotify-Inhalte hinzugefügt, als klar wurde, dass die reine Carrier-Leistung zur „Commodity" wird und das Wachstum in den Zusatzleistungen liegt.
● Microsoft hat mit Microsoft 365 Cloudlösungen eingeführt, als klar wurde, dass das reine Desktoplizenzgeschäft rückläufig ist und Mobility der Anspruch der User ist. T-Systems nutzt die Microsoft 365 Cloud, um einen virtuellen Arbeitsplatz auf allen Formfaktoren an Endgeräten zur Verfügung zu stellen, statt mit Heerscharen von Administratoren Laptops mit lokaler Software zu pflegen.

Wir argumentieren in diesem Beitrag, dass Business Development Spezialisten nötig sind, die allerdings ergebnisorientiert und vertriebsunterstützend aufgestellt sein sollten, um effektiv zu sein. Statt in den Wolken der Strategie zu schweben, sollte Business Development auf dem Boden des Vertriebs stehen.

Definition und Erfolgsfaktoren

Unter Business Development verstehen wir allgemein die Generierung von Wachstum durch Überführung von Geschäftsideen in profitable Geschäftsmodelle. Als spezifische Ausprägungen eines erfolgreichen Business Development (BD) erachten wir mit Blick auf
● die Akteure: Schaffung dauerhafter, dedizierter Business Development Ressourcen,
● die Ansiedlung: Aufhängung bei der Geschäftsleitung,
● die Ausrichtung: Fokussierung auf „naheliegendes" Neugeschäft,
● den Angang: Kundenansprache mit dem bestehenden Vertrieb, nicht parallel dazu,
● die Aktivitäten: Verbindung der marketingstrategischen Konzeption mit vertrieblicher Umsetzung.

Diese Erfolgsfaktoren beleuchten wir in den folgenden Abschnitten etwas näher.

Dieter Weißhaar
ASG Software Solutions, SVP Global Services and Solution Innovation, war im Vertrieb, Business Development und Service großer Unternehmen wie T-Systems, Oracle und IBM im Executive Management tätig. E-Mail: dieter.weisshaar@asg.com; www.asg.com

Ove Jensen
ist Inhaber des Lehrstuhls für Vertriebsmanagement und Business-to-Business Marketing an der WHU – Otto Beisheim School of Management, Vallendar Tel.: +49-(0)261-6509-340, E-Mail: ove.jensen@whu.edu www.whu.edu/vertrieb

Kerngedanke 1

Business Development ist
eine Daueraufgabe und ein
Vollzeit-Job.

Marathon statt Sprint

Jeder Vertriebsmann weiß, dass er seinen Verkaufstrichter kontinuierlich mit neuen Kontakten und Chancen füttern muss. Wer sich nur auf die laufenden Angebote und Verhandlungen konzentriert, wird nach deren Abschluss in ein Umsatzloch fallen, weil es, je nach Länge des Verkaufszyklus, mehrere Monate bis Jahre dauert, einen neuen Kontakt zur Verhandlungsreife zu führen. Dieses Prinzip gilt nicht nur für den einzelnen Vertriebsmann, sondern auch für die gesamte Unternehmung. Unternehmungen müssen kontinuierlich die Geschäftsfelder von morgen entwickeln. Wachstumsmanagement ist eine Daueraufgabe.

Leider ist zu beobachten, dass viele Unternehmen eine „Stop&Go"-Politik fahren und zwischen zwei Extremen schwanken: Jahre einer kostenfokussierten Binnenorientierung wechseln sich mit Jahren einer kunden- und wachstumsorientierten Außenorientierung ab. Damit gehen oft unrealistische hohe Erwartungen der Unternehmensleitung an den „Erntezeitpunkt" einher. Gerade in Geschäften mit langen Verkaufszyklen kann man nicht erwarten, dass das frisch zum Business Developer ernannte Talent innerhalb des ersten halben Jahres Neugeschäft erzeugt.

Vollzeit statt Teilzeit

Jeder Vertriebsmann weiß, wie schwierig es ist, im laufenden Tagesgeschäft die Aufmerksamkeit auf die Geschäfte von morgen zu richten. Kundenreklamationen und Kundenservice füllen leicht den ganzen Tag aus, wenn man sich nicht aktiv Zeit für die Akquisition neuer Aufträge und Kunden reserviert. Das Geschäft von heute ist der größte Feind des Geschäfts von morgen. Beispiel IBM: Es wird kolportiert, dass IBM in den 90er-Jahren führend in der PC-Entwicklung und den PC-Betriebssystemen (OS/2) war, jedoch das eigene Hauptgeschäft im Bereich Mainframe nicht gefährden wollte und somit den Marktangang nicht forcierte. Schlussendlich übernahmen Microsoft und Intel die Marktführerschaft.

Dies zeigt sich insbesondere dann, wenn ein Feldvertrieb seine Zeit zwischen etablierten Produkten und neuen Produkten aufteilen muss. In einer solchen Zeitkonkurrenz verlieren in aller Regel die neuen Produkte, weil die etablierten Produkte dem Verkäufer den schnelleren Weg bieten, seine Umsatzziele zu erfüllen. Um zu vermeiden, dass die innovativen Produkte im Quotendruck der Feldmannschaft untergehen, ist eine dedizierte Verkaufsressource ideal, deren Aufgaben und Ziele ausschließlich das Neuprodukt umfassen. Für solche Business Development Spezialisten eignen sich statt Quoten eher Ziele im Rahmen eines Management by Objectives, zum Beispiel die Gewinnung von drei Referenzkunden oder die Erreichung eines bestimmten Mindestumsatzes.

Natürlich könnten solche Ziele auch der Feldmannschaft zusätzlich zu einer Quote aufgedrückt werden. Doch würde dann bei jedem Verkäufer sofort wieder ein ökonomisches Kalkül einsetzen: Wo generiert mein zusätzlicher persönlicher Zeiteinsatz mehr Euro? Im Business Development lautet eine einfache Wahrheit: Vollzeit schlägt Teilzeit.

In der Informationstechnologie-Branche hat es sich bewährt, etwa zehn Prozent der Vertriebsmannschaft auf Business Development anzusetzen. Das ist in einer Vertriebsmannschaft von 1.000 Leuten eine 100 Mann starke Truppe, in einem 50-Mann-Vertrieb sind es fünf Personen. Auf der Ebene einzelner Vertriebsleute lautet eine alte Daumenregel, mindestens 20 Prozent der eigenen Zeit für das Prospecting einzusetzen. Vor diesem Hintergrund ist ein Vertriebsorganisationsanteil von zehn Prozent nicht zu hoch gegriffen.

„Das Geschäft von heute ist der größte Feind des Geschäfts von morgen.“

Oben statt unten

Organisatorisch umfasst Business Development mehrere Dimensionen. Funktional zieht es sich durch das ganze Unternehmen: Von der Produkt- oder Lösungsidee über die Entwicklung, die Vertriebskanal-Selektion, die Preisfindung bis hin zum After-Sales-Service sind alle Bereiche involviert. Daraus lässt sich für die Ansiedlung des Business Developments schlussfolgern, dass es eine Aufgabe für die Unternehmensführung ist, da ansonsten die entsprechenden Funktionen nicht effizient angesteuert werden können und da Entscheidungen zu neuen Märkten und neuen Geschäftsfeldern auf der Top-Management-Ebene angesiedelt sein sollten. Eine Ansiedlung des Business Developments im Vertriebsbereich auf der ersten Führungsebene unterstützt die Integration in die tägliche Vertriebsarbeit. Die Unterstützung der Unternehmensführung wird durch regelmäßige gemeinsame Sitzungen und durch unternehmensweite Kommunikation als Priorität sichergestellt.

Naheliegendes statt Fernes

Im Rahmen des Business Developments ist manches Neugeschäft „neuer" als anderes:
- Kims und Mauborgnes Bestseller „Blue Ocean Strategy" (2005) unterscheidet zwischen blauen, unberührten Geschäftsfeldern und roten, umkämpften Geschäftsfeldern.
- Baghais, Whites und Coleys lesenswertes Buch „Die Alchimie des Wachstums" (1999) spricht von drei Wachstumshorizonten: 1. Ausbau und Verteidigung des Kerngeschäfts, 2. Entwicklung neuer Geschäfte und 3. Schaffung von Optionen für zukünftige Geschäfte.
- Ansoffs Klassiker „Corporate Strategy" (1965) unterscheidet Neuheitsgrade danach, ob Produkte, Märkte oder beides neu sind.

Abbildung 1 greift Ansoffs klassische Unterscheidung auf:
- Als risikoärmste Variante des Business Developments bezeichnen wir in **Abbildung 1** jene, die neue Produkte treibt, aber dabei auf bestehende Vertriebskanäle zurückgreifen oder bestehende Kundensegmente ansprechen kann.

Zusammenfassung:

Business Development soll die Zukunft der Unternehmung sichern. Eine umsetzungsstarke und ergebnisorientierte Organisation, die vertriebsnah agiert, ist hierfür das beste Mittel. Hierbei ist nicht nur die Unterstützung des Top-Managements von entscheidender Bedeutung, sondern auch die Integration mit anderen Geschäftsbereichen und Funktionen. Business Development sollte in diesem Spannungsfeld als Unterstützer auftreten und dem Vertrieb auch im operativen Geschäft Hilfestellung leisten. Eine Prozessorientierung anhand der verschiedenen Phasen der Geschäftsfeldentwicklung kann die Umsetzung erleichtern.

Kerngedanke 2

Business Development
sollte sich auf risikoarme
Neugeschäfte fokussieren.

• Riskanter ist Business Development, das mit alten Produkten in neue Märkte vorstößt, in denen man keine etablierte Vertrauens- und Informationsbasis hat. Eine eigene neue Vertriebsstruktur aufzubauen, ist mit hohen Vorlaufkosten verbunden. Die Ausweitung in neue Regionen birgt Risiken aufgrund kultureller und rechtlicher Unterschiede.

• Am riskantesten ist das, was Ansoff Diversifikation nannte: neue Kundensegmente mit neuen Produkten anzugehen. Der Software-Riese SAP hat dies bitter erfahren, als er versuchte, aus dem Großkundensegment in den Mittelstand vorzudringen und dafür eigene Lösungen zu entwickeln. Dieser Vorstoß kostete erhebliche Investitionen, dauerte viele Jahre und verschliss viele Führungskräfte.

Völlig verheben wird sich nach unserer Einschätzung die Business-Development-Organisation, die nicht mit evolutionär neuen Lösungen zufrieden ist, sondern auf revolutionäre Lösungen abstellt, also die von Christensen 2013 beschriebenen, disruptiven Technologien. Ein oftmals zu hoher Anspruch ist es auch, den blauen Ozean zu finden. Wo sich Business Development in Wolkenkuckucksheimen verirrt, entsteht schnell der eingangs dieses Artikels beschriebene Vorwurf der Praxisferne. Wir empfehlen, mit der Business Development Organisation auf das in **Abbildung 1** als risikoarm beschriebene Feld bestehender Kunden oder Kanäle abzustellen. Revolutionäre Wagnisse oder Diversifikation sollten nicht mit internem Vertrieb angegangen werden, sondern durch externe Akquisition bestehender Unter-

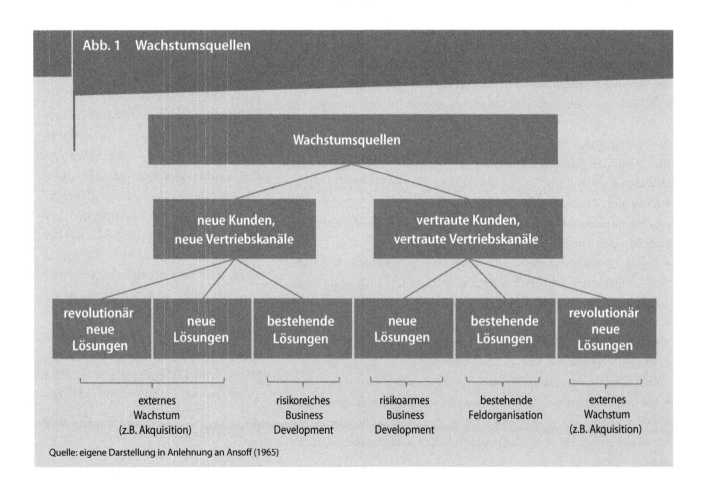

Abb. 1   Wachstumsquellen

Wachstumsquellen

neue Kunden, neue Vertriebskanäle

vertraute Kunden, vertraute Vertriebskanäle

| revolutionär neue Lösungen | neue Lösungen | bestehende Lösungen | neue Lösungen | bestehende Lösungen | revolutionär neue Lösungen |

externes Wachstum (z.B. Akquisition) — risikoreiches Business Development — risikoarmes Business Development — bestehende Feldorganisation — externes Wachstum (z.B. Akquisition)

Quelle: eigene Darstellung in Anlehnung an Ansoff (1965)

nehmungen oder separate Venture-Aktivitäten. Der Dreisprung „neues Produkt + neuer Markt + neue Vertriebskanäle" gelingt ganz wenigen
Unternehmen und hat die längste Amortisationsdauer.

„Diese Akademikertruppen in den Stäben malen
Luftschlösser in Powerpoint."

Miteinander statt nebeneinander

Eine Business-Development-Organisation, die auf die Märkte der bestehenden Vertriebsorganisation abzielt, kann auf zwei Arten an den Markt herangehen:
● als „Jäger", der nach neuen Geschäften sucht, während sich die bestehende Vertriebsorganisation parallel mit bestehenden Produkten bei bestehenden Kunden als „Sammler" betätigt,
● als Unterstützer, der als Mannschaft hinter der Vertriebsmannschaft wirkt.
Eine „Jäger-Organisation" hat auf dem Papier Charme, birgt im Tagesgeschäft jedoch Abstimmungsschwierigkeiten und ist ein Risiko für die Moral:
● Es gibt ein Übergabeproblem, wenn ein Jäger erfolgreich ist: Soll er das
Geschäft weiterbetreuen und damit selbst zum Sammler werden oder soll
er den Kunden an einen Sammler weiterreichen und das gerade gewonnene Kundenvertrauen gefährden?
● Es kann interne Prioritätenkonflikte und kundenseitigen Ärger beim Auf-
einandertreffen beim gleichen Kunden geben.
● Es kann eine Zwei-Klassen-Kultur zwischen Jägern und Sammlern entstehen.

Es ist nach unserer Erfahrung erfolgversprechender, die Business-Development-Organisation als Unterstützer aufzustellen. Eine banal klingende,
aber nicht zu unterschätzende Herausforderung ist, im Kundengespräch „die
ersten zehn Minuten zu überstehen" und den Erstkontakt mit den potenziellen Zielkunden sicher zu gestalten. Dazu kann das Business Development
dem bestehenden Vertrieb einen Werkzeugkasten mit Arbeitshilfen zur Verfügung stellen. Hier einige Beispiele für Werkzeuge und Arbeitshilfen:
● Produktankündigung
  - interne und externe Kommunikation
  - erster Referenzkunde mit Nutzenzitat
  - je nach Industrie: Analystenmeinung
  - Vertriebsschulung für den „Elevator-Pitch"
● Erstellung einer Intranetseite für den Vertrieb (Landing Page)
  - Elevator-Pitch
  - Produkt-Präsentation für Kunden (lang)
  - Zwei-Seiter (kurz)
  - Argumentationshilfe im Wettbewerb („Battle Cards")

- Value Proposition
- Marketing-Kalender mit allen Maßnahmen
- Anreize für den Vertrieb
- Zielkundenliste
  - Erstellung der Zielkundenliste
  - Einstellung in das CRM-System als Aktion für den Vertrieb zur Leadgenerierung

Integriert statt getrennt

Als letzten Erfolgsfaktor sprechen wir die Integration des Prozesses von der Idee bis zur vertrieblichen Umsetzung an. Die große Schwäche des traditionellen strategischen Marketings ist, dass es mit einem Business-Plan aufhört. Die große Stärke einer Verankerung des Business Developments im Vertrieb ist, dass strategisches Marketing gedanklich besser mit vertrieblicher Umsetzung verzahnt wird. **Abbildung 2** stellt einen solchen integrierten Prozess dar:

Motiv: Die Motive der Unternehmen zur Einführung von Business Development sind in der Regel leicht zu definieren und konzentrieren sich auf die Wachstumsthemen: Was sind die Wachstumsmärkte von morgen? Welche Produkte ersetzen unsere in den nächsten zehn Jahren? Ein aktives Produkt-/ Portfoliomanagement ist eng mit dem Business Development verwoben. Die Rising Stars von morgen müssen entwickelt und positioniert werden, da im Produktlebenszyklus auch Cash Cows ausscheiden und die Unternehmenszukunft abgesichert werden muss.

Idee: Unverzichtbar im Business Development ist die Einbeziehung aller Unternehmensfunktionen, um interdisziplinär die Ideen zu generieren und

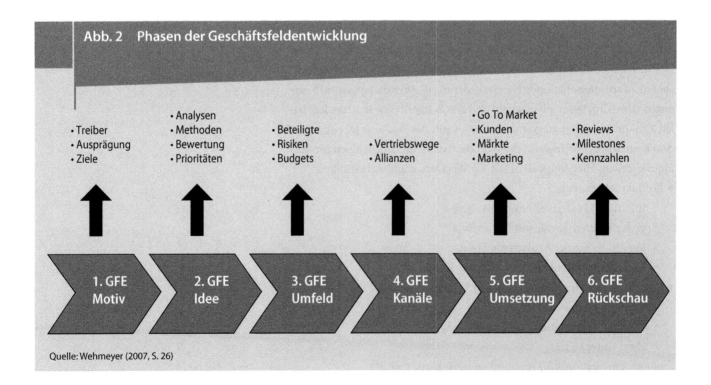

Abb. 2   Phasen der Geschäftsfeldentwicklung

- Treiber
- Ausprägung
- Ziele

- Analysen
- Methoden
- Bewertung
- Prioritäten

- Beteiligte
- Risiken
- Budgets

- Vertriebswege
- Allianzen

- Go To Market
- Kunden
- Märkte
- Marketing

- Reviews
- Milestones
- Kennzahlen

1. GFE Motiv   2. GFE Idee   3. GFE Umfeld   4. GFE Kanäle   5. GFE Umsetzung   6. GFE Rückschau

Quelle: Wehmeyer (2007, S. 26)

zu erproben. Es gibt viele kreativitätsfördernde Techniken, wie z.B. Design Thinking (erfolgreich umgesetzt beispielsweise am Hasso-Plattner-Institut), die in dieser Phase helfen können.

In der Phase der Validierung der Idee unterlaufen oft entscheidende Fehler. Vielfach schätzen Executives das Marktpotenzial innovativer Technologien völlig falsch ein. Im Internethype Ende der 90er-Jahre glaubten viele, dass Bildschirme in Aufzügen Einnahmen aus Werbung generieren könnten. Die Kosten der Installation und der Werbeinhalte im Verhältnis zu Kontaktanzahl und Einnahmen aus der Werbung lassen jedoch keinen positiven Business Case zu. Dagegen sind heute Bildschirme als Infotainment und bequemer Hinweis auf im Haus stattfindende Veranstaltungen akzeptiert.

„Es kann eine Zwei-Klassen-Kultur zwischen Jägern und Sammlern entstehen."

Eine Idee wie eine an das Internet angeschlossene Kaffeemaschine, die ihre Tabs selbst bestellt, klingt wie ein Differenzierungsfaktor, genauso, wie die Waschmaschine, die Waschmittel anfordert. Werden aber die Kaufentscheider befragt, fällt das Bild anders aus: Konsumenten möchten die Kontrolle behalten.

Diese Testfragen helfen weiter:
1. Was ist der Nutzen des Produktes/der Lösung aus Sicht des Kunden?
2. Was ist der ROI für das Unternehmen und den Kunden?
3. Was ist das „Right to win" im Markt? Warum sollten wir gewinnen?

Hilfreich sind Methodiken wie SWOT-Analyse und SMART-Zieldefinition. Die Dokumentation sollte in einem Business-Development-Plan festgehalten werden, der klare Milestones benötigt sowie feste Umsatz-, Kosten- und Ergebnisziele, die regelmäßig vom Top-Management nachverfolgt werden müssen.

Umsetzung: Die nächste Phase erfordert ein Business-Development-Team. Bestehen sollte es aus technischen Fachleuten und verkaufsgeschulten und -orientierten Business-Development-Managern, damit der Elevator-Pitch des Vertriebsmitarbeiters gemeinsam beim Kunden nachverfolgt werden kann. Oftmals versickern gute Leads durch den Mangel der nachfolgenden Bearbeitung und Umsetzungsfähigkeit in den Vertriebs- oder Lieferprozessen, da die neue Lösung und das neue Produkt nicht end-to-end in seinen Prozessen definiert wurde.

Im Bereich der Software- und Serviceindustrie haben sich einfache KPIs als hilfreich herausgestellt, um neue Themen aufzusetzen und zu skalieren: Jeder Regionalleiter akquiriert einen Referenzkunden in einem definierten Zeitraum. In den ersten zehn Erfolgsgeschichten skaliert man bis zur nächsten Ebene, sodass jeder Vertriebsmitarbeiter einen Lead nominieren sollte,

Handlungsempfehlungen:
● Verankern Sie eine Business-Development-Einheit in Ihrem Unternehmen, die sich langfristig um die Entwicklung neuer Geschäftsfelder kümmern kann.

● Stellen Sie Ihre Business-Development-Spezialisten vertriebsnah auf, um die nötige Umsetzungsstärke zu erreichen.

● Machen Sie Business Development zu einer Top-Management-Priorität und verzahnen Sie Business Development mit anderen Funktion im Unternehmen.

● Geben Sie evolutionären neuen Lösungen mit Bezug zu bestehenden Produkten den Vorzug gegenüber risikoreicheren revolutionären Ansätzen und Lösungen.

Kerngedanke 3

Business Development sollte sich als Vertriebsunterstützung verstehen, nicht als Vertriebsersatz.

wo die Führungskraft es bereits erfolgreich umgesetzt hat. Dies schärft deutlich den Fokus und schafft ein Klima, in dem sich niemand mit dem Argument entziehen kann, dass das Produkt am Markt vorbei entwickelt wurde oder es bei meinen Kunden nicht verkaufbar ist.

In den regelmäßigen Review Calls mit der Vertriebsmannschaft sollten die Vertriebsmanager die Leadgenerierung als festen Punkt (KPI) aufnehmen und so den Fortschritt messen. Business Development startet in der Regel mit kleinen Umsätzen und verliert in der Prioritätenliste des Vertriebs schnell an Aufmerksamkeit, da der Beitrag zur Zielerfüllung unterproportional zum Aufwand ist. Hier ist Führung gefragt, um die Wachstumsthemen der Zukunft zu priorisieren. Starten Sie gerade wegen des Bedarfs an enger Führung nur wenige Business-Development-Kampagnen mit Ihrem Vertrieb und bleiben Sie fokussiert auf die wirklich wichtigen Wachstumsthemen für Ihr Unternehmen. Vergessen Sie nie, auf ein wichtiges Thema auch einen Ihrer besten Leute zu setzen, ihn mit Ressourcen auszustatten und zu führen.

Literatur

Ansoff, I.: (1965) Corporate Strategy: An Analytic Approach to Business Policy for Growth and Expansion, New York City

Baghai, M./Coley, S./White D. (1999): Die Alchemie des Wachstums, Berlin

Christensen, C. (2013): The Innovator's Dilemma: When new techologies cause great firms to fail, Watertown

Kim, C., Mauborgne, R. (2005): Der Blaue Ozean als Strategie: Wie man neue Märkte schafft, wo es keine Konkurrenz gibt, München

Wehmeier, V. (2007): Geschäftsfeldentwicklung – Leitfaden für Business Development und Neugeschäft, Norderstedt

---

SfP Zusätzlicher Verlagsservice für Abonnenten von „Springer für Professionals | Vertrieb"

Zum Thema | Wachstumsquellen | 🔍 Suche

finden Sie unter www.springerprofessional.de 55 Beiträge, davon 8 im Fachgebiet Vertrieb   Stand: Juli 2013

Medium
☐ Online (1)
☐ Zeitschriftenartikel (6)
☐ Buchkapitel (48)

Sprache
☐ Deutsch (55)

Von der Verlagsredaktion empfohlen

Haas, A.: Interessentenmanagement, in: Hippner, H., Hubrich, B., Wilde, K. D.: Grundlagen des CRM, Wiesbaden 2011, S. 343-371, www.springerprofessional.de/1819332

Esch, F.-R., Knörle, C.: Wachstumsfelder mit Markeninnovationen erschließen, in: Business + Innovation, Ausgabe 01/2010, Wiesbaden 2010, S. 18-26, www.springerprofessional.de/2847842

BITKOM
KnowTech

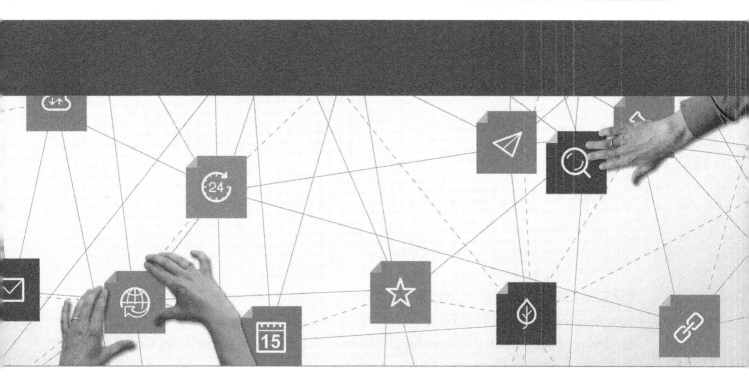

»Zukunft der Wissensarbeit«

15. – 16. Oktober 2014 | Congress Park Hanau

Keynotes der KnowTech 2014:

- Lebendiges Wissen – Organisation als lebendiger Organismus
- Arbeitswelten 2025
- Neue Informationstechnologien – Zukunft der Arbeit
- Ist Privatsphäre im Digitalen Zeitalter noch ein »Wert«?

www.knowtech.net | @knowtech_net | #knt14

Stairway to Heaven oder Highway to Hell?

Die Schwellenländer Asiens und Afrikas boomen. Das Erstarken großer Volkswirtschaften wie Brasilien, China oder Indien birgt enormes wirtschaftliches Potenzial für den globalen Handel. Internationaler Vertrieb ist aber kein Selbstläufer. Gerade für kleine und mittlere Unternehmen ist die Aufnahme von geschäftlichen Aktivitäten im Ausland nicht nur Chance, sondern auch Herausforderung. Für wen sich eine Bearbeitung internationaler Märkte eignet und für wen nicht.

Kai Alexander Saldsieder, Nina Saldsieder

Schon Johann Wolfgang von Goethe schrieb sehnsuchtsvoll über Länder, die anders als die Heimat, einfach reicher an Möglichkeiten und Chancen für Menschen zu sein schienen. So wie im Amerika von 1827 für den deutschen Dichter, so erscheinen heute die sogenannten „BRIC", „Big Six" oder „Next-Eleven-Staaten" als verheißungsvolle Orte, in denen Konsumenten nach Produkten rufen und die Möglichkeiten eines zusätzlichen Absatzes von Waren und Dienstleistungen schier unbegrenzt scheinen.

Internationales Geschäft ist für die Mehrzahl der deutschen Unternehmen kein Neuland. Gerade die Großunternehmen, aber auch viele mittlere Unternehmen sind seit Jahrzehnten im internationalen Geschäft etabliert. Seit 1950 sind deutsche Produkte, insbesondere Investitionsgüter, weltweite Exportschlager. Über Jahrzehnte gab es für sie nur eine Entwicklung: bergauf. Die Finanz- und Wirtschaftskrise versetzte der deutschen Industrie ab dem Jahr 2008 jedoch einen herben Dämpfer. Vor allem das Jahr 2009 setzte der Branche zu. Monat für Monat vermeldete der Verband des Deutschen Maschinen- und Anlagenbau (VDMA) Auftragsrückgänge um rund 50 Prozent zum Vorjahr – eine Katastrophe für den bedeutenden Industriezweig und die deutsche Wirtschaft insgesamt. Heute, fünf Jahre später, zeichnet sich wieder ein gänzlich anderes Bild ab: Der Deutsche Industrie- und Handelskammertag (DIHK) prognostiziert dem Außenhandel ein Plus im Gesamtwachstum von über vier Prozent und auch der deutsche Maschinenbau will seine Auftragsbücher um mehr als fünf Prozent zum Vorjahr füllen. Das Wachstum kommt – in beiden Fällen – durch das Auslandsgeschäft. Im Falle der Maschinenbaubranche durch starke Auftragseingänge in den USA, vor allem aber durch einen anhaltenden Anstieg der Nachfrage in China. Das Land wird insbesondere für kleine und mittlere Unternehmen ein attraktiver Absatzmarkt.

Exportgeschäfte müssen sich lohnen

Gerade die Fortschritte in den großen Bric-Staaten zeigen, dass die Fokussierung auf eine Marktbearbeitung mit der Verengung auf bloßen Export langfristig nur bedingt erfolgversprechend sein könnte. Durch die zunehmende Verlagerung und Verflechtung der Produktionsstätten multinationaler Großunternehmen erscheint ein Markteintritt vor Ort oder zumindest eine lokale Kooperation in den genannten Zielmärkten als „conditio sine qua non", um im internationalen Geschäft mit den Großen der Branche Schritt halten zu können.

Für wen lohnt sich also internationales Geschäft und für wen nicht? Diese Frage wird in der vorherrschenden Managementliteratur zum Auslandsvertrieb vergleichsweise wenig behandelt. In vielen Fällen konzentrieren sich die Autoren auf die Untersuchung externer Faktoren, wie

- die Rahmenbedingungen eines Unternehmens auf der makroökonomischen Ebene,
- der Wettbewerbsebene sowie
- einer Analyse der intern bedingten Stärken und Schwächen möglicher Export-Unternehmen.

Prof. Dr. Kai Alexander Saldsieder
lehrt Allgemeine und Internationale BWL an der Hochschule Pforzheim. Zuvor arbeitete er im Vertrieb für Procter & Gamble, MGM und Hasbro.
E-Mail: kai.saldsieder@hs-pforzheim.de.

Dipl.-Kffr. Nina Saldsieder
ist externe Doktorandin an der Westfälischen Wilhelms-Universität Münster. Sie ist Lehrbeauftragte und war zuvor Manager bei Plus Discount und Red Bull.
E-Mail: n.saldsieder@web.de

Kerngedanke 1

Internationales Business kann
Unternehmen zu Wachstum
verhelfen, gleichzeitig bindet
es Ressourcen.

Die Mehrheit der vorhandenen Literatur konzentriert sich auf das internationale Marketing, wie es überwiegend nur durch Großunternehmen exerziert werden kann. Denn kleine und mittlere Unternehmen (KMU) haben weniger finanzielle Ressourcen, begrenztere Möglichkeiten im Bereich Personal sowie in fast allen anderen Bereichen ihrer primären und sekundären Unternehmensfunktionen. Bei der Zusammenschau verschiedener Quellen zeigen sich jedoch gerade im Hinblick auf diese ressourcenschwachen KMU drei Erfolgsfaktoren, die im Folgenden näher dargestellt werden. Von der sonstigen Ressourcenausstattung abgesehen können sie als Ausgangsbasis für Überlegungen zu einer Internationalisierung der Vertriebsaktivitäten dienen.

Erfolgsfaktor 1: Marktwissen

Welches Wissen für internationales Business eine besondere Bedeutung hat und wie es erworben werden kann, wurde bereits in den 1970er-Jahren durch eine Forschergruppe der schwedischen Universität Uppsala untersucht. Das Ergebnis dieser Forschung war das Internationalisierungsmodell, auch bezeichnet als Stage-Model von Johannson/Wiedersheim-Paul, 1975 und Johannson/Vahlne,1977.

Bei der Analyse schwedischer Unternehmen erkannten die Forscher zwei Grundmuster im Internationalisierungsprozess, die grundlegende Dimensionen des Modells darstellen:
• die Etablierung von Auslandsgeschäft in Schritten und
• die Entwicklung von Märkten nach ihrer psychischen Distanz.
Internationalisierung, so die Autoren, ist ein schrittweiser Lernprozess, in dem Unternehmen ihre Marktbindung und den damit verbundenen Ressourceneinsatz in spezifischen Märkten in Abhängigkeit zu dem bereits vorhandenen oder erzielten Marktwissen vollziehen. Das Marktwissen, also das allgemeine (Länder-)Wissen und das marktspezifische Know-how, wird in dem Modell der Autoren als erfolgskritische Ressource für das Auslandsengagement betrachtet. Je umfangreicher das Erfahrungswissen für einen spezifischen Zielmarkt ist, umso stärker ist das Engagement eines Unternehmens in diesem Land. Internationalisierung, so die Autoren, ist somit das Resultat vieler, inkrementaler Entscheidungen, die ihrerseits das Wissen im Auslandsgeschäft erhöhen und so den Einsatz im Ausland festigen.

Erfolgsfaktor 2: Netzwerke

In vielen Ländern dominieren Großunternehmen den lokalen Markt. Ein Markteintritt von außen ist vor allem für kleine und mittlere Unternehmen eine echte Herausforderung. Wo die Märkte jedoch groß sind, da gibt es auch Chancen für die Kleinen. Um eine Nische erobern zu können, bedarf es aber Kontakte in den Zielmarkt – vor allem aber einer Allianz gleichgearteter Unternehmen. Hierbei geht es weniger um Mittelstandskartelle als vielmehr um Netzwerke, die Unternehmen in Auslandsmärkten zu einer virtuellen Größe und damit Marktmacht verhelfen. Die Effektivität von KMU-Netzwerken zeigt sich beispielsweise auf den Philippinen, wo Chinesen 40 Prozent der Inlandswirtschaft kontrollieren, während sie nur ein Prozent der Einwohnerschaft darstellen. Gerade in China hat sich eine Kultur der Familiennetzwerke formalisiert, so dass sie im Auslandsgeschäft den Erfolg der im Ausland tätigen Chinesen beflügelt.

Die Untersuchungen von Mort/Weerawardena, und Harris/Wheeler, 2005 zeigen beispielhaft die Bedeutung und den Nutzen von Netzwerken im internationalen Vertrieb. Netzwerke helfen, leichter Zugang zu Informationen zu bekommen und so Marktwissen zu erlangen. Die so entstehenden Kontakte zu „Gate-Keepern" und den Marktzugang zu erhalten, mindern schlussendlich das unternehmerische Risiko im grenzüberschreitenden Verkehr. Häufig führt der Aufbau einer direkten oder indirekten Auslandsorganisation zunächst zu erhöhten Aufsatzkosten, während die Absatzmärkte in den Zielländern noch keine entsprechenden Deckungsbeiträge zur Fixkostendegression liefern können. Vor diesem Hintergrund können Netzwerke eine gute Alternative darstellen. Das tragende Element dieser Netzwerke sind gemeinsame Werte.

„Globale Industrien werden durch wenige, hochkonzentrierte und marktstarke Anbieter charakterisiert."

Erfolgsfaktor 3: Industriestruktur

„Gib´ mir einen Fixen Punkt – und ich werde die Welt aus den Angeln heben." Dieser Satz, der Archimedes zugeschrieben wird, hat nicht nur gewichtige Bedeutung in der Physik, sondern er ist auch ein besonders gutes Gleichnis, um eine gelungene Positionierung eines Unternehmens in einem Markt zu beschreiben. Wenn ein Unternehmen mit seinen Produkten klar von den anderen abgegrenzt erkannt werden kann und zugleich relevant ist, dann hat es erfolgreich eine Nische für sein Überleben und seine Entwicklung im Wettbewerb gefunden. Einen solchen Markt im internationalen Wettbewerb zu finden, ist naturgemäß deutlich komplexer als es ohnehin in einem Heimatmarkt der Fall ist. Vor diesem Hintergrund kann eine global ausgerichtete Industrie als Indikator dafür genutzt werden, um die Möglichkeiten einer erfolgreichen Nischenpositionierung eines KMU fernab des nationalen Geschäfts einzuschätzen.

Branchen, die global im Wettbewerb stehen, machen es gerade kleinen Unternehmen häufig schwerer, erfolgreich in andere Märkte einzutreten, da einerseits häufig ressourcenstarke Global Player international die Märkte bereits besetzt halten. Andererseits zeigt sich gerade in Hochtechnologie-Märkten eine deutliche Veränderung in den absatzpolitischen Möglichkeiten aufgrund sich verkürzender internationaler Produktlebenszyklen. So beschreibt das „Leapfrogging"-Phänomen, dass die nun gerade aufkommenden Technologie-Märkte der Schwellenländer Chinas und Brasiliens nicht mehr

Zusammenfassung

• Durch die Absenkung von Handelsbarrieren, sinkende Transportkosten und eine weltumspannende Telekommunikationstechnologie sind Auslandsmärkte zu deutlich günstigeren Kosten erreichbar als in früheren Zeiten.

• Die steigende Bevölkerungsentwicklung in vielen Schwellenländern und die wachsende Nachfrage nach Waren und Dienstleistungen lassen diese Märkte nun für heimische Unternehmen interessant werden, die bislang weniger exportorientiert waren.

• Internationaler Handel ist jedoch nicht für jedes Unternehmen uneingeschränkt zu empfehlen. Neben verlockenden Chancen lauern Risiken, die ein Unternehmen existenziell bedrohen können.

• Vor diesem Hintergrund können insbesondere kleine und mittlere Unternehmen das Modell der neun Strategischen Fenster von Carl Arthur Solberg nutzen, um die Sinnhaftigkeit eines möglichen Auslandsengagements im Vorfeld zu analysieren.

• Solberg bemisst die Leistungsfähigkeit eines Unternehmens für die Aufnahme internationaler Vertriebstätigkeiten nach zwei Hauptdimensionen: Der Typologie der Industriestruktur, die Bereitschaft des Unternehmens zur Internationalisierung im Hinblick auf dessen Marktwissen im Auslandsgeschäft sowie dessen Netzwerke.

wie in früheren Jahren als Absatzmärkte für veraltete Waren und Dienstleistungen bereitstehen, sondern umgekehrt die innovativsten und leistungsstärksten Produkte nachfragen.

In den vergangenen Jahren haben sich dabei wiederholt kleine Unternehmen auf der internationalen Bühne gezeigt, die sich trotz ihrer vergleichsweisen geringen Ressourcenausstattung erfolgreich in mehreren Ländermärkten etablieren konnten. Hierfür etablierte Michael Rennie 1993 den Begriff der „Born Globals". Diese Bezeichnung steht für Unternehmen, die von Anbeginn ihrer Geschäftätigkeit international orientiert waren. Bei einer Untersuchung des australischen Exportmarkts durch McKinsey wurde eine Gruppe von Firmen identifiziert, die bereits im zweiten Jahr nach ihrer Gründung Exportaktivitäten aufgenommen hatten und in Summe über 20 Prozent des australischen Exports auf sich vereinigten. Diese Unternehmen sehen die Welt als ihren Marktplatz an. In diesem Zusammenhang zeigte sich, dass vor allem zwei Faktoren den Erfolg ausmachten: erstens das konsequente Bekenntnis des Managements zu internationalem Geschäft und zweitens eine globale Industriestruktur, die es den Unternehmen landesübergreifend ermöglichte, Nischenmärkte durch standardisierte Produkte und Marketingkampagnen zu besetzen.

Umsetzung für die Unternehmenspraxis: Das Modell der neun strategischen Fenster

Vor diesem Hintergrund soll das nachfolgend dargestellte Modell der neun strategischen Fenster gerade kleinen und mittleren Unternehmen helfen, angesichts der vielfältigen Herausforderungen durch ein internationales Geschäft einen angemessenen Überblick und eine gute Entscheidung über ein mögliches Auslandsengagement treffen zu können.

Carl Arthur Solberg entwickelte das Modell 1997 auf Basis verschiedener Diskussionen in der Wissenschaftsgemeinde in den Themenbereichen des strategischen Managements, des Industriehandels sowie der Internationalisierung der Unternehmen. Im Vergleich zu anderen Konstrukten besticht das Konzept des Norwegers durch seine Einfachheit, vor allem aber durch seinen praktischen Bezug zur Unternehmenspraxis. Solberg konzipierte das Modell für Unternehmen jeglicher Größe, so dass sich daraus auch für klei-

Kerngedanke 2

Der Erfolg des Auslandsvertriebs wird durch den Grad der Globalität einer Industriestruktur beeinflusst.

Tab. 1	Die neun strategischen Fenster der Internationalisierung nach Solberg		
		Globale Industriestruktur	
	lokal	potenziell global	global
Bereitschaft, international tätig werden zu wollen — reif	3. Tritt in neue Geschäfte	6. Bereite die Globalisierung vor	9. Stärke deine globale Position
erwachsen	2. Bereinige deine Exportmärkte	5. Denke über Expansion in internationalen Märkten nach	8. Suche globale Allianzen
unreif	1. Bleibe zuhause	4. Finde Nischen in internationalen Märkten	7. Bereite den Buy-out vor

Quelle: Solberg 1997, S.11

Buchtipp

Ralph Berndt, Claudia Fantapié Altobelli,
Matthias Sander: Internationales Marketing-
Management, 2010, Springer Verlag, 578 Seiten,
gebunden, 42,99 Euro, als E-Book 39,99 Euro,
ISBN 978-3-642-12691-8
http://bit.ly/UmC8HN

ne und mittlere Unternehmen profunde Handlungsempfehlungen pragmatisch ableiten lassen.

Im Kern basiert sein Modell auf zwei Annahmen, die die bereits genannten Erfolgsfaktoren berücksichtigen (siehe **Tabelle 1**, Seite 36):

1. Das strategische Verhalten von Unternehmen ist abhängig von der Art und Struktur seiner Industriebranche.
2. Das Bekenntnis von Firmen zu einem Auslandsengagement steht in direktem Bezug zum schrittweise erworbenen Marktwissen in Unternehmen.

Während die erste Annahme die bereits geschilderten Aspekte zu den Erfolgsfaktoren der Netzwerke und der Industriestruktur vereint, basiert die zweite Annahme in großen Teilen auf den Überlegungen der Uppsala-Schule zu Marktwissen und Marktbindung.

In einer grafischen Aufbereitung gliedert sich das Modell in eine 3*3-Felder-Matrix mit den Dimensionen „Globale Industriestruktur" (Industry Globality) und der „Bereitschaft und Fähigkeit eines Unternehmens, international tätig werden zu wollen" (Preparedness for Internationalization). Jeder Konstellation beider Dimensionen hat Solberg eine strategische Option zugeordnet, die der Autor als konkreten Vorschlag für Unternehmen in der jeweiligen Zuordnung empfiehlt, um dem Handeln einen entsprechenden Schub in seiner praktischen Umsetzung zu versetzen. Je nach Entwicklungsgrad der beiden Dimensionen reicht das Handlungsspektrum von „Bleibe Zuhause" bis „Stärke Deine Globale Position". Für eine praktische Umsetzung liest sich das Modell so:

a. Horizontale – Typologie der Industriestruktur

a1) Lokale Industrien sind heimisch geprägt. Typische Beispiele sind handwerkliche Anbieter oder stationäre Dienstleister mit geringer Reichweite, wie beispielsweise Friseure.

a2) Potenziell globale Industrien sind solche, die unter bestimmten Rahmenbedingungen Reichweite in andere Märkte entwickeln können. Solberg unterscheidet hier zwischen Industrien, die in fragmentierten Märkten agieren und die hauptsächlich Exportgeschäfte in Nachbarländern betreiben. Internationaler Handel ist wichtig, große und marktdominierende Player sind aber nicht vorhanden. Als Beispiele nennt der Autor die Möbelindustrie, die Bekleidungsbranche oder einige Nahrungsmittelsegmente.

Die zweite Art potenziell globaler Industrien sind aufgrund des politischen Willens gebunden. Dazu gehört beispielsweise das Rüstungsgeschäft, wie es insbesondere in Europa mit der EADS eine beispielhafte Form findet. Beide Kategorien könnten zwar global tätig werden – jedoch unter unterschiedlichen Rahmenbedingungen.

a3) Globale Industrien werden durch wenige, hochkonzentrierte und marktstarke Anbieter charakterisiert. Diese Märkte werden häufig von Zulieferindustrien bedient, die ihrerseits kleiner und segmentspezifischer sind. Beispiele dafür finden sich in der Automobil- oder Luftfahrtindustrie. Ein besonderes Merkmal globaler Industrieanbieter ist ihr landesübergreifender Zugang zu Distributionskanälen, der es ihnen ermöglicht, Produktneuheiten auf globaler Basis in großen Stückzahlen zu vermarkten.

b) Vertikale – Bereitschaft zur Internationalisierung

b1) Das **unreife** Unternehmen verfügt über geringe strukturelle Ressourcen für die Gestaltung eines Auslandsgeschäfts. Überdies ist kein durchgängiges Bekenntnis des Managements für ein anhaltendes Auslandsgeschäft vorhanden. In Bezug auf das angepeilte Absatzsegment im Zielmarkt verfügt das Unternehmen darüber hinaus über einen unterproportionalen, relativen Marktanteil.

b2) Das **expandierende** Unternehmen findet sich in zwei Ausprägungen: Einerseits kann es sich um ein Unternehmen handeln, das zwar wenig Expertise im Auslandsgeschäft hat, dafür aber eine starke Ausgangsposition im Heimatmarkt. Andererseits kann es auch ein Unternehmen mit etwas Er-

Abb. 1	Die größten Handelspartner Deutschlands 2013*

Ausfuhr		Einfuhr	
Frankreich	100	89	Niederlande
Vereinigte Staaten	88	74	China
Vereinigtes Königreich	76	64	Frankreich
Niederlande	71	48	Vereinigte Staaten
China	67	47	Italien
Österreich	56	43	Vereinigtes Königreich
Italien	53	40	Russische Föderation
Schweiz	47	39	Belgien
Polen	42	38	Schweiz

Quelle: *Angaben in Mrd. Euro, vorläufiges Ergebnis Statistisches Bundesamt, Wiesbaden 2014

fahrung im internationalen Business sein, das dafür aber wenig Marktkraft besitzt. Unternehmen der ersten Kategorie verfügen über proportional besssere Ressourcen, aber über wenig Kompetenz. Daher ist zu vermuten, dass die Fehlerquote im Business Development höher ist als bei denen, die zwar das Wissen, aber eben nur sehr begrenzte Mittel haben.

b3) Das **international reife** Unternehmen hat eine dominante Position erreicht und seinen Platz in anderen Märkten finden und behaupten können. Das Auslandsgeschäft ist für diese Firmen bedeutungsvoll, so dass eine Verteidigung und Entwicklung der Marktanteile entscheidend für den weiteren Fortgang der Unternehmung ist. Solberg weist darauf hin, dass es für Unternehmen, die in verschiedenen, unabhängigen Ländermärkten aktiv sind, leichter ist, sich zu behaupten, als für Unternehmen, die auf globaler Ebene im Wettbewerb stehen.

Insgesamt bietet sich so dass Solberg-Modell somit als Basis für die nachfolgende Checkliste an, um die genaue Position des Unternehmens innerhalb der 3*3-Matrix zu eruieren.

Checkliste: Was Unternehmen bei ihren Auslands-engagements hinterfragen sollten

- Welche Erfahrungen haben wir mit Auslandsaktivitäten?
- Wie ist unsere relative Marktposition in unserem angestammten Markt?
- Wie schätzen wir diese in dem von uns angestrebten Zielmarkt an?
- Haben wir die organisatorischen Voraussetzungen für die Planung und Umsetzung von Auslandsaktivitäten? (Anzahl Mitarbeiter, Ausbildungsstand, Marktkenntnis, Kompetenzen in der Marktanalyse und -bearbeitung)
- Wie ist unsere Einstellung zu internationalem Geschäft?
- Agieren wir ethnozentrisch, polyzentrisch, regiozentrisch oder global?
- Wie ist die lokaleoder globale ist Struktur unseres Marktes angelegt?

Fazit – Die Verlockung boomender Schwellenländer

Viele Unternehmen sind geradezu zum Wachstum verdammt. Dies betrifft vor allem jene, die ihre Kapitalversorgung durch eine Börsennotierung sichergestellt haben. Für diese Unternehmen ist die ständige Suche nach neuen Märkten und neuen Abnehmern eine Grundverpflichtung, um die Interessen von Aktionären – einen steigenden Börsenkurs und regelmäßige Renditen – zu bedienen.

Für die Mehrzahl der kleinen und mittleren Unternehmen gilt dies nicht. Insofern stellt sich die Frage nach einem Engagement in Auslandsmärkten nicht zwangsläufig – abgesehen von einer möglichen Einbindung als Bestandteil eines internationalen Zuliefernetzwerks.

Handlungsempfehlungen

Unternehmen, die mit dem Gedanken spielen, internationales Business aufbauen zu wollen, könnten sich im Vorfeld die folgenden Fragen stellen:

- Welche Erfahrungen haben wir mit Auslandsaktivitäten?
- Wie ist unsere relative Marktposition in unserem angestammten Markt?
- Wie schätzen wir diese in dem von uns angestrebten Zielmarkt ein?
- Haben wir die organisatorischen Voraussetzungen für die Planung und Umsetzung von Auslandsaktivitäten (Anzahl Mitarbeiter, Ausbildungsstand, Marktkenntnis, Kompetenzen in der Marktanalyse und -bearbeitung)?
- Wie ist unsere Einstellung zu internationalem Geschäft?
- Agieren wir ethnozentrisch, polyzentrisch, regiozentrisch oder global?
- Wie ist die lokale oder globale Struktur unseres Marktes angelegt?

Kerngedanke 3

Marktwissen und Zugang zu Netzwerken sind entscheidend für das Gelingen des Auslandsengagements.

Für Unternehmen, die häufig stark regional verwurzelt sind, kann das internationale Geschäft zu einem schwer kalkulierbaren Risiko mit schwerwiegenden Folgen werden. Neben Ländern wie China, das über die letzten Jahre ein rasantes Wirtschaftswachstum hingelegt hat, treten nun weitere Schwellenländer in das Rampenlicht der internationalen Exportwirtschaft, die allein aufgrund ihrer schieren Größe nach Einwohnern ein enormes Wirtschaftspotenzial zu entfalten scheinen. Bei einem näheren Blick auf die aktuellen Außenhandelsbilanzen zeigt sich aber: Deutschlands Unternehmen sind zwar insgesamt Vize-Exportweltmeister (siehe **Abbildung 1**, Seite 38), sie realisieren jedoch bisher nur einen Bruchteil ihres Geschäftes mit den tatsächlichen Zukunftsmärkten.

Ein Engagement in diesen Märkten ist verlockend, aber es sollte expansionsfreudigen Unternehmen nicht den Kopf verdrehen und sie zur Waghalsigkeit verleiten. Denn im Vergleich zu den traditionellen Außenhandels-

> *„Ein besonderes Merkmal globaler Industrieanbieter ist ihr länderübergreifender Zugang zu Distributionskanälen, der es ihnen ermöglicht, Produktneuheiten auf globaler Basis in großen Stückzahlen zu vermarkten.“*

partnern der deutschen Unternehmen bieten diese Länder zwar offensichtliche Chancen, bergen aber durchaus auch Risiken. Diese liegen nicht nur in geografischer, sondern oftmals auch in der kulturellen Entfernung dieser Länder zu den kleinen und mittleren Unternehmen in Deutschland.

Angesichts der bestehenden Kulturunterschiede und der möglichen Risiken einer internationalen Unternehmung kann diesen Unternehmen das dargestellte Modell der neun strategischen Fenster von Solberg als praktische Hilfe bei der Frage dienen, inwiefern das eigene Unternehmen grundsätzlich geeignet ist, ein wirtschaftliches Abenteuer abseits des Heimatmarktes zu wagen.

Literatur

Backhaus, K.; Voeth, M. (2010): Internationales Marketing, Stuttgart

SfP* Berndt, R./ Fantapie-Altobelli, C./ Sander, M. (2010): Internationales Marketing Management, (www.springerprofessional.de/1769802)

Harris, S./Wheeler, C. (2005): Entrepreneurs relationships for internationalization: Functions, origins, and strategies, in: International Business Review, Vol. 14, Heft 2, S.187-207

Harveston, P. D./Kedia, B. L.; Davis, P. S. (2000): Internationalization of born global and gradual globalizing firms: The impact of the manager. Advances in Competitiveness Research,, Vol. 8, Heft 1, S. 92-99

Hollensen, S. (2014): Global Marketing

Johansson, J./Vahlne, J. E. (1977): The Internationalization Process of the Firm: A Model of Knowledge Development and Increasing foreign market commitment, in: Journal of International Business Studies, Vol. 8, Heft 1, S. 23-32

Johansson, J./Vahlne, J.E. (2009): The Uppsala internationalization process model revisited: From liability of foreignness to liability of outsidership, in: Journal of International Business Studies, Vol. 40, Heft 9, S. 1411–1431

Johansson, J. K. (2009): Globale Marketing. Foreign Entry, Local Marketing and Global Management

Mort, G. S./Weerawardena, J. (2006): Networking capability and international entrepreneurship, in: International Marketing Review, Vol. 23, Heft 5, S. 549-572

[sfp]* Pock, M. (2012): Born Globals: Internationale Wachstumsstrategien junger Unternehmen, Gabler-Verlag, (www.springerprofessional.de/1845278)

Rasmussen, E. S./Madsen, T. K. (2002): The Born Global concept, EIBA Conference 2002

Rasmussen, E. S./Madsen, T. K./Evangelista, F. (2001). The Founding of the Born Global Company in Denmark and Australia: Sensemaking and Networking. Asia Pacific Journal of Marketing and Logistics, Vol. 13, Heft 3, S. 75-107

Solberg, C. A. (1997): A framework for analysis of strategy development in globalizing markets, in: Journal of international marketing, Vol. 5, Heft 1, S. 9-30

*Abonnenten des Portals Springer für Professionals erhalten diesen Beitrag im Volltext unter www.springerprofessional.de/ID

[sfp] Zusätzlicher Verlagsservice für Abonnenten von „Springer für Professionals | Vertrieb"

Zum Thema	Internationale Geschäftsentwicklung	Q Suche

finden Sie unter www.springerprofessional.de 657 Beiträge, davon 46 Beiträge im Fachbereich Vertrieb   Stand: Juli 2014

Medium
☐ Zeitschriftenartikel (97)
☐ Buchkapitel (547)
☐ Nachrichten (13)

Sprache
☐ Deutsch (656)
☐ Englisch (2)

Von der Verlagsredaktion empfohlen

Binckebanck, L./Belz, Ch.: Direkter oder indirekter Vertrieb? Vertriebsstrukturelle Entscheidungen in Auslandsmärkten, in: Internationaler Vertrieb, Wiesbaden 2013, S. 439-467, www.springerprofessional.de/3492728

Muhr, Ch.: Erfolgreich verkaufen im Ausland, in: Sales Management Review, Ausgabe 9/2007, Wiesbaden 2007, S. 10-15, www.springerprofessional.de/4117558

Margen und Kundenbeziehungen systematisch ausbauen

Wenn die Marktlage Business Development durch Neuvolumen nicht zulässt, können kluge Preisanpassungen bei Bestandskunden zur Profitabilitätsentwicklung genutzt werden. Um Ziele erfolgreich durchsetzen zu können, ist ein Verständnis der Strategien und Verhaltensweisen von Einkäufern und Key Account Managern nötig.

Björn Schuppar, Dirk C. Moosmayer

Gestiegene Unsicherheit auf den Finanzmärkten, das rohstoffintensive wirtschaftliche Wachstum in China – verstärkt durch politische Unsicherheiten in rohstofffreien Weltregionen – und nicht zuletzt die zunehmende Globalisierung von Absatz- und Beschaffungsmärkten führen zu einer erhöhten Dynamik in der Preisgestaltung auf internationalen Märkten. In den vergangenen fünf Jahren schwankten die Preise für Öl zwischen 40 und 140 US-Dollar pro Barrel, für Kupfer zwischen 3.000 und 10.000 US-Dollar pro Tonne und für Nickel zwischen 5.000 und 35.000 US-Dollar pro Tonne, jeweils mit Spitzen und Tiefs zu unterschiedlichen Zeitpunkten.

Business Development ganzheitlich auffassen

Vor allem in rohstoffintensiven Branchen wie der Spezialchemie, der Metallverarbeitung oder der Automobilzuliefererindustrie führt dies zu erheblichen Unsicherheiten in der Kostenkalkulation. Gelingt es Unternehmen nicht, auf diese Schwankungen zeitnah zu reagieren, können die nicht an die Kunden weitergegebene Kostensteigerungen die Produktmargen eines Unternehmens unter Druck setzen. Je höher der Rohstoffanteil in der Wertschöpfung ist, desto schneller kann dies zu einer substanziellen Gefahr für das Unternehmen werden – besonders dann, wenn angespannte Marktlagen ein Business Development durch Neuvolumen nicht zulassen. In diesem Kontext ist es umso wichtiger, Business Development ganzheitlich aufzufassen und statt der Mengen- auf die Preiskomponente zu fokussieren.

Schuppar Consulting hat in diesem Zusammenhang über 600 Preisverhandlungen eines Global Players der chemischen Industrie mit seinen europäischen Kunden begleitet. Davon konnten 310 Verhandlungen in Zusammenarbeit mit der RWTH Aachen University und der Nottingham University Business School China detailliert untersucht werden. Die Studie zeigt auf, wie wichtig es ist, dass Unternehmen die Preisdimension des Business Development verstehen, um zügig und professionell auf Kostenänderungen reagieren und notwendige Preisanpassungen beim Kunden mit geeigneten Strategien und überzeugenden Argumenten durchsetzen zu können.

Besonders in Zeiten steigender Rohstoffkosten und angespannterer Marktlage müssen Preisanpassungen konsequent durchgesetzt werden, um keine Margenenerosion zuzulassen, die den klassischen Zielen des Business Development entgegenwirken würden. Dementsprechend spielt das Preiserhöhungsmanagement eine zentrale Rolle für den Erfolg des Unternehmens. In der Vertriebspraxis sind Preiserhöhungen aber meist nicht einfach umzusetzen. Es lassen sich insbesondere zwei Defizite beobachten:

1. Preiserhöhungen sind im Vertrieb meist unbeliebt. Gerade im Technologieland Deutschland wird Business Development lieber einseitig auf Neuvolumen bezogen und Vertriebler begeistern den Kunden lieber mit innovativen Lösungen statt Altbekanntes teurer zu machen. Es fehlt ein Verständnis, dass Preisanpassungen zuallererst Chance sind, mit besseren Margen die Wettbewerbsposition des eigenen Unternehmens in einem volatilen Markt zu festigen und somit die Grundlage für Investitionen im Neugeschäft sind.

Dr. Björn Schuppar
ist Gründer und CEO der Schuppar
Consulting Ltd. & Co. KG in Duesseldorf,
E-Mail: bjoern.schuppar@schuppar-
consulting.com
www.schuppar-consulting.com

Dr. Dirk C. Moosmayer
ist Assistant Professor of Marketing an der
Nottingham University Business School
China, Ningbo (China)
E-Mail: dirk.moosmayer@nottingham.
edu.cn

Kerngedanke 1

Wenn angespannte Marktlagen ein Business Development durch Neuvolumen nicht zulassen, sollte ein ganzheitliches Business Development auf die Preiskomponente statt auf Menge fokussieren.

2. Auf Kundenseite sehen sich Verkäufer Einkäufern gegenüber, die unter Kostensenkungsdruck stehen. Zugleich besteht in Bezug auf die Durchsetzung von Preiserhöhungen in Kundenbeziehungen häufig ein Schulungsdefizit auf Verkäuferseite.

Umso wichtiger ist es für Verkäufer, die Ziele und Absichten des Kunden sowie die Logik der geführten Preisverhandlung zu verstehen.

Ziele und Absichten der Kunden verstehen

Grundsätzlich versuchen Einkäufer, Änderungen der Konditionen zu ihren Lasten zu verhindern. Ihr Ziel ist ein möglichst niedriger Preis für ein gegebenes Produkt. Einkäufer sind in der Regel darauf geschult, Preiserhöhungen zunächst abzulehnen und anschließend zu hinterfragen. Dennoch unterliegen auch geschulte Einkäufer in ihrem Verhalten gewissen psychologischen Wahrnehmungsverzerrungen und Verhaltensgrundmustern und werden durch die Strukturen in ihrer eigenen Organisation beeinflusst. Nur wer die Benchmarks kennt, an denen sich ein Einkäufer orientiert, kann ein optimales Verhandlungsergebnis erzielen. Grundsätzlich werden zwei Ziele unterschieden, die Einkäufer in Verhandlungen verfolgen:

1. „Beat the supplier": Bei dieser Zielsetzung versuchen Einkäufer, ein Anfangsgebot eines Anbieters im Rahmen einer Preisverhandlung so weit wie möglich nach unten zu drücken. Ob der erzielte Preis dabei im Vergleich zu den Marktpreisen gut oder schlecht ist, ist hierbei nachranging. Vielmehr geht es darum, einen möglichst großen Preisnachlass zu erzielen.

Der Ansatz wird vor allem in Branchen mit komplexen Produkten verfolgt, in denen es keine festen Referenzen gibt, an denen sich die Verkäufer orientieren könnten. Ein Beispiel bietet die Spezialitätenchemie, in der komplexe chemische Verbindungen genau auf die Anforderungen eines bestimmten Kunden zugeschnitten werden. Folglich existieren keine Vergleichspreise im Markt und eine Preisanalyse auf Basis von Kosten ist kaum möglich. Für einen Verkäufer ist daher das erste Preisangebot, das er als Signal an den Einkäufer sendet, besonders wichtig. Je höher dieser Signalpreis ist, desto größer ist sein Verhandlungsspielraum. Denn dann hat auch der Einkäufer ein größeres Potenzial, den Preis nach unten zu drücken.

Untersuchungen haben gezeigt, dass der „Beat the supplier"-Ansatz beispielsweise in der Automobilindustrie verbreitet ist. Hier werden die Produkte in der Regel stark an die Bedürfnisse des Kunden angepasst. Zum Beispiel werden spezifische Lacke speziell nach den Anforderungen des Kunden entwickelt. Entsprechend sind externe Referenzen (Indizes), an denen sich Einkäufer orientieren könnten, nicht klar vorhanden. Für Einkäufer gewinnt der Signalpreis des Verkäufers an Bedeutung, weil er eine wichtige interne Referenz zur Beurteilung des eigenen Verhandlungserfolgs ist.

2. „Beat the market": Bei dieser Zielsetzung versuchen Einkäufer, bestimmte Marktpreise beziehungsweise Marktindizes zu unterbieten (daher auch „beat the index"). Dieser Ansatz ist vor allem in Branchen und für Produkte relevant, die von geringer Komplexität sind und daher gut vergleichbar sind. Als typisches Beispiel dient ein Düngemittelhersteller, der auf Ba-

sis von Rahmenverträgen große Mengen Phosphor von einem Hersteller bezieht, um über die großen Mengen günstigere Preise als an den internationalen Rohstoffbörsen zu erzielen.

In diesem Zusammenhang kommt Referenzen wie dem Signalpreis, den der Verkäufer setzt, geringe Bedeutung zu. Vielmehr rücken hier externe Bezugspunkte in den Fokus. In diesem Fall können Verkäufer die Verhandlung vor allem zu ihren Gunsten beeinflussen, indem sie Kosten als Preisuntergrenze stärker in die Argumentation einbinden. Der „beat the market"-Ansatz ist beispielsweise in der metallverarbeitenden Industrie besonders verbreitet. Dies ist darauf zurückzuführen, dass die Produkte in dieser Branche relativ standardisiert sind und ihre Preise daher gut mit Marktindizes verglichen werden können.

Um in der Verhandlung auf diese beiden Typen geeignet reagieren zu können, ist es notwendig, klare eigene Preisreferenzen festzulegen und eine Argumentationsstruktur zu entwickeln, welche den jeweiligen Kontext des Verhandlungspartners berücksichtigt.

Logik der Preisverhandlung nutzen

Eine Preisverhandlung ist ein Prozess, in dem Verkäufer und Käufer so lange Angebote austauschen, bis sie ein von beiden Seiten akzeptiertes Angebot gefunden haben oder sich trennen. Wichtig sind in diesem Prozess drei Referenzpunkte, die jede Verhandlungsseite geplant oder unbewusst in die Verhandlung einbezieht:

1. Der Signalpreis: Mit ihm wird die Verhandlung eröffnet.
2. Der Zielpreis: Er stellt den Preis dar, den eine Partei tatsächlich erzielen will.
3. Die Schmerzgrenze: Sie stellt jenen Preis dar, unter (über) dem das Geschäft für den Verkäufer (Einkäufer) nicht mehr akzeptabel ist.

Abbildung 1 veranschaulicht den Zusammenhang zwischen diesen drei Referenzen aus Sicht des Verkäufers (Lieferant). In Bezug auf jeden Referenzpunkt sind Besonderheiten zu berücksichtigen.

Der Signalpreis: Das ist der erste Preis auf dem Verhandlungstisch. Er stellt einen Anker für die Preisverhandlung dar. In jeder Verhandlung kann es nur einen ersten Preis geben; daher sind drei Aspekte besonders wichtig:

• Es ist wichtig, dem Verhandlungspartner ein Angebot für eine Preisanpassung als Anker zu kommunizieren.

• Signalpreise der Einkäufer liegen in der Regel unter deren eigentlichem Ziel. Verkäufer haben also Verhandlungsspielraum.

• Die Aussage eines Einkäufers, keine Preiserhöhung akzeptieren zu können, sendet einen Signalpreis von 0. Implizit sagt der Einkäufer damit, dass seine Schmerzgrenze tatsächlich darüber liegt und eine Preiserhöhung möglich ist!

Es hat sich bewährt, Preissignale auch öffentlich abzugeben. Dieses kann beispielsweise durch die Ankündigungen von Preiserhöhungen in Branchenportalen oder Fachzeitschriften geschehen. In der Verhandlung mit dem Kunden kann dann mit einer Preiserhöhung eingestiegen werden, die etwas

Zusammenfassung

Gerade in Zeiten, in denen Business Development durch Neuvolumen nicht möglich ist, müssen Unternehmen regelmäßig Preiserhöhungen durchsetzen, um profitabel zu bleiben. Ein ambitioniert gesetzter und gut verteidigter Zielpreis hat den stärksten Einfluss auf das Verhandlungsergebnis. Wie weit der Signalpreis über dem Zielpreis liegen sollte, ist an den spezifischen Länder- und Branchenkontext anzupassen.

Kerngedanke 2

Die Rohstoffpreisschwankungen von bis zu 600 Prozent in den vergangenen fünf Jahren überleben Unternehmen nur, wenn sie regelmäßig Preiserhöhungen an den Kunden weitergeben.

unterhalb der angekündigten Preiserhöhung liegt. So wird dem Kunden kommuniziert, dass er bereits ein erstes Zugeständnis bei der Preiserhöhung erhalten hat.

Der Zielpreis: Noch wichtiger als der Signalpreis ist der Zielpreis. Das ist der Preis, den ein Verhandlungspartner tatsächlich erzielen möchte. Jedes Verhandlungsergebnis unter dem Zielpreis ist ein verfehltes Ziel und eine nicht erfolgreiche Verhandlung. Der Zielpreis sollte daher ambitioniert sein, aber Sie sollten ihn guten Gewissens verteidigen können. Zwei Zusammenhänge sind dabei wichtig:

Als Verkäufer zielen Sie auf die Preisobergrenze des Einkäufers ab. Gute Verkäufer ergründen diese Schmerzgrenze des Einkäufers mit geschickten Fragen und gutem Gespür. Die Logik der Preisgrenze des Gegenübers greift allerdings in beide Richtungen. Als Verkäufer sollten Sie den Zielpreis so kommunizieren, dass beim Einkäufer der Eindruck entsteht, es handle sich dabei um Ihre Preisuntergrenze.

Um ihr Preisziel zu verteidigen, sollten Verkäufer für jedes Zugeständnis eine Gegenleistung verlangen. So kann im Gegenzug für eine Abmilderung der Preiserhöhung zum Beispiel ein kürzeres Zahlungsziel, Streichung von Skonto oder eine garantierte Abnahmemenge vereinbart werden. Vermeiden Sie unnötige Zugeständnisse selbst dann, wenn bis zum eigenen Preisziel noch Spielraum besteht.

Beispiel: In einer von Schuppar Consulting begleiteten Verhandlung sahen sich ein mittelständischer Unternehmer für Kühlschmierstoffe und sein Sohn, als Vertriebsleiter tätig, einem Großunternehmen aus der Maschinenbaubranche gegenüber, mit denen sie ca. 20 Prozent ihres Gesamtumsatzes erzielen. In der Preisverhandlung dachte der Eigentümer immer wieder laut

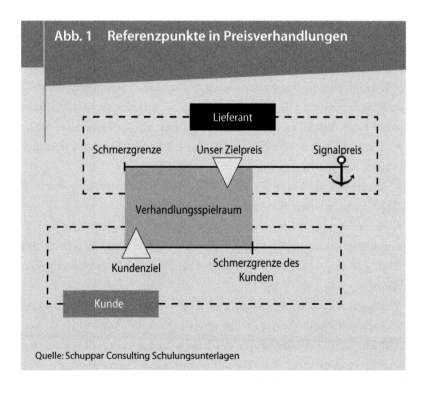

Abb. 1   Referenzpunkte in Preisverhandlungen

Lieferant

Schmerzgrenze   Unser Zielpreis   Signalpreis

Verhandlungsspielraum

Kundenziel   Schmerzgrenze des Kunden

Kunde

Quelle: Schuppar Consulting Schulungsunterlagen

darüber nach, von der geforderten Preiserhöhung von neun Prozent abzu-
weichen und bis zum subjektiven Zielpreis von fünf Prozent nachzugeben.
Der Sohn nahm diese Überlegungen immer wieder auf und stellte dem Vater gegenüber dar, dass wegen der um 18 Prozent gestiegenen Rohstoffprei-
se (Kostenargumentation) keine Zugeständnisse möglich seien und die
Preiserhöhung auch wegen der verbesserten Haftfähigkeit der Schmierstof-
fe (Wertargumentation) gerechtfertigt sei. Als Ergebnis dieser Verhand-
lungsstrategie ist der Einkäufer des Maschinenbauers schließlich von seiner
Forderung einer Nullrunde abgewichen und man einigte sich auf acht Prozent.

*„Je höher der Rohstoffanteil in der Wertschöpfung
ist, desto schneller kann dies zu einer
substanziellen Gefahr für das Unternehmen
werden.“*

Die Schmerzgrenze: Ein weiteres wichtiges Element ist die Schmerzgrenze. Sie bestimmt die Preisuntergrenze, unter der ein Vertragsabschluss ökonomisch nicht mehr sinnvoll ist. Wir nennen die Schmerzgrenze daher
„Walk-Away"-Preis: Wählen Sie die Schmerzgrenze so, dass Sie auch innerhalb Ihres eigenen Unternehmens vertreten können, das Geschäft unter diesem Preis nicht mehr weiterzuführen. Passen Sie Ihre Schmerzgrenze nicht
nach unten an. Setzen Sie sie von Beginn an so, dass sie die Grenze des ökonomisch Machbaren darstellt.

In der Regel verteidigen Sie in Verhandlungen nicht Ihre Schmerzgrenze,
sondern Ihr Ziel! So haben die Verkäufer eines Herstellers chemischer Produkte nach zwei Verhandlungen mit einem Automobilzulieferer den Einkäufer noch nicht dazu bewegen können, eine Preiserhöhung von vier Prozent zu akzeptieren. Das Ziel lag hierbei sogar bei sieben Prozent. Die dritte Verhandlung begannen sie schließlich mit den Worten „Wir sind
gekommen, um uns zu verabschieden" und haben so dem Kunden deutlich
gemacht, dass die Schmerzgrenze erreicht ist. Dies führte schließlich zu einem Einlenken des Kunden und mit einer erzielten Preiserhöhung von sechs
Prozent wurde das Ziel nur knapp verfehlt.

Die richtige Verhandlungsstrategie umsetzen

Regressionsanalytische Auswertungen der von Schuppar Consulting begleiteten Preisverhandlungen zeigen, dass der Zielpreis den stärksten Einfluss
auf das Verhandlungsergebnis hat. Demnach resultiert ein um ein Prozent
höherer Zielpreis in einer um 0,64 Prozent höheren Preiserhöhung. Die Erhöhung der Schmerzgrenze von einem Prozent dagegen beeinflusst das Verhandlungsergebnis lediglich um 0,08 Prozent, wobei dieser Einfluss statistisch nicht signifikant ist.

Handlungsempfehlungen

- Um profitabel zu bleiben, müssen Unternehmen regelmäßige Preisanpassungen durchsetzen.
- Der Zielpreis hat den stärksten Einfluss auf das Verhandlungsergebnis – wählen Sie ihn daher ambitioiert und verteidigen Sie ihn so, dass Ihr Verhandlungspartner den Eindruck bekommt, Ihr Zielpreis sei Ihre Schmerzgrenze.
- Passen Sie Ihren Signalaufschlag an Ihren Verhandlungskontext an – wählen Sie Ihren Signalpreis in Italien und Osteuropa sowie in der Automotive-Industrie besonders hoch und besonders niedrig in Deutschland, Spanien und UK sowie bei Verhandlungen in der Verpackungs- und Betriebsstoff-Industrie.

Kerngedanke 3

Verkäufer müssen verstehen, ob ihr Verhandlungspartner dafür belohnt wird, den Signalpreis zu drücken (beat the supplier) oder einen Marktindex zu schlagen (beat the market).

Daraus lassen sich zwei Grundsätze in Bezug auf Signal-, Zielpreis und Schmerzgrenze ableiten, die hilfreich sein können, Forderungen durchzusetzen und Preiserhöhungen zu realisieren:

1. Es sollte beachtet werden, dass der Zielpreis das eigentliche Verhandlungsziel darstellt, das zu verteidigen ist. Alles darüber ist ein Gewinn. Alles darunter ist ein subjektiver Verlust. Außerdem hat die Wahl des Zielpreises den größten Einfluss auf das Verhandlungsergebnis.

2. Mit dem Zielpreis vor Augen wird die Verhandlung mit dem Signalpreis eröffnet. Dagegen sollte nie die tatsächliche Schmerzgrenze kommuniziert werden. Sie sollte wirklich nur eine interne Schranke sein, die nie unterschritten werden darf.

Unser Ergebnis, dass der Einfluss des Zielpreises deutlich größer ist als der des Signalpreises, ist vor allem bemerkenswert, weil in der Praxis häufig der Signalpreis als wichtigste Determinante in Preisverhandlungen angesehen wird. Unterstützt wird dies durch wissenschaftliche Untersuchungen, die Experimente mit Studierenden nutzen, um Strukturen im Verhandlungsverhalten zu entdecken.

Ursächlich für die hohe Bedeutung des Signalpreises in diesen Experimenten scheint, dass die Teilnehmer, ähnlich wie bei einer Preisverhandlung über ein völlig neues Produkt, keine Orientierung über tatsächliche, faire

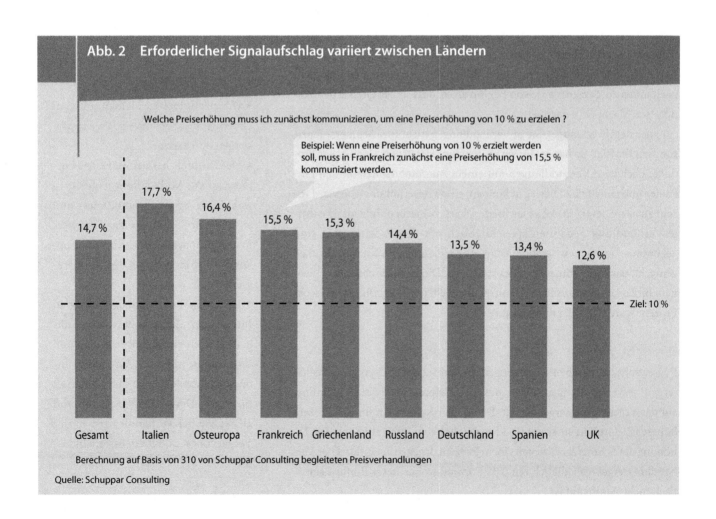

Abb. 2   Erforderlicher Signalaufschlag variiert zwischen Ländern

Welche Preiserhöhung muss ich zunächst kommunizieren, um eine Preiserhöhung von 10 % zu erzielen ?

Beispiel: Wenn eine Preiserhöhung von 10 % erzielt werden soll, muss in Frankreich zunächst eine Preiserhöhung von 15,5 % kommuniziert werden.

Gesamt 14,7 %
Italien 17,7 %
Osteuropa 16,4 %
Frankreich 15,5 %
Griechenland 15,3 %
Russland 14,4 %
Deutschland 13,5 %
Spanien 13,4 %
UK 12,6 %
Ziel: 10 %

Berechnung auf Basis von 310 von Schuppar Consulting begleiteten Preisverhandlungen

Quelle: Schuppar Consulting

oder übliche Preise und die Gepflogenheiten in einer realistischen Verhandlungssituation haben. Daher wird die erste verfügbare Information – das Signal – überbewertet. In der Realität kommt dem subjektiven Ziel der verhandelnden Personen jedoch eine erheblich höhere Bedeutung zu.

Verhandlungsstrategie der Marktsituation anpassen

In verschiedenen Ländern werden Verhandlungen unterschiedlich geführt. In Deutschland beginnt die Verhandlung gern nach einer kurzen Begrüßung und fokussiert auf einen Vertragsabschluss; in Spanien werden zunächst zwanzig bis dreißig Minuten Höflichkeiten ausgetauscht und in China finden mehrere Treffen statt, bevor mit der eigentlichen vertraglichen Verhandlung begonnen wird, weil nicht der Vertrag, sondern die Beziehung als Ergebnis der Verhandlung betrachtet wird.

Ähnlich sind auch die Gepflogenheiten in der Wahl des Einstiegsangebotes unterschiedlich. Während wir von orientalischen Touristenmärkten hören, dass Anfangsangebote zehnmal so hoch sind wie der letztliche Verkaufspreis, würden wir derartige Angebote im deutschsprachigen Raum kaum ernst nehmen. Um derartige kulturspezifische Einflüsse zu verstehen, betrachten wir den Signalaufschlag. Das ist die Differenz zwischen Signalpreis und Zielpreis. Diesen schlägt ein Verkäufer auf die Preiserhöhung auf, die er tatsächlich erzielen will.

Wie die Studie zeigt, variiert der notwendige Signalpreis erheblich zwischen Ländern. **Abbildung 2** zeigt, dass im Falle einer angestrebten Preiserhöhung von zehn Prozent in Italien zunächst eine Preiserhöhung von 17,7 Prozent kommuniziert werden muss. In osteuropäischen Ländern und Russland sind mit 16,4 Prozent und 14,4 Prozent ähnlich hohe Signalpreise üblich.

In Großbritannien ist der erforderliche Signalpreis am niedrigsten. Hier reicht ein Signalpreis von 12,6 Prozent aus, wenn eine Preiserhöhung von zehn Prozent erreicht werden soll.

Diese Unterschiede zwischen den Ländern sind wenig überraschend, wenn man die genauen Verhandlungsgepflogenheiten kennt. So haben die Italiener einen gesunden Stolz und legen sehr viel Wert darauf, gegenüber Dritten einen guten Eindruck zu hinterlassen. Dementsprechend ist es als Verkäufer wichtig, den Einkäufer in der Verhandlung viel gewinnen zu lassen, was einen entsprechend hohen Signalaufschlag erfordert. Engländer legen dagegen sehr viel Wert auf Ehrlichkeit und „Fair Play", da dies Gradmesser für die Beziehung zwischen den Verhandlungspartnern sind. Zu hohe Signalpreise würden hier als unehrlich angesehen und bieten somit unnötiges Konfliktpotenzial.

Neben den Ländern sollte bei der Wahl des Signalpreises auch die Branche des Kunden berücksichtigt werden (s. **Abbildung 3**). So muss bei Automotive-Kunden zunächst eine Preiserhöhung von 15,3 Prozent signalisiert werden, um eine Preiserhöhung von zehn Prozent durchzusetzen, während bei Hilfs- und Betriebsstoffen ein Signal von lediglich 13,4 Prozent erforder-

Kerngedanke 4

Wenn der Zielpreis richtig verteidigt wird, hat er den stärksten Einfluss auf das Verhandlungsergebnis.

Kerngedanke 5

„Andere Länder andere Sitten" gilt auch in der Preisverhandlung: Wie viel der Signalpreis über dem Verhandlungsziel liegen sollte, hängt von Land und Branche ab.

lich ist. Der erforderliche Signalpreis spiegelt hierbei insbesondere die Intensität der Verhandlungen wieder.

So wird im Automotive-Sektor besonders hart verhandelt, weil hier häufig eine hohe gegenseitige Abhängigkeit vom jeweils anderen Verhandlungspartner vorliegt. Dementsprechend sind die Produkte schwer austauschbar, und es liegen keine Marktindizes vor, mit denen die Preise verglichen werden können. Das Ziel des Einkäufers ist somit „Beat the Supplier". Hilfs- und Betriebsstoffe dagegen haben für den Kunden eine verhältnismäßig geringe Bedeutung und werden somit weniger intensiv verhandelt. Zudem sind die Produkte häufig leichter mit Marktindizes vergleichbar, sodass die Strategie des Einkäufers hier „Beat-the-Market" heißt. Dementsprechend ist hier ein niedrigerer Signalpreis ausreichend.

Keinen signifikanten Einfluss auf den zu wählenden Signalpreis hat dagegen die Kundengröße. Zwar lassen sich bei Kunden mit geringem Bedarf häufig höhere Preise durchsetzen als bei Großkunden, sodass ein höheres Preisziel gesetzt werden kann. Das Verhältnis des Signalpreises zum Zielpreis bleibt jedoch von der Kundengröße unberührt.

Fazit

Business Development sollte nicht einseitig auf Neuvolumen bezogen werden: Gerade in wirtschaftlich angespannten Zeiten bietet der Markt zwar kein Potenzial für Neugeschäft, aber dafür oft gute Argumente für die Not-

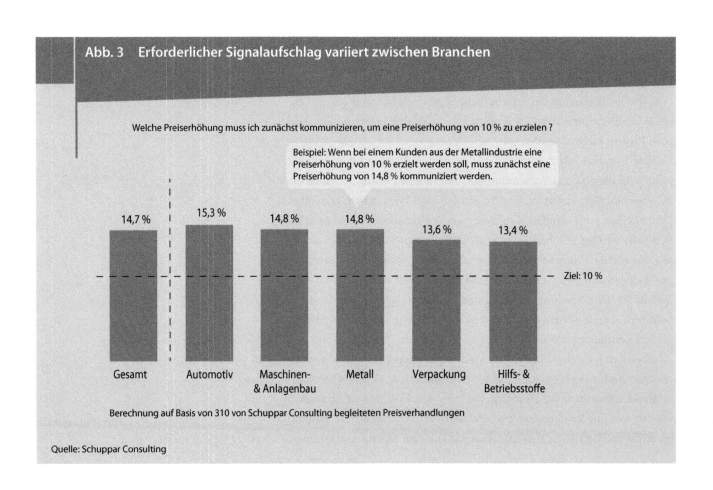

Abb. 3 Erforderlicher Signalaufschlag variiert zwischen Branchen

Welche Preiserhöhung muss ich zunächst kommunizieren, um eine Preiserhöhung von 10 % zu erzielen?

Beispiel: Wenn bei einem Kunden aus der Metallindustrie eine Preiserhöhung von 10 % erzielt werden soll, muss zunächst eine Preiserhöhung von 14,8 % kommuniziert werden.

Gesamt	Automotiv	Maschinen- & Anlagenbau	Metall	Verpackung	Hilfs- & Betriebsstoffe
14,7 %	15,3 %	14,8 %	14,8 %	13,6 %	13,4 %

Ziel: 10 %

Berechnung auf Basis von 310 von Schuppar Consulting begleiteten Preisverhandlungen

Quelle: Schuppar Consulting

wendigkeit einer proaktiven Preisentwicklung und -anpassung. Viele Verkäufer unterschätzen die Wichtigkeit einer guten Verhandlungsvorbereitung. Die Festlegung von Signal, Ziel und der Schmerzgrenze hat einen erheblichen Einfluss auf die erzielten Preise, wobei das Ziel den größten Einfluss auf das Verhandlungsergebnis hat. Die Verhandlungsvorbereitung sollte dabei einem systematischen Prozess folgen. Hierzu gehört neben einer Bestandsaufnahme der Ausgangslage wie beispielsweise der Rohstoffkostensituation oder der mit dem Kunden erzielten Deckungsbeiträge auch eine Analyse der Wünsche und der Verhandlungsposition des Kunden. Auch sollte der internen Vergütungslogik und dem kulturellen Umfeld des Verhandlungspartners systematisch Rechnung getragen werden. So lässt sich die Geschäftsprofitabilität auch dann entwickeln, wenn die Marktprognosen eine Geschäftsentwicklung über Mengensteigerungen nicht zulassen.

Literatur

Schuppar, B./ Karger, M. (2013): Dem Druck standhalten, Wie sich Automobilzulieferer gegen überzogene Forderungen von OEMs wehren können. In: Automobil Industrie 1-2/2013

Schuppar, B. (2009): Strategisches Pricing: Prozesse und organisatorische Verankerungen. In: Strategisches Preismanagement Lektion 8, Management Circle Edition

SfP* Schuppar, B. (2006): Preismanagement: Konzeption, Umsetzung und Erfolgsauswirkungen im Business-to-Business-Bereich, Wiesbaden (www.springerprofessional.de/1878292)

Moosmayer, D. C./ Schuppar, B./ Siems, F. U. (2012): Understanding Price Negotiation Outcomes in Business-to-Business Relationships – An Empirical Perspective from the Chemical Industry. In: Journal of Supply Chain Management 48 (1), 92-106

Homburg, Ch./ Jensen, O./ Schuppar, B. (2005): Preismanagement im B2B-Bereich: Was Pricing Profis anders machen

Homburg, Ch./ Jensen, O./ Schuppar, B. (2004): Pricing-Excellence – Wegweiser für ein professionelles Preismanagement

* Abonnenten des Portals Springer für Professionals erhalten diesen Titel im Volltext unter www.springerprofessional.de/ID

SfP Zusätzlicher Verlagsservice für Abonnenten von „Springer für Professionals | Finance & Controlling"

Zum Thema | Preisverhandlungen | 🔍 Suche |

finden Sie unter www.springerprofessional.de 998 Beiträge, davon 125 im Fachgebiet Vertrieb   Stand: Juni 2014

Medium
☐ Online-Artikel (14)
☐ Zeitschriftenartikel (129)
☐ Buchkapitel (853)
☐ Nachrichten (2)

Sprache
☐ Deutsch (995)
☐ Englisch (3)

Von der Verlagsredaktion empfohlen

Voeth, M., Herbst, U.: Verhandlungsmanagement als Erfolgsfaktor im internationalen Vertrieb, in: Binckebanck, L., Belz, C. (Hrsg.): Internationaler Vertrieb, S. 603-615, Wiesbaden 2013, www. springerprofessional.de/3492700

Birgelen, D.: Preisgespräche, in: Birgelen, D.: Alles, was Sie über das Verkaufen wissen müssen: Der Verkaufsprozess, S. 167-179, Wiesbaden 2013, www.springerprofessional.de/4932712

Die drei großen Dilemmas in der Kundenbeziehung

Die Kundenbeziehung beschäftigt zunehmend das Top-Management. Immer konsequenter wird sie mit zentralen Unternehmenszielen verknüpft und bringt so neue Dilemmas mitsamt ihren strategischen, organisatorischen und personellen Implikationen auf die Agenda. Zu diesem Ergebnis kommt eine europäische Studie der H&Z Unternehmensberatung.

Roman Bauer, Jeremias Koch

Es gibt kein Patentrezept für die Kundenbeziehung, aber es gibt Erfahrungen und Trends. Diesen ist die H&Z Unternehmensberatung zusammen mit ihren Partnern aus der Transformation Alliance, einem europäischen Zusammenschluss unabhängiger Unternehmensberatungen, auf den Grund gegangen. Dazu haben die angeschlossenen Unternehmen in Face-to-Face-Interviews mit 50 Führungskräften in Europa die Veränderungen in der Kundenbeziehung aus der Praxis heraus beleuchtet. Unter Kundenbeziehungen werden laut Studiendefinition alle Aktivitäten verstanden, die dem Aufbau und der Pflege der Kundenbeziehung dienen, zum Beispiel persönliche Interaktionen, Werbung, Kundenerfahrungs- und Kundenbindungsmanagement sowie Social Media. 22 Prozent der in der Studie Befragten kommen aus dem Bereich Customer Relationship, weitere 20 Prozent jeweils aus Sales/Key Account Management sowie dem Marketing. Nach Branchen betrachtet kommt die Mehrheit aus Industrie, Konsumgüter und Dienstleistungen.

Gesprächsgrundlage der Interviews bildeten die Ergebnisse einer Sekundärforschung zu den Trends in Verkauf, Vertrieb und Marketing sowie ergänzende Expertengespräche. Da die meisten Studien bisher aus dem US-amerikanischen Markt kommen, gibt H&Z mit seiner Untersuchung erstmals eine umfassende Einschätzung von europäischen Führungskräften zu den Entwicklungen in der Kundenbeziehung. Dabei stellte sich beispielsweise heraus, dass Social Media im Alltag europäischer Unternehmen noch nicht angekommen ist und der Einfluss auf die Kundenbeziehung unterschätzt wird. Der Hype hat hier (noch) nicht Fuß gefasst. Allgemein geht es bei den Unternehmen nach wie vor um die Grundlagen der Digitalisierung, wie zum Beispiel die digitale Erfassung und Nutzung von Kundendaten sowie den Versand von Kunden-Newslettern.

Vom „notwendigen Übel" zum Top-Thema des Managements

Die Märkte sind immer gesättigter. Und Unternehmen kämpfen aggressiver als je zuvor um Aufmerksamkeit – mit Produkten, die sich immer mehr ähneln. Echte Innovationen sind selten geworden und auch nur schwer planbar. Und so entscheidet immer häufiger der Preis über die Gunst der Verbraucher. Für 56 Prozent der befragten Führungskräfte ist der verstärkte Konkurrenzkampf einer der zentralen Gründe dafür, warum die Kundenbeziehung heutzutage ein Thema des Top-Managements ist. Die Frage, die sie bewegt ist, wie Firmen einen nachhaltigen Wettbewerbsvorteil erzielen. Über den Preis geht es nicht. Das ist inzwischen vielen, zum Teil auch schmerzhaft, klar geworden. Eine interviewte Führungskraft bringt es wie folgt auf den Punkt: „Wenn es kein echtes Alleinstellungsmerkmal des Produktes gibt, dann ist das Management der Kundenbeziehung das Tool der Wahl, um Geschäft zu machen." Die Erfahrung zeigt, dass der in vielen Branchen stattfindende Wandel vom Produkt- zum Servicegeschäft und die damit einhergehende verstärkte, direkte und kontinuierliche Interaktion mit dem Kunden die Kundenbindung erhöht. Zudem ermöglicht er ein langfris-

Dr. Roman Bauer
ist Partner bei der H&Z Unternehmensberatung. Sein Beratungsschwerpunkt liegt im Service und insbesondere in Transformation-Projekten, die sich mit der Wandlung vom Produkt- zum Servicegeschäft beschäftigen. Davor war er mehr als zehn Jahre in Managementpositionen internationaler Serviceunternehmen tätig.
E-Mail: roman.bauer@huz.de

Jeremias Koch
ist Berater bei der H&Z Unternehmensberatung. Sein Fokus sind Wachstums- und Markteintrittsstrategien sowie Innovations- und Business-Excellence-Themen. Hier betreut er internationale Kunden im Bereich Automotive, Industrie, Konsumgüter und Mode.
E-Mail: jeremias.koch@huz.de

tiges, profitables Wachstum. Im Rahmen dieser Entwicklung verwundert es wenig, dass 76 Prozent der befragten Führungskräfte in der Kundenbeziehung eine zentrale Management-Aufgabe sehen. Aus dem einst notwendigen Übel ist ein Top-Thema des Managements geworden.

Vom Markt getrieben

Im Zuge der fortschreitenden Digitalisierung und den damit einhergehenden gesellschaftlichen und technologischen Entwicklungen hat sich auch das Kundenverhalten verändert: So betonen zum Beispiel 20 Prozent der interviewten Führungskräfte, dass die neuen Medien beispielsweise bei der Suche nach dem preiswertesten Angebot großen Einfluss haben. Es wird online verglichen, sich informiert und ausgetauscht. Kunden haben heute eine stärkere, da weiterreichende Macht als früher. Sie fällen nicht nur ihre eigene Kaufentscheidung, sondern beeinflussen auch die anderer Kunden. Auch haben sich mit der Digitalisierung die Kundenanforderungen an die Unternehmen verändert. Das betrifft unter anderem die erwartete Antwortzeit. Wer dank neuer und vor allem mobiler Geräte überall und jederzeit verfügbar ist, der stellt auch entsprechende Ansprüche an die Unternehmen. Das gilt im B2B-Bereich genauso wie im B2C-Sektor, nur ist es hier meist weniger offensichtlich.

Das veränderte Kundenverhalten geht aber noch tiefer. Über die Nutzung neuer Kanäle wie zum Beispiel Online-Communities und Co. hinaus etablieren sich neue Formen des Konsums wie die so genannte „Ökonomie des Teiles".

Kerngedanke 1

Der Stellenwert der Kundenbeziehung in Unternehmen hat in den vergangenen fünf Jahren kontinuierlich zugenommen.

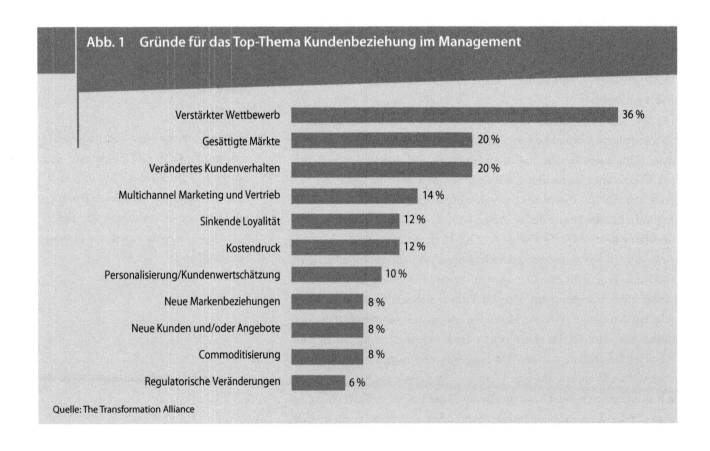

Abb. 1 Gründe für das Top-Thema Kundenbeziehung im Management

Verstärkter Wettbewerb	36 %
Gesättigte Märkte	20 %
Verändertes Kundenverhalten	20 %
Multichannel Marketing und Vertrieb	14 %
Sinkende Loyalität	12 %
Kostendruck	12 %
Personalisierung/Kundenwertschätzung	10 %
Neue Markenbeziehungen	8 %
Neue Kunden und/oder Angebote	8 %
Commoditisierung	8 %
Regulatorische Veränderungen	6 %

Quelle: The Transformation Alliance

Die drei Dilemmas der Kundenbeziehung

Die Chancen und Risiken, die sich aus den aufgezeigten Entwicklungen in Wirtschaft und Gesellschaft ergeben, bringen Unternehmen oft in eine Zwickmühle. In der Studie haben sich drei zentrale Konflikte herauskristallisiert:

Dilemma 1: Digitalisierung versus persönliche Interaktion

85 Prozent der in der Studie Befragten sind der Ansicht, dass die fortschreitende Digitalisierung die Beziehung von Unternehmen zu ihren Kunden tiefgreifend verändert. Aber der Druck, den sie spüren und das Ausmaß, mit dem sie die Digitalisierung vorantreiben, sind stark von der jeweiligen Industrie abhängig, in der das Unternehmen agiert. Allgemein fühlen sich zwar fast alle B2C-Unternehmen von dem Zwiespalt betroffen, aber nur zwei Drittel im B2B-Bereich. Am Ende führt sie konsequent zu Ende gedacht oft zu einem Überdenken von Geschäftsmodell und -betrieb. In der Studie trifft das bereits auf 31 Prozent der befragten Unternehmen zu, vor allem aus Tourismus und Gastgewerbe. Die größten Veränderungen in den vergangenen fünf Jahren rühren aus dem Multichannel-Marketing und dem Kundenanspruch her, dass alles überall, zu jeder Zeit und auf jedem Kommunikationsgerät verfügbar ist. Neue Services, etwa bei Apps, sind entstanden. Auch die Kontaktmöglichkeiten mit dem Kunden haben zugenommen und mit ihnen die Quellen, Kundeninformationen zu gewinnen. All das bringt für das Unternehmen eine ganze Reihe strategischer, organisatorischer und personeller Implikationen mit sich: Die Vielzahl der Kommunikationskanäle erschwert es, eine einheitliche Markenbotschaft sicherzustellen. Das gelingt unter anderem nur, wenn die Mitarbeiter sich in der digitalen Welt heimisch fühlen. Gerade älteren Mitarbeitern fällt das im Vergleich zu den so genannten „Digital Natives" schwer. Es bedarf verstärkter Investments in Mitarbeiterschulungen, damit die digitalen Kundenanforderungen Teil des Service-Mindsets aller Mitarbeiter werden. Denn gefordert sind heute auf allen Kanälen erfahrene Kundenbetreuer. Parallel zur internen Weiterbildung muss meist weiteres Personal eingestellt werden, um beispielsweise neue Kommunikationsfelder zu betreuen, etwa durch Community Manager.

Getrieben durch technische Fortschritte, wie zum Beispiel der Verbreitung und Nutzung von Smartphones sowie der dafür erforderlichen Infrastruktur, gewinnt die Digitalisierung der Kundenbeziehung in Zukunft weiter an Fahrt. Für die Unternehmen ist diese auch deshalb eine Herausforderung, weil die Angebote immer vergleichbarer werden. Das macht die Kunden einerseits unberechenbarer und wechselfreudiger. Andererseits hat die Digitalisierung, wenn sie richtig genutzt wird, auch ihre Vorteile. Vor allem Führungskräfte aus dem Handel berichten, dass Kunden, die mit dem Unternehmen auf verschiedenen Kanälen kommunizieren, sich als loyaler erweisen und einen größeren Teil zum Umsatz beitragen als digitale „Verweigerer".

In einigen Konsumfeldern wird es vermutlich nie ohne direkte persönliche Interaktion zwischen Kunde und Unternehmen funktionieren, so die

Zusammenfassung:

• Die Kundenbeziehung verändert sich sowohl getrieben durch die Digitalisierung als auch durch neue Geschäftsmodelle der Unternehmen.

• Führungskräfte verknüpfen mit der Kundenbeziehung große Unternehmensziele.

• Drei zentrale Konflikte erschweren das Verhältnis von Unternehmen zu ihren Kunden.

• Der Wandel in der Kundenbeziehung zeigt sich zunehmend auch in der Organisationsstruktur der Unternehmen.

Kerngedanke 2
Eine gestärkte Kundenbeziehung ist ein klarer Wachstumstreiber und kann gleichzeitig zur Wettbewerbsdifferenzierung dienen.

einhellige Erfahrung und Prognose der befragten Führungskräfte. Als Beispiel werden besonders hochwertige Käufe genannt, etwa Autos oder Immobilien. Ganz so unpersönlich wie es auf den ersten Blick vielleicht erscheint, ist die digitale Kommunikation zudem auch nicht, gerade weil sie durch ihre Direktheit Nähe suggeriert. Werden die Kunden beispielsweise mit ihren Daten und Präferenzen digital erfasst, können sie bei ihrem nächsten Einkauf zielgerichtet angesprochen werden. Die Kunden fühlen sich informiert und die Kundenbeziehung wird gestärkt.

Letzten Endes kommt es auf die richtige Balance zwischen digitaler und direkter persönlicher Kommunikation an. Das bedeutet manchmal ein Abwägen von Kunden- und Unternehmensinteressen. Allgemein soll die Digitalisierung die zwischenmenschliche Kommunikation unterstützen, nicht ersetzen.

Dilemma 2: Kundenwissen versus Kundenmüdigkeit
Für 55 Prozent der befragten Führungskräfte haben das Wissen über den Kunden und sein Feedback höchste Priorität. Seit mehr als 15 Jahren sind Maßnahmen zur Analyse von Kundeninformationen ein wesentlicher Bestandteil bei Aufbau und Pflege der Kundenbeziehung. Das eigentliche Problem heute ist nicht die Gewinnung von Kundendaten, sondern ihre Auswertung und das Nutzen der gewonnenen Informationen im gesamten Unternehmen. Gerade im Vertrieb wurde lange Zeit das Wissen über den Kunden geschützt. Um hier einen abteilungsübergreifenden Austausch zu fördern, bedarf es einer Veränderung in der Unternehmenskultur.

Dem großen Interesse an Kundeninformationen und den vielfältigen Möglichkeiten, diese zu gewinnen, steht jedoch eine zunehmende Müdigkeit der Kunden gegenüber, Informationen über sich preiszugeben oder umgekehrt von Unternehmen Informationen zu erhalten. 37 Prozent der befragten Führungskräfte sehen darin eine große Gefahr. Auch sind die Infor-

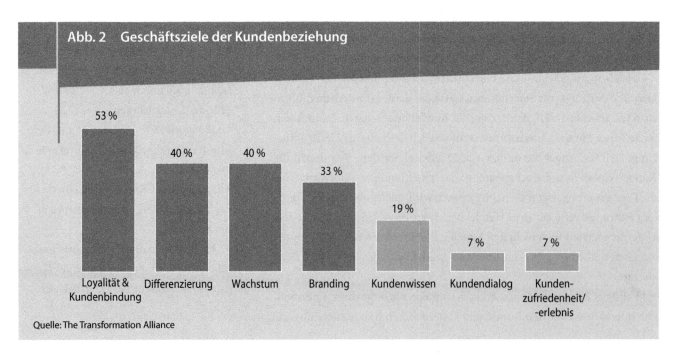

Abb. 2   Geschäftsziele der Kundenbeziehung

- Loyalität & Kundenbindung: 53 %
- Differenzierung: 40 %
- Wachstum: 40 %
- Branding: 33 %
- Kundenwissen: 19 %
- Kundendialog: 7 %
- Kundenzufriedenheit/-erlebnis: 7 %

Quelle: The Transformation Alliance

mationen oft bruchstückhaft, das heißt, sie bilden nur einen Teil des Kunden ab. Um mit den Worten eines französischen Managers aus dem Automobilbereich zu sprechen: „Wir haben viele Informationsquellen, aber es ist sehr schwer, den ganzen Kunden mit seiner persönlichen Geschichte, seiner Familie zu durchdringen – rund 60 Prozent der Informationen über ihn fehlen uns nach wie vor."

Am Ende schürt die Bombardierung von Kunden über eine Vielzahl von Kontaktmöglichkeiten ein gegenteiliges Verhalten, wie beispielsweise die sinkende Nutzungsbereitschaft bei Kundenbindungsprogrammen zeigt. Je nach Branche wird die Kundenmüdigkeit verschieden akut gesehen; dabei ist sie im Bereich der Finanzdienstleistungen stärker als im Automobil-

„Wenn es kein echtes Alleinstellungsmerkmal des Produktes gibt, dann ist das Management der Kundenbeziehung das Tool der Wahl, um Geschäft zu machen."

oder Reisemarkt. Ein Weg, die Kunden zu binden, führt über eine gemeinsame Produktentwicklung, so genannte „Co-Creation". Um der drohenden Kundenmüdigkeit vorzubeugen oder ihr besser Herr zu werden, raten Experten, die Mitarbeiter näher an den Kunden zu bringen und ihm zuzuhören. Auch deshalb, weil es eben kein Patentrezept gibt, wie viel Information zuviel ist.

Dilemma 3: Standardisierung versus Customization

Die Globalisierung der Märkte wirft verstärkt einen Zwiespalt auf: Wie stark soll auf Standards zurückgegriffen und wie stark muss angepasst an Kunden und Markt gehandelt werden. Während Marken oft global aktiv sind, trifft das kaum auf ihre Kunden zu. Entsprechend sind sich die Führungskräfte einig: Auf weltweiter Ebene müssen im Bereich des Markenauftritts und der Unternehmenswerte Standards gesetzt werden. Das stellt eine konsistente Markenführung sicher – unabhängig von lokalen Angeboten und Kundenverhalten. In der konkreten Umsetzung vor Ort sind entsprechend zugeschnittene Angebote wichtig. Interkulturelle Trainings befähigen die Mitarbeiter, die länderspezifischen Besonderheiten besser zu verstehen und daran angepasst, mit Angeboten aufzutreten, in denen sich zugleich die gemeinsamen Wurzeln manifestieren.

Es geht um mehr als um die Kundentreue

Ursprünglich bedeutete Kundenbeziehung oft nur, Anfragen und Beschwerden zu betreuen. Im Zuge der Digitalisierung und der damit einhergehenden, verstärkten Wechselfreudigkeit der Kunden, wurde die Kundenbindung immer wichtiger. Schließlich ist es um ein Vielfaches teurer, neue Kunden

Handlungsempfehlungen

• Stärken Sie auch organisatorisch die Rolle der Kundenbeziehung und binden Sie aktiv den CEO ein.

• Eine intensivierte Kundenbeziehung muss im gesamten Unternehmen verankert sein. Sorgen Sie für einen abteilungsübergreifenden Austausch.

• Verstehen Sie die Kundenbeziehung als wichtigen Erfolgsgarant und weisen Sie ihr konkrete Leistungskennzahlen zu.

• Investieren Sie Zeit und Geld. Kundenbeziehung ist ein Prozess, der auch den Erwerb neuer Kompetenzen erfordert.

• Die Unternehmenskultur muss sich verändern. Das Verständnis der neuen Kundenbeziehung muss gelebt und nicht nur gelehrt werden.

Kerngedanke 3

Das Potenzial der Kundenbeziehung bleibt bisher ungenutzt.

zu gewinnen als bestehende Kunden zu halten. Die aktuellen Veränderungen in der Kundenbeziehung werden vor allem aber durch die neuen Ziele sichtbar, die mit ihr verfolgt werden:

- Wettbewerbsdifferenzierung,
- Unternehmenswachstum und
- Markenbildung.

Mit Alleinstellungsmerkmalen, die in der Kundenbeziehung greifen, können sich Unternehmen vom Wettbewerb unterscheiden und so auch bei starker Commoditisierung einen klaren Mehrwert bieten. Geschickt gesteuert, erhöht eine starke Kundenbeziehung das Up- beziehungsweise Cross Selling oder auch die Frequenz der Käufe. Denn glückliche Kunden sind besonders umsatzstark. Insgesamt werden mit der Kundenbeziehung nicht nur zusätzliche Ziele verfolgt. Die Ziele haben vor allem einen unternehmensübergreifenden Charakter.

Wege in ein neues Kundenmanagement

Zusammenfassend haben die Studienautoren aus ihren Gesprächen mit europäischen Führungskräften grundsätzliche Aspekte formuliert, die für einen Wandel in der Kundenbeziehung essenziell sind:

So müssen Funktion und Ausmaß der gewünschten Kundenbeziehung klar definiert werden, um die damit verbundenen Ziele zu erreichen. Das bedeutet auch, die zentralen Leistungskennzahlen zu überdenken. Bisher haben der Aufbau und die Pflege von Kundenbeziehungen zu oft eine unklare Auf-

Abb. 3   Entwicklung der Kundenbeziehung bis 2020

Technisch und einfühlsam
Wer im Unternehmen für die Kundenbeziehung verantwortlich ist, der braucht technische Fähigkeiten, um mit den technologischen Veränderungen Schritt zu halten und Soft Skills, um die emotionale, zwischenmenschliche Seite der Beziehung zu verstehen.

Markenbotschafter
Kunden werden zu Markenbotschaftern und zu den wichtigsten Fürsprechern einer erfolgreichen Kundenbeziehung.

Vertrauen, Transparenz und Freiheit
Es gilt, die Grundlagen von Vertrauen und Ehrlichkeit zu beachten und die Kunden nicht in eine als zu eng empfundene Beziehung zu zwingen.

Direkter Werttreiber
Die Kundenbeziehung entwickelt sich idealerweise zum vielleicht wichtigsten Profit Center.

Individualität
Jeder Kunde muss als das Individiuum, dass er/sie ist, behandelt werden.

Kundenbeziehung 2020

Quelle: The Transformation Alliance

gabe. Sie sind meist irgendwo zwischen Vertrieb und Marketing angesiedelt. Nur wenn die Geschäftsführung sichtbar die Kundenbeziehung stärkt und aktiv die Maßnahmen unterstützt, kommt der Kundenbeziehung auch in der Praxis der Stellenwert zu, den sie verdient. Dabei ist eine enge und abteilungsübergreifende Kooperation die Basis erfolgreicher Kundenbeziehungen. Gedankliche Schranken innerhalb der Unternehmen sind zu öffnen. Hier hilft eine neue Managementkultur. Denn Erfolge in der Kundenbeziehung sind selten kurzfristig in Geschäftszahlen sichtbar. Letzten Endes kommt kein Unternehmen um langfristige Investitionen herum.

„Mit Alleinstellungsmerkmalen, die in der Kundenbeziehung greifen, können sich Unternehmen vom Wettbewerb unterscheiden und so auch bei starker Commoditisierung einen klaren Mehrwert bieten.“

Fazit

Die Kundenbeziehung verändert sich immer schneller. Nicht zuletzt aufgrund des technologischen Fortschritts und der hier zunehmenden disruptiven Innovationen, die oft neue Geschäftsmodelle mit sich bringen. Allmählich wird die Bedeutung der Kundenbeziehung auch in der Unternehmensstruktur sichtbar: Organisiert als eigenständiges Profit Center, wird ihr eine neue Funktion im Unternehmen zuerkannt. Damit beeinflusst sie auch erstmals messbar den Unternehmenserfolg. Die Kundenbeziehung erreicht ein neues Level – intern und extern in der Beziehung mit dem Kunden.

SfP Zusätzlicher Verlagsservice für Abonnenten von „Springer für Professionals | Vertrieb"

Zum Thema Kundenbeziehung 🔍 Suche

finden Sie unter www.springerprofessional.de 5.199 Beiträge, davon 574 im Fachgebiet Vertrieb Stand: Juli 2014

Medium
☐ Online-Artikel (102)
☐ Kompakt-Dossier (8)
☐ Interview (9)
☐ Zeitschriftenartikel (1096)
☐ Buch (12)
☐ Buchkapitel (3.960)

Sprache
☐ Deutsch (5.184)
☐ Englisch (17)

Von der Verlagsredaktion empfohlen

Georgi, D./Hadwich, K.: Erfolgsfaktoren im Kundenbeziehungsmanagement, in: Georgi, D./Hadwich, K.: Management von Kundenbeziehungen, S. 201-228, Wiesbaden 2010, www.springerprofesisonal.de/1839626

Padberg, E.: Management by Excellence, in: Padbnerg, E.: Gute Kundenbeziehungen als Messlatte für die Aufbau- und Ablauforganisation, S. 163-165, Wiesbaden 2010, www.springerprofessional.de/1838634

Wachstum steht und fällt mit dem Vertrieb

Wie werden in Unternehmen eigentlich Wachstumsstrategien erarbeitet? Ich habe da meine ganz eigene Vermutung, die mir von vielen Praktikern weitestgehend bestätigt wurde.

Dirk Zupancic

ist Professor für Industriegütermarketing und Vertrieb sowie Präsident der German Graduate School of Management and Law in Heilbronn. Er stammt aus der Schule der Universität St. Gallen. Er berät, lehrt und forscht zu verschiedenen Vertriebsthemen. Sein Motto: Vertrieb ist der Wettbewerbsfaktor der Zukunft! +49-(0)7131-64563674, E-Mail: dirk.zupancic@ggs.de, Web: www.ggs.de

In einer Klausurtagung kommt das Management des Unternehmens zusammen. Nach langen Präsentationen des letzten Jahres werden die Zukunftspläne diskutiert. Neben einer erwarteten Fortschreibung der Zahlen der Vergangenheit werden Trends in den relevanten Branchen, die gesamtwirtschaftlichen Prognosen und das subjektive Wunschdenken des Managements – genannt „Erwartungen" – diskutiert. Daraus resultiert eine Planzahl für das Wachstum des Unternehmens im Folgejahr. Diese Planzahl wird sodann in die Organisation „hineingegossen". Jeder Bereich schaut dann, welchen Beitrag er leisten kann und muss.

Einen besseren Ansatz bietet der sogenannte „Aufgabenorientierte Ansatz", der von den beiden St. Galler Professoren Torsten Tomczak und Sven Reinecke entwickelt wurde. Dieser geht, kurz erklärt, davon aus, dass organisches Wachstum des Unternehmens aus den vier Bereichen Kundenakquise, Kundenbindung (und -ausschöpfung), Leistungsinnovation und Leistungspflege generiert werden kann. Das bedeutet, dass die Planzahl für das Unternehmenswachstum eigentlich immer vor dem Hintergrund dieser vier Bereiche reflektiert werden muss. Das Management muss also beantworten oder zumindest berücksichtigen, wie viel Potenzial aus neu zu akquirierenden Kunden, wie viel aus vorhandenen Kunden, wie viel aus neuen Leistungen und wie viel aus dem vorhandenen Leistungssortiment zu generieren ist.

Dieses Vorgehen würde bereits in vielen Unternehmen planerische Ambition und unternehmerische Realität näher zusammen bringen. Wichtiger scheint mir aber die Frage der Umsetzung. Wer generiert denn dieses Wachstum in der Realität? Für eine substanzielle Planung geht es um die Frage der Ressourcen und der Kompetenzen und damit um den Vertrieb. Ich frage mich: Wie soll denn die vorhandene Mannschaft, die ja im Vorjahr vermutlich ausgelastet war, im Folgejahr deutlich mehr Umsatz machen? Kritische Fragen sind: Haben wir für

das Wachstum über Neukundenakquise genügend Vertriebsmitarbeiter mit den nötigen „Hunter-Kompetenzen"? Haben wir für die Bindung und Ausschöpfung (zum Beispiel durch Cross- und Up-Selling) die nötigen „Farmer"? Sind die Innovationen marktreif und kann der Vertrieb sie überzeugend am Markt platzieren? Und kann das Sortiment in seiner Breite am Markt attraktiv gehalten und vermarktet werden? Kundenakquise und -bindung sind eindeutige Vertriebsverantwortlichkeiten. Leistungsinnovation und -pflege sind es zumindest zu einem erheblichen Teil. Das weiß jeder Unternehmer, der schon einmal versucht hat, Innovationen zu platzieren, die nicht vom Vertrieb verstanden oder akzeptiert wurden.

Fazit: Der Erfolgsfaktor für Wachstum ist für viele Unternehmen der Vertrieb. Zwei Themen sind wichtig. Erstens, die Potenziale müssen auf die vier Bereiche heruntergebrochen werden. Zweitens, die Ressourcen und Kompetenzen des Vertriebs müssen bei der Planung berücksichtigt werden.

Spektrum

Dimensionen der Kundenzufriedenheit an Publikumsmessen

Auch bei Publikumsmessen ist die Qualität der Dienstleistung messbar. So lässt sich die individuelle Relevanz der vom Messeveranstalter bereitgestellten Leistungen für die Kundenzufriedenheit identifizieren und als Faktorstruktur darstellen. Die Ergebnisse der Untersuchung liefern Messeveranstaltern damit relevante Implikationen für ihre Servicestrategie.

Michael Reinhold, Christian Ross

Die Messung der Servicequalität ist für reine Dienstleistungsunternehmen im Vergleich zu Anbietern produktbegleitender Dienstleistungen, wie Wartung, Reparatur und Betrieb von Maschinen und Anlagen, eine besondere Herausforderung. Dafür sind zwei Gründe maßgeblich:

Zum Zeitpunkt der Kaufentscheidung stellen zum einen reine Dienstleistungen allein Leistungsversprechen dar, da ein Kunde vor Erwerb der Leistung weder ihre Qualität noch ihren Nutzen an einem „Muster" vorab beurteilen kann. Service entsteht im Moment der Leistungserbringung und erhält seine Eigenschaften vor Ort. Die Beschaffung von Services ist daher ein Vertrauensgeschäft und stellt wegen der Informationsasymmetrie zwischen Kunde und Anbieter ein Risiko für den Kaufentscheid dar. Nachbesserung wie bei Reparatur und Wartung von Automobilen ist kaum möglich; vorbei ist vorbei.

Zweitens entstehen Services immer durch Zusammenarbeit mit dem Kunden. Der Kunde ist als externer Faktor mitverantwortlich für die Dienstleistungsqualität, wobei der Grad der Kooperation variieren kann. Bei der Autowäsche in einer Waschanlage ist der Beitrag des Kunden am Waschprozess eher gering, beim Zahnarzt hingegen ist ein hoher Grad der Kooperation verlangt.

Die vom Kunden wahrgenommene Qualität verschiedener Dienstleistungsattribute hängt von den Erwartungen des Kunden, der Leistungsfähigkeit des Anbieters sowie von der Qualität der Zusammenarbeit mit dem Kunden ab. Die in einem Gesamtqualitätsurteil zusammengefasste Kundenzufriedenheit ist zwar ein wichtiger Qualitätsindikator für den Anbieter, wird jedoch durch die Interaktion mit dem Kunden während der Leistungserstellung entscheidend beeinflusst.

Basisserviceleistungen werden vom Kunden grundsätzlich erwartet

Obwohl die durch den Kunden wahrgenommene Servicequalität kein absolutes Urteil ist, kommt ihr eine große Bedeutung für das Dienstleistungsmanagement zu. Geschäftskritische Faktoren wie die Wiederkaufsabsicht und die Weiterempfehlungsabsicht korrelieren stark mit der Gesamtzufriedenheit und werden oft als weitere Größen zur Beurteilung der letzteren herangezogen.

Professionelle Services umfassen meist ein ganzes Bündel von einzelnen Komponenten, die in ihrer Gesamtheit zur Kundenzufriedenheit beitragen. Die Dienstleitungen besitzen aus Sicht des Kunden eine klare Faktorstruktur. Grundsätzlich gilt es, zwischen Basis-, Differenzierungs- und Begeisterungsleistungen zu unterscheiden:

Basisleistungen werden vom Kunden grundsätzlich erwartet. Bei Nichterfüllung ist der Kunde unzufrieden und vergibt „Strafpunkte", (Über-)Erfüllung führt allerdings noch nicht zu Zufriedenheit, sondern lediglich zu „Nicht-Unzufriedenheit". Der Dienstleistungsanbieter zieht daraus zwei Konsequenzen. Erstens muss er die Erfüllung der vom Kunden definierten Mindesterwartungen an spezifische Leistungsattribute nachhaltig sicherstel-

Dr. Michael Reinhold
leitet das Kompetenzzentrum LiveMarketingCommunication am Institut für Marketing der Universität St. Gallen.
E-Mail: michael.reinhold@unisg.ch

Christian Ross, MA HSG,
ist externer Doktorand am Institut für Marketing der Universität St. Gallen und Mitarbeiter bei Porsche Consulting.
E-Mail: christian.ross@porsche.de

len. Hierzu ist es erforderlich, die vom Kunden empfundene Qualität der Kernleistungen regelmäßig mittels Zufriedenheitsmessungen zu erfassen, um nicht Strafpunkte zu kassieren. Zweitens besteht entweder die Möglichkeit, diese Leistungen mittels Serviceinnovationen gezielt aufzuwerten, um damit einen komparativen Konkurrenzvorteil zu erzielen – oder sie können sich zu einem reinen Basisdienstleister entwickeln, um preisdifferenzierende Kriterien wie extrem niedrige Personalkosten sowie andere aufwandminimierende Standortvorteile auszuspielen. Als gutes Beispiel für reine Basisdienstleister können die Null-Sterne-Hotels dienen. Fünf-Sterne-Hotel befinden sich hingegen am anderen Ende des Leistungsangebots.

Honorierung durch „Bonuspunkte" in Form von Zufriedenheit

Die (Über-)Erfüllung von Differenzierungsleistungen hingegen wird vom Kunden mit der Vergabe von „Bonuspunkten" in Form von Zufriedenheit honoriert. Treffen die spezifischen Leistungsattribute allerdings nicht die an sie gestellten Kundenerwartungen, führt dies gleichfalls zu Unzufriedenheit. Sofern richtig kommuniziert, ist der Kunde meistens bereit, für Differenzierungsleistungen einen Aufpreis zu bezahlen.

In der Praxis lässt sich allerdings häufig beobachten, dass sich viele dieser Leistungen im Zeitablauf hin zu Basisleistungen entwickeln und sich somit langfristig nicht mehr zur Abhebung vom Wettbewerb eignen. Ein professioneller Serviceanbieter muss daher permanent nach neuen Differenzierungsleistungen Ausschau halten und Serviceinnovationen konsequent weiterentwickeln.

Des Weiteren gibt es Begeisterungsleistungen, die vom Kunden a priori nicht erwartet werden. Sie erzeugen Zufriedenheit, wenn sie erbracht werden, jedoch keine Unzufriedenheit, wenn sie weggelassen werden. Ob ein Serviceanbieter in die Entwicklung von Begeisterungsleistungen investieren will, ist keine einfache Frage. Einerseits kann eine Begeisterungsleistung geringe Defizite bei Basisleistungen ausgleichen. Zudem weist Begeisterung einen signifikanten Einfluss auf die Weiterempfehlungsrate und Wiederkaufsabsichten eines Kunden auf.

Andererseits gilt es, die kommerziellen Risiken richtig einzuschätzen, weil die Zahlungsbereitschaft der Kunden in diesem Bereich im Allgemeinen sehr gering ist. Ob sich Begeisterungsleistungen in Differenzierungsleistungen transformieren lassen, hängt stark von der Reaktion des Wettbewerbs und des Marktes ab.

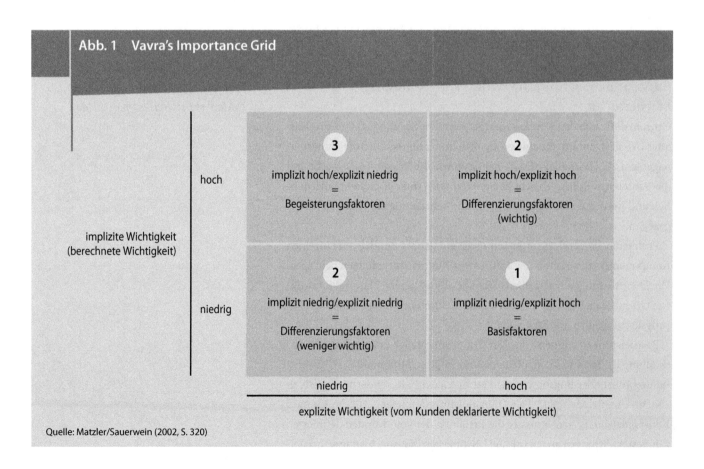

Abb. 1 Vavra's Importance Grid

implizite Wichtigkeit (berechnete Wichtigkeit)

hoch

3 implizit hoch/explizit niedrig = Begeisterungsfaktoren

2 implizit hoch/explizit hoch = Differenzierungsfaktoren (wichtig)

niedrig

2 implizit niedrig/explizit niedrig = Differenzierungsfaktoren (weniger wichtig)

1 implizit niedrig/explizit hoch = Basisfaktoren

niedrig   hoch

explizite Wichtigkeit (vom Kunden deklarierte Wichtigkeit)

Quelle: Matzler/Sauerwein (2002, S. 320)

In dieser Arbeit gehen wir in einem Praxisbeispiel der Frage nach, wie erstens wichtige Dienstleistungsattribute identifiziert und gemessen werden können und wie man zweitens aus Kundenperspektive die Faktorstruktur eines Dienstleistungsbündels (= Produkt) aufklärt. Aus diesen Größen kann der Dienstleister wichtige Schlüsse zur Servicestrategie ziehen. Wir nehmen die Veranstaltung von Messen als professionelles Dienstleistungsgeschäft prototypisch heran, um die oben eingeführte Faktorstruktur der Dienstleistungsqualität in der Praxis zu demonstrieren und zu zeigen, welche Konsequenzen sich hieraus für das Servicemanagement ergeben.

Messung und Analyse der Dienstleistungsqualität an Publikumsmessen

Zu den reinen Servicebranchen gehören die Veranstalter von Messen und Events. Besonders Messen sind ein wichtiges Instrument zur Vermarktung von Gütern und Dienstleistungen. Der Nutzen dieses Marketinginstruments besteht in der persönlichen, interaktiven Begegnung und im Erlebnis der Besucher an den Ständen der ausstellenden Unternehmen und deren Marken in einem emotional ansprechenden Umfeld.

Im Zeitalter des Internets wird den Messen und Events zwar immer wieder ein baldiges Ende vorhergesagt. Fakt ist jedoch, dass diese Veranstaltungen weltweit ein großes Geschäft sind und in den letzten Jahrzehnten Wachstumsraten verzeichneten. In der Schweiz wird etwa ein Tausendstel des Bruttoinlandsprodukts von 500 Milliarden Schweizer Franken in dieser Branche erwirtschaftet. Die Messeveranstalter erzielen den größten Teil ihres Umsatzes durch die Vermietung von Hallen- und Freiflächen sowie von weiteren Infrastrukturleistungen wie Elektroanschlüssen für den Stand, Eintragung in das Ausstellerverzeichnis, Internetzugang, Reinigung und Bewachung sowie durch den Verkauf von Eintrittskarten an die Besucher. Typischerweise besitzen Messeveranstalter ein Portfolio aus mehreren Hundert Einzeldienstleistungen, aus denen sie die einzelne Messe – ihr eigentliches Produkt – zusammenstellen und wieder neu bündeln.

Messeveranstalter sind an einer hohen Aussteller- und Besucherzufriedenheit interessiert, da diese positiv mit dem Wiederkaufs- und Weiterempfehlungsverhalten sowie dem finanziellen Erfolg des Veranstalters korreliert. Eine Analyse der Faktoren, die die Gesamtzufriedenheit treiben, erlaubt Rückschlüsse darauf, wie die knappen Ressourcen optimal zur Weiterentwicklung der Services einzusetzen sind.

Zur Aufklärung der Faktorstruktur von Dienstleistungen in Basis-, Differenzierungs- und Begeisterungsleistungen gibt es verschiedene statistische Verfahren, die situativ angewendet unterschiedlich Vorteile besitzen. Wir verwenden das "Vavra's Importance Grid", das sich in verschiedenen Serviceindustrien wie Tourismus und Hospitälern bewährt hat.

Das Tool analysiert die Faktorstruktur der Kundenzufriedenheit methodisch durch einen Vergleich von expliziter und impliziter Beurteilung der Dienstleistungen aus einem Bündel. Die explizite Wichtigkeit lässt sich direkt aus einer Kundenbefragung entnehmen. Die implizite Wichtigkeit hingegen wird durch partielle Regression der Servicezufriedenheit in Funktion der einzelnen Dienstleistungs-Items berechnet. Die normierten, numerischen Werte werden als Punkte in ein kartesisches Koordinatensystem eingetragen, welches auf Basis der Mittelwerte der beiden Dimensionen explizite und implizite Wichtigkeit in vier Quadranten eingeteilt wird. Als Ergebnis erhält man die Kategorisierung sämtlicher Dienstleistungen in die gewünschten drei Klassen Basis-, Differenzierungs- und Begeisterungsleistungen (siehe **Abbildung 1**).

Vavra's Importance Grid gestattet keinerlei explizite oder implizite Schlüsse auf die von den Kunden wahrgenommene Qualität einzelner Dienstleistungen. Es ist lediglich ein Mechanismus zur Einteilung der Serviceleistungen in die Klassen Basis-, Differenzierungs- und Begeisterungsfaktoren. Die

Zusammenfassung

• Kundenzufriedenheit ist ein wichtiger Indikator für die Servicequalität von Dienstleistungsunternehmen. Sie trägt zentral zum ökonomischen Erfolg des Unternehmens bei.

• Anhand eines Praxisfalls wird das Vavra Importance Grid als Methode zur Messung und Klärung der Faktorstruktur der Dienstleistungsqualität erläutert.

• Die Methode des Vavra Importance Grid eignet sich zur Klassifikation von Service-Items in Basis-, Differenzierungs- und Begeisterungsfaktoren im Messewesen. Sie soll als Momentaufnahme des Zustandes eines Servicebündels gesehen und interpretiert werden.

• In der Studie wurde eine Batterie von 31 Service-Items zu Publikumsmessen entwickelt und validiert. Sie können mit Vorteil als Qualitätsindikatoren in anderen Ausstellerbefragungen eingesetzt werden.

beiden Achsen des Koordinatensystems beziehen sich ausschließlich auf die explizite oder implizite Wichtigkeit von Dienstleistungs-Items und nicht auf deren Bewertung durch die Kunden, obschon die implizite Wichtigkeit aus Zufriedenheitsgrößen abgeleitet ist. Die Bedeutung dieser Klassifikation liegt in der Entwicklung einer Dienstleistungsstrategie, weil sich Begeisterungsfaktoren häufig zu Differenzierungsfaktoren und zum Schluss zu Basisfaktoren entwickeln. Ein

Tab. 1 Klassifikation von 31 Service-Items	M1	M2	M3	M4	M5	M6	M7
Welche Ziele waren Ihnen für die Messebeteiligung wichtig und in welchem Maße haben sie die Ziele erreicht?							
Verkäufe an der Messe							
Verkaufsanbahnungen							
Vorstellung neuer Produkte und Dienstleistungen							
Test neuer Produkte/Dienstleistungen oder Ansprache neuer Marktsegmente							
Sammlung von Informationen über Preise, Produkte und Strategien der Mitbewerber							
Suche nach Informationen über Wettbewerber, Lieferanten und Kunden							
Pflege und Ausbau des persönlichen Kontaktes zu bestehenden Kunden							
Nutzung der Messe als Plattform, auf der das Unternehmen Kundenbeziehungen gezielt entwickeln kann							
Wettbewerbsvorteile gegenüber Mitbewerbern erlangen, die nicht auf der Messe ausstellen							
Kunden von unseren Werten überzeugen							
Steigerung und Pflege des Images							
Schulung und Weiterentwicklung des Verkaufsteams, -personals							
Stärkung der Motivation des Verkaufspersonals (z.B. Abwechslung zur täglichen Routine, intensiver Kundenkontakt)							
Wie wichtig sind für Sie die folgenden Aspekte der Messe und wie gut wurden sie erfüllt?							
Erscheinungsbild und Gestaltung der Messe							
Präsenz von führenden Unternehmen und Marken							
Branchenübersicht							
Qualität der anderen Aussteller							
Besucheranzahl							
Qualität und Qualifikation der Besucher							
Publizität der Messe in den Medien							
Kosten/Nutzen der Messenteilnahme							
Wie wichtig sind für Sie die folgenden Leistungen des Messeveranstalters und wie gut wurden sie erfüllt?							
Dienstleistungsbereitschaft der Messeleitung und deren Mitarbeiter							
Zuverlässigkeit der Messeleitung und deren Mitarbeiter							
Freundlichkeit der Messeleitung und deren Mitarbeiter							
Branchenverständnis der Messeleitung und deren Mitarbeiter							
Kaufberatung der Messeleitung und deren Mitarbeiter							
Informationen über die Messe und das Dienstleistungsangebot der Messe							
Dienstleistungsangebot für die Messeteilnahme							
Qualität und Umsetzung der bestellten Dienstleistungen							
Platzierung Ihres Standes							
Umfang und Qualität der verfügbaren Messeinfrastruktur							

■ Basisfaktoren   ▨ Differenzierungsfaktoren   ☐ Begeisterungsfaktoren

Quelle: eigene Darstellung

Dienstleister, der die Kunden nicht mehr zu begeistern vermag und der sich nicht mehr gegenüber der Konkurrenz differenzieren kann, wird schließlich vom Markt verschwinden. Dass begeisterte Kunden wahrscheinlich auch zufriedenere Kunden sind, soll damit nicht bestritten werden. Die Messung der erwähnten Zufriedenheitsgrößen für das Vavra Grid kann durch Erweiterung um weitere Items auch zur Messung der Gesamtzufriedenheit herangezogen werden.

Die einmalige Erhebung des Vavra's Importance Grid ist aufgrund der reinen Momentaufnahme eines Ist-Zustandes wenig erhellend beziehungsweise sinnvoll. Entweder beobachtet man die Klassifikation der Service-Items mehrmals in Funktion der Zeit oder man vergleicht die Klassifikation unterschiedlicher Servicebündel zu einem fixen Zeitpunkt. Das Institut für Marketing hat in den letzten vier Jahren beide Verfahren zusammen mit Praxispartnern erprobt und festgestellt, dass sie beide interessante Anhaltspunkte zur Entwicklung der Servicestrategie leisten.

Auswertung der Aussteller- und Besucherzufriedenheit

Messen sind insofern ein interessanter, prototypischer Untersuchungsgegenstand, als die Dienstleistungen nur durch das koordinierte Zusammenwirken einer Vielzahl von Akteuren zustande kommen kann: Messeveranstalter, Aussteller, Besucher, Standbauer, öffentlicher Verkehr, Hotellerie und Gastronomie, Catering und so weiter. Um diese Komplexität zu bewältigen, beschränken wir uns hier auf die Messeveranstalter und Aussteller. Die anderen Servicebeziehungen lassen sich analog analysieren.

Am Anfang steht die Erfassung der Daten zur Qualität der erbrachten Dienstleistung. Bei den meisten Messegesellschaften ist es üblich, die Aussteller- und Besucherzufriedenheit mit Hilfe von standardisierten Fragebogen selber oder im Fremdauftrag zu erheben und auszuwerten. Neben den Aussteller- und Besucherzahlen und demografischen Daten wird vielfach die Gesamtzufriedenheit ausgewertet und mit dem Vorjahr verglichen. Selbstverständlich werden kritische Ereignisse analysiert und Verbesserungsmaßnahmen eingeleitet. Vielfach beschränkt sich die Messung von Qualitätsattributen auf die Gesamtzufriedenheit, die Wiederbeteiligungsabsicht und die Weiterempfehlungsabsicht sowie eine Vielzahl momentan interessierender Einzelservices, deren Zusammenstellung jährlich wechseln kann.

Für die Anwendung der Vavra-Methode war es notwendig, die bestehenden Befragungen umzubauen und zu erweitern.

Basierend auf K. Hansen und eigene Arbeiten wurden neue Fragen und Skalen entwickelt. Die Metriken umfassen neu mindestens sieben verschiedene Dimensionen: 1. Gesamtzufriedenheit, 2. Zufriedenheit mit dem eigenen Auftritt, 3. Weiterempfehlungsabsicht, 4. Wiederbeteiligungsabsicht, 5. eigene operative Zielsetzungen mit dem Instrument Messe, 6. das Erscheinungsbild der besuchten Messe sowie 7. die operativen Umsetzung wichtiger Services durch den Messeveranstalter und sein Personal.

Es wurden alle Aussteller von sieben verschiedenen Publikumsmessen, die alle innerhalb eines Jahres stattfanden, eine Woche nach Messeschluss per E-Mail zur Beantwortung eines normierten Fragebogens im Internet aufgefordert. Total wurden an allen Messen 1.024 Fragebogen ausgefüllt. Die Rücklaufquote über alle Messen liegt bei über 50 Prozent. Je nach Größe der einzelnen Messe kamen zwischen 67 und 313 Datensätze zur Auswertung. Mit Hilfe von Excel und dem

Handlungsempfehlungen

• Grundsätzlich gilt es, die Kundenzufriedenheit an allen relevanten Kundenkontaktpunkten innerhalb des Lebenszyklus einer Dienstleistung zu betrachten. Hierfür ist es in einem ersten Schritt entscheidend, alle vorhandenen Kundenkontaktpunkte zu erfassen. Aus einer qualitativen Kundenbefragung (zum Beispiel Fokusgruppeninterview) können dann die von Kunden wahrgenommenen Erlebnisse an diesen Kontaktpunkten mittels ereignisorientierter Verfahren (zum Beispiel Sequence-oriented-process-identification) und Soll-Zustände ihrer Ausgestaltung zur Erzielung von Kundenzufriedenheit identifiziert werden.

• Für die Ausstellerzufriedenheit an Messen sind neben der Servicequalität der Messegesellschaft zahlreiche Variablen mitverantwortlich. Die Synchronisierung von Informations- und Kommunikationsprozessen zwischen allen in eine Messedurchführung involvierten Servicepartnern wie zum Beispiel Mobilitätspartner, Hotels, Restaurants und Messeveranstalter kann unter anderem dazu beitragen, Ursachen potenzieller Unzufriedenheit bereits im Vorfeld zu identifizieren sowie Maßnahmen zu etablieren, die dazu führen, dass der Kunde das Unerwartete, im Sinne einer Begeisterungsleistung, auch erwarten kann.

OpenSource Statistik-Paket „R" (http://www.cran.r-project.org) können geschulte Mitarbeiter der Messegesellschaft selber die Positionierung der einzelnen Service-Items pro Messe in der Matrix in **Abbildung 1** vornehmen. Im vorliegenden Fall war es das Ziel, mit Hilfe des Vavra's Importance Grid eine übergreifende Servicestrategie für verschiedene Messen anzulegen.

Ergebnisse der Querschnittsstudie und Folgerungen zur Servicestrategie

In einem „Ampeldiagramm" ist die Vavra-Klassifikation von 31 Service-Items desselben Messeplatzes für sieben verschiedene Publikumsmessen dargestellt (siehe **Tabelle 1**). M1 und M6 sind beides große, allgemeine Publikumsmessen und die restlichen sind Publikumsmessen zu ausgewählten Themen, zum Beispiel Hochzeit, Tiere, Landwirtschaft und Ferien. Dunkelblau kennzeichnet eine Basisleistung, hellblau steht für Differenzierungsleistung und weiß für Begeisterungsleistung.

Folgende Schlüsse können der Tabelle entnommen werden:

• Jede Publikumsmesse hat ihr eigenes Profil, mit oft ganz unterschiedlichen Basis-, Differenzierungs- und Begeisterungsfaktoren. Die Faktorstruktur ist offengelegt: Beispielsweise finden sich bei jeder Messe Begeisterungsfaktoren, die es zu entwickeln gilt. Gleiches gilt für die Differenzierungsfaktoren, die dem Veranstalter helfen, sich von Produkten anderer Messeplätze abzuheben sowie für die Basisfaktoren, die keinesfalls vernachlässigt werden dürfen. Auf der Ebene der einzelnen Messe lassen sich daraus direkt Maßnahmen zur Servicestrategie ableiten. Es ist sinnvoll, auf alle Begeisterungsfaktoren, die in den einzelnen Produkten nachgewiesen wurden, als Vorteil der Messeteilnahme in der Marketingkommunikation speziell hinzuweisen, um mehr Kunden anzulocken.

• Ein Quervergleich der Messen ist an sich wenig aussagekräftig, weil die Produkte in ihrer Faktorstruktur zu unterschiedlich sind. Das hängt unter anderem mit deren unterschiedlicher Struktur und der Ansprache verschiedener Besuchersegmente zusammen. Somit kann aus dem Vavra Importance Grid keine allgemein gültige produktübergreifende Servicestrategie entwickelt werden, es sei denn, man beschränkt sich auf allgemeine Aussagen: erstens das Erhöhen der Anzahl von Differenzierungsfaktoren durch Serviceinnovationen und zweitens das Austesten neuer Dienstleistungen wie Wellnessoasen auf der Messe, mit dem Ziel, neue Begeisterungsfaktoren zu finden.

• Für jede einzelne Messe bekommt man neben dem genannten Profil auch die Messwerte, wie die einzelnen Dienstleistungs-Items vom Kunden wahrgenommen werden. Letztere liefern zusätzliche Informationen zur Messung und Auswertung der Gesamtzufriedenheit der Aussteller, beispielsweise nach dem Servqual-Schema (Items: Gesamtzufriedenheit, Wiederkaufsabsicht und Weiterempfehlungsabsicht). Für viele Messeveranstalter kann dies eine große Bereicherung ihrer bisherigen Kundenzufriedenheitsbefragungen sein.

• Für Publikumsmessen legen wir in Figur 2 eine Batterie von 31 Skalen-Items vor, die zusammen mit verschiedenen Messeveranstaltern aufwändig entwickelt und getestet wurden. Sie eignen sich für eigene Kundenzufriedenheitsanalysen und können noch auf die eigene, spezifische Situation angepasst werden. Denn, wie schon die Untersuchungen von Hansen gezeigt haben, gibt es keine universellen Fragebogen-Items, die sich für jeden Messetyp anwenden lassen. In der vorliegenden Studie wurde für alle sieben Messen genau der gleiche Fragebogen verwendet. Der vorliegende Fragebogen als Weiterentwicklung der Arbeit von Hansen leistet dennoch einen wichtigen Beitrag zur Verfügbarkeit von Fragebogen-Items zur Zufriedenheit von Ausstellern an Messen, die wissenschaftlichen Kriterien genügen.

• Es stellt sich die Frage nach der Zuverlässigkeit der Faktorstruktur. Das IfM-HSG hat diese Frage mit Hilfe einer aufwändigen Längsschnittstudie für eine andere Schweizer Messegesellschaft untersucht. In den Jahren 2010, 2011 und 2012 wurden die Aussteller einer anderen großen Publikumsmesse in einer anderen Stadt gemäß dem oben gezeigten Schema befragt. Die an der Messe ausstellenden Unternehmen wurden jeweils eine Woche nach Messeende eingeladen, die explizite und implizite Wichtigkeit der einzelnen Leistungsattribute mittels Onlinebefragung zu bewerten. Bei jeweilig 500 bis 900 eingeladenen Unternehmen betrug die Rücklaufquote auswertbarer Fragebogen über 60 Prozent. Es konnte gezeigt werden, dass sich im Längsschnitt die Klassifikation der Fragebogen-Items im Vavra-Diagramm für ca. 50 Prozent der Leistungsattribute der Messegesellschaft von Jahr zu Jahr veränderten. Davon konnten wiederum etwa die Hälfte durch eine inzwischen erfolgte Anpassung der Servicestrategie erklärt werden, der Rest war nicht direkt erklärbar. Knapp 50 Prozent der Leistungsattribute blieben jedoch über drei Jahre stabil. Diese Ergebnisse zeigen, dass in der zweiten empirischen Studie mittels Anwendung von Vavra's Importance Grid die Faktoren der Kundenzufriedenheit nicht komplett zuverlässig bestimmt wurden. Methodisch sind zwei Hauptkritikpunkte offensichtlich: Erstens ist die Einteilung des Gitters in Figur 1 zur Klassifikation recht willkürlich und zweitens trägt man die Service-Items als exakte Punkte in das Gitter ein. Richtig wären das jedoch nicht Punkte, sondern Punkte mit Fehlerellipsen für definierte Konfidenzintervalle, die aus der Statistik errechnet werden können. Die Zuordnung der Punkte, die nahe an den Trennlinien der Quadranten liegen, ist deshalb ungenau. Zwar sind hier noch methodische Verbesserungspotenziale vorhanden, das Aufwand-/Nutzenverhältnis ist jedoch ungünstig.

Eine noch vorläufige statistische Analyse des gesamten, sehr umfangreichen Datenmaterials hat auch gezeigt, dass sich aus den 31 Fragebogen-Items sachlogisch korrekte und statistische signifikante latente Variablen wie „Verkaufserfolg", „Produktqualität" und „Dienstleistungsqualität" ableiten lassen. Die Konstruktion der latenten Variablen aus den einzelnen Fragebogen-Items kann von Messe zu Messe variieren. Dennoch lassen sich daraus wichtige Faktoren zur Prognose der Wiederausstellungswahrscheinlichkeit, das heißt zum zukünftigen, angekündigten Verhalten der einzelnen Aussteller bei der nächsten Durchführung herleiten und mit dem wahren Verhalten vergleichen. Die methodische Basis beruht auf Strukturgleichungsmodellen. Gute Antworten zu dieser Fragestellung sind von großem Interesse für das Marketing von Messeveranstaltern.

Fazit

Dienstleistungen können als Prozess verstanden werden, bei welchem der Kunde zumindest teilweise in die Leistungserstellung integriert ist. Seine Beteiligung erfährt er hierbei nicht als eine Vielzahl von Merkmalen, sondern als eine Abfolge von Ereignissen.

Die Studie verdeutlicht, wie unterschiedlich individuelle Produkte und Servicebündel auf die Zufriedenheit von Kunden mit einer Dienstleistung einzahlen. Zur Identifikation des Charakters einer Dienstleistung können sich Marketingexperten eines reichhaltigen Methodensets bedienen. So können zum Beispiel Beschwerdeanalysen, die Kano Methode, die Critical Incident Technique oder das hier dargestellte Vavra Importance Grid zur Anwendung kommen.

All diese Methoden liefern empirische Belege für die hier-aufgezeigte Faktorstruktur der Kundenzufriedenheit und ver-fügen über spezifische Stärken und Schwächen. Aufgrund des Prozesscharakters kann generell gesagt werden, dass sich für reine Dienstleistungen insbesondere ereignisorientierte Ver-fahren der Zufriedenheitsmessung besser eignen als merk-malsorientierte Verfahren.

Für Messeveranstalter und Aussteller liefert die Studie wichtige Implikationen zur Identifikation gezielter Marke-tingmaßnahmen. So stellen zum Beispiel die Informationsbe-schaffung über Kunden, Wettbewerber und Lieferanten sowie eine gute Branchenübersicht Begeisterungs- beziehungswei-se Differenzierungsfaktoren dar. Maßnahmenpakete der Aus-steller könnten somit darauf abzielen, den Kontakt zwischen Ausstellern zu intensivieren oder gezielt zu koordinieren und diese durch Serviceleistungen auch in vor- und nachgelager-ten Messelebenszyklusphasen auf der gesamten Besucherkon-taktstrecke wertvoll zu unterstützen.

Literatur

Anderson, E./Fornell, C./Lehmann, D. (1994): Customer satisfac-tion, market share, and profitability: findings from Sweden, The Journal of Marketing, 58, S. 53-66

Hadwich, K. (2003): Beziehungsqualität im Relationship Marketing: Konzeption und empirische Analyse eines Wirkungsmodells, 1. Auflage, Wiesbaden

Hansen, K. (2004): Measuring performance at trade shows: Scale de-velopment and validation, in: Journal of Business Research, 57, S. 1-13

Hinterhuber, H./Handlbauer, G./Matzler, K. (2003): Kundenzufrie-denheit durch Kernkompetenzen, 2. Auflage, Wiesbaden

Kirchgeorg, M. (2005): Characteristics and forms of trade shows, in: Kirchgeorg, M. et al.: Trade Show Management, Wiesbaden, S. 33-56

Levitt, T. (1981): Marketing Intangible Products and Product Intan-gibles, in: Harvard Business Review, 59, 3, S. 94–102

Matzler. K./Sauerwein, E. (2002): The factor structure of customer satisfaction: An empirical test of the importance grid and the penal-ty-reward-contrast analysis, in: International Journal of Service In-dustry Management, 13, S. 314-332

Parasuraman, A./Zeithaml. V. A./Berry, L. L. (1988): SERVQUAL: A Multiple-Item Scale for Measuring Consumer Perceptions of Service Quality, in: The Journal of Marketing, 64, 1, S. 12-40

Reinhold, M./Schmitz, Ch./Reinhold. S. (2014): Understanding ex-hibitor satisfaction in trade shows and consumer fairs, submitted to: Kirchgeorg, M. et al., Handbuch Messemanagement, 2. Auflage, Wiesbaden

Vavra, T. G. (1997): Improving Your Measurement of Customer Sa-tisfaction: A Guide to Creating, Conducting, Analyzing, and Re-porting Customer Satisfaction Measurement Program, Milwaukee

---

WHU EXECUTIVE EDUCATION

WHU
Otto Beisheim School of Management
30 Years 1984–2014

Thinking in new directions.

Maßgeschneiderte Programme
- Konzeption und Durchführung interner Weiterbildungsmaßnahmen
- Angepasst an die individuellen Bedürfnisse Ihres Unternehmens

Offene Programme
- General Management Plus Program
- Doing Business With India Program
- Negotiations Program

30 Years
Excellence in
Management
Education

1984–2014

Weitere Informationen: whu.edu/execed
E-Mail: execed@whu.edu

Daten sammeln ohne Grenzen?

Ungern sehen es Ladeninhaber, wenn Kunden in ihren Räumen Produkte fotografieren oder Barcodes scannen, um Preisvergleiche durchzuführen. Richtig ärgerlich wird es aber dann, wenn sich herausstellt, dass es sich um Mystery-Shopper der Konkurrenz handelt, die Preise und Sortiment ermitteln oder Beweismaterial für etwaige Wettbewerbsverstöße sammeln wollen.

Axel Birk

Mystery-Shopping ist nur eine der Maßnahmen, die als Instrumente der Competitive Intelligence (CI) vorgeschlagen werden. CI im umfassenden Sinn verlangt die systematische und dauerhafte Sammlung und Analyse von Informationen über Konkurrenzunternehmen (deren Produkte und deren Verhalten im Wettbewerb), über die Marktsituation allgemein und über die Kunden. Mitarbeiter in der Marketingabteilung und im Vertrieb sind häufig verunsichert, welche Art von Informationen gesammelt werden dürfen, und welche rechtlichen Risiken aus einzelnen CI-Techniken resultieren. Nähern wir uns dieser Frage zunächst mit einem Überblick über die rechtlichen Regelungen, die für CI relevant sein können:

• Wer Informationen sammelt, hat vor allem das Datenschutzrecht zu beachten. Aber Achtung! Entgegen einem weitverbreiteten Missverständnis schützt das Datenschutzrecht nach § 1 Bundesdatenschutzgesetz (BDSG) nur personenbezogene Daten, also persönliche und sachliche Informationen über eine bestimmte natürliche Person. Persönliche Informationen sind insbesondere Name, Adresse, Telefonnummer und E-Mail-Adresse, aber auch Vermerke über Charaktereigenschaften und typische Verhaltensweisen des Betroffenen. Sachliche Daten sind vor allem Informationen über das Kauf-, Internetnutzungs- und Zahlungsverhalten von Kunden bzw. Internetnutzern. CI-Verfahren ermitteln personenbezogene Daten, wenn Informationen über Privatkunden gesammelt und gespeichert werden oder beim Profiling von Entscheidern in Konkurrenzfirmen bzw. der Einkäufer von Geschäftskunden.

• CI ist in weiten Bereichen auf die Sammlung von unternehmensbezogenen Daten fokussiert und bewegt sich somit außerhalb des Datenschutzrechts. Unternehmensbezogene Informationen sind aber, soweit sie nicht öffentlich zugänglich sind, als technische und betriebswirtschaftliche Geschäfts- und Betriebsgeheimnisse nach dem Gesetz gegen unlauteren Wettbewerb (UWG) durch §§ 17–19 UWG geschützt.

• Auch die Art der Informationsermittlung kann rechtliche Probleme bereiten. Das Eingangsbeispiel zeigt, dass Unternehmen im Mystery-Shopping eine Beeinträchtigung ihrer Geschäftsabläufe sehen. In bestimmten Fällen kann Mystery-Shopping unlauterer Wettbewerb sein und gegen § 4 Nr. 10 UWG verstoßen. Eindeutig unzulässig ist das heimliche Abhören oder heimliche Mitschneiden von Telefongesprächen oder das Abfangen von E-Mails bzw. von Briefen des Konkurrenten. Wer auf diese Weise Informationen über die Konkurrenz gewinnen will, macht sich nach §§ 201–202b des Strafgesetzbuchs (StGB) strafbar.

• CI-Verfahren werden gewöhnlich zur (geheimen) Ausforschung der Konkurrenz angewandt. Man kann sich aber auch mit der Konkurrenz verbünden und bewusst gegenseitig Informationen austauschen. Der Informationsaustausch zwischen Konkurrenten gerät schnell mit dem Kartellverbot in § 1 des Gesetzes gegen Wettbewerbsbeschränkungen (GWB) in Konflikt.

Entsprechend der Stoßrichtung von CI ist zwischen der Wettbewerberanalyse und der Kundenanalyse zu unterscheiden.

Prof. Dr. Axel Birk
ist Direktor des Instituts für Unternehmensrecht der Hochschule Heilbronn, Campus Künzelsau
E-Mail: axel.birk@hs-heilbronn.de

Wettbewerberanalyse und Profiling der Entscheider

Die Analyse der Wettbewerber dient der Ermittlung von Stärken und Schwächen der Konkurrenzunternehmen. Solche Wettbewerberprofile enthalten strukturierte Daten über die Organisation, die Mitarbeiterzahl, die Angebotspalette, die Finanzkennzahlen, die Stärken und Schwächen und aktuelle Nachrichten über die Wettbewerber. Solange die Informationen öffentlich zugänglichen Quellen (Internet, Handelsregister) entnommen werden, entstehen keine rechtlichen Probleme, weil das Datenschutzrecht nur bei Daten über natürliche Personen eingreift. Im Fall der Finanzanalyse, die unter Rückgriff auf die Gewinn- und Verlustrechnung und die Bilanz erfolgt, verlangt schon das Gesetz die Offenlegung dieser Informationen und ermöglicht daher CI den Zugriff auf die Konkurrenzdaten. Gleiches gilt für den Bereich der Patent- und Gebrauchsmusteranalyse. Diese CI-Technik ist rechtlich erwünscht, dient die Veröffentlichung von Patenten im Register des Deutschen Patent- und Markenamts gemäß § 58 PatG doch unter anderem der Förderung weiterer Innovationen. An rechtliche Grenzen stößt CI aber an zwei Stellen: beim Profiling von Top-Managern und beim Zugriff auf Geschäftsgeheimnisse der Konkurrenz.

Mit dem Profiling von Entscheidern in Konkurrenzunternehmen versucht man deren Charaktereigenschaften und

Entscheidungsverhalten zu ermitteln. Das Profiling unterliegt dem Datenschutzrecht, weil es dabei um die Sammlung personenbezogener Daten geht. Solange sich diese Informationssammlung aus öffentlich zugänglichen Daten, etwa aus Zeitungen, Zeitschriften oder dem Internet speist, ist dies gemäß § 28 Abs. 1 Nr. 3 BDSG zulässig. Ungeklärt ist aber, ob zu den öffentlich zugänglichen Daten auch Informationen aus sozialen Netzwerken zählen. Das dürfte dann der Fall sein, wenn jedermann die Möglichkeit hat, Mitglied des Netzwerkes zu werden und das Netzwerk der professionellen Darstellung der Mitglieder dient (z.B. „Xing" oder „LinkedIn"). Werden dagegen Informationen aus persönlichen Begegnungen auf der Messe, in Gremien, auf Branchentreffen oder aus Telephongesprächen (hinzu-)gespeichert, ist dies datenschutzrechtlich nach § 28 Abs. 1 Nr. 2 BDSG unzulässig, weil das Interesse der betroffenen Person am Schutz solcher Daten deutlich das Interesse des Unternehmens an der Wettbewerberanalyse überwiegt.

Unternehmensbezogene Informationen sind rechtlich geschützt, wenn es um technische und betriebswirtschaftliche Geschäftsgeheimnisse der Konkurrenz geht. Ein Geschäftsgeheimnis ist jede Information, die nur einem begrenzten Personenkreis im Unternehmen zugänglich ist (allen oder nur einem Teil der Mitarbeiter) und die das Unternehmen erkennbar geheimhält, etwa indem der Zugang nur durch Passwörter möglich ist. Geschäftsgeheimnisse sind typischerweise Daten des Rechnungswesens, Personalakten, Kundenlisten, technisches Know-how, die gesammelten Erfahrungswerte über die eigenen Produkte und alle Planungen zum zukünftigen Marktverhalten.

Häufig ist es in der Praxis notwendig, dass solche Informationen an außenstehende Personen weitergegeben werden müssen. So ist es etwa bei der Entwicklung von Medikamenten nötig, die Ärzte, die klinische Tests durchführen, über die Wirkungssubstanzen zu informieren. In diesen Fällen ist streng darauf zu achten, mit den unternehmensfremden Personen Vertraulichkeitsvereinbarungen abzuschließen, um der Information den Charakter eines Geschäftsgeheimnisses zu erhalten und die Patentierfähigkeit nicht zu gefährden. Wer als Mitarbeiter Geschäftsgeheimnisse an die Konkurrenz weitergibt oder wer durch Betriebsspionage Geschäftsgeheimnisse ausspäht, macht sich nach §§ 17–19 UWG strafbar. Da der Schutz von Geschäftsgeheimnissen in der Europäischen Union sehr unterschiedlich ausgestaltet ist, hat die Europäische Kommission Ende 2013 einen Richtlinienentwurf zum Schutz von Geschäftsgeheimnissen erarbeitet, der zu einer weitge-

---

Zusammenfassung

Competitive Intelligence (CI) ist rechtlich unproblematisch, solange es um Informationen über Konkurrenzunternehmen geht und öffentlich zugängliche Quellen ausgewertet werden. Grenzen werden bei der Speicherung unternehmensbezogener Informationen durch den Schutz von Geschäfts- und Betriebsgeheimnissen und das Brief-, Telefon- und E-Mail-Geheimnis gesetzt. Das Datenschutzrecht ist zu beachten, wenn Informationen über konkrete Personen gesammelt und gespeichert werden, seien es Entscheider in Konkurrenzfirmen, Einkäufer von Geschäftskunden oder Privatkunden. Danach ist die Erhebung und Speicherung von sachlichen Informationen zulässig, nicht aber das Erstellen von Psychogrammen oder das Speichern von Informationen über die persönlichen und privaten Lebensumstände der Betroffenen.

Competitive Intelligence und ihre rechtlichen Berührungspunkte

CI-Verfahren haben im Wesentlichen auf folgende gesetzliche Vorgaben Rücksicht zu nehmen:

- Datenschutz: Das Datenschutzrecht schützt nach § 1 Bundesdatenschutzgesetz (BDSG) personenbezogene Daten. Das sind persönliche und sachliche Informationen, die natürlichen Personen zugeordnet werden können. CI-Verfahren ermitteln zumeist unternehmensbezogene Daten und bewegen sich somit weitgehend außerhalb des Datenschutzrechts. Ausnahmen sind aber das Profiling von Entscheidern in Konkurrenzfirmen und von Kunden sowie das Customer-Relationship-Management, die datenschutzrechtlich problematisch sein können.
- Recht des unlauteren Wettbewerbs (UWG): Das Rechts des unlauteren Wettbewerbs untersagt in § 4 Nr. 10 die Behinderung von Wettbewerbern. Sondervorschriften zum Schutz von technischen und betriebswirtschaftlichen Geschäfts- und Betriebsgeheimnissen enthalten die §§ 17 ff. UWG. Für die Beziehung zu den Kunden ist § 7 UWG zu beachten, der unzumutbare Belästigungen verhindern soll.
- Recht gegen Wettbewerbsbeschränkungen (GWB): § 1 GWB enthält das Kartellverbot. Die Regelung kann aber auch schon im Vorfeld eines Kartells gemeinsame Initiativen von Unternehmen zur Errichtung von Markt- und Preisinformationssystemen erfassen und greift auch ein, wenn es zwischen den Unternehmen abgestimmte Verhaltensweisen gibt.
- Strafrecht: Die §§ 201–202b des Strafgesetzbuchs (StGB) untersagen das Abhören von Telefonen, das Abfangen von E-Mails mittels sogenannter Trojaner und die Verletzung des Briefgeheimnisses.

henden Harmonisierung der Rechtslage in Europa führen wird.

Benchmarking vergleicht Preise, Produkte und das Marktverhalten der Konkurrenten

Unter Benchmarking wird hier die vergleichende Analyse von Preisen, Produkten und Prozessen mit denen von Wettbewerbern verstanden. Auch für diesen Bereich gilt: Solange für das Benchmarking öffentlich zugängliche Quellen, wie insbesondere das Internet, verwendet werden, entstehen keine rechtlichen Probleme. Die gegenseitige Marktbeobachtung ist vielmehr wettbewerbsrechtlich erwünscht.

Wie verhält es sich jedoch mit unserem Eingangsbeispiel des Mystery-Shoppings, also geheimer Informationsbeschaffung? Solange die Mystery-Shopper sich wie normale Kunden verhalten, sind solche Testkäufe nach der Rechtsprechung zulässig und wettbewerbsrechtlich wünschenswert, sorgen sie doch für erhöhte Markttransparenz. Das Fotografieren im Laden kann der Inhaber den Kunden grundsätzlich durch eine ausgehängte Hausordnung untersagen. Davon hat der Bundesgerichtshof eine Ausnahme gemacht, wenn die Fotos des Mystery-Shoppers dazu dienen, unlautere Werbung oder falsche Preisauszeichnungen zu dokumentieren. Da Mystery-Shopping grundsätzlich zulässig ist, kann man den Testkäufern der Konkurrenz auch kein generelles Hausverbot erteilen. Mystery-Shopping wird aber zu einer unlauteren Behinderung des Konkurrenten gemäß § 4 Nr. 10 UWG, wenn der Testkäufer versucht, den Konkurrenten zu rechtlich unzulässigem Verhalten anzustiften oder wenn er sich im Laden

Kerngedanken

- Die Sammlung und Auswertung öffentlich zugänglicher Informationen ist unbedenklich.
- Benchmarking von Preisen der Konkurrenz sorgt für Markttransparenz und ist rechtlich zulässig, solange nicht der Verdacht von Preisabsprachen entsteht.
- Mystery-Shopping ist ein grundsätzlich zulässiges Mittel der Konkurrenzbeobachtung.
- Die Ausforschung technischer oder betriebswirtschaftlicher Geschäftsgeheimnisse von Konkurrenten ist strafbar.
- Win-/Loss-Analysen im Kundenmanagement sind datenschutzrechtlich unter Einhaltung bestimmter Voraussetzungen auch gegenüber Privatkunden ohne Einwilligung möglich.

des Konkurrenten in auffälliger Weise benimmt und versucht, dessen Ruf bei den Kunden zu beeinträchtigen, zum Beispiel indem er sich lautstark über die schlechte Qualität der Ware oder des Services beschwert.

Handlungsempfehlungen

Bei der Speicherung von Informationen in Datenbanken ist danach zu unterscheiden, ob es sich um unternehmensbezogene oder personenbezogene Informationen handelt. Bei Kunden ist also nach Geschäfts- und Privatkunde zu unterscheiden. Bei personenbezogenen Daten sind neben den Informationen selbst immer die Herkunft der Information, das Datum der Erhebung und der Zweck der Datenerhebung zu dokumentieren. Im praktisch wichtigen Fall eines Datensatzes für das CRM gegenüber Privatkunden hat der Datensatz folgende Informationen zu enthalten:

- Gemeinsames Merkmal der in der Liste gespeicherten Daten: zum Beispiel Kundenliste, Interessentenliste, Teilnehmer des Gewinnspiels
- Einzeldaten: Name, Adresse, Beruf und Geburtsjahr (sogenannte Listendaten)
- Konkreter Zweck der erstmaligen Datenerhebung: z.B. Abwicklung einer Bestellung, Ermittlung des Gewinners eines Gewinnspiels
- Herkunft der Daten: vom Betroffenen selbst oder aus öffentlich zugänglichen Quellen
- Datum der Datenerhebung
- Vorliegen einer Einwilligung in Werbemaßnahmen: ja/nein, Datum der Einwilligung

Diesen Listendaten können dann insbesondere folgende Daten hinzugespeichert werden:

- Informationen über weitere Kontaktmöglichkeiten: Telefonnummer, E-Mail-Adresse
- Informationen über das bisherige Zahlungsverhalten
- Informationen über die Kundenbestellungen und Umsätze (nach Produktgruppen)
- Informationen über das Potenzial des Kunden, zum Beispiel durch Beobachtungen beim Kundenbesuch
- Informationen zu den Reaktionen des Kunden auf die jeweiligen Marketing- und Vertriebsaktivitäten (Responsrate) und Bildung von mehr oder weniger marketingaffinen Kundengruppen

Statt einer aufwendigen Beobachtung der Konkurrenten, die immer nur das vergangene oder gerade aktuelle Marktverhalten der Konkurrenz ermitteln kann, wäre es für die Unternehmen reizvoll, das zukünftig geplante Verhalten der Konkurrenz zu kennen. Daher besteht eine im Marketing und Vertrieb häufig naheliegende Idee darin, ein Preis- und Marktinformationssystem zwischen den Wettbewerbern zu installieren. Solche Systeme können von den Unternehmen selbst oder durch einen unabhängigen Dritten (etwa Verbände) organisiert werden. Sie sind allerdings rechtlich kritisch, weil dadurch der sogenannte „Geheimwettbewerb" beeinträchtigt oder ausgeschlossen werden kann. Unter Geheimwettbewerb versteht man alle Informationen, die der Kaufmann üblicherweise nicht öffentlich macht, wie die Preiskalkulation, die Gewährung von Rabatten, die Produktions- und Absatzmengen, die erzielten Umsätze. Geheim sind insbesondere das zukünftige Marktverhalten und die geplanten Strategien im Marketing und Vertrieb.

„Mit dem Profiling von Entscheidern in Konkurrenzunternehmen versucht man deren Charaktereigenschaften und Entscheidungsverhalten zu ermitteln."

Nicht jedes Preis- und Marktinformationssystem verstößt jedoch gegen das Kartellverbot des § 1 GWB (bzw. auf europäischer Ebene Art. 101 AEUV). Die Kartellbehörden beurteilen solche Systeme vielmehr nach einem komplexen Beurteilungssystem, das die Marktstruktur, die Informationstiefe und die Aktualität der ausgetauschten Daten berücksichtigt (siehe auch SMR 2/2014, S. 50). Stark vereinfachend kann man sagen, dass Marktinformationssysteme, die aggregierte Daten enthalten, die den einzelnen beteiligten Unternehmen nicht zugeordnet werden können, kartellrechtlich zulässig sind, während Systeme, die für jedes Unternehmen den einzelnen Geschäftsvorgang, die erzielten Preise und die jeweiligen Kunden für die Konkurrenz sichtbar machen (sogenannte „identifizierende Marktinformationssysteme"), den Geheimwettbewerb zerstören und damit gegen § 1 GWB verstoßen, insbesondere wenn sich daraus das zukünftige Markt- und Preisverhalten der Konkurrenten ableiten lässt.

Kundenanalyse: den Boden für individualisierte Aktivitäten bereiten

Bei der Kundenanalyse ist rechtlich gesehen zwischen Geschäfts- und Privatkunden zu unterscheiden. Schon immer haben Unternehmen Informationen über das Zahlungsverhalten der Kunden gesammelt. CI als Grundlage eines CRM-Systems geht aber weit darüber hinaus und interessiert sich für alle Informationen über das Kaufverhalten und die Kaufpräferenzen der Kunden sowie alle weiteren Interessen und persönlichen Umstände der Kunden, um den Boden für möglichst individualisierte Marketing- und Vertriebsaktivitäten zu bereiten. Schauen wir uns speziell die Win-/Loss-Analyse und das Profiling von Kunden an:

Mit der Win-/Loss-Analyse versucht CI Kundenwünsche und Kundenbedürfnisse unter Berücksichtigung vorangegangener Marketing- und Vertriebsaktivitäten zu ermitteln. Die Win-/Loss-Analyse hat einen datenschutzrechtlichen und einen lauterkeitsrechtlichen Aspekt. Datenschutzrechtlich geht es um die Frage, ob überhaupt und welche Daten gespeichert werden dürfen, lauterkeitsrechtlich geht es um die Frage, in welcher Weise der Kunde oder Umworbene kontaktiert wer-

den kann. Das Datenschutzrecht greift nur bei personenbezogenen Daten ein. Da im B2B-Bereich keine personen-, sondern unternehmensbezogene Daten gesammelt werden, ist es hier ohne weiteres möglich, die Angebote, Vertriebsaktivitäten und daraufhin erteilten Kundenbestellungen zu speichern und anschließend zu analysieren (Data-Warehouse und Data-Mining).

Im B2C-Bereich werden dagegen personenbezogene Daten gesammelt, weil die Verbraucher natürliche Personen sind. Hier ist zwischen klassischem Vertrieb und Internetvertrieb zu unterscheiden. Beim klassischen Vertrieb besteht wegen des Einsatzes externer Vertriebspartner und weitgehend anonymer Käufer für den Hersteller und für den Handel in der Praxis häufig schon die Schwierigkeit, überhaupt an Informationen über die Kunden und deren Kaufverhalten zu kommen. Selbst wenn das Unternehmen bei einem Verkauf die Kundendaten erhält, dürfen diese datenschutzrechtlich nur für die Zwecke der Vertragsabwicklung gespeichert werden. Für Marketing- und Vertriebszwecke können die Kundendaten dagegen grundsätzlich nur nach Erteilung einer Einwilligung verwendet werden.

Eine Ausnahme regelt § 28 Abs. 3 BDSG für die sogenannten „Listendaten". Das sind Name, Adresse, Geburtsjahr und Beruf des Kunden. Unter Verwendung dieser Daten darf das Unternehmen Werbung für eigene Angebote machen. Das Gesetz erlaubt dann auch die Erweiterung der Listendaten mit zusätzlichen Informationen zum Zweck eines Customer Relationship Managements. So wird es zum Beispiel weitgehend für zulässig erachtet, die Listendaten mit Informationen über die bisherigen Bestellungen des Kunden und seine Reaktionen auf Werbeangebote und Vertriebsaktivitäten zu ergänzen. Allerdings ist es momentan rechtlich ungeklärt, ob alle Arten von Informationen und in welchem Umfang Daten hinzugespeichert werden dürfen (siehe SMR 2/2014, S. 32, 36).

Solange die Rechtslage so diffus ist, ist es Unternehmen, die im B2C-Bereich tätig sind, zu empfehlen, für die Zwecke des Marketings eine Einwilligung der Kunden und Interessenten einzuholen, um zusätzlich relevante Kundendaten speichern zu können (zur Problematik der Gestaltung einer wirksamen Einwilligung siehe SMR 2/2014/2, S. 18). Dies lässt sich in der Praxis insbesondere durch Kundenkartensysteme bewerkstelligen. Können die Informationen datenschutzrechtlich für Marketing- und Vertriebsmaßnahmen verwendet werden, ist nicht jede Form der Kundenansprache zulässig. Grenzen dafür setzt § 7 UWG, insbesondere für Telefonanrufe und E-Mails beziehungsweise Newsletter (siehe SMR 2/2014, S. 18, 32).

CI als Grundlage für das Customer Relationship Management will den Kunden möglichst persönlich kennenlernen. Außer dem Zahlungs- und Bestellverhalten geht es um Informationen über persönliche Umstände und Charaktereigenschaften (Profiling). Auch bei Geschäftskunden greift das Datenschutzrecht ein, wenn über die Person des Einkäufers aus persönlichen Begegnungen und Verkaufsgesprächen Vermerke über dessen Charakter (zum Beispiel „ist cholerisch"), seine Reaktionen und seine persönlichen Lebensumstände (zum Beispiel „hat Schulden", „Frau hat am … Geburtstag") gemacht werden. Die Speicherung von solchen Informationen ist datenschutzrechtlich ohne Einwilligung unzulässig, weil das Interesse der Betroffenen das Interesse des Unternehmens an einem zielgerichteten Marketing deutlich überwiegt. Gleiches gilt, soweit es überhaupt zu persönlichen Kontakten kommt, für den Bereich der Privatkunden.

> *„Das Fotografieren im Laden kann der Inhaber den Kunden grundsätzlich durch eine ausgehängte Hausordnung untersagen."*

Literatur:

Birk, A./Löffler, J. (2012): Marketing- und Vertriebsrecht, Kap. 8.3., 11, 21.1.2 und 21.4

Von Diringshofen, D. (2013):Know-how-Schutz in der Praxis, GRUR-Prax, 398 ff.

Voet van Vormizeele, P. (2009): Möglichkeiten und Grenzen von Benchmarking nach europäischem und deutschem Kartellrecht, WuW 143 ff.

Mit Top-Down-Kommunikation mehr Erfolg im B2B-Vertrieb

Komplexe Produkt- und Serviceangebote treffen im B2B-Vertrieb auf differenzierte Bedürfnisstrukturen auf Kundenseite. Mehr denn je kommt es deshalb auf die Überzeugungskraft des Vertriebsmitarbeiters an. Mit der Methode der Top-Down-Kommunikation können Argumente überzeugender und damit erfolgreicher transportiert werden.

Carsten Leminsky, Wolfgang Hackenberg

Eine Herausforderung im Vertrieb besteht darin, dass sich der geplante Umsatz in einer ambitionierten Zahl manifestiert, die es im Zeitraum von einem Kalenderjahr zu realisieren gilt. Mehrere Abschlüsse sollen sich dann mindestens zu dieser Zahl addieren. Doch vor dem Auftragseingang steht noch eine kleine Hürde: einen Kunden, eventuell sogar einen neuen Kontakt von seinem Bedarf zu überzeugen.

Die ungeheure Produktivitätssteigerung in allen Geschäftsprozessen hat zudem eines ganz besonders beschleunigt: noch weniger Aufmerksamkeit beim Kunden. Denn um die Arbeitslast bewältigen zu können, steht gefühlt weniger Zeit zur Verfügung. Zudem ist zu berücksichtigen, dass der Anteil der nicht-persönlichen Kontakte weiter zunimmt. Insbesondere die Kontaktaufnahme fokussiert sich auf den Austausch von E-Mails, so dass schriftliche Ausdrucksfähigkeit und E-Mail-Etikette zunehmend an Bedeutung gewinnen. Bei komplexen Produkten und Services wird auch von Käuferseite häufig Informationsmaterial in Form von PowerPoint-Präsentationen erwartet, die wiederum weitere Fähigkeiten des Vertriebsmitarbeiters sowie der Supportfunktionen bedingen.

Den Kundennutzen verstehen

Überzeugender werden, insbesondere stärker den Kundennutzen einzubeziehen, ist eine für Vertriebsmitarbeiter sich unmittelbar auch auf das eigene Portemonnaie auswirkende Fähigkeit, die auf unterschiedlichen Medien zum Target transportiert werden kann.

Nehmen wir eine aktuelle und zeitgemäße IT-Lösung wie Cloud Computing für Geschäftskunden, so wird die Herausforderung ganz besonders offensichtlich, der sich der Vertriebsmitarbeiter zu stellen hat: relativ teure Services, die sich physisch beziehungsweise haptisch, damit auch nicht visuell darstellen lassen, tief in bestehende Geschäftsprozesse eingreifen und einen erklärungsbedürftigen Nutzen generieren. Diesbezüglich zu überzeugen, heißt auch, die abstrakte, allgemein gültige Ebene zu verlassen und auf die für den individuellen Geschäftskunden existierenden Bedürfnisse einzugehen. Insofern lautet die Kernfrage Wie können Vertriebsmitarbeiter hinsichtlich der Kommunikation überzeugender und damit erfolgreicher werden? Mit der Methode der Top-Down-Kommunikation können Vertriebsmitarbeiter ihre relevanten Argumente überzeugend transportieren, denn Inhalte überzeugen!

Darin liegt – stark vereinfacht – auch die Botschaft des Content Sales. Im Hinblick auf Kaufentscheidungen und Auftragsvergaben zählen für Kunden heute mehr denn je aufklärende Informationen aus Nutzensicht und immer weniger nackte Versprechen oder sinnentleerte Phrasen. Effizienter und wirksamer als aufwändige und emotionalisierende Kampagnen sind daher belastbare, fundierte Darstellungen von unternehmensnahen oder -konstituierenden Inhalten.

Nicht nur in der allgemeinen Akquise wie etwa bei der Leadgenerierung, auch in der Marketingunterstützung spielen echte Inhalte ihre Stärken voll aus. Doch Inhalte, Spezifikationen, Nutzenargumente und ähnliches müs-

Carsten Leminsky
ist ehemaliger Strategieberater sowie Geschäftsführer eines großen deutschen Schraubenhandels. Seine Vertriebserfahrungen im B2B-Bereich bietet er seit 2008 als Gründer der Steercom GmbH an.
E-Mail: Leminsky@steercom.de

Wolfgang Hackenberg
war vor der Gründung von Steercom 15 Jahre in unterschiedlichen Top-Management-Funktionen bei Bertelsmann, Roland Berger Strategy Consultants und Accenture tätig.
E-Mail: Hackenberg@steercom.de
www.steercom.de

sen nachvollziehbar aufbereitet werden. Und nicht weniger komplex ist die Fragestellung, wie die Inhalte im konkreten Einzelfall zielgruppengerecht kommuniziert werden können. In aller Regel hilft nur ein methodisch korrektes und strukturiertes Vorgehen. Einen Lösungsansatz bietet daer pyramidale Ansatz (s. **Abbildung 1**).

Mit der Kernbotschaft punkten

Haupterkenntnis ist dabei, dass die Aufmerksamkeit des Gegenübers, also des Kaufinteressenten, am Anfang am höchsten ist. In dieser kurzen Zeitspanne (im Gespräch, beim Lesen der E-Mail etc.) gilt es zu punkten, nämlich mit dem Wichtigsten: der Kernbotschaft. Es handelt sich um eine Top-Down-Kommunikation, bei der die Kernbotschaft die eindeutige Antwort auf die zentrale Frage aus Sicht des Kunden sein muss. Um beim Beispiel Cloud Computing zu bleiben: Die Kernfrage könnte lauten: „Welchen geschäftlichen Nutzen kann mein Unternehmen durch Cloud Computing generieren?"

Allgemeinere Fragen wie „Was ist Cloud Computing?" oder „Welche Dienstleister gibt es dafür?" besorgen sich die Kunden heute meist selbst. Die Information insbesondere im Internet wird somit zur ausschlaggebenden Grundlage von Entscheidungen. Der darüber hinaus zu vermittelnde Content muss also spezifischer und kundenorientierter sein.

Die Erfolgsformel dafür lautet: Widerspruchsfreie und belastbare Informationen, verständlich und zielgruppengerecht aufbereitet, schaffen Transparenz und erzeugen damit das Vertrauen, das sich in einem positiven Impuls manifestiert und sich idealerweise in der positiven Entscheidung des Adressaten niederschlägt.

Im Kern geht es also darum, Informationen so zu strukturieren, dass sie verlustfrei, zielorientiert und adressatenspezifisch kommuniziert werden können. Wer dieses Prinzip beherrscht, ist in der Lage, alle Kommunikationskanäle sicher zu bespielen und das Maximum aus seinem Content herauszuholen.

Mit dem Konzept des pyramidalen Aufbaus lässt sich relevanter Content schnell identifizieren und sicher in prägnante Botschaften verwandeln, die zielgenau ihren Weg zum Adressaten finden. Die Methodik fußt dabei auf dem pyramidalen Prinzip von Barbara Minto, einer Ex-McKinsey-Beraterin aus den 60er-Jahren, das bis heute in seinen Grundzügen weltweit zum Einsatz kommt und von Steercom modifiziert wurde. Der häufigste Use Case dafür ist die alltägliche Business-Kommunikation, wie etwa die Erstellung selbsterklärender Präsentationen im Vertriebsbereich.

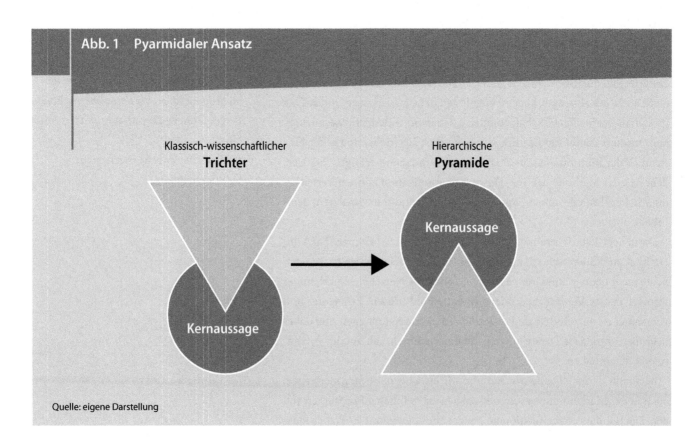

Abb. 1   Pyarmidaler Ansatz

Klassisch-wissenschaftlicher
Trichter

Hierarchische
Pyramide

Kernaussage

Kernaussage

Quelle: eigene Darstellung

Doch die wesentlichen Prinzipien – Fokussierung auf die Kernbotschaft, Ziel- und Zielgruppenorientierung, Widerspruchsfreiheit der Argumentation, Transparenz und Verständlichkeit – lassen sich auch abseits der üblichen Powerpoint-Präsentationen unmittelbar auf die Praxis des Content Sales anwenden, so dass mit dieser Methode eine Arbeitstechnik an die Hand gegeben wird, die Vertriebler noch erfolgreicher macht.

In acht Schritten wird der Anwender zum Ziel geführt (s. **Abbildung 2**), wobei diese „from scratch" an die Hand genommen werden. Am Anfang ist es wichtig, überhaupt relevante Inhalte herauszufiltern. Viele Unternehmen haben Schwierigkeiten, adäquaten leistungsnahen Content zu definieren, der die Zielgruppe bewegt.

Beginn mit Analyse und Definitionen

Der vorgelagerte Denkprozess beginnt daher geradezu klassisch mit Analyse und Definitionen, wobei unter dem besonderen Aspekt der Zielgruppenrelevanz zunächst alle verfügbaren Informationen selektiert, segmentiert und gewichtet werden. In dieser initialen Phase geht es zunächst darum, die eine Kernfrage zu definieren, die den Kunden beschäftigt, wobei situative Faktoren ebenso berücksichtigt werden wie problematisierende Faktoren, also Komplikationen unterschiedlichster Art.

Warum gibt es nur eine Kernfrage? Weil später auch nur eine Kernbotschaft formuliert werden soll. Genau dieser implizite Antwortreflex ist die Stärke der Kernfrage zu Beginn: Sie präzisiert das Thema der Kommunikation und schafft die Voraussetzung für die spätere Beschreibung nur einer Kernbotschaft. Eine typische Kernfrage im komplexen B2B-Vertrieb könnte beispielhaft lauten: Wie profitiere ich als Kunde von einer bestimmten Lösung? Die Kernfrage lautet nicht: Wie kann ich als Anbieter mehr Umsatz machen? Die letzte Frage ist das Ziel des Anbieters, beschäftigt aber nicht die Kunden. Die Kunden wollen den Nutzen der Lösung verstehen.

Beachten Sie bei der Formulierung Ihrer Kernfrage, dass unterschiedliche Fragewörter unterschiedlich starke Antworten hervorrufen. Ein „Was" wird in aller Regel eher beschreibende Antworten ergeben und ist meist nicht wirklich erkenntnisgewinnend für den Adressaten. Wohingegen ein „Warum" oder „Wie" weiter in die Tiefe führen und bei der Beantwortung den Verfasser zwingen, den Nutzen und die Umsetzung in den Vordergrund zu stellen.

Übertragen auf das Content Selling wird an dieser Stelle definiert, mit welcher Thematik das Publikum zu „packen" ist. Was interessiert es am meisten? Welche Aspekte sind wichtig, welche sind irrelevant? Gerade die Komplikationen sind es wert, sauber herausgearbeitet zu werden. Denn die Lösung sollte eine Antwort auf die „Schmerzpunkte" des Kunden sein. Wenn Sie keine spannende Komplikation finden, dann sollten Sie sich einem anderen Kunden zuwenden.

Vertiefung durch kontinuierliches Fragen

In einem weiteren Schritt wird das solchermaßen fokussierte Thema durch kontinuierliches Fragen vertieft. Seller sind in der alltäglichen Arbeit zu häufig und zu schnell im „Antwortmodus", so dass reflektierendes Fragen zu kurz kommt. Dabei hilft aber gerade das beharrliche Fragen, die Materie selbst so weit zu durchdringen, bis es maximalen Erkenntnisgewinn, also keine weiteren Fragen mehr gibt. Erst dann ist der Sachverhalt vollständig erfasst und verstanden und kann der Verkaufsprozess aktiv aus dem Gefühl der Stärke geführt werden. Viel zu oft scheitern nämlich Kommunikationsprozesse schon daran, dass der Absender selbst ein Verständnisproblem hat und dadurch auch nicht auf den sprichwörtlichen Punkt kommen kann – bei komplexen Bedürfnissen des Kunden nachvollziehbar.

Anhand von zwei Beispielen wird die Kraft der Erkenntnisgewinnung auf Basis von Fragen deutlich. Beim ersten Beispiel lautet die Kernfrage: Wie kann Firma X ein Absatzproblem alleine lösen? Um die Komplexität des Themas für ei-

---

Zusammenfassung

Zur Vorbereitung auf die Verkaufssituation müssen die Bedürfnisstrukturen des Kunden verstanden werden, da nur so das komplexer werdende Produkt- und Serviceangebot auf den Punkt gebracht werden kann. Das Ganze muss aus Sicht des Kunden betrachtet werden, da der Nutzen herausgestellt und verstanden werden sollte, um den Preis zu rechtfertigen. Allein diese Verständigung auf das wesentliche Verkaufsargument macht die Salesforce effektiver. Der wichtigste Content ist deshalb die Kernbotschaft zum Angebot. Ein Satz muss dafür reichen.

nen selber schnell transparent zu bekommen, bietet sich ein 4P-Schnitt an, der im Marketing sehr geläufig ist:

• Product: Wie kann die Firma das Produktfortfolio verbessern?

• Price: Welche Auswirkung hat die Preispolitik von der Firma auf die Absatzprobleme?

• Promotion: Wie kann die Kommunikation der Firma verbessert werden?

• Placement: Welche Distributionskanäle werden benötigt?

Auf Basis der Unterfragen lässt sich die Problemstellung besser analysieren. Sollten bereits einige Hypothesen erwünscht sein, können Sie mit einem „Brainsteering" auf Basis der Unterfragen starten und damit zu ersten Erkenntnissen kommen.

Schnitte sollten auf jeder Ebene vollständig und überschneidungsfrei sein, um ein logisches Durchdringen der Thematik sicherzustellen. Diese Voraussetzung erfüllt auch der 4C-Schnitt, der hilft, eine komplexe Verkaufssituation intellektuell in den Griff zu bekommen:

• Customer: Was sind die Bedürfnisse der Kunden? Gerade diese Frage wird im Vertrieb viel zu selten gestellt, so dass häufig die nachfolgende Kommunikation zu stark die Innensicht beleuchtet.

• Competition: Was machen die Peers? Spannend sind die Peers vom Anbieter als auch vom Kunden zu analysieren.

• Capabilities: Hier gilt es, die Fähigkeiten des Kunden in der Vorbereitung zu beleuchten, um bei Prozessen, Systemen und People Lücken zu identifizieren, die durch ein maßgeschneidertes Angebot geschlossen werden können.

• Case: Wie rechnet sich das ganze Angebot? Auf Basis einer Kosten- und Nutzenanalyse trifft der Kunde meist die finale Kaufentscheidung.

Der Fragebaum hilft im Vertrieb, mit einer logischen Struktur die Kernfrage in ihre Teilaspekte zu zerlegen. Denn nur mit präzisen Fragen gelangt man zu spannenden und neuen Erkenntnissen. Dies wird anhand der Übersicht „Beispiel 4C-Schnitt für Cloud Computing" verdeutlicht (siehe Kasten auf Seite 78).

Abb. 2   In acht Schritten zum wirkungsvollen Content Sales

08 Folien produzieren
Präsentation mit PowerPoint erstellen

01 Pyramidales Denken vermitteln
Pyramidales Denken verstehen und Nutzen erkennen

07 Präsentation visualisieren
Informationen in eine visuelle Darstellung übersetzen

02 Thema/Projekt/ Problem definieren
Kernfrage entwickeln, um Aufgabe einzugrenzen

Dokumentation/ Präsentation

Business- Präsentation mit Struktur

06 Pyramide entwickeln
Geschichte erzählen und Gliederung festlegen

03 Thema strukturieren & Hypothesen formulieren
Aufgabe durchdringen & Ergebnisse erarbeiten

Synthese

05 Kernbotschaft festlegen
Hauptaussage formulieren

04 Ziel definieren & Zielgruppen analysieren
Ziel festlegen & Zuhörer abholen

Quelle: eigene Darstellung

Kerngedanken
- Mit der Methode der Top-Down-Kommunikation können Vertriebsmitarbeiter ihre relevanten Argumente überzeugend transportieren, denn Inhalte überzeugen!
- Nicht nur in der allgemeinen Akquise wie etwa bei der Leadgenerierung, auch in der Marketingunterstützung spielen echte Inhalte ihre Stärken voll aus.
- Widerspruchsfreie und belastbare Informationen, verständlich und zielgruppengerecht aufbereitet, schaffen Transparenz und erzeugen Vertrauen.
- Wichtig ist, sich ein realistisches Ziel für die Kommunikation zu setzen.

frei formuliert ist. Die Kernbotschaft ist sozusagen die Essenz aller Bemühungen – mit ihr muss gepunktet werden, weil das stärkste Argument darin zum Ausdruck kommt.

Bezogen auf das Beispiel Cloud Computing bedeutet das: Der Vertriebsmitarbeiter möchte mit seiner Kernbotschaft einen Termin bei seinem wichtigen Kunden Y bekommen. Mit der Kernbotschaft möchte er die Neugierde auf „mehr" wecken, den Adressaten in einen Dialog ziehen. Jede Kommunikation sollte dem Bestands- oder Neukunden einen echten Mehrwert in Gestalt einer neuen, wesentlichen Erkenntnis bieten. Die Antwort auf die Frage des Kunden „Was bedeutet das für mich?" ist der Startpunkt der Kommunikation, der zu einem kontinuierlichen Frage- und Antwortdialog führt, bis der Adressat den Mehrwert verstanden hat. Die Kernbotschaft muss auf jeden Fall hängen bleiben.

Individuelle, bedarfsorientierte Angebote

Die kurze Frageliste eignet sich für jeden Vertriebler, sich auf die konkrete Kundensituation vorzubereiten. Bestenfalls gelangt man an die Antworten durch den Kunden selber, wenn es in Vorabgesprächen die Möglichkeit gibt, diese Fragen zu stellen. Die Antworten sind dann bereits wertvoller Content, den es dann vertrieblich zu nutzen gilt, indem das eigene Produkt oder der eigene Service nun viel individueller, weil bedarfsorientierter angeboten werden kann. Diese Erkenntnis muss aber noch an den oder die Adressaten kommuniziert werden.

Eine zentrale Aufgabenstellung teilt der pyramidale Ansatz mit allen Maßnahmen der Unternehmenskommunikation: die Adressatenanalyse. Dabei wird ermittelt, wer beziehungsweise welche Gruppe zum konkreten Adressatenkreis gehört und welche persönlichen Faktoren wie Arbeitsbiografie, Vorwissen, Entscheidungskriterien und weiche Vorlieben vorhanden sind oder vorhanden sein könnten. Daraus ergibt sich ein differenziertes Bild der Target Group.

Wichtig ist auch, sich ein realistisches Ziel für die Kommunikation zu setzen. Wenn ein Vertriebsmitarbeiter beim ersten Termin mit einem neuen Kunden eine neue Müllverbrennungsanlage verkaufen möchte, ist dies eher wenig realistisch. Aber ein realistisches Teilziel könnte sein, beim nächsten Treffen mit dem Kunden gemeinsam ein Referenzprojekt anzuschauen.

Mit diesem Wissen ist es nun möglich, eine konkrete Kernbotschaft zu formulieren, die für die Zielgruppe relevant ist, inhaltlich sauber verargumentiert werden kann und dank breiter und strukturierter Fakten transparent und einwand-

Zutaten für ein erfolgreiches Content Sales

Eine Kombination aus In- und Output ermöglicht eine neugierig machende Konstruktion der Kernbotschaft. Beispiel: „Mit Cloud Computing können Sie Ihre global aufgestellte Designabteilung kostengünstig auf nur noch einer hochperformanten CAD-Plattform arbeiten lassen." Der erste Teil beschreibt den Input und der Rest des Satzes skizziert den Output, also den Nutzen.

Ist dieser Arbeitsstand erreicht, sind alle Zutaten für ein erfolgreiches Content Sales zusammengetragen. Nun gilt es, diese so appetitlich zuzubereiten und anzurichten, dass sie der Zielperson auch schmecken. Was also noch fehlt, ist der argumentative Unterbau für die spätere Darstellung der Inhalte, etwa wenn es also darum geht, ein Angebot zu schreiben.

Handlungsempfehlungen
- Die Kernfrage muss aus Sicht des Adressaten definiert werden.
- Das eigene Verständnis wird durch einen strukturierten Fragebaum sichergestellt.
- Die Kernbotschaft muss die Kernfrage in einem Satz beantworten.
- Die Pyramide ist die logische Abfolge der wichtigsten Argumente.
- Eine gute Story(line) muss die behauptete Kernbotschaft erklären.

An dieser Stelle kommt die Pyramide ins Spiel. Damit werden die einzelnen Argumente ihrer Wichtigkeit nach hierarchisch geordnet und in eine Reihenfolge gebracht, die einer nachvollziehbaren Logik folgt – der berühmte rote Faden entsteht. Zugleich definiert der Kommunikator an diesem Punkt seine Storyline, die die Dramaturgie der gesamten Darstellung vorgibt.

Das Ergebnis gleicht dann – grafisch aufbereitet – einer Pyramide, deren einzelne Bausteine respektive Argumente so solide aufeinander aufbauen, dass nichts sie zu erschüttern vermag. Werden Argumente als logische Gruppen oder logische Ketten sorgfältig aneinandergefügt, so entsteht jene Transparenz, Nachvollziehbarkeit und Glaubwürdigkeit, die für Content Sales so wichtig sind.

Beispiel 4 C-Schnitt für Cloud Computing

Customer:

Welche Bedürfnisse bezüglich des Betriebs von Software-Applikationen hat der Geschäftskunde Y?

Welche Bedürfnisse bezüglich Frontend-Applikationen?
- Welche zeitbezogenen Bedürfnisse bezüglich Frontend-Applikationen?
- Welche qualitätsbezogenen Bedürfnisse bezüglich Frontend-Applikationen?
- Welche kostenbezogenen Bedürfnisse bezüglich Frontend-Applikationen?

Welche Bedürfnisse bezüglich Backend-Applikationen?
- Welche zeitbezogenen Bedürfnisse bezüglich Backend-Applikationen?
- Welche qualitätsbezogenen Bedürfnisse bezüglich Backend-Applikationen?
- Welche kostenbezogenen Bedürfnisse bezüglich Backend-Applikationen?

Competition:

Wie betreiben andere ihre Software-Applikationen?

Wie betreiben Wettbewerber/Peers von Y ihre Software-Applikationen?
- Wie machen es die direkten Wettbewerber?
- Wie machen es vergleichbare Unternehmen?

Wie betreiben andere Dienstleister die Software-Applikationen?
- Wie machen es Großanbieter?
- Wie machen es Nischenanbieter?

Capabilities:

Welche Fähigkeiten hat Y zum Betrieb von Software-Applikationen?

Hat Y die richtige Infrastruktur?
- Wie sieht der Status quo aus bezüglich Infrastruktur?
- Wie sieht Best Practice aus?
- Welche Differenz besteht zwischen Soll und Ist bei der Infrastrukturausstattung?

Hat Y die richtigen Prozesse?
- Hat Y das richtige Development?
- Hat Y das richtige Change Management?
- Hat Y den richtigen Support?

Hat Y die richtigen Skills für den Betrieb von Software-Applikationen?
- Ist die Quantität der Mitarbeiter ausreichend?
- Ist die Qualität der Mitarbeiter ausreichend?
  - Bezüglich notwendiger Soft Skills?
  - Bezüglich notwendiger Hard Skills?

Case:

Wie rechnet sich das ganze Angebot?

Welche Nutzenaspekte gibt es?
- zeitliche?
- qualitative?

Welche Kostenaspekte gibt es?
- CAPEX-Effekte?
  - Einsparungen durch Cloud Computing?
  - Ausgaben für Cloud Computing?
- OPEX-Effekte?
  - Einsparungen durch Cloud Computing?
  - Ausgaben für Cloud Computing?

Quelle: Steercom

Die Top-Down-Kommunikation unterstützt den Vertrieb bei der Differenzierung. Der Vertriebsmitarbeiter kann mit wenigen Argumenten punkten, die sauber durchdacht sind und gleich am Anfang den Mehrwert aus Kundensicht beleuchten. Die Top-Down-Kommunikation hilft ihm, sein gedankliches Gebäude logisch und damit überzeugend zu transportieren. Er erreicht sein Ziel schneller und damit erfolgreicher.

Die Kernbotschaft zum Cloud Computing macht insofern neugierig auf das konkrete standardisierte Cloud-basierte CAD-Angebot, den Preis und den Nutzen für die einzelnen Designer beziehungsweise die Firma als Ganzes. Diese Aspekte gilt es nun zu erklären mit weiteren Fakten.

Mit der skizzierten Methode finden Seller einen reproduzierbaren Prozess, ihre Inhalte zuverlässig aufzubereiten und zu zielführenden Ergebnissen zu kommen. Mit ein wenig Training gehen die notwendigen Schritte schnell von der Hand und sorgen aufgrund planbarer Ergebnisse für enorme Effizienz. Und als Zugabe gibt es noch den Benefit der Universalität: Man kann die Methode auf alle anfallenden Kommunikationsaufgaben anwenden.

Literatur

Hackenberg, W./Leminsky, C./ Schulz-Wolfgramm, E. (2011): Key Message. Delivered – Business-Präsentationen mit Struktur, Freiburg

Minto, B. (2005): Das Prinzip der Pyramide: Ideen klar, verständlich und erfolgreich kommunizieren,, München

Coyne, K. & S. (2011): Brainsteering: A better approach to breakthrough ideas, New York

Service

Mobiles Kundenmanagement macht Schule

Mobile CRM ist aus der Arbeit von Vertriebsteams nicht mehr wegzudenken. Doch mehr Nutzerfreundlichkeit für mobile Endgeräte sind entscheidend. Das zeigt eine neue Studie zu CRM-Apps.

Die empirische Forschungsstudie des Instituts für Wirtschafts- und Verwaltungsinformatik der Universität Koblenz-Landau hat ergeben, dass befragte IT-Verantwortliche und Entscheider in Unternehmen nicht nur ein hohes Anwenderinteresse haben, sondern 76 Prozent würden für ihre Mobile-CRM-Apps sogar zahlen, beispielsweise als kostenpflichtige Zusatzoption zur Basissoftware des Unternehmens. Benutzeroberflächen, die gleichermaßen auf Smartphones und Tablet-PCs funktionieren und nutzerfreundlich sind, sehen sie als Notwendigkeit an. Dabei wird deutlich, dass 66 Prozent der Befragten mobile CRM-Apps als wichtig erachten. 79 Prozent würden dabei vorrangig ein Smartphone für den Zugriff auf mobile CRM-Daten und Anwendungen nutzen, 21 Prozent eher ein Tablet. Anbieter von CRM-Software müssen auf diese Entwicklung reagieren und demnach verstärkt mobile Clients zur Verfügung stellen. Interessant ist auch die Tatsache, dass die Funktionalität angepasst auf die verschiedenen Benutzeroberflächen stark im Vordergrund steht. 82 Prozent der Studienteilnehmer sprechen sich für mehr Informationen in einer Tablet-App aus. 79 Prozent würden zudem für eine CRM-App bezahlen, allerdings nur als Option. Doch wer sich in der Umfrage bereiterklärte, für CRM-Apps zu investieren, knüpfte dies an die Bedingung, dass die Bedienoberfläche ein einfaches und gutes Design aufweist. Dominierende Betriebssysteme für mobile Anwendungen wie CRM-Apps sind laut Studie iOS an erster Stelle sowie Android angegeben. Erst danach folgen die Systeme Windows, Blackberry und Linux. Mehr Infos, wie Mobile CRM den Vertrieb optimiert und einen Kommentar zur mobile CRM-Welt finden Sie unter: 🆂🅿* www. springerprofessional.de/4944534 und 4944534.

Warum die EU an einer europäischen Cloud tüftelt

Die Europäische Kommission baut die Coco Cloud auf. Sie soll Kunden maximale Vertraulichkeit und Sicherheit garantieren.

Die Europäische Kommission möchte die in der Cloud gespeicherten Daten europäischer Kunden besser schützen. Um das zu erreichen, müssen die Daten erst einmal in den Binnenraum der EU zurückgeholt werden, um sie mit verbindlichen Sicherheitsstandards geschützt zu speichern. In Europa soll daher eine neue Infrastruktur für sicheres und gesetzeskonformes Cloud Computing entstehen: die Coco Cloud. Sie steht für Confidential Compliant Cloud. Rechtliche Unterschiede und Regulierungsprobleme zwischen EU-Ländern will das Projekt überbrücken und einen einheitlichen Sicherheitsstandard etablieren. Gleichzeitig ist es das Ziel des Projekts, die Cloud so flexibel zu gestalten, dass Unternehmen und Endanwender wie gewohnt von überall und von jedem Gerät auf ihre Daten zugreifen und weitere Anwendungen und Services einbinden können. Mehr dazu auf:
📧* www.springerprofessional.de/5155256

Sicherheit bleibt die größte Hürde für Mobile-Strategien

Immer mehr Mitarbeiter nutzen eigene mobile Devices für berufliche Tätigkeiten. Doch das Sicherheitsrisiko ist hoch.

Mobile Geräte unterstützen den Außendienst bei Präsentation und im Verkauf. Sie sorgen dafür, dass Mitarbeiter auf Geschäftsreisen erreichbar sind und auf Daten im Netzwerk zugreifen können. Lassen Unternehmen auch private Smartphones und Tablets der Mitarbeiter zu („Bring Your Own Device", BYOD), sinken die IT-Kosten. Unternehmen erschließen obendrein neue Verkaufskanäle via Mobile Commerce und gestalten die Prozesse in der Produktion mit mobilen Geräten. Dies birgt aber auch Risiken. Eine Hürde sind vor allem Sicherheitsbedenken, angefangen beim Datenschutz bis zur Kontrolle der Netzwerkzugriffe. Erst 56 Prozent der großen und mittelständischen Unternehmen haben bisher eine umfassende Strategie für ihr mobiles Geschäft entwickelt, so die Trendstudie „Mobile Enterprise Review" von Lünendonk. Für BYOD fehlen jedoch häufig die rechtlichen Grundlagen. Unternehmen tun deshalb gut daran, in Abstimmung mit dem Betriebsrat klare Regeln für den Umgang mit privaten und geschäftlichen Daten zu entwickeln. Mehr dazu auf:
📧* www.springerprofessional.de/5130278

Buchrezensionen

Josef Vollmayr

Die Gestaltung des Vertriebssystems

Erfolgsfaktoren und finanzielle Auswir-

kungen

SpringerGabler, 1. Auflage

Wiesbaden, 2014

206 Seiten, 49,99 Euro

ISBN: 978-3-658-05772-5

Kerngedanke

„Die Gestaltung des Vertriebssystems gehört zu den wichtigsten Unternehmensentscheidungen."

Nutzen für die Praxis

Das Buch liefert gesicherte Erkenntnisse, wie sich verschiedene Vertriebssysteme allgemein und insbesondere Multi-Channel-Vertriebssysteme auf den Erfolg des Unternehmens auswirken.

Abstract

Josef Vollmayr untersucht in diesem Buch anhand von zwei empirischen Studien die finanziellen Auswirkungen der Gestaltung von Vertriebssystemen und identifiziert zentrale Erfolgs- und Kontextfaktoren.

Heinrich Wickinghoff mit Ulrich Dietze

Führung im Vertrieb

Mit der richtigen Führung zu besseren

Vertriebsergebnissen

Gabal Verlag, 1. Auflage

Offenbach, 2014

264 Seiten, 32,90 Euro

ISBN: 978-3-86936-556-5

Kerngedanke

„Wer in seinem Vertrieb eine systematische Vertriebsmethodik implementiert und die Prozesse systematisiert, erhöht seine Effektivität."

Nutzen für die Praxis

Aus den Strategie-Bausteinen Kommunikationsmanagement, Motivation, Empowerment und Vertriebscontrolling wird verdeutlicht, wie im Unternehmen eine schlagkräftige Vertriebsabteilung aufgebaut wird.

Abstract

In dem Buch wird beschrieben, wie systematisches Verkaufen auf der Basis einer durchdachten Führungsmethodik geschieht.

Diana Jaffé (Hrsg.)

Was Frauen und Männer kaufen

Erfolgreiche Gender-Marketingkonzepte

von Top-Unternehmen

Haufe, 1. Auflage

Freiburg, 2014

334 Seiten, 49,95 Euro

ISBN: 978-3-648-04897-9

Kerngedanke

„Gender-Marketing ist keineswegs Ausdruck stereotypischen Rollendenkens, sondern das Tor zu Innovation und Diversifizierung im Wettbewerb."

Nutzen für die Praxis

Ausgewählte Unternehmen verraten ihre Insights, Strategien und Erfolgsrezepte für innovative Gender-Marketingansätze.

Abstract

Das Buch zeigt, wie stark das gesamte Marketing von geschlechtsspezifischen Aspekten durchzogen ist und wie sich Unternehmen fernab jeglicher Stereotypen von Wettbewerbern differenzieren können.

Veranstaltungen

Veranstaltungen zum Thema Vertrieb

Datum	Event	Thema	Ort	Veranstalter/Website
23.09.-24.09.14	Vertriebsingenieur 1	Dieses praxisnahe Seminar vermittelt eigene Vertriebsvorgänge zu leiten und zu steuern.	Frankfurt	© 2013 Vogel Business Media GmbH & Co. KG www.b2bseminare.de/101
06.10.-07.10.14	Social Media Conference	Markenführung mit Social Media Kanälen, Monitoring der Social Media Aktivitäten, Social Commerce, Social CRM, rechtliche Aspekte. Ein B2B-Special rundet das Event am 8.10.14 ab.	Hamburg	Neue Mediengesellschaft Ulm mbH www.socialmediaconference.de
15.10.-16.10.14	KnowTech - Kongress für Wissensmanagement, Social Media und Collaboration „Zukunft der Wissensarbeit"	Dieser jährliche Kongress bietet eine Plattform zum Austausch zwischen Anwendern und Anbietern, Wissenschaft und Politik. Anhand von Praxisbeispielen werden den Teilnehmern erfolgreiche Strategien und erprobte Methoden vorgestellt.	Hanau	Bitkom Servicegesellschaft mbH www.knowtech.net
29.10.-30.10.14	Neocom 2014	Eine der größten Fachmessen Deutschlands für die gesamte Value Chain.	Düsseldorf	Management Forum der Verlagsgruppe Handelsblatt GmbH www.neocom.de
10.11.14 17.11.14 24.11.14	The Search Conference 2014	The Search Conference liefert Antworten auf die aktuellsten Fragen und präsentiert die neuesten Trends des Suchmaschinenmarketings. Die Teilnehmer erhalten das notwendige Know-how, um den Suchmaschinentraffic dauerhaft zu steigern.	Frankfurt München Hamburg	Neue Mediengesellschaft Ulm mbH www.search-conference.de
18.11.14 25.11.14	online communication conference 2014	Die online communication conference ist die Konferenz zur Optimierung Ihres online-Kunden-Dialogs. Spannende Case Studies, aktuelle Studien und Experten-Vorträge zu Crossmedia-Kommunikation, Social Media, Content Marketing, Customer Journey und viele weitere Themen.	München Hamburg	Neue Mediengesellschaft Ulm mbH www.online-communication-conference.de
08.10.-09.10.14	2. Süddeutscher Vertriebskongress: Erfolgswissen für Führungskräfte im B2B-Vertrieb	„Mehr Erfolg bei der Neukundengewinnung" und „Effektive Vertriebssteuerung und Vertriebscontrolling" sind die beiden Hauptthemen. Alle Beiträge vermitteln eine Fülle konkreter praktischer Handlungsempfehlungen für die Optimierung des Vertriebsmanagement.	Heidenheim	Gesellschaft für Kongressmanagment Köhler-Lürssen GBR www.sueddeutscher-vertriebskongress.de
19.11.-20.11.14	Deutscher Handelskongress 2014 und Kongressmesse Retail World	Der Deutsche Einzelhandel 2014/2015 – Vor welchen Herausforderungen steht die Branche aktuell? Weitere Themen: Neuausrichtung, Digitalisierung und Strukturwandel im Einzelhandel ,Digital auf der Fläche, Retail Benchmarks.	Berlin	Management Forum der Verlagsgruppe Handelsblatt GmbH www.handelskongress.de

In Kürze

Das verdienen Business Development Manager

Business Development Manager sind wichtige Schnittstellenmanager zwischen Vertrieb, Marketing und Produktmanagement eines Unternehmens. Sie entwickeln neue Geschäfts-ideen und verantworten die Weiterentwicklung und Umsetzung im Unternehmen. Gerade bei der Erschließung neuer Geschäftsfelder für den Vertrieb kommt Business Development Managern eine wichtige Rolle zu. Denn sie arbeiten auch daran, strategische Partner und neue Kunden für das Unternehmen zu gewinnen. Dabei vernetzen sie klassischerweise Vertrieb, Marketing und Produktentwicklung miteinander, beispielsweise bei Vertriebsmaßnahmen oder neuen Produkten, bei denen Kunden in Geschäftsprozesse integriert werden sollen. Zudem kümmern sie sich sowohl um die Vertriebszahlen, als auch um eine effizientere Produktion und verbesserte Geschäftsprozesse. Je nach Aufgabenportfolio können daher die Brutto-Jahresgehälter stark variieren, wie das Gehaltsbarometer von Compensation-Online zeigt. Business Development Manager ohne Personalverantwortung mit drei bis sechs Jahren Berufserfahrung können im Jahr zwischen 47.200 und 69.100 Euro verdienen. Im oberen Quartil haben 25 Prozent der Manager auch höhere Bezüge. Ab sieben bis zu zehn Jahren Berufserfahrung steigt das Gehalt steil auf bis zu 82.000 Euro für diese Berufsgruppe an. Im Schnitt liegen die Brutto-Jahresgehälter in dieser Gruppe bei 67.700 Euro. Im unteren Quartil verdienen hingegen 25 Prozent der berücksichtigten Business Development Manager weniger als 53.600 Euro. Spitzengehälter für Fachkräfte dieser Sparte ohne Personalverant-

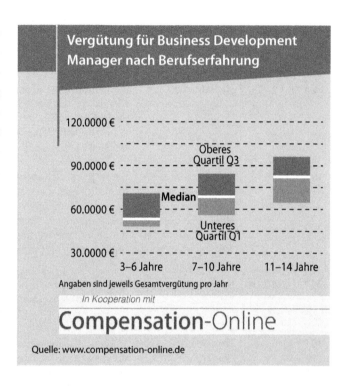

Vergütung für Business Development Manager nach Berufserfahrung

Angaben sind jeweils Gesamtvergütung pro Jahr

In Kooperation mit

Compensation-Online

Quelle: www.compensation-online.de

wortung liegen bei 93.800 Euro in Großunternehmen. Manager mit langjähriger Berufserfahrung erzielen bis zu 100.450 Euro brutto im Jahr. Auch in dieser Berufsposition haben variable Gehaltskomponenten einen überdurchschnittlich hohen Anteil. So bekommen 54 Prozent der befragten Business Development Manager zusätzliche Prämien. Der Durchschnitt der jährlichen Prämienzahlungen liegt bei 10.600 Euro.
⬛* Mehr zum Thema unter www.springerprofessional.de/4727650

Zufriedene Vermittler sind wichtiger als zufriedene Kunden

Die Zufriedenheit der Versicherungsmakler und -vertreter ist für Wachstum und Ertrag eines Assekuranz-Unternehmens wichtiger als Kundenzufriedenheit. Das Ergebnis der Finanzmarkt-Studie „Erfolgstreiber Kundenzufriedenheit Asseku-

ranz" des Marktforschungsinstituts Yougov trifft zumindest auf die Sparten Kfz- und SHU-Versicherung (Wohngebäude, Hausrat, Feuer, Unfall, private Haftpflicht) zu. Nicht beeinflusst von der Vermittlerzufriedenheit wird der versicherungstechnische Erfolg der Kompositsparte. Die Studie macht außerdem deutlich, dass auch Unternehmensmerkmale wie der hauptsächliche Vertriebsweg und die Preispositionierung positiv auf das Wachstum in den Untersuchungsjahren 2010 bis 2012 gewirkt haben. Günstige und direkt vertreibende

Versicherer haben sowohl in der Kfz- als auch in den SUH-Sparten wachsen können. Weitere Informationen zur Studie unter http://research.yougov.de/services/erfolgstreiber-kundenzufriedenheit-assekuranz. Mehr zur Kundenzufriedenheit [SMR]* www.springerprofessional.de/4989224.html

Die Zukunft des Verkaufens ist mobil

Verkaufen nach Internetlogik, mobile Kanäle vernetzen mit klassischem Vertrieb, jeder Kundenkontakt wird künftig zum Point-of-sales. Dies sind nur drei der Trends, die das Unternehmen Think Tank 2b Ahead, Marktforschungsinstitut und Business-Denkfabrik, bis zum Jahr 2020 für den Verkauf in einem Report identifiziert hat. Durch die radikalen Veränderungen im Vertrieb, wie sie vor allem durch die Welle der Digitalisierung und den Trend zum Mobile Payment hevorgerufen werden, ergeben sich laut 2b Ahead auch deutliche strategische Veränderungen für Vertriebsorganisationen. So werden beispielsweise Kaufentscheidungen nicht mehr allein nach Qualität und Preis getroffen und klassische Marktmodelle unterscheiden sich nur noch nach Premium- und Economy-Segmentierung. Vielmehr wirken Produkte und Mar-

ken künftig als „Identitätsmanager" der Kunden – denn diese trauen ihren Handyempfehlungen inzwischen mehr als den Verkäufern. Die Verkaufsstrategien der Unternehmen müssen entsprechend verändert werden und sich in Zukunft den wechselnden Lebensumständen der Kunden anpassen. Dabei zählt neben dem Vormarsch neuer Technologien vor allem der menschliche Mehrwert. Außerdem interessant: Das Thema Innovation ist für das Top-Management in den Chefetagen von Unternehmen enorm wichtig, wie der aktuelle Trendklima-Index der Denkfabrik zeigt. Danach schätzen Top-Führungskräfte die Verankerung von Innovation als Baustein in der Unternehmensstrategie als wesentlich höher ein als die zweite Ebene. Weitere Infos zu beiden Themen finden Sie auch unter http://bit.ly/1tQXUnw und http://bit.ly/1A0DeKe.

Business Development im Vertrieb

In der Versicherungsbranche schätzen rund 78 Prozent der Befragten im Change Barometer der Mutaree Group die Digitalisierung von Vertriebs- und Servicekanälen als deutlichen Einflussfaktor ein. Online-Kommunikation mit Kunden und Produktgebern wird bald zum Standardprozess für den Vertrieb werden. Schon heute werden digitale Vergleichsrechner, Produktfilme und Maklerportale genutzt. Die Kommunikation über WhatsApp oder Skype wird sich weiterentwickeln und den Kontakt zum Kunden und Produktgeber effizienter gestalten. Der digitale Vertrieb gewinnt an Stellenwert und birgt auch beim Vertrieb von emotionalen und sehr komplexen biometrischen Produkten, in Verbindung mit klassischen Vertriebsmethoden, ein hohes Potenzial.

Zahl des Monats: Business Development im Vertrieb

78 %

■ 78 % der Befragten des Mutaree-Change-Barometers 4 „Herausforderungen der Versicherungswirtschaft 2015-2018" sehen die Digitalisierung von Vertriebs- und Servicekanälen als Herausforderung für 2015 bis 2018 an

Quelle: Mutaree GmbH, *Befragungszeitraum Januar 2014, Change Barometer 4

Investitionen in Geschäftsentwicklung nehmen zu

Der Bedarf an gutem Business Development in Unternehmen nimmt rasant zu. Das ergibt eine Umfrage der Universität Hohenheim unter 352 deutschen Unternehmen. In der Automobil-, Telekommunikations- und HighTech-Branche sowie dem Konsumgütersektor planen Firmen in Zukunft, stärker in Business Development zu investieren. Das Erkennen von Markttrends und die Erschließung neuer Marktsegmente und Geschäftsmodelle steht im Mittelpunkt. Laut Studie gibt es auch immer mehr Business-Development-Abteilungen: Seit 2005 ist deren Zahl um mehr als die Hälfte gestiegen. Geht es um die Qualifikation, so werden von den Befragten analytische und methodische Kenntnisse, unternehmerisches Denken und Kommunikationsfähigkeit als wichtigstes „Mindset" für gute Business-Development-Fachkräfte genannt.

Neugeschäft im 2. Quartal auf gemäßigtem Niveau

Das Neugeschäft hat sich im Vergleich zu den angegangenen Firmen im 2. Quartal im Vergleich zum Vorquartal laut dem Xenagos-Sales-Indikator wieder verschlechtert. Im Vorquartal waren sowohl die Neugeschäftsquote als auch die Angebotshöhe stark gestiegen. Der Indikatorwert sank im 2. Quartal um über zehn Punkte im Quartalsvergleich. Ein Blick auf die Indikator-Zahlen aufgesplittet nach einzelnen Branchen zeigt, dass die Produktions- und Dienstleistungsunternehmen im 2. Quartal 2014 Federn lassen mussten: Beide Sektoren verzeichneten fallende Werte. Nur der Handel hatte einen leichten Aufwärtstrend. Der Sales-Indikator berücksichtigt jeweils die Online-Einschätzungen zur Auftragslage der kommenden Monate von ausgewählten Entscheidern aus 25.000 Vertriebsfachleuten. Er folgt dem Konzept des ifo-Geschäftsklimaindex, richtet sich jedoch direkt an Vertriebsspezialisten. Mehr zum Gehaltsbarometer unter www.xenagos.de

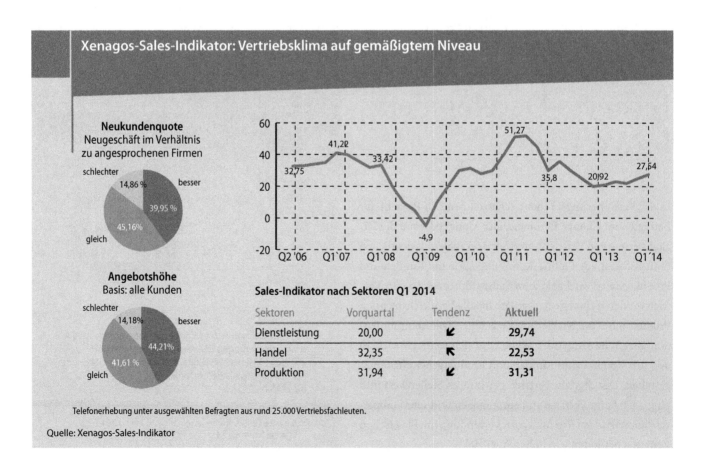

Xenagos-Sales-Indikator: Vertriebsklima auf gemäßigtem Niveau

Neukundenquote
Neugeschäft im Verhältnis zu angesprochenen Firmen
schlechter 14,86 %
besser 39,95 %
gleich 45,16 %

Angebotshöhe
Basis: alle Kunden
schlechter 14,18%
besser 44,21%
gleich 41,61 %

Werte der Kurve: 32,75 · 41,22 · 33,42 · -4,9 · 51,27 · 35,8 · 20,92 · 27,54
(Q2'06 · Q1'07 · Q1'08 · Q1'09 · Q1'10 · Q1'11 · Q1'12 · Q1'13 · Q1'14)

Sales-Indikator nach Sektoren Q1 2014

Sektoren	Vorquartal	Tendenz	Aktuell
Dienstleistung	20,00	↙	29,74
Handel	32,35	↖	22,53
Produktion	31,94	↙	31,31

Telefonerhebung unter ausgewählten Befragten aus rund 25.000 Vertriebsfachleuten.

Quelle: Xenagos-Sales-Indikator

Service der Verlagsredaktion

Der Kanal Vertrieb im Wissensportal Springer für Professionals bietet aktuelle Themen sowie fundiertes Hintergrundwissen für Vertriebsmanager. In der Datenbank finden Sie derzeit rund 40.000 Fachbücher und 300 Fachzeitschriften aus den Bereichen Wirtschaft und Technik.

In eigener Sache:
Nutzer geben gute Noten für Springer für Professionals

Dem Wissensportal Springer für Professionals werden ein hoher Praxisbezug sowie authentische und glaubwürdige Inhalte attestiert. Das ergab eine aktuelle Nutzerbefragung. An der Onsite-Befragung, die zwischen März und Mai dieses Jahres vom Institut eResult duchgeführt wurde, nahmen ca. 1.620 Nutzer des Portals teil, davon 234 aus den Fachgebieten Vertrieb, Marketing und Public Relations.

17 Prozent der Nutzer dieser drei Bereiche sind im Verkauf, Vertrieb und in der Beratung tätig. Insgesamt zeichnen sie sich durch einen hohen Bildungsgrad aus und verantworten mehrheitlich leitende Positionen. Die große Mehrheit ist aktiv an den Investitionsentscheidungen in ihrem Unternehmen beteiligt. Inhaltlich schätzen die Nutzer die Themenvielfalt des Portals, die Aktualität sowie die Verfügbarkeit wissenschaftlich und fachlich fundierter Informationen. 75 Prozent der Nutzer haben großes Interesse an Fallbeispielen (Best Practices) sowie Brancheninformationen und -entwicklungen.

85 Prozent der befragten Vertriebsentscheider geben an, dass die Inhalte des Portals für ihre geschäftlichen Entwicklungen relevant sind. Der Newsletter in diesem Fachgebiet wurde inzwischen von mehr als 5.400 Nutzern abonniert – mit steigender Tendenz. Insgesamt erreicht das Portal derzeit durchschnittlich eine Million Page Impressions pro Monat.

Das Wissensportal Springer für Professionals

Alle Beiträge und Literaturtipps im Heft, die mit SfP gekennzeichnet sind, sind für Abonnenten des Portals Springer für Professionals im Volltext unter www.springerprofessional.de frei zugänglich. Abonnenten dieser Zeitschrift können das Portal drei Monate kostenfrei unter Angabe des Aktionscodes C0006818 testen und danach zum Vorzugspreis beziehen.

 www.springerprofessional.de/fachzeitschriften/

Weiterführende Inhalte aus dem Portal

Afrika als Wachstumsmarkt nutzen
Afrika ist eine der dynamischten Wachstumsregionen der Zukunft. Wie expansiv orientierte Unternehmen den Markt für sich nutzen, lesen Sie unter www.springerprofessional.de/3076030

Ein besseres Business Development für Facebook
Alle Facebook-Neuerungen scheinen zu floppen. Höchste Zeit für einen Change-Management-Prozess, der echte Innovationen ermöglicht.
www.springerprofessional.de/4737736

Karriereschub durch effektive Netzwerke
In Deutschland gibt es immer noch zu wenig Frauen in Führungsetagen. Unternehmen können mehr tun als bisher.
www.springerprofessional.de/5128314

Lesetipp aus der Controlling & Management Review:
Interview mit Henkel-Finanzvorstand Carsten Knobel über die Idee des Business Partnering und deren Umsetzung im Konzern.
www.springerprofessional.de/4547834

Dienstleisterverzeichnis

**Präsentieren Sie Ihr
Unternehmen.**

Thema der nächsten Ausgabe:

Vertriebspartner-Management

Partnerschaften sind im Vertrieb beim Erschließen neuer Märkte eine beliebte Option. Dahinter steht die Absicht, die Risiken bei Expansionen zu minimieren. Vertriebspartnerschaften spielen auch im Multi-Channel-Vertrieb eine wichtige Rolle, wenn es darum geht, das Know-how von Unternehmen zusammenzulegen. Doch den richtigen Partner zu finden, mit dem die avisierte Zielgruppe erreicht wird oder der internationale Markteintritt konfliktfrei gelingt, ist nicht immer ein leichtes Unterfangen. In der nächsten Ausgabe lesen Sie, wie Vertriebspartnerschaften erfolgreich aufgebaut werden können und welche Chancen darin liegen.

Impressum

Sales Management Review
Zeitschrift für Vertriebsmanagement
www.salesmanagementreview.de
Ausgabe 4/2014 | 23. Jahrgang
ISSN 1865-6544

Verlag
Springer Gabler
Springer Fachmedien Wiesbaden GmbH
Abraham-Lincoln-Straße 46
65189 Wiesbaden
www.springer-gabler.de
Amtsgericht Wiesbaden | HRB 9754
USt-IdNr. DE811148419

Geschäftsführer
Armin Gross | Peter Hendriks |
Joachim Krieger

Gesamtleitung Anzeigen und Märkte
Armin Gross

Gesamtleitung Produktion
Olga Chiarcos

Gesamtleitung Publishing
Stefanie Burgmaier

Herausgeber
Prof. Dr. Ove Jensen
WHU – Otto Beisheim School of Management, Lehrstuhl für Vertriebsmanagement und Business-to-Business-Marketing, Vallendar

Verantwortlicher Redakteur WHU
Benjamin Klitzke
Tel.: +49 (0)261 6509-345
benjamin.klitzke@whu.edu

Redaktionsleitung Springer Gabler
Gabi Böttcher
Tel.: +49 (0)611 7878-220
gabi.boettcher@springer.com

Leitung Programmbereich Marketing |
Sales | Kommunikation
Barbara Roscher
Tel.: +49 (0)611 7878-233
barbara.roscher@springer.com

Redaktionelle Mitarbeiterin
Eva-Susanne Krah

Kundenservice
Springer Customer Service GmbH
Springer Gabler-Service
Haberstr. 7 | D-69126 Heidelberg
Telefon: +49 (0)6221 345-4303
Fax: +49 (0)6221 345-4229
Montag - Freitag 8 - 18 Uhr
springergabler-service@springer.com

Produktmanagement
Melanie Engelhard-Gökalp
Tel.: +49 (0)611 7878-315
melanie.engelhard-goekalp@springer.com

Verkaufsleitung Anzeigen
Mandy Braun

Tel.: +49 (0)611 7878-313
Fax: +49 (0)611 7878-78313
mandy.braun@best-ad-media.de

Anzeigenpreise
Es gelten die Mediainformationen
vom 01.10.2013

Anzeigendisposition
Susanne Bretschneider
Tel.: +49 (0)611 7878-153
Fax: +49 (0)611 7878-443
susanne.bretschneider@best-ad-media.de

Layout und Produktion
Erik Dietrich
erik.dietrich@springer.com

Titelbild
Jörg Block
info@joergblock.de

Bezugsmöglichkeit
Das Heft erscheint sechsmal jährlich.
Bezugspreise Print + Online in Deutschland:
169 €, Studenten/Azubis in Deutschland
70 € (jeweils inkl. MwSt., Porto und Versand), Einzelheftpreis 33 €, Bezugspreise
Print + Online im Ausland: 195 €
Jedes Abonnement enthält eine Freischaltung für das Online-Archiv auf www.
springerprofessional.de/2787710 (Registrierung erforderlich). Der Zugang gilt ausschließlich für den einzelnen Empfänger des Abonnements.

Das Abonnement kann jederzeit zur nächsten erreichbaren Ausgabe schriftlich mit Nennung der Kundennummer gekündigt werden. Eine schriftliche Bestätigung erfolgt nicht. Zuviel gezahlte Beträge für nicht gelieferte Ausgaben werden zurückerstattet.

Druck und Verarbeitung
Stürtz, Würzburg

Partner, Kunden oder Hindernis?

Wie ist es um die Partnerkultur Ihres Vertriebs bestellt? Ein guter erster Test ist das Vokabular, das in Ihrem Hause in Bezug auf Vertriebspartner verwendet wird. Sprechen Sie von Händlern oder von Kunden? Von Kundenplänen oder von „Joint Business Planning"? Von Vertrieb oder, wie P&G, von „Customer Business Development"? Von Partnern oder von Kanälen? Ein Geschäftsleitungsmitglied eines führenden Herstellers von Industrieprodukten titulierte seine Vertriebspartner intern mit Vorliebe als „Margen-Zecken", die er gerne umgehen würde.

Unternehmen sollten das Management von Vertriebspartnern zu ihren Kernkompetenzen zählen. Vertriebspartner umfassen klassisch Händler als Absatzmittler sowie Vertreter und Makler als Absatzhelfer. Hinzu kommen Implementierungs- und Integrationspartner. Die Palette reicht bis zu Lead-Generierungspartnern wie Empfehlungsportalen und Verzeichnisanbietern.

Die Vorteile von Vertriebspartnerschaften liegen auf der Hand: Vertriebspartner spielen im globalen Geschäft eine zentrale Rolle für die Erschließung von Exportmärkten. Vertriebspartner helfen bei der Abdeckung von C-Kunden, für die der Einsatz eigener Vertriebskapazität zu teuer ist. Vertriebspartner helfen, die Vertriebskosten variabel zu halten. Vertriebspartner stabilisieren den Cashflow durch Übernahme des Forderungsmanagements und Kreditrisikos. Vertriebspartner sorgen für lokale Produktverfügbarkeit und Kleinmengenlogistik. Ich erwarte, dass die Knappheit von Verkäufertalenten im Zuge des demografischen Wandels viele Unternehmen zwingen wird, mit Vertriebs-Outsourcing-Partnern zusammenzuarbeiten. Gute Verkäufer und Teamleiter werden sich zunehmend überlegen, sich als Vertriebspartner selbstständig zu machen anstatt als Angestellte zu arbeiten.

Doch auch die Herausforderungen des Partnermanagements sind offensichtlich: fehlende Kontrolle über Preise, Serviceniveaus und Kundendaten, abnehmende Verkaufsaktivität und Lagerhaltung und, gerade im Konsumgütergeschäft, zunehmende Abhängigkeit von wenigen großen Händlern.

Univ.-Prof. Dr. Ove Jensen
Inhaber des Lehrstuhls für Vertriebs-
management und Business-to-Business-
Marketing der WHU – Otto Beisheim
School of Management, Vallendar,
Tel.: +49-(0)261-6509-340
E-Mail: ove.jensen@whu.edu
www.whu.edu/vertrieb

Statt Vertriebspartnerschaften findet man oft eher Konditionengerangel vor.

Unser Heft beleuchtet wieder einmal ausgewählte Herausforderungen aus einem der großen Brennpunkte der Vertriebspraxis. Ich wünsche Ihnen eine anregende Lektüre.

Mit herzlichen Grüßen
Ihr

Ove Jensen

www.springerprofessional.de

Spektrum

Service

Vertriebspartner-Management

Die Größe eines Wortes stellt die relative Häufigkeit in den Beiträgen des Heft-Schwerpunktes dar.

Schwerpunkt

Vertriebspartner-Management

Synergie durch horizontale Vertriebspartnerschaft

Viele Konsumgüterhersteller hinterfragen derzeit den Wert ihres Feldvertriebs. Eine regelmäßige Überprüfung ist in der Tat angebracht: Der Löwenanteil des Umsatzes entfällt auf eine Handvoll Händler. Viele Entscheidungen dieser Handelsgiganten fallen in Zentralabteilungen und nicht in den lokalen Häusern. Bringt es da noch etwas, einen kostenintensiven Außendienst zu den Marktleitern zu schicken?

Andreas Schmidt, Ove Jensen

Die Konzentration in der Handelslandschaft hat ein Ausmaß angenommen, das zunehmend das Bundeskartellamt auf den Plan ruft. Nehmen wir den Lebensmittelbereich: 1.600 zumeist mittelständische Hersteller machen mehr als 80 Prozent ihres Umsatzes mit gerade mal sechs Handelskonzernen. Diese Händler wissen ihre strategische Position zu nutzen: In den Zentralvereinbarungen lassen die Hersteller Federn. Daraus erwächst dem Vertrieb der Hersteller Druck von zwei Seiten.

Erstens geraten die Marketing- und Vertriebskosten der Hersteller unter Druck, da immer mehr Geld in die Konditionentöpfe des Handels fließt. Unter den Kostenpositionen stehen besonders die Kosten des Feldvertriebs auf dem Prüfstand. Die Vollkosten eines Außendienstmitarbeiters erreichen in einigen Organisationen 150.000 Euro pro Jahr, wenn man Personalkosten, Kfz-Kosten und Overhead zusammennimmt. Pro Jahr kommt ein Außendienstmitarbeiter nach Abzug von Urlaub, Krankheit, Schulungen und anderen internen Aktivitäten auf etwa 200 Feldtage. Wenn man eine durchschnittliche Besuchzahl von acht Besuchen pro Tag ansetzt, erreicht ein Außendienstmitarbeiter eine Besuchskapazität von 1.600 Besuchen pro Jahr. Die Vollkosten eines Kundenbesuchs liegen damit bei etwa 100 Euro.

Zweitens wird der Nutzen des Feldvertriebs hinterfragt. Die Händler locken zunehmend mit zentraler, teils europaweiter Einlistung oder es drohen zentrale Auslistungen. Wird sich die Vertriebsarbeit damit zukünftig nur noch zwischen Key Account Management und Zentraleinkauf abspielen? Die Händler haben zunehmend Category-Management-Kompetenz aufgebaut und standardisieren mit zentralen Planogrammen die Layouts der Regale. Erübrigt sich damit die Platzierungsberatung vor Ort? Die Händler haben Scannerkassen und setzen automatische Bestellsysteme ein. Fällt mit dem zunehmenden Wegfall des manuellen Schreibens von Aufträgen auch der Bedarf an Verkäufern weg? Es bestehen einige Zweifel darüber, was der Außendienst vor Ort beim Marktleiter überhaupt noch erreichen kann.

Im folgenden Abschnitt argumentieren wir, dass Feldarbeit den Herstellern nach wie vor einen großen Nutzen bringt. Anschließend diskutieren wir, wie die Hersteller durch horizontale Vertriebspartnerschaften ihre Vertriebskosten senken können. Und zum Abschluss zeigen wir: Der Schlüssel für erfolgreiche Vertriebspartnerschaften besteht darin, den Wert der Außendienstarbeit transparent zu machen. In unsere Ausführungen fließt als Fallbeispiel ein, wie die mittelständischen Marken Amecke und Brandt Synergie am Point of Sale heben.

Zusatzumsatz durch Feldarbeit nicht unterschätzen

Wie groß der Nutzen von Feldarbeit nach wie vor ist, erweist sich, wenn man unter die Oberfläche der Zentrallistung blickt. Nüchtern betrachtet, bringt die Zentrallistung nur einen Platz im Zentrallager des Händlers sowie im besten Fall eine Erstbestückung der Regale. Dann jedoch beginnt der Alltag vor Ort. Auch aufgrund neuer Technologien wie automatischer Bestellsysteme fährt der Handel mit immer weniger Personal. Gerade hier ergeben sich jedoch neue Beratungsleistungen des Außendienstes, insbesondere bei

Andreas Schmidt
ist Geschäftsleiter der Synpos Vertriebsgesellschaft GmbH & Co. KG, Dortmund

Univ.-Prof. Dr. Ove Jensen
ist Inhaber des Lehrstuhls für Vertriebsmanagement und Business-to-Business Marketing an der WHU – Otto Beisheim School of Management, Vallendar

Andreas Schmidt
Synpos Vertriebsgesellschaft GmbH & Co. KG,
Dortmund, Deutschland
E-Mail: schmidt@synpos.de

Ove Jensen
WHU – Otto Beisheim School of Management,
Vallendar, Deutschland
E-Mail: ove.jensen@whu.edu

der laufenden Überprüfung der Bestände und notwendigen Bestellmengen. Sehr häufig ist ein Artikel im Regal out-of-stock, während das System noch Bestand anzeigt und keine Nachbestellung auslöst. Die Out-of-Stock-Situation bleibt oft unbemerkt. Ein typischer Fall aus dem Leben ist zudem, dass sich unter anderem bei Reinigungsarbeiten die Scannerschilder vom Regal lösen. Fehlt das Schild, fehlt bald der Artikel.

Vor diesem Hintergrund erkennen die Marktleiter die Beratungsleistung des Herstellers sehr an. Gerade bei besonderen Aktionen wie Promotions oder Handzettelaktionen sind die Marktleiter sehr an der Expertise der ADM interessiert, um den höchsten Nutzen für ihr Geschäft zu erzielen und bei auftretenden Problemen auf jemanden zurückgreifen zu können, der sich hierum kümmert. So kommt es, dass Marktleiter mit manchen Marken gerne eine Promotion machen, während sie mit anderen nicht in die Schlacht ziehen. Der Einfluss der Hausleiter auf Regale und Promotions ist nicht zu unterschätzen. Dies gilt nicht nur für die selbstständigen Kaufleute, sondern auch für die Regiebetriebe. Selbst in der Großfläche treffen selbstbewusste Marktleiter immer auch eigene Entscheidungen.

Kosten der Feldarbeit mit anderen Herstellern teilen

Wo ein Außendienst, der durch seine Systempflege, Bestandschecks, Promotionunterstützung und Mehrwertberatung bei der Ladengestaltung Nutzen erbringt, auf einen selbstbewussten Hausleiter trifft, entsteht Umsatz. Nun gilt es, die Kosten der Außendienstarbeit zu optimieren.

Kerngedanke 1

Es bestehen Zweifel darüber, was der Außendienst vor Ort beim Marktleiter ausrichten kann.

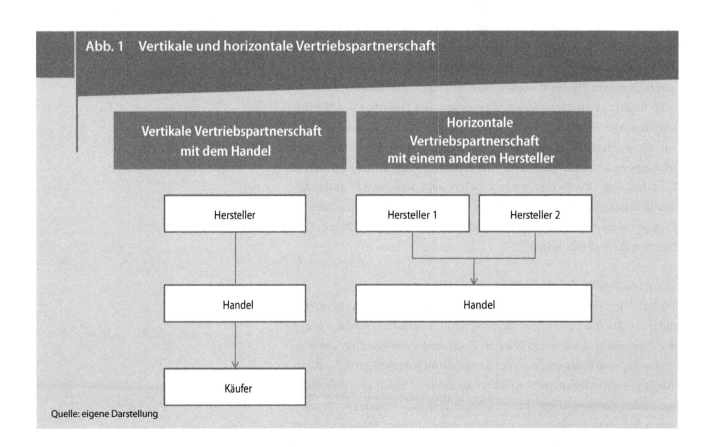

Abb. 1   Vertikale und horizontale Vertriebspartnerschaft

Vertikale Vertriebspartnerschaft mit dem Handel

Horizontale Vertriebspartnerschaft mit einem anderen Hersteller

Hersteller

Handel

Käufer

Hersteller 1

Hersteller 2

Handel

Quelle: eigene Darstellung

Um die Kosten der Feldarbeit zu optimieren, muss man sich zunächst vor Augen führen, dass bis zu 50 Prozent eines Feldtages aus Autofahrten bestehen. Die Kosten eines Außendienstbesuchs bestehen damit aus der Anreisezeit und der echten Verkaufszeit. Für den Außendienst von großen Herstellern, die bei einem Besuch über mehrere Marken sprechen können, lohnt sich dabei die Anfahrt stärker als für den Außendienst eines Mittelständlers, der nur über eine Marke sprechen kann.

Diese Überlegungen führen zu der Idee, dass sich Mittelständler, deren Marken nicht im Wettbewerb stehen, zu einer Vertriebspartnerschaft zusammenschließen, um die fixen Kosten der Anfahrt und des Overheads zu teilen. Synergie entsteht, wenn sich ein Außendienstmitarbeiter bei seinem Besuch nicht nur um eine Marke kümmert, sondern um zwei bis drei. **Abbildung 1** illustriert die Idee einer solchen horizontalen Vertriebspartnerschaft. Eine solche Zusammenarbeit muss nicht bei der Synergie in der Feldarbeit enden. Wenn das Vertrauen zwischen den Partnern wächst, sind eine Zusammenarbeit in der Logistik, in der Werbung und in Verbundplatzierungen naheliegend.

Ein Beispiel einer horizontalen Vertriebspartnerschaft zwischen Herstellern ist die Zusammenarbeit der für Fruchtsaft bekannten Marke Amecke und der für Zwieback bekannten Marke Brandt. Beide Unternehmen betreiben unter dem Dach der Synpos Vertriebsgesellschaft eine gemeinsame nationale Feldorganisation. Der Synpos Außendienst umfasst heute deutschlandweit 26 Kundenberater.

Eine solche langfristig angelegte Vertriebspartnerschaft kann mit den richtigen Strukturen eine andere Qualität als die Zusammenarbeit mit sonstigen Vertriebspartnern wie zum Beispiel Handelsagenturen oder Leasing-Außendiensten haben. Diese vertreten nicht selten zehn bis zwölf Marken. Bei dieser Anzahl von betreuten Marken ist es dem Außendienstler kaum möglich, Markenkonzepte und Argumentationen zu verinnerlichen. Die kognitive Grenze liegt hier nach unserer Einschätzung eher bei zwei als bei drei Marken. Hinzu kommt: Da insbesondere viele der Handelsagenturen regional aufgestellt sind und jeweils ein bis zwei Nielsen-Gebiete abdecken, braucht der Hersteller fünf bis sechs Handelsagenturen, um ganz Deutschland abzudecken. Dadurch entsteht ein hoher Steuerungsaufwand und die Umsetzung von strategischen Vertriebszielen ist um ein Vielfaches schwieriger. Handelsagenturen oder Leasing-Außendienste können trotzdem ihren festen Platz in der Vertriebsarbeit jedes Herstellers haben. Dieser Platz betrifft jedoch eher die zeitlich begrenzte Unterstützung von Aktionen und Durchgangsverkäufen.

Steuerungskonzept als Erfolgsfaktor horizontaler Vertriebspartnerschaften

Die dauerhafte Markenvertretung und Außendienststeuerung sollte nicht so leicht aus der Hand gegeben werden wie die einer temporären Aktion. Dies führt zu der Frage, was die Erfolgsfaktoren einer horizontalen Vertriebspartnerschaft sind.

Kerngedanke 2
Marktleiter erkennen die Beratungsleistung des Herstellers an.

Handlungsempfehlungen
- Unterschätzen Sie nicht den Einfluss der Marktleiter auf Platzierung und Promotions. Auch in Zeiten starker Zentraleinkäufer kann Feldarbeit vor Ort die Umsätze heben.
- Suchen Sie gezielt mittelständische Partner mit ähnlichen Markenphilosophien.
- Nutzen Sie neben Ihren horizontalen Vertriebspartnern weiterhin sonstige Vertriebsdienstleister als Partner, um Durchgänge und Marketingaktionen mit zusätzlicher Kapazität zu unterstützen.
- Definieren Sie für den Vertrieb messbare, operative Meilensteinerfolge, die an der Wurzel des Umsatzes liegen. Messen Sie Ihre Verkäufer an den gleichen Kriterien, an denen Sie sich gegenüber Ihrem Vertriebspartner messen.
- Vereinbaren Sie eine Vertriebspartnervergütung mit der Besuchsqualität als zentralem Element.
- Dokumentieren Sie die Erreichung der Erfolgsmeilensteine und rechnen Sie gegenüber Ihren Partnern nur dokumentierte Erfolge ab.
- Feiern Sie gemeinsame Erfolge.

Die Überlegungen haben gezeigt, dass Außendienstarbeit einen großen Nutzen hat und dass es Synergie schafft, wenn ein Hersteller seinen Außendienst mit einem anderen Hersteller teilt. Wenn eine Kostenteilung zwischen den Herstellern stattfindet, ist die für das Funktionieren der Vertriebspartnerschaft entscheidende Frage, dass die Leistung und der Nutzen transparent gemacht und den Partnern gegenüber dokumentiert werden kann.

Die Außendienstleistung über Inputkennzahlen wie die Besuchshäufigkeit zu messen, würde zu kurz springen. Denn die Quantität der Besuche sagt wenig über deren Qualität aus. Sinnvoller ist die Messung an Output-Kennzahlen. Naheliegend ist hier natürlich der Umsatz. Die Output-Messung über Umsätze stößt in der Praxis des indirekten Vertriebs jedoch auf Herausforderungen: Die Außendienstarbeit findet auf Outlet-Ebene statt, doch die Umsätze sind im Zentrallagergeschäft auf Outlet-Ebene nicht frei verfügbar. Mit Retail-Link verkauft der Handel diese Daten zu einem Preis,

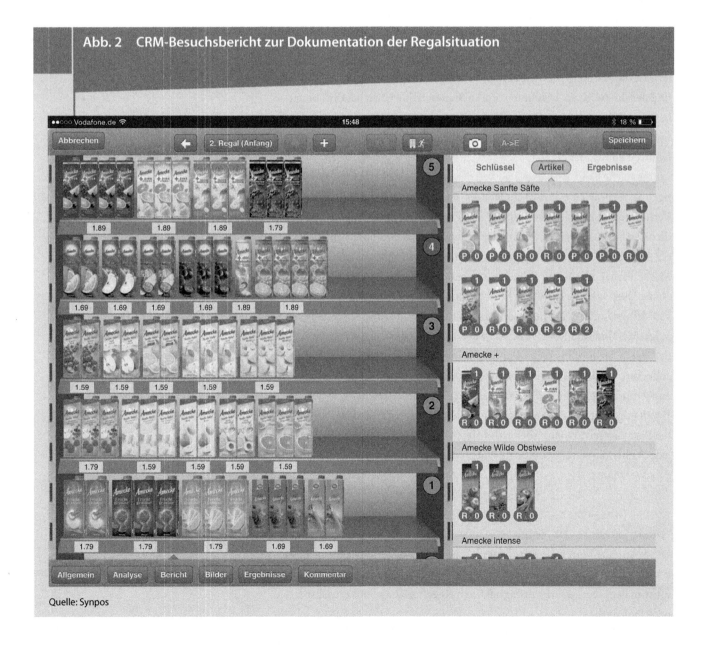

Abb. 2   CRM-Besuchsbericht zur Dokumentation der Regalsituation

Quelle: Synpos

der für mittelständische Hersteller im Abonnement sehr teuer ist. Ferner werden Umsätze auch durch die Wettbewerbsaktivität und die Zentralvereinbarungen beeinflusst. Damit lässt sich der Umsatzerfolg nicht immer valide der Leistung des Außendienstmitarbeiters in einem Markt zuordnen.

Es bedarf also eines Steuerungskonzepts, das auf dem Weg von der Besuchshäufigkeit zum Umsatz Meilensteine erfasst, deren Erreichung von der Leistung des Außendienstes unmittelbar beeinflusst wird. Einige Beispiele:

• Regalboden: Schafft es der Außendienst, die Platzierungshöhe der Artikel zu verbessern, in dem er die Produkte auf einen besseren Regalboden (Augenhöhe) umplatziert?

• Facings: Schafft es der Außendienst die Sichtbarkeit der Produkte und die Verfügbarkeit zu sichern, indem er die Platzierungsbreite mit zusätzlichen Facings ausbaut? Bis hin zur Gestaltung von Markenblöcken?

• Zweitplatzierung: Schafft es der Außendienst, zusätzliche Impulspunkte zur Steigerung der Erst- und Wiederkäuferrate zu setzen?

• Promotions: Schafft es der Außendienst, die verkaufsfördernden Maßnahmen wie zum Beispiel Kostprobenwerbungen in den richtigen Märkten mit hoher Kundenfrequenz umzusetzen?

Die Erfolgsmessung darf nicht nur auf Kampagnenebene erfolgen, sondern muss nachhaltig angelegt sein. Synpos hat auf dieser Basis eine Systematik entwickelt, mit der die Außendienstmitarbeiter in ihrer Vertriebsarbeit am POS gesteuert werden. **Abbildung 2** gibt hierzu einen Screenshot des Besuchsberichts aus dem CRM-System wieder. Die App auf dem iPad dokumentiert zum einen den Verkaufserfolg gegenüber dem Vertriebspartner. Zum anderen bildet sie die Basis für Platzierungsberatung gegenüber dem Handel. Die Verknüpfung der Meilensteine mit den Umsätzen ermöglicht eine Gewichtung der Indikatoren.

Die Spezifikation konkreter Verkaufsmeilensteine ist in unseren Augen ein Schlüssel für die Vertriebssteuerung in nahezu allen Branchen. Leider ist in vielen Verkaufsorganisationen die Kreativität mit der Messung von Umsätzen und Besuchsfrequenzen erschöpft. Wer aber nur nach Umsätzen steuert, gibt den Außendienstmitarbeitern keine konkreten Hinweise, auf welche operativen Ziele sie in ihren täglichen Besuchen hinwirken müssen. Auf einen besseren Regalboden zu gelangen, ist dagegen ein sehr spezifisches Ziel. Wer nur Besuchshäufigkeiten zählt, fährt gerade die fokussiert agierenden Topverkäufer sauer, die mit wenigen, längeren Gesprächen bei den richtigen Ansprechpartnern („working smart") mehr erreichen als Verkäufer, die viele, kurze Gespräche mit den falschen Ansprechpartnern führen („working hard").

Bei Synpos sind die Meilensteine in einen definierten Managementregelkreis eingebettet. Die Mitarbeiterziele werden in Form der operativen Meilensteine formuliert. Für die Erreichung der Meilensteine erhält der Mitarbeiter Leistungspunkte. Die Leistungspunkte bilden die Basis für die variable Vergütung. Das System dokumentierter Verkaufserfolge und Leistungspunkte ermöglicht den Mitarbeitern eine weitestgehende Selbststeuerung im Rahmen der Kriterien. Die unterschiedliche Gewichtung der

Kerngedanke 3

Der für das Funktionieren der Vertriebspartnerschaft entscheidende Faktor ist, dass die Leistung und der Nutzen transparent gemacht und dem Partner gegenüber dokumentiert werden kann.

Kerngedanke 4

In vielen Verkaufsorganisationen ist die Kreativität mit der Messung von Umsätzen und Besuchsfrequenzen erschöpft.

Erfolge macht die Bedeutung für den jeweiligen Markenpartner transparent. Als positiver Nebeneffekt ist eine höhere Leistungsspanne als üblich möglich, was einen weiteren Kostenvorteil ermöglicht. Auch in der Zusammenarbeit mit den Vertriebspartnern bilden die Leistungspunkte den Kern des Vergütungskonzepts. Die Partnervergütung ist dreiteilig zusammengesetzt:

Der Monatsgrundbetrag deckt die Fixkosten der Vertriebsorganisation. Er beinhaltet Managementaufwendungen der Synpos Servicegesellschaft, Aufwendungen für weitere Systementwicklung, Konzeption und Umsetzung der Organisations- und Mitarbeiterentwicklung, Weiterentwicklung der Handbücher für Verkaufsarbeit und für Arbeitsmittel, Mitarbeiterverwaltung und -abrechnung, Innendienst, Qualitätssicherung und Reporting sowie Partnerabstimmung und -kommunikation.

Die Besuchsvergütung deckt den Teil der Besuchskosten ab, der mit den Kosten der Anfahrt und dem Besuchsbericht verbunden ist. In seiner Höhe hängt er in erster Linie davon ab, für wie viele Partner der Besuch stattfindet und ob der Besuch innerhalb der Tagestour liegt oder eine Sonderanfahrt damit verbunden ist. Zudem gibt es noch Pauschalen für die Teilnahme an Partnerveranstaltungen und Sondereinsätze.

Die Erfolgsvergütung ist der eigentliche Kern des Vergütungskonzepts. Die verkäuferischen Leistungen werden einzeln abgerechnet. Auf der Grundlage dieser Abrechnung erhält der ADM seine Erfolgsbeteiligung, das Partnerunternehmen seine Leistungsabrechnung. Die Leistung wird nach Punktwerten berechnet. Jeder Erfolg ist mit einem bestimmten Punktwert verbunden. Der Punktwert variiert je nach Bedeutung des Erfolges für die nachhaltige Wirkung auf den Absatzerfolg. Mit einbezogen können auch die Größe des POS und der Umfang des Sortimentes, auf den sich die Aktivität des ADM bezieht. Wichtig für das gegenseitige Vertrauen in der Partnerschaft ist, dass nur dokumentierte Leistungen abgerechnet werden.

Fazit: Horizontale Vertriebspartnerschaften beruhen auf zwei Säulen: der Synergie und dem Steuerungskonzept. Gerade für mittelständische Konsumgüterhersteller liegen hier noch deutliche Potenziale.

Partnerschaften stehen und fallen mit Personen

Natürlich machen Partnerschaften in Marketing und Vertrieb Sinn! Einige Gründe: Jeder Partner kann sich auf seine Kernkompetenzen konzentrieren. In der Zusammenarbeit entstehen Kundenlösungen, die beide Partner alleine nicht bieten können. Vertriebspartner können Märkte erschließen, die man alleine nicht erreichen kann. Man kann das wirtschaftliche Risiko für gemeinsame Ziele auf mehrere Schultern verteilen. Gemeinsam lassen sich auch größere Vorhaben stemmen. Man kann vom Image eines Partners profitieren u.v.m.

Aber das wäre natürlich viel zu einfach. Zum einen ist Partnerschaft ein sehr weiter Begriff. Unterschiede gibt es in der Fristigkeit, im formellen Detaillierungsgrad, in den Machtverhältnissen der Partner, in der Anzahl der Beteiligten und im Umfang der Zusammenarbeit. Zum anderen darf man durchaus kritisch feststellen, dass nicht alle so genannten „Partnerschaften" in der Praxis auch den positiven Effekt haben, den der Begriff zu versprechen scheint. Nicht ohne Grund sagt der Volksmund „Partnerschaft ist, wenn der Partner schafft." Dazu folgende kleine Geschichte:

Das Huhn kam zum Schwein und sagte: „Lass uns kooperieren. Wir machen eine strategische Partnerschaft." Das Schwein war von dem Plan schwer beeindruckt. „Prima Idee. An was dachtest du denn?" „Lass uns zusammen Ham and Eggs anbieten, Eier mit Schinken!" „Und wie stellst du dir das vor?", fragte das Schwein. Das Huhn antwortete: „Ich liefere die Eier und du den Schinken." (in Anlehnung an Brankamp/Tobias: Car Wars, in Brandeins 1/2002)

Man muss wohl Bücher oder lange Artikel schreiben, um alle Facetten erfolgreicher Partnerschaften abzudecken und um vermeintliche Partner vor Fehlern zu schützen. Da der Platz dieser Kolumne nicht ausreicht, folgen hier „nur" meine drei subjektiven Erfolgsfaktoren:

Erstens: Die Ziele müssen für beide Partner geeignet sein, eine echte Win-Win-Situation zu erzeugen. Wenn nicht, sollte man nicht von „Partnerschaft" sprechen, sondern von Kooperation. Ich meine, zu viele so genannte „Partnerschaften" sind den Begriff nicht wert, weil sie eben nicht zum Wohle beider geschaffen wurden, sondern einen Partner bevorteilen.

Dirk Zupancic
ist Professor für Industriegütermarketing und Vertrieb sowie Präsident der German Graduate School of Management and Law in Heilbronn. Er stammt aus der Schule der Universität St. Gallen. Er berät, lehrt und forscht zu verschiedenen Vertriebsthemen. Sein Motto: Vertrieb ist der Wettbewerbsfaktor der Zukunft! Tel.: +49 (0)7131-64563674, E-Mail: dirk.zupancic@ggs.de, www.ggs.de

Zweitens: Beide Partner müssen bereit sein, kontinuierlich an der Partnerschaft zu arbeiten und dies auch tun. Ich finde der Begriff der „Energie", definiert als die Fähigkeit, Arbeit zu verrichten, ist eine passende Metapher. Nur wenn Energie in einer Partnerschaft vorhanden ist, wird sie gelebt. Dazu sind Zeit und Ressourcen nötig. Wenn beides (auf einer oder beiden Seiten) nicht vorhanden ist, kommt eine Partnerschaft nicht zustande oder zum Erliegen.

Drittens: Die Kultur der Partner muss stimmen. Wenn die Werte und Normen nicht zusammenpassen, kann man natürlich zusammenarbeiten, aber eben nicht partnerschaftlich. Und damit sind wir beim aus meiner Sicht wichtigsten Punkt: den Menschen! Echte Partnerschaften basieren nach meiner Erfahrung immer auf Menschen, die sich verstehen, die sich vertrauen und – auch wenn es pathetisch klingt – die sich mögen oder zumindest respektieren. Nur dann wird gemeinsam geleistet, werden gemeinsam Erfolge erzielt. Und nur so werden Fehler ehrlich angesprochen und gemeinsam gelöst.

Wettbewerbsvorteil durch vertrauensvolle Zusammenarbeit

Durch die Zusammenarbeit mit Industrievertretungen können Unternehmen Fixkosten senken, Kundenbeziehungen intensivieren und neue Märkte leichter erschließen. Über das Angebot von sich ergänzenden Produkten, stiften sie oftmals den entscheidenden Mehrwert beim Kunden und damit ebenfalls einen nicht zu unterschätzenden Wettbewerbsvorteil. Die Basis für eine gewinnbringende Zusammenarbeit zwischen Unternehmen und Handelsvertreter ist Vertrauen.

Eckhard Döpfer

Die schnelle technologische Entwicklung, die Umstrukturierung der Märkte und der intensive Wettbewerb in allen Branchen stellt Industrieunternehmen vor große Herausforderungen. Der Kostendruck steigt und zwingt sie, alle Rationalisierungsmöglichkeiten auszuschöpfen.

Dazu gehört letztlich auch der Vertrieb. Die Industrieunternehmen stehen damit vor einem Dilemma: Einerseits müssen auch im Vertrieb alle Möglichkeiten zur Rationalisierung und Kosteneinsparung genutzt werden, andererseits ist Kompetenz und Effizienz im Vertrieb der entscheidende Erfolgsfaktor eines Unternehmens. In diesem Spannungsfeld zwischen Kosten und Qualität steht die strategische Entscheidung eines Unternehmen über die Positionierung des Vertriebs und die Wahl der Vertriebswege.

Kostensenkung durch Outsourcing

Grundsätzlich steht ein Unternehmen vor der Entscheidung, den Vertrieb mit eigenem Außendienst durchzuführen oder an externe Vertriebsexperten zu übertragen, wobei häufig auch ein „gemischter Vertrieb" vorkommt (angestellte Reisende und selbständige Vertriebspartner zum Beispiel in unterschiedlichen Produktbereichen). Hinsichtlich Kosten und Effizienz spricht viel für das Outsourcing des Vertriebs an externe Vertriebspartner, wobei in erster Linie im Großhandels- oder im industriellen Bereich Industrievertreter in Betracht kommen. Daneben gibt es auch Vertriebsingenieure, die die gleichen Funktionen übernehmen wie Industrievertreter, aber zusätzlich eine abgeschlossene Ingenieursausbildung aufweisen können.

Der Beitrag bezieht sich auf Industrievertretungen für die wichtigsten Branchen, in denen solche Handelsvertretungen in Deutschland tätig sind:
- Maschinen/ Industrieausrüstung, ca. 4.900 Betriebe,
- Zulieferindustrie (Halbzeuge, Roh- und Fertigteile aus Stahl, Metallen, Guss- und Kunststoffen), ca. 4.200 Betriebe,
- Elektrotechnik/ Elektronik, ca. 3.100 Betriebe

Die Basis dieser Daten ist die für das Jahr 2012 erst kürzlich veröffentlichte Jahreserhebung des Statistischen Bundesamts, in der insgesamt 41.916 Handelsvertreterbetriebe auf der Großhandelsstufe ausgewiesen wurden. Als Industrievertretungen bezeichnet man üblicherweise Handelsvertreterbetriebe, die auf der Großhandelsstufe (B-to-B) im Produktionsverbindungshandel, das heißt im Handel zwischen Herstellern tätig sind.

Insgesamt wächst der Anteil der Industrieunternehmen, die Industrievertreter in ihre Vertriebsstrategie einbindet. Fast 13.000 Industrievertretung sind in den oben bereits genannten Branchen in Deutschland tätig. Nach der Statistik des Instituts für Handelsvermittlung und Vertrieb (CDH) e.V. vermittelt eine Industrievertretung jährlich im Durchschnitt Waren im Wert von 7,4 Millionen Euro und zwar in der Branche Maschinen/Industrieausrüstung über 6,4 Millionen Euro, Elektrotechnik/ Elektronik 4,9 Millionen Euro und Industrievertreter der Zulieferindustrie vermittelten 2011 im Durchschnitt Umsätze von nahezu 11,7 Millionen Euro.

Durch die Finanzkrise mussten alle Industrievertreter im Jahr 2009 scharfe Einbrüche verkraften. Am stärksten waren diese mit ungefähr 30 Prozent

Eckhard Döpfer
ist Mitglied der Hauptgeschäftsführung der Centralvereinigung Deutscher Wirtschaftsverbände für Handelsvermittlung und Vertrieb (CDH) e.V. und gleichzeitig Geschäftsführer des Fachverbandes Technik der CDH, in der Industrievertretungen fachspezifisch organisiert sind
http://www.cdh.de

Eckhard Döpfer
CDH e.V. , Berlin, Deutschland
E-Mail: doepfer@cdh.de

Kerngedanke 1

Der persönliche Verkauf „face-to-face" wird im Vertrieb immer einen hohen Stellenwert haben und lässt sich durch elektronische Medien nicht ersetzen, sondern wird dadurch ergänzt.

im Bereich der Zulieferindustrie, wo auch die anschließende Erholung am zögerlichsten verlief. Im Jahr 2011 war ungefähr das Niveau von 2006 wieder erreicht.

In der Branche Maschinen/Industrieausrüstung sind 2009 die vermittelten Umsätze pro Vertreterbetrieb um 23 bis 24 Prozent zurückgegangen. Die Provisionseinnahmen dieser Teilnehmer an der CDH-Statistik waren aber nur um 18 Prozent rückläufig. Der – vorübergehende – signifikante Anstieg der Anzahl der vertretenen Unternehmen und des Anteils ausländischer Vertretungen lässt vermuten, dass die Industrievertreter dieser Branche sich verstärkt um Vertretungen ausländischer Hersteller mit höheren Provisionssätzen bemüht haben und damit ihre Einnahmeausfälle teilweise kompensieren konnten. Die anschließende Erholung erfolgte schlagartig und auch 2011 konnten die untersuchten Industrievertretungen die vermittelten Warenumsätze um nahezu zehn Prozent und die Provisionserlöse um über 18 Prozent gegenüber dem Vorjahr steigern.

Am glimpflichsten waren die Auswirkungen der Finanzkrise für die Industrievertreter der Branche Elektrotechnik/Elektronik, die sich an der CDH-Statistik beteiligt haben, mit einem Rückgang der vermittelten Warenumsätze um durchschnittlich 10,4 Prozent und der durchschnittlichen Provisionseinnahmen um 12,3 Prozent im Jahre 2009. Im Jahr 2010 konnte das Vorkrisenniveau von 2008 bereits wieder erreicht, 2011 aber nur noch um ein bis zwei Prozent verbessert werden.

Vermittlung von Aufträgen als Kernfunktion

Die grundlegenden Handelsfunktionen, die eine Industrievertretung erbringt, ergeben sich aus der eigentlichen „Kernfunktion", die sich in der Bezeichnung dieses Wirtschaftszweiges zeigt: Die Vermittlung zwischen Anbietern und Nachfragern. Zuvorderst hat eine Industrievertretung den Auftrag, „in einem bestimmten Gebiet die Aufgabe des Verkaufens im weitesten Sinne zu übernehmen". Dabei handelt die Industrievertretung in fremdem Namen auf fremde Rechnung – Anbieter der zum Verkauf stehenden Produkte sind nicht die Industrievertretungen, sondern die von ihnen vertrete-

---

Die CDH in Kürze

In der Centralvereinigung Deutscher Wirtschaftsverbände für Handelsvermittlung und Vertrieb (CDH) e.V., Berlin, dem Spitzenverband für Vertriebsunternehmen auf der B-to-B-Ebene, sind gegenwärtig fast 4.000 Industrievertretungen organisiert. Der CDH-Fachverband Technik ist der größte in der Organisation. Dessen Mitglieder sind in den Bereichen Maschinen und Industrieausrüstung, Elektrotechnik und Elektronik sowie in der Zulieferindustrie tätig.

nen Unternehmen. Die Abnehmer können ebenfalls sowohl andere Hersteller als auch Großhändler sein.

Eine Industrievertretung fungiert dabei als ein Problemlöser für beide Marktseiten. Das potenzielle Spannungsfeld, das sich im Produktionsverbindungshandel ergibt, ist dementsprechend das Betätigungsfeld für den Industrievertreter. Er sorgt dafür, dass Anbieter die richtigen Nachfrager finden, und dass mögliche Konflikte zur Zufriedenheit der Beteiligen gelöst werden. Eine Industrievertretung behält dabei stets beide Seiten im Auge, denn ein gut gepflegter Kundenstamm zählt genauso zum Kern ihrer Dienstleistung wie ein sorgfältig ausgewähltes Sortiment von vertretenen Produkten.

Insofern ist die Vermittlungstätigkeit nicht lediglich auf die Anbahnung oder den Abschluss von Geschäften beschränkt. Vielmehr versteht sich eine Industrievertretung als „Beziehungsmanager", und als solcher muss sie vielfältige Kompetenzen aufweisen. Aus der zu überwindenden marktlichen Distanz zwischen Anbieter und Nachfrager ergeben sich eine Reihe von Funktionen und Leistungen einer Industrievertretung, die letztendlich alle darauf abzielen, rentable und langfristige Geschäftsbeziehungen aufzubauen und zu erhalten.

Zu diesem Zweck muss eine Industrievertretung insbesondere zwei Aspekte genau kennen, beobachten und bearbeiten: den Vertrieb der herstellenden und die Beschaffung der nachfragenden Unternehmen. Aus dieser zweiseitigen Ausrichtung der Tätigkeit ergibt sich das Konzept des dualen Marketings von Industrievertretungen, das in **Abbildung 1** dargestellt ist. Das Konzept des dualen Marketings zeigt die Vielfalt und Verschiedenartig-

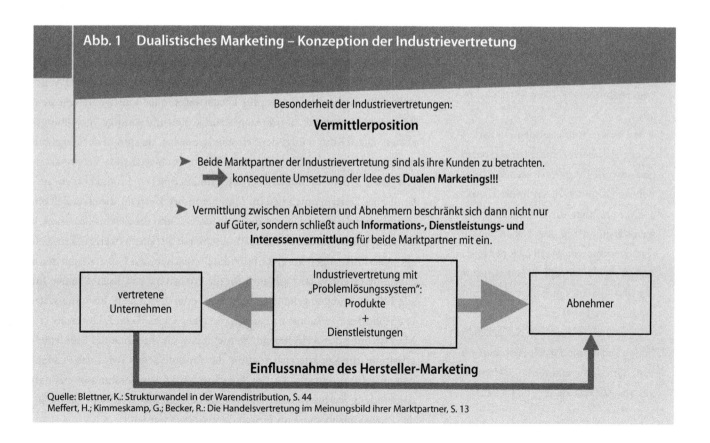

Abb. 1 Dualistisches Marketing – Konzeption der Industrievertretung

Besonderheit der Industrievertretungen:

Vermittlerposition

➤ Beide Marktpartner der Industrievertretung sind als ihre Kunden zu betrachten.
➡ konsequente Umsetzung der Idee des **Dualen Marketings!!!**

➤ Vermittlung zwischen Anbietern und Abnehmern beschränkt sich dann nicht nur auf Güter, sondern schließt auch **Informations-, Dienstleistungs- und Interessenvermittlung** für beide Marktpartner mit ein.

| vertretene Unternehmen | Industrievertretung mit „Problemlösungssystem": Produkte + Dienstleistungen | Abnehmer |

Einflussnahme des Hersteller-Marketing

Quelle: Blettner, K.: Strukturwandel in der Warendistribution, S. 44
Meffert, H.; Kimmeskamp, G.; Becker, R.: Die Handelsvertretung im Meinungsbild ihrer Marktpartner, S. 13

Kerngedanke 2

Der Vertrieb über Industrievertretungen entlastet die Unternehmen von fixen Vertriebskosten und lässt damit größere finanzielle Spielräume für Entwicklung und Produktion.

Zusammenfassung

- Outsourcing des Vertriebs an selbständige Vertriebsexperten entlastet ein Unternehmen von fixen Vertriebskosten.
- Mit einem umfassenden Dienstleistungspaket liefern Industrievertretungen sowohl ihren vertretenen Unternehmen als auch ihren Kunden einen Mehrwert über die klassischen Vertriebsleistungen hinaus. Neben der Differenzierung vom Wettbewerber bestehen zentrale Vorteile in der Bindung der Marktpartner und der Generierung zusätzlicher Umsätze.
- Gesetzliche Grundlage der geschäftlichen Zusammenarbeit zwischen vertretenen Unternehmen und Handelsvertreter ist das HGB (§§ 84 – 92c).

keit der Funktionen auf, die eine Industrievertretung übernehmen kann. Die Ausgestaltung der einzelnen Elemente ist in besonderem Maß von den Gegebenheiten des betreffenden Marktes und den Anforderungen der beteiligten Unternehmen abhängig.

Persönliche Kundenbeziehung als größte Stärke

Bei den meist beratungs- und erklärungsbedürftigen Produkten in der Investitionsgüter-, Hightech- und Zulieferindustrie im B-to-B-Bereich liegt der Fokus aber nach wie vor im persönlichen Verkauf. Trotz aller Technisierung kauft der Mensch noch beim Menschen, denn Verkaufen ist nach wie vor eine Art sozialer Interaktion. Genau diese persönliche Beziehung zum Kunden ist die größte Stärke von Industrievertretungen.

Diese Ergebnis bestätigt auch das Institut für Mittelstandsökonomie an der Universität Trier (INMIT) im Rahmen einer Studie die Wettbewerbsposition und die Entwicklungsperspektiven von Handelsvertretungen. Das schließt mit ein, dass das Internet ergänzend und unterstützend eingesetzt wird. Zum Beispiel kann sich der Kunde über die Webseiten der Industrievertreter einen ersten Überblick über deren Angebot machen. Der Vertrieb über das Internet oder generell Multi-Channel-Vertrieb beispielsweise über Onlineshops oder branchenbezogene Plattformen ergänzen in den technischen Branchen den persönlichen Kundenkontakt, ersetzen ihn aber nicht.

Senkung der Fixkosten

Industrievertreter oder Vertriebsingenieure sind selbständige Unternehmer, die für ihr vertretenes Unternehmen Waren vermitteln, in der Regel gegen Provision, also einen bestimmten Prozentsatz vom vermittelten Umsatz. Damit entfällt der gesamte Fixkostenblock für den angestellten Außendienst, der wesentlich mehr umfasst als nur die Gehälter. Hinzu kommen bei Angestellten Sozialabgaben, Kosten für Dienstwagen oder sonstige Reisekosten, Büro- und Kommunikationskosten, Raumkosten und sonstige Verwaltungskosten. Diese Kosten trägt der Selbständige selbst, sie sind in der Regel mit der Provision abgedeckt. Im Einzelfall kann es abweichende Vereinbarungen geben. Wenn der Industrievertreter zum Beispiel ein Produkt für ein ausländisches Unternehmen neu im Markt einführt, kann für die erste Zeit ein Fixum vereinbart werden, um die Aufbauarbeit und die Zeit bis Provisionen für die ersten vermittelten Geschäftsabschlüsse fließen zu überbrücken. Solche Vereinbarungen können individuell zwischen den Geschäftspartnern ausgehandelt werden. Dies gilt auch für die Provisionssätze. Es gibt keinen für alle Fallgestaltungen geltenden „üblichen" oder „normalen" Provisionssatz. Die Höhe des Provisionssatzes hängt von einer Vielzahl von Faktoren ab: Die Marktstellung des vertretenen Unternehmens, die Intensität der Kundenbearbeitung, die Konkurrenzsituation, das Produkt selbst (wird das Produkt neu eingeführt oder ist es schon lange im Markt, wie beratungsintensiv ist das Produkt, welcher Service muss zusätzlich geleistet werden) – das heißt, der Provisionssatz muss im Einzelfall vereinbart werden.

Mehrwert durch Service

Neben den Kostenvorteilen sind es die Dienstleistungen von Industrievertretungen, die für diesen Vertriebsweg sprechen. Die Kernfunktion ist die Vermittlung von Waren in fremdem Namen und auf fremde Rechnung, die des vertretenen Unternehmens. Daneben punkten Handelsvertretungen mit einem umfassenden branchenspezifischen Dienstleistungspaket und bieten sowohl ihrem Auftraggeber als auch ihren Kunden einen deutlichen Mehrwert. Die vor allem im industriellen Sektor in den meisten Fällen beratungs- und erklärungsbedürftigen Produkte bedürfen eines ergänzenden Services, um von Kunden abgenommen zu werden. Das reicht von Marktbeobachtung und Markterschließung, Mitarbeit auf Messen, Kundenbetreuung und Verfolgung der Lieferantenziele, Projektbetreuung und Kundendienst und anderes mehr. Gerade in technisch komplexen Branchen sind Planungsaufgaben bei neuen Projekten des Kunden, eine individuelle Angebotserstellung in Zusammenarbeit mit den vertretenen Unternehmen und die Koordinierung aller Projektschritte vielfach Voraussetzung für den Kauf und ein Differenzierungsfaktor zwischen Unternehmen. Von zentraler Bedeutung für die Kundenzufriedenheit ist auch der After-Sales-Service wie Installation, Inbetriebnahme, Mitarbeiterschulung, Wartung etc.

Erschließung neuer Märkte

Eine wichtige Aufgabe einer Handelsvertretung ist die Erschließung neuer Abnehmerkreise und Märkte. In der Regel wird die Industrievertretung zu Beginn ihrer Tätigkeit für ein Unternehmen einen bestehenden Kundenstamm übernehmen, es sei denn, es handelt sich zum Beispiel um ein neugegründetes Unternehmen oder eine neue Produktlinie. Ein strategisches Ziel des vertretenes Unternehmens kann es sein, durch den externen Vertrieb neben der Betreuung der bestehenden Kunden neue Abnehmerkreise zu erschließen, um so zu expandieren.

Eine etablierter Industrievertreter hat in der Regel schon einen festen Kundenstamm, den er sich durch andere Vertretungen schon aufgebaut hat und den er in die Geschäftsbeziehung mit dem neuen Unternehmen einbringt. Er wird dann diesem Kundenkreis die Produkte seiner neuen Vertretung präsentieren, um zusätzliche Abnehmerkreise zu akquirieren. Wenn die Kunden ein Vertrauensverhältnis zu ihrem Lieferanten aufgebaut haben, werden sie auch a priori aufgeschlossen sein für neue Angebote.

Für den Kunden ist besonders attraktiv, wenn der Industrievertreter komplementäre Produkte anbieten kann, die sein bisheriges Sortiment ergänzen. Die Kunden profitieren von der Zusammenarbeit mit Handelsvertretungen dadurch, dass sie bei einer Handelsvertretung durch das zusammengestellte Sortiment ein Angebot sich ergänzender Erzeugnisse finden und so den Einkauf mit wenigen Geschäftspartnern rationeller abwickeln können. Auch haben sie bei Fragen und Problemen stets einen schnell erreichbaren kompetenten Ansprechpartner.

Kerngedanke 3

Der Industrievertreter bietet umfassenden Service rund um den Verkauf, häufig das ausschlaggebende Argument für Kunden, Produkte eines bestimmten Unternehmens zu beziehen.

Handlungsempfehlungen

- Der richtige Partner ist die Voraussetzung einer erfolgreichen Zusammenarbeit. Entwickeln Sie einen Anforderungskatalog, den Ihre Industrievertretung erfüllen muss und wählen Sie Ihren Partner gezielt danach aus.
- Berücksichtigen Sie Ihr Anforderungsprofil bei Ihrem Vergütungsangebot.
- Die Geschäftsbeziehung zwischen vertretenem Unternehmen und Handelsvertreter sollte vertraglich geregelt werden, um spätere denkbare Konflikte zu vermeiden (Vertragsmuster sind unter www.shop.cdh24.de abrufbar).
- Nutzen Sie die vertraglichen Regelungen, Verkaufsrichtlinien und Zielvorgaben gezielt als Steuerung- und Kontrollinstrumente.

Kerngedanke 4

Der Industrievertreter steht im Spannungsfeld zwischen beiden Markseiten, Angebot und Nachfrage, und muss mögliche Interessengegensätze ausgleichen.

Marktkenntnis als Wettbewerbsvorteil

Ein Alleinstellungsmerkmal des selbständigen Vertriebs ist der umfassende Marktüberblick durch mehrere Vertretungen. Im Durchschnitt haben Handelsvertretungen im technischen Bereich 5,4 Vertretungen, 55,8 Prozent haben mindestens eine ausländische Vertretung. Im Gegensatz dazu sind die Angestellten eines Unternehmens nur auf ein Produkt oder eine Produktgruppe konzentriert und haben in ihrem Verkaufsgebiet wenig Spielraum. Durch ihre breite Aufstellung , erhalten Industrievertreter Informationen auch über die Konkurrenten und die Märkte insgesamt, die in die Beratungsfunktion des Handelsvertreters einfließen. Der Industrievertreter erfährt im Gespräch, welche Bedürfnisse seine Kunden haben, welche Probleme wiederum deren Abnehmer haben, die gelöst werden müssen. Dadurch kann er seinen vertretenen Unternehmen Impulse und Anregungen aus der täglich Praxis geben, die auch Produktmodifikationen oder Neuentwicklungen initiieren können. Auch die Individualisierung von Leistungen ist nur machbar, wenn Informationen über die Kunden über die Kundenschnittstelle, das heißt den Vertrieb, in die Unternehmen einfließen.

Vertrauen als Voraussetzung einer Zusammenarbeit

Als Argument gegen die Einschaltung von externen Vertriebspartnern wird häufig deren vermeintlich schlechte Steuer- und Kontrollierbarkeit vorgebracht. Im Gegensatz zu Angestellten können Selbstständige natürlich viel selbstbestimmter agieren. Dabei wird aber übersehen, dass es zahlreiche Möglichkeiten zur Steuerung und Kontrolle von Handelsvertretungen gibt, die konsequent genutzt werden können zum Beispiel vertragliche Regelungen, Verkaufsrichtlinien und Zielvorgaben. Allein aus dem vertraglichen Verhältnis stehen dem Unternehmen Rechte zu, so ist in § 86 Abs. 1 und 2 HGB eindeutig geregelt, dass durch die Handelsvertretung „...die Interessen des vertretenen Unternehmens wahrzunehmen sind und dieses zu unterrichten ist". Insbesondere die Berichtspflicht bietet ausreichende Kontrollmöglichkeiten. Im Übrigen muss die Zusammenarbeit zwischen beiden Geschäftspartner auf einer vertrauensvollen Basis beruhen, um erfolgreich zu sein. Beide haben das gleiche Ziel: Kunden zufrieden zu stellen und Produkte zu verkaufen, für beide ist es auch eine Existenzfrage. Wenn eine Zusammenarbeit allerdings, aus welchen Gründen auch immer, nicht möglich ist, kann eine Kündigung ausgesprochen werden, gesetzlich geregelt ist das in den Paragraphen §§ 89 ff. HGB.

Letztlich muss naturgemäß im Einzelfall entschieden werden, wie ein Unternehmen seinen Vertrieb strukturiert und ob es Funktionen ganz oder teilweise ausgliedern will. Die betriebsindividuelle Situation oder Markterfordernisse müssen da den Ausschlag geben. Ganz sicher kontraproduktiv ist es, die Vertriebswege ständigen Reorganisationen zu unterwerfen, um kurzfristig ein vermeintliches Optimum auszuschöpfen. Verkaufsorganisationen, seien es unternehmensinterne oder externe Spezialisten, müssen heute wesentlich mehr leisten, um zumindest die Ergebnisse der Vergangenheit zu erreichen, dies kann nicht mit kurzfristig angelegten Ad-hoc-Maßnahmen bewältigt werden. Ein wesentlicher Erfolgsfaktor ist vielmehr nach wie vor eine stabile vertrauensvolle Kundenbeziehung, und die muss oft über Jahre hinweg aufgebaut und vor allem gepflegt werden. Der menschliche Kontakt, das miteinander Umgehen, spielt immer noch eine wichtige Rolle und dazu gehört auch Kontinuität.

Recherchelinks
www.handelsvertreter.de (national)

www.come-into-contact.com (international)

www.hv-journal.de

Literatur

Der unbekannte Riese – Pressemitteilung des IFH Köln Research Experts, Köln, Dezember 2012

Outsourcing Vertrieb - Handelsvertretungen als Marktpartner der Industrie von Dipl. oec. Dr. Andreas Kaapke, Dipl.-Kfm. Sebastian von Baal MBA, Dipl.-Kfm. Dr. An-dreas Paffhausen und RA Hermann Hubert Pfeil. 2. überarbeitete Auflage 2007. 146 Seiten. Steuer Verlag GmbH, Aachen.

Der Service macht den Unterschied - Wie Handelsvertretungen durch Dienstleistungen ihr Profil schärfen, die Wettbewerbsposition stärken und die Rentabilität steigern können von Prof. Dr. Andreas Kaapke und Dr. Andreas Paffhausen. 2012.

Handelsvertreter in Deutschland - Zahlen - Daten - Fakten 2012 (CDH Statistik)

Strukturwandel in der Warendistribution. Wettbewerbsposition und Entwicklungsperspektiven für die Handelsvertretung - Kurzfassung des Gutachtens von Dipl.-Kfm. Klaus Blettner, Peter Knopp, Prof. Dr. Axel G. Schmidt. 1998.

Den Bonus richtig einsetzen

Viele Hersteller – zum Beispiel aus der Automobil- oder Konsumgüterbranche – vertreiben ihre Produkte über den Handel. Zur Absatzförderung setzen sie dabei in der Regel auf ein Rabatt- und Bonussystem. Oft zeigt sich aber, dass die meist historisch gewachsenen Bonuspläne kaum einen Effekt auf das Verkaufsverhalten der Händler haben und wenig zur Absatzförderung beitragen. Dabei gilt: Durch Befolgen weniger Grundregeln können Hersteller die richtigen Motivationsanreize setzen und so den Handel effektiv steuern.

Ingo Reinhardt

In den vergangenen Jahrzehnten hat sich in vielen Branchen ein Wandel in der Händlerbonifikation vollzogen. Während sich die Hersteller früher fast ausschließlich auf Absatz- und Umsatzboni fokussierten, werden heute vielfältige Ziele bonifiziert, beispielsweise die Erfüllung einer Eroberungsquote, die Einhaltung von Corporate Identity-Standards (CI) oder die Unterstützung von Kampagnen. Trotz der Ausdifferenzierung der Händlerbonifikation bleibt aber in vielen Fällen ungeklärt, ob Hersteller durch den Bonus einen Effekt in ihrem Sinne auf das Verkaufsverhalten der Händler erzielen. Das folgende vereinfachte Beispiel verdeutlicht für den Volumenbonus die Herausforderungen für das Setzen von Bonuszielen.

Ein Automobilhersteller vertreibt in einem Verkaufsgebiet seine Fahrzeuge über einen Händler. Der Verdienst des Händlers setzt sich aus zwei Bestandteilen zusammen: Basierend auf der Annahme, dass der Händler alle Fahrzeuge zum empfohlenen Listenpreis des Herstellers verkauft, erhält er für jedes verkaufte Fahrzeug 15 Prozent Händlerrabatt auf den empfohlenen Verkaufspreis von 10.000 Euro. Zudem erhält er einen Bonus von weiteren zehn Prozent auf den Händlereinstandspreis (HEP), wenn er das Absatzziel von 100 Fahrzeugen im Jahr erreicht. Seine Marge in Abhängigkeit von der Absatzmenge wird in **Abb. 1** dargestellt (durchgezogene Linie).

Ob der Bonus zu der erhofften Absatzsteigerung führt, hängt wesentlich davon ab, wie das Absatzziel gesetzt ist. Ist das Ziel zu hoch und der Händler erwartet nicht es zu erreichen, dann wird er keine besonderen Verkaufsanstrengungen vornehmen. Das Gleiche gilt für ein zu niedrig gesetztes Ziel, das der Händler sicher erreichen wird. Der Bonus bietet nur dann einen zusätzlichen Anreiz für den Händler, wenn er erwartet, dass er nur mit zusätzlichen Anstrengungen das Ziel erreichen wird.

Das Beispiel offenbart eine Reihe von Schwierigkeiten bei der Steuerung über den Bonus – sowohl für den Hersteller als auch für den Händler. Ist ein Ziel zu niedrig oder unerreichbar hoch gesetzt, wird der Bonus ohne Gegenleistung bzw. überhaupt nicht ausgezahlt und bleibt wirkungslos. Wenig Beachtung findet darüber hinaus das folgende Problem: Ist das Ziel erreichbar, dann trägt der Händler das Risiko einer unsicheren Nachfragemenge. In vielen Fällen kann der Hersteller dieses jedoch wesentlich besser tragen, z. B. wenn sich lokale Absatzschwankungen über verschiedene Händler ausgleichen. Trägt der Hersteller das Absatzrisiko, kann er im Gegenzug die Kompensation für den Händler reduzieren. Die gestrichelte Linie in **Abb. 1** zeigt ein Rabattsystem, in dem der Händler einen höheren Rabatt von 20 Prozent auf den Listenpreis, dafür aber keinen Absatzbonus, erhält. Durch die Risikoübernahme kann der Hersteller den Rabatt hier so einstellen, dass der Erwartungswert der Händlervergütung bei unsicherer Absatzmenge niedriger ist als im Fall mit Bonuszahlung. Durch die Steuerung nur über den Rabatt spart der Hersteller Geld.

Zusätzlich erzeugt der Volumenbonus im beschriebenen Beispiel einen Interessenkonflikt zwischen Hersteller und Händler. Der Händler schiebt Absätze in das nächste Jahr, nachdem das Ziel schon erreicht wurde, oder wenn er erkennt, dass das Ziel in diesem Jahr nicht mehr zu erreichen ist.

Dr. Ingo Reinhardt
ist Director bei Simon-Kucher & Partners,
Köln. Sein Beratungsfokus umfasst die
Entwicklung von Preis-, Rabatt- und Bo-
nussystemen.

Ingo Reinhardt
Simon-Kucher & Partners, Köln, Deutschland
Ingo.Reinhardt@simon-kucher.com

Oder er legt Produkte auf Lager, um das Ziel in diesem Jahr noch zu erreichen. Dadurch fehlen oft die Absätze im nächsten Jahr und das Spiel wiederholt sich.

Ein weiteres Beispiel zeigt sich im Einzelhandel. Hier findet sich am Jahresende oft die Situation, dass Händler, die ihre Absatzziele noch nicht erreicht haben, zur Zielerreichung an andere Händler – die ihren Bonus bereits sicher haben – weiterverkaufen. Solche Taktiken sind nicht im Interesse des Herstellers. Denn die Absätze verzögern sich, laufen nicht durch die intendierten Kanäle oder fehlen später ganz. Andersherum besteht auch die Möglichkeit, dass Hersteller die Zielerreichung des Händlers beeinflussen, um die Bonuszahlung einzusparen. Typische Streitthemen in diesem Zusammenhang sind etwa Lieferschwierigkeiten oder unterjährige Preiserhöhungen, die den Vertrieb des Händlers erschweren können.

Steuerung über Rabatt oder Bonus?

Das Beispiel zeigt außerdem, welche Fragestellungen bei der Entscheidung über die Steuerung des Handels über Rabatt und Bonus eine Rolle spielen

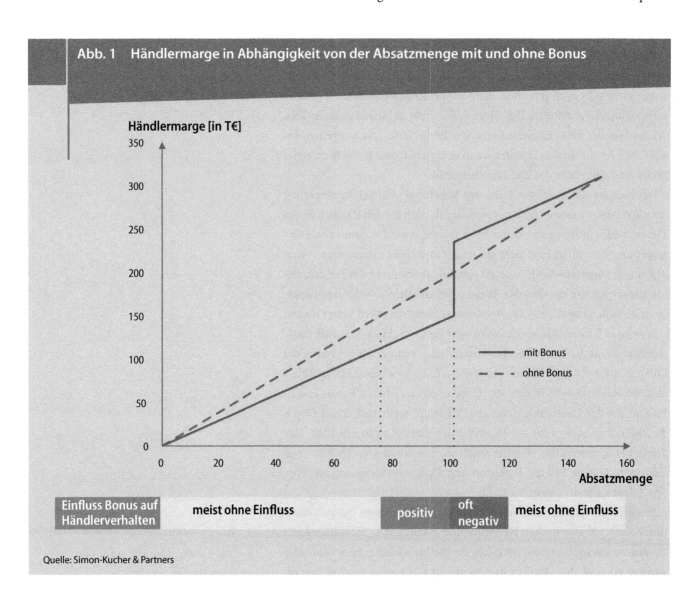

Abb. 1 Händlermarge in Abhängigkeit von der Absatzmenge mit und ohne Bonus

Händlermarge [in T€]

mit Bonus
ohne Bonus

Absatzmenge

Einfluss Bonus auf Händlerverhalten | meist ohne Einfluss | positiv | oft negativ | meist ohne Einfluss

Quelle: Simon-Kucher & Partners

können. Als hilfreich erwiesen sich fünf Bewertungskriterien, um zu entscheiden, ob ein Ziel besser über den Händlerrabatt oder über den Bonus gesteuert wird:

1. **Präzision der Zieldefinition:** Ein Bonus ist nur dann sinnvoll, wenn das Bonusziel so gesetzt ist, dass der Händler dieses durch zusätzliche Anstrengungen erreichen kann. Um das Bonusziel (z. B. Erreichen einer bestimmten Absatzmenge) richtig setzen zu können, benötigt der Hersteller zum einen eine genaue Kenntnis über die extern vorgegebene Verteilung der Zielgröße (z. B. Absatzmenge) und zum anderen, welchen Einfluss der Händler auf die Zielgröße nehmen kann. Das Setzen geeigneter Ziele ist insbesondere dann schwierig, wenn die Zielgröße großen Schwankungen unterliegt, auf die der Händler keinen Einfluss hat. Hängt etwa die Absatzmenge vor allem von der allgemeinen Konjunktur ab, dann hat ein Absatzbonus kaum eine Steuerwirkung. Der Händler nimmt ihn in guten Zeiten einfach mit.

2. **Höhe der Risikoprämie im Bonus:** Setzt der Hersteller einen Bonus ein, dann überträgt er dadurch das Zielerfüllungsrisiko auf den Händler. Ist der Händler „risikoavers", wird er dafür eine Risikoprämie erwarten, wodurch sich die notwendige Bonuszahlung erhöht. Je höher das Risiko für den Händler, desto höher die Risikoprämie. Die Steuerung über den Bonus ist dann sinnvoll, wenn das externe Risiko für den Händler gering ist und der Hersteller dieses nicht besser selber tragen kann.

3. **Eignung des Bonusziels zur Orientierung und Motivation für den Händler:** Marketing und Vertrieb sind schwierige Themenfelder, insbesondere für einen Händler, der noch viele weitere Aufgaben hat. Deshalb kann der Hersteller Zielvorgaben nutzen, um dem Händler eine klare Orientierung für nützliche Marketing- und Vertriebsaktivitäten zu geben. Beispielsweise enthalten die Bonuspläne vieler Automobilhersteller Anreize zur Erfüllung von CI-Standards in den Verkaufsräumen. Falls die Einhaltung dieser Standards den Verkauf fördern, kann der Händler über den Bonus zur Einhaltung motiviert werden.

4. **Schaffung von Interessenkonflikten zwischen Hersteller und Händler:** Durch den Einsatz eines Bonus schafft der Hersteller potenzielle Interessenkonflikte zwischen sich und dem Händler. Sind diese zu groß, ist die Steuerung des Ziels über den Rabatt vorzuziehen.

5. **Wirkung auf den Wettbewerb zwischen Händlern:** Eine Möglichkeit zur Absatzsteigerung besteht für den Händler oft darin, Produkte außerhalb des angedachten Verkaufsgebietes zu vertreiben. Dies kann jedoch die Entstehung von Graumärkten (national sowie international) fördern. Diese Gefahr ist besonders hoch, wenn einige Händler aufgrund ihrer Bonuszahlungen wesentlich günstigere Endkundenpreise anbieten können. Besteht diese Gefahr, sollte über den Rabatt gesteuert werden.

Auf Basis dieser fünf Kriterien lässt sich entscheiden, ob ein Ziel besser über den Rabatt oder besser im Bonusplan adressiert wird. **Tab. 1** zeigt beispielhaft, wie die fünf Kriterien zur Entscheidungsfindung genutzt werden kön-

Kerngedanke 1

Die Bonuspläne vieler Hersteller sind zu komplex und ungeeignet, um den Handel effektiv zu steuern.

Zusammenfassung

- Viele Hersteller verwenden historisch gewachsene und wenig effektive Bonuspläne zur Steuerung des Handels.
- Der Artikel zeigt am Beispiel eines Volumenbonus, welche Schwierigkeiten bei der Formulierung von Bonuszielen auftreten.
- Es werden Kriterien vorgestellt zur Entscheidung, welche Ziele sinnvoll über einen Bonus gesteuert werden können und welche z.B. besser über den Händlerrabatt adressiert werden.
- Für den Aufbau eines effektiven Bonusplans werden sechs Leitlinien vorgestellt.

Kerngedanke 2

Viele Bonusziele – zum Beispiel ein falsch gesetztes Volumenziel – können zu erheblichen Problemen in der Händlersteuerung führen.

---

nen. Dabei werden für jedes potenzielle Bonusziel die fünf Kriterien in einer Checkliste abgefragt und gewichtet zu einer Gesamtbewertung aggregiert.

Der hier dargestellte scharfe Gegensatz zwischen einem reinen Rabatt und einem Rabatt- und Bonussystem ist überspitzt, um die Unterschiede zwischen beiden zu illustrieren. In der Praxis wird der Gegensatz meist teilweise aufgelöst. Beispielsweise wird beim Volumenbonus nicht nur ein Bonusziel formuliert, sondern es werden verschiedene Zielmarken gesetzt (z. B. 95 Prozent, 100 Prozent oder 105 Prozent Zielerfüllung). Diese sind mit steigenden Bonusstufen verbunden (z. B. zwei Prozent, 2,5 Prozent oder drei Prozent auf den Umsatz). Dadurch lassen sich einige der im Einleitungsbeispiel dargestellten Probleme abschwächen. Zu Ende gedacht resultiert dies in einem variablen Rabatt, abhängig vom Absatz (s. **Abb. 2**, rechts). So kann der Hersteller z. B. eine niedrige Händlermarge für die ersten Absätze zahlen, die der Händler ohne besondere Anstrengungen erzielt, und eine hohe Marge für Absätze, die er nur mit gesteigerten Verkaufsanstrengungen erreicht. Dieser Ansatz löst jedoch die grundsätzlichen Herausforderungen für das Aufsetzen des Bonusplans nicht auf. Beispielsweise muss die erwartete Absatzmenge zur Einstellung des variablen Rabatts weiterhin ermittelt werden.

„Keine Bonifikation ohne Gegenleistung!"

Leitlinien zur Entwicklung eines Bonusplans

Bonuspläne bestehen meist aus mehreren Elementen. So haben viele Hersteller über die Zeit hoch komplexe Bonuspläne aufgebaut, die kaum noch geeig-

Tab. 1 Checkliste zur Steuerung über den Bonus (Beispiel)		
Entscheidungskriterium	Gewichtungsfaktor	Bewertung
Kann das Bonusziel so formuliert werden, dass es für den Händler herausfordernd, aber erreichbar ist?	X_1 %	✔
Besteht kein hohes externes Risiko für die Zielerfüllung durch den Händler?	X_2 %	✔
Ist das Ziel geeignet, um für den Händler als Orientierung und Motivation bei der Gestaltung von Marketing- und Vertriebsaktivitäten zu dienen?	X_3 %	
Schafft die Einführung des Bonus keinen Interessenkonflikt zwischen Hersteller und Händler?	X_4 %	✔
Intensiviert die Einführung des Bonus nicht den Wettbewerb zwischen Händlern?	X_5 %	✔
Gesamtbewertung		→ In diesem Fall Steuerung über Bonus möglich

Quelle: Simon-Kucher & Partners

net sind, das Händlerverhalten sinnvoll zu steuern. Die folgenden sechs Leit-linien sollen Herstellern beim Aufbau eines effektiven Bonusplans helfen:

Keine Bonifikation ohne Gegenleistung: Bonuszahlungen sollten nicht selbstverständlich sein, sondern nur dann fließen, wenn diesen Gegenleis-tungen gegenüberstehen (z. B. besondere Verkaufsanstrengungen).

Maximal ein Fünftel der Händlervergütung in den Bonus investieren: Zahlt ein Hersteller einen hohen Bonus, dann bedeutet das auf der anderen Seite einen niedrigen Rabatt. Der hohe Bonus macht also den Händlerein-standspreis (HEP) teuer. Ist ein niedriger HEP wichtig, weil etwa der Herstel-ler beim Händler im Wettbewerb steht, dann ist meist ein hoher Rabatt wich-tiger als ein hoher Bonus. Gerade kleine Händler sehen oft nur den direkten Preisvergleich und berechnen den erwarteten späteren Bonus nicht mit ein. Ein Beispiel hierfür liefert das Aftersales-Geschäft in der Automobilbranche, wo Händler zwischen Originalteilen und Fremdteilen anderer Lieferanten wählen können und ein niedriger HEP entscheidend ist. Das Neufahrzeug-geschäft in der Automobilbranche ist aber auch ein Beispiel dafür, dass der Händler durch einen höheren Bonus vor einem gefährlichen Preiswettbewerb geschützt werden kann, da Händler teilweise ihren gesamten Rabatt an den Endkunden weitergeben. Die Erfahrung zeigt, dass maximal ein Fünftel der Händlervergütung in den Bonus fließen sollte. Die genaue Summe muss si-tuationsspezifisch bestimmt werden.

Maximal drei bis vier Ziele für den Bonusplan definieren: In einem Bo-nusplan lassen sich maximal drei bis vier Ziele sinnvoll adressieren, so eine Erkenntnis aus unserer Beratungspraxis. Bei einer größeren Anzahl von Zie-len lassen sich Aktivitäten nicht mehr gezielt auf alle Ziele ausrichten und die Bonifikation je Ziel ist nicht ausreichend, um fokussiert Einfluss auf das Händlerverhalten zu nehmen. Dabei sollten Hersteller nicht nur auf Umsatz

Kerngedanke 3

Bonuspläne enthalten oft eine Reihe von Elementen, die bes-ser über den Händlerrabatt ad-ressiert werden können.

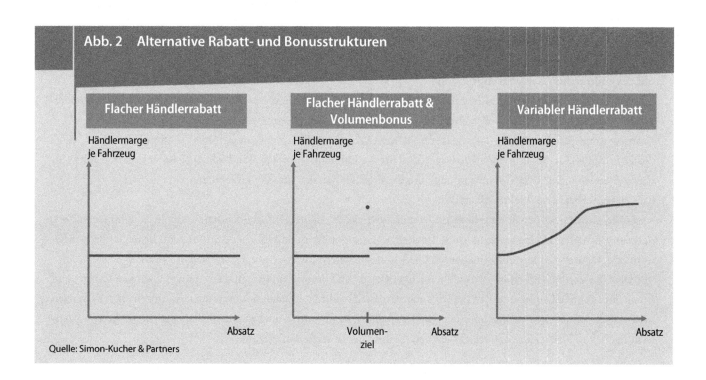

Abb. 2   Alternative Rabatt- und Bonusstrukturen

Flacher Händlerrabatt

Händlermarge je Fahrzeug

Absatz

Flacher Händlerrabatt & Volumenbonus

Händlermarge je Fahrzeug

Volumen-ziel

Absatz

Variabler Händlerrabatt

Händlermarge je Fahrzeug

Absatz

Quelle: Simon-Kucher & Partners

Kerngedanke 4

Hersteller können die Händlersteuerung erheblich verbessern, wenn sie bei der Entwicklung des Bonusplans die sechs formulierten Leitlinien befolgen.

und Absatz schauen, sondern auch auf die Profitabilität und etwa den Absatz margenstarker Produkte besonders fördern.

Den Bonusplan möglichst einfach halten: Einstein bemerkte einmal: „Everything should be made as simple as possible, but not simpler." Dieses Prinzip gilt insbesondere auch für einen Bonusplan. Der Aufbau sollte daher den drei folgenden Prinzipien folgen:

- Möglichst ein Hebel je Ziel: Dadurch wird sichergestellt, dass der Hersteller effektiv die Bonusziele ansteuern kann. Zahlt z. B. ein Hersteller in einem stagnierenden Markt einen Bonus für die Steigerung des Absatzes und des Marktanteils sowie einen Eroberungsbonus für das Abwerben von Kunden anderer Hersteller, dann haben alle drei Bonuselemente fast denselben Effekt und machen den Bonusplan unnötig komplex und intransparent. Hier sollte sich der Hersteller für einen Hebel zur Absatzsteigerung entscheiden.

- Messbare und aktiv erfüllbare Zielvorgaben je Hebel: Eine Zielvorgabe funktioniert nur dann, wenn sie für den Händler aktiv erfüllbar ist. Der Marktanteilsbonus verdeutlicht die Problematik. Der Marktanteil hängt vom eigenen Absatz und vom Marktpotenzial ab, das jedoch meist nicht exakt bekannt ist und nicht im Einflussbereich des Händlers liegt. Somit kann der errechnete Marktanteil eines Händlers großen Schwankungen unterliegen, obwohl seine Absätze stabil sind. Erreicht er dadurch sein Bonusziel nicht, verliert der Bonusplan schnell an Glaubwürdigkeit.

- Einfache Koordination der verschiedenen Hebel: Das Zusammenwirken der Bonuselemente ist entscheidend für den Erfolg des Bonusplans.

Best-Practice-Beispiele

Die zwei folgenden Best-Practice-Beispiele aus der Automobil- und der Konsumgüterbranche skizzieren vor dem Hintergrund unterschiedlicher Herausforderungen die erfolgreiche Gestaltung eines Bonusplans. Die Beispiele wurden aus Vertraulichkeitsgründen verfremdet.

Automobilbranche (Neufahrzeugverkauf)

Kernherausforderungen: Viele kleine bis mittelgroße Autohäuser, die exklusiv Fahrzeuge eines Herstellers vertreiben und zu Händlern anderer Hersteller, aber auch untereinander im Preiswettbewerb stehen.

Ansatz Bonusplan: Steuerung über vier zentrale Bonuselemente – Volumenbonus, Bonus für Optionenumsatz (wichtigster Profithebel), Bonus für Vorführwagen und für die Einhaltung von CI-Standards. Insgesamt liegt der Bonus im oberen Bereich (ca. 1/5 der Gesamtzahlung), um die Profitabilität der Händler zu schützen.

Konsumgüterbranche (Elektronikartikel)

Kernherausforderungen: Internationaler Vertrieb über viele Kanäle (z. B. Großhändler, Kaufhäuser, Onlinehändler). Vertriebspartner sind überwiegend große Handelsorganisationen mit erheblicher Marktmacht. Erheblicher Wettbewerbsdruck durch Konkurrenz mit anderen Elektronikherstellern um die beste Präsenz beim Händler.

Ansatz Bonusplan: Definition einer einheitlichen Rabatt- und Bonusstruktur und Festlegung maximaler Rabatt- und Bonussätze für alle Länder und Kanäle. Dadurch wird die Gefahr von Graumärkten reduziert. Innerhalb der Grenzen variieren die Bonuselemente nach lokalen Anforderungen. Boni werden aber in allen Fällen nur für konkrete Gegenleistungen (z.B. Platzierung Artikel im Geschäft, Teilnahme an Aktionen) gezahlt.

Es gibt in der Praxis im Wesentlichen zwei unterschiedliche Ansätze zur Zusammenfassung der einzelnen Bonuselemente – und dazwischen eine Reihe von Mischformen. Zum einen werden die Bonifikationen aus den einzelnen Elementen – z. B. Bonus aus Erreichung des Absatzziels und Bonus für die Einhaltung der CI-Anforderungen – unabhängig ermittelt und addiert. Zum anderen stellen einige Hersteller die Anforderung auf, dass ein Händler eine Reihe von Mindestanforderungen – z. B. einen Mindestabsatz – erfüllen muss, um überhaupt einen Bonus zu erhalten. Dies führt insbesondere bei einem Plan mit vielen Bonuselementen und hoher Erfüllungsunsicherheit dazu, dass Händler keinen Bonus erhalten, weil einzelne Mindestanforderungen nicht erfüllt werden. Deshalb erweisen sich rein additive Bonuspläne in der Praxis meist als effektiver und verlässlicher in der Händlersteuerung.

Rabatt und Bonus koordinieren: Rabatt und Bonus bestimmen gemeinsam den endgültigen Preis, den der Händler zahlt (Dealer-Net-Net-Preis). Deshalb müssen Rabatt und Bonus aufeinander abgestimmt werden. Die Praxis zeigt jedoch, dass dies bei vielen Herstellern nicht geschieht, da z. B. Rabatte und Bonuspläne in unterschiedlichen Verantwortlichkeiten liegen.

Rabatt- und Bonussystem international und über Kanäle koordinieren: Hersteller, die ihre Produkte international oder über verschiedene Absatzkanäle vertreiben, sollten besonders auf die Koordination ihrer Bonussysteme achten. Große Unterschiede in der Bonifikation fördern häufig den Graumarkt. Deshalb ist hier die Einheitlichkeit des Rabatt- und Bonussystems besonders wichtig. Das heißt, Bonussysteme sollten die gleichen Ziele und Elemente umfassen und die Detailausgestaltung je Kanal und Markt ist über Maximalrabatte und -boni abzustimmen.

Effektivität messen: Für den nachhaltigen Erfolg des Bonusplans ist die Überprüfung der Effektivität unabdingbar. So bietet es sich auch an, Bonuselemente mit ausgewählten Händlern zu testen, bevor diese breit genutzt werden.

„Langfristig profitieren Hersteller und Händler von einer Verbesserung des Bonusplans."

Fazit

Viele Hersteller investieren zwar hohe Beträge in den Bonus, die Effektivität der Bonussysteme ist aber oft nicht gewährleistet. In den vergangenen Jahren hat deshalb bei einer Reihe von Herstellern ein Umdenken stattgefunden. Die zuvor gewachsenen Bonusstrukturen wurden systematisiert und an den wichtigsten Vertriebszielen ausgerichtet. Das Ergebnis dieser Entwicklung ist in dem hier skizzierten Bezugsrahmen zusammengefasst. Dieser bietet eine Orientierungshilfe für die systematische Gestaltung des Bonusplans.

Kerngedanke 5
Die Koordination der Bonuspläne über Kanäle und Länder ist eine der wichtigsten Aufgaben im Vertrieb.

Handlungsempfehlungen
• Nehmen Sie Ihren Bonusplan genau unter die Lupe und überprüfen Sie dessen Effektivität.
• Bonifizieren Sie nicht nur die Erreichung von Absatz- und Umsatzzielen, sondern setzen Sie auch Profitabilitätsziele.
• Fokussieren Sie Ihren Bonusplan auf die wichtigsten drei bis vier Ziele.
• Koordinieren Sie Ihre Rabatt- und Bonuspläne zwischen einzelnen Vertriebskanälen und Ländern.

Änderungen im Bonussystem sind oft tiefe Einschnitte in die Geschäftsbeziehungen zwischen Hersteller und Händler. Deshalb zeigen Händler oft Vorbehalte gegenüber Änderungen, da sie befürchten, schlechter gestellt zu werden. In der Praxis hat es sich daher als sinnvoll erwiesen, Änderungen im Rabatt- und Bonussystem margenneutral für den Handel umzusetzen. Dabei bleibt die Summe der Händlervergütungen gleich, wird aber über andere Rabatt- und Bonuselemente realisiert. Die Beratungspraxis von Simon-Kucher zeigt, dass langfristig Hersteller und Händler von einer Verbesserung des Bonusplans profitieren.

Studientipp

Simon, H., Fassnacht, M.: Preismanagement: Strategie-Analyse-Entscheidung-Umsetzung, 3. Aufl. Wiesbaden, 2008.

Literatur

Ariely, D.: Predictably irrational, New York, 2008.

Breyer, A.: Zurück zu den Wurzeln (Margensysteme), in: Absatzwirtschaft, Nr. 9, 2006, S. 54-59.

Kailing, V.: Praktische Preis- und Konditionenpolitik, Wiesbaden 2006.

Kishore, S., Raghunath, Singh, R., Om, N. George, J.: Bonuses versus commissions: A field study, in: Journal of Marketing Research 50, Vol. 3,2013, pp. 317-333.

Mas-Colell, A., Whinston, M. D und. Green, J. R.: Microeconomic theory. New York, 1995.

Pepels, W.: Einführung in das Preis- und Konditionenmanagement – Höhere Gewinne durch optimales Pricing, 2. Auflage. Berlin, 2011.

Thaler, R. H., Sunstein, C. R.: Nudge: Improving decisions about health, wealth, and happiness, New Haven 2008.

SfP Zusätzlicher Verlagsservice für Abonnenten von „Springer für Professionals | Finance & Controlling"

Zum Thema | Bonussystem | 🔍 Suche |

finden Sie unter www.springerprofessional.de 47 Beiträge im Fachgebiet Vetrieb   Stand: August 2014

Medium
☐ Online-Artikel (4)
☐ Zeitschriftenartikel (20)
☐ Buchkapitel (23)

Sprache

☐ Deutsch (47)

Von der Verlagsredaktion empfohlen

Kailing, V.: Vom Listenpreis zum Nettopreis –Sonderprobleme, in: Kailing, V.: Praktische Preis- und Konditionenpolitik, Wiesbaden, 2014, 33.85.www.springerprofessional.de/4880852

Mayer, A.: Kundenbindung als Zielsetzung im gewerblichen Automobilmarkt, in: Mayer, A.: Kundenbindung im Automobilmarkt, Wiesbaden 2010, S. 7-54

www.springerprofessional.de/1810786

Spektrum

Die Mühen der Ebenen meistern

Unternehmen stehen in bestimmten Phasen ihrer internationalen Entwicklung vor ganz typischen und sehr häufig identischen Herausforderungen. Doch es gibt durchaus Wege, um diese Herausforderungen auf dem Weg zum Global Player zu meistern und wirksame Maßnahmen zur Performancesteigerung im Vertrieb zu ergreifen.

Thorsten Lips, Roland Dolle

Die Krise ist überstanden. Sogar besser als gedacht. Zumindest in großen Teilen der Industriegüterbranche und im High-Tech-Bereich. Denn viele Unternehmen dieser Branchen sind in den letzten Jahren international stark gewachsen und mit ihrer Geschäftsentwicklung sehr zufrieden. Weniger jedoch mit ihrem Vertrieb, wie eine internationale Studie der Managementberatung Horváth & Partners zeigt.

Für die Studie gaben Top-Führungskräfte im Vertrieb von rund 100 international agierenden Industriegüter- und High-Tech-Unternehmen aus Deutschland, Österreich und der Schweiz zum Stand und den zukünftigen Entwicklungen ihrer „Sales Performance Excellence (SAPEX)" Auskunft, das heißt zur Fähigkeit, den Vertrieb international wirksam zu managen.

Die Ergebnisse der Studie zeigen deutlichen Nachholbedarf: Nur neun Prozent der Studienteilnehmer bewerten die Performance ihres Vertriebs aktuell als „gut", über 60 Prozent der Befragten sehen weiteren Handlungsbedarf in einigen Kern-Handlungsfeldern.

Um dies an einem besonders auffälligen Beispiel zu demonstrieren: Lediglich zehn Prozent der Teilnehmer geben an, dass ihr Vertrieb einen Großteil seiner Zeit mit den Kunden verbringt, die das größte Potenzial haben. Dieses Ergebnis erstaunt uns umso mehr, da 86 Prozent angeben, ihre Zielkunden ganz oder zumindest teilweise zu kennen.

Weltweite Standards in der Vertriebsarbeit sind nach wie vor die Ausnahme

Wichtige Wachstumspotenziale bleiben nicht nur in strategischer Hinsicht, sondern auch im Bereich Strukturen und Prozesse ungenutzt. Weltweite Standards in der Vertriebsarbeit (Prozesse, Tools, Marktbearbeitungsansätze etc.) sind nach wie vor eher die Ausnahme denn die Regel. Nur vier Prozent sehen ihre Vertriebsorganisation optimal aufgestellt, um die vorhandenen Potenziale in den Zielmärkten auszuschöpfen. Die Folge: Bei 95 Prozent der Unternehmen geschieht die Kundenentwicklung nicht systematisch genug. Ein ähnliches Bild ergibt sich bei den IT-Systemen: Diese sind vielfach zwar vorhanden, unterstützen den Vertrieb aber nicht ausreichend oder werden schlicht nicht genutzt.

Der am schlechtesten eingeschätzte Bereich der Studie ist allerdings die Vertriebssteuerung, insbesondere bei Berücksichtigung der internationalen Aktivitäten. Viele Unternehmen haben Schwierigkeiten, die gestiegene Komplexität des internationalen Geschäfts mit seinen Unterschieden im Steuerungsmodell abzubilden.

Wie ist diese negative Gesamteinschätzung zur Wirksamkeit des Vertriebs zu erklären? Und was kann zur Verbesserung seiner Performance getan werden?

Um diesen Fragen auf den Grund zu gehen, hat Horváth & Partners ein Phasenmodell der Internationalisierung entwickelt und die Studienergebnisse anhand dieses Modells analysiert und bewertet. Dabei zeigte sich: Unternehmen stehen in bestimmten Phasen ihrer internationalen Entwicklung vor ganz typischen und sehr häufig identischen Herausforderungen. Mittels

Thorsten Lips
ist Vertriebsexperte bei der auf Unternehmenssteuerung spezialisierten Managementberatung Horváth & Partners in Düsseldorf. Er berät vor allem Unternehmen aus dem Industriegüter- und High-Tech-Sektor.

Roland Dolle
ist Senior Project Manager im Competence Center Consumer und Industrial Goods bei Horváth & Partners in Frankfurt.

Thorsten Lips
Horváth & Partners, Düsseldorf, Deutschland
E-Mail: TLips@horvath-partners.com

Roland Dolle
Horváth & Partners, Frankfurt, Deutschland
E-Mail: RDolle@horvath-partners.com

der Typisierung in drei Internationalisierungsphasen lassen sich die vertriebsrelevanten Herausforderungen auf dem Weg vom „internationalen Pionier" zum „Global Player" klar benennen und wirksame Maßnahmen zur Performancesteigerung ableiten (siehe **Abbildung 1**).

Phase 1 – Die Pioniere: Wachstum bei hohen Freiheitsgraden

In der ersten oder Pionierphase sind Unternehmen noch stark auf ihren Heimatmarkt fokussiert. Sie erzielen dort typischerweise mehr als 50 Prozent ihres Gesamtumsatzes in der Größenordnung von rund 500 Millionen Euro. Die Unternehmen haben begonnen, sich international zu etablieren, erste Niederlassungen in unterschiedlichen Auslandsmärkten zu eröffnen und Tochtergesellschaften zu gründen. Die Marktanteile in den Auslandsmärkten sind jedoch noch relativ gering und liegen im unteren einstelligen Prozentbereich.

Der Fokus während dieser ersten Phase liegt auf der Auswahl der erfolgversprechendsten Märkte sowie der Identifikation der passenden Marktzugänge und Kunden. Auf Basis einer stabilen (und häufig auch sehr kleinen) Vertriebsmannschaft können erste Umsätze von einigen Millionen Euro erzielt werden. Eine sehr stark unternehmerisch denkende Führungskraft bildet in dieser Phase häufig das Rückgrat. Das Ziel: ein möglichst schnelles Wachstum realisieren.

Für den Ausbau der zu Beginn noch sehr geringen Marktanteile in den internationalen Märkten müssen gegen Ende

„Lediglich zehn Prozent der Teilnehmer geben an, dass ihr Vertrieb einen Großteil seiner Zeit mit den Kunden verbringt, die das größte Potenzial haben."

der Pionierphase neue Ansätze und Werkzeuge erarbeitet und bereitgestellt werden. Es ist nicht länger möglich, dass in den Vertrieben jeder „macht, was er will", beispielsweise eigene Prioritäten hinsichtlich Zielkunden und Zielmärkten definiert und diese bearbeitet. Auch die Vertriebskosten und die Profitabilität rücken stärker in den Vordergrund. Die Pioniere müssen daher ihre Vertriebe ein Stück weit systematisie-

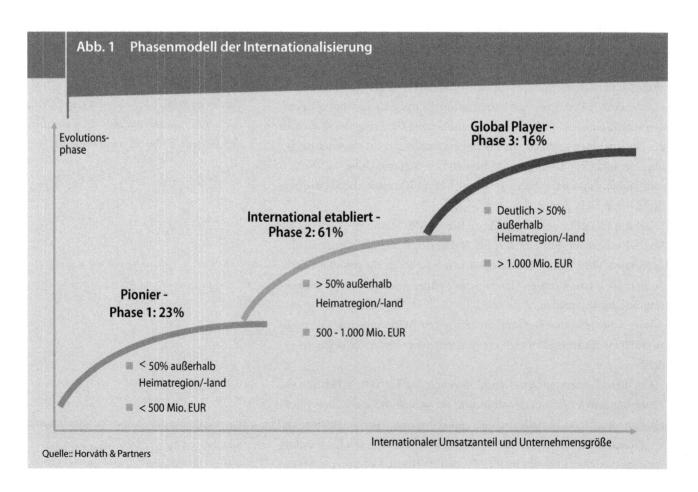

Abb. 1   Phasenmodell der Internationalisierung

Evolutions-
phase

**Global Player -
Phase 3: 16%**

- Deutlich > 50%
  außerhalb
  Heimatregion/-land
- > 1.000 Mio. EUR

**International etabliert -
Phase 2: 61%**

- > 50% außerhalb
  Heimatregion/-land
- 500 - 1.000 Mio. EUR

**Pionier -
Phase 1: 23%**

- < 50% außerhalb
  Heimatregion/-land
- < 500 Mio. EUR

Internationaler Umsatzanteil und Unternehmensgröße

Quelle:: Horváth & Partners

Studie

Lips, T./Dolle, R.: „Die Mühen der Ebenen meistern".
Den Vertrieb international wirksam steuern. Sales Performance Excellence in Industrial Goods & High Tech,
Stuttgart 2014.

ren. Dazu gehört zum Beispiel eine systematischere Bearbeitung von Potenzialkunden in den wichtigsten Segmenten, Produktbereichen und Regionen. Zusätzlich ist dann auch eine striktere Steuerung des Vertriebs anhand von Kennzahlen und Maßnahmen erforderlich.

Ein Blick in die Praxis zeigt, wie sich Unternehmen in der ersten Phase der Internationalisierung diesen Herausforderungen stellen. So hat die Duisburger Fermacell GmbH, spezialisiert auf Trockenbau und mit 20 Niederlassungen europaweit vertreten, ein entsprechendes Wachstumskonzept entwickelt und umgesetzt. Kern des neuen Vertriebskonzepts ist eine Marktbearbeitungsstrategie, die die wesentlichen Kernfragen detailliert beantwortet: Wer sind die Fokuskunden je Außendienstmitarbeiter und in welchen Zielkundensegmenten? Welche Produkte sollen für welche Märkte und Zielkunden fokussiert werden? Die Vertriebsressourcen werden dabei auf die Markt- und Kundensegmente mit dem größten Potenzial konzentriert. Regelmäßige Statusmeetings und Reports helfen, die Zielerreichung zu kontrollieren und gegebenenfalls Maßnahmen zur Kurskorrektur abzuleiten. „Wir haben für einen unserer wichtigsten internationalen Märkte heute Transparenz über Markt- und Kundenpotenziale nach Region und Produktapplikation und steuern unseren Vertrieb über Kennzahlen und vor allem über entsprechende Maßnahmen. Dadurch erreichen wir hohe Verbindlichkeit und Konsequenz in der Abarbeitung. Wir gewinnen damit in einem schrumpfenden Marktumfeld heute Marktanteile", fasst Heinz-Jakob Holland, Sprecher der Geschäftsführung bei Fermacell, die Erfolge des Konzepts zusammen.

Phase 2 – Die international Etablierten: Wie geht es weiter?

Die Unternehmen in der zweiten Phase sind international bereits stärker etabliert: In den meisten ihrer internationalen Märkte verfügen sie über robuste, verteidigungsfähige Marktanteile und erzielen dort über 50 Prozent ihres Gesamtumsatzes, der gewöhnlich zwischen 500 Millionen und einer Milliarde Euro liegt. In dieser Phase der Internationalisierung befinden sich mit über 60 Prozent die meisten der für die Studie befragten Unternehmen.

Diesen Unternehmen ging es bislang vor allem darum, die internationalen Märkte zu erobern und erste Marktanteile zu gewinnen. Dabei spielten unternehmerische Persönlichkeiten und hohe Freiheitsgrade in den Auslandsvertretungen eine große Rolle. Effizienz und damit auch die Standardisierung von Prozessen und Strukturen hingegen weniger. Doch jetzt, da sie über signifikante Marktanteile in den Auslandsmärkten verfügen, gilt es für die international Etablierten, die „Mühen der Ebenen" zu meistern. Und dafür braucht es neben Pioniergeist vor allem eine Managementperspektive, die die Balance zwischen globalen Vertriebsstrukturen auf der einen und notwendigen Anpassungen an regionale Marktgegebenheiten auf der anderen Seite im Blick behält und damit die Grundlage für profitables, nachhaltiges Wachstum schafft. Ein Spannungsfeld, das viele Unternehmen herausfordert. Häufig stellen Unternehmen in dieser Phase fest, dass die Umsätze nicht mehr im gewohnten Tempo wachsen, dafür aber gleichzeitig die Vertriebskosten proportional mit dem Umsatz mitwachsen.

Wie dieser Spagat gemeistert werden kann, zeigt die Döhler GmbH mit Sitz in Darmstadt. Der weltweit führende Hersteller von natürlichen Lebensmittelzusatzstoffen ist in über

Zusammenfassung
• Viele Unternehmen sind mit der internationalen Vertriebsperformance unzufrieden.
• Eine aktuelle Studie offenbart, welche „Baustellen" die Unternehmen am häufigsten bei sich identifizieren.
• Mittels der Typisierung in drei Internationalisierungsphasen lassen sich die vertriebsrelevanten Herausforderungen auf dem Weg vom „internationalen Pionier" zum „Global Player" klar benennen und wirksame Maßnahmen zur Performancesteigerung ableiten.
• Um die „Mühen der Ebenen" zu meistern, braucht es neben Pioniergeist vor allem eine Managementperspektive, die die Balance zwischen globalen Vertriebsstrukturen auf der einen und notwendigen Anpassungen an regionale Marktgegebenheiten auf der anderen Seite im Blick behält und damit die Grundlage für profitables, nachhaltiges Wachstum schafft.

130 Ländern aktiv und verfügt über 23 Produktionsstandorte, davon 13 außerhalb Europas. Und will weiter expandieren: Bis zum Jahr 2020 soll das eigene Wachstum deutlich über dem Marktwachstum entwickelt werden. Dazu hat die Döhler GmbH ein professionelles „Betriebssystem" für den Vertrieb erarbeitet. Im Rahmen eines Sales Excellence Projektes wurde an den wichtigsten Stellschrauben und Kernfragen im Vertrieb gearbeitet:

• Welche sind unsere Zielkundensegmente und wie bzw. auch über welchen Vertriebskanal interagieren wir mit ihnen?
• Welches Wachstum wollen wir mit Bestands- und Neukunden generieren?
• Wie stellen wir sicher, dass der Vertrieb die meiste Zeit bei den Kunden mit dem größten Potenzial verbringt?
• Welche Vertriebsorganisation ist für unterschiedliche Markttypen die richtige (reife Märkte, Startup-Märkte etc.)?

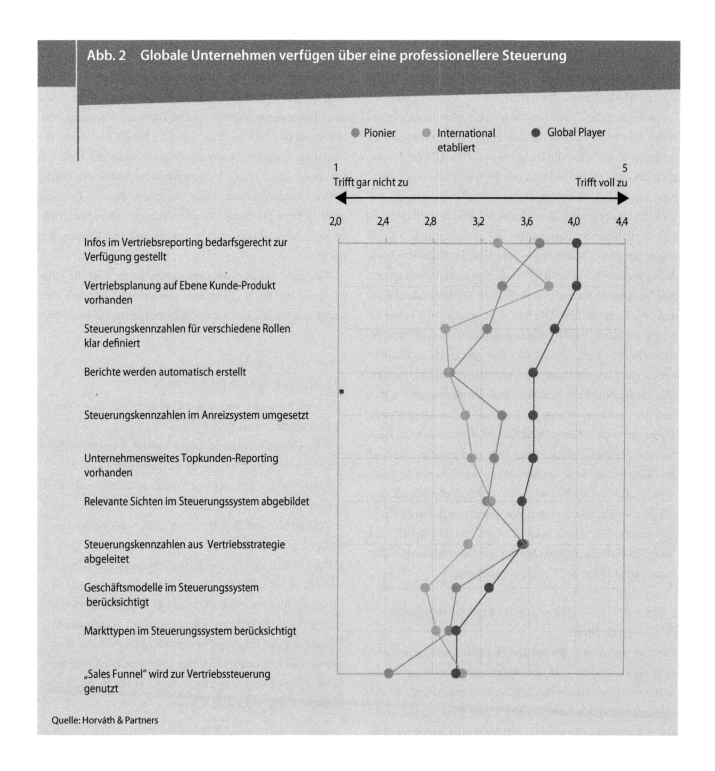

Abb. 2 Globale Unternehmen verfügen über eine professionellere Steuerung

Quelle: Horváth & Partners

● Welche Vertriebsprozesse können weltweit verbindlich für alle standardisiert und durch IT-Systeme unterstützt werden?

● Anhand welcher Kennzahlen wird wer im Vertrieb gesteuert und standardisieren wir diese Kennzahlen weltweit?

„Viele Unternehmen haben Schwierigkeiten, die gestiegene Komplexität des internationalen Geschäfts mit seinen Unterschieden im Steuerungsmodell abzubilden."

● Welche Kenntnisse und Fähigkeiten benötigt welche Rolle im Vertrieb und wie stellen wir diese Kompetenzen international sicher?

Der Vergleich mit dem Beispiel aus der Pionierphase verdeutlicht die gestiegene Komplexität, die mit dem internationalen Erfolg einhergeht. Benchmarking hilft, von anderen Unternehmen zu lernen. So hat sich beispielsweise die Zentralisierung der Vertriebssteuerung als erfolgreich erwiesen. Konkret bedeutet dies etwa, ein festes Set an Steuerungskennzahlen zu definieren und einheitlich zur Verfügung zu stellen. Über eine unterschiedliche Gewichtung der Ziele werden Länderspezifika berücksichtigt.

Länderspezifisch ist auch das richtige Stichwort, wenn es um die passenden Vertriebsstrukturen geht. Dazu gehören etwa die Anpassung des Produktportfolios (Stichwort Schwellenländer) oder die Berücksichtigung unterschiedlicher Marktgrößen, damit kleinere, sich im Wachstum befindliche Landesgesellschaften nicht von Überadministration am

Wachstum gehindert werden – ein Ansatz, der auch der Döhler GmbH half, die eigene Performance zu optimieren, wie Kurt Hufnagel, Geschäftsführer Vertrieb bei Döhler, erläutert: „Durch die Festlegung internationaler Standards gewinnen wir Effizienz und Geschwindigkeit und können dabei weiterhin, was für unser Geschäft wichtig ist, die Besonderheiten unserer internationalen Märkte berücksichtigen und die Nähe zu unseren Kunden sicherstellen."

Phase 3 – Die Global Player: Endlich oben, aber wie dort bleiben?

In die letzte Phase haben es die Unternehmen geschafft, deren weltweite Präsenz schon so stark entwickelt ist, dass sie als Global Player bezeichnet werden können. In mehreren Auslandsmärkten verfügen sie über hohe absolute, häufig auch relative Marktanteile. Dort werden auch weit über 50 Prozent des eine Milliarde Euro übersteigenden Gesamtumsatzes erwirtschaftet.

Nicht nur bei Marktanteilen und Umsatz sind die Global Player den Unternehmen in den anderen Phasen weit voraus, sondern auch bei der Professionalisierung ihres Vertriebs: Die Vertriebsaktivitäten in den verschiedenen Märkten sind abgestimmt, weltweite Standards existieren und die Vertriebssteuerung ist international ausgerichtet. Zudem wird der Vertrieb deutlich besser durch IT unterstützt als in den Phasen 1 und 2, und auch die Anreizsysteme sind besser auf die Zielerfüllung ausgerichtet. In der Studie schätzen sich die Global Player deshalb auch besser ein als die Pioniere oder die Etab-

---

Kerngedanken

● Die Systematisierung des Vertriebs ist für ein internationales Wachstum erfolgsentscheidend.

● Die Strukturen in vielen Unternehmen sind mit der Komplexität des internationalen Geschäfts überfordert.

● Der Weg eines Unternehmens vom Pionier zum Global Player verläuft in drei Phasen.

● Jede Phase zeichnet sich durch typische Anforderungen an die Vertriebssteuerung aus.

Handlungsempfehlungen

● Holen Sie das Beste aus Ihren Bestands- und Neukunden, indem Sie Vertriebschancen gezielt suchen und bearbeiten.

● Vereinbaren Sie klare Verantwortlichkeiten im weltweiten Vertrieb.

● Implementieren Sie effiziente und standardisierte Prozesse, statt Ad-hoc-Maßnahmen aus dem Bauch zu treffen.

● Verankern Sie ein rigoroses Performance Management in der Vertriebsorganisation.

● Statten Sie die Mitarbeiterinnen und Mitarbeiter in der Vertriebsorganisation mit den benötigten Kenntnissen und Fähigkeiten aus.

lierten (siehe **Abbildung 2**). Sie haben die Bedeutung der Vertriebsperformance und deren ständige Weiterentwicklung erkannt und für ihr Wachstum genutzt.

Doch auf ihren Lorbeeren ausruhen sollten sich die Global Player trotzdem nicht. Denn um die erarbeiteten Marktanteile auch zu halten oder auszubauen, sind weitere Anstrengungen erforderlich – die Anzahl der Handlungsfelder ist gegenüber der zweiten Phase zwar geringer, ihre Komplexität aber gestiegen: So erfordert die starke Internationalisierung unter anderem stetige Anpassungen auf der Seite der Vertriebssteuerung, zum Beispiel bei der Aufgabenverteilung zwischen der Zentrale und den regionalen Einheiten. Und auch wenn sich Global Player im Bereich Account Management besser einschätzen als Pioniere und Etablierte, offenbart die Studie auch hier einen großen Verbesserungsbedarf.

Fazit

Erste Erkenntnis der Studie ist: Die identifizierten Potenziale zur weiteren Vertriebsoptimierung in Industrie- und High-Tech-Unternehmen sind zahlreich und groß. Es wird deutlich, dass Vertriebsoptimierung keine Einmalaufgabe ist. Die zweite Erkenntnis: Jede Phase hat ihre eigenen Charakteristika mit entsprechenden Optimierungspotenzialen. Diese Typisierung hilft bereits, die wichtigsten „Baustellen" zu identifizieren. Die Gesamtmenge der Handlungsempfehlungen lässt sich in zwei Bereiche gliedern.

1. Aufsetzen einer Sales-Performance-Excellence-Initiative zur umfassenden Vertriebsprofessionalisierung: Unternehmen sollten dabei eine individuelle Schwerpunktsetzung und Fokussierung auf Basis eines unternehmensspezifischen Vertriebsansatzes wählen. Strukturierte Audits und Benchmarks unterstützten den Weg zur eigenen „Roadmap". Um nicht alle ein bis zwei Jahre die Strategie auf neue Füße stellen zu müssen, empfiehlt sich ein dauerhafter Ansatz, der je nach Erfordernissen neu fokussiert werden kann. Ein kleines zentrales Kernteam wird mit der Umsetzung und Weiterentwicklung der Initiative betraut.

2. Auf dem Weg zur weiteren Internationalisierung gilt es dann, die Handlungsfelder gemäß des Internationalisierungsgrades gezielt zu setzen. Eine Orientierung an den Global Playern hilft dabei als Gradmesser.

„Jede Phase der Internationalisierung hat ihre eigenen Charakteristika mit Optimierungspotenzialen."

Einige Unternehmen aus der Studie haben die Chancen eines professionalisierten Vertriebs erkannt. Die Zahl der Sales-Excellence-Projekte, die in den letzten zwölf Monaten gestartet wurde, lässt diesen Schluss zumindest zu. Es wird interessant sein, zu beobachten, welche Wirkung diese Maßnahmen in den Unternehmen zukünftig zeigen.

„Jeder weiß wie es geht, aber keiner macht es"

Vertriebsführungskräfte streben danach, mit ihren Teams möglichst gute Vertriebsleistungen zu erzielen. Doch zu wenige Unternehmen beherrschen den Weg dahin gut genug, sagt Joachim Pawlik, Geschäftsführer von Pawlik Consultants. Mit Sales Management Review sprach er über Führungskräfte und Fähigkeiten, ständiges Lernen und mehr Verantwortung im Verkauf.

Das Gespräch führte Eva-Susanne Krah.

Fotos: Thies Rätzke /Pawlik Consultants

Joachim Pawlik

ist Geschäftsführer der Pawlik Consultants GmbH in Hamburg. Er verantwortet als Vorsitzender der Geschäftsführung vor allem internationale Projekte für Unternehmen inner- und außerhalb Deutschlands. Seine Schwerpunkte liegen im Beratungsfeld der Personalentwicklung sowie im Aufbau und der Optimierung von Vertriebsstrategien. Darüber hinaus ist der gebürtige Hamburger Mitglied verschiedener Aufsichts- und Beiräte.

Herr Pawlik, in Ihrem Vertriebstrainingskonzept rufen Sie als Erfolgsrezept für Vertriebsführungskräfte und deren Mitarbeiter „Üben, üben, üben" als Botschaft aus. Fehlt es Mitarbeitern im Vertrieb deutscher Unternehmen an Professionalität?

Ich glaube schon, dass es insgesamt ein fehlendes Verständnis für gute Vertriebsleistungen in Deutschland gibt. Es ist wie beim Fußball: Jeder weiß wie es geht, aber keiner macht es. Es gibt grundsätzlich ein klares Verständnis darüber, was die Erwartungshaltung ist, wenn wir mit Unternehmen und Führungskräften sprechen – aber auch eine sehr große Unzufriedenheit, wenn es an die Umsetzung geht.

Woher kommt das?

Das hängt damit zusammen, dass man glaubt, Verkäufer erlernen automatisch professionelle Verhaltensweisen im Verkauf, wenn man sie zwei, vier oder sechs Tage über mehrere Stufen trainiert.

Das müssen Sie uns näher erklären.

Wenn Sie beispielsweise einen 40-jährigen Mitarbeiter, der zwanzig Jahre Berufserfahrung hat, über zwei Tage in ein Trainingsprogramm stecken und danach annehmen, dass er jetzt die Abschlusstechnik beherrscht, ist das nicht nur im Grunddenken verkehrt. Es kreiert auch eine Erwartungshaltung bei allen Beteiligten, die nur Enttäuschung hervorrufen kann.

Woher rührt aus Ihrer Sicht denn die Unzufriedenheit der Führungskräfte? Passt ihnen die eigene Verkaufskultur im Unternehmen nicht oder sind die Vertriebsergebnisse der eigenen Teams schlicht zu schlecht?

Bei vielen Führungskräften im Verkauf gibt es einfach kein Verständnis dafür, dass an sich intellektuell leicht erklärbare Dinge in der Umsetzung der

Joachim Pawlik,
Pawlik Consultants, Deutschland
E-Mail: jpawlik@pawlik.de

Sales Management Review   5|2014

43

vertrieblichen Praxis extrem schwierig sind. In der Folge bagatellisiert man sie und widmet sich diesen Themen in der Führungsleistung nicht aufmerksam genug.

Können Sie ein Beispiel nennen?

Dazu gehört beispielsweise, im Kundengespräch die zwei entscheidenden Fragen mehr zu stellen oder etwas härter mit den Kunden zu verhandeln. Führungskräfte fragen sich, warum ihre Mitarbeiter dies nicht tun. Daraus resultiert Unzufriedenheit. Natürlich gibt es im Vertrieb auch die große Problematik, dass eine 100-prozentige Budgeterreichung immer dadurch belohnt wird, dass man im nächsten Jahr 110 Prozent will. Daher beschäftigen sich Unternehmen jedes Jahr vorrangig mit Verhaltensveränderungs- oder Effizienzsteigerungsprogrammen, um dieses Ziel zu erreichen.

Ist dies eher ein Thema für kleine Unternehmen oder stecken auch große Vertriebe in diesem Führungsdilemma?

Ich habe schon das Gefühl, dass dies durchgängig für den Vertrieb jeder Größenordnung gilt. Mit Sicherheit haben sie jeweils unterschiedliche Herausforderungen zu meistern. Aber eine gute Vertriebsleistung als Profession anzuerkennen und sich konzentriert und fokussiert der Entwicklung der Vertriebsleistung zu widmen, ist über alle Unternehmensgrößen gegeben. Es ist sogar fast ein typisch deutsches Problem.

Warum?

Sehen Sie, in Amerika ist das Image von Verkäufern wesentlich besser und die Beschäftigung mit dem Thema Verkauf in den Unternehmen einfach wesentlich intensiver als in Deutschland.

Wie kann man die Professionalität im Vertrieb verbessern?

Man braucht die Bereitschaft und das Wissen, dass Lernen ein durchaus aufwändiger Prozess ist und Kontinuität braucht. Lernen muss in den Unternehmensalltag des Vertriebs integriert sein und darf nicht extern im Klassenraum stattfinden, sonst produziert es nur Frust. Sie kennen ja bestimmt selbst auch die Grundeinstellung: „Jetzt mache ich mal wieder ein Training."

Wird das nicht von manchen Führungskräften auch so propagiert?

Da haben Sie Recht. Häufig gilt es als Alibifunktion, dass man überhaupt etwas für seine Leute tut und es wird aus der Führung einfach wegdelegiert.

Welche Fähigkeiten sollten sowohl die Führungskräfte als auch ihre Verkäuferteams heute besitzen?

Die Antwort mag etwas bodenständig klingen. Aber ich habe schon das Gefühl, dass man immer nach Ideen von morgen sucht, ohne die Fähigkeiten von heute zu beherrschen, wie beispielsweise den Bedarf im Verkauf zu ermitteln. Dabei ist es eines der ganz gravierenden Kompetenzen, die im Vertrieb über alle Branchen und alle Unternehmensgrößen viel zu wenig angewandt werden. Ich glaube, dass die bekannten Dinge wesentlich besser zu machen wären und man nach neuen Kompetenzen gar nicht so weit schauen muss.

Sind Vertriebsentscheider dank all der Instrumente wie Data-Mining-Tools, Balanced Scorecards und Forecasts vielleicht inzwischen einfach zuviel mit Controlling und zu wenig mit der verkäuferischen Praxis beschäftigt?

Für mich ist das keine Frage des Reportings, sondern was man aus der Transparenz und den Kennzahlen als Führungskraft macht und wie man es nutzt, um Vertriebler erfolgreicher zu machen. Ich sehe Reporting-Strukturen insgesamt überhaupt nicht kritisch. Sie benötigen möglichst komplette Transparenz in den gesamten Vertriebsprozessen – und als Führungskraft auch eine sehr exakte Vorstellung davon, was Ihr Verkäufer an welcher Stelle tut. Die Frage ist nur, wie man mit den Erkenntnissen umgeht. Verkäufer zu ertappen, oder sie aufgrund der Kennzahlen bloßzustellen, bewirkt genau das Gegenteil von dem, was wir mit Transparenz wollen. Stattdessen sollte die Führungskraft aus den gewonnenen Erkenntnissen konkrete Anleitungen entwickeln, die sie ihren Mitarbeitern an die Hand gibt. Nur so können Vertriebler besser werden.

Bedeutet das also, dass eine rein von Reportings getriebene Vertriebsführungskultur nicht mehr zeitgemäß ist?

Ja, absolut. Es gibt natürlich viele verschiedene Vertriebskulturen. Ich habe immer erlebt, dass Vertriebsleistung da gut ist, wo sie Unternehmensstandards individuell nutzt. In einer rein extrinsischen Vertriebskultur ist jedoch zum Beispiel jedes Wort, jedes Kleidungsstück und alles was man macht, vorgegeben. Da muss keiner selbst nachdenken und man erwartet kein unternehmerisches Denken. Diese Mitarbeiter sind wie Soldaten. Diese Unternehmen können sehr erfolgreich sein.

Dann gibt es andere Kulturen, in denen unternehmerisches Denken gefragt ist. In solchen Organisationen brauchen Mitarbeiter nicht immer einen Marschbefehl, denn sie sind von sich aus viel stärker motiviert und agieren somit in der Regel unternehmerischer und eigenverantwortlicher.

Wie lässt sich das auf die Kompetenzen der Vertriebsteams übertragen, die Führungskräfte weiterentwickeln müssen?

Indem man versteht, dass jedes Vertriebsziel eine unterschiedliche Entwicklung von Kompetenzen verlangt. Bei der Bedarfsermittlung brauchen Sie zum Beispiel sechs Kompetenzen, bei strategischen Zielen wie Cross Selling sind es zwölf. Denn es ist wesentlich komplizierter und mit einer ganz anderen Arbeitsweise, anderem Denken beim Kunden und mit einem anderen Führungsansatz verbunden.

Gibt es Ihrer Erfahrung nach bestimmte Schlüsselkompetenzen bei Vertrieblern, die in den Unternehmen noch immer nicht ausreichend vorhanden sind?

Ja, ich stelle immer wieder fest, dass viel zu wenig Wert darauf gelegt wird, Fragen zu stellen. Aber umso mehr man vom Kunden weiß, umso tiefer und besser ist die Beziehung und umso differenzierter sind die Angebote. Es gibt in Deutschland ja immer noch die absurde Gewohnheit, dass man nicht nach dem Wettbewerb fragen soll.

Kommen wir zum Thema Effizienz. Glauben Sie, dass dieses Schlagwort für viele Bereiche noch einen anderen Stellenwert in den Unternehmen bekommen wird?

Bei der Effizienz geht es ja zunächst immer wieder um die Zahlenorientierung. Man muss dabei nur im Kopf haben, dass Empathie und Kundennähe verloren gehen, wenn man Mitarbeiter zu effizienzorientiert führt und instruiert. Wenn man den Vertrieb ausschließlich auf Effizienz ausrichtet, geht außerdem das Thema der Individualität am Kunden verloren.

Also gibt es noch eine andere Dimension von Effizienz, nämlich Kundennähe und Kundenbeziehungen?
Absolut. Nehmen Sie das klassische Beispiel vom Kaffeebesuch, der keine Notwendigkeit mehr hat, weil wir Ergebnisse erzielen müssen. Dem widerspricht niemand. Trotzdem hat dieser Besuch in bestimmten Momenten seine hundertprozentige Berechtigung für eine gute vertriebliche Leistung.

Kundenbeziehungen werden komplexer und individueller, Kunden werden inzwischen in großen Unternehmen in hohem Maße in die Produktentwicklung einbezogen. Beeinflusst das Führungskräfte in der Art und Weise, wie sie Vertriebsteams führen müssen?
Ja, denn Verkäufer müssen sich intellektuell sehr viel intensiver mit den Kunden beschäftigen und viel tiefer in Wertschöpfungsprozesse eingreifen. Das schafft man nur, wenn jeder Termin heute drei Termine hat: den eigentlichen Kundentermin, die Vorbereitung und die Nachbereitung. Da brauchen Verkäufer sehr viel mehr permanentes Sparring durch die Führungskraft am Kundenprojekt, weil es eine höhere Komplexität bekommen hat, beispielsweise bei großen und wichtigen Kunden. Verkäufer können das bei dem heutigen Tempo der Vertriebsarbeit nicht alleine bewältigen.

Spielt hier auch das Thema Verantwortung im Vertrieb mit hinein?
Es spielt eine große Rolle. Die fehlende Verantwortung im Vertrieb ist einer der Kerngründe dafür, warum sich Vertriebsorganisationen nicht schnell genug entwickeln können und ihre Potenziale nicht ausschöpfen.

Was bedeutet das konkret?
Ein typisches Beispiel ist, wenn ein Kunde nicht kauft: In welcher Vertriebsorganisation sagt ein Verkäufer dann zu seinem Chef: „Ich war schuld." Das erleben Sie nicht! Beliebt ist der zu hohe Preis als Grund, was letztlich die Schuld auf die Unternehmensleitung richtet, aber auch ein aggressiver Wettbewerber oder anderes. Sie haben keine Kultur, in der man dem

Verkäufer dringend ans Herz legt, ihm jedes Mal, wenn ein Kunde nicht kauft, Gründe zu nennen, was er hätte besser machen können. Ich glaube, das ist falsch. Denn wenn Sie diese Kultur zulassen würden, haben sie die unglaubliche Chance, dass jeder Nichtabschluss einen Lernprozess beim Verkäufer auslöst. Eine Führungskraft muss Mitarbeitern erlauben Fehler zu machen und sie zu finden, um so einen produktiven Prozess zu starten.

Der Wettbewerb und das Globalisierungstempo sind im Vertrieb stark gestiegen. Welche Herausforderung steckt darin für das Vertriebsmanagement?
Vertriebsorganisationen müssen vor allem aufhören, die Situation, wie sie heute ist und wie wir sie morgen erwarten, als so besonders herauszustellen. Ich erlebe keinen so großen Unterschied zur Situation, wie sie vor 25 Jahren war. Natürlich werden wir jedes Jahr mit neuen, veränderten Rahmenbedingungen konfrontiert. Daher brauchen wir eine neue Denkweise, um uns flexibel auf die jeweilige Situation einzustellen und uns anzupassen. Menschen müssen jedes Jahr besser werden und sie empfinden es immer als große Herausforderung, damit umzugehen. Das gekoppelt mit einer Lust, besser zu werden und zu lernen, funktioniert.

Es wird viel von Kulturwandel, Change und besseren Prozessen in den Unternehmen gesprochen. Die wird ihnen jedoch nicht gerade leicht gemacht, denn es zählt meist die harte Renditeorientierung. Entsteht dennoch eine neue Wertekultur im Vertrieb?
Da muss man nach Branchen differenzieren. Der Banken- und Finanzdienstleistungssektor hat verstanden, dass der Ruf nach 20 Prozent Rendite heute Kunden eher verschreckt. Das ist für Finanzinvestoren eine gute Aussage, aber kein Kunde hört so etwas gerne. Im Mittelstand ist die Renditeorientierung mit strategischem Ausblick da, aber gibt es keine Quartalshektik – vielmehr eine Personalentwicklung, die sich auch an mittelfristigen Zeiträumen orientiert. In großen Konzernen herrscht bei diesem Thema dagegen keine Freude.

Welche drei wichtigsten Top-Tools würden Sie Verkäufern und ihren Führungskräften für einen modernen Vertrieb mit auf den Weg geben?
Eine der wichtigsten Facetten ist, das Lernen zu lernen, gar nicht so sehr in der Vermittlung von bestimmten Inhalten, der Arbeitsorganisation oder Prozessen. Mitarbeiter brauchen

ein besseres Gefühl und Verständnis. Sie benötigen Werkzeuge, wie sie bestimmte neue Verhaltensweisen lernen und umsetzen und was sie persönlich tun müssen, um besser zu werden. Das gilt im Übrigen auch für Unternehmen. Jede Vertriebsorganisation braucht ein Toolkit, um selbst besser zu werden.

Was bedeutet vor diesem Hintergrund aus Ihrer Sicht Sales Excellence in der heutigen Vertriebswelt?
Sie definiert für mich eine Anspruchshaltung, seinen Job zu machen. Vertrieb braucht ein besseres Image und verdient es, um die eigene Excellence für sich selbst neu zu bewerten. Doch durch das mittelmäßige Image des Vertriebsberufs in Deutschland nehmen viele Führungskräfte das oft selbst nicht so ernst. Es besteht ja immer noch der Irrglaube, dass man als Verkäufer geboren wird. Das ist alles Unsinn. Denn es reduziert jeden Impuls zum Lernen, wenn man mit dieser Grundeinstellung als Führungskraft in seinen Vertrieb reingeht und widerspricht auch völlig dem Excellence-Gedanken.

Viele Unternehmen ächzen derzeit unter der Digitalisierungswelle. Im digitalen Verkauf stecken Chancen, doch es ist auch ein Damoklesschwert. Wie kann man Kundenbeziehungen auch abseits von Amazon halten?
Ich habe in Amerika viel über Vertrieb gelernt – der US-amerikanische Markt ist in der Entwicklung des digitalen Vertriebs zwei Klassen weiter als wir. Aber an den Anforderungen für Vertriebler hat sich überhaupt nichts geändert. Digitaler Vertrieb verändert die Vertriebsstrategien und die entsprechenden Aufbauorganisationen, aber sie ist auf keinen Fall ein Ersatz für persönlichen Verkauf. Auch an den Anforderungen für Verkäufer ändert die Digitalisierung grundsätzlich nichts.

Aber vielleicht an den Kundenbeziehungen, siehe Multikanal-Vertrieb. Kunden informieren sich in einem Kanal und kaufen in einem anderen...
Ja, aber es ist eine strategische Frage, wie man seinen Vertrieb aufstellt und den kaufenden Kunden zuordnet und misst. Wenn wir uns die Branchen über die Breite anschauen, ist das vielleicht in 20 bis 30 Prozent der Vertriebsorganisationen so.

Alle haben aber doch Angst davor, dass ihnen die Amazons von morgen das Geschäft wegnehmen. Dennoch gibt es viele Beispiele dafür, wie man mit integriertem Online-Vertrieb durchaus erfolgreich sein kann, siehe Unternehmen wie Würth und andere.
Genau. Nehmen Sie beispielsweise die gesamte Luxusindustrie – da kauft kein Kunde digital. Dabei könnte man mit E-Commerce wesentlich einfacher Umsätze erzielen. Aber es macht niemand, weil das persönliche Kundenerlebnis fehlt. Es gibt eben eine persönliche Markenindentität, an der man arbeiten kann.

Dabei könnte man im Blick auf den Handel auch an Karstadt denken – fehlt es im Vertrieb hier an der Markenidentität?
Ich wurde bislang immer sehr freundlich von den Verkäufern bei Karstadt bedient. Daran kann es also nicht liegen. Folglich müsste die Ursache der derzeitigen Situation eigentlich in allem anderen zu finden sein.

Wenn Sie morgen eine Vertriebsorganisation gründen würden, was wäre Ihr Anspruch an Führungspersönlichkeiten im Vertrieb?
Ich würde Leute finden wollen, die einen Anspruch an Bestleistung haben, die neugierig sind, Lust am Lernen und auf die Neuentwicklung haben – und optimistisch sind.

Gute Verkäufer sollten sie aber schon auch sein, oder?
Nicht unbedingt, aber sie müssen Lust haben, Menschen zu entwickeln.

Markt- und Wettbewerbswissen als „Silver Bullet" im B2B-Vertrieb

Markt- und konkurrenzspezifisches Wissen wird für Vertriebsentscheider immer wichtiger. Es liefert oftmals Hinweise auf den entscheidenden Unterschied zwischen Vertriebserfolg und -misserfolg. Wir werfen einen Blick auf die Markt- und Wettbewerbsbeobachtung aus der Sicht des Vertriebs.

Johannes Deltl

Der Konkurrenzdruck in Mittel- und Großunternehmen im deutschsprachigen Raum – der heute schon als hoch eingestuft wird – wird in den nächsten Jahren weiter zunehmen. Das hat eine regelmäßig durchgeführte Umfrage der Beratungsfirma Acrasio ergeben. Die Gründe dafür sind vielfältig. Während die Befragten in den vergangenen beiden Jahren die Globalisierung als wichtigsten Grund für diese Entwicklung nannten, war diesmal der Kostendruck der bestimmende Faktor. Erst danach folgten Globalisierung, technologischer Fortschritt und gestiegene bzw. geänderte Kundenanforderungen. In diesem kompetitiven Umfeld ist es wichtiger denn je, sein Marktumfeld genau zu kennen: Wettbewerbsbeobachtung unterstützt dabei.

Nutzen der Markt- und Wettbewerbsbeobachtung

Generell liefert eine professionelle Markt- und Wettbewerbsbeobachtung für Unternehmen einen vielfältigen Nutzen. Dieser lässt sich anhand von vier Stellhebeln darstellen (siehe auch **Abbildung 1**).

Senken der Kostenbasis: Die gezielte und detaillierte Auseinandersetzung mit den eigenen Wettbewerbern durch Benchmarking-Methoden zeigt auf, in welchen Bereichen das Unternehmen noch Kosteneinsparungspotenziale heben kann. Zudem kann aus Fehlinvestitionen der Wettbewerber gelernt werden.

Steigerung des Umsatzes/Marktanteils/Profits: Werden die Kundenpräferenzen ermittelt sowie die Stärken und Schwächen des eigenen Leistungsspektrums dem der Konkurrenten gegenübergestellt, lassen sich daraus wichtige Verkaufsargumente für den Vertrieb gewinnen. Auch können neue Ansätze für ein optimiertes Pricing sowie Markt- und Produktnischen für eigene Innovationen ermittelt werden.

Unterstützung/Untermauerung von strategischen Entscheidungen: Durch die regelmäßige Beobachtung des Marktumfeldes können Überraschungen durch Marktveränderungen vermieden werden. Faktoren, wie geänderte rechtliche Rahmenbedingungen, neue Kundenpräferenzen oder technologische Entwicklungen, werden in den unternehmensinternen Strategie- oder Produktentwicklungsprozess übernommen.

Minimierung des Risikos: Eine proaktive Marktbeobachtung kann Fehlinvestitionen durch geänderte Marktnachfragen vermeiden und rasche Reaktionen auf disruptive Ereignisse ermöglichen. Zudem schützt eine gute Marktkenntnis davor, von neuen Marktteilnehmern überrascht zu werden.

Markt- und Wettbewerbswissen für Business Development und Vertrieb

Das Business Development ist in großem Maße auf externe Informationen angewiesen. Regelmäßig auftretende Fragestellungen sind dabei neue Märkte, neue Zielgruppen, Marktentwicklungen, neue Wettbewerber und ähnliches. Auch im Vertrieb sind umfassende Markt- und Wettbewerbskenntnisse von enormer Bedeutung. Es geht dabei um die Absicherung des bestehenden Kunden-Portfolios gegenüber der Konkurrenz sowie um die Identifikation neuer Verkaufsmöglichkeiten. Durch eine bessere Kenntnis

Johannes Deltl
ist Geschäftsführer der Acrasio GmbH mit Sitz in Berlin. Seine Beratungsschwerpunkte liegen auf strategischen und marktrelevanten Fragestellungen. www.strategische-wettbewerbsbeobachtung.com

Johannes Deltl
Acrasio GmbH, Berlin, Deutschland
E-Mail: johannes.deltl@acrasio.com

des Marktumfeldes kann zielgerichteter akquiriert und fundierter verhandelt werden. Wichtige Kunden (Key Accounts) können laufend mit Informationen über ihren Markt versorgt und damit noch enger an den Key Account Manager gebunden werden. Im Bereich der Lead-Generierung (Neu-Akquisition) kann die Wettbewerbsbeobachtung zu einer Erhöhung der Neukundenabschlüsse führen. Die Vertriebsmannschaft selbst ist dabei eine wichtige Informationsquelle für die Wettbewerbsbeobachtung. Für Mitarbeiter aus dem Business Development und Vertrieb kann die Wettbewerbsbeobachtung folgende Fragen beantworten (Auszug):

Vertriebsrelevante strategische Fragestellungen zum Markt und Wettbewerb

- Wie entwickeln sich definierte Märkte und Marktsegmente?
- Welche Trends sind in bestimmten Regionen festzustellen?
- Wie reagieren Wettbewerber auf bestimmte Entscheidungen des eigenen Unternehmens?
- Welche Unternehmen könnten sich bald zu Konkurrenten entwickeln?

- Welche Verkaufsstrategien benutzt der Mitbewerber?
- Wie ist die Vertriebsorganisation aufgestellt?

Vertriebsrelevante operative Fragestellungen zum Markt und Wettbewerb

- Welche Produkte und Dienstleistungen werden am Markt angeboten?
- Zu welchem Preis und zu welchen weiteren Konditionen?
- Wie sieht die bisherige Historie des (potenziellen) Kunden mit der Konkurrenz aus?
- Welche Verkaufsargumente benutzt die Konkurrenz?
- Wie rasch kann die Konkurrenz ein Angebot liefern?
- Warum hat sich der Kunde für die Konkurrenz entschieden?
- Wie sieht der operative Vertriebsprozess aus?
- Welchen potenziellen Absatz bietet mir der Neukunde?

Strukturiertes Vorgehen bei der Markt- und Wettbewerbsanalyse

Die Umsetzung zur Ermittlung relevanten Markt- und Wettbewerbswissens für den Vertrieb lässt sich am besten anhand

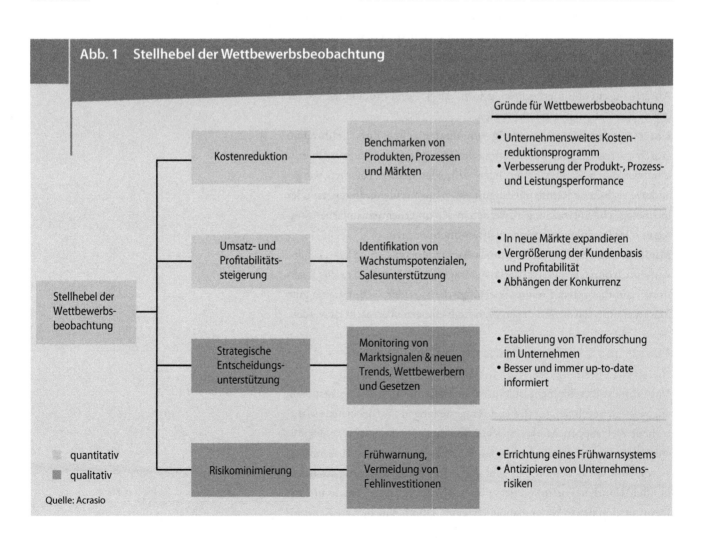

Abb. 1 Stellhebel der Wettbewerbsbeobachtung

Gründe für Wettbewerbsbeobachtung

Stellhebel der Wettbewerbsbeobachtung

Kostenreduktion — Benchmarken von Produkten, Prozessen und Märkten
- Unternehmensweites Kostenreduktionsprogramm
- Verbesserung der Produkt-, Prozess- und Leistungsperformance

Umsatz- und Profitabilitätssteigerung — Identifikation von Wachstumspotenzialen, Salesunterstützung
- In neue Märkte expandieren
- Vergrößerung der Kundenbasis und Profitabilität
- Abhängen der Konkurrenz

Strategische Entscheidungsunterstützung — Monitoring von Marktsignalen & neuen Trends, Wettbewerbern und Gesetzen
- Etablierung von Trendforschung im Unternehmen
- Besser und immer up-to-date informiert

Risikominimierung — Frühwarnung, Vermeidung von Fehlinvestitionen
- Errichtung eines Frühwarnsystems
- Antizipieren von Unternehmensrisiken

■ quantitativ
■ qualitativ

Quelle: Acrasio

eines systematischen Prozesses darstellen, der sich in fünf Teil-
bereiche gliedert (siehe **Abbildung 2**).

1. Planung – Ermittlung der relevanten Fragen

In der ersten Stufe des Prozesses geht es darum herauszuarbei-
ten, welche vertriebsrelevanten Fragestellungen beim Management vorliegen. In einem Informationsaudit werden die gewünschten Themen erhoben sowie verfügbare Quellen und Experten im Unternehmen ermittelt und dokumentiert. Dabei ist
es essenziell, blinde Flecken (Blindspots) zu erkennen, die dadurch entstehen, dass Führungskräfte mitunter festgefahrene
Meinungen und Ansichten über den Markt haben und Entwicklungen komplett außer Acht lassen. Ein Paradebeispiel dafür ist
das häufige Argument bei verlorenen Projekten, dass der „Preis
zu hoch war". Aus den ermittelten Fragen wird abgeleitet, welche
Informationen und Analysen den Führungskräften helfen, die
bestmöglichen Entscheidungen zu treffen. In der Planungspha-
se werden auch wiederkehrende Tätigkeiten, wie beispielsweise
laufende Überwachung/Monitoring wichtiger Wettbewerber
oder auch anlassbezogene Ad-hoc-Fragestellungen festgelegt.
Neben diesen Aufgaben können zudem im Sinne eines Trend-
und Zukunftsmonitorings (= Frühwarnsystem) für das Unternehmen wichtige Themenbereiche laufend gescannt, gesammelt
und verarbeitet werden: beispielsweise das Unternehmensöko-
system inklusive aller Marktteilnehmer und Stakeholder.

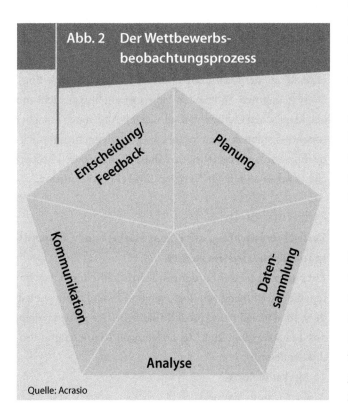

**Abb. 2   Der Wettbewerbs-
beobachtungsprozess**

Entscheidung/
Feedback

Planung

Kommunikation

Daten-
sammlung

Analyse

Quelle: Acrasio

Zusammenfassung

● Markt und Wettbewerbswissen bietet eine Vielzahl an
Ansatzpunkten, um den Vertrieb zu unterstützen.

● Es werden ergebnisrelevante Umsatz- und Profitstei-
gerungen durch besseres Wissen über Konditionen,
Kundenanforderungen und Konkurrenzprodukte erzielt.

● Durch abgesicherte Entscheidungen wird das Unter-
nehmensrisiko reduziert.

● Entscheidungsträger im Vertrieb setzen auf einen
strukturierten Prozess, um der Konkurrenz voraus zu
sein.

2. Datensammlung

Nachdem die Themenbereiche und die Fragestellungen festgelegt sind, geht es im nächsten Schritt um die geeignete Auswahl der effektivsten Informationsquellen, das Sammeln relevanter Informationen sowie die möglichst strukturierte Auf-
arbeitung und Speicherung der erhaltenen Informationen.
Wichtig ist dabei eine legale und ethisch korrekte Vorgehensweise.

Informationsquellen können beispielsweise kostenpflichtige Datenbanken sein, aber auch frei verfügbare Informationen im Internet, Messebesuche, Gespräche mit Marktteilnehmern wie Experten, Technikern, Lieferanten und Kunden.
Dabei geht es nicht um die Menge der Informationen, sondern um deren Relevanz.

Die Acrasio-Studie fragte auch die internen Herausforderungen bei der Markt- und Wettbewerbsbeobachtung ab. Dabei wurden als häufigste Nennungen die fehlende abteilungsübergreifende Zusammenarbeit (62,2 Prozent), der Information Overload (53,3 Prozent) sowie die Tatsache, dass
Informationen nicht verfügbar sind (42,2 Prozent), genannt.

3. Analyse der ermittelten Informationen

Ein wichtiger Schritt während der Analysephase ist es, die gesammelten Daten und Informationen aus externen und internen Informationsquellen in den Unternehmenskontext zu
stellen. Das Resultat sind Grundlagen, auf deren Basis die
Führungskraft entscheiden soll. Diese Phase ist die „wertvolls-
te" des gesamten Prozesses. Für sie sollte am meisten Zeit auf-
gewendet werden. Gute Analysen sind zeit- und personal-
ressourcenintensiv. Aus der Fülle an Daten und Informatio-

nen müssen die Zukunftsaspekte und die Reaktionen des Wettbewerbs und der Kunden auf die eigenen Aktivitäten herausgearbeitet werden. Die Vergangenheit dient dabei als Basisinformation. In Planspielen werden diese Erkenntnisse in die Zukunft verlängert. Es gilt zu antizipieren, wie sich das Kundenverhalten und die Branche entwickeln, wie sich die Marktkräfte verändern werden und was das eigene Unternehmen tun muss, um weiterhin im Wettbewerb bestehen zu können. Dazu gehört auch, die zukünftigen Ziele der Konkurrenten, ihre gegenwärtige Strategie und ihre Antworten auf die eigene Unternehmensstrategie zu ermitteln. Dabei lassen sich auch längerfristige Entwicklungen außerhalb der unmittelbar aktiven Geschäftstätigkeiten erfassen. Abhängig von der Frage- und Aufgabenstellung werden unterschiedliche Analyseverfahren eingesetzt, beispielsweise Stärken-Schwächen-Analysen, SWOT, Konkurrenzprofile, Win-Loss-Analysen, Battlecards, Benchmarking oder Wargaming.

4. Kommunikation und Aufbereitung der Erkenntnisse

Das im Analyseprozess erarbeitete Wissen (die Entscheidungsgrundlagen) muss den Führungskräften und allen Entscheidungsträgern in ansprechender Form zur Verfügung gestellt werden, um auch effektiv verwertet werden zu können. Dabei stellt sich die Frage, wie der Austausch der bewerteten Informationen an den Mann/die Frau erfolgen kann. Je nach Zielgruppe existieren dabei unterschiedliche Anforderungen. Die Ergebnisse der Recherchen und Analysen müssen zur richtigen Zeit, im richtigen Format und entscheidungsunterstützend aufbereitet sein. In der Praxis werden sowohl Pull-Tools wie Reports, Sharepoint und spezielle Wettbewerbs-

beobachtungssysteme als auch Push-Tools wie Newsletter oder Benachrichtigungen (Alerts) eingesetzt. Dabei gibt es je nach Branche und Unternehmensgröße unterschiedlich geeignete Tools.

5. Entscheidung und Feedback

Im letzten Prozessschritt trifft das Vertriebsmanagement auf Basis der präsentierten Informationen seine Entscheidungen. Eine Fragestellung im Rahmen der aktuellen Studie von Acrasio betraf die strategische Unterstützung bei der Entscheidungsfindung. 95,4 Prozent der Befragten bewerten die Aufbereitung von Entscheidungsgrundlagen zur Unterstützung von strategischen Fragestellungen als sehr relevant oder relevant. Es folgten die Unterstützung von Business Development (91,5 Prozent) und die Steigerung des Umsatzes/Vertriebsunterstützung (88,4 Prozent). Durch Feedbackinstrumente kann die Zufriedenheit des Managements und der Vertriebsmannschaft mit den zur Verfügung gestellten Entscheidungsgrundlagen abgefragt werden

Organisatorische Umsetzung

Für die Durchführung der Wettbewerbsbeobachtung wird qualifiziertes Personal benötigt. Dies kann durch einen hochwertigen Vertriebsinnendienst oder externe Dienstleister abgedeckt werden. Vertriebsleute sollten damit nicht betraut werden, da diese Aufgabe in der Regel nicht zu ihren Stärken zählen. Zusätzlich zu Markt- und Wettbewerbsrecherchen führen diese Mitarbeiter auch quantitative Analysen und Segmentierungen durch bis hin zum Verfassen von vertriebsunterstützender Kommunikation (B2B Content Marketing). Diese genannten Tätigkeiten haben wenig bis gar nicht mit den klassischen Outbound-Call-Center-Aktivitäten mancher Innendienstabteilungen zu tun. Es geht vielmehr um hochqualifizierte und spezialisierte Mitarbeiter, die durch Recherchen und Analysen den Vertrieb „im Feld" unterstützen.

Praxisbeispiele

Vertriebsentwicklung mit einem Market- und Competitive Intelligence System steuern

Ein Dienstleister der Luftfahrtindustrie kann durch das System die Aktivitäten nach Regionen und Produkten bewerten, diese strukturieren und proaktiv handeln. Das System besteht aus drei Schwerpunkten, die Daten nach Regionen und Produkten liefern:

1. Market Reports
2. Opportunity Reports

Kerngedanken

- Entscheider im Business Development und Vertrieb sollten die Vorteile professioneller Wettbewerbsbeobachtung verstärkt nutzen.
- Nur ein strukturierter regelmäßiger Prozess und das notwendige Budget bringen die gewünschten Resultate.
- Tools helfen bei der Umsetzung/Unterstützung – entscheidend für den nachhaltigen Erfolg ist hochqualifiziertes Personal.
- Strategische Markt- und Wettbewerbsbeobachtung erhöht die Wettbewerbsfähigkeit eines Unternehmens.

---

3. Profile Reports als Basis für Wettbewerberinformationen. Die Market Reports beispielsweise umfassen Informationen wie Flugaufkommen nach Passagieren und Fracht, Bestand und Entwicklung der Flughafenanzahl sowie geplante Investitionen. Zu jedem Flughafen gibt es genaue Projektbeschreibungen, Informationen über die Anzahl installierter Wettbewerbssysteme und Angaben darüber, welcher Wettbewerber welches Projekt wann und wo durchgeführt hat. Diese Informationen stehen den global tätigen Vertriebsmitarbeitern auf Knopfdruck zur Verfügung.

Unterstützung des Vertriebs mit relevanten Wettbewerbsinformationen

Ein führender weltweiter Hersteller von Aufzuganlagen verwendet Wettbewerbsinformationen, um die Verkaufsmannschaft tatkräftig unterstützen zu können. Die Verkäufer haben weltweit Zugang zu Berichten/Reports, in denen die eigenen Produkteigenschaften detailliert mit den Eigenschaften der Konkurrenzprodukte verglichen werden. Zusätzlich werden die verkaufsunterstützenden Tätigkeiten, Distributionsstrategien sowie die laufende Kundenbetreuung der Konkurrenz registriert und dokumentiert.

Einsatz eines Key Account Portals bei einem globalen Beratungsunternehmen

Das Key Account Management (KAM)-Team hat den Auftrag, den Klienten für die relevante Themenpalette des Beratungsunternehmens erschließen und die damit verbundenen Aufgaben und Prozesse professionell abzuwickeln. Die Akquisitionsstrategie, einschließlich der Einbindung der Klienten-Entscheidungsträger, wird im Team gemeinsam entwickelt und durchgeführt. Ein integraler Bestandteil der Wissensorganisation rund um Key Accounts ist das Key-Account-Por-

tal: Dort werden alle Aktivitäten und Informationen rund um den Key Account (Kontakte/Ergebnisse, Themen-Leads, Akquisitionserfolg, Analysen und Detailreports) elektronisch abgebildet. Aus den verschiedenen firmeninternen Datenbanken, zum Beispiel dem Client Relationship Management (CRM), werden laufend aktualisierte Informationen über den Kunden und relevante Projekte in das Portal eingestellt. Das KAM-Team kann aus Analysen regelmäßig neue Akquiseansätze ableiten und proaktiv auf den Kunden zugehen.

> **Handlungsempfehlungen**
> - Hinterfragen Sie Ihre bestehende Markt- und Wettbewerbsbeobachtung.
> - Bauen Sie ein effizientes System mit Prozessen, Budgets und Verantwortungen auf.
> - Setzen Sie dabei auch auf vorhandenes Wissen im Unternehmen.
> - Seien Sie der Konkurrenz voraus.

Literatur

Deltl, J.: The Art of Intelligence – Why companies need intelligence to stay ahead in a changing world, Createspace 2013

SfP[*] Deltl, J.: Strategische Wettbewerbsbeobachtung – So sind Sie der Konkurrenz voraus, Wiesbaden 2011, , 2. Aufl. (ID: 1821772)

Deltl, J.: Acrasio Entscheiderstudie Markt- und Wettbewerbsbeobachtung 2014

Chancendurchleuchtung, Business Intelligence Magazin 1/2011

* Abonnenten des Portals Springer für Professionals erhalten diesen Beitrag im Volltext unter www.springerprofessional.de/ID

SfP Zusätzlicher Verlagsservice für Abonnenten von „Springer für Professionals | Vertrieb"

Zum Thema | Marktbeobachtung | 🔍 Suche

finden Sie unter www.springerprofessional.de 58 Beiträge im Fachgebiet Vertrieb   Stand: August 2014

Medium
- ☐ Online-Artikel (1)
- ☐ Zeitschriftenartikel (13)
- ☐ Buchkapitel (44)

Sprache
- ☐ Deutsch (58)

Von der Verlagsredaktion empfohlen

Herrmann, A., Huber, F.: Märkte analysieren, in Herrmann, A., Huber, F.: Produktmanagement, Wiesbaden 2013, S. 35-84
www.springerprofessional.de/4971634

Birk, A.: Daten sammeln ohne Grenzen?, in: Sales Management Review, 4/2014, S.64.71
www.springerprofessional.de/5251840

Management von Verkaufskomplexität als Führungsaufgabe

Verkäufer arbeiten täglich im Spannungsfeld von Kundenanforderungen, Ergebnisdruck und Effizienzvorgaben. Die resultierende Verkaufskomplexität überfordert das Individuum und senkt die Produktivität der Organisation. Ausgehend von einer Analyse der Komplexitätstreiber werden Ansätze zum Umgang mit Komplexität im Verkauf skizziert und Implikationen für Führungskräfte abgeleitet.

Lars Binckebanck

Der persönliche Verkauf als Grundfunktion des Vertriebs ist ein zwischenmenschlicher Interaktionsprozess zur Schaffung von Mehrwert in Geschäftstransaktionen mit dem Ziel, direkt oder indirekt Kaufabschlüsse zu erzielen. Damit hat die aktive Verkaufszeit, während der Verkäufer und Kunden interagieren, eine signifikante Hebelwirkung auf die Vertriebsergebnisse.

In der Praxis jedoch ist die verkäuferische Produktivität häufig gering und der Leistungsdruck hoch. Es konkurriert eine Vielzahl von Zielen, Funktionen und Prozessen um die knappe Zeit der Verkäufer:

• Verkäufer erhalten beispielsweise eine Vielzahl von nicht immer widerspruchsfreien monetären und nichtmonetären Vorgaben. Gleichzeitig ist ihr Entlohnungssystem meist auf kurzfristige quantitative und nicht auf langfristige strategische Ziele (z.B. Kundenpflege) ausgerichtet.

• Der Kunde, oft selbst unter Druck und von der Vielfalt der Angebote überflutet, verlangt zusätzliche Leistungen. Verkäufer müssen also verstärkt auch als Infobroker, Berater und Teamplayer agieren. Gleichzeitig stumpfen sie durch in regelmäßigen Abständen auftretende Wellen der vertrieblichen Reorganisation (z.B. Hybrid-Marketing, Cyber Selling, Clienting) für die Notwendigkeit der Weiterentwicklung ab.

• Da der Einkauf technisch aufrüstet und etwa E-Procurement und Supply Chain Management betreibt, werden im Verkauf Prozesse mit betriebswirtschaftlicher Standardsoftware, mit integrierten Datenbanken, Kundenbetreuungssoftware (CRM/ CAS) und mit E-Business-Tools auf der Basis von Social und Mobile Media optimiert. Gleichzeitig fehlt hierbei oft die Abstimmung mit den anderen internen Prozessen.

Zudem leiden Verkäufer etwa unter ungeeigneten Gebietszuschnitten, Schnittstellen- und Verständnisproblemen mit Innen- und Kundendienst, administrativen Tätigkeiten für ausufernde Berichtssysteme sowie Informationsüberflutung durch Statistik- und Marketingdaten.

Subjektive und objektive Verkaufskomplexität

Verkäufer werden zum Kulminationspunkt verschiedenster Interessen und Aufgaben und agieren dabei in einem Spannungsfeld von Kundennähe, Komplexität und Effizienz. Sie sind als Bindeglied zwischen externer Komplexität des Unternehmensumfelds und interner Komplexität des Unternehmens Bezugspersonen des Komplexitätsmanagements im Verkauf. Unüberschaubare Anforderungen, interdependente Einflüsse, dynamische Veränderungen sowie Zeit- und Ressourcenbeschränkungen beeinflussen die Produktivität der einzelnen Mitarbeiter durch ein subjektives Gefühl der Überforderung negativ.

Vom subjektiven Komplexitätsempfinden der Akteure zu unterscheiden ist die objektiv vorherrschende Komplexität. Unternehmen reagieren auf die erhöhte Marktdynamik häufig mit kundenindividuellen Problemlösungen und damit einer erhöhten Zahl an Leistungen. Der damit ansteigende Koordinationsbedarf induziert einen quantitativen und qualitativen Ausbau der Steuerungs-, Informations- und Managementkapazitäten. Demnach ist Komplexität nicht per se „schlecht", sondern wird vielmehr benötigt, um

Prof. Dr. Lars Binckebanck
ist Professor für Marketing & International Management an der Nordakademie in Hamburg/Elmshorn. Nach dem Studium der Betriebswirtschaftslehre in Lüneburg, Kiel und Preston promovierte er an der Universität St. Gallen. Er war seit 1997 in leitender Funktion als Marktforscher, Unternehmensberater und Vertriebstrainer tätig, bevor er zuletzt als Geschäftsführer bei einem führenden Münchener Bauträger Verkauf und Marketing verantwortete.

Lars Binckebanck
Nordakademie, Elmshorn, Deutschland
E-Mail: lars.binckebanck@nordakademie.de

strategische Wettbewerbsvorteile zu generieren. Problematisch wird diese „gute", wertschaffende Komplexität erst dann, wenn das Unternehmen diese Komplexität in der Interaktion mit anspruchsvollen Kunden und dynamischen Marktbedingungen nicht beherrschen kann und den Blick für Profitabilität verliert.

Wertvernichtende Komplexität (z.B. unnötige, nicht zielführende Prozesse, überbordende Bürokratie) ist nicht notwendig zur Zielerreichung bzw. steht dieser sogar entgegen und sollte durch entsprechende Maßnahmen abgebaut werden. Die aus Kundenindividualisierungsmaßnahmen resultierenden Kostensteigerungen können also die aufgrund der höheren Kundenorientierung wachsenden Erlöse übertreffen (Komplexitätsfalle).

Komplexität ist im Unternehmen notwendiges Ergebnis der Arbeitsteilung und der permanenten Anpassung an Anforderungen der Umwelt. Das Problem besteht in der Wahl des optimalen Komplexitätsgrades. Dabei müssen die erfolgskritischen Komplexitätsdimensionen identifiziert und hinsichtlich des erreichten Komplexitätsgrads kritisch analysiert werden.

Komplexitätsdimensionen im Verkauf

Für den Verkauf als Umsetzer der Unternehmensstrategie an der Schnittstelle zum Kunden lassen sich grundsätzlich drei Komplexitätsdimensionen identifizieren:

● Zielebene: Hier kommt es in der Praxis häufig zu Widersprüchen im verkäuferischen Zielsystem. Typischerweise ist

etwa das Verhältnis von Neukundengewinnung zu Bestandskundenpflege ebenso vage definiert wie das von harten (monetären) zu weichen (nichtmonetären) bzw. kurzfristigen zu langfristigen Zielen. Expansive Umsatzziele müssen dann beispielsweise mit dem Erhalt einer Premiumpositionierung in Einklang gebracht werden. Die meisten Verkaufsmitarbeiter folgen vollkommen rational in diesem Fall den Prioritäten, die das Steuerungs- bzw. Entlohnungssystem ihnen vorgibt oder – schlimmer noch – ihren eigenen Vorlieben. In der Folge wird dem Verkauf regelmäßig vorgeworfen, er setze die Strategie nicht richtig um, während die Verkaufsmitarbeiter sich über die „unrealistischen Vorgaben aus dem Elfenbeinturm" mokieren. Zielkonflikte betreffen die *Richtung* der Verkaufsaktivitäten.

● Ressourcenebene: Hier kommt es in der Praxis häufig zu interner Konkurrenz zwischen Abteilungen, Vertriebskanälen und Gebieten. Da jeder für seinen Kunden das Beste erreichen will, beginnt das berüchtigte „interne Verkaufen", nämlich von Sonderwünschen und Eilaufträgen an die Produktion, von der eigenen Wichtigkeit gegenüber dem Innendienst oder auch von kundenbezogenen Zuständigkeiten an die „Kollegen in der Zentrale". Umgekehrt ist auch die Ressource Verkauf umkämpft. Denn hier sollen nicht nur Ziele umgesetzt werden, sondern auch Marktforschung betrieben, Zusatzfunktionen in Projektteams oder bei internen Prozessen wahrgenommen oder Qualifizierungsmaßnahmen durchlaufen werden. Statt sich auf die Marktbearbeitung zu konzentrieren, werden wertvolle Ressourcen in internen Grabenkämpfen vergeudet. Opportunitätskosten entstehen. Ressourcenkonflikte betreffen somit primär die *Effektivität* der Verkaufsaktivitäten.

● Prozessebene: Hier kommt es in der Praxis häufig zu Reibungsverlusten entlang der Verkaufsprozesse. Zunächst sind diese Prozesse in den Unternehmen häufig nicht ausreichend transparent bzw. verbindlich definiert. In der Konsequenz bilden sich über die Zeit unterschiedliche Arbeitsweisen zwischen, aber auch innerhalb von Abteilungen heraus, die über herkömmliche Schnittstellen nur unzureichend integriert werden können. Hier wird regelmäßig über die Implementierung einer gemeinsamen IT-Plattform versucht, die Schnittstellen zu optimieren. Die hohe Zahl gescheiterter CRM-Projekte in diesem Kontext weist jedoch darauf hin, dass isolierte Maßnahmen ohne Integration und Abstimmung der Aufbau- und Ablauforganisation nicht sinnvoll sind. Die Bewältigung dieser Schnittstellenprobleme spielt bei der Verwirklichung von Kundenorientierung und

Zusammenfassung
● Der persönliche Verkauf arbeitet im Spannungsfeld von Kundenanforderungen, Ergebnisdruck und Effizienzvorgaben.
● Ohne ein adäquates Komplexitätsmanagement sinken individuelle und organisationale Produktivität.
● Hierfür ist das Verständnis von unproduktiven Konflikten auf den erfolgskritischen Komplexitätsdimensionen ein erster wichtiger Schritt.
● Die Komplexitätstreiber sind vielfältig und lassen sich nach Ursprung und Vertriebsbezug systematisieren.
● Es gibt eine Toolbox für das Management von Verkaufskomplexität, die unternehmensspezifisch einzusetzen ist.

ganzheitlicher Kundenbearbeitung in den Unternehmen eine Schlüsselrolle. Weiterhin spielen Verkaufsprozesse bei Überlegungen zu Kosteneinsparungen und/oder Produktivitätssteigerungen im Vertrieb in letzter Zeit eine wachsende Rolle. Prozesskonflikte betreffen primär die *Effizienz* der Verkaufsaktivitäten.

Auswirkungen der Komplexität im Verkauf

Aus diesen Überlegungen lassen sich zwei Effekte auf das Verhalten der Verkäufer ableiten. Zunächst ist ein direkter negativer Effekt erhöhter Komplexität auf die aktive Verkaufszeit der Verkaufsmannschaft zu nennen: Je höher die Komplexität im Verkauf, desto mehr Zeit der Verkäufer wird gebunden durch das Management interner Ziel-, Ressourcen- und Prozesskonflikte. Die Opportunitätskosten der entgangenen verkäuferischen Aktivitäten steigen.

Der zweite Effekt ist eher indirekter Natur, hat aber eine ebenso negative Richtung: Je höher die Komplexität im Verkauf, desto eher werden Verkäufer angesichts der internen Ziel-, Ressourcen- und Prozesskonflikte ihre Freiheitsgrade nutzen und eigene Schwerpunkte in der Marktbearbeitung setzen. Diese aber werden mit hoher Wahrscheinlichkeit das Konsistenzprinzip verletzen, d.h. die individuelle Marktbearbeitung ist dann nur noch zufällig komplementär mit strategischen Vorgaben und Zielsystemen.

Vor diesem Hintergrund ist die Wahl des optimalen Verkaufskomplexitätsgrades ein mehrdimensionales Entscheidungsproblem, welches die Kenntnis der relevanten Komplexitätstreiber voraussetzt. Diese sind vielfältig und werden in der Literatur sehr unterschiedlich systematisiert. **Abbildung 1** zeigt typische Stellschrauben zur Erreichung des optimalen Komplexitätsgrades im Verkauf.

Abb. 1 Verkaufsrelevante Komplexitätstreiber

Unternehmensexterne Komplexitätstreiber

- Marktentwicklungen
- länderspezifische gesetzliche und gesellschaftliche Rahmenbedingungen
- Wettbewerbsaktivitäten

- Anzahl der Kunden/Größe des relevanten Marktes
- Vielfalt der Kundenwünsche/Zwang zum "Mehrwert"
- Konzentration und Professionalisierung des Einkaufs
- technischer Fortschritt

Unternehmensinterne, nicht-vertriebsbezogene Komplexitätstreiber

- Schnittstellen
- Ressortegoismen
- Mangelnde Marktsicht
- Stellenwert des Vertriebs im Unternehmen
- Ergebnisdruck
- Personalentscheidungen
- Definition von Kunden- und Produktgruppen durch das Marketing
- Unterstützung durch das Marketing

Unternehmensinterne, vertriebsbezogene Komplexitätstreiber

strukturbezogen

- Entlohnungssystem
- Zielvorgaben
- Managementphilosophie
- Trennung von Aufgabe, Verantwortung und Kompetenz
- Gebietszuschnitt
- Zusammenarbeit Verkauf mit Innendienst, Service, Call-Center etc.

informations- und kommunikations- bezogen

- Schnittstellendichte
- Informationsasymmetrie
- Integration der Vertriebskanäle
- IT- Systeme (CRM, CAS, ERP etc.)
- Hoheit über die Kundeninformationen
- Medienbrüche
- ausuferndes Berichtswesen
- Datenflut

personalbezogen

- Einzelkämpfer-Mentalität
- Nehmerhaltung gegenüber anderen Funktionen
- Mangel an Motivation und Identifikation mit den Unternehmenszielen
- Mangel an benötigten Kompetenzen
- Qualität der Verkaufsleitung

Ergebnis: Verkaufskomplexität

Zielkonflikte   Ressourcenkonflikte   Prozesskonflikte

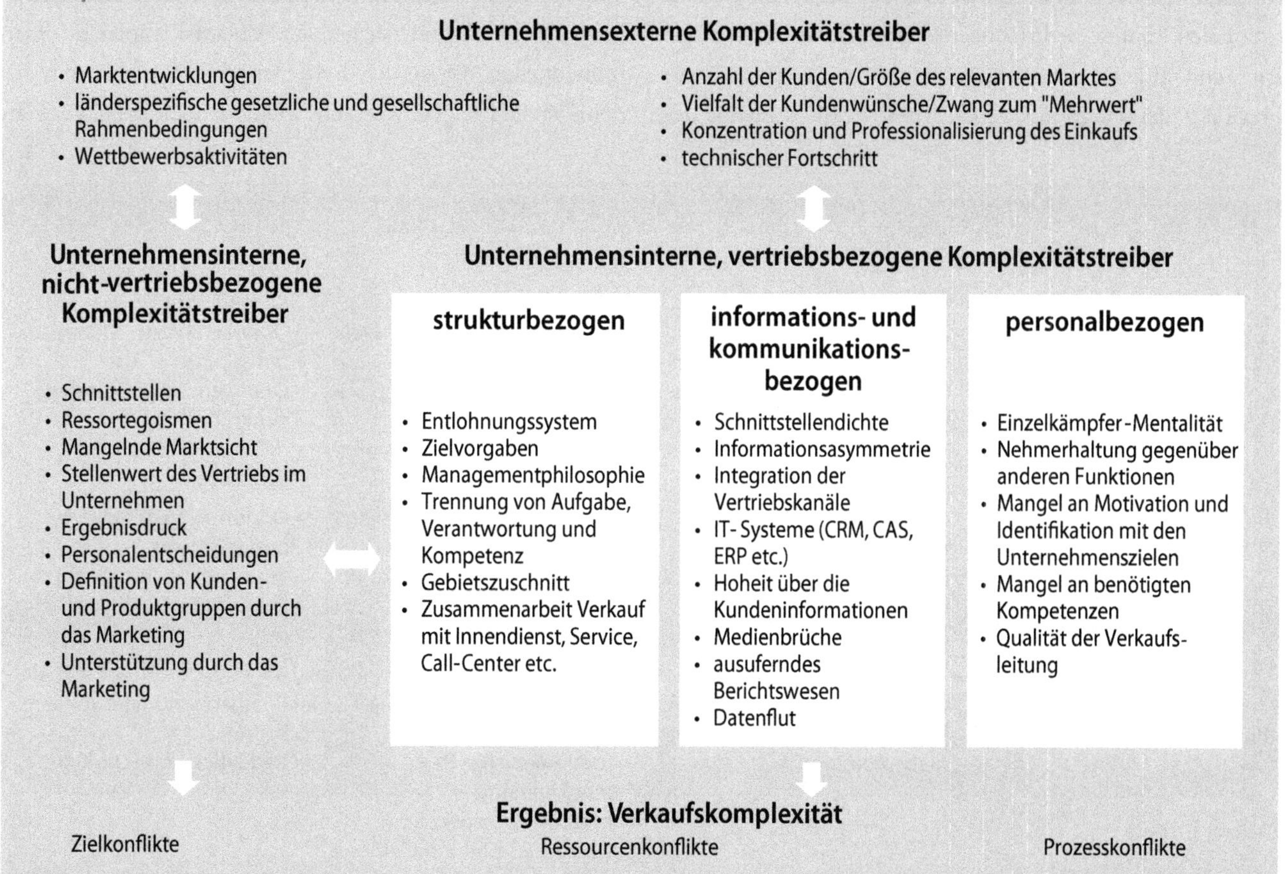

Quelle: Binckebanck/Lange 2013, S. 102

Im Umgang mit Verkaufskomplexität gibt es drei grundsätzliche Strategien. Die einfachste Möglichkeit besteht darin, unnötige Komplexität gar nicht erst entstehen zu lassen (Komplexitätsvermeidung). Typischerweise geht es hierbei darum, Rahmenbedingungen zu schaffen, die Komplexität strukturell vermeiden.

Meist jedoch bildet sich ein Bewusstsein für die Komplexitätsproblematik erst dann, wenn bereits Komplexitätskosten in wahrnehmbarer Höhe entstanden sind. Dann zielt die Strategie der Komplexitätsbeherrschung ab auf die Erhaltung von und den optimierten Umgang mit Komplexität bei gleichzeitiger Vermeidung zusätzlicher Komplexitätstreiber. Diese Strategie setzt typischerweise Transparenz über Komplexitätstreiber und -kosten voraus.

Am aufwändigsten ist die Strategie der Komplexitätsreduzierung. Um diese bei einem gegebenen Komplexitätsgrad umzusetzen, bedarf es in der Regel umfangreicher Reorganisationsmaßnahmen und Eingriffe in Besitztümer im Unternehmen. Daher sind hierbei beträchtliche organisationale Widerstände zu erwarten. Es ist somit wichtig, Optimierungsentscheidungen fundiert auf der Grundlage geeigneter Analyseinstrumente zu treffen. Um die Nachhaltigkeit der Maßnahmen sicherzustellen, ist es zweckmäßig, die organisationalen Rahmenbedingungen entsprechend zu gestalten. Die somit initiierte zukunftsgerichtete Vermeidung von Komplexität bedeutet einen Übergang in die erste Strategie des

Kerngedanken

- Die vertrieblichen Ressourcen werden in der Praxis häufig systematisch überfordert – unproduktive Verkaufskomplexität entsteht.
- Allerdings ist eine Reduktion der Verkaufskomplexität nicht immer möglich oder gar wünschenswert – entscheidend ist der optimale Komplexitätsgrad.
- Ziel-, Ressourcen und Prozesskonflikte sind erfolgskritische Komplexitätsdimensionen und lassen sich jeweils vermeiden, beherrschen und/oder reduzieren.
- Für ein erfolgreiches Komplexitätsmanagement im Verkauf ist die Führungskraft der entscheidende Transmissionsriemen.
- Das Management sollte bei der (beeinflussbaren) internen Komplexität ansetzen und diese auf die (nicht beeinflussbare) externe Komplexität ausrichten.

Komplexitätsmanagements (Vermeidung). Damit entsteht ein interaktiver Lernprozess (Learning-Loop), der lernende Organisationen auszeichnet.

In der Praxis wird ein Unternehmen unter Berücksichtigung der jeweiligen Ursachen der Verkaufskomplexität einen individuellen Mix aus den drei generischen Strategien anwenden. **Tabelle 1** zeigt ausgewählte Methoden, die dabei Verwen-

Tab. 1 Systematisierung ausgewählter Ansätze für den Umgang mit Verkaufskomplexität

	vermeiden (Rahmenbedingungen)	beherrschen (Transparenz)	reduzieren (Optimierung)
Zielkonflikte (Richtung der Aktivitäten)	• Zielsystem nach dem Konsistenzprinzip gestalten • Vertrauen in die Umsetzungskompetenz der Mitarbeiter im Management schaffen	• Vernetzungsanalyse des Zielsystems • Führung durch MBO/ BSC unterstützen • Komplexitätscontrolling • Analyse Kundennutzen	• Optimierung des Zielsystems • Optimierung der Kundenstruktur • differenzierte Betreuungskonzepte
Ressourcenkonflikte (Effektivität der Aktivitäten)	• Integratives Entlohnungssystem • Modularisierung der Organisation	• Integration der Vertriebskanäle bzw. -funktionen • Analyse der aktiven Verkaufszeit • IT-basiertes Informationssystem	• Optimierung des Entlohnungssystems • Team-Selling-Strukturen • Führungsverhalten anpassen • Optimierung Sortiment
Prozesskonflikte (Effizienz der Aktivitäten)	• Workflow-Organisation mit definierten und optimierten Vertriebsprozessen	• Koordinationskosten analysieren • Kontinuierliches Prozessbenchmarking • Internes Marketing • IT-basiertes Kommunikationssystem	• Reorganisation der Verkaufsprozesse • Reduktion von Schnittstellen

Quelle: Binckebanck/Lange 2013, S. 108

dung finden können. Es ist darauf hinzuweisen, dass erst die Kombination der unterschiedlichen strategischen und operativen Instrumente gewährleistet, dass die verschiedenen Aspekte der Verkaufskomplexität erfasst und der Umgang mit ihr unternehmensspezifisch optimiert werden kann.

Implikationen für Führungskräfte im Verkauf

Die Führungskraft im Vertrieb fungiert als Transmissionsriemen zwischen Konzeptions- und Durchführungsebene und kann das Komplexitätsmanagement zum Laufen bringen – oder es wirkungslos verpuffen lassen. Folgende Empfehlungen lassen sich ableiten:

• Die Führungskräfte sollten versuchen, mit ihrem Führungsstil nicht noch zusätzliche Komplexität zu schaffen, indem sie klare Zielsetzungen vorgeben und bei Bedarf rasche Entscheidungen für die Verkaufsmitarbeiter treffen. Aufträge sollten klar abgegrenzt und kommuniziert werden. Wichtig ist zudem, dass sie stets ein offenes Ohr für ihre Mitarbeiter haben. Sie sollten als Coach ihre Mitarbeiter für die Thematik der Verkaufskomplexität sensibilisieren und sie im Umgang mit derselben auch operativ unterstützen.

• Führungskräfte im Verkauf nehmen hinsichtlich der vertrieblichen Informationsprozesse eine Filterfunktion wahr. Zur Reduktion unnötiger Komplexität sollten Informationen aus anderen Bereichen der Organisation nur in zusammengefasster Form und nach individueller Relevanz für die Verkaufsmitarbeiter weitergegeben werden.

• Die Führungskräfte übernehmen zusätzlich eine informatorische Übersetzungsfunktion, das heißt Inhalte und insbesondere strategische Vorgaben des Top-Managements sollten im Plenum besprochen und verständlich dargelegt werden.

• Auf der Konzeptionsebene sollten vertriebliche Führungskräfte durch einen Verkäufer-Dialog, interne Support-Prozesse (z.B. Back-Office, punktuelle Unterstützung durch Spezialisten) sowie die Homogenisierung und kontinuierliche Optimierung der Verkaufsprozesse die operativen Verkaufsmitarbeiter darin unterstützen, die Komplexität im Verkaufsalltag besser handhaben zu können.

• Führungskräfte im Verkauf müssen im Rahmen des Schnittstellenmanagements konfliktäre Anforderungen an ihre Mitarbeiter moderierend kanalisieren. Denn in der Praxis ist die Perspektive der Mitarbeiter in internen Projekten

 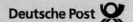

durch Schnittstellenpartner vielfach gefragt. Sie befinden sich in einem grundsätzlichen Konflikt: Einerseits möchten sie ein Mitspracherecht, andererseits aber möchten sie keine Zeit für Sitzungen opfern, da sie in dieser Zeit nicht verkaufen können.

Erfolgsfaktor Komplexitätsmanagement

Diese Hinweise zeigen, dass Komplexitätsmanagement im Verkauf ein originäres Managementthema darstellt. Gleichwohl ist davor zu warnen, der Komplexität durch technokratische Allmachtsphantasien begegnen zu wollen. An der Verkaufsfront schlägt häufig Flexibilität die Struktur und Pragmatismus das Konzept. „Gute" und „schlechte" Komplexität liegen nah beieinander und sind möglicherweise nicht immer überschneidungsfrei abzugrenzen. Daher ist Führungskräften genau wie ihren Mitarbeitern ein gewisses Maß an situativem Augenmaß beim Umgang mit der Verkaufskomplexität anzuraten. Als grundsätzliche Leitlinie sollten Manager den Hebel bei der (beeinflussbaren) internen Komplexität ansetzen und diese auf die (nicht beeinflussbare) externe Komplexität ausrichten. Dabei gilt es, Verkaufskomplexität nicht zu verteufeln, sondern zu verstehen und zur Schaffung von strategischen Wettbewerbsvorteilen systematisch zu nutzen.

Handlungsempfehlungen

- Unterscheiden Sie „schlechte" Komplexität, die den Verkauf unproduktiv macht, von „guter" Komplexität, die Kundennutzen schafft.
- Identifizieren Sie interne und externe Komplexitätstreiber und priorisieren Sie solche, die Sie beeinflussen können.
- Analysieren Sie, wie die resultierenden Konflikte die Verkaufsaktivitäten beeinflussen (Effektivität, Effizienz und Richtung) und priorisieren Sie erneut.
- Entscheiden Sie je Konfliktfeld, wie Sie die drei Managementoptionen (vermeiden, beherrschen und/oder reduzieren) gewichten.
- Leiten Sie aus der Toolbox je resultierendem Aufgabenfeld maximal zwei bis drei Instrumente zum Management der Verkaufskomplexität ab.
- Erarbeiten Sie sodann einen Aktionsplan mit konkreten Maßnahmen und Timings und involvieren Sie die Mitarbeiter in Ihre Überlegungen.
- Vermeiden Sie isolierte Maßnahmen und kurzfristigen Aktionismus.

Literatur

Belz, C./Schmitz, C. (2011): Verkaufskomplexität – Leistungsfähigkeit des Unternehmens in die Interaktion mit dem Kunden übertragen, in: Homburg, C./Wieseke, J. (Hrsg.), Handbuch Vertriebsmanagement, Wiesbaden, S. 179-206

🆂🅿* Binckebanck, L./Lange, J. (2013): Komplexitätsmanagement als Führungsaufgabe im Vertrieb, in: Binckebanck, L./Hölter, A.-K./Tiffert, A. (Hrsg.), Führung von Vertriebsorganisationen, Wiesbaden, S. 91-113 (ID: 4727602)

Buob, M. (2010): Verkaufskomplexität im Außendienst, Wiesbaden

Wildemann, H. (2013): Komplexitätsmanagement, 14. Aufl., München

🆂🅿* Abonnenten des Portals Springer für Professionals erhalten diesen Beitrag im Volltext unter www.springerprofessional.de/ID

🆂🅿 Zusätzlicher Verlagsservice für Abonnenten von „Springer für Professionals | Vertrieb"

Zum Thema | Verkaufskomplexität | 🔍 Suche

finden Sie unter www.springerprofessional.de 20 Beiträge, davon 2 im Fachgebiet Vertrieb Stand: August 2014

Medium
- ☐ Online-Artikel (1)
- ☐ Zeitschriftenartikel (4)
- ☐ Buch (1)
- ☐ Buchkapitel (14)

Sprache
- ☐ Deutsch (20)

Von der Verlagsredaktion empfohlen

Buob, M.: Umgang mit Verkaufskomplexität, in: Buob, M.: Verkaufskomplexität im Außendienst, Wiesbaden 2010, S. 146-165, www.springerprofessional.de/1844432

Belz, Ch.: Verbreitung der Aufgabe des Vertriebs verunsichert Kunden, in: Sales Management Review Nr. 1/2014, Wiesbaden 2014, S. 18-25, www.springerprofessional.de/4999498

Die „falsche 9" – Erfolgsformel im Vertrieb?

Während im Fußball die Rolle des klassischen Mittelstürmers neu gelebt wird, muss sich der klassische Vertriebler in komplexeren und volatileren Märkten ebenfalls neu definieren. Dabei kann die lebhaft diskutierte „falsche 9", ein Erfolgsrezept aus dem Fußball, auch auf den Vertrieb übertragen werden, um im Verkaufsprozessmanagement die vollen Potenziale zu entfalten.

Marcus Redemann

Der Ball rollt wieder in den Stadien der Fußball-Bundesliga, die Champions League startet und somit ist spätestens seit dem 2:4 in der WM-Revanche gegen Argentinien sowie dem engen 2:1 in der EM-Qualifikation gegen Schottland klar: Im Fußball ist nach den WM-Feierlichkeiten aktuell wieder Realität eingekehrt. An Stammtischen, in Vereinsheimen und Wohnzimmern diskutiert Fußball-Deutschland nun wieder über die Raute im Mittelfeld, die „falsche 9" im Sturm oder die Vorteile der Dreierkette im Vergleich zur Viererkette als Schlüssel zum Erfolg.

Auch in den Besprechungsräumen des Vertriebs wird über die richtige Taktik debattiert. Die Realität für den Vertrieb heißt nämlich: Endspurt für das 4. Quartal 2014 beziehungsweise gut aus den Startlöchern zu kommen, falls das Geschäftsjahr zum 1. Oktober beginnt. Dafür kann die „falsche 9", also die Weiterentwicklung des „Stürmers", eine gute Idee sein.

Wenn es nämlich darum geht, ein vorhersehbares und tragfähiges Wachstum zu erzielen, reicht es heute nicht mehr aus, sich auf die spezifischen Fähigkeiten der Topverkäufer zu verlassen. Um in der Saison erfolgreich zu sein, kann sich der klassische Mittelstürmer auch nicht mehr einzig und allein auf seinen Torriecher und seine Durchschlagskraft im Strafraum verlassen. Die Abwehrreihen sind dafür körperlich und taktisch zu gut geschult.

Genau so wenig reichen heutzutage ausschließlich zwischenmenschliche Fähigkeiten und Überzeugungskraft aus, um Kunden zu gewinnen und die anspruchsvollen Vertriebsziele zu erreichen. Die Gründe dafür sind vielfältig. Während sich im Fußball laut Jean-Paul Sartre alles „durch die Anwesenheit der gegnerischen Mannschaft verkompliziert", hat es der Vertrieb mit komplexer werdenden Märkten zu tun: Der Wettbewerb wird intensiver, die Anforderungen der Kunden steigen und Entscheidungen werden meist in Gremien getroffen. Die Einkäufer-Studie von Mercuri International zeigt, dass der Einfluss verschiedener Abteilungen im Einkaufsprozess zunimmt (siehe **Abbildung 1**). Befragt wurden 700 Verkäufer in 14 Ländern und 14 Branchen.

Zunahme der Komplexität im Verkaufsprozess

Da der Einkauf eine immer strategischere Rolle einnimmt, wächst logischerweise der Einfluss der Geschäftsführung. Zudem gewinnt die Qualitätskontrolle immer mehr an Bedeutung. Das führt auf der einen Seite zu mehr Komplexität im Verkaufsprozess, doch auf der anderen Seite gewinnt die Sicherung der Qualität gegenüber dem Preis an Bedeutung. Allerding kann sich ein Verkäufer als „einsamer Wolf" in diesem Umfeld nur noch bedingt durchsetzen. Zu spezifisch und zeitkritisch werden die Fragestellungen von den verschiedenen Interessensgruppen beim Kunden. Hinzu kommt, dass die Person des Verkäufers selbst für den Einkauf nicht mehr die entscheidende Rolle spielt. (siehe **Abbildung 2**).

Wie kann der neue Stürmertypus dem Vertrieb helfen, diese Herausforderungen zu bewältigen? Die „falsche 9" agiert offensiv wie auch defensiv. Sie lässt sich in das Kombinationsspiel miteinbeziehen, zieht sich ins Mittelfeld zurück und schafft so Räume für andere Spieler, die dann den Weg zum Tor suchen. Die „falsche 9" ist meist ein technisch hervorragender Fußballer, der

Marcus Redemann
ist Management Partner bei Mercuri International, einem auf Vertrieb spezialisierten, internationalen Trainings- und Beratungshaus und betreut mit seinen Kollegen allein in Deutschland mehr als 100 Unternehmen aller Branchen und Größenklassen.

Marcus Redemann
Mercuri International, Meerbusch, Deutschland
E-Mail: marcus.redemann@mercuri.de

den Ball halten und verteilen kann. Für den modernen Verkäufer heißt das, dass er sowohl seine Vertriebskollegen („Sturmpartner") wie auch Mitarbeiter aus anderen Abteilungen („Mittelfeld und Abwehr") ins Spiel bringt, um die spezifischen sowie individuellen Fragestellungen des Kunden zu adressieren und so langfristig den Erfolg zu sichern.

Es überrascht in diesem Zusammenhang nicht, dass mit Mats Hummels, Philip Lahm, Toni Kroos und Thomas Müller sowie Manuel Neuer nicht nur fünf Spieler des deutschen Teams für den besten Spieler bei der Weltmeisterschaft in Brasilien nominiert worden sind, sondern diese quasi aus allen „Unternehmensbereichen" des Fußballs stammen: Torhüter, Abwehr, Mittelfelf, Angriff. Wie in der Nationalelf, so ist es für den Vertriebserfolg entscheidend, die Spitzenleistungen und Ressourcen aus allen (relevanten) Abteilungen für den Kunden zu bündeln.

Der Verkäufer als Manager des Projekts "Kunde"

In der Studie „Sales Excellence 2012" von Mercuri International haben erfolgreiche Unternehmen diese Aufgabe doppelt so häufig betont, wie weniger erfolgreiche und auch die entsprechenden Voraussetzungen in der Aufbau- und Ablauforganisation geschaffen. Fast jede Abteilung und jeder Mitarbeiter ist somit direkt oder indirekt in die Erreichung der Verkaufsziele eingebunden. So besteht die Chance, für die Kunden Mehrwerte zu generieren und sich damit vom Wettbewerb zu differenzieren. Schon länger sind Servicetechniker als ungenutztes Vertriebspotenzial im Rahmen der Kundenbindung als ein Thema identifiziert.

Doch Kunden- und Vertriebsorientierung gilt nicht nur in diesem Bereich. Weitere Beispiele für die Entwicklung von Mehrwertleistungen durch die Fokussierung von Unternehmensressourcen auf den Kunden sind:
• F & E und Produktmanagement im Rahmen von gemeinsamen Produktentwicklungen mit dem Kunden
• Logistik für abgestimmte Supply-Chain-Konzepte
• IT-Integration zur Verschlankung von Bestell- und Rechnungsprozessen
• Marketing für eine gemeinsame Vermarktung
Der Verkäufer ist somit eher Manager des Projekts "Kunde" und führt ein – in der Regel – virtuelles Team.

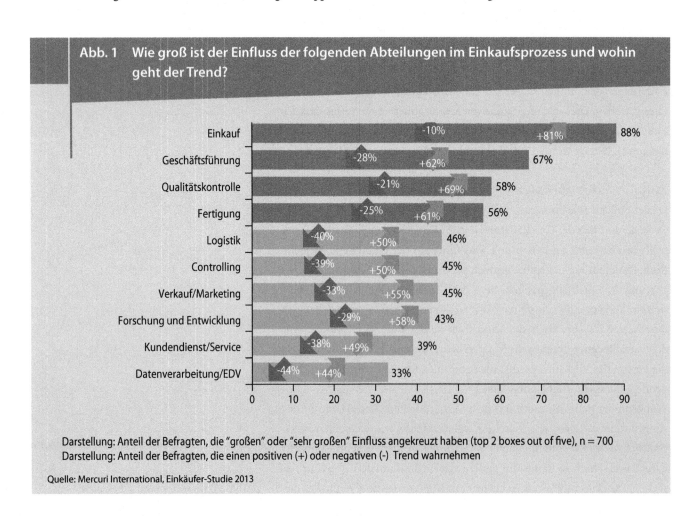

Abb. 1 Wie groß ist der Einfluss der folgenden Abteilungen im Einkaufsprozess und wohin geht der Trend?

Darstellung: Anteil der Befragten, die "großen" oder "sehr großen" Einfluss angekreuzt haben (top 2 boxes out of five), n = 700
Darstellung: Anteil der Befragten, die einen positiven (+) oder negativen (-) Trend wahrnehmen

Quelle: Mercuri International, Einkäufer-Studie 2013

Damit die „falsche 9" im Vertrieb ihre volle Kraft entfalten kann, empfehlen sich folgende Maßnahmen:

● Definieren der Verkaufsprozesse – unter anderem, um die Schnittstellen zu andern Abteilungen transparenter zu machen

● frühes Positionieren im „Relevant Set" des Kunden

● Sicherstellen und Monitoring der richtigen Aktivitäten aller Beteiligten

● Berücksichtigung der neuen Kompetenzen (zum Beispiel Management der internen Ressourcen) im Rahmen der Personalentwicklung

Damit das abteilungsübergreifende Management des Kunden funktioniert, sollte neben den Trainingsmaßnahmen darauf geachtet werden, dass entsprechende Standards und Prozeduren für die Kundenbearbeitung definiert und verinnerlicht werden. So gewinnt jeder Akteur Transparenz über seine Rollen und Aufgaben sowie Sicherheit und Routine in der Ausübung derselben. In Produktionsprozessen ein entscheidender Stellhebel zur Produktivitätssteigerung. Für die Kundenbearbeitung erfolgskritisch, damit die „vertriebsfernen" Mitarbeiter in ihrer Rolle Sicherheit gewinnen können. So

Zusammenfassung
● Der Kunde definiert immer autonomer seine Lösungspakete.
● Höhere Anforderungen vom Markt zwingen den Verkäufer seine Rolle neu zu definieren.
● Eine frühe Positionierung in den Entscheidungsprozessen des Kunden wird immer wichtiger, um Mehrwerte und Differenzierungspotenzial zu nutzen.
● Die Bündelung von unternehmensweiten Ressourcen in den Kundenbearbeitungsprozessen schafft Potenzial für Mehrwerte.
● Der richtige Mix aus Aktivitäten sichert den Erfolg im Markt.

zahlen sich Standards, die schnellere Bearbeitungsprozesse sowie friktionsfreie Schnittstellen ermöglichen, in Form einer verbesserten Kundenbeziehung aus.

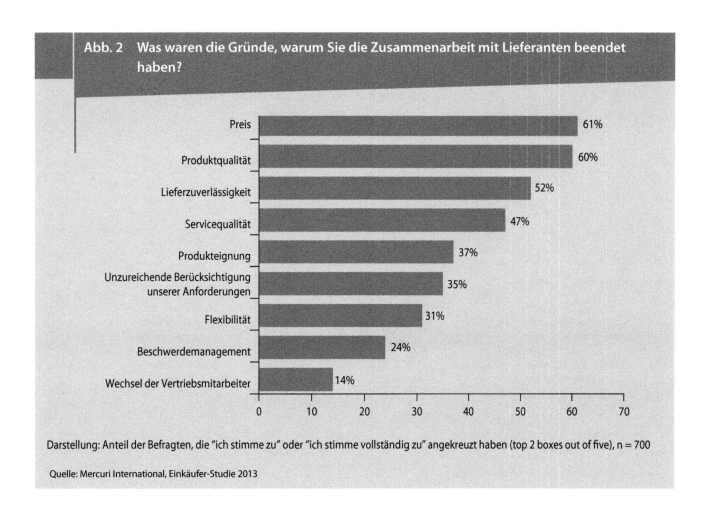

Abb. 2 Was waren die Gründe, warum Sie die Zusammenarbeit mit Lieferanten beendet haben?

Darstellung: Anteil der Befragten, die "ich stimme zu" oder "ich stimme vollständig zu" angekreuzt haben (top 2 boxes out of five), n = 700

Quelle: Mercuri International, Einkäufer-Studie 2013

Beherrschung von Standards als Schlüssel zum Erfolg

Bei der Fußball-WM in Brasilien war die Beherrschung von Standards ebenfalls ein Schlüssel zum Erfolg. Von den ersten 50 Toren wurde rund ein Drittel nach Ecken, Freistößen etc. erzielt. Vier Jahre zuvor bei der WM in Südafrika waren es lediglich rund 25 Prozent. Und auch das deutsche Team nutzte die Chancen, die sich aus Standardsituationen ergaben. Das 1:0 nach einem Freistoß gegen Frankreich durch Mats Hummels sicherte den Einzug ins Halbfinale und das 1:0 nach einer Ecke startete die Torflut beim 7:1 gegen Brasilien. Die Schweiz dreht das Spiel gegen Ecuador mit zwei Standards ebenso wie die USA das Spiel gegen Ghana mit dem entscheidenden Tor nach einer Ecke. Das schnellste Bundesliga-Tor aller Zeit am ersten Spieltag dieser Saison zum 1:0 nach neun Sekunden für Bayer 04 Leverkusen gegen Borussia Dortmund sah ebenfalls nach einer einstudierten Passfolge nach dem Anstoß aus, in der jeder exakt seine Aufgabe beherrschte.

Bei der Entwicklung von Standards und somit von Verkaufsprozessen im Rahmen der Kundenbearbeitung ist es wichtig, dass man sich zuerst den Entscheidungsprozess auf Kundenseite transparent macht. In der Beratungspraxis von Mercuri International erleben wir häufiger, dass sich Unternehmen diese Prozesse durch CRM-Systeme vorgeben lassen bzw. ausschließlich auf die eigenen Bearbeitungsschritte schauen und diese dann zu Prozessen strukturieren. So entfalten die Verkaufsprozesse allerdings nicht ihr volles Potenzial. Schließlich soll der Vertrieb in den relevanten Entscheidungsmomenten beim Kunden präsent sein und die Lieferantenauswahl zu seinen Gunsten beeinflussen.

Darüber hinaus liefert die Transparenz über den Entscheidungsprozess des Kunden Hinweise, ob man rechtzeitig im so genannten „relevant set" des Kunden präsent ist. Sind Anfragen, Ausschreibungen etc. an potenzielle Lieferanten verteilt, dann hat der Kunde oftmals schon eine konkrete Lösung definiert und gegebenenfalls schon einen Favoriten für sich bestimmt. Laut der Einkäufer-Studie von Mercuri International wissen 80 Prozent der Unternehmen genau, was sie wollen und kennen die Lösung für ihr Problem. 56 Prozent haben sogar schon etablierte Lieferanten dafür.

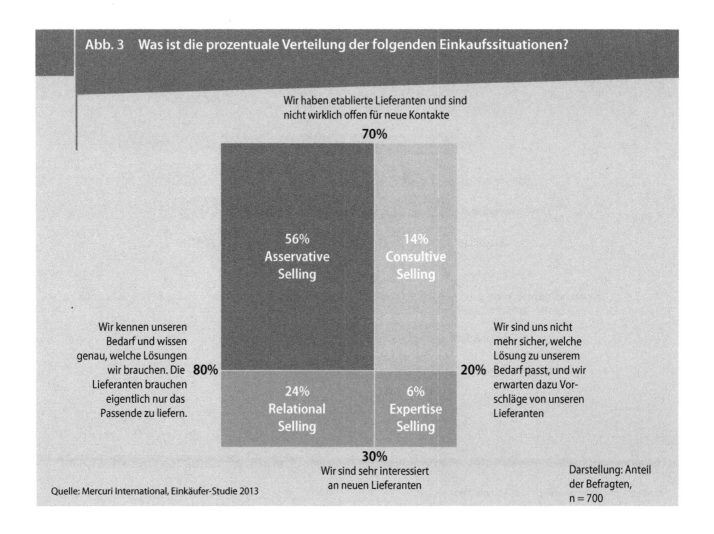

Abb. 3 Was ist die prozentuale Verteilung der folgenden Einkaufssituationen?

Wir haben etablierte Lieferanten und sind nicht wirklich offen für neue Kontakte
70%

56% Asserative Selling

14% Consultive Selling

Wir kennen unseren Bedarf und wissen genau, welche Lösungen wir brauchen. Die Lieferanten brauchen eigentlich nur das Passende zu liefern. **80%**

24% Relational Selling

6% Expertise Selling

20% Wir sind uns nicht mehr sicher, welche Lösung zu unserem Bedarf passt, und wir erwarten dazu Vorschläge von unseren Lieferanten

30%
Wir sind sehr interessiert an neuen Lieferanten

Darstellung: Anteil der Befragten, n = 700

Quelle: Mercuri International, Einkäufer-Studie 2013

Das ist zunächst niederschmetternd, insbesondere dann, wenn Neukundengewinnung als strategische Marschrichtung definiert ist. Allerdings zeigt es auch klar auf, dass der Weg zum Erfolg in einer frühen Positionierung und damit im Hinterfragen der Ziele und Diskussion mit den relevanten Ansprechpartnern zum Erreichen dieser Ziele liegt. Dazu gehört auch, dass man das jetzige Vorgehen des Kunden in Frage stellt. Das gewohnte, beziehungsorientierte Verkaufen oder sich ausschließlich über Fachkompetenz zu positionieren reicht dann nicht mehr aus. Die Verkaufstechniken, auf die es ankommt, sind zum einen das „Assertive Selling" wenn es darum geht, dem Kunden aufzuzeigen, dass es durchaus noch unbewältigte Herausforderungen gibt. Zum anderen das „Consultative Selling", um einen Kunden von neuen Wegen zur Bewältigung seiner Herausforderungen zu überzeugen (siehe **Abbildung 3**).

Im Fußball wäre die Analogie das frühe Anlaufen der Gegner, um damit schon den Spielaufbau zu stören bzw. ein konsequentes Gegenpressing bei Ballverlust. Auch hier spielt der moderne Mittelstürmer eine entscheidende Rolle.

Vorsprung durch Problemdefinition und Lösungsfindung

Durch eine frühe Positionierung im Rahmen der Problemdefinition und die Lösungsfindung beim Kunden kann sich der Verkäufer einen (gegebenenfalls uneinholbaren) Vorsprung verschaffen. Schauen wir auch hier auf die WM in diesem Sommer: Bis auf die Niederlande beim 2:1 gegen Mexico hatte es kein Team in der K.O.-Runde geschafft ein Spiel zu drehen. Ein schnelles 1:0 gegen Portugal (12. Minute), Frankreich (12. Minute) und Brasilien (11. Minute) sorgten bei Fans und Spielern der deutschen Mannschaft für Erleichterung und Sicherheit im weiteren Spiel. Besonders auffällig waren die Begegnungen im Viertelfinale (siehe **Tabelle 1**).

Neben der frühen Positionierung im Entscheidungsprozess sollte man gegen Ende ebenfalls noch ein Ass im Ärmel haben. Natürlich hilft es, sich einen Vorsprung erarbeitet zu haben und bei den oben genannten Partien war das „Auszuhen" auf den früh erzielten Lorbeeren ja scheinbar ausreichend. Erreicht man allerdings die finalen Schritte im Kaufprozess, so werden Angebote und Leistungen oftmals transparent und vergleichbar. Wettbewerber haben die Chance genutzt und sind auf Augenhöhe oder sogar vorbeigezogen. Nicht zu vergessen die Situationen, in denen man die Chance auf ein frühes 1:0 verpasst hat und man Kopf-an-Kopf um den Auftrag „ringt". Hier empfiehlt sich ein Plan, wie man seine Verkaufstaktik in solchen Fällen neu justiert.

Fokussierte Ausrichtung auf das Buying Center des Kunden

Das „Einwechseln" von Geschäftsführen und Vorständen als Zeichen der Bedeutung des (potenziellen) Kunden und Unterstreichen der Verbindlichkeit von Zusagen ist sicher ein Mittel. Eine bessere „Raumaufteilung" oder die Rückkehr zur „Manndeckung", also eine fokussierte Ausrichtung auf das Buying-Center des Kunden verspricht ebenfalls Erfolg. Auch hier ist der Verkäufer wieder als Manager des Projektes „Kunde" gefragt, um die richtigen Aktivitäten zu starten und die relevanten „Spieler" einzuwechseln. So kann er noch neue Aspekte ins Spiel bringen, wenn weitere Differenzierung gefragt ist. Bei der WM in Brasilien wurde mit 31 „Joker-Toren" (fast jedes fünfte Tor) ein neuer Rekord erzielt. Man denke nur an die Einwechselungen von Mario Götze und seinem Siegtor im Finale gegen Argentinien.

Tab. 1		
Partie	Zeitpunkt des 1:0	Endstand
Frankreich – Deutschland	12. Minute	1:0
Brasilien – Kolumbien	7. Minute	2:1
Argentinien – Belgien	8. Minute	1:0
Niederlande – Costa Rica	-	4:3 nach Elfmeterschießen

Kerngedanken
- Die Person des Verkäufers selbst spielte für den Einkauf nicht mehr die entscheidende Rolle.
- Ein Verkäufer als „einsamer Wolf" kann sich nur noch bedingt durchsetzen.
- Der Verkäufer ist eher Manager des Projektes „Kunde".
- Standards zahlen sich aus.
- Weder im Fußball noch im Vertrieb können Ergebnisse gemanagt werden.

Bleiben wir noch einen Moment in der Welt des Fußballs und stellen uns vor, dass die Trainer während der 90 Minuten auf die Anzeigetafel starren und das Spielgeschehen völlig außer Acht lassen. Es käme einem seltsam vor. Wenn ein Vertriebsleiter allerdings auf die Umsatzzahlen schaut, „zehn Prozent" fordert und dementsprechend sein Team führt, so erscheint es normal. Allerdings agiert er dabei wie ein Trainer, der sein Team mit „gewinnt 2:0" auf das Spielfeld schickt und dann gebannt auf den Spielstand schaut. Selbst wenn die Marschrichtung mit der nötigen Motivation vorgetragen wird, bleibt der Wirkungsgrad bei diesen – rein auf das Ergebnis gerichteten – Zielen gering. Konkrete Hinweise, wie das Ziel erreicht werden soll, fehlen.

Weder im Fußball noch im Vertrieb können Ergebnisse gemanagt werden. Sie sind lediglich ein Blick in die Vergangenheit und stellen letztendlich die Auswirkungen von Aktivitäten dar. Natürlich hilft eine Zielsetzung wie „gewinnt 2:0" („zehn Prozent Wachstum"), um die strategische Ausrichtung und Taktik zu planen. Doch gerade im Vertrieb erlebt man häufig, dass es bei reinen Zielsetzungen bleibt und die entsprechende Operationalisierung in Quantität, Qualität und Richtung der Aktivitäten fehlt. Was die Umsetzung der „falschen 9" im Vertrieb heißt, zeigt **Tabelle 2**.

Während des Turniers in Brasilien lief das deutsche Team durchschnittlich 120,9 Kilometer pro Spiel. Der Durchschnitt der anderen Teams lag bei 110,7. Zehn Kilometer mehr in der Laufleistung bedeuten, dass Deutschland im Grunde genommen einen Spieler mehr auf dem Platz hat. Übertragen auf den Vertrieb heißt das: Ein Besuch/Kontakt pro Tag mehr pro Verkäufer bedeutet rund 150 bis 180 mehr Kontakte im Jahr. Bei einem Vertriebsteam mit 50 Verkäufern kommen so über 7.500 mehr Aktivitäten im Markt zusammen. Eine Basis, die hilft, um den einen oder anderen Prozentpunkt Marktanteil zu gewinnen (vorausgesetzt Qualität und Richtung der Aktivitäten passen).

Passend dazu war das Team von Jogi Löw im Turnierverlauf nicht nur in der Quantität führend, sondern brachte durchschnittlich 70 Prozent der Schussversuche aufs Tor (im legendären Halbfinale gegen Brasilien waren es sogar 85,7 Prozent). Durchschnitt im Turnier waren 59,7 Prozent. Alle 5,4 Schussversuche (Richtung) konnte sich die Mannschaft über ein Tor freuen (Durchschnitt: 9,9) und 40 angekommene Flanken (Qualität) im Vergleich zum Durchschnitt von 18,1 sprechen für sich.

Die Perfektion in der Ausgestaltung der Aktivitäten sollte in die Personalentwicklung der Verkäufer ebenso Einzug halten, wie entsprechende Trainingsmaßnahmen für das Fokussieren der unternehmensweiten Ressourcen (Management ohne Vorgesetztenfunktion) sowie den Methoden und Techniken des Assertive und Consultative Sellings. Um es mit dem Trainer von Borussia Dortmund, Jürgen Klopp, zu sagen: „Das Radfahren verlernt man nicht. Fußball zwar auch nicht komplett, aber die ganz genauen Abläufe müssen immer wieder eingefordert werden."

Insbesondere die neuen Aufgaben und Aktivitäten des modernen Verkäufers sowie die Verkaufsprozesse müssen sichergestellt werden. Dazu gehört auch, dass die vertriebsferneren Bereiche für ihre Rolle in den Kundenbearbeitungsprozessen trainiert werden. Die Führungskräfte im Vertrieb müssen diese Konzepte ebenfalls beherrschen, um ihre Mannschaft erfolgreich auf den Spielfeldern – sprich den Märkten – zu führen.

Fazit

Erhöhte Komplexität und Schwierigkeitsgrade zwingen den Verkäufer zu neuen Aufgaben und Aktivitäten im Verkaufsprozess.

Tab. 2		
Stellhebel	**„Falsche 9" im Fußball**	**„Falsche 9" im Vertrieb**
Quantität	Wie viele Kilometer läuft der Spieler?	Wie viele Kundenbesuche macht der Verkäufer?
Qualität	Wie sicher ist seine Ballbehandlung? Wie genau kommen die Pässen an? Wie vorausschauend spielt er?	Wie sicher ist seine Argumentation? Wie genau deckt er die spezifischen Bedürfnisse der verschiedenen Ansprechpartner des Kunden ab?
Richtung	Welche Gegenspieler läuft er an? Wie sind die Laufwege? Wo landen seine Pässe? Schüsse aufs Tor?	Welche Kunden bzw. Ansprechpartner werden kontaktiert? Welche internen Ressourcen werden genutzt? Wie oft befindet man sich in der Abschlussphase?

Die Transparenz über den Entscheidungsprozess des Kunden liefert die Basis, um Verkaufsaktivitäten zu strukturieren und standardisierte Kundenbearbeitungsprozesse , unter Einbeziehung relevanter vertriebsferneren Einheiten, zu definieren. So kann zum einen eine frühe Positionierung beim Kunden sichergestellt werden und zum anderen eine Variante für die finalen Phasen im Entscheidungsprozess entwickelt werden.

Im Rahmen der Verkaufsprozesse können entsprechende Aktivitäten in den Dimensionen Quantität, Qualität und Richtung vereinbart werden. So sind entscheidende Stellhebel im Rahmen der Strategieumsetzung genutzt. Wenn dann noch Beziehungsmanagement und Ausstrahlungskraft des Verkäufers sowie seine Fähigkeit, die Ressourcen des Unternehmens für den Kunden zu bündeln, dazu kommen, dann sollte der Gewinn des „Titels" – der Auftrag – sicher sein. Um es mit der Ruhrgebiets-Legende Adi Preißler zu sagen: „Grau ist alle Theorie –entscheidend ist aufm Platz!" Denn im Fußball wie im Vertrieb gilt: Erfolg hat drei Buchstaben: T U N!

Literatur

Belz, Ch.: Sales Excellence – revised, online im Internet unter: http://de.mercuri.net/insights/mercuri-international-sales-excellence-revisited

[sfp]* Dannenberg, H.: Servicetechniker als Verkäufer, in: Sales Management Review 3/2014, S. 8 – 14 (ID: 5156734)

Handlungsempfehlungen

- Nutzen Sie die Kraft aller Unternehmensbereiche, um Mehrwerte und Differenzierungspotenziale konsequent zu nutzen.
- Verknüpfen Sie Ihre Verkaufsprozesse mit den Entscheidungsprozessen des Kunden.
- Definieren Sie Strategien, um sich frühzeitig im „relevant set" des Kunden zu positionieren.
- Definieren Sie auch Aktivitäten-basierte statt nur Ergebnis-orientierte Kennzahlen zur Steuerung des Verkaufs.

[sfp]* Dannenberg, H./Zupancic, D.: Verkaufen als Unternehmensaufgabe, in: Marketing Review St. Gallen, Heft 1/2010, S. 14 – 19 (ID: 2730580)

Ledingham, D./Kovac, M./Locke Simon, H.: Die Produktivität des Außendienstes erhöhen, in: Harvard Business Manager Edition 2/2009, S. 32

[sfp]* Redemann, M.: Internationales Verkaufsprozessmanagement am Beispiel Carl Zeiss IMT, in Binckebanck, L./Belz, Ch.: Internationaler Vertrieb, S. 665 – 675 (ID: 3492694)

*Abonnenten des Portals Springer für Professionals erhalten diesen Beitrag im Volltext unter springerprofessional.de/ID

[sfp] Zusätzlicher Verlagsservice für Abonnenten von „Springer für Professionals | Vertrieb"

Zum Thema   Verkaufsprozessmanagement   🔍 Suche

finden Sie unter www.springerprofessional.de 2 Beiträge, davon 1 im Fachgebiet Vertrieb   Stand: September 2014

Medium
☐ Buchkapitel (2)

Sprache
☐ Deutsch (2)

Von der Verlagsredaktion empfohlen

Redemann, M.: Internationales Verkaufsprozessmanagement am Beispiel Carl Zeiss IMT, in: Binckebanck, L./Belz, Ch.: Internationaler Vertrieb, S. 665 – 675, Wiesbaden 2013, www.springerprofessional.de/3492694

WHU EXECUTIVE EDUCATION

WHU
Otto Beisheim School of Management
30 Years 1984–2014

Thinking in new directions.

Maßgeschneiderte Programme
- Konzeption und Durchführung interner Weiterbildungsmaßnahmen
- Angepasst an die individuellen Bedürfnisse Ihres Unternehmens

Offene Programme
- General Management Plus Program
- Doing Business With India Program
- Negotiations Program

Weitere Informationen: whu.edu/execed
E-Mail: execed@whu.edu

EFMD
EQUIS
ACCREDITED

SYSTEMAKKREDITIERT
nach **Akkreditierungsrat** ⬛ durch ✕ FIBAA

30 Years
Excellence in
Management
Education

1984–2014

Service

Profis mit Big Data-Skills gefragt

Big Data bestimmt die Datenlandschaft von Unternehmen und ist zentraler Baustein für Datenanalysen im Vertrieb. Eine Studie zeigt, welche Skills wichtig sind, um Big-Data-Projekte zu steuern.

Der Big-Data-Trend in Industrieunternehmen führt dazu, dass Spezialisten für die Steuerung und Auswertung von Daten heiß begehrt sind. Sie müssen besondere Fähigkeiten besitzen, um Big-Data-Projekte erfolgreich steuern zu können, beispielsweise eine ausgewiesene Expertise in den Bereichen Infrastruktur und Datenanalyse. Zu diesem Schluss kommt die „IT-Skills-Studie 2014" von Data Assessment Solutions (DAS). Sie vermittelt Rückschlüsse dazu, inwieweit das Thema Big Data in den Unternehmen wirklich schon verankert ist. Ob Mitarbeiter mit den entsprechenden Kompetenzen dafür ausgestattet sind, steht laut Studie jedoch dabei nicht unbedingt oben auf der Agenda. So werden beispielsweise eher Infrastruktur-Komponenten in den Unternehmen am wichtigsten eingestuft. An zweiter Stelle sind Datenanalysten bei der Suche nach qualifizierten Mitarbeitern gefragt. Sie sollten

Know-how in Statistik und Datenintegration sowie der Datentransformation besitzen. Außerdem sollten sie in engem Kontakt mit der jeweiligen Fachabteilung stehen, da erst dann ein Mehrwert aus Big Data generiert werden kann, wenn das dort vorhandene Branchenwissen zum Tragen kommt. Präsentations- und Visualisierungsfähigkeiten spielen nach Ergebnissen der Studie allerdings bisher bei Mitarbeitern in Big-Data-Projekten noch eine eher weniger bedeutsame Rolle. Der Report macht deutlich, dass viele Big-Data-Projekte noch eher am Anfang stehen. Um große Datenbestände sinnvoll für ein Unternehmen nutzen zu können, müssen diese zunächst in einer geeigneten Infrastruktur vorhanden sein. Für deren Aufbau herrscht der größte Kompetenzbedarf bei den Mitarbeitern. Mehr auf www.data-assessment.com/de/Skills2014.

SIP* www.springerprofessional.de/4420710

Schlechte IT-Infrastruktur bremst Unternehmen

Deutsche Firmen haben es versäumt, ihre IT-Infrastruktur kontinuierlich aufzurüsten.

Der Erfolg eines Unternehmens hängt von seiner Fähigkeit ab, schnell auf Marktveränderungen und Kundenbedürfnisse reagieren zu können. Doch vielen Unternehmen fehlen die technologischen Voraussetzungen. 72 Prozent der Unternehmen in Europa betrachten ihre IT-Infrastruktur kritisch: Sie ist entweder veraltet, ineffizient, kaum skalierbar oder schlicht ungeeignet, um die steigenden Anforderungen zu bewältigen. Das belegt die von Colt Technology Services beauftragte Studie „Tech Deficit", für die im April 2014 852 IT-Verantwortliche aus acht europäischen Ländern befragt wurden. In Deutschland sind es sogar 81 Prozent, die ihrer IT ein schlechtes Zeugnis ausstellen. Mehr als die Hälfte der deutschen Firmen glaubt, dass sie ohne entsprechende infrastrukturelle Verbesserungen schon innerhalb des kommenden Jahres nicht mehr in der Lage sein werden, die Anforderungen ihrer Kunden effektiv zu erfüllen.

SMR* www.springerprofessional.de/5196292

Problem Datenspeicherung

Datenspeicherung wird für Unternehmen zunehmend zum Problem. Doch Cloud Storage kommt für viele nicht infrage.

Das Datenvolumen in Unternehmen wächst. Daher müssen IT-Abteilungen nicht nur in höhere Speicherkapazitäten investieren, sondern auch eine effizientere Datenverwaltung organisieren. Ansätze wie Software-defined Storage (SDS) holen mehr aus den vorhandenen Speicher-Kapazitäten heraus und optimieren beispielsweise durch die Speicher-Virtualisierung, das Provisioning oder eine Deduplikation die Speichernutzung.

Doch für viele Unternehmen ist die Cloud dennoch keine Option, wie eine Umfrage von Iron Mountain, einem Anbieter für Lösungen zum Thema Informations- und Dokumentenmanagement, zeigt. Der Hauptgrund für die Abneigung: Das Vertrauen in die Versprechen der Service-Provider ist nicht allzu groß. Viele IT-Manager wollen die Kontrolle insbesondere über sensible, geschäftskritische und rechtlich relevante Daten behalten. Sie sehen sich in der Verantwortung für die Daten und möchten, dass ihre Speichersysteme vor Ort im Rechenzentrum stehen. Auf einen Kompromiss kann sich immerhin ein Drittel der IT-Verantwortlichen einigen und fährt eine Hybrid-Strategie, bei der die Daten sowohl lokal als auch in der Cloud gespeichert werden.

SMR* www.springerprofessional.de/5244126

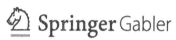

Buchrezensionen

Kerstin Friedrich

Erfolgreich durch Spezialisierung

Kompetenzen entwickeln – Kerngeschäft

ausbauen – Konkurrenz überholen

Redline Verlag, 1. Auflage

München, 2014

208 Seiten, 19,99 Euro

ISBN: 978-3-86881-544-3

Richard Hofmaier

Integriertes Marketing-, Vertriebs- und

Kundenmanagement

De Gruyter, 1. Auflage

Oldenburg, 2014

210 Seiten, 39,95 Euro

ISBN: 978-3-11-035429-4

Heinrich Holland (Hrsg.)

Digitales Dialogmarketing

Grundlagen – Strategien – Instrumente

SpringerGabler, 1. Auflage

Wiesbaden, 2014

873 Seiten, 62,99 Euro

ISBN: 978-3-658-02540-3

Kerngedanke

„Spezialisierung ist ein einfaches und wirkungsvolles Instrument, um mehr Gewinn zu erreichen."

Nutzen für die Praxis

Anhand von aktuellen Unternehmensbeispielen wird erklärt, wie man das richtige, passende Spezialgebiet findet und die Risiken in Wettbewerbsvorteile umwandelt.

Abstract

Erfolgreich werden Unternehmen durch Spezialisierung, meint die Strategieexpertin Dr. Kerstin Friedrich. In diesem Buch bietet sie Unternehmen eine Strategieanleitung, um sich am Markt optimal aufzustellen und seine Marktposition durch gelungene Diversifikation zu sichern.

Kerngedanke

„Erst durch ein integratives Vermarktungsmanagement kann eine ganzheitlich-nachhaltige Kundenorientierung erreicht werden."

Nutzen für die Praxis

Mithilfe dieses Leitfadens soll der Erfolg wichtiger Marketing-, Vertriebs- und Kundenmanagementmaßnahmen konzeptionell, instrumentell und umsetzungsbezogen unterstützt werden.

Abstract

Das Buch bietet eine anschauliche Beschreibung relevanter Methoden und Instrumente des integrierten Vermarktungsmanagements und richtet sich in erster Linie an verantwortliche Führungskräfte – zum Beispiel aus Vertrieb und Marketing – in B2B-Unternehmen.

Kerngedanke

„Unter dem Stichwort ‚Konvergenz der Medien' wird die Abstimmung der Offline- und Online-Medien immer wichtiger."

Nutzen für die Praxis

Die Themengebiete umfassen alle relevanten Aspekte des Dialogmarketings wie Crossmedia-Kommunikation, CRM, Big Data, E-Mail- und Mobile Marketing, Suchmaschinenmarketing, Web Analytics, Social Media Marketing, D-Commerce.

Abstract

Experten aus Agenturen und Unternehmen sowie Hochschullehrer stellen in ihren Beiträgen die theoretischen Grundlagen des Dialogmarketings und die Anwendung in der Praxis dar.

Veranstaltungen

Veranstaltungen zum Thema Vertrieb

Datum	Event	Thema	Ort	Veranstalter/Website
08.10. – 10.10.2014	CRM Expo IT & Business, DMS Expo	Das umfassende Ausstellungsangebot sowie ein hochkarätiges Rahmenprogramm zu den Kernbereichen ERP, CRM, ECM und Output Management richtet sich an IT-Verantwortliche und Entscheider.	Stuttgart	Landesmesse Stuttgart GmbH www.messe-stuttgart.de
01.12.2014	relaunch Konferenz	Die relaunch Konferenz zeigt Web-Verantwortlichen Lösungen auf, die den Erfolg ihrer Websites kontinuierlich steigern und digitale Geschäftsprozesse optimieren. Web-Entscheider erhalten Einblicke in Web-Trends, Strategien und erprobte Lösungen aus Marketing und Kommunikation, um für die digitale Zukunft fit zu sein.	Berlin	Infopark AG www.relaunch-konferenz.de
10.12.2014	After Work: Wertschätzende Kommunikation	Die Kunst, über eine gezielte gewaltlose Sprache bessere Ergebnisse zu erreichen. Sprache ist Ausdruck der Epoche, in der wir leben und sie ist Ausdruck unserer Persönlichkeit. Über unsere Sprache nehmen wir Einfluss auf die Befindlichkeit unserer Mitmenschen. Lernen Sie ein neues sprachliches Miteinander.	Wuppertal	Technische Akademie Wuppertal e.V. www.taw.de

In Kürze

Gehaltsbarometer für Außendienstmitarbeiter

Vergütung für Mitarbeiter im Außendienst ohne Personalverantwortung

Angaben sind jeweils Gesamtvergütung pro Jahr

In Kooperation mit

Compensation-Online

Quelle: www.compensation-online.de

Mitarbeiter im Vertriebsaußendienst führen die intensivsten Kundengespräche vor Ort. Als Mitglied von Vertriebsteams nehmen sie eine wichtige Schnittstellenfunktion zum Vertriebsinnendienst und anderen Abteilungen im Unternehmen ein. Darüber hinaus gewinnt im Rahmen der Außendiensttätigkeit auch die Markt- und Kundenbeobachtung zunehmend an Bedeutung, denn Außendienstmitarbeiter führen aus ihrer Kundenarbeit heraus wesentliche Informationen zur Kundenentwicklung in unternehmenseigenen Vertriebsinformations- oder CRM-Systemen zusammen. Sie werden meist nach Kundenbedeutung, Region, Produktportfolio und Marketingmaßnahmen eingesetzt. Die aktuelle Gehaltserhebung von Personalmarkt zeigt: Außendienstler mit mittlerer Berufserfahrung zwischen sieben und zehn Jahren verdienen im oberen Quartal knapp 59.000 Euro brutto im Jahr. An 49 Prozent der im Gehaltsbarometer erhobenen Personen werden erfolgsabhängige Prämien bezahlt. Der Prämiendurchschnitt liegt bei 21 Prozent vom Jahresbruttogehalt.

Allianzen schmieden

Unternehmen werden durch einen erfolgreichen Vertrieb getragen. Maßgeblicher Erfolgsfaktor ist dabei ein langfristiger Aufbau und die nachhaltige Bildung von Vertriebspartnerschaften und -allianzen. Hierbei spielt die strategische Ausrichtung und die Nutzung optimaler Werkzeuge bei der Umsetzung eines vertriebspartnerorientierten Managements eine bedeutende Rolle. So sehen insgesamt 80 Prozent der befragten Versicherer die Etablierung neuer Geschäftsmodelle in den bestehenden Vertriebswegen als Hebel, um unter anderem der möglichen Begrenzung von Provisionszahlungen entgegenzuwirken. Dabei ist es sinnvoll, den Vertriebspartnern ein individuelles Betreuungs- und Servicekonzept zu bieten. Es sollte auch den Ausbau der Beratungsqualität und die Fachkompetenz der Vermittler umfassen – erst dann können Produkte bedarfsgerecht angeboten werden.

Zahl des Monats: Vertriebspartnerschaft

80%

■ 80 Prozent der Befragten im Management von Vertrieb und Vertriebspartnerschaften sehen die Etablierung neuer Geschäftsmodelle als Folge von Begrenzungen bei Provisionszahlungen beim Verkauf von Versicherungen.

Quelle: Change-Barometer 4, Mutaree GmbH

Mit Interaktion Kunden gewinnen

Gut vorbereitete und informierte Kunden machen es vielen Verkaufsteams zunehmend schwer, Käufer in ihrer Entscheidung zu beeinflussen. Die von SAP gesponserte Studie „Erfolgreich verkaufen in einer kundengesteuerten Wirtschaft" von Harvard Business Review Analytic Services (HBR Analytic Services) zeigt Mittel und Wege, wie Unternehmen die bestens informierten Kunden von heute gewinnen, besser betreuen und dauerhaft binden können. Danach ist es wichtig für Unternehmen, ihre Kunden zu verstehen, indem sie Daten aus den Kundeninteraktionen und die digitalen Spuren, die Kaufinteressenten im Internet hinterlassen, sammeln und analysieren. Um erfolgreich zu sein, so ein Fazit der Studie, sei eine neue Form der Kundenbeziehung über den gesamten Kundenlebenszyklus hinweg nötig – von der Gestaltung der Kaufentscheidungen in neuen Social-Media-Kanälen über den Aufbau eines einheitlichen Kauferlebnisses in unterschiedlichen Verkaufskanälen bis zur fortlaufenden Interaktion und Unterstützung nach dem Kauf. Die vollständige Studie ist erhältlich unter http://www.sap.de/cloudforsales.

Eine einzigartige Perspektive bieten

Was zeichnet eine Weltklasse-Vertriebsorganisation aus und wie muss sich eine Organisation verhalten, um in die Weltklasse aufzuschließen? Diesen Fragen sollte die aktuelle B2B-Vertriebsstudie „Sales Best Practice" des MHI Research Institute auf den Grund gehen. Dabei wurden die entscheidenden Verhaltensweisen von Verkaufsorganisationen erfasst, die zu einer Weltklasse-Vertriebsleistung führen. Als Schlüsselverhaltensweisen wurden dabei ermittelt:

● Perspektive bieten: Wie geht eine Verkaufsorganisation auf ihre Bestandskunden und potenzielle Neukunden zu, um ihnen eine einzigartige Perspektive zu bieten?

● Bewusste Zusammenarbeit: Wie organisiert sich ein Unternehmen, um effektive Zusammenarbeit in der Verkaufsorganisation zu ermöglichen?

● Verantwortung für die Leistung: Was misst, würdigt und belohnt eine Verkaufsorganisation, um Leistung voranzubringen? Die Studie analysiert strategische Erfolgskriterien für Unternehmen, bei denen die Weltklasse stets einen Vorsprung um mehr als 22 Prozent gegenüber dem Durchschnitt aufzeigt. Die Analyse gibt es als Executive Summary in deutscher und englischer Sprache unter http://www.MHIGlobal.com

[sfp]* www.springerprofessional.de/5259956

Beschwerden managen, Kunden binden

Wie gehen Versicherungsunternehmen mit Beschwerden um? Das fragte die CC Management Consulting GmbH in Zusammenarbeit mit Prof. Michael Ceyp von der FOM Hochschule für Oekonomie & Management die Versicherungsunternehmen in Deutschland. Hintergrund des „Beschwerde-Barometers 2014" waren die geltenden Mindestanforderungen der Bafin an das Beschwerdemanagement von Versicherungen. Die wichtigsten Ergebnisse der Befragung:

• Im Schnitt erfüllen nur 67 Prozent aller Studienteilnehmer die Standards, die von der Finanzaufsichtsbehörde Bafin für das Beschwerdemanagement gefordert werden.

• 86 Prozent der Befragten haben die Funktion eines Beschwerdemanagers definiert, doch dessen Aufgaben werden in der Praxis bislang nur zur Hälfte den Bafin-Vorgaben gerecht.

• Mehr als 87 Prozent der Teilnehmer messen dem Beschwerdemanagement eine hohe Bedeutung zu und wollen gezielt einen Nutzen aus der Thematik ziehen.

• Für 64 Prozent der Unternehmen steht die Bearbeitung von Beschwerden (neben dem Vertriebs- und Kundenmanagement) ganz oben auf der Liste der künftigen Herausforderungen bei den strategischen Zielen.

• Mit einem guten Beschwerdemanagement wollen die Versicherungen die Kundenloyalität erhöhen (70 Prozent) und ihre Außenwahrnehmung verbessern (64 Prozent). Weniger im Fokus stehen Neukundengewinnung und Umsatzsteigerung (siehe Grafik).

Weitere Informationen zur Studie können per E-Mail angefordert werden unter studie@cc-management.de

[SfP]* www.springerprofessional.de/5325104

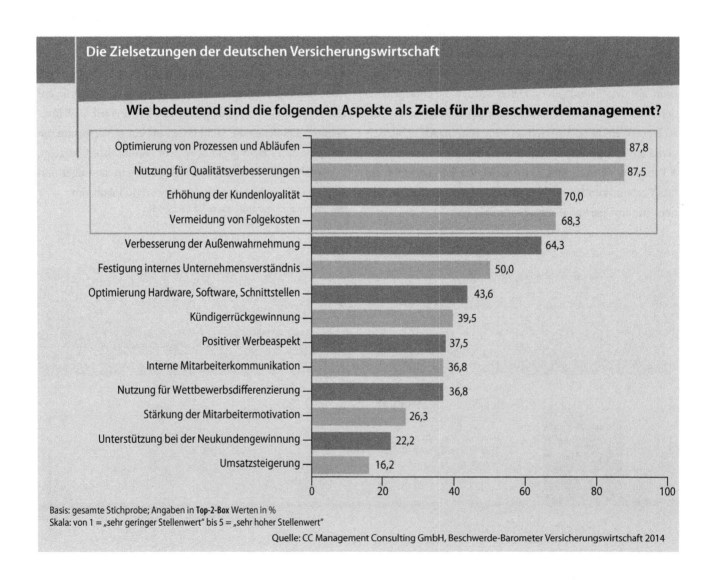

Die Zielsetzungen der deutschen Versicherungswirtschaft

Wie bedeutend sind die folgenden Aspekte als Ziele für Ihr Beschwerdemanagement?

Optimierung von Prozessen und Abläufen	87,8
Nutzung für Qualitätsverbesserungen	87,5
Erhöhung der Kundenloyalität	70,0
Vermeidung von Folgekosten	68,3
Verbesserung der Außenwahrnehmung	64,3
Festigung internes Unternehmensverständnis	50,0
Optimierung Hardware, Software, Schnittstellen	43,6
Kündigerrückgewinnung	39,5
Positiver Werbeaspekt	37,5
Interne Mitarbeiterkommunikation	36,8
Nutzung für Wettbewerbsdifferenzierung	36,8
Stärkung der Mitarbeitermotivation	26,3
Unterstützung bei der Neukundengewinnung	22,2
Umsatzsteigerung	16,2

Basis: gesamte Stichprobe; Angaben in **Top-2-Box** Werten in %
Skala: von 1 = „sehr geringer Stellenwert" bis 5 = „sehr hoher Stellenwert"

Quelle: CC Management Consulting GmbH, Beschwerde-Barometer Versicherungswirtschaft 2014

Service der Verlagsredaktion

Der Kanal Vertrieb im Wissensportal Springer für Professionals bietet aktuelle Themen sowie fundiertes Hintergrundwissen für Vertriebsmanager. In der Datenbank finden Sie derzeit rund 40.000 Fachbücher und 300 Fachzeitschriften aus den Bereichen Wirtschaft und Technik.

Grafik des Monats aus unserer Datenbank

Struktur einer zentralisierten Kundenbearbeitung

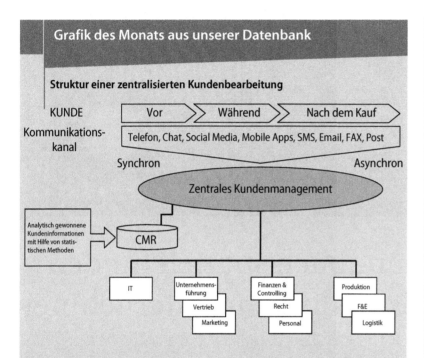

Sorgen Sie für einen permanenten Informationsfluss zwischen den Vertriebsbereichen und entwickeln Sie ein bereichsübergreifendes Netzwerk. Laden Sie die Innendienstmitarbeiter regelmäßig zu den Vertriebstagungen mit ein, sie sind gleichwertige Mitstreiter des Kundenmanagements. Übertragen Sie Projektaufgaben an besonders befähigte Innendienstler und ermöglichen Sie ihnen eine Präsentation vor der Geschäftsleitung, dem Vertriebsmanagement und dem Flächenvertrieb.

Quelle: Biesel, H. (2014): Vertriebspower in turbulenten Zeiten, S. 145, Wiesbaden; www.springerprofessional.de/5000504

Das Wissensportal Springer für Professionals

Alle Beiträge und Literaturtipps im Heft, die mit **SfP** gekennzeichnet sind, sind für Abonnenten des Portals Springer für Professionals im Volltext unter www.springerprofessional.de frei zugänglich. Abonnenten dieser Zeitschrift können das Portal drei Monate kostenfrei unter Angabe des Aktionscodes C0006818 testen und danach zum Vorzugspreis beziehen.

 www.springerprofessional.de/fachzeitschriften/

Weiterführende Inhalte aus dem Portal

Wie Sie Vertriebscontrolling wirksam einsetzen

Erfolgreiche Vertriebe brauchen ein kontinuierliches Controlling. Welche Elemente dabei wichtig sind.
www.springerprofessional.de/5269086

Persönlichkeit im Vertrieb zahlt sich aus

Führungsstärke und Empathie sind im Vertrieb besonders wichtig. Warum beides den wirtschaftlichen Erfolg von Unternehmen mitbestimmt.
www.springerprofessional.de/5281716

Balanced Scorecards als Steuerungsinstrument

Die Forcastplanung im Vertrieb ist unbeliebt, aber unerlässlich für eine effektive Vertriebsführung. Wie gute Kennzahlensysteme aufgebaut sein sollten.
www.springerprofessional.de/5240524

Lesetipp aus der Marketing Review St. Gallen:

Kundenorientierung durch Mitarbeitertrainings: Wie Unternehmen ihre Kundenorierung durch Veränderungsagenten stärken.
www.springerprofessional.de/5271602

Dienstleisterverzeichnis

**Präsentieren Sie Ihr
Unternehmen.**

Thema der nächsten Ausgabe:

Vertriebsproduktivität

Viele Unternehmen vermuten im Vertrieb ein deutlich größeres Produktivitätssteigerungspotenzial als in der Produktion. Höhere Vertriebsproduktivität hat zwei Seiten: mit den gleichen Kosten mehr Wachstum erzielen oder das gleiche Umsatz- und Serviceniveau zu geringeren Kosten erbringen. Die Hebel zur Steigerung der Vertriebsproduktivität reichen von strategischen Weichenstellungen wie der Vertriebskanalstruktur über die Vertriebsgröße und den fokussierten Einsatz der Verkäuferzeit bis zur individuellen „Schlagzahlerhöhung". Das Schwerpunktthema im nächsten Sales Management Review zeigt jedoch auch, dass eine blinde Maximierung des Pro-Kopf-Deckungsbeitrags nicht gewinnoptimal ist.

Impressum

Sales Management Review
Zeitschrift für Vertriebsmanagement
www.salesmanagementreview.de
Ausgabe 5/2014 | 23. Jahrgang
ISSN 1865-6544

Verlag
Springer Gabler
Springer Fachmedien Wiesbaden GmbH
Abraham-Lincoln-Straße 46
65189 Wiesbaden
www.springer-gabler.de
Amtsgericht Wiesbaden | HRB 9754
USt-IdNr. DE811148419

Geschäftsführer
Armin Gross | Peter Hendriks |
Joachim Krieger

Gesamtleitung Anzeigen und Märkte
Armin Gross

Gesamtleitung Produktion
Olga Chiarcos

Gesamtleitung Publishing
Stefanie Burgmaier

Herausgeber
Prof. Dr. Ove Jensen
WHU – Otto Beisheim School of Management, Lehrstuhl für Vertriebsmanagement und Business-to-Business-Marketing, Vallendar

Verantwortlicher Redakteur WHU
Benjamin Klitzke
Tel.: +49 (0)261 6509-345
benjamin.klitzke@whu.edu

Redaktionsleitung Springer Gabler
Gabi Böttcher
Tel.: +49 (0)611 7878-220
gabi.boettcher@springer.com

**Leitung Programmbereich Marketing |
Sales | Kommunikation**
Barbara Roscher
Tel.: +49 (0)611 7878-233
barbara.roscher@springer.com

Redaktionelle Mitarbeiterin
Eva-Susanne Krah

Kundenservice
Springer Customer Service GmbH
Springer Gabler-Service
Haberstr. 7 | D-69126 Heidelberg
Telefon: +49 (0)6221 345-4303
Fax: +49 (0)6221 345-4229
Montag – Freitag 8.00 Uhr – 18.00 Uhr
springergabler-service@springer.com

Produktmanagement
Melanie Engelhard-Gökalp
Tel.: +49 (0)611 7878-315
melanie.engelhard-goekalp@springer.com

Verkaufsleitung Anzeigen
Mandy Braun

Tel.: +49 (0)611 7878-313
Fax: +49 (0)611 7878-78313
mandy.braun@best-ad-media.de

Anzeigenpreise
Es gelten die Mediainformationen
vom 01.10.2013

Anzeigendisposition
Susanne Bretschneider
Tel.: +49 (0)611 7878-153
Fax: +49 (0)611 7878-443
susanne.bretschneider@best-ad-media.de

Layout und Produktion
Erik Dietrich
erik.dietrich@springer.com

Titelbild
Jörg Block
info@joergblock.de

Bezugsmöglichkeit
Das Heft erscheint sechsmal jährlich.
Bezugspreise Print + Online in Deutschland:
169 €, Studenten/Azubis in Deutschland
70 € (jeweils inkl. MwSt., Porto und Versand), Einzelheftpreis 33 €, Bezugspreise
Print + Online im Ausland: 195 €
Jedes Abonnement enthält eine Freischaltung für das Online-Archiv auf www.
springerprofessional.de/2787710 (Registrierung erforderlich). Der Zugang gilt ausschließlich für den einzelnen Empfänger des
Abonnements.

Das Abonnement kann jederzeit zur nächsten erreichbaren Ausgabe schriftlich mit Nennung der Kundennummer gekündigt werden. Eine schriftliche Bestätigung erfolgt nicht. Zuviel gezahlte Beträge für nicht gelieferte Ausgaben werden zurückerstattet.

Druck und Verarbeitung
Stürtz, Würzburg

Vertrieb als produktives System

Diese Ausgabe unseres Sales Management Review beschäftigt sich mit Vertriebsproduktivität. Wer das Thema Produktivität diskutieren will, muss zunächst sagen, was der Vertrieb denn produziert. Zwei naheliegende finanzielle Produktionsergebnisse sind der Umsatz und der Bruttogewinn, den der Vertrieb durch das Verkaufen eines margenstarken Produktmixes einfährt. Vor-finanzielle Produktionsergebnisse des Vertriebs liegen im Erzielen eines bestimmten Kundenverhaltens, zum Beispiel hoher Abschlusszahlen oder Wiederkäuferzahlen, und in der Schaffung bestimmter Kundeneinstellungen, zum Beispiel Kundenzufriedenheit mit dem Vertrieb. Dem Kundenverhalten ist wiederum das Verhalten des Vertriebs vorgelagert. Ein relevantes Produktionsergebnis ist in dieser Hinsicht beispielsweise die Anzahl der erzeugten (relevanten) Kundenkontakte. Man kann Vertriebsproduktivität also breit oder eng auffassen. Unser Heft setzt nicht nur eine finanzielle Brille auf, sondern hat eine breite Sichtweise.

Weit und eng fassen kann man auch die Hebel der Vertriebsproduktivität. In einem produktiven System gibt es letztlich kaum einen Managementhebel, der nicht mit dem Produktionsergebnis zusammenhängt. Fünf Gruppen von Produktivitätshebeln lassen sich unterscheiden: Die erste Gruppe von Hebeln liegt in den Vertriebskanälen und der Vertriebsorganisation. Hierzu zählen der Kanalmix aus Online-Leaderzeugung und Offline-Verkaufsabschluss sowie das Zusammenspiel von Innendienst und Außendienst. Die zweite Gruppe von Hebeln liegt in der Ressourcenallokation. Darunter fallen Themen wie die Vertriebsgröße, die Verkaufsgebietseinteilung und die Besuchshäufigkeit. Die dritte Gruppe ist die Vertriebssteuerung. Diese schließt Verkaufsanreize, Verkaufsziele und Leistungsmessung ein. Die vierte Gruppe von Hebeln der Vertriebsproduktivität ist die Vertriebsunterstützung. Hierzu zählen etwa Trainings und Vertriebswerkzeuge. Die fünfte Gruppe von Hebeln ist die Führung, also die Inspiration von Begeisterung und intrinsischer Motivation.

Die Beiträge dieses Hefts beleuchten ausgewählte Produktivitätshebel aus diesem Spektrum. In meinen Augen „stürzen" sich viele Manager zu stark auf die strategischen Produk-

Univ.-Prof. Dr. Ove Jensen
Inhaber des Lehrstuhls für Vertriebs-
management und Business-to-Business-
Marketing der WHU – Otto Beisheim
School of Management, Vallendar,
Tel.: +49-(0)261-6509-340
E-Mail: ove.jensen@whu.edu
www.whu.edu/vertrieb

tivitätshebel im Bereich der Vertriebskanäle und der Ressourcenallokation. Außendienstarbeit steht dabei im Vergleich zu Online-Kanälen oft unter dem Verdacht der Ineffizienz. Ich glaube, dass gerade im Bereich der Feldmannschaft das operative Produktivitätspotenzial durch Führung, Vertriebsunterstützung und Vertriebssteuerung noch nicht ausgeschöpft wird. Ich hoffe, dass das Heft Ihnen dazu wieder viele Anregungen bieten wird!

Herzliche Grüße
Ihr

Ove Jensen

6|2014

Schwerpunkt

www.springerprofessional.de

Beilagenhinweis

Dieser Ausgabe liegen Beilagen der BV Besteller Verlag GmbH, Bochum, der Haufe Akademie GmbH & Co. KG, Freiburg, der Gesells. f. Kongressmanagement Köhler-Lürssen GbR, Rullstorf, sowie der Horváth Akademie GmbH, Stuttgart, bei.

Vertriebsproduktivität

Die Größe eines Wortes stellt die relative Häufigkeit in den Beiträgen des Heft-Schwerpunktes dar.

Merkmal
Segmentierung
Lösungen Kennzahlen Profitabilität
optimal Außendienst Maßnahmen Wachstum
Vertriebsgröße Produktivität Erfolg
Zusammenhang System Sales Umsatz Verhaltensweisen
Weltklasse-Vertriebsprofis operativen Vertrieb Euro Basis Marketing Verkäufer Vertriebscontrolling
Kundenwert Zeit Kunden Best Practices Millionen Markt Vertriebsprofis
Ansatz pro Unternehmen Daten
Ziele Kosten Mitarbeiter Leistung
Informationen
Segmente Kunde Organisation
Customer Vertriebskosten steigern Produkte Effizienz
Bruttogewinn Ergebnisse
Vertriebsmitarbeiter
Mannschaft

Schwerpunkt
Vertriebsproduktivität

Sparen Sie sich im Vertrieb nicht zu Tode!

Die Unternehmenswelt wird mit und manchmal leider von Kennzahlen regiert. Doch wie misst man Vertriebsproduktivität richtig? Und sind Produktivitätskennzahlen überhaupt die richtigen? An der Vertriebsgröße und am Umsatz pro Kopf lässt sich verdeutlichen, dass eine falsche Interpretation von Produktivitätskennzahlen das Wachstum des Unternehmens abwürgen kann.

Ove Jensen

Produktive Systeme werden häufig anhand ihrer Effektivität und anhand ihrer Effizienz beurteilt. Effektivität bezeichnet die Höhe eines Outputs. Effizienz bezeichnet das Output/Input-Verhältnis. Effizienz und Produktivität werden in vielen Unternehmen synonym verwendet. Im Fall des Vertriebs stechen als Outputgrößen der Umsatz oder der Bruttogewinn (Gross Margin) hervor. Relevante Inputgröße sind die Kosten von Vertrieb und Marketing. Eine erste Annäherung an Vertriebseffizienz und Vertriebsproduktivität ist somit der Quotient, wie viele Euro an Vertriebskosten man für jeden Euro an Bruttogewinn aufwenden muss. Viele Unternehmen messen auch den Bruttogewinn pro Kopf, das heißt pro Außendienstler.

Univ.-Prof. Dr. Ove Jensen
ist Inhaber des Lehrstuhls für Vertriebs-
management und Business-to-Business
Marketing an der WHU – Otto Beisheim
School of Management, Vallendar

Stell dir vor, der Kunde würde kaufen und keiner geht hin

An dieser Stelle zeigt sich allerdings bereits, dass Vorsicht bei der isolierten Betrachtung von Vertriebseffizienz geboten ist. Wenn die Landesgesellschaft A eines Konzerns 30 Prozent des Bruttogewinns für den Vertrieb aufwendet und die Landesgesellschaft B 15 Prozent, ist B im Sinne der Definition effizienter. Doch dies sagt nichts über ihre Effektivität aus, also beispielsweise über den Bruttogewinn in Euro: Hat die Landesgesellschaft A mit den 30 Prozent Vertriebskosten einen Bruttogewinn von 20 Millionen Euro, liefert sie nach Abzug der sechs Millionen Euro (30 Prozent) Vertriebskosten einen operativen Gewinn (EBIT) von 14 Millionen Euro ab. Damit ist sie effektiver als Landesgesellschaft B mit 15 Prozent Vertriebskosten bei einem Umsatz von zehn Millionen Euro, die 1,5 Millionen Euro (15 Prozent) Vertriebskosten und einen operativen Gewinn von 8,5 Millionen Euro hat.

Ich habe viele Controller und Berater im Ohr, die an dieser Stelle einen Spruch bringen würden wie: „Wenn Landesgesellschaft A so produktiv wie Landesgesellschaft B wäre, könnten sie sogar 17 Millionen Euro EBIT erzielen." In solchen Aussagen zeigt sich, dass Vertriebskosten als „nötiges Übel" verstanden werden, die es bei einem gegebenen Umsatz zu minimieren gilt. Vertriebskosten werden durch die obige Aussage wie Materialkosten in der Produktion behandelt: Bei gegebener Produktionsmenge versucht man, mit möglichst wenig Material auszukommen und das Material möglichst kostengünstig zu beschaffen. In gleicher Weise versucht man dann im Vertrieb, bei gegebenem Umsatz mit möglichst wenig Mitarbeitern auszukommen und deren Kosten möglichst gering zu halten.

Beim Material in der Produktion mag es sinnvoll sein, den Output als gegeben zu betrachten und die Inputkosten zu minimieren. Doch im Vertrieb sollte man nicht vom Output zum Input denken, sondern vom Input zum Output: Die Vertriebskosten sind eine Investition, die Umsatz und Umsatzwachstum möglich macht. Die schlimmsten Kosten sind der Umsatz, den man verschenkt, weil man nicht genug in den Vertrieb investiert hat. Ökonomen bezeichnen diese Kosten als Opportunitätskosten, das heißt als Kosten der verpassten Chance. Jeder kennt das Stock-out-Problem, mit dem man Umsatz verschenkt. In gleicher Weise gibt es auch ein „Salesman-out-Problem". Frei nach dem Motto: Stell Dir vor, der Kunde würde kaufen und keiner geht hin …

Ove Jensen
WHU – Otto Beisheim School of Management,
Vallendar, Deutschland
E-Mail: ove.jensen@whu.edu

Kerngedanke 1

Vertriebskosten sind eine Investition, die Umsatz erzeugt.

Schnelltest für die Vertriebsgröße

Ein wohlverstandenes Produktivitätsmanagement im Vertrieb sollte also keine engstirnige Maximierung einer prozentualen Effizienzgröße durch Kostenreduktion sein, sondern eine Maximierung des Gewinns durch Investition. Wenn ein zusätzlicher Vertriebsmitarbeiter (nach angemessener Einarbeitungszeit) ein Vielfaches seiner Gehaltskosten an zusätzlichem Bruttogewinn hereinholen könnte, wäre man töricht, wenn man ihn nicht einstellte. Ein Zahlenbeispiel soll dies verdeutlichen:

• Frage 1: Was sind die Vollkosten eines Verkäufers? Wenn man Fixgehalt, Zielbonus, Fahrzeugkosten etc. zusammennimmt, kommt man schnell auf 150.000 Euro.

• Frage 2: Welche Bruttogewinnmarge habe ich? Die Bruttogewinnmarge ist definiert als (Umsatz - Herstellkosten des Umsatzes)/Umsatz. Sie hängt natürlich vom Produktmix ab. Gehen wir hier von 50 Prozent aus.

• Frage 3: Bei welchem Zusatzumsatz holt ein zusätzlicher Verkäufer gerade sein Gehalt herein? In unserem Zahlenbeispiel liegt dieser Break-even-Umsatz bei 150.000 Euro/ 50 Prozent = 300.000 Euro.

• Frage 4: Wie hoch ist der Zusatzumsatz, den ein zusätzlicher Mitarbeiter hereinholen kann? Die Betonung liegt hier auf Zusatzumsatz, also Umsatz, der nicht bei anderen Außendienstkollegen kannibalisiert wird, sondern hin-

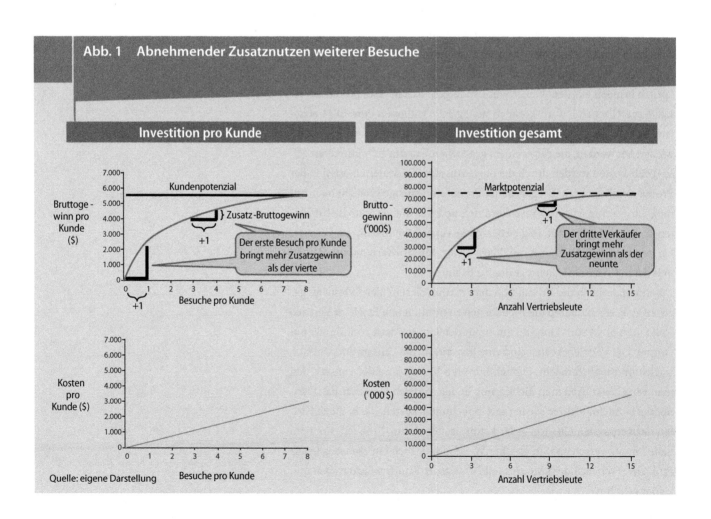

Abb. 1   Abnehmender Zusatznutzen weiterer Besuche

Quelle: eigene Darstellung

zukommt. Nehmen wir an, er liege bei 1,2 Millionen Euro, also dem Vierfachen des Break-even-Umsatzes.

• Frage 5: Lohnt sich die Einstellung des zusätzlichen Verkäufers? Der zusätzliche Bruttogewinn durch die Einstellung des Mitarbeiters liegt bei 1,2 Millionen Euro x 50 Prozent = 600.000 Euro, dem Vierfachen seiner Kosten. Es ist also Puffer nach unten für schlechtere Jahre vorhanden. Der zusätzliche EBIT liegt bei 600.000 Euro -150.000 Euro, also 450.000 Euro. Die Rendite der Investition in den neuen Verkäufer liegt bei 450.000/150.000 Euro, also 300 Prozent.

Wie hoch ist der „Return on Salespeople" in Ihrer derzeitigen Mannschaft? Ich kenne nicht wenige Unternehmen, in denen die Verkäufer mehr als das Vierfache ihrer Kosten hereinholen und in denen auch zusätzliche Verkäufer nicht darunter liegen würden.

Diese Überlegungen ermöglichen einen Schnelltest, ob die eigene Verkaufsmannschaft eher zu groß oder eher zu klein ist. Beträgt der Zusatzumsatz weniger als das Zweifache des Break-even-Umsatzes, ist die Mannschaft eher zu groß. Beträgt der Zusatzumsatz mehr als Dreifache des Break-even-Umsatzes, sollte man sich ernsthaft die Frage stellen, ob die Mannschaft möglicherweise zu klein ist.

Zusatz-Umsatz und Zusatz-Kosten weiterer Verkäufer

Die angestellten Überlegungen setzen voraus, dass zusätzliche Köpfe im Vertrieb zusätzlichen Umsatz produzieren können. Dies ist in Branchen gegeben, in denen es auf Präsenz beim Kunden ankommt und in denen der Umsatz pro Kunde eine Frage der Besuchsfrequenz pro Kunde ist. Ein solcher Zusammenhang ist dort besonders deutlich, wo auf der Kundenseite ein Einzelentscheider sitzt. Dies ist zum Beispiel im Pharmavertrieb der Fall, im Vertrieb von Werkzeugen an Handwerker, aber auch in der Bearbeitung von Marktleitern des Handels durch Außendienstler des Herstellers. Meine Überlegungen gelten weniger für Projektgeschäfte, in denen die Nachfrage des Kunden nicht an der Besuchsfrequenz hängt.

Auch in solchen Geschäften, die von der Besuchsfrequenz getrieben werden, lässt sich der Umsatz durch zusätzliche Verkäufer natürlich nicht beliebig steigern. Es gilt wie überall das Gesetz vom abnehmenden Zusatzgewinn („Grenznutzen" sagt der Ökonom) weiterer Besuche. **Abbildung 1** verdeutlicht diesen Gedanken: Die linke Seite der Abbildung zeigt die Investition pro Kunde. Der erste Besuch bei einem Kunden bringt mehr Zusatzgewinn als der vierte Besuch beim gleichen Kunden. Die rechte Seite der Abbildung zeigt: Rechnet man daraus die Anzahl der benötigten Verkäufer hoch, so folgt, dass die Einstellung des dritten Verkäufers mehr Zusatzgewinn bringt als die des neunten.

Während die Kurve des Zusatzgewinns somit konkav verläuft, ist für die Kosten eher ein lineares Wachstum zu erwarten, wenn jeder Verkäufer ein ähnliches Fixgehalt und ähnliche Fahrzeugkosten hat.

Kerngedanke 2

Die Optimierung der Vertriebsgröße sollte von der Überlegung ausgehen, wievielfach ein Vertriebskollege seine Kosten hereinholt.

Kerngedanke 3

Für zusätzliche Verkäufer gibt das Marktpotenzial eine Sättigungsgrenze vor.

Überlegungen zur gewinnoptimalen Vertriebsgröße

Die Frage ist nun, wann man aufhören sollte, zusätzliche Verkäufer einzustellen und wann die optimale Vertriebsgröße erreicht ist. Die Antwort haben wir oben schon abgeleitet: Wenn der Zusatz-Bruttogewinn nicht mehr höher als die Zusatzkosten eines weiteren Verkäufers ist, kann man den Gewinn nicht mehr durch Neueinstellungen steigern. **Abbildung 2** verdeutlicht dies. Die violette Kurve in der Darstellung 2a) zeigt die Umsatzkurve mit abnehmender Steigung. Die blaue Kurve zeigt als Anteil des Umsatzes den Brutto-Gewinn (Gross Margin), der ebenfalls gegen eine Sättigungsgrenze konvergiert. Die rote Kurve zeigt die linear steigenden Vertriebskosten. Die grüne Kurve ist der EBIT, der resultiert, wenn man von der blauen Brutto-Gewinnkurve die rote Vertriebskostenkurve abzieht. Diese grüne Kurve hat

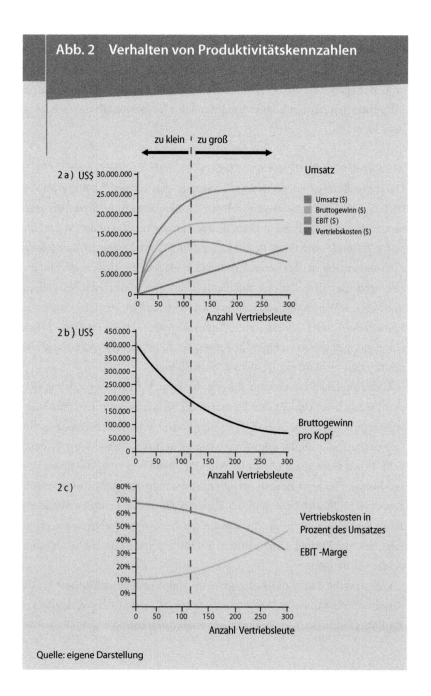

Abb. 2 Verhalten von Produktivitätskennzahlen

Quelle: eigene Darstellung

ein Gewinnmaximum, das durch die gestrichelte Linie angezeigt wird. Hier ist die Vertriebsgröße optimal. Links vom Optimum ist meine Mannschaft zu klein, rechts davon ist sie zu groß.

In den Kennzahlendarstellungen 2b) und 2c) sind zwei der gebräuchlichsten Maße der Vertriebsproduktivität abgebildet. 2b) zeigt den Bruttogewinn pro Kopf. Ist die Vertriebsmannschaft zu groß und schrumpfe ich mich zur optimalen Größe, steigen der Bruttogewinn pro Kopf und der Umsatz pro Kopf. Wenn meine Mannschaft dagegen zu klein ist, muss ich den Bruttogewinn pro Kopf und den Umsatz pro Kopf verwässern, um die gewinnoptimale Vertriebsgröße zu erreichen. Dieser Zusammenhang ist den meisten Controllern, mit denen ich spreche, nicht bewusst. Die meisten gehen davon aus, dass ein höherer Pro-Kopf-Umsatz und -Bruttogewinn stets besser ist als ein niedrigerer. Dies ist ein Trugschluss! Den höchsten Pro-Kopf-Umsatz hat der letzte Mitarbeiter, der „das Licht ausmacht". Wenn die meisten Unternehmen den Pro-Kopf-Umsatz maximieren, dann würde dies bedeuten, dass die meisten Vertriebsmannschaften heute zu klein und nicht zu groß sind.

Die Kennzahlendarstellung 2c) zeigt die gleichen Überlegungen für die Vertriebskosten in Prozent des Umsatzes (gelbe Kurve). Wenn die Mannschaft zu groß ist und ich mich von rechts nach links auf die optimale Größe schrumpfe, sinken die prozentualen Vertriebskosten. Wenn ich mich jedoch von links nach rechts auf das Optimum zubewege und die Gewinnchancen nutze, muss ich den Vertriebskostenanteil steigern. Auch dieser Zusammenhang ist den meisten Controllern nicht bewusst. Sie gehen davon aus, dass niedrigere Vertriebskosten in Prozent des Umsatzes „besser" sind als höhere Vertriebskosten. Wer allein die Effizienzgrößen optimiert, würgt das Wachstum ab und läuft Gefahr, sich „zu Tode zu schrumpfen".

Zurück zur Kennzahlendarstellung 2a): Hier ist ein weiteres Muster zu beobachten, das sich genau entgegen der allgemeinen Intuition verhält. Typischerweise neigen wir zu der Vermutung, dass es im Vertrieb besser ist, ein wenig zu klein zu sein als ein wenig zu groß. Doch die Form der grünen Gewinnkurve, die sich aus den Verläufen von Bruttogewinn und Vertriebskosten ergibt, spricht eine andere Sprache: Links von der gewinnoptimalen Vertriebsgröße fällt der Gewinn deutlich steiler ab als rechts. Man nennt dies das sogenannte „Flat Maximum Principle". In einfachen Worten ist es besser, den Kunden zu oft zu besuchen als zu selten, und ist es besser, im Vertrieb ein paar Mann zu viel an Bord zu haben als ein paar Mann zu wenig.

Diese Überlegung setzt natürlich voraus, dass ich einen nicht völlig starren Arbeitsmarkt mit höchst rigidem Kündigungsschutz habe. Dies ist durch Instrumente wie Arbeitnehmerüberlassung heute in Deutschland für die meisten Unternehmen gegeben.

Wiederentdeckung des Vorwärtsganges?

Die meisten Unternehmen, die ich kenne, stellen sich die Frage nach der optimalen Vertriebsgröße viel zu selten. Dabei ist diese ein zentraler Gewinntreiber! Typische Herangehensweisen an die Vertriebsgröße sind:

Kerngedanke 4
Wer den Bruttogewinn pro Mitarbeiter maximiert, schrumpft sich zu Tode.

Handlungsempfehlungen

- Berechnen Sie, wievielfach Ihre Vertriebsleute heute die eigenen Kosten hereinholen.
- Gehen Sie bei Ihren Kennzahlen nicht von linearen Verläufen aus, sondern bedenken Sie die Effekte von abnehmendem Grenznutzen.
- Hüten Sie sich vor Fehlinterpretationen von klassischen Produktivitätskennzahlen wie Deckungsbeitrag pro Mitarbeiter oder Vertriebskostenanteil am Umsatz. Sie verhalten sich bei zu kleinen Vertriebsmannschaften nicht so, wie man meint.
- Ziehen Sie die Hypothese in Betracht, dass Ihre Vertriebsmannschaft zu klein ist und nicht zu groß. Schrumpfen Sie sich im Außendienst nicht zu Tode.
- Vergleichen Sie Online-Kanäle und den persönlichen Verkauf auf Basis des Customer Lifetime Value, nicht auf Basis der Cost per Order.

Kerngedanke 5

Online- und Offline-Kanäle nur anhand des Customer Lifetime Value vergleichen, nicht anhand der Cost per Order.

- „Es hat letztes Jahr funktioniert, warum dieses Jahr etwas ändern?"
- „Mal gucken, ob der Wettbewerber seine Mannschaft abbaut oder aufstockt."
- „Bring mir erst den Umsatz, dann genehmige ich Dir neue Stellen!"
- „Wenn wir in der Produktion Leute abbauen, können wir im Vertrieb doch keine Leute einstellen!"
- „Unser Umsatz ist gesunken, also müssen wir, um unsere Kennzahlen zu halten, Vertrieb abbauen."
- Ein persönlicher Besuch ist viel teurer als ein Online-Kontakt."

Implizit haben die meisten Unternehmen bezüglich der Vertriebsgröße den Rückwärtsgang eingelegt. Es scheint allgemeiner Konsens zu sein, dass man sich von C- und D-Kunden zurückziehen sollte bzw. hier keinen Außendienst mehr hinschicken sollte. Wenn Budgets vergrößert werden, dann eher die Online-Budgets als die Budgets für den Face-to-Face-Außendienst. Dabei wird häufig ein unfairer Vergleich herangezogen. Viele Unternehmen rechnen die Kosten eines Außendienstbesuchs (circa 150 Euro) gegen die Kosten eines Clicks oder die Kosten eines persönlich geschriebenen Auftrags gegen die Kosten eines Online-Abschlusses. Was diese Rechnung vernachlässigt, ist die Wiederkaufrate von Kunden, die im persönlichen Verkaufskanal in der Regel über dem Online-Kanal liegt. Eine faire Vergleichsgröße ist der Customer Lifetime Value im einen gegenüber dem anderen Kanal. Wenn man sich anschaut, dass die Kosten pro Click bei zunehmender Budgetverlagerung in den Online-Bereich eher steigen und die Online-Conversion-Rates eher abnehmen werden, so ist in den nächsten Jahren eine kleine Entzauberung der relativen Vorteilhaftigkeit des Online-Kanals gegenüber dem klassischen Außendienst zu erwarten.

Vielleicht ist es an der Zeit, mental wieder den Vorwärtsgang einzulegen und statt Rückzugsgefechten wieder eine Wachstums- und Akquisementalität in Diskussionen über die Vertriebsgröße hineinzutragen. Wer blind auf die klassischen Produktivitätskennzahlen schaut, unterschätzt die Effektivität seines Außendienstes.

SfP Zusätzlicher Verlagsservice für Abonnenten von „Springer für Professionals | Vertrieb"

Zum Thema | Produktivitätskennzahlen | 🔍 Suche

finden Sie unter www.springerprofessional.de 130 Beiträge, davon 8 im Fachgebiet Vertrieb Stand: November 2014

Medium
☐ Zeitschriftenartikel (5)
☐ Buchkapitel (125)

Sprache
☐ Deutsch (129)
☐ Englisch (1)

Von der Verlagsredaktion empfohlen

Riekhof, H.-C.: Das System ALDI – Ein Muster erfolgreicher Unternehmensführung, in: Riekhof, H.-C.: Retail Business, Wiesbaden 2013, S. 409-433, www.springerprofessional.de/4472370

Quelle, G.: Organisieren und Zusammenarbeiten: Der Wille zum gemeinsamen Wachstum, in: Quelle, G.: Wachstum beginnt oben, Wiesbaden, 2014, S. 19-52, www.springer-professional.de/4862936

Grobe Fehler vermeiden und das Minimum erfüllen

Verantwortliche in Marketing und Vertrieb verfolgen ein Ziel: Mit ihren Produkten und Dienstleistungen wollen sie die Bedürfnisse der Kunden besser erfüllen als die Mitbewerber. Dasselbe Ziel zu haben bedeutet aber nicht, den gleichen Weg einzuschlagen.

Christian Belz, Michael Reinhold

Normalerweise befassen sich Manager damit, wie sich Lösungen in Marketing und Vertrieb optimieren lassen. Oft wäre es aber realistisch und weit ökonomischer, einfach größere Fehler zu vermeiden oder Beschränkungen zu akzeptieren. Es gilt, verschiedene Blicke auf dieselbe Aufgabe zu werfen.

Falsche und richtige Denkmuster

Dieser Beitrag zeigt Praxisfälle, Ansatz und Beispiele. Angewendet wird die Sichtweise des Minimalmarketings am internationalen Vertrieb. Anhand von Beispielen erläutern wir die falschen oder richtigen Denkmuster.

1. **Marketing für Suchmaschinen.** Google ist die führende Suchmaschine im Internet. Gemäß einer Aussage von Verantwortlichen möchte Google dem Kunden eine Antwort auf seine Frage liefern, noch bevor er diese fertig formuliert hat. Ein immenses Nutzenversprechen. Wie wird dieses eingelöst? Auf die Eingabe des Begriffs „Marketing" bekommen wir „ungefähr 230 Millionen Ergebnisse (in 0,32 Sekunden)". Ist die Anzahl der Ergebnisse für den Kunden relevant? Nein, solange überhaupt einige Ergebnisse erscheinen. Spielt die Zeit eine Rolle? Nein, solange sie ,gefühlt' kurz ist. Sind diese beiden Zahlen überhaupt korrekt? Das weiß nur Google und es spielt überhaupt keine Rolle, weil nicht nachprüfbar. Spielt die Qualität der Ergebnisse eine Rolle? Klar ja, aber nur ganz am Anfang der Liste, weil kaum jemand die restlichen fast 230 Millionen Antworten durchliest. Damit reduziert sich die Aufgabe für den Anbieter auf eine Variable und eine Randbedingung. Die zu optimierende Variable ist „Wenige, aber gute Antworten" zu Beginn des Suchprozesses. Die „Güte" der Antworten wird von Google darüber bestimmt, ob der Kunde eine Auswahl überhaupt anklickt und wie lange er auf der entsprechenden ,landing page' verweilt. Die Randbedingung lautet: Die Bezahlinserenten müssen gelistet sein. Es gilt somit, grobe Fehler zu vermeiden. Beispielsweise darf kein Prozessabbruch durch den Kunden erfolgen, weil die Ergebnisse grundfalsch oder unpassend sind. Zudem ist der Kundenerfolg messbar.

2. **Beispiel für Recommender Engines – Netflix:** Besonders im Internet ist diese Denkweise üblich. Interessant ist das Beispiel der Empfehlungsplattform Netflix für Videos-on-demand. Diese ist in den USA stark verbreitet und startet derzeit mit der Markteinführung in Deutschland und der Schweiz. Netflix verwendet einen kollaborativen Filter-Algorithmus, um dem Kunden basierend auf seinen bisherigen Ratings und den Ratings anderer Nutzer den bestgeeigneten nächsten Film zum Kauf vorzuschlagen. Auch die Kunden von Amazon kennen alle den berühmten Satz: "Customers Who Bought This Item Also Bought". Ziele dieser Händler sind der Neu- und Wiederkauf sowie das Up- und Cross-Selling. Die Transaktion spielt sich im Internet ab und ist daher gut messbar und zu verfolgen. Der Erfolg von Netflix hängt unter anderem auch von der Qualität der Empfehlungen ab.

Auf Grund dieser Überlegung schrieb Netflix am 1. Oktober 2006 eine Million US-Dollar Preisgeld aus. Es sollte diejenige Gruppe bekommen,

Prof. Dr. Christian Belz
ist Ordinarius für Marketing an der
Universität St. Gallen und Direktor am
Institut für Marketing

Dr. Michael Reinhold
ist Lehrbeauftragter der Universität St.
Gallen und leitet am Institut für Marketing die Bereiche Hightech Marketing und
Live Communication.

Christian Belz
Universität St. Gallen, St. Gallen, Schweiz
E-Mail: christian.belz@unisg.ch

Michael Reinhold
Universität St. Gallen, St. Gallen, Schweiz
E-Mail: michael.reinhold@unisg.ch

die zuerst einen um mindestens zehn Prozent verbesserten Empfehlungsalgorithmus im Vergleich zum hauseigenen Algorithmus „Cinematch" präsentierte. Der Wettbewerb hatte mathematisch sauber überprüfbare Konditionen. Der Preis ging am 21. September 2009 an das Team „BellKor's Pragmatic Chaos" bestehend aus Forschern von AT&T.

Verwendet Netflix diesen Algorithmus heute? Die Antwort von Netflix ist nein, jedenfalls sicher nicht online und in realtime. Der Grund dafür liegt darin, dass die positive Verbesserung der Vorschläge für den Nutzer kaum eine Rolle spielt. Entscheidend ist es vielmehr, dass die gesamte user experience der Netflix-Mitglieder optimiert wird.

Kerngedanke 1

Unternehmen wollen ihre Lösungen im Marketing und Vertrieb meistens optimieren. Häufig würden sie sich dabei erfolgreicher darauf konzentrieren, grobe Fehler zu vermeiden oder Minimalkonzepte zu entwickeln.

————————

3. **Recommender Engine für Geschenkartikel - Dayzzi:** Typisch ist auch das Beispiel einer Empfehlungsplattform für Geschenke, die zusammen mit Industrie- und Hochschulpartnern am IfM entwickelt wurde. Um diese Empfehlung zu optimieren, befragt das System die Nutzer nach bis 31 verschiedenen Merkmalen der Geschenke-Empfänger und der -Situation (vom Alter der zu Beschenkenden bis zum Geschenk für ein Firmenjubiläum). Es gilt daher, aus ca. 540 Millionen möglichen Kampagnen und einem Fundus von mehr als 50.000 Artikeln der beteiligten Firmen einige passende und kreative Vorschläge zu machen. Die Arbeit mit der Plattform zeigte: Diese positive Eingrenzung spielt kaum eine Rolle. Entscheidend ist es jedoch, dass die Nutzer keine offensichtlich falschen Vorschläge erhalten; etwa ein Messerset für den Vielflieger oder für Kinder. Dann brechen sie den Prozess sofort ab. Mehrere erfolgreiche Verkäufer im Werbemittelmarkt haben darauf hingewiesen, dass der Internet-Recommender eigentlich nichts anderes macht, als ihr Verkaufsgespräch mit dem Kunden 1:1 abzubilden.

4. **Mikroanalysen der Verkaufsprozesse beim Kunden:** Ähnlich gehen wir bei gründlichen Analysen der Kaufprozesse von Kunden vor. Damit wird erhoben, an welchen Stellen in detailliert erfassten Kaufprozessen der Kunde häufig abbricht. Hier wird dann mit Maßnahmen angesetzt. Ziel ist zwar immer noch der Kaufabschluss, jedoch als logische Folge richtig angesetzter Maßnahmen auf dem Weg dorthin.

Fehler vermeiden und Minimalziele erfüllen

Grobe Fehler zu vermeiden, um den Kundenprozess in Gang zu halten, scheint in der On- und Offline-Welt erfolgsversprechend, wenn auch im Bereich des Internets selbstverständlicher angewendet. Bezogen auf die Marktbearbeitung und besonders Verkaufsgespräche befassen wir uns dann damit, was Kunden dazu führt, ihre Beziehung mit dem Anbieter abzubrechen. Das entspricht auch vielen persönlichen Erfahrungen. Der Kunde stellt keine sophistizierten Ansprüche an eloquente Verkaufsgespräche und Unterstützung. Er akzeptiert kleinere Probleme, schon weil er den Aufwand für die weitere Suche und zusätzliche Gespräche scheut. Es gibt aber einige grobe Verstöße für ihn. Er empfindet sie als Zumutung und steigt aus. Beispielsweise wenn er dem Verkäufer seine Situation schildert und den Bedarf umreisst, der Verkäufer aber auf ganz anderes eingeht. Auch können mangelhafter Anstand und Druck Richtung Abschluss rasch zum Abbruch führen.

Ein anderer Fall ist gegeben, wenn Optimierungen chronisch an ihre Grenzen stoßen und illusionär werden. Beispielsweise lässt sich beliebig viel von Personen mit Kundenkontakt fordern, nur lassen sich einige Ansprüche mit den verschiedenen, bestehenden Mitarbeitern nicht einlösen. Hier mit Minimal-Ansätzen zu arbeiten, ist ein guter Weg.

Die Betrachtung umzukehren, kann in manchen Fällen ergiebig sein. Die Tabellen 1 und 2 zeigen dazu mehrere Beispiele aus der realen und der virtuellen Welt.

Trotz der Unterscheidung: Die Trennlinie zwischen Fehlervermeidung und Minimalzielen lässt sich teilweise nicht klar ziehen. Das Erkennen und Setzen von Minimalzielen ist immer dann von Bedeutung, wenn Ressourceneinschränkungen vorliegen, sei es im Geld, in der Zeit oder im geschulten Personal. Als Beispiel vertiefen wir den Ansatz zur letzten Frage in **Tabelle 2**.

Minimal- und Standby-Marketing im Vertrieb

Typisch zeigt sich die Problematik im internationalen Vertrieb. Selbst für Konzerne ist es risikoreich, neue Länder zu erschließen. Häufig werden die Businesspläne deshalb angepasst und die Zeit zum Break Even verdoppelt oder verdreifacht. Potenziert wird diese Herausforderung für Nebenmärkte oder kleinere Anbieter.

Umso mehr gilt es, zwischen aufwendiger Optimalvariante und Minimalvariante zu unterscheiden.

Mit Minimalmarketing bemühen sich Unternehmen in spezifischen Ländern einzusteigen oder selektiv attraktive Aufträge zu erreichen, ohne aufwendige Infrastrukturen vor Ort bereitzustellen. Oft wird damit ein relativ

Zusammenfassung

In Marketing und Vertrieb suchen Anbieter in vielen Bereichen nach optimalen Lösungen. Oft bleiben definierte Konzepte jedoch illusionär und lassen sich kaum durchsetzen. Die Autoren argumentieren, dass demgegenüber Minimallösungen bereits viel bewirken können.

Tab. 1 Abbruch vermeiden	
Optimierung	**Abbruch vermeiden**
Super-Verkaufsgespräche: Wie führen unsere Verkäufer ein kompetentes und sympathisches Verkaufsgespräch mit Kunden?	**Verkaufsgespräche ohne grobe Fehler:** Wann brechen unsere Kunden den Kontakt im Verkaufsgespräch ab und wie vermeiden wir diese Fehler?
Attraktion: Wie wird unsere Website noch attraktiver gestaltet? Beispielsweise durch Angebote und Ablenkungen branchenfremder Anbieter und sozialer Medien sowie die Integration der Breaking News und des lokalen Wetterberichts? Womit bieten wir noch mehr Unterhaltung, vom YouTube-Filmchen hin bis zum eigens komponierten Song am letzten Firmenanlass? Haben wir ihn bei der Anmeldung auch nach seinen sonstigen Vorlieben befragt?	**Nützlichkeit und Zuverlässigkeit:** Werden die Kunden auf unserer Website rasch und logisch durch ihre Ansprüche und Wünsche geführt? Berücksichtigen wir den Großteil aller Zielgruppen? Durch welche Maßnahmen können wir sicherstellen, dass das Anliegen des Kunden – die Customer Journey – rasch und zufriedenstellend abgearbeitet wird? Wie räumen wir die Hürden im Prozess weg. Wo kann der Kunde Hilfe bekommen, wenn er sich auf unserer Homepage nicht mehr zurecht findet?
Unterhaltung: Wie gelingt es uns, dem Kunden den attraktivsten und unterhaltsamsten Aufenthalt auf unserer Website zu vermitteln und möglichst viele „likes" einzusammeln?	**Effizienz:** Wie messen wir die Verweildauer der Kunden auf den sachlichen Inhalten unserer Website? Wie verläuft der Suchprozess des Kunden und wohin wandert er schließlich ab? Wie sind die Konversionsraten im Prozess des Kunden?

Quelle: eigene Darstellung

Kerngedanke 2

Anwendungsfelder für Fehlervermeidung und Minimalkonzepte sind in Marketing und Vertrieb mannigfaltig.

---

passiver Export aus dem Heimland fortgesetzt. Manchmal folgen die Anbieter auch neuen Standorten ihrer Kunden und etablieren dafür eine minimale Infrastruktur vor Ort.

Mit optimierten Vertriebsengagements wollen oft Marktführer und große Unternehmen eine professionelle Infrastruktur und Ressourcen einsetzen, um Potenziale in den Märkten zukünftig zu nutzen.

Während sich optimale Vorgehensweisen leicht vorstellen lassen, beschränken wir uns auf das Minimal- und Standby-Marketing, welches attraktive Gelegenheiten im Markt mit minimalem Aufwand nutzen kann.

Aus 473 Aussagen von 204 Führungskräften, zur Frage nach dem Minimalmarketing, ergab sich die Gewichtung in **Abbildung 1**.

Drei Ansätze erwiesen sich dabei für Minimalmarketing in einem Land als besonders wichtig:

1. Informationsbasis: Voraussetzung ist eine realistische Informationsbasis, um die Absatzchancen für die Leistungen des Unternehmens fundiert abschätzen zu können. Für besondere Leistungen und Preise im neuen Markt muss der Anbieter vorbereitet sein.

2. Engagierte Kämpfer: Entscheidend ist die Person des Leiters der Niederlassung. Es handelt sich dabei meist um Manager mit starkem Beziehungsgeflecht, breiten Kompetenzen und einer unternehmerischen Kämpfernatur für den Aufbau. Solche Kämpfer rekrutieren auch ein entsprechendes Team. Dabei setzen Unternehmen meist eher Landsleute als Expatriates ein, um die Kosten zu beschränken und rasch den Anschluss an die Landeskultur zu gewinnen.

3. Infrastruktur: Je nach Geschäft braucht es eine grundlegende Infrastruktur, beispielsweise die Logistik, den Service vor Ort oder die Vertretun-

---

Tab. 2 Minimalziele

Optimierung	Minimalziele sichern
Know-how-Erweiterung: Wie erweitern wir die Fähigkeiten unserer Key Account Manager, damit sie die multiplen Kundensituationen erfassen, unser gesamtes Angebotsportfolio einbringen können und komplexe Abläufe bis zu anspruchsvollen Vertragswerken beherrschen?	**Know-how-Ergänzung:** Wie flankieren wir unsere Key Account Manager, um ihre Lücken im Know-how und in der Kompetenz je nach Situation zu schließen?
Formalisierung und Organisation: Wie gelingt es uns, für Key Account Management die komplexe interne Zusammenarbeit mit verschiedenen Stellen der Technik, des Controlling,s des Managements usw. zu klären? Wie gelingt es, die Rollen und Aufgaben zu definieren?	**Beweglichkeit:** Wie gehen wir beweglich mit den spezifischen Großprojekten für Großkunden um, weil sich jedes Projektteam, jedes Kundenprojekt, jede Aufgabe unterscheidet? Wie gelingt es, die Fähigkeiten der aktuell Beteiligten aktiv zu nutzen?
Ködern der Kunden im Netz: Was könnten attraktive Preise für unsere Zielkunden in einem Wettbewerb sein? Welche Downloads können wir frei nach der Registrierung anbieten? Wie stellen wir den Link zwischen Kunde und Social Media sicher, um noch mehr über ihn in Erfahrung zu bringen?	**Notwendiges Minimalprogramm:** Sind in unserem Web-Auftritt alle Kanäle gelistet, auf denen uns der Kunde wiederfinden kann? Kann er uns über ein Formular direkt anschreiben oder kann er uns anrufen?
Wunschprogramm: Wie gelingt es, neue Märkte optimal zu erschließen?	**Notwendiges Programm:** Welche minimalen Voraussetzungen sind für das Unternehmen nötig, um in einem neuen Markt präsent zu sein?

Quelle: eigene Darstellung

gen für Regionen des Landes. Manchmal sind Kooperationen mit ergänzenden Anbietern ergiebig.

Minimalmarketing kann auch erforderlich sein, wenn vorhandene Märkte einbrechen und die Unternehmen trotzdem durchhalten wollen, um für einen neuen Aufschwung gewappnet zu sein.

Kurz: Mit einem minimalen Engagement senken Anbieter ihre Risiken. Allerdings braucht es dazu doch das Niveau, um nicht unter der Wirkungsschwelle vorzugehen.

Folgerung

Bei Optimierungen neigen die Verantwortlichen dazu, das Unmögliche zu versuchen. Oft ist die Schadensbegrenzung der realistische und wirksame Ansatz, obschon eher ungewohnt. Für den Kunden müssen unsere Anstrengungen im Vergleich zu Wettbewerbern zumutbar bleiben, das genügt und ist besonders wirtschaftlich. Die Betrachtung ist nicht neu. Schließlich lassen sich zu Chancen immer auch die Risiken eines Unternehmens betrachten. Minimallösungen sind jedoch nicht einfach ein ängstlicher Zugang zu Marketing und Vertrieb. Sie beruhen auf professionellen Prioritäten.

Folgerungen ergeben sich für die Analysen und Lösungen. Zuerst gilt es, die Fehler (etwa in Kundenprozessen) zu erfassen oder Abbruchraten im

Handlungsempfehlungen

● Im Internet-Marketing ist der Ansatz stärker verbreitet, weil sich Abbrüche gut verfolgen lassen. Lernen Sie im Offline-Vertrieb vom Online-Vertrieb.

● Bestimmen Sie die Felder in Marketing und Vertrieb, bei welchen Optimierungsansätzen Sie bisher scheiterten und Sie sich mit 40-Prozent-Lösungen begnügen mussten.

● Bearbeiten Sie die wichtigen Felder unter dem Blickwinkel von Fehlervermeidung und Minimalkonzepten.

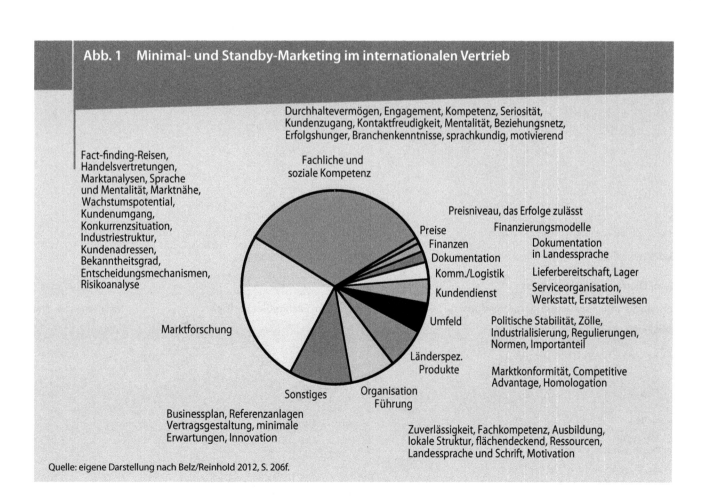

Abb. 1 Minimal- und Standby-Marketing im internationalen Vertrieb

Fact-finding-Reisen, Handelsvertretungen, Marktanalysen, Sprache und Mentalität, Marktnähe, Wachstumspotential, Kundenumgang, Konkurrenzsituation, Industriestruktur, Kundenadressen, Bekanntheitsgrad, Entscheidungsmechanismen, Risikoanalyse

Durchhaltevermögen, Engagement, Kompetenz, Seriosität, Kundenzugang, Kontaktfreudigkeit, Mentalität, Beziehungsnetz, Erfolgshunger, Branchenkenntnisse, sprachkundig, motivierend

Fachliche und soziale Kompetenz

Marktforschung

Preise Finanzen Dokumentation

Komm./Logistik

Kundendienst

Umfeld

Länderspez. Produkte

Organisation Führung

Sonstiges

Preisniveau, das Erfolge zulässt

Finanzierungsmodelle

Dokumentation in Landessprache

Lieferbereitschaft, Lager

Serviceorganisation, Werkstatt, Ersatzteilwesen

Politische Stabilität, Zölle, Industrialisierung, Regulierungen, Normen, Importanteil

Marktkonformität, Competitive Advantage, Homologation

Businessplan, Referenzanlagen Vertragsgestaltung, minimale Erwartungen, Innovation

Zuverlässigkeit, Fachkompetenz, Ausbildung, lokale Struktur, flächendeckend, Ressourcen, Landessprache und Schrift, Motivation

Quelle: eigene Darstellung nach Belz/Reinhold 2012, S. 206f.

Kerngedanke 3
Der Wunsch nach Optimierung offenbart meist einen Mangel an Fantasie.

Prozess zu messen. Für Konzepte ist zu analysieren, was minimale Voraussetzungen des Unternehmens für den Erfolg sind. Das Niveau zu bestimmen ist anspruchsvoll, denn leicht kann ein minimales Engagement gar keine Wirkung mehr erzielen. Die Lösungen konzentrieren sich darauf, den möglichen Schaden zu begrenzen. Sie lassen sich weit besser konzentrieren als Optimierungsansätze und vor allem bleiben die Ansätze nicht illusionär. Schulungen für den persönlichen Verkauf würden beispielsweise durch den ‚Fehler-Ansatz' umgekrempelt.

Die Anwendungen für den Blick auf Fehler-Vermeidung oder Minimal-Lösungen sind im Marketing und Vertrieb unbegrenzt. Nur ist es definitiv schöner über optimale Lösungen zu diskutieren, als lediglich den Schaden zu begrenzen.

Literatur

[SfP]* Belz, C. (2014): Verbreiterung der Aufgabe des Verkaufs verunsichert die Kunden, in: Sales Management Review Nr. 1, S. 18-24 (ID: 4999498)

[SfP]* Belz, Ch. / Reinhold, M.(2012): Internationaler Industrievertrieb, in: Binckebanck, L. / Belz, Ch. (Hrsg., 2012): Internationaler Vertrieb, Wiesbaden, S. 6-218 (ID: 3492772)

Rutschmann, M./Belz, Ch. (2014): Reales Marketing, Stuttgart

[SfP]* Abonnenten des Portals Springer für Professionals erhalten diesen Beitrag im Volltext unter www.springerprofessional.de/ID

[SfP] **Zusätzlicher Verlagsservice für Abonnenten von „Springer für Professionals | Vertrieb"**

Zum Thema **Kundenprozess**   🔍 Suche

finden Sie unter www.springerprofessional.de 568 Beiträge, davon 55 im Fachgebiet Vertrieb   Stand: November 2014

Medium
☐ Online-Artikel (11)
☐ Kompakt-Dossier (1)
☐ Zeitschriftenartikel (95)
☐ Buchkapitel (459)
☐ Nachrichten (2)

Sprache
☐ Deutsch (567)
☐ Englisch (1)

> **Von der Verlagsredaktion empfohlen**
>
> Rutschmann, M./Belz, Ch.: Titel Beitrag, in: Belz, Ch.: Innovationen im Kundendialog, Wiesbaden 2011, S.197-222, www.springerprofessional.de/1816256
>
> Biesel, H. H.: Veränderungsprozesse gestalten und umsetzen, in: Biesel, H. H.: Vertriebspower in turbulenten Zeiten, Wiesbaden 2014, S. 77-131, www.springerprofessional.de/5000514

Merkmale und Verhaltensweisen für Weltklasse im Vertrieb

Was macht Produktivität im Vertrieb aus? Auf Basis der vom MHI Research Institut erstellten MHI Sales Best Practices Studie, der weltweit größten Studie zu komplexem B2B-Vertrieb, analysieren die Autoren die Unternehmensmerkmale und individuellen Verhaltensweisen, die Weltklasse im Vertrieb ausmachen.

Joe Galvin, Tamara Schenk

Sales Leader verwenden häufig Sportanalogien, wenn sie über die Vertriebsleistung sprechen, da es so viele Ähnlichkeiten zwischen Vertrieb und Sport gibt. Im Vertrieb definieren die Produkte, Fähigkeiten und Lösungen, die eine Organisation verkauft, welches Spiel gespielt wird. Das Spielfeld wird durch die Region, in der verkauft wird, definiert. Wie bei jeder Sportart gibt es auch im Vertrieb Regeln. Sales Leader konzentrieren sich dabei auf Kennzahlen wie zum Beispiel Umsatz, Vertriebskosten oder die Mitarbeiterzahl. Für Vertriebsprofis werden die Regeln durch ihren Vergütungsplan bestimmt. Vor allem aber ist der Vertrieb ein Wettkampfsport. Ihre Mitbewerber versuchen unermüdlich, Ihnen den Sieg streitig zu machen. Der Punktestand sagt uns, wer gewonnen und wer verloren hat.

In der Welt des professionellen Sports richten die Trainer und Coaches ihre Aufmerksamkeit nicht nur auf das Endergebnis. Sie schauen ebenso auf die individuellen Leistungsstatistiken, die im direkten Zusammenhang mit spielentscheidenden Resultaten stehen. Aufschlaggeschwindigkeit, Torschüsse, Rebounds: Die Kennzahlen werden durch das Spiel, das gespielt wird, und durch die Art und Weise, wie gepunktet wird, bestimmt. Coaches streben es an, die Leistung bei den entscheidenden Kennzahlen zu verbessern, indem sie ihr Trainingsprogramm auf die Aktivitäten und Verhaltensweisen ausrichten, die erwiesenermaßen die Leistung des Sportlers steigern.

Genau wie der professionelle Sportler und seine Coaches haben Weltklasse-Vertriebsorganisationen und leistungsstarke Vertriebsprofis den Ehrgeiz, unaufhörlich nach Leistung zu streben. Sie überwachen die entscheidenden Kennzahlen, die eine Weltklasse-Vertriebsleistung antreiben. Im Vertrieb umfassen diese Kennzahlen häufig die Anzahl der generierten qualifizierten Verkaufschancen, Neukundengewinnung und durchschnittlicher Kundenumsatz. Sales Leader analysieren außerdem Geschäftsdaten, wie das Wachstum bei Bestandskunden im Vergleich zum Vorjahr, das Erreichen der Verkaufsvorgaben sowie die Forecast-Genauigkeit. Sie befassen sich mit den Vertriebsaktivitäten und Verhaltensweisen, die Produktivität und Leistung verbessern.

Verhaltensweisen mit Leistungsmerkmalen verknüpft

Für ein Team ohne eine leistungsorientierte Unternehmenskultur ist es nicht einfach, Leistung auf Weltklasse-Niveau zu erbringen. Sie können sich vergangene Leistungen genauer ansehen und dabei versuchen herauszufinden, was funktioniert, aber das kann ein langwieriger und schmerzhafter Prozess sein. Ein schnellerer und leichterer Weg ist es, von anderen Weltklasse-Vertriebsorganisationen zu lernen und deren Best Practices zu adaptieren. In den vergangenen elf Jahren waren über 30.000 Teilnehmer aus aller Welt an der MHI (vormals Miller Heiman) Sales Best Practices Studie beteiligt.

Im Gegensatz zu anderen Forschungsprojekten dieser Art umfasst diese Studie mehr als nur die Kundenbasis von Miller Heiman und MHI Global, um eine umfassendere Sicht auf die Best Practices von Weltklasse-Vertriebsprofis bieten zu können. In der diesjährigen Studie waren weniger als 30 Prozent der befragten Kunden von Miller Heiman/MHI Global. Obwohl

Joe Galvin
ist Chief Research Officer beim MHI
Research Institut; LinkedIn: www.linkedin.
com/in/joegalvin32

Tamara Schenk
ist Research Director beim MHI Research
Institut; LinkedIn: de.linkedin.com/in/
tamaraschenk/

Joe Galvin
MHI Research Institut, Reno, USA
E-Mail: jgalvin@millerheiman.com

Tamara Schenk
MHI Research Institut, Reno, USA
E-Mail: tschenk@millerheiman.com

Kerngedanke 1

„Der Kunde – Dreh- und Angelpunkt" definiert, wie die Organisation auf Kunden zu- und auf sie eingeht.

der Fokus der Studie ausschließlich auf komplexen Business-to-Business-Verkaufsumgebungen liegt, stammen die Teilnehmer aus einer Vielfalt an Branchen.

2013 identifizierte die MHI Sales Best Practices Studie „Die wachsende Differenz zwischen gut und großartig" drei Merkmale von Weltklasse-Vertriebsorganisationen:

1. Der Kunde – Dreh- und Angelpunkt
2. Ganzheitliche Kultur
3. Bewusster Erfolg

Das Merkmal „Der Kunde – Dreh- und Angelpunkt" definiert, wie die Organisation auf Kunden zu- und auf sie eingeht. „Ganzheitliche Kultur" beschreibt, wie die Mitarbeiter innerhalb der Organisation zusammenarbeiten, um Ergebnisse zu erzielen. Das Merkmal „Bewusster Erfolg" zeigt auf, was die Organisation misst, würdigt und belohnt. Diese drei Merkmale sind die Eckpfeiler einer leistungsorientierten Unternehmenskultur im Vertrieb.

Die MHI Sales Best Practices Studie 2014 „Das Streben nach einer Weltklasse-Leistung" setzte an der Stelle an, wo die Studie von 2013 aufgehört hat und untersuchte die Verhaltensweisen der einzelnen Verkäufer. Dieses individuelle Verhalten wurde dann direkt mit den Merkmalen einer Weltklasse-Leistung in Verbindung gebracht (s. **Abbildung 1**). Die Verhaltensweisen sind in drei Kategorien eingeteilt:

1. Perspektive bieten
2. Bewusste Zusammenarbeit
3. Verantwortung für Leistung

Abb. 1   Verhaltensweisen von Verkäufern

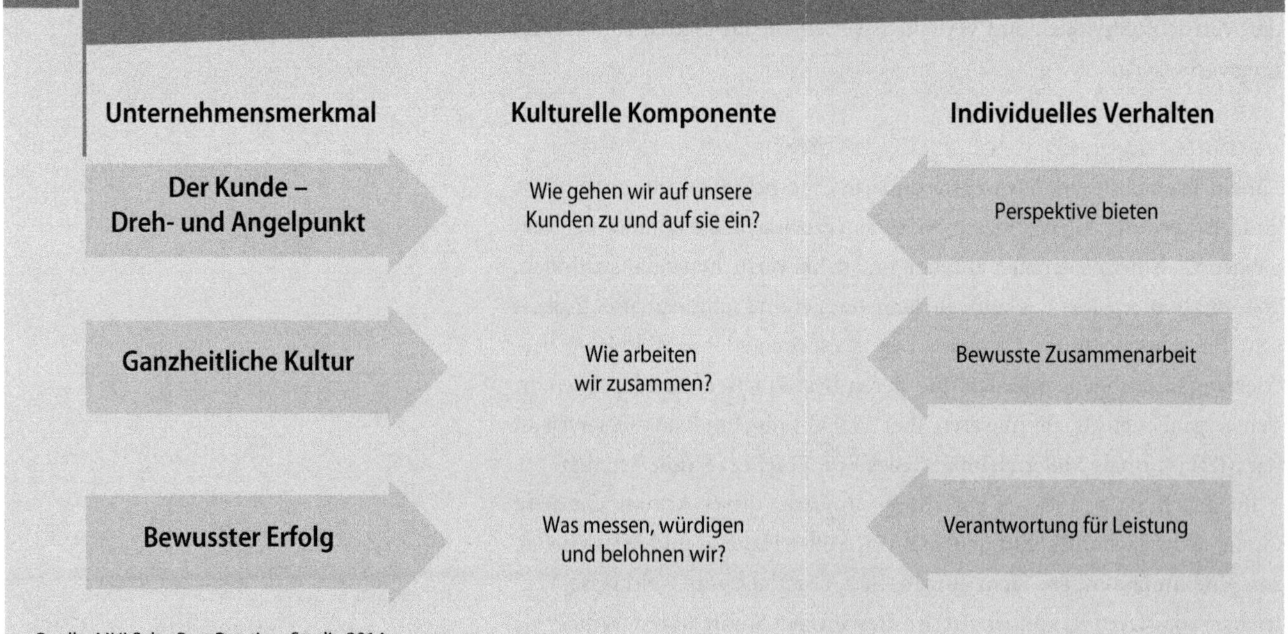

Unternehmensmerkmal	Kulturelle Komponente	Individuelles Verhalten
Der Kunde – Dreh- und Angelpunkt	Wie gehen wir auf unsere Kunden zu und auf sie ein?	Perspektive bieten
Ganzheitliche Kultur	Wie arbeiten wir zusammen?	Bewusste Zusammenarbeit
Bewusster Erfolg	Was messen, würdigen und belohnen wir?	Verantwortung für Leistung

Quelle: MHI Sales Best Practices Studie 2014

In diesem Beitrag möchten wir verdeutlichen, wie sich diese Verhaltensweisen bei Weltklasse-Vertriebsprofis äußern und wie sie die zur Erbringung einer Weltklasse-Leistung notwendigen Unternehmensmerkmale unterstützen.

Merkmal 1: Vertriebsprofis bieten eine Perspektive

Der durchschnittliche Verkäufer lernt, genau die Botschaften zu kommunizieren, die die Marketingabteilung kreiert hat. Das ist so, als versuche man, ein Spiel zu spielen, ohne überhaupt darauf zu achten, was das andere Team gerade macht. Diese Verkäufer preisen die Eigenschaften und Vorteile ihrer Produkte an und merken dabei nicht, dass ihre Zuhörer zunehmend desinteressiert aussehen, gelangweilt oder geradezu verärgert sind. Was die Marketingabteilung als eine regelrecht herausragende Leistung einstufen würde, führt beim Verkäufer dazu, dass dieser sich fragt, warum er keine Zusage für die Folge-Aktivität von seinem Kunden bekommt.

Vertriebsprofis dagegen folgen dem alten Sprichwort „Versuche erst zu verstehen". Sie starten ihre Kundengespräche zunächst damit, die Herausforderungen, die Vision für eine Lösung und den Entscheidungsfindungsprozess des Käufers zu verstehen. Erst dann bieten sie eine Lösung an, wo-

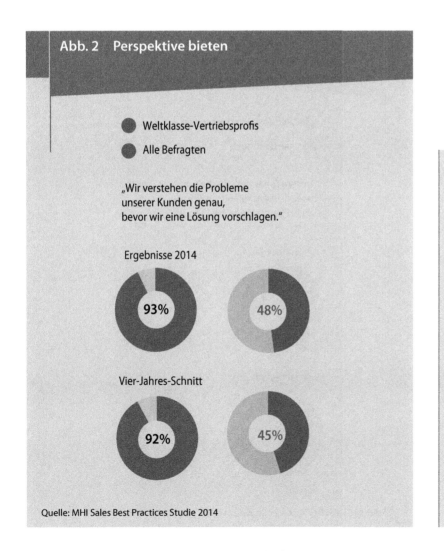

Abb. 2   Perspektive bieten

● Weltklasse-Vertriebsprofis
● Alle Befragten

„Wir verstehen die Probleme unserer Kunden genau, bevor wir eine Lösung vorschlagen."

Ergebnisse 2014

93%   48%

Vier-Jahres-Schnitt

92%   45%

Quelle: MHI Sales Best Practices Studie 2014

Zusammenfassung

● Produktivität im Vertrieb setzt Unternehmensmerkmale und individuelle Verhaltensweisen voraus.

● Kunden als Dreh- und Angelpunkt zu sehen, bewusste Zusammenarbeit und eine Organisation, die über den Vertrieb hinaus auf Leistung ausgerichtet ist, bilden die Basis für Produktivität.

● Perspektiven bieten, bewusste Zusammenarbeit und Leistungsbereitschaft steigern die Vertriebsproduktivität.

● Die Verbindung von Unternehmensmerkmalen und individuellen Verhaltensweisen wird durch eine unternehmensspezifische kulturelle Komponente geprägt.

Kerngedanke 2

„Ganzheitliche Kultur" beschreibt, wie die Mitarbeiter innerhalb der Organisation zusammenarbeiten, um Ergebnisse zu erzielen.

bei der Ansatz, den sie wählen, eine einzigartige Perspektive bietet, in die sowohl das Wissen über die spezielle Situation dieses Kunden sowie Erkenntnisse, die in vergleichbaren Situationen mit anderen Kunden erlangt wurden, mit einfließen. Wenn Vertriebsprofis ihren Neukunden zuhören, entsteht ein Vertrauensverhältnis, das es ihnen sogar erlaubt, die Konzepte der Käufer zu hinterfragen und diese mit ihnen weiterzuentwickeln.

In der MHI Sales Best Practices Studie 2014 antworteten 93 Prozent der Weltklasse-Vertriebsprofis, dass sie die Probleme ihrer Kunden genau verstehen, bevor sie eine Lösung vorschlagen (siehe **Abbildung 2**). Die Studie 2013 schrieb dieses Verhalten dem Merkmal „Der Kunde – Dreh- und Angelpunkt" zu. Das Schlüsselelement, um eine Perspektive zu bieten, liegt darin, den Kunden zum Dreh- und Angelpunkt des Prozesses zu machen.

Allzu viele Organisationen verfolgen einen Inside-Out-Ansatz, ausgehend von ihrer eigenen Sicht auf die Welt, zum Beispiel dem Vertriebsprozess, dem sie folgen oder den Produkten, die sie anbieten. Sie versuchen anschließend, so auf die Kunden zuzugehen. Kunden kaufen jedoch keine Produkte, sondern den Mehrwert, den Produkte und Lösungen für ihren Geschäftserfolg bedeuten. „Der Kunde – Dreh- und Angelpunkt" ist ein Outside-In-

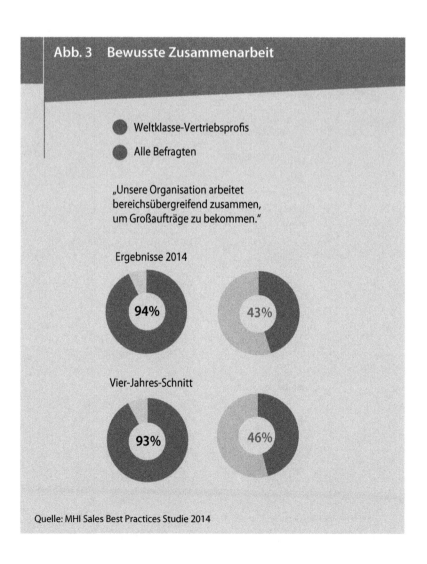

Abb. 3 Bewusste Zusammenarbeit

● Weltklasse-Vertriebsprofis
● Alle Befragten

„Unsere Organisation arbeitet bereichsübergreifend zusammen, um Großaufträge zu bekommen."

Ergebnisse 2014

94%   43%

Vier-Jahres-Schnitt

93%   46%

Quelle: MHI Sales Best Practices Studie 2014

Ansatz, der vom Kunden aus arbeitet und bei dem die internen Prozesse und Botschaften der Realität des Kunden angepasst werden.

Es ist nicht so, dass produktbezogene Botschaften unwichtig wären. Die Studie 2014 brachte zwei Verhaltensweisen hervor, die eindeutig zeigen, wie der Vertrieb mit anderen Abteilungen zusammenarbeiten sollte, um Botschaften zu kreieren, die der Situation des Kunden angepasst werden können:

„Wir verfügen über ein formalisiertes Nutzenversprechen, das für unsere potenziellen Kunden sehr überzeugend ist."
- Weltklasse-Vertriebsprofis: 92 Prozent
- Alle Befragten: 42 Prozent

„Vertrieb und Marketing sind auf die Wünsche und Bedürfnisse unserer Kunden abgestimmt."
- Weltklasse-Vertriebsprofis: 91 Prozent
- Alle Befragten: 38 Prozent

„Genau wie der professionelle Sportler und seine Coaches haben Weltklasse-Vertriebsorganisationen und leistungsstarke Vertriebsprofis den Ehrgeiz, unaufhörlich nach Leistung zu streben."

Weltklasse-Vertriebsprofis wissen, dass es kein Nutzenversprechen gibt, das für alle gleichermaßen passend ist. Für funktionsübergreifende Sales-Enablement-Teams sind die Kunden der Dreh- und Angelpunkt ihrer Programme. Diese Teams erstellen dynamische Botschaften zum Kundennutzen sowie Inhalte, die auf jede einzelne Phase des Kaufprozesses und auf die unterschiedlichen Rollen der Käufer zugeschnitten sind. Das verbessert die Fähigkeit des Vertriebsprofis, eine Perspektive zu bieten, indem er dem Kunden Inhalte zur Verfügung stellt, die an diese spezielle Kaufsituation angepasst werden können.

Merkmal 2: Vertriebsprofis arbeiten zusammen

Bei der Zusammenarbeit dreht sich alles darum, ein Teamplayer zu sein, um gemeinsam bessere Ergebnisse zu erreichen. Vertriebsprofis nutzen das Wissen anderer Personen ihres Teams, um selbst Gewinne einzufahren. Entdecken sie dann neue Botschaften oder neue Ansätze, die funktionieren, teilen sie wiederum bereitwillig ihr Wissen, ihre Fachkenntnisse und Ideen mit dem restlichen Team.

Wie die MHI Sales Best Practices Studie 2014 zeigt, erstreckt sich dieser Geist der Zusammenarbeit nicht nur auf das Vertriebsteam, sondern auch auf andere Abteilungen. Marketing, Sales Operations, Sales Enablement, Support-Teams mit Kundenkontakt, ja sogar die Versandabteilung – jeder weiß, dass ein Gewinn im Vertrieb ein Gewinn für die gesamte Organisati-

Handlungsempfehlungen
- Prüfen Sie, inwieweit Ihre Organisation, über den Vertrieb hinaus, auf den Kunden und auf erfolgreiche abteilungsübergreifende Zusammenarbeit ausgerichtet ist.
- Hinterfragen Sie, wie Ihre Vertriebsmitarbeiter auf Kunden zu- und eingehen, wie kundenzentriert deren Botschaften wirklich sind.
- Investieren Sie in Ihre Vertriebsleiter. Diese sind es, die das Potenzial ihrer Vertriebsmitarbeiter in der täglichen Arbeit durch Coaching erschließen müssen.

Kerngedanke 3

„Bewusster Erfolg" zeigt auf, was die Organisation misst, würdigt und belohnt.

___

on ist (s. **Abbildung 3**). In der MHI Sales Best Practices Studie 2013 sagten 91 Prozent der Weltklasse-Vertriebsprofis, dass sie über eine ganzheitliche Kultur im Sinne einer Kultur der Zusammenarbeit verfügen.

Die Studie 2014 fand außerdem zwei weitere konkrete Verhaltensweisen in Bezug auf die Zusammenarbeit heraus, die sich unmittelbar auf die Leistung auswirken:

„Wir nutzen die Best Practices unserer Spitzenverkäufer, um die Leistung aller zu verbessern."

- Weltklasse-Vertriebsprofis: 89 Prozent
- Alle Befragten: 29 Prozent

„Unser Managementteam ist äußerst effektiv dabei, unserem Vertriebsteam zu helfen, Verkaufschancen voranzutreiben."

- Weltklasse-Vertriebsprofis: 96 Prozent
- Alle Befragten: 43 Prozent

Merkmal 3: Vertriebsprofis übernehmen Verantwortung

Vertriebsprofis sind schnell bereit, zum Erfolg anderer beizutragen, übernehmen aber gleichzeitig die Verantwortung für ihren eigenen Erfolg. Sie kennen die Leistungsvorgaben und suchen immer nach dem bestmöglichen Weg, diese Vorgaben zu erfüllen (s. **Abbildung 4**). Sie verfolgen Strategien,

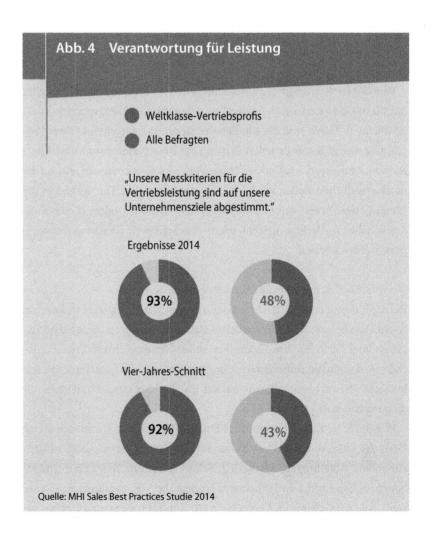

Abb. 4 Verantwortung für Leistung

- Weltklasse-Vertriebsprofis
- Alle Befragten

„Unsere Messkriterien für die Vertriebsleistung sind auf unsere Unternehmensziele abgestimmt."

Ergebnisse 2014

93% 48%

Vier-Jahres-Schnitt

92% 43%

Quelle: MHI Sales Best Practices Studie 2014

die sich innerhalb ihrer Organisation bewährt haben, lernen aber auch von Beispielen außerhalb ihres unmittelbaren Umfelds.

Vertriebsleiter müssen diese Verantwortung unterstützen, indem sie die Verhaltensweisen und Aktivitäten kennen, die zum Erfolg führen, und entsprechende Kennzahlen dafür schaffen. Dies wurde in der MHI Sales Best Practices Studie 2013 als Merkmal „Bewusster Erfolg" bezeichnet.

Messkriterium Kundenumsatz

Wir haben bereits individuelle Verhaltensweisen, die sich auf die anderen Unternehmensmerkmale beziehen, genauer betrachtet, doch die Studie fand auch weitere Verhaltensweisen heraus, die im Zusammenhang mit bestimmten Unternehmenszielen stehen. So könnte sich zum Beispiel eine Organisation, die versucht, den Umsatz bei Bestandskunden zu steigern, auf den durchschnittlichen Kundenumsatz als wichtigstes Messkriterium für die Leistung konzentrieren. Die Studie 2014 identifizierte zwei Verhaltensweisen, die einen direkten, positiven Einfluss hatten:

„Unser Unternehmen verfügt über genaue Kriterien zur Definition eines strategischen Kunden."

- Weltklasse-Vertriebsprofis: 83 Prozent
- Alle Befragten: 40 Prozent

„Mit unseren strategischen Kunden bewerten wir stets die Ergebnisse unserer Lösung."

- Weltklasse-Vertriebsprofis: 86 Prozent
- Alle Befragten: 38 Prozent

Erstellen Sie Ihren eigenen Game-Plan

Wie jeder Coach, Sportler oder Vertriebsprofi weiß, gibt es immer Gewinner und Verlierer. Außerdem ist es schwer, eine dauerhaft gleichbleibende Leistung zu liefern. Es bedarf einer gut durchdachten Strategie, die nicht nur die Zielvorgaben beinhaltet, sondern auch die notwendigen taktischen Maßnahmen, um die Ziele des Teams oder der Organisation zu erreichen. Durch das Identifizieren der Verhaltensweisen, die die Leistung vorantreiben, schafft die MHI Sales Best Practices Studie 2014 eine Basis für einen Game-Plan in Ihrer Organisation.

Quellen
MHI Sales Best Practices Studie 2013
MHI Sales Best Practices Studie 2014

Zusätzlicher Verlagsservice für Abonnenten von „Springer für Professionals | Vertrieb"

Zum Thema | Leistungsmerkmale | 🔍 Suche

finden Sie unter www.springerprofessional.de 2.270 Beiträge, davon 86 im Fachgebiet Vertrieb   Stand: November 2014

Medium

- ☐ Online-Artikel (9)
- ☐ Zeitschriftenartikel (308)
- ☐ Buchkapitel (1.929)
- ☐ Nachrichten (24)
- ☐

Sprache

- ☐ Deutsch (2.263)
- ☐ Englisch (7)

Von der Verlagsredaktion empfohlen

Geiger, I.: Strategien des Geschäftsbeziehungsmanagement, in: Kleinaltenkamp, M./ Plinke, W./Geiger, I./Jacob,F./Söllner, A. (Hrsg.): Geschäftsbeziehungsmanagement, Wiesbaden 2011, S. 141-191, www.springerprofessional.de/2357356

Sieck, H./Goldmann, A.: Erfolgsfaktoren im B2B-Verkauf, in: Sieck, H./Goldmann, A.: Erfolgreich verkaufen im B2B, Wiesbaden 2014, S.1-13 , www.springerprofessional. de/5136974

Schlagzahl erhöhen? Ja, aber ...

Produktivität bezeichnet im Allgemeinen das Verhältnis zwischen Ausbringungsmenge und Einsatz. Diskussionen über die Produktivität im Vertrieb driften nach meiner Erfahrung häufig ins Oberflächliche ab. Dann geht es darum, die „Schlagkraft im Vertrieb" zu erhöhen und das Mittel der Wahl ist die „Schlagzahl", also mehr Anrufe, mehr Besuche, mehr Angebote, mehr Abschlüsse. Auch die angloamerikanische Literatur, an der man sich hierzulande im Management gerne orientiert, offenbart ein eher simples, stark incentivegetriebenes Vertriebsverständnis, das häufig nicht mehr zu den unternehmerischen Realitäten passt. Derartige Initiativen können durchaus Erfolge hervorbringen. Sie werden jedoch nicht nachhaltig sein, sondern eher kurzzeitig wirken.

Die Anforderungen an den Vertrieb sind in den letzten Jahren kontinuierlich gestiegen. Veränderte, anspruchsvollere Aufgaben benötigen andere Kompetenzen. Damit ändern sich die anvisierten Ergebnisse und somit auch die Definition von „Ausbringungsmenge" in einer Formel zur Vertriebsproduktivität. Aber kann es eine solche Formel überhaupt geben?

Ein Unternehmen, das die Produktivität seines Vertriebs steigern möchte, tut gut daran, zunächst für Klarheit bezüglich der gewünschten Ergebnisse zu sorgen. Dabei werden Umsatz, Absatz und hoffentlich auch Profit immer den Ausgangspunkt bilden. Sie stehen aber am Ende des gesamten Vertriebsprozesses. Es lohnt sich, den Weg zum Ziel genauer zu betrachten. Dazu sollten die Phasen im Kaufprozess der Kunden identifiziert und für jede Phase geeignete Zielgrößen bestimmt werden. Das Ziel besteht darin, möglichst viele Kunden erfolgreich durch alle Phasen des Kaufprozesses bis zum Abschluss zu führen. Erfahrungsgemäß sind die Erfolgsfaktoren in jeder Phase unterschiedlich. Und üblicherweise verliert man in jeder Phase Kunden. Hilfreich sind meiner Meinung nach die folgenden Fragen: Was soll in jeder Phase möglichst messbar erreicht werden? Bei welchen Kunden sollen diese Ziele erreicht werden? Wie soll dies erreicht werden?

Diese Fragentrilogie erfordert vor allem eine fundierte Analyse der Kundenpotenziale sowie der aktuellen Praxis der Vertriebsmannschaft und ihrer Erfolgsmuster. Die Analyse der Kundenpotenziale, zumindest der Stammkunden, ist eine Fleißarbeit, die einmal gemacht werden muss. Zumeist ist das

Dirk Zupancic
ist Professor für Industriegütermarketing und Vertrieb sowie Präsident der German Graduate School of Management and Law in Heilbronn. Er stammt aus der Schule der Universität St. Gallen. Er berät, lehrt und forscht zu verschiedenen Vertriebsthemen. Sein Motto: Vertrieb ist der Wettbewerbsfaktor der Zukunft! Tel.: +49 (0)7131-64563674, E-Mail: dirk.zupancic@ggs.de, www.ggs.de

notwendige Wissen in der Vertriebsmannschaft vorhanden. Es gehört zur Führungsaufgabe im Vertrieb, dieses Wissen für das Unternehmen nutzbar zu machen.

Ähnliches gilt für die aktuellen Arbeitsweisen. Vor allem die besten Mitarbeitenden sind eine wahre Erkenntnisquelle für die Stellhebel zur Steigerung der Vertriebsproduktivität. Aber auch sie haben ihre Gründe, sich nicht in die Karten sehen zu lassen. Aber genau darum geht es, wenn man das Niveau der gesamten Mannschaft steigern möchte. Und auch hier sind die Führungskräfte gefordert, aus den Einzelkämpfern ein Team zu formen, das sich gegenseitig unterstützt.

Fazit: Vertriebsproduktivität ist alles andere als trivial. Das Motto „Schlagzahl erhöhen" greift zu kurz. Vertriebsproduktivität ist auch nicht generalisierbar, sondern nur unternehmensspezifisch zu verstehen und zu optimieren. Dabei geht es immer um die Frage: Wie nutze ich die wertvolle Zeit meines Vertriebs, so dass ich die angestrebten Ziele bestmöglich erfülle oder gar übertreffe?

Auf dem Weg zum profitablen Wachstum

Jan Amft, Vertriebsleiter Deutschland, und Frédéric Pellé, Exportleiter bei dem mittelständischen Befestigungssysteme-Hersteller Apolo MEA in Aichach, sprachen mit Sales Management Review über die Unterschiede von kurzfristiger und langfristiger Produktivitätssteigerung, warum Produktivität im Vertrieb nur schwer planbar ist und welche Bedeutung die Profitabilität in der Vertriebsstrategie spielt.

Das Interview führte Gabi Böttcher

Fotos: Dirk Uebele

Es gibt ja mehrere Stellhebel zur Erhöhung der Produktivität im Vertrieb, zum Beispiel die Kennzahlen, die Kundenselektion, die Vertriebsgröße oder Kostensenkungsprogramme. Welcher Stellhebel ist nach Ihrer Erfahrung bzw. in Ihrem Unternehmen der wichtigste?

Amft: Unsere Ausgangssituation ist, dass wir mit unserem Unternehmen weiter wachsen und Marktanteile sichern möchten. In unserer Branche geschieht dies zurzeit hauptsächlich durch eine Art Verdrängungswettbewerb. Wir haben uns 2014 dafür entschieden, die Vertriebsgröße weiter zu erhöhen und streben an, die Produktivität durch die richtigen Schlüsselfaktoren, Kennziffern und Kundengruppenfokussierung zu erreichen, um natürlich auch die Zeit unseres Teams möglichst effizient zu nutzen. Jeder Vertriebsmitarbeiter in unserem Außendienst hat fünf klare Ziele, die er über das Jahr hinweg verfolgen soll. Speziell auch für 2015, um sowohl eine Steigerung des Umsatzes pro Kunde als auch den Neukundenumsatz und -anteil hervorzuheben. Darüber hinaus liegt unser Fokus auf der Bekanntmachung unserer neuen Produkte, die wir nächstes Jahr in den Markt bringen werden, wodurch wir uns auch vom Wettbewerb abheben wollen.

Liegt Ihrer Meinung nach im Vertrieb ein größeres Produktivitätspotenzial als in der Produktion oder anderen Abteilungen?

Pellé: Hier unterscheiden wir zwischen kurz- und langfristigem Potenzial. Kurzfristig sind wir der Meinung, dass eine neue Maschine schneller eine Produktivitätssteigerung erreichen kann. Wenn man neue Vertriebsmitarbeiter einstellt, dauert es eine Weile, bis wir mehr Produktivität erreichen. Langfristig sind wir aber der Meinung, dass die Vertriebsmannschaft großes Produktivitätspotenzial hat.

Jan Amft

(rechts) ist Vertriebsleiter Deutschland bei Apolo MEA. Er ist seit 2009 in der Befestigungsbranche tätig, seit 2011 bei Apolo MEA.

Frédéric Pellé

(links) ist Exportleiter bei Apolo MEA. Er verfügt über langjährige Erfahrungen im Export und ist seit Oktober 2014 bei Apolo MEA.

Jan Amft
Apolo MEA Befestigungssysteme GmbH, Aichach, Deutschland
E-Mail: jan.amft@apolofixing.com

Frédéric Pellé
Apolo MEA Befestigungssysteme GmbH, Aichach, Deutschland
E-Mail: frederic.pelle@apolofixing.com

Sie gehen eher den zweigleisigen Weg?

Amft: Die Produktivität im Vertrieb lässt sich nur schwer mit der Produktivität in der Produktion vergleichen. Man weiß nie genau, wann man die Früchte erntet für das, was man in den Vertrieb investiert hat. Die Produktivität in der Produktion ist dagegen genau planbar. Ich habe gewisse Stellhebel, ich kann Losgrößen erhöhen, ich kann Energiekosten senken, ich kann automatisieren und unterschiedliche Materialien einsetzen. Ich weiß schon vorher zu 100 Prozent, welchen Output ich bei welchem Input bekomme. Das ist kurzfristig planbar, und so kann ich sehr schnell eine Produktivitätssteigerung herbeiführen.

Wo sollte Ihrer Meinung nach das strategische Hauptaugenmerk der Vertriebsleitung liegen, wenn es darum geht, mehr Produktivität im Vertrieb zu erreichen? Plädieren Sie für den Weg „Mehr Wachstum zu gleichen Kosten" oder ist es sinnvoller, eher die Kosten zu senken und bei gleichem Umsatz und Serviceniveau eine höhere Rendite anzustreben?

Pellé: Diese Frage stellt sich bei uns nicht wirklich, da wir noch in der Aufbauphase sind und die Produktivität im Moment nicht primär im Fokus steht. Aber wenn wir eine Aussage treffen müssten, würden wir schon sagen, dass der Weg „Mehr Wachstum zu gleichen Kosten" der richtige für uns ist. Momentan sind wir am Wachsen. Wir bauen unsere Vertriebsmannschaft auf und wollen Marktanteile gewinnen. Im nächsten Schritt, also in drei, vier Jahren, schauen wir verstärkt auf die Produktivität.

Mehr Wachstum zu gleichen Kosten anzustreben ist sehr antizyklisch gedacht. In den Unternehmen geht der Trend zurzeit eher dahin, Kosten zu senken. Sehen Sie das kritisch?

Amft: Das ist genau der Punkt, in dem wir uns unterscheiden wollen. Die Frage hätten Sie schon fast der Geschäftsführung stellen müssen. Seitens der Gruppenleitung haben wir ein klares Commitment zu unserer Vertriebsabteilung, dass wir investieren. Wenn Sie so möchten, machen wir zurzeit etwas total Unvernünftiges: Wir steigern die Kosten mehr als wir wachsen, weil wir in die Zukunft investieren. Deshalb ist die Frage schwer zu beantworten. Unsere Vorstellung ist es nicht, dass wir nur noch Kosten senken wollen. Wir schauen nach vorne und investieren in die Zukunft. Deshalb machen wir aus reiner Produktivitätssicht etwas Unvernünftiges. Wir gehen natürlich davon aus, dass wir irgendwann die Produktivität im Vertrieb wieder steigern können, dadurch, dass er stärker wächst als die Kosten steigen. Auf der anderen Seite muss man ehrlich sagen, dass wir in der Wachstumsphase, in der wir uns jetzt befinden, zusehen, dass wir ein vernünftiges Produktivitätsniveau erreichen. Momentan exportieren wir in 63 Länder, haben aber noch nicht in jedem Land einen eigenen Außendienst. Es wird der nächste Schritt sein, dort neue Leute einzustellen. Wahrscheinlich stellen wir schneller ein als wir wachsen – als Investition in die Zukunft.

Welche Rolle spielen bei Apolo MEA Vertriebskennzahlen, zum Beispiel bei der Optimierung der Vertriebsproduktivität?

Amft: Für uns sind sie enorm wichtig. Aus diesem Grund haben wir ein eigens auf uns zugeschnittenes ERP-System entwickelt. Alle für uns relevanten Kennzahlen sind dort integriert. Zahlen wie Umsatz, Kundenanzahl und Margen sind einfach zu integrieren, das hat wahrscheinlich jeder. Wir gehen einen Schritt weiter und geben unserem Außendienst innerhalb unseres Systems ein Mittel an die Hand für eine optimale Besuchsvorbereitung, Besuchsplanung, Tourenplanung: Wir können einsehen, wie Besuche und Touren eingehalten wurden, wir sehen, wie viel Zeit beim Kunden verbracht wird. Das Ganze geschieht mit einer sehr guten Nachverfolgbarkeit: Wir können sehen, was besprochen wurde, was noch offen ist – das poppt nach einer gewissen Zeit automatisch wieder auf, sodass es nachbearbeitet werden kann. Mit dem System, das wir uns geschaffen haben und in das wir Input sowohl von uns als auch vom Außendienst einfließen lassen, haben wir ein gutes Mittel, um produktiv zu sein. Die Kennzahlen spielen da für uns natürlich eine sehr große Rolle.

Auch bei der Außendienststeuerung?

Amft: Auf jeden Fall. Wobei man auch hier sagen muss, dass nicht nur wir den Außendienst darüber steuern. Für uns ist es wichtig, dass unser System transparent ist und die Faktoren für jeden, für den sie relevant sind, einsehbar sind. Damit es funktioniert und damit die Produktivität gesteigert werden kann, muss der Betroffene das System akzeptieren und als deutlichen Mehrwert sehen. Wenn wir die Besuchsplanung zugrunde legen: Der Außendienst hat die Möglichkeit, alle Besuche bei Kunden oder Interessenten, die wir in unserem System erfasst haben, einzuteilen. Aus diesen Touren kann er seine Besuchswoche genau planen. Bei der Planung sieht er auch, wann er den Kunden das letzte Mal besucht hat und welchen Besuchsrhythmus er für den Kunden festgelegt hat. So hat der Mitarbeiter die Möglichkeit, mit wenig Aufwand zu planen und hinterher zu kontrollieren, inwieweit er eingehalten hat, was er geplant hat.

Also mehr Produktivität durch mehr Effizienz. Ist die Optimierung der Prozesse im Außendienst einer Ihrer Ansatzpunkte für eine Verbesserung der Produktivität?

Amft: Das ist ein Punkt, ja. Die Beschleunigung von Vertriebsprozessen ist bei uns eng gekoppelt an die Kompetenzen der einzelnen Mitarbeiter. Wir haben einen klar definierten Entscheidungs- und Handlungsrahmen für jede Hierarchieebene im Vertrieb. 95 Prozent aller Tagesthemen kann

jeder Mitarbeiter mit seiner Entscheidungsbefugnis alleine bewältigen. Für die anderen fünf Prozent haben wir flache Hierarchien mit schnellen Entscheidungswegen, sodass auch für sie eine Lösung gefunden werden kann. Das Thema Kompetenzen der Mitarbeiter ist eine Art Motivationsoptimierung und dadurch wieder eine Produktivitätsverbesserung.

Wo liegen die größten Hindernisse, wenn es darum geht, diese Maßnahmen durchzusetzen? Gibt es Probleme bei den Mitarbeitern oder der Unternehmensleitung?

Pellé: Bei den Führungskräften gibt es keine Hindernisse. Uns liegt daran, dass alles rund läuft. Wir sind eine relativ kleine Firma und reden viel miteinander. Da gibt es keine größeren Schwierigkeiten. Vielleicht gibt es ein Problem mit dem Zeitfaktor, weil wir nicht wissen, wann der Erfolg im Außendienst kommen wird. Wir planen ihn für die nächsten drei Monate ein und dann kommt er erst in einem Jahr.

Ein großes Problem in vielen Unternehmen ist die mangelnde Informationsversorgung der Mitarbeiter. Wenn etwa der Außendienst nicht die richtigen Informationen zur richtigen Zeit hat, kann das zulasten der Vertriebsproduktivität gehen, zum Beispiel deshalb, weil sich die Mitarbeiter die

Apolo MEA Befestigungssysteme

mit Firmensitz in Aichach gehört zur internationalen Celo Gruppe. Kunden von Apolo MEA Befestigungssysteme profitieren von drei starken Marken (Apolo MEA, Apolo und CELO), deren Kernkompetenz die Entwicklung und Produktion von Befestigungssystemen für den Bausektor ist. Die Vertriebsorganisation liefert ihre Dübel und Schrauben in über 60 Länder weltweit und besteht aus vier Vertriebseinheiten. Distribuiert wird im Heimatmarkt Deutschland über den zweistufigen Fachhandel. Insgesamt sind 19 Mitarbeiter im Vertrieb beschäftigt, davon sieben im Innendienst und zwölf im Außendienst. Der Vertrieb von Apolo MEA wurde im Oktober 2014 zum zweiten Mal in Folge mit dem Award „Vorbildlicher Vertrieb 2014/2015" ausgezeichnet, der von der Wissensplattform „Springer für Professionals" und dem Kölner Institut ServiceValue vergeben wird.

Informationen selbst beschaffen müssen. Wie regeln Sie die Informationsversorgung Ihrer Vertriebsmitarbeiter?

Pellé: Unser ERP-System ist sehr gut abgestimmt, die Funktionen sind auf unsere Bedürfnisse zugeschnitten, zum Beispiel Tourenplanung mit Google Maps und Reporting. Die Informationen gibt es täglich und wir kommunizieren viel miteinander. Außerdem bieten wir regelmäßige Country Sales Manager Meetings für den Export und in Deutschland die Gebietsverkaufsleiter-Meetings. Informationen gibt es also über das System, über die tägliche Kommunikation und über regelmäßige Meetings.

Ist das für Sie ebenfalls ein Ansatzpunkt zur Optimierung der Produktivität? Können Sie uns das etwas näher erläutern?

Amft: Wir haben viel darüber gesprochen, dass das ERP-System dem Außendienst dienlich ist. Meiner Meinung nach ist es auch dafür da, die Produktivität im Vertriebsinnendienst zu optimieren. Es dient uns als unternehmerische Schnittstelle zwischen den Abteilungen. Wenn der Außendienst Informationen über den Kunden einpflegt, sei es Preis oder Informationen über den letzten Besuch, hat der Innendienst direkt nach der Eintragung die Möglichkeit, diese online einzusehen. Die Kommunikationswege vom Kunden über den Außen- zum Innendienst und wieder zurück werden zentral gebündelt. Das Gleiche gilt, wenn ein Mitarbeiter krank oder im Urlaub ist. Es gibt ja auch Mitarbeiterwechsel. Dadurch, dass wir den Vertrieb vergrößert haben und neue Mitarbeiter eingestellt haben, kommt es zu Gebietsteilungen. Neue Mitarbeiter müssen sich in die Kundenthematik erst einarbeiten. Durch das System haben wir eine lückenlose Historie für jeden Kunden. Der neue Mitarbeiter kann nun ins Gespräch gehen und sieht direkt, was in den letzten zwei Jahren passiert ist. Wir haben eine gute Informationsversorgung. Hätten wir diese nicht, müsste der Mitarbeiter beim Vorgänger oder Innendienst anrufen und fragen. Dann hätten wir ein Produktivitätsproblem.

Die Devise in sehr vielen Unternehmen lautet heute, dass mehr Geschäfte in weniger Zeit gemacht werden sollen. Welche Rolle spielt die Ressource Zeit und welche Bedeutung hat Zeitmanagement als Produktivitätsfaktor in Ihrer Abteilung?

Amft: Wir als Unternehmen legen Wert darauf, den Rahmen zu schaffen, um in jedem Bereich – also auch im Vertrieb –

Zeit zu sparen. Sei es durch Tourenoptimierung im ERP-System, wo man sich die optimale Tour ausrechnen kann, indem man direkt bei Google die kürzesten Wege plant. Sei es, dass dem Außendienst Arbeitszeit durch den Innendienst abgenommen wird, sodass wir Bürozeiten im Außendienst minimieren und die Aufgaben auf den Innendienst verlagern können. Wir legen viel Wert darauf, dass der Außendienstmitarbeiter möglichst viel Zeit beim Kunden und nicht auf der Straße verbringt.

Ein wichtiges Thema im Vertrieb ist immer die Kundenprofitabilität. Zu viele unrentable Kunden sind ein häufiger Grund, dass die Profitabilität leidet. Ist Kundenselektion in Ihren Augen die richtige Strategie, um dem ein Mittel entgegenzusetzen?

Pellé: Profitabilität ist für jede Firma wichtig. Wichtig ist für uns aber auch das Potenzial des Kunden. Es kann sein, dass wir bei einem Kunden mit einem bestimmten Produkt mit geringem Aufwand einsteigen, um im zweiten Schritt andere Produkte zu platzieren.

Betreiben Sie Kundenselektion?

Pellé: Sicher. Wir machen zum Beispiel keine Baumarktgeschäfte, sondern verkaufen an Fachhändler.

Also eine Selektion nach Kundengruppen. Betreiben Sie auch eine Selektion nach anderen Faktoren wie Umsatz oder Bestellhäufigkeit?

Amft: Wir selektieren da nach dem Potenzial, das wir im Kunden sehen. Für uns hat jeder Kunde ein gewisses Potenzial. Dort, wo wir das größte Potenzial sehen, stecken wir die meiste Energie rein.

Spielt bei der Kundenprofitabilität auch das Thema Besuchshäufigkeit eine Rolle?

Amft: Wenn wir über Fokussierung sprechen, stecken wir natürlich mehr Energie in die Kunden, bei denen wir mehr Potenzial sehen. Es gibt aber keinen generellen Zusammenhang zwischen Besuchshäufigkeit und Umsatzwachstum. Die Besuchshäufigkeit sagt unserer Meinung nach nichts über die Qualität des Besuches aus. Wir sind in einer Branche tätig, in der Geschäft entsteht aus zwischenmenschlichen Beziehungen. Wenn ich einen Kunden, zu dem ich schon ein sehr gutes Geschäftsverhältnis aufgebaut habe, alle zwei Monate besuche und einen halben Tag bei ihm bin, handelt es sich um

einen produktiven Besuch in zwei Monaten. Total unproduktiv wäre einmal pro Woche ein Fünf-Minuten-Besuch bei einem Kunden, der eigentlich kein Interesse hat. In zwei Monaten wäre ich dann acht bis zehn Mal beim Kunden gewesen, aber der Output ist ein anderer.

Sie gehen in der Kundenorientierung teilweise ungewöhnliche Wege. Beispielsweise suchen Sie im Dialog mit dem Kunden konsequent nach neuen Lösungen in der Befestigungstechnik. Das war auch ein Grund für die Auszeichnung als „Vorbildlicher Vertrieb". Hat dieses Vorgehen auch Profitabilitätsgründe?

Pellé: Jede Firma will ihre Profitabilität steigern. Wir möchten mit dem Kunden partnerschaftlich arbeiten und gemeinsam wachsen. Wir gehen wie jede Firma auf seine Wünsche ein und haben ein offenes Ohr für neue Lösungen und Wege. Was braucht der Kunde? Was fehlt ihm in unserem Produktsortiment? Was gibt es nicht auf dem Markt? Wir wollen versuchen, hier anzusetzen und neue Produkte zu entwickeln. Unsere Bestrebungen für die Zukunft sind, innovativ zu werden, mit dem Kunden zu sprechen, etwas zu entwickeln und ein Merkmal auf dem Markt zu haben.

Sie wollen also durch Innovationsbereitschaft dem Kunden signalisieren, dass Sie der richtige Ansprechpartner sind.

Pellé: Genau. Ein offenes Ohr haben und dadurch indirekt und langfristig mit dem Produkt profitabler werden.

Amft: Man muss das relativieren und unsere Historie sehen. Profitabilität ist hier wirklich zweitrangig. Wir möchten für den Kunden das Richtige. Wir schauen, was ihm beim jetzigen Lieferanten fehlt und was wir vielleicht besser machen können. Wir können nicht jedem Kunden genau das Produkt bauen, das er gerne möchte, aber wir schauen natürlich, was wir ihm bieten können. Wenn wir gute Ideen bekommen, versuchen wir sie auch in neue Produkte umzusetzen. Wir haben ein großes Produktspektrum. Dadurch, dass wir innerhalb der Celo Gruppe agieren, haben wir ein größeres Produktspektrum als mancher Wettbewerber. Wir versuchen natürlich, jedem Kunden eine maßgeschneiderte Lösung aus unserer Palette anzubieten. Darüber hinaus hören wir dem Kunden sehr genau zu und schauen, wo man neue Ideen herbekommt.

Pellé: Individuelle Lösungen sind nicht unser Tagesgeschäft. Wir versuchen, die Produkte für den Markt anzupassen, aber wir sind kein Schreiner, der für jedes Projekt etwas Neues machen muss.

Ist die Profitabilität der Ideen ein Aspekt, der bei Ihnen auch eine Rolle spielt?

Amft: Natürlich. Die Kunden arbeiten tagtäglich mit unseren Produkten. Wir haben die Möglichkeit, viel mehr Ideen oder Meinungen zu bekommen, wenn wir mit den Kunden sprechen, als wenn wir das nur unter uns ausmachen. Wir können damit auf eine größere Ressource zurückgreifen, als der Markt uns bietet. Zuhören kostet ja nichts. Das ist ein erstrebenswerter Gedanken für jedes Unternehmen. Es ist profitabel, mit den Leuten zu sprechen. Ideen, die wir aus dem Markt bekommen, können wir uns nicht alleine ausdenken.

Sie haben die Vertriebsgröße erhöht und überdenken die Vertriebskanalstruktur kontinuierlich. Inwieweit trägt das zu einer höheren Produktivität und Profitabilität bei?

Amft: Wir haben die Vertriebsgröße ja zugunsten einer schlechteren Profitabilität aufgestockt. Und wir geben ein klares Statement zum Fachhandel ab, aber nicht aufgrund irgendwelcher Profitabilitätsoptimierungen.

Pellé: Wir sind in der Wachstumsphase, weshalb wir momentan eher auf Wachstum statt auf Profitabilität setzen. Das kommt erst in ein paar Jahren.

Mehr Effizienz im Vertrieb durch intelligente Softwarelösungen

Unabhängig davon, aus welchem Grund ein Unternehmen bisher keinen Weg zu einem holistischen, KPI-gestützten Vertriebscontrolling gefunden hat – IT-Lösungen können Mitarbeiter motivieren und gleichzeitig Effizienz und Produktivität im Vertrieb steigern.

Thomas Hahn, Alexander Kopp

Wer über die Steigerung von Effizienz und Produktivität im Vertrieb nachdenkt, muss sich zunächst die Frage stellen: Welche Daten außer Umsatz und Zielerreichung liegen mir vor? Habe ich schon so etwas wie ein Vertriebscontrolling? Wenn wir von Vertriebscontrolling sprechen, meinen wir das Sichtbarmachen und Analysieren von einer Vielzahl von relevanten Leistungsindikatoren (KPIs), das Ableiten von Wirkungszusammenhängen einerseits und das Steuern und die aktive Einflussnahme auf Prozesse, Kunden und Mitarbeiter andererseits.

„Ein strategisches Vertriebscontrolling ist bei 50 Prozent der Unternehmen im deutschsprachigen Raum nicht vorhanden. Über 80 Prozent der Vertriebsmitarbeiter bekommen Zahlen noch in Excel-Tabellen zugespielt. Jedes fünfte Unternehmen erhebt keinerlei vertriebliche Kennzahlen." Zu diesem Fazit kam die Studie Vertriebscontrolling 2012 der Ruhr-Universität Bochum.

Controlling wird immer wichtiger, aber oft nur teilweise umgesetzt

Vor dem Hintergrund dieser Studienergebnisse verwundert es nicht, dass der Stellenwert von Vertriebssteuerung und -controlling in deutschen Unternehmen kontinuierlich wächst – gleichzeitig aber auch in vielen Unternehmen bisher nur teilweise umgesetzt wird. Der Grund hierfür liegt vor allem darin, dass der Vertrieb ein sensibler, auf zwischenmenschlichen Beziehungen basierender Unternehmensbereich ist, in dem Menschen mit Menschen Geschäfte machen und an das man sich als Unternehmenslenker und -berater nicht immer konsequent herantraut. Man möchte Motivation erzeugen und möglichst den Eindruck von Kontrolle und zu viel Einfluss-

„Jede Vertriebsmannschaft besteht zum überwiegenden Teil aus Menschen, die Prozesse und Leitplanken brauchen, um optimale Vertriebsergebnisse zu erzielen."

nahme vermeiden. Außerdem hetzen heute viele Vertriebsmanager von einem Quartalsziel zum nächsten – und langfristige Ziele, Strategien oder Projekte sind schwer anzugehen.

Zudem bedingt die Einführung von Vertriebscontrolling die intensive Auseinandersetzung mit dem Verkaufsprozess an sich. Ein Schritt, der vor allem den Top-Verkäufern im Vertriebsmanagement naturgemäß schwer fällt, weil Sie aus der eigenen Vita heraus Talent für den wichtigsten Erfolgsfaktor im Vertrieb halten. Dabei ist es jedoch wichtig zu berücksichtigen, dass jede Vertriebsmannschaft zum überwiegenden Teil aus Menschen besteht, die Prozesse und Leitplanken brauchen, um optimale Vertriebsergebnisse zu erzielen.

Alexander Kopp
ist Gründer und Geschäftsführer der
Die Gefährten Gesellschaft für
Vertriebsmethodik und -optimierung
mbH, Köln

Thomas Hahn
ist Gründer und Geschäftsführer der
Die Gefährten Gesellschaft für
Vertriebsmethodik und -optimierung
mbH, Köln

Alexander Kopp

Die Gefährten Gesellschaft für für Vertriebsmethodik und -optimierung mbH, Köln, Deutschland

Alexander.kopp@diegefaehrten.com

Thomas Hahn

Die Gefährten Gesellschaft für Vertriebsmethodik und -optimierung mbH, Köln, Deutschland

Thomas.Hahn@diegefaehrten.com

Kerngedanke 1

Das Vertriebscontrolling findet bei der Mehrzahl der deutschen Unternehmen noch in Excel-Tabellen statt.

Zusammenfassung

• Der Anspruch an Vertriebssteuerung und -controlling wächst hinsichtlich der Transparenz und der Effizienz.

• Eine große Anzahl der Vertriebsverantwortlichen steuert ihren Vertrieb noch mit Excel-Tabellen.

• Moderne Software-Lösungen bieten eine 360-Grad-Lösung für die Aufgaben im Vertrieb – in Bezug auf die effiziente Steuerung der Vertriebsmitarbeiter im Außendienst, den optimalen Workflow zwischen Vertrieb und Marketing und den ständigen Kontakt zum Kunden.

Kontrolle und Demotivation oder Coaching und Höchstleistung?

Die entscheidende Frage, die über Erfolg oder Misserfolg einer IT-Lösung als Grundlage für ein erfolgreiches Vertriebscontrolling entscheidet, lautet: Will ich meine Produktivität steigern und kontrollieren oder will ich meinen Mitarbeitern im Vertrieb helfen, ihre Ziele und damit die Unternehmensziele leichter zu erreichen? Die Perspektive und die gelebte Praxis entscheiden über Motivation oder Demotivation. Deshalb sollten die Einführung eines Vertriebscontrollings und die Nutzung einer Software mit einer authentischen Positionierung des Vertriebsmanagements gegenüber der Vertriebsmannschaft einhergehen.

Setzen wir voraus, dass die Antwort lautet: Ich will vorrangig meine Mitarbeiter im Vertrieb unterstützen, dass sie Ihre Ziele besser erreichen können. Dann sind die Faktoren, mit denen eine IT-Lösung Produktivität und Effizienz im Vertrieb steigert, extrem umfangreich. Die zehn wichtigsten sind nachfolgend aufgeführt:

„Will ich meine Produktivität steigern und kontrollieren oder will ich meinen Mitarbeitern im Vertrieb helfen, ihre Ziele und damit die Unternehmensziele leichter zu erreichen?"

1. Steigerung der „verkaufsaktiven" Zeit für Kundengespräche durch Reduktion der Zeit im Auto und Home Office:
Durch die Integration von benutzerfreundlicher Besuchsdokumentation während des Besuches vor Ort wird die Nachbearbeitung oder Erfassung zu Hause um bis zu 100 Prozent reduziert. Durch digitale Tourenplanung lässt sich die verkaufsaktive Zeit deutlich steigern (in einem Beispielprojekt um 23 Prozent). Die dadurch gewonnene Zeit wird in „verkaufsaktive" Zeit umgewandelt und hierdurch kann signifikant mehr Umsatz erreicht werden.

2. Potenzial- statt Umsatzorientierter Kundenbetreuung:
Durch Fokussierung auf die Kunden mit dem größten Wachstumspotenzial bei gleichzeitiger Absicherung der Kunden mit hohem Bestandsumsatz werden bisher ungenutzte Umsatzmöglichkeiten spielend erschlossen. Ein gutes System ermöglicht die Abkoppelung von Kundenumsatz und Kundenpotenzialen.

3. Abfrage von spezifischen Kundeninformationen statt allgemeiner, generischer Reportings:
Durch die gezielte Abfrage von lediglich bei einem Kunden relevanten Informationen wird nur das erfasst, was wirklich gebraucht wird, um daraus wichtige Ableitungen zu tätigen. So erhält zum Beispiel der Key Account

Manager nur die für seinen Kanal wirklich wichtigen Daten aus dem Feld als Management Report.

4. Lieferung von kunden-/kanalspezifischen Informationen im Besuch selbst anstelle von Briefings und E-Mails:
Dem Vertriebsmitarbeiter werden während des Besuches die für den Kunden relevanten Aufgaben oder Informationen angezeigt. Er muss nicht mehr aus einer Flut von E-Mails und Briefings die jeweiligen Informationen für den Kunden selbst verwalten.

In vielen Vertriebsteams rauben fehlende Informationen sehr viel verkaufsaktive Zeit."

5. Umsetzung und Messbarkeit des Sales Funnels in einen softwaregestützten Prozess:
Vom Erstkontakt über den Lead, zum Warm-Lead, Hot-Lead und schließlich zum Kunden – wie auch immer der Sales Funnel definiert ist: Erst eine gute Softwarelösung ermöglicht es, zu erfassen, ob die „Pipeline" voll genug ist, um die Wachstumsziele des Unternehmens nachhaltig zu erreichen. Man wird so in die Lage versetzt, seine Ressourcen frühzeitig proaktiv auf Potenziale auszurichten, anstatt reaktiv auf Basis von Umsatzzahlen zu handeln.

6. Vermeidung von Rückfragen im Vertriebsinnendienst durch Darstellung aller relevanten Kundeninformationen:
In vielen Vertriebsteams oft als sinnvolles „Team Building durch kleine Dienstwege" verstanden, rauben fehlende Informationen sehr viel verkaufsaktive Zeit, die für Telefonate oder E-Mails verwendet wird. Ein richtig eingesetztes System versetzt den Vertriebsmitarbeiter in die Lage, auf Basis der Informationstiefe über seine Kunden wirklich Manager seiner Kunden zu werden.

7. Unterstützung bei der Umsetzung übergreifender Vertriebsaufgaben durch automatisierte Verwaltung von To-dos:
In Gesprächen mit Kunden werden häufig Vereinbarungen getroffen, die eine Folgeaufgabe nach sich ziehen. Diese Folgeaufgaben können direkt im Besuch im System erfasst werden und dann intern verteilt oder automatisch wieder vorgelegt werden (vergleichbar mit einem Tick-System wird ein digitaler Workflow abgebildet).

8. Hilfe bei der geografischen Gebietsplanung durch systemgestützte Planungsvorschläge:
Der Vertriebsmitarbeiter wählt seine Kunden aus, lässt sich für Tage oder Wochen die optimale Tour in seinem Gebiet errechnen, justiert und übernimmt das Ergebnis als Planung. Dadurch alleine werden monatlich etwa

Kerngedanke 2
Mangelnde Transparenz und Steuerung im Vertriebsprozess- und Controlling führt zwangsläufig zu Ineffizienz.

Handlungsempfehlungen
• Der moderne Vertriebsmanager sollte seine Führungsvision eindeutig definieren, mit der er sein Vertriebsteam führen will.
• Es ist zu empfehlen, danach die Mitarbeiter und Führungskräfte in die Entwicklung von Stellenbeschreibung und Vertriebsmethodik einzubinden und dann das Vertriebscontrolling inklusive IT-Lösung einzuführen beziehungsweise zu optimieren.
• Bei der Definition von KPIs und Prozessen sollten immer das Ziel von Unterstützung der Mitarbeiter und weniger der Kontrollaspekt im Vordergrund stehen.

drei bis vier Stunden Arbeitszeit eingespart, die fürs Verkaufen frei werden.

Kerngedanke 3

IT-Lösungen können Mitarbeiter motivieren und gleichzeitig Effizienz und Produktivät steigern.

9. Automatisierte Auswertungen, die zur Reflektion der eigenen Arbeit und zum Erkennen von Potenzialen dienen:
Durch die Erstellung von Reportings, auf die der Vertriebsmitarbeiter zugreifen kann, wird die riesige Datenmenge im System beherrschbar und auf einen Blick werden Potenziale erkennbar.

10. Automatische Auswertung und Benchmarking der wichtigsten KPIs und regelmäßiger Review mit Führungskräften:
Statt sich in Detaildaten zu verlieren, um die Grundlage für Mitarbeiterentwicklung zu erhalten, bekommen Führungskräfte die relevanten KPIs (zum Beispiel Sales-Pipeline, Umsatz-Zielerreichung, Potenzial-Ausschöpfung im Gebiet, verkaufsaktive Zeit, Zeit für Administration, Fahrtstrecken) auf Knopfdruck in einem Reporting Sheet ausgegeben. Dieses Reporting dient dann als wertvolle Grundlage für das Coaching des Mitarbeiters und ermöglicht einen kontinuierlichen Verbesserungsprozess, da die KPIs auch in einer historischen Entwicklung dargestellt werden können.

Fazit

Digitale Lösungen und der Mensch passen zusammen und können zu einem äußerst schlagkräftigen Team verschmelzen, wenn die Vision des Vertriebsmanagers stimmt. Dann lassen sich nicht nur die Investitionen in Softwarelösungen innerhalb von drei bis sechs Monaten re-amortisieren. Noch viel größer ist jedoch die Chance, mit der Einführung einer (neuen/veränderten) Softwarelösung Einfluss auf die Positionierung des Vertriebsteams und die Kultur der Mitarbeiterführung zu nehmen und durch eine Art Neustart einen intelligenten Vertrieb zu erreichen, der spielend seine Umsatzziele erreicht.

Zusätzlicher Verlagsservice für Abonnenten von „Springer für Professionals | Finance & Controlling"

Zum Thema | Produktivitätssteigerung | Q Suche

finden Sie unter www.springerprofessional.de 1.100 Beiträge davon 59 Im Fachgebiet Vertrieb   Stand: November 2014

Medium
- ☐ Online-Artikel (13)
- ☐ Interview (1)
- ☐ Zeitschriftenartikel (161)
- ☐ Buch (1)
- ☐ Buchkapitel (918)
- ☐ Nachrichten (6)

Sprache
- ☐ Deutsch (1.095)
- ☐ Englisch (5)

Von der Verlagsredaktion empfohlen

Kaschek, B.: Anforderungen an die Vertriebsmitarbeiter, in: Kaschek, B.: Vertrieb für Logistikdienstleister, Wiesbaden 2014, S. 31-88, www.springerprofessional.de//5103572

Biesel, H. H.: Kunden gezielt gewinnen und binden, in: Biesel, H. H.: Vertriebsarbeit leicht gemacht, Wiesbaden 2013, S. 91-113, www.springerprofessional.de//4698218

WHU EXECUTIVE EDUCATION

WHU
Otto Beisheim School of Management
30 Years 1984–2014

Thinking in new directions.

Maßgeschneiderte Programme
- Konzeption und Durchführung interner Weiterbildungsmaßnahmen
- Angepasst an die individuellen Bedürfnisse Ihres Unternehmens

Offene Programme
- General Management Plus Program
- Doing Business With India Program
- Negotiations Program

EFMD
EQUIS
ACCREDITED

A.ACSB
ACCREDITED

30 Years
Excellence in
Management
Education

SYSTEMAKKREDITIERT
nach **Akkreditierungsrat** ■ durch ✕ FIBAA

1984–2014

Weitere Informationen: whu.edu/execed
E-Mail: execed@whu.edu

Value-to-Value-Segmentierung im Vertrieb

Trotz des strategischen Stellenwerts scheitern Segmentierungen häufig an der fehlenden nachhaltigen operativen Umsetzbarkeit unter anderem im Vertrieb. Der Beitrag stellt den in der Praxis erprobten Value-to-Value-Segmentierungsansatz vor, der die zwei Wertperspektiven des Customer-Value-Managements (Kunden- und Unternehmensperspektive) vereinigt.

Robert Bongaerts, Andreas Krämer

Arbeiten Marketing und Vertrieb Hand in Hand, können Unternehmen wichtige Leistungskennzahlen deutlich verbessern: Vertriebs-Zyklen sind kürzer, sowohl Markteintritts- als auch Vertriebskosten können gesenkt werden (u. a. Kotler/Rackham/Krishnaswamy 2006, S. 3). Die Analyse der Kunden- bzw. Marktstruktur ist dabei eine Voraussetzung zur Formulierung der Marketing- und Vertriebsstrategie. Kundensegmentierungen gelten in diesem Zusammenhang als ein allgemein anerkanntes Instrument (u. a. Bruhn 2012, S. 58 ff.; Dannenberg/Zupanic 2008, S. 48). Empirisch ist belegt, dass eine aus der Kundensegmentierung heraus resultierende „Customer Priorization" neben optimaler Ressourcenallokation auch zu einer verbesserten Gesamtprofitabilität im Unternehmen führt (Homburg/Droll/Totze 2008, S. 123).

Vieles spricht also für die Durchführung von und das Arbeiten mit Kundensegmentierungen. Dennoch zeigt sich, dass bestehende Segmentierungen in der Praxis oftmals nicht nachhaltig sind (u. a. Belz 2009; Schnaith 2011), und zwar aus unterschiedlichen Gründen:

- Widersprüchliche Anforderungen an eine Segmentierung aufgrund divergierender Ziele innerhalb eines Unternehmens
- Unterschiedliche, nicht kompatible Segmentierungsansätze stehen im Wettbewerb miteinander
- Keine ausreichende Aussagefähigkeit für die Marktbearbeitung
- Geringe Ansprechbarkeit der identifizierten Segmente außerhalb des Studiendesigns
- Nicht ausreichend robuste bzw. nicht reproduzierbare Segmente
- Unklarer Beitrag der Segmentierung zur Unternehmensprofitabilität.

Aus Vertriebssicht kann eine Segmentierung dann erfolgreich umgesetzt werden, wenn es gelingt, erstens die Segmentlogik auch in den Vertriebssystemen abzubilden/zu operationalisieren, zweitens die segmentspezifischen Bedürfnisse zu kennen, drittens Ansatzpunkte zur Erreichung der vertrieblichen Ziele in den Segmenten aufzuzeigen und viertens darauf aufbauend eine segmentspezifische vertriebliche Ansprache zu entwickeln.

Zielsetzung

Im Rahmen des Beitrags soll eine von den Autoren entwickelte und bereits in der Praxis getestete Vorgehensweise zur Segmentierung dargestellt werden. Diese wird nachfolgend als Value-to-Value-Segmentierungsansatz beschrieben. Nach einer kurzen Vorstellung der theoretischen Bezugspunkte zeigt der Beitrag auf,

- welche Herausforderungen bei der Implementierung des Segmentierungsansatzes bestehen (Operationalisierbarkeit, Analyse und Controlling der Dimensionen Kundennutzen und Kundenwert);
- wie aus der veränderten Kunden- und Marktsicht Handlungsoptionen für Vertrieb und Marketing abgeleitet werden können und so die Value-to-Value-Segmentierung – strategisch und operativ – einen Ergebnisbeitrag leistet.

Robert Bongaerts
ist Vorstand der
exeo Strategic Consulting AG,
robert.bongaerts@exeo-consulting.com

Andreas Krämer
ist Vorstandsvorsitzender der exeo
Strategic Consulting AG und Professor für
CRM an der Business and Information
Technology School (BiTS), Iserlohn
andreas.kraemer@exeo-consulting.com

Robert Bongaerts
exeo Strategic Consulting AG, Bonn, Deutschland
E-mail: robert.bongaerts@exeo-consulting.com

Andreas Krämer
exeo Strategic Consulting AG, Bonn, Deutschland
E-mail: andreas.kraemer@exeo-consulting.com

Der „Value-to-Value-Ansatz"

Im Rahmen des Customer Value Managements werden die Perspektiven des Kundennutzens und des Kundenwerts unterschieden (vgl. u. a. Eggert 2006; Graf/Maas 2008):

- Kundennutzen (Value to the Customer – Kundenperspektive): Dieser entspricht dem Nettonutzen, der sich als Saldo aus den positiven Nutzenkomponenten (Benefits) eines Angebotes – als Maß der Bedürfnisbefriedigung eines Kunden – und seinen negativen Nutzenkomponenten in Form der Kosten für Erwerb und Nutzung der Leistung (Preis, Zeitaufwand etc.) ergibt. Im Zuge zunehmender Kundenorientierung steht die Schaffung präferenzstiftender Nutzenvorteile für die Kunden im Mittelpunkt der Marketingaktivitäten von Unternehmen („value creation").

- Kundenwert (Value of the Customer – Anbieterperspektive): Dieser spiegelt den Wert eines Kunden für das Unternehmen wider. Investitionen in den Kundennutzen haben eine Steigerung des Kundenwerts zum Ziel und müssen in Form einer Erhöhung des Unternehmenswertes rekapitalisiert werden können („value appropriation").

Die von Cornelsen (2000, S. 282 ff.) formulierte „positive Rückkopplung" zwischen beiden Dimensionen ist – mit einigen Einschränkungen (vgl. Eggert 2006, S. 53 ff.) – grundsätzlich akzeptiert. Empirische Analysen bestätigen den Zusammenhang (u. a. Rust/Lemon/Zeithaml 2004 für den Airline-Bereich; Iyengar/Ansari/Gupta 2007 für Wireless Services). Es ist zu vermuten, dass verschiedene Nutzensegmente mit stark unterschiedlicher

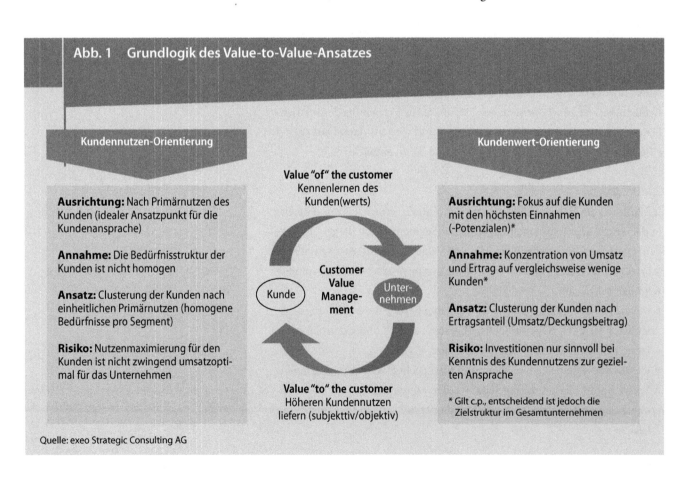

Abb. 1 Grundlogik des Value-to-Value-Ansatzes

Kundennutzen-Orientierung

Ausrichtung: Nach Primärnutzen des Kunden (idealer Ansatzpunkt für die Kundenansprache)

Annahme: Die Bedürfnisstruktur der Kunden ist nicht homogen

Ansatz: Clusterung der Kunden nach einheitlichen Primärnutzen (homogene Bedürfnisse pro Segment)

Risiko: Nutzenmaximierung für den Kunden ist nicht zwingend umsatzoptimal für das Unternehmen

Value "of" the customer
Kennenlernen des Kunden(werts)

Kunde — Customer Value Management — Unternehmen

Value "to" the customer
Höheren Kundennutzen liefern (subjektiv/objektiv)

Kundenwert-Orientierung

Ausrichtung: Fokus auf die Kunden mit den höchsten Einnahmen (-Potenzialen)*

Annahme: Konzentration von Umsatz und Ertrag auf vergleichsweise wenige Kunden*

Ansatz: Clusterung der Kunden nach Ertragsanteil (Umsatz/Deckungsbeitrag)

Risiko: Investitionen nur sinnvoll bei Kenntnis des Kundennutzens zur gezielten Ansprache

* Gilt c.p., entscheidend ist jedoch die Zielstruktur im Gesamtunternehmen

Quelle: exeo Strategic Consulting AG

Kundenwertigkeit existieren. Der Unternehmenserfolg hängt dann entscheidend von der Allokation der Marketingressourcen auf die Segmente mit hohem Kundenwert bzw. Entwicklungspotenzial ab (Homburg/Jensen 2007, S. 135). Eine Segmentierung ist daher für eine Berücksichtigung der Heterogenität der Kundenbasis notwendig, wobei idealerweise die beiden Wert-Perspektiven zu einem ganzheitlichen Ansatz im Kundenmanagement verbunden werden. Dieses Vorgehen wird im Weiteren als „Value-to-Value-Ansatz" (V2V) vorgestellt (vgl. **Abbildung 1**).

„Der V2V-Ansatz ist so konzipiert, dass Daten unterschiedlicher Herkunft integriert werden können."

Die Perspektiven des Customer Value Managements werden – sofern den Autoren bekannt – bisher nur begrenzt zur Segmentierung eingesetzt. So wurde z. B. für den Vertrieb von Daimler-Chrysler ein Ansatz entwickelt, der eine segmentspezifische Ausgestaltung der Vertriebsprozesse zum Ziel hatte (Spahlinger et al. 2006). Basierend auf einer nutzenorientierten Segmentierung (Kundenperspektive), wurden Segmente mit ähnlichen Anforderungen an (Vertriebs-)Prozesse gebildet und diese mit ihrem aktuellen/erwarteten Kundenwert bewertet (Kundenwert als Bewertungsgröße). Maßnahmen zur Optimierung dieser Prozesse wurden mit ihrem Effekt auf den Kundenwert bewertet und so die Werttreiber identifiziert, die bei gleichzeitiger Nutzenverbesserung für den Kunden die größte Wertsteigerung für das Unternehmen herbeiführen.

Zusammenfassung
Der Value-to-Value-Segmentierungsansatz (V2V-Ansatz) verknüpft die Kundenperspektive (Value to the Customer) mit der Unternehmensperspektive (Value of the Customer). Auf Basis dieses Ansatzes können gezielt Maßnahmen abgeleitet werden, die zum einen den Kundennutzen, zum anderen die Unternehmensprofitabilität berücksichtigen bzw. steigern. V2V ist eine eingetragene Marke der exeo Strategic Consulting AG. Der Beitrag zeigt neben Fundierung und Operationalisierung des Ansatzes anhand eines Praxisbeispiels konkrete Anwendungsbeispiele unter anderem im Vertrieb auf.

Tab.1 Bestimmung von Kundennutzen/Kundenwert abhängig von der Kundenbeziehung

		Wertperspektive	
		Kundennutzen	Kundenwert
Kundenbeziehungen	B2C	• Vglw. einfache Präferenzmessung • Voraussetzung: Robuste Präferenzstrukturen eines spezifischen Kunden • In vielen Märkten stabile Nutzentreiber • Im Online-Bereich häufig sehr gute (Daten-)Ausgangslage	• Häufig kein direkter Kontakt zum Endkunden (Handelsstufe) • Zuordnung einzelner Kostenpositionen zum Kunden häufig nur grob abschätzbar • Kaum komplette 360°-Kundensicht • Gute (Daten-)Ausgangslage bei Online-Kunden (mit Kundenkonto)
	B2B	• In der Regel „übersichtliche" Anzahl von Kundenbeziehungen • Häufig vglw. starke Konzentration des Deckungsbeitrags auf wenige Key Accounts • Messung der Treiber für Entscheidungen vglw. schwierig wegen unterschiedlicher Beteiligter (Buying Center) • Direkter Kontakt bei Direktvertrieb/Außendienst	• Relativ leicht bestimmbar – abhängig von (CRM-) Datenqualität • In der Regel gute Zuordnung von Einnahmen zu einzelnen Kunden (Unternehmen) • Aufwandspositionen können relativ genau für Kunden (Unternehmen) abgeschätzt werden

Quelle: exeo Strategic Consulting AG

Der V2V-Ansatz integriert im Vergleich dazu beide Wertkomponenten gleichberechtigt: Sowohl der Kundennutzen als auch der Kundenwert fließen in die Segmentierung ein.

Des Weiteren erfolgt keine Beschränkung auf eine spezifische Unternehmenseinheit (bei Daimler-Chrylser der Vertrieb), stattdessen liegt der Fokus auf den Nutzenelementen, die mit den Leistungen des Unternehmens gesamthaft verbunden werden, ohne jedoch spezifische Fragestellungen einzelner Unternehmensbereiche auszuschließen. Diese Ganzheitlichkeit im Ansatz erhöht das Nutzungsspektrum der Segmentierung im Gesamtunternehmen, weil nach Belz (2009, S. 27) „erfolgreiche Segmentierungen weit über das Marketing hinausgehen".

Der V2V-Ansatz ist so konzipiert, dass Daten unterschiedlicher Herkunft integriert werden können (z. B. Marktforschungsdaten, Daten aus operativen Systemen wie CRM- und Vertriebsdaten). Darüber hinaus wird im Rahmen der V2V-Segmentierung ein besonderer Schwerpunkt auf die Operationalisierbarkeit des Ansatzes und Implementierbarkeit in der operativen Kundenbearbeitung gelegt. Die praktische Umsetzbarkeit sowie der Zusatznutzen im operativen Betrieb entscheiden letztlich darüber, ob eine Segmentierungslösung nachhaltig angewendet werden kann.

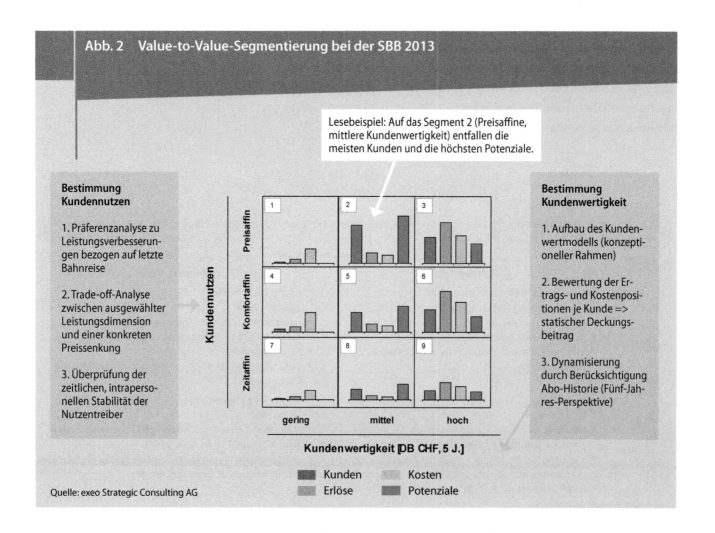

Abb. 2   Value-to-Value-Segmentierung bei der SBB 2013

Lesebeispiel: Auf das Segment 2 (Preisaffine, mittlere Kundenwertigkeit) entfallen die meisten Kunden und die höchsten Potenziale.

Bestimmung Kundennutzen

1. Präferenzanalyse zu Leistungsverbesserungen bezogen auf letzte Bahnreise

2. Trade-off-Analyse zwischen ausgewählter Leistungsdimension und einer konkreten Preissenkung

3. Überprüfung der zeitlichen, intrapersonellen Stabilität der Nutzentreiber

Bestimmung Kundenwertigkeit

1. Aufbau des Kundenwertmodells (konzeptioneller Rahmen)

2. Bewertung der Ertrags- und Kostenpositionen je Kunde => statischer Deckungsbeitrag

3. Dynamisierung durch Berücksichtigung Abo-Historie (Fünf-Jahres-Perspektive)

Kundennutzen

Preisaffin   Komfortaffin   Zeitaffin

Kundenwertigkeit [DB CHF, 5 J.]

gering   mittel   hoch

Kunden   Kosten
Erlöse   Potenziale

Quelle: exeo Strategic Consulting AG

Operationalisierung des Value-to-Value-Ansatzes

Die einzelnen Schritte zur Operationalisierung des Ansatzes und insbesondere die damit verbundenen Herausforderungen werden im Folgenden erläutert:

(1) Bestimmung der Wertdimensionen

Zunächst gilt es, die Dimensionen Kundennutzen und Kundenwert zu bestimmen. Zur Ableitung des Kundennutzens bietet sich die Ermittlung der Präferenzstruktur auf individueller Ebene an. Dabei lassen sich mit Verhaltens- und Entscheidungsdaten, wie z. B. beim Onlinehandel, Rückschlüsse auf die Kundenpräferenzstruktur ziehen. Liegen keine oder nur bruchstückhafte Informationen zu den Kunden und ihren Transaktionen und Präferenzen vor, so können empirische Studien zum Einsatz kommen (z. B. Ermittlung der Nutzenstruktur mittels Conjoint Measurement oder Konstantsummenansatz, vgl. König 2001, S. 87). In einem ersten Schritt sind Nutzen- und Kostenkomponenten in einzelne Bausteine zu unterteilen. In einem zweiten Schritt sollten die Treiber des Nettonutzens identifiziert und auf Ebene von Kundengruppen geclustert werden (vgl. Burgartz/Krämer 2014).

Zur Messung des Kundenwerts können verschiedene Verfahren herangezogen werden (vgl. Krafft/Rutsatz 2006). Bewährt hat sich die Nutzung von Deckungsbeiträgen (Betrachtung des aktuellen oder eines historischen Zeitraums). Die Messung des Kundenwerts erfolgt allerdings in der Praxis eher einfach und pragmatisch – so wird häufig der Umsatz als wesentliche monetäre Größe herangezogen (vgl. Guggemos 2012, S. 380). In der wissenschaftlichen Diskussion wird in den Kundenwert üblicherweise auch ein Potenzial-/Wachstumswert einbezogen. Aus Sicht der Autoren sollte dieser nicht in die Berechnung der Segmentierungsgröße „Kundenwert" integriert werden. Vielmehr wird empfohlen, Informationen zu Gewinnpotenzialen zur Charakterisierung der Segmente heranzuziehen.

Bereits die Unterscheidung nach Kundenbeziehung (B2C/B2B, vgl. **Tabelle 1**) im Rahmen der Marktabgrenzung zeigt, dass die Messung abhängig von der jeweiligen Datenausgangslage differenziert erfolgen muss. Eine zusätzliche Komplexität kommt durch Branchen- und Unternehmensspezifika hinzu. Eine Standardisierung in der Vorgehensweise ist daher nur bedingt möglich.

(2) Zusammenfassung der Wertdimensionen

Sind Kundennutzen und Kundenwert bestimmt, können die Dimensionen in eine V2V-Kundensegmentmatrix zusammengeführt werden. Auf diese Weise lassen sich die verschiedenen Segmente sehr anschaulich und transparent darstellen (auch die Erweiterung um das Segment der Nichtkunden ist möglich). **Abbildung 2** zeigt am Beispiel der Schweizerischen Bundesbahnen (SBB) eine jeweils dreiteilige Kategorisierung der Zieldimensionen, sodass sich neun Kundensegmente ergeben (zu Details vgl. Kalt/Bongaerts/Krämer 2013).

Die einzelnen Segmente können nun weiter detailliert beschrieben werden (im Beispiel: Segmentgröße und verschiedene Wertgrößen). Auffallend

Kerngedanke 1

Kundensegmentierung ist kein Selbstzweck, sondern dient der Steigerung der Unternehmensprofitabilität.

———————

ist, dass in den Segmenten mit mittlerer Kundenwertigkeit nur ein geringer Anteil am Gesamtdeckungsbeitrag erwirtschaftet wird, obwohl diese die anteilig größten Kundensegmente darstellen. Betrachtet man die identifizierten, unausgeschöpften Nachfragepotenziale, so zeigen sich relativ große Potenziale im Segment der Preisaffinen mit mittlerer Wertigkeit (Segment 2). Hier wird der Anwendungsbezug der V2V-Segmentierung deutlich: Um die Potenziale in diesem Segment zu heben, sind geeignete Maßnahmen zu addressieren, die die Preisaffinität und die nicht stark ausgeprägte Kundenbeziehung im Segment berücksichtigen. Aus vertrieblicher Sicht ist von Interesse, inwieweit sich Nachfrage auf kostengünstige Vertriebskanäle verlagern lässt bzw. welche (preislichen) Anreize dazu erforderlich sind.

Nach der Festlegung der Segmente sind diese zur zielgerichteten Marktbearbeitung bestmöglich zu konkretisieren: Je nach Unternehmen und Branche stehen dabei verschiedene Merkmale im Vordergrund. Ein generell wichtiger Aspekt ist der Beziehungszustand zum Unternehmen (Art der Beziehung, Höhe von Bindungsgrad/Zufriedenheit/Wiederkaufabsicht etc.) sowie die Detaillierung von Kundenentwicklungs-Potenzialen. Gegebenenfalls können hierzu Daten direkt aus den operativen (Vertriebs-)Datensystemen genutzt werden (unter Beachtung der datenschutzrechtlichen Bestimmungen). In der Regel kann ergänzend auf Informationen aus bestehenden Marktstudien im Unternehmen zurückgegriffen werden. Auch können immer mehr Daten aus der zunehmenden Vernetzung und Digitalisierung ge-

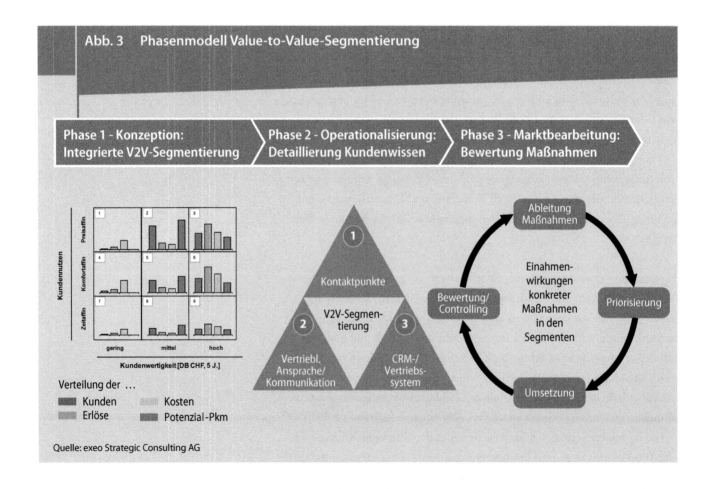

Abb. 3   Phasenmodell Value-to-Value-Segmentierung

Quelle: exeo Strategic Consulting AG

neriert werden (z. B. Social Media, Online-Vertriebsdaten etc.). Um eine ganzheitliche Sicht zu erhalten, sind möglichst Informationen auch außerhalb des Unternehmens zu integrieren (z. B. Nutzung von Verbraucher- und Medienanalysen etc.). Im Ergebnis liegt eine umfassende Beschreibung aller Segmente vor, die insbesondere von den im Vertrieb tätigen Mitarbeitern zur segmentspezifischen Kundenbearbeitung genutzt werden kann.

„Die Kenntnis der Nutzenbedürfnisse in diesen Segmenten ermöglicht die gezielte Ableitung von Maßnahmen zur Potenzialhebung."

(3) Abbildung der Segmente in den operativen Systemen

Die Akzeptanz eines Segmentierungsansatzes steigt, wenn ein nachhaltiger Einsatz sichergestellt ist. Hierbei spielen die Abbildung der Segmentinformationen in den operativen Kundendaten- bzw. Vertriebs-Systemen sowie deren regelmäßige Aktualisierung eine entscheidende Rolle. Aus Sicht der Autoren haben sich dabei folgende Aspekte und Instrumente bewährt:

- Standardisierung des V2V-Ansatzes in der betrieblichen Marktforschung: Die Definition eines V2V-Standardfragensets (zur Aufnahme in künftige Fragebögen) sowie die Erarbeitung einer Auswertungsroutine (zur einheitlichen Bestimmung der Segmente) gewährleisten (1) eine fortlaufende Validierung des Ansatzes, (2) kontinuierliche Updates und (3) die sukzessive Verbreiterung und zeitgleich Vertiefung der Informationsbasis zu den Segmenten.
- Operationalisierung: Abbildung der Segmente in den operativen CRM-Systemen (unter Beachtung der datenschutzrechtlichen Vorgaben). Dies stellt eine weitere Herausforderung dar, da anders als im Experimentaldesign einer Studie in den bestehenden Kundendatenbanken in der Regel nur wenige beschreibende Merkmale zur Verfügung stehen. Auf Basis bestehender Studien werden bezogen auf diese wenigen „Anker"-Variablen Abhängigkeitsanalysen mit dem Ziel durchgeführt, ein Regelwerk zur Kunde-Segment-Zuordnung mit minimaler Fehlerwahrscheinlichkeit abzuleiten. Die kundenindividuelle Segment-Zuordnung steht damit als beschreibende Variable für die operative Marktbearbeitung bzw. Kundenbetreuung direkt zur Verfügung.
- Kontinuierliche Datenanreicherung: Akzeptanz werden Segmentinformationen im vertrieblichen Alltag vor allem finden, wenn die Informationen in der Vertriebs- und Kundendatenbank aktuell und umfassend sind. Dies erfordert zum Beispiel, dass der Vertrieb die Kundeninformationen anreichert und eigeninitiativ auf einem aktuellen Stand hält.
- Schließlich bietet sich eine Kopplung der mit der V2V-Segmentierung formulierten Ziele mit den Motivationssystemen im Vertrieb an. Hat sich die Alltagserfahrung durchgesetzt, dass mit der V2V-Segmentierung die Leistungsziele der individuellen Vertriebsmitarbeiter sich schneller und leich-

Kerngedanke 2

Segmentierungen scheitern u. a. an der fehlenden ökonomischen Perspektive oder an der geringen Umsetzbarkeit.

ter erreichen lassen, so sollte dies nicht nur eine weitere Motivation sein, den Ansatz zu nutzen, sondern auch die aktuellen Vertriebsinformationen in die Kundendatenbank zurückzuspielen.

Die skizzierte Vorgehensweise (vgl. **Abbildung 3**) zeigt exemplarisch Möglichkeiten für die nachhaltige Umsetzung des V2V-Ansatzes auf, der je nach den branchen- und unternehmensspezifischen Gegebenheiten anzupassen ist. Bereits in der Konzeptionsphase sind z. B. die strategischen Ansatzpunkte der Vertriebsstrategie zu berücksichtigen, so dass die Segmentierungslösung in den weiteren Phasen Ansatzpunkte zur verbesserten Markt-/Kundenbearbeitung liefern kann. In der Phase der Operationalisierung gilt es, die ermittelten Segmente mit weiteren relevanten Daten/Informationen aus dem Vertriebsprozess anzureichern (z. B. Kontaktdaten aus der Customer Journey etc.). Dies setzt voraus, dass die Segmentinformationen in die relevanten Systemen integriert oder aber die Daten aus den Systemen mit den Segmentinformationen verknüpft werden können. Dies stellt die Basis für eine segmentspezifische Kunden-/Marktbearbeitung (Phase 3) dar. Neben der Ableitung geeigneter Maßnahmen und ihrer Priorisierung ist dabei ein Controlling aufzubauen, das zum einen die Wirkung der Maßnahmen selbst bewertet, zum anderen aber auch die Rückkopplung auf die Segmentbetrachtung ermöglicht.

Unterstützung für Vertrieb und Marketing durch Value-to-Value-Segmentierung

Der V2V-Ansatz ist mit Blick auf die Frage zu diskutieren, welchen Beitrag er zur strategischen und operativen Marktbearbeitung in Vertrieb und Marketing in der Praxis leisten kann (c. p., entscheidend ist letztlich die Konformität mit der Gesamtstrategie eines Unternehmens):

● Ausrichtung von Vertrieb und Marketing auf ertragsstarke Segmente bzw. Segmente mit hohen Zusatzpotenzialen: Die Kenntnis der Nutzenbedürfnisse in diesen Segmenten ermöglicht die gezielte Ableitung von Maßnahmen zur Potenzialhebung. Der Kundenwert als Messgröße kann die Vorteile verschiedener Maßnahmen aufzeigen/bewerten und leistet somit eine Entscheidungshilfe zur Priorisierung in der Markt-/Kundenbearbeitung.

● Akzeptanz und Nutzerfreundlichkeit: Gelingt die Übertragbarkeit des Segmentierungsansatzes in die operativen Systeme (Kunde-Segment-Zuordnung), so ist eine breite und nachhaltige Akzeptanz des V2V-Ansatzes bei den Vertriebs- und Marketing-Mitarbeitern gegeben.

● Erweiterbarkeit des Ansatzes: Der V2V-Segmentierungsansatz kann mit geringem Zeit- und Kostenaufwand um aktuelle Fragestellungen (z. B. Verlagerung auf kostengünstige Vertriebskanäle) ergänzt werden, sodass eine effiziente, segmentspezifische Bearbeitung unter Beachtung von Kundenbedürfnissen und Kundenwert möglich wird. Ein weiteres Beispiel ist die Überprüfung der Neukundenstrategie. So zeigen Burgartz/Krämer (2014) an einem Fallbeispiel aus dem B2B-Bereich, dass Neukunden nicht – wie angenommen – durch Präsenz im Internet, sondern durch Weiterempfehlungen aus dem Top-Kunden-Segment (qualitäts-

Kerngedanke 3
Der V2V-Segmentierungsansatz ermöglicht als ein ganzheitliches Instrumentarium die zielgerichtete Unternehmensführung.

orientiert, hohe Wertigkeit) generiert werden. Im Ergebnis wurde die Neukundengewinnung neu ausgerichtet (Forcierung auf segmentspezifisches Empfehlungsmarketing).

- Effektivitäts- und Effizienzgewinne im (Dialog-)Marketing = optimale Ressourcenallokation: Bei der SBB zeigte sich, dass Marketingaktionen in einzelnen Segmenten unterschiedlich stark wirken. Durch die Ausrichtung der Marketingaktionen auf Segmente mit hoher Nettoresponse kann das Marketingbudget deutlich effektiver eingesetzt werden (vgl. Kalt/Bongaerts/Krämer 2013, S. 24).

- Optimierung der Marketing-Kommunikation: Die ausführliche Beschreibung der Segmente („klares Bild der Zielgruppe") führt zu einer segmentspezifischen Ansprache und Mediaplanung.

- Wenn eine wesentliche Voraussetzung für den nachhaltigen Geschäftserfolg eine „Customer-centric Business Strategy" ist (Williams 2014), dann schafft der V2V-Ansatz hierfür eine gute Basis. Insofern hat das Instrumentarium neben Vorteilen für den operativen Vertrieb auch eine Relevanz für die strategische Unternehmensführung.

Die Punkte verdeutlichen, dass die V2V-Segmentierung auf unterschiedlichen Betrachtungsebenen (strategische bzw. operativ-taktische) als Basis für eine verbesserte datengetriebene Entscheidungsfindung herangezogen werden kann.

Neben den Vorteilen in der Nutzung des V2V-Ansatzes darf nicht übersehen werden, dass die Messung und Implementierung nicht ohne die Einbeziehung unterschiedlicher Fachbereiche leistbar sind und daher einen signifikanten Ressourcenbedarf erfordern.

Fazit

Segmentierung ist kein Selbstzweck, sondern Basis für eine zielgruppenorientierte Marktbearbeitung zur Steigerung der Unternehmensprofitabilität. Der V2V-Ansatz ermöglicht als ein ganzheitliches Instrumentarium eine zielgerichtete, ergebnisorientierte Unternehmensführung: So wird die Kundenperspektive (Kundenbedürfnisse/-nutzen) mit der Unternehmensperspektive (Profitabilität) verknüpft. Voraussetzung für den erfolgreichen Einsatz sind die Zuordnung der Segmentdaten in den operativen Marketing- und Vertriebssystemen sowie die Akzeptanz der Mitarbeiter im Marketing und Vertrieb.

Literaturverzeichnis

Belz, Ch. (2009): Segmentierung – Die Kritik, in: marke41, Heft 4/2009, S. 20-27.

[SfP]* Bruhn, M. (2012): Marketing, 11. Aufl., Wiesbaden. (ID:2923458)

Burgartz, T./Krämer, A. (2014): Customer Relationship Controlling – IT-gestütztes Customer Value Management, in: Zeitschrift für Controlling, 26. Jg., Heft 4-5, S. 264-271.

Cornelsen, J. (2000): Kundenwertanalysen im Beziehungsmarketing. Theoretische Grundlegung und Ergebnisse einer empirischen Studie im Automobilbereich, Nürnberg.

Handlungsempfehlungen

- Kundensegmentierung ist nicht nur als Marketinginstrument zu verstehen, sie umfasst alle Bereiche des Unternehmens.

- Die Nachhaltigkeit einer Kundensegmentierung (und damit auch ihr Erfolg) wird durch die Verknüpfung der Kundennutzen- und Kundenwert-Perspektive deutlich erhöht.

- Die erfolgreiche Implementierung des V2V-Segmentierungsansatzes setzt die Einbeziehung verschiedener Funktionen/Fachbereiche voraus (u. a. CRM/Marketing, Marktforschung, Controlling, IT, Vertrieb, Management).

Kerngedanke 4

Die Ansätze des Customer Value Managements können zur Kundensegmentierung herangezogen werden.

[sfp]* Dannenberg, H./Zupancic, D. (2008): Spitzenleistungen im Vertrieb, Wiesbaden. (ID:1840164)

Eggert, A. (2006): Die zwei Perspektiven des Kundenwerts: Darstellung und Versuch einer Integration, in: Homburg, Ch. (Hrsg.): Kundenwert, Wiesbaden, S. 41-59.

Graf, A./Maas, P. (2008): Customer Value from a Customer Perspective: A Comprehensive View, in: Working Papers on Risk Management and Insurance No. 52, St. Gallen.

Guggemos, T. (2012): Kundenbewertungen in kleinen und mittelständischen Unternehmen im Business-to-Business-Bereich, in: Zeitschrift für Controlling, 24. Jg., Heft 7, S. 379-384.

Homburg, Ch./Droll, M./Totze, D. (2008): Customer Prioritization: Does It Pay Off, and How Should It Be Implemented? in: Journal of Marketing, Vol. 72, No. 5, pp. 110-130.

Homburg, Ch./Jensen, O. (2007): The Thought Worlds of Marketing and Sales – Which Differences Make a Difference, in: Journal of Marketing, Vol. 71, No. 3, pp. 124-142.

Iyengar R./Ansari A./Gupta S. (2007): A Model of Consumer Learning for Service Quality and Usage, in: Journal of Marketing Research, Vol. 44, pp. 529-544.

Kalt, M./Bongaerts, R./Krämer, A. (2013): Value-to-Value-Segmentierung im praktischen Einsatz, in: Planung und Analyse, 40. Jg., Nr. 6, S. 21-24.

König, T. (2001): Nutzensegmentierung und alternative Segmentierungsansätze – Eine vergleichende Gegenüberstellung im Handelsmarketing, Wiesbaden.

Kotler, P./Rackham, N./Krishnaswamy, S. (2006): Ending the War Between Sales and Marketing, in: Harvard Business Review, Vol. 84, No. 7-8, Reprint pp 1-14.

Krafft, M./Rutsatz, U. (2006): Konzepte zur Messung des ökonomischen Kundenwerts, in: Homburg, Ch. (Hrsg.): Kundenwert, Wiesbaden, S. 269-291.

Rust, R./Lemon, K./Zeithaml, V. (2004): Return on Marketing: Using Customer Equity to Focus Marketing Strategy, in: Journal of Marketing, Vol. 68, No. 1, pp. 109-127.

Schnaith, P. (2011): The Implementation of Marketing Programs for New Target Segments. Dissertation, Universität Sankt Gallen 2011.

Spahlinger, L./Herrmann, A./Huber, F./Magin, S. (2006): Konzept zur effizienten Gestaltung von Kundenbeziehungen durch Kundenwertmanagement, in: Homburg, Ch. (Hrsg.): Kundenwert, Wiesbaden, S. 607-624.

Williams, D. (2014): Connected CRM – Implementing a Data-Driven, Customer-Centric Business Strategy, New York.

[sfp]* Abonnenten des Portals Springer für Professionals erhalten diesen Beitrag im Volltext unter www.springerprofessional/ID.

[sfp] **Zusätzlicher Verlagsservice für Abonnenten von „Springer für Professionals | Marketing"**

Zum Thema | **Kundensegmentierung** | 🔍 Suche

finden Sie unter www.springerprofessional.de 268 Beiträge im Fachgebiet Marketing — Stand: Juni 2014

Medium

☐ Online-Artikel (1)
☐ Interview (1)
☐ Zeitschriftenartikel (15)
☐ Buchkapitel (250)

Sprache

☐ Deutsch (267)
☐ Englisch (1)

Von der Verlagsredaktion empfohlen

Freter, H., Hohl, N. A. D.: Kundensegmentierung im Kundenbeziehungsmanagement, in: Georgi, D., Hadwich, K.: Management von Kundenbeziehungen, Wiesbaden 2010, S. 177-199,

www.springerprofessional.de/1839624

Eisenbeiß, M., Bleier, A.: Customer Relationship Management, in: Zentes, J., Swoboda, B., Morschet, D.: Handbuch Handel, Wiesbaden 2012, S. 463-485,

www.springerprofessional.de/4028888

Spektrum

Die Folgen der Digitalisierung für den Einzelhandel

Die zunehmende Digitalisierung des Alltags der Konsumenten und diverse technologische, nachfragebezogene, demografische sowie marktbezogene und gesellschaftliche Entwicklungen tragen in der Gegenwart zu einem gravierenden Wandel des Einzelhandels bei und führen zu grundlegenden Veränderungen der Handelsstruktur.

Aydın Fındıkçı

Das Internet ermöglicht als zentrales Medium des Electronic Commerce für Unternehmen und Kunden nicht nur einen effizienteren Verlauf ihrer Verkaufs- und Kaufstätigkeit, sondern macht den Multi-Channel-Handel möglich.

Gerrit Heinemann, Professor für Betriebswirtschaftslehre, Management und Handel sowie Leiter des eWeb-Research-Centers an der Hochschule Niederrhein, nennt die Metro-Kaufhof-Gruppe, den Otto-Konzern oder die Edeka-Organisation als typische Handelsunternehmen des Einzelhandels. Der Einzelhandel hat in Deutschland, als drittgrößter Wirtschaftszweig mit 400.000 Betrieben, drei Millionen Beschäftigten und 160.000 Auszubildenden, einen Jahresumsatz von 428 Milliarden Euro. Seit der Internetzeit wird der Einzelhandel nicht mehr rein stationär, an einem bestimmten Ort und an einem bestimmten Zeitpunkt, abgewickelt.

Einer der neuen Wege für Management für Immobilien (mfi) ist die Klassifizierung des Einkaufsortes. Demnach sollen die Kunden mit der Klassifizierung „Vier-Sterne-Center" den Eindruck haben, dass sie dort in einem Vier-Sterne-Hotel empfangen werden. Wie Katya Riedel in der Süddeutschen Zeitung vom 14. Mai 2014 in ihrem Artikel „2030 – Die Zukunftsaussichten für den stationären Einzelhandel" berichtet, wurden in München-Pasing in den Arcaden ein neuer Windelraum, Puder, Handcreme für die Mütter und überall Handtaschenhalter, „alles kostenlos", errichtet. Der stationäre Handel muss investieren, um nicht Umsatz einzubüßen.

Klassische Werbeformen haben Vorrang

Nach dem HDE-Handelskonjunkturindex des Monats August 2013, der vom Kölner Institut für Handelsforschung (IFH) erhoben wird, haben klassische Werbeformen im stationären Handel immer noch Vorrang. Demnach nutzen 60 Prozent personalisierte Direktmailings. Bei 46 Prozent der Befragten kommt Haushaltswerbung zum Einsatz. Inzwischen können sich aber 40 Prozent der Ladenbetreiber vorstellen, Online-Mailings an Kunden und Nichtkunden zu versenden. Suchmaschinenmarketing, die beliebteste Werbeform der Online-Händler, kommt mittlerweile für 35 Prozent der stationären Händler in Betracht. Am seltensten werden derzeit TV-Werbung und Werbe-SMS genutzt. Hieran wird sich laut IFH vorläufig wenig ändern: Für 85 Prozent der Befragten kommt TV-Werbung auch künftig nicht infrage, bei 75 Prozent gilt das für Werbe-SMS.

In einer Studie haben sich Verbraucher zu ihren Erwartungen an den stationären Handel der Zukunft geäußert. Demnach erwartet der Konsument, dass das Personal künftig noch serviceorientierter (63 Prozent) sein wird und noch besser beraten (59 Prozent) muss. 58 Prozent der Konsumenten haben den Wunsch, noch mehr Wissen über die angebotenen Produkte erhalten zu können. Nur 31 Prozent der Kunden wollen, dass das Personal rund um die Uhr verfügbar ist.

Trotz des technischen Fortschritts und der Digitalisierung von diversen Kommunikationskanälen zwischen Unternehmen und Kunden sind die klassischen Dialogmedien, zum Beispiel gedruckte Kataloge, Flyer, Zeit-

Prof. Dr. Aydın Fındıkçı
ist Diplom-Ökonom, lehrte über acht Jahre an der LMU, war Lehrbeauftragter an der Hochschule München, Hochschule für Politik München und Lehrer an Schulen in München. Derzeit lehrt er an der Internationalen Berufsakademie, Deutschlands größter privater und staatlich anerkannter University of Cooperative Education und hat am Studienort Nürnberg die wissenschaftliche Studienleitung inne.

Aydın Fındıkçı
Internationale Berufsakademie, University of Cooperative Education, Nürnberg, Deutschland
E-Mail: aydin.findikci@internationale-ba.com

schriften und Plakate, im Einzelhandel nicht wegzudenken. Ohne Printmedien ist es für Unternehmen des Einzelhandels nicht möglich, am Markt existieren zu können. So nutzen 83 Prozent der befragten Einzelhändler Anzeigen in Zeitungen oder Zeitschriften für ihre Produktwerbung. Aus diesem Verständnis heraus benötigt der stationäre Handel einen effizienteren Kommunikationsmix. Der E-Commerce mag boomen und kontinuierlich mit zweistelligen Wachstumsraten aufwarten, doch der Einzelhandel in Deutschland ist nach Angaben der Fachzeitschrift „Der Handel" nach wie vor geprägt durch den stationären Vertrieb.

Mit kreativen Mitteln Kunden anlocken

Der Online-Handel zwingt die Läden, sich immer kreativere Mittel einfallen zu lassen, um Kunden anzulocken und ihnen einen richtigen Erlebniseinkauf zu bieten. Er gewährt den Kunden im Gegenzug aber auch die Möglichkeit, vor Ort alle Produkte zu testen und sich für eines zu entscheiden, ohne alles nach Hause tragen zu müssen. Fast die Hälfte der befragten Konsumenten konnte sich vorstellen, in Zukunft nur noch online und per Smartphone einzukaufen. Nach Angaben von BusinessPartner, Zeitschrift für Handel und Industrie, scheinen die Lieferzeiten Dreh- und Angelpunkt zu sein. Wäre die Ware schneller zu Hause, würden noch mehr Menschen über diesen Kanal bestellen, legen die Ergebnisse der Befragung nahe. Es macht außerdem einen großen Unterschied, was man kaufen will.

Die Wahl unter mehreren Kanälen

Im heutigen Sprachgebrauch ist mit Multi-Channel vor allem das Internet beziehungsweise E-Commerce gemeint. Gerrit Heinemann beschreibt mit dem Begriff „Multi" ein Einzel-

---

Zusammenfassung

Die Digitalisierung im Handel und die Multi-Channel-Vertriebswege im Einzelhandel sind nicht mehr aufzuhalten. In diesem Beitrag wird aufgezeigt, dass die Zukunft des Einzelhandels eindeutig in der intelligenten On-/Offline-Integration – dem Multi-Channel-Handel – liegt. Daher bringt die Digitalisierung und Multi-Channel für Handelsunternehmen zwar zahlreiche Herausforderungen, aber auch Chancen zur Erschließung neuer Umsatzpotenziale mit sich.

---

handelsunternehmen, das mindestens zwei Absatzkanäle betreibt und stellt den Begriff „Channel" (auch Kanal genannt) als Absatzweg eines Einzelhändlers dar, auf dem ein Endkunde seine Waren erwerben kann. Der Begriff Multi-Channel impliziert daher die Nutzung mehrerer Absatzkanäle und/oder auch die intelligente Vernetzung mehrerer Absatzkanäle. Dazu gehören unter anderem Ladengeschäfte, Printmedien, Social Media, sowie Online-Handel, Kataloghandel, Versandhandel, Mobile, Internet, TV-Shopping, Telefon-Shopping, Haustürgeschäfte und Smartphone-Apps.

„Für Kunden ist es angenehm, verschiedene Kanäle je nach individuellem Bedarf nutzen zu können."

Alle diese Absatzkanäle stehen den Kunden für ihre Kauftätigkeiten zur Verfügung, die bei gleichzeitiger und wahlweiser Nutzung und Kombination der Kanäle (Omni-Channel-Nutzer = gleichzeitige Nutzung mehrerer Kanäle), etwa Laden, Katalog und Internet, genutzt werden können. Laut der Multi-Channel-Management-Expertin Sandra Margraf informiert sich ein Kunde über ein Produkt, lässt „sich daraufhin in der Filiale nochmals beraten, dann kauft das Produkt dort und klärt schlussendlich noch ein technisches Problem, das nach dem Kauf des Produkts aufgetreten ist, über die telefonische Service-Hotline, das klingt heutzutage nach keinem ungewöhnlichen Kaufprozess. Für Kunden ist es angenehm, verschiedene Kanäle je nach individuellem Bedarf nutzen zu können".

Die Kanäle selbst und die darunterliegenden Systeme werden kaufmännisch, organisatorisch und logistisch komplett getrennt, aber operativ vom selben Handelsunternehmen geführt wie zum Beispiel die Karstadt Warenhaus GmbH mit Karstadt.de oder die Tchibo GmbH mit Tchibo.de. „Damit von Multi-Channel-Handel gesprochen werden kann, muss eine Kombination von Absatzkanälen vorliegen, die ein Kunde wahlweise nutzen kann, um Leistungen eines Anbieters nachzufragen. Im Gegensatz zum traditionellen Mehrkanalsystem muss dabei mindestens ein Kanal des Handelsunternehmens den stationären Handel und ein zweiter Kanal desselben Unternehmens den Internet-Handel repräsentieren. Multi-Channel-Handel bezeichnet folglich ausschließlich die relativ neue und innovative Verknüpfung von stationärem Geschäft und Internethandel plus möglicherweise zusätzlich Katalog-gestütztem Versand", erläutert Gerit Heinemann.

Eine Verknüpfung der Vertriebskanäle findet nur beim Cross-Channel (zum Beispiel Bestellung online, Abholung im Ladengeschäft) statt. Gegenwärtig wird Handel mittlerweile auf immer mehr Kanäle verlagert, um den Kundenanforderungen gerecht zu werden. Diese Entwicklung führt dazu, dass unterschiedliche Kundengruppen und Unternehmen bei ihren Kaufs- und Verkaufstätigkeiten immer mehr innovative Absatzkanäle einsetzen. In diesem Kaufs- und Verkaufsprozess spielt das Internet eine zunehmende Bedeutung, die der grundlegende Wandel des Einzelhandels auslöst.

Veränderung des Einkaufsverhaltens

Das Internet ist für viele Kunden längst unabdingbarer Bestandteil ihres Alltags, vor allem für viele Jugendliche bedeutet es ihre Verbindung zur Welt. Und es hat die Gewohnheiten und das generelle Einkaufsverhalten der Konsumenten grundlegend verändert. Die nennenswerte Veränderung des Einkaufsverhaltens der Konsumenten ist in erster Linie dadurch bemerkbar, dass immer mehr Konsumenten lieber von zu Hause einkaufen. Diese Entwicklung wirkt sich sicherlich auf die Lage des deutschen stationären Handels negativ aus. Daraus wird aber auch deutlich, dass die Digitalisierung des Einzelhandels mittlerweile eine mächtige Konkurrenz gegenüber dem stationären Handel geworden ist.

Wie **Abbildung 1** zeigt, ist es bereits für viele Verbraucher selbstverständlich geworden, dank neuer Technologien überall, jederzeit und über verschiedene Kanäle, einkaufen zu können.

Die nachhaltige Digitalisierung des Käuferverhaltens führt zu veränderten Anforderungen an den Einzelhandel. Der Kunde von heute lässt sich nicht mehr in getrennten Kanälen bedienen, er kauft, wann und wo ihm gerade danach ist. Das

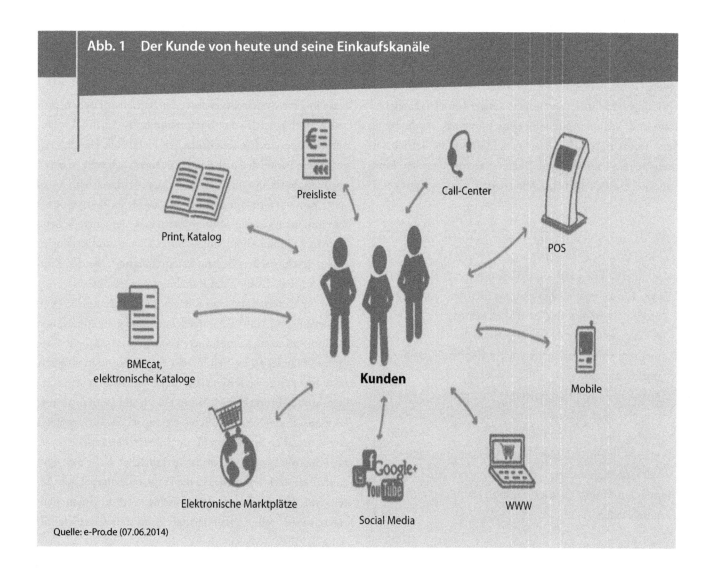

Abb. 1   Der Kunde von heute und seine Einkaufskanäle

Preisliste

Call-Center

Print, Katalog

POS

BMEcat,
elektronische Kataloge

Kunden

Mobile

Elektronische Marktplätze

Social Media

WWW

Quelle: e-Pro.de (07.06.2014)

Ziel der Kunden besteht hierbei darin, ein einheitliches Auftreten des Unternehmens und eine fundierte Beratung über alle Kanäle hinweg. Unternehmen stehen somit verstärkt vor der Herausforderung, diese Kanäle zu koordinieren und zu synchronisieren – und das zu möglichst geringen Kosten.

Dabei hat das Internet eine zentrale Stellung. „Durch die zunehmende Verbreitung von Internet- und Smartphone-Nutzung entsteht ein neues, verändertes Kundenverhalten: Kunden nutzen, entsprechend der zugrundeliegenden Motive, unterschiedliche Einkaufskanäle im Rahmen eines Kaufprozesses", schreibt Silvia Zaharia, Professorin für Marketing und International Sales Management an der Hochschule Niederrhein. „Nur Multi-Channel-Retailer mit einem hohen Grad der Interaktion zwischen den Kanälen und einem professionellen Cross-Channel-Management können auf dieses veränderte Kundenverhalten reagieren, indem sie ihnen mittels Multi-Channel-Services die Möglichkeit zum Channel-Hopping anbieten. Sie müssen ihre Absatzkanäle derart miteinander vernetzen, dass der Kunde sie gar nicht mehr als getrennte Einheiten wahrnimmt."

Dabei soll es nach Aussagen von Gerrit Heinemann dem Kunden kaum bewusst sein, dass seine Einkaufskanäle wie aus einem Guss miteinander verschmolzen werden und diese Entwicklung dazu führt, dass immer weniger von den reinen Online- und Offline-Welten die Rede sein wird, „denn beides verschmilzt zu No-Line-Systemen, in denen die Betriebsformen ineinander übergehen. Denn die technologischen Innovationen ermöglichen eine völlig neue Form der Kundenorientierung, die insbesondere der, von den Kunden geforderten, Multi-Optionalität Rechnung trägt ... Insofern sollten sich vor allem stationäre Händler mit dem Mobile-Commerce auseinandersetzen. Vor allem die Smartphones der vierten Generation machen ein völlig neues Einkaufserlebnis möglich, das sich vor allem die stationären Handelsformen zunutze machen können, indem sie beispielsweise Konsumenten gezielt mit mobilen Werbeformen in ihre Geschäfte lenken", schreibt Heinemann.

> *„Damit von Multi-Channel-Handel gesprochen werden kann, muss eine Kombination von Absatzkanälen vorliegen, die ein Kunde wahlweise nutzen kann, um Leistungen eines Anbieters nachzufragen."*

Höhere Flexibilität durch Multi-Channel

Das No-Line-System bezeichnet der Betriebswirtschaftsprofessor als höchste Evolutionsstufe im Multi-Channel –Handel und nennt dafür den britischen Elektronik-Händler Argos als ein Paradebeispiel. Seine Angaben nach geht Argos so vor, dass „es für ihn nicht mehr wichtig ist, in welchem Kanal seine Kunden einkaufen, sondern dass sie es überhaupt bei ihm und nicht bei den Mitbewerbern tun. Dementsprechend hat Argos Online-Shop, Mobile-Shop, Filialen und Katalog zu einem geschlossenen Gesamtsystem integriert, das den Kunden alle Möglichkeiten des Kanalwechsels erlaubt".

Für die Unternehmen des Einzelhandels bedeutet die Digitalisierung und Multi-Channel neben ständigem Wandel und der Innovation auch eine höhere Flexibilität. Die Möglichkeit, Online-Handel zu treiben, macht es dem Kunden möglich, nicht mehr an einen festen Standort gebunden zu sein, um ein bestimmtes Produkt zu kaufen. Durch die Digitalisierung können Kunden ohne großen ökonomischen Aufwand, wie etwa Ausgaben für Benzin für die Fahrt in den Laden, Transport der Ware, Zeit oder Stress (psychischer Aufwand), einkaufen. Hierbei stellt sich aber die Frage, ob Unternehmen bereit sind, die vom Kunden gewünschte Ware zu einem niedrigeren Preis online anzubieten als es im stationären Handel der Fall wäre.

Handlungsempfehlungen

- Unternehmen müssen sich dem Internet als erheblicher Konkurrent stellen und das Internet nicht als Bedrohung, sondern als Chance betrachten.
- Unternehmen müssen ihre Handelstätigkeiten auf mehrere Kanäle verlagern, um den Kundenforderungen gerecht zu werden.
- Aufgrund von tiefgreifenden technischen Entwicklungen sollen Unternehmen versuchen, auf nahezu allen Kanälen präsent zu sein.
- Unternehmen müssen bereit sein, aufgrund der verstärkten Digitalisierung der Konsumenten und zunehmenden Multi-Channel-Handel, sich darauf ein- und umzustellen.

Daraus wird deutlich, dass der Verkaufspreis einer der entscheidenden Faktoren im Einzelhandel bleibt, damit sich Kunden Kosten einsparen können. Eine zunehmende Bedeutung gewinnt der Multi-Channel-Handel. Dazu stellten Uwe Hoppe und Uwe Kracke bereits 1998 fest: „Die Kunden können flexibel entscheiden, ob sie online oder im Laden um die Ecke einkaufen – je nach Bedarf und Zeitbudget nutzen sie abwechselnd beide Kanäle. Die Kunst liegt darin, sie mit gutem Service und entsprechendem Sortiment dort abzuholen, wo sie gerade unterwegs sind – sei es beim Stadtbummel oder beim Surfen mit dem Tablet-PC auf der heimischen Couch. Den Unternehmen, die die beiden Kanäle online und stationär am besten miteinander verknüpfen und verzahnen und dabei die individuellen Bedürfnisse des Kunden berücksichtigen, gehört die Zukunft."

Der physische Kontext spielt nach wie vor eine bedeutende Rolle zwischen Unternehmen und ihren Kunden. Daher sind soziale Kontakte nicht nur im Alltag, sondern auch im stationären Handel von erheblicher Bedeutung und sollen und können nicht verloren gehen, wenn Online-Käufe den stationären Handel ersetzen oder immer mehr zunehmen. In diesem Fall besteht aber die Gefahr, dass der gesellige Aspekt beim Einkauf

> *„Durch die zunehmende Verbreitung von Internet- und Smartphone-Nutzung entsteht ein neues, verändertes Kundenverhalten."*

verloren geht (Familien oder Oma, Opa mit Mama und Enkelkind), wenn Kunden durch zunehmende Digitalisierung des Einzelhandels kaum noch vor die Türe gehen.

Weitere Flexibilisierung des Einkaufs

Durch neue technische Entwicklungen und vor allem durch das Smartphone werde sich das Einkaufen künftig für den Kunden noch weiter flexibilisieren. Diese Möglichkeit führt aber nicht immer und unbedingt automatisch dazu, dass der stationäre Handel überflüssig ist. Der physische Kontext spielt nach wie vor eine bedeutende Rolle zwischen Unternehmen und ihren Kunden. Er hat enormen Einfluss auf die Produktauswahl des Kunden und auf seinen individuellen Geschmack und seine Kaufentscheidung.

Damit Kunden von den aufgezeigten technischen Möglichkeiten zur Erhöhung ihrer Nutzensumme und zur Senkung ihrer Aufwandssumme in der Realität profitieren können, müssen Unternehmen mit ihren Internetangeboten dafür sorgen, dass ihr Online-Handel unter anderem auch auf die individuellen Bedürfnisse des Kunden zugeschnitten ist.

Das Internet ruft neue Vertriebskanäle hervor, verändert bestehende Handelsstrukturen des Einzelhandels und beeinflusst die Geschäftätigkeit von Unternehmen und Kundenverhalten. Das in diesem neuen Prozess gezeichnete Wettbewerbsumfeld hat darüber hinaus das Kaufverhalten von Konsumenten verändert. Das Internet ist heutzutage als ein wirksamer Vertriebskanal sehr verbreitet. Es ist nicht nur für den Warenerwerb von Bedeutung, sondern verbindet die Unternehmen mit ihren Kunden. Dadurch entstehen für die stationären Einzelhändler erhebliche Vorteile. So können sich diese Unternehmen beispielsweise den internetinduzierten Veränderungen des Konsumentenverhaltens anpassen und gleichzeitig als Multi-Channel-Händler in mehreren Distributionskanälen im stationären Handel sowie im Internethandel aktiv werden. Damit können sie gegenüber traditionellen stationären Einzelhändlern einen Vorteil realisieren. Aus diesem Grund ist die Frage überflüssig, ob das Internet in die strategischen Überlegungen eines stationären Einzelhändlers einbezogen werden soll oder nicht, sondern vielmehr, wie das

Kerngedanken

- Das Internet ermöglicht nicht nur einen effizienteren Verlauf der Verkaufs- und Kaufstätigkeit zwischen Marktteilnehmern, sondern auch den Multi-Channel-Handel.
- Multi-Channel-Handel liegt erst vor, wenn diverse Absatzwege von Kunden wahlweise genutzt werden.
- Die nachhaltige Digitalisierung des Käuferverhaltens führt zu veränderten Anforderungen an den Einzelhandel und zu seinem grundlegenden Wandel.
- Durch die Digitalisierung können Kunden ohne großen ökonomischen und psychischen Aufwand bequem einkaufen.
- Den Unternehmen, die den Online-/Offlinehandel am besten miteinander verzahnen und dabei die individuellen Bedürfnisse des Kunden berücksichtigen, gehört die Zukunft.

Internet als ein strategisches Mittel in die allgemeine Unternehmensstrategie und -struktur eingebunden werden kann.

Kunden und Handelsunternehmen haben durch das Internet die Chance, die möglichen Nachteile vom Online- und Einzelhandel abzuwägen und beide Kanäle (stationäre und digitale Kanäle) zu beanspruchen. Für die einen sind die Printmedien das Medium Nummer eins, für die anderen die digitalen Medien für bestimmte Produkte und Kunden. Das Ziel der diversen Informationswege und Absatzkanäle eines Unternehmens soll darin bestehen, seine Kunden bestmöglich zu erreichen und ihnen die Produkte attraktiver und nützlicher zu präsentieren.

Letztlich geht es bei einer Multi-Channel-Strategie darum, jedem Kunden den für ihn richtigen Absatzkanal zu bieten und dabei die unterschiedlichen Stärken zu verbinden.

Literatur

[SfP]* Bruhn, M/Heinemann, G. (2013): Entwicklungsperspektiven im Handel – Thesen aus der ressourcen- und beziehungsorientierten Perspektive, in: Crockford, G./Ritschel, F./ Schmieder, U.-M. (Hrsg.), Handel in Theorie und Praxis, Festschrift zum 60. Geburtstag von Prof. Dr. Dirk Möhlenbruch, S.29-67, Wiesbaden (ID: 4124820)

[SfP]* Heinemann, G. (2008): Multi-Channel-Handel, Erfolgsfaktoren und Best Practices. 2. Auflage, Wiesbaden (ID: 1867602)

[SfP]* Heinemann, G. (2013): Digitale Revolution im Handel – steigende Handelsdynamik und disruptive Veränderung der Handelsstruktur, S. 3-26., in: Heinemann, G., et.al. (Hrsg.), Digitalisierung des Handels mit ePace , Wiesbaden (ID: 4520984)

Hoppe,U./Kracke, U. (1998): Internet und Intranet, Anwendungsperspektiven für Unternehmen, in: Zeitschrift für betriebswirtschaftliche Forschung, 50. Jg. S. 390-404

Hurth, J. (2002): Vertrieb: Multi Channel-Marketing und E-Commerce –Zwischen Aktionismus und Mehrwert, in: Science Factory, S. 7-16. Ausgabe 1

Killer, B.: Multi Channel Strategien, 12.09.2013, In: http://www.deutsche-kongress.de/uploads/media/Multi_Channel_Strategien_DEUTSCHE_KONGRESS_Akademie.pdf. ., 30.05.2014

Margraf, S. (2011): Strategisches Multi Channel Management & Social Media im CRM: Entwicklung einer ganzheitlichen Multi Channel Management-Strategie inklusive Social Media, München

Otto, M. (2001): Versandhandel im Internet – das Beispiel Otto, in: Electronic Commerce, S. 589-599, 2. Auflage, München

Tromp, S. (2013): Die Zukunft liegt im Multichannel, in: Handel der Zukunft, Berlin

[SfP]* Zaharia, S. (2013): Integrierte Multi-Channel-Geschäftsmodelle ermöglichen Zeitersparnis beim Einkauf, S.123-135, in: Heinemann et.al. (Hrsg.), Digitalisierung des Handels mit ePace, Wiesbaden (ID: 4520992)

[SfP]* Abonnenten des Portals Springer für Professionals erhalten diesen Beitrag im Volltext unter www.springerprofessional.de/ID

[SfP] **Zusätzlicher Verlagsservice für Abonnenten von „Springer für Professionals | Vertrieb"**

Zum Thema | Multi-Channel-Handel | 🔍 Suche

finden Sie unter www.springerprofessional.de 71 Beiträge davon 9 im Fachgebiet Vertrieb   Stand: November 2014

Medium
☐ Online-Artikel (6)
☐ Interview (1)
☐ Zeitschriftenartikel (7)
☐ Buch (3)
☐ Buchkapitel (54)

Sprache

☐ Deutsch (68)
☐ Englisch (3)

Von der Verlagsredaktion empfohlen

Heinemann, G.: Best Practices im Multi-Channel-Handel, in: Heinemann, G.: Multi-Channel-Handel, Wiesbaden 2008, S. 153-186 , www.springerprofessional.de/ 1867610

Heinemann, G.: Risk-Benefit und Mythen im Online-Handel, in: Heinemann, G.: Der neue Online-Handel, Wiesbaden 2014, S. 255-273, www.springerprofessional.de/ 4647972

Produkteinführung als Gradmesser für unternehmerisches Wachstum

Unternehmerisches Wachstum entsteht durch eine zielgenaue Positionierung der eigenen Produkte, eine Ausweitung des eigenen Waren- oder Dienstleistungsportfolios oder durch die Erschließung neuer Absatzmärkte. Dabei gilt es, Chancen, und Risiken bereits im Vorfeld zu evaluieren, damit eine geplante Produkteinführung nicht zum finanziellen Desaster wird. Ein professionelles Wissensmanagement ist der Schlüssel zum Erfolg.

Markus Hoffmann

Was braucht es, um eine innovative Lösung auf einem bereits gut gesättigten Markt erfolgreich zu positionieren? Vor dieser Frage stehen Jahr für Jahr Hunderte von Produktmanagern in deutschen Unternehmen gleich jeder Branche und Größe, deren Aufgabe es ist, einen geplanten Markteintritt stichhaltig vorzubereiten. Diejenigen unter ihnen, die sich nun die ultimative Geheimformel erhofft haben, müssen wohl enttäuscht werden: Eine simple Checkliste oder aber einen Standardweg für erfolgreiche Produkteinführungen gibt es schlicht nicht. Zu heterogen ist das Feld, das sich dahinter verbirgt.

Ob es um die Marktetablierung einer gerade zum Patent angemeldeten technologischen Innovation geht, um das Release einer erweiterten Version eines bereits etablierten Produktes oder aber um eine Dienstleistung, für die ein neuer Markt erschlossen werden soll – die Wege für eine gelungene Positionierung können sehr unterschiedlich sein. Und dennoch gibt es ein Kriterium, das ganz massiv über den Erfolg oder Misserfolg einer Produkteinführung entscheidet: Wissen.

Marktkenntnis als Schlüssel zum Erfolg

De facto gilt es im Vorwege einer Neueinführung zu evaluieren, wie der Markt auf das Produkt reagieren wird. Nur dann, wenn zuvor systematisch erhoben wird, welche Lösungen die Wettbewerber bereits anbieten und inwiefern sich das eigene Produkt von ihnen unterscheidet, kann der unternehmerische Erfolg tatsächlich vorhergesagt werden. Nur dann, wenn mögliche Risiken und Hindernisse auf dem Weg zum wirtschaftlichen Erfolg der neuen Lösung sorgfältig zusammengetragen werden, kann entschieden werden, ob die Erschließung eines neuen Absatzmarktes überhaupt sinnvoll ist. Und nur dann, wenn die wichtigsten Features des eigenen Produktes klar herausgearbeitet wurden, kann es auch effizient beworben werden (siehe **Abbildung 1**).

> *„De facto gilt es im Vorwege einer Neueinführung zu evaluieren, wie der Markt auf das Produkt reagieren wird.“*

Wie professionell diese Evaluation der Gelingensbedingungen vom Anbieter vorgenommen wird, variiert sehr stark. Gerade kleinere Betriebe betreiben die systematische Wissensaggregation vor dem Markteintritt zu wenig gewissenhaft oder lassen sie gar ganz aus. Erst mit zunehmender Professionalität und Größe eines Unternehmens lässt sich eine strukturiertere Vorgehensweise beobachten, aber auch hier ist das Optimierungspotenzial groß, denn für die Vorabrecherche wird selten ein professioneller Dienstleister zurate gezogen, sondern auf die eigenen Marktkenntnisse vertraut.

In der Praxis kann ein ungenauer Blick auf den Zielmarkt allerdings schwerwiegende Folgen haben. Ein anschauliches Beispiel lieferte jüngst ein

Markus Hoffmann
ist Gründer und Vorstand der Content5 AG. Die Gründungsidee „Wissen als Dienstleistung" entstand während seines Studiums, führte 2002 zur ersten Firmengründung und wird bis heute mit Blick auf das ständig wachsende Informationsuniversum konsequent fortentwickelt.

Markus Hoffmann
Content5 AG, München, Deutschland
E-Mail: hoffmann@content5.de

amerikanisches Start-up, das eine innovative Methode entwickelte, flächendeckendes WLAN anzubieten, indem es ihr Produkt ganz einfach an die ohnehin überall aufgestellten Strommasten koppelte. Man entschloss sich bald, auf den europäischen Markt zu expandieren – ohne im Vorwege zu erheben, dass eine solche Lösung hierzulande gerade im städtischen Raum kaum funktionieren dürfte, liegen doch die Stromleitungen in europäischen Städten größtenteils unter der Erde. Diese unüberwindbare technische Hürde hätte mit einer kleinen Recherche schnell erkannt werden können, so aber führte die Unaufmerksamkeit zu großen Verlusten.

Nicht immer sind die Risiken so offensichtlich wie in diesem Fall. Wesentlich häufiger geht es bei einer geplanten Produkteinführung darum, zu erschließen, welche Regularien eingehalten werden müssen, damit ein Produkt überhaupt auf dem Markt etabliert werden kann. Oft sind dafür beispielsweise spezielle Zertifizierungen nötig. Weiß ein Unternehmen um diese Auflagen, kann es schon in der Entwicklungsphase entsprechende Anpassungen vornehmen, anstatt eine vermeintlich ausgereifte Lösung nachträglich für teures Geld abändern zu müssen, um die regulatorischen Anforderungen für ein benötigtes Zertifikat doch noch zu erfüllen. Gerade

Zusammenfassung

● Produkteinführungen auf neuen Zielmärkten sind ein wichtiger Gradmesser für wirtschaftliches Wachstum.
● Sollen sie Erfolg haben, müssen sie durch ein gezieltes Wissensmanagement strategisch vorbereitet werden.
● Verifizierte Informationen über Zielmarkt und Wettbewerber minimieren Risiken und liefern stichhaltige Argumente für den Vertrieb.
● Externe Wissensdienstleister erstellen zu diesem Zweck Reports oder fortlaufende Monitorings.

„Ein professionelles Wissensmanagement mindert die wirtschaftlichen Risiken einer Produkteinführung – und kann auch zu der Empfehlung führen, eine geplante Lösung gar nicht erst auszurollen.“

Abb. 1   Auf das Unternehmen einströmende Informationen

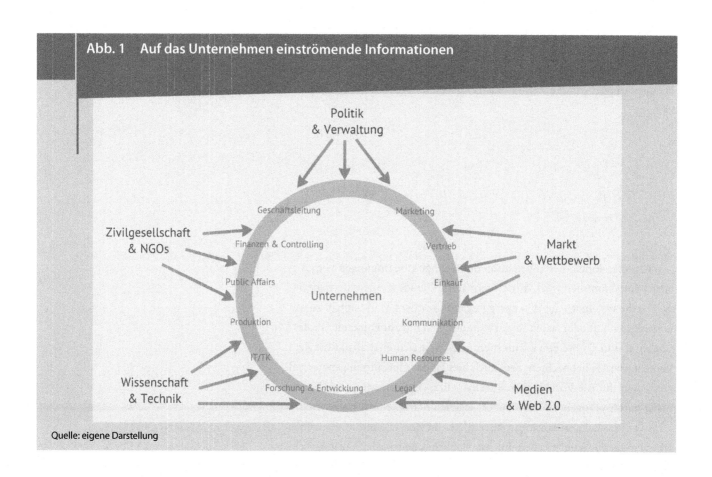

Quelle: eigene Darstellung

Konsumgüterhersteller agieren beispielsweise naturgemäß in Märkten, die stark durch politische Regulierungen bestimmt sind, die den Absatz unmittelbar beeinflussen. Ein Monitoring im Sinne eines Frühwarnsystems schafft die Grundlage für eine strategische Positionierung und weist Unternehmen auf regulatorische Problemstellungen hin.

Gute Argumente für Marketing und Vertrieb

Ein professionelles Wissensmanagement mindert folglich die wirtschaftlichen Risiken einer Produkteinführung – und kann im Ernstfall auch zu der Empfehlung führen, eine geplante Lösung gar nicht erst auszurollen, um einen Fehlschlag zu vermeiden. Wesentlich häufiger aber birgt es lukrative Chancen. Beispielsweise für ein zielgerichtetes Marketing: Mit welchen Features lässt sich in der externen Kommunikation am besten werben? Dazu kann sich auch ein Blick auf die Konkurrenz lohnen. Wenn bereits ein ähnliches Produkt am Markt ist, sollten in der Unternehmenskommunikation andere Punkte in den Vordergrund gestellt werden, als der oder die Wettbewerber hervorheben. Unter Umständen kann auch hier das Produkt in der Entwicklungsphase noch zum entscheidenden Marktvorteil verbessert werden.

Und geht es nicht um eine Ware, die im Einzelhandel verkauft werden soll, sondern um eine Lösung, die über andere Vertriebskanäle abgesetzt wird, die durch persönliche Gesprä-

> ### Kerngedanken
> • Eine gründliche Recherche über Zielmärkte und Wettbewerber ist die Basis erfolgreicher Produkteinführungen.
> • Ein Markteintritt birgt Chancen und Risiken – nur wer beide kennt, kann sinnvoll agieren.
> • Eine zweite Meinung von Experten schützt vor folgenschwerer Betriebsblindheit.
> • Überzeugende Vertriebsargumente lassen sich nur aus tiefer Marktkenntnis entwickeln.

che vertrieben wird, dann können im Vorwege sauber erarbeitete Kernargumente eine sichere Vertriebsgrundlage für das Verkaufsgespräch darstellen. Ob besonders niedriger Stromverbrauch eines Elektrokleingerätes oder die hohe Flexibilität eines neuen Versicherungstarifes: Nur wer den Markt kennt, kann seine Lösung optimal positionieren.

Eine gründliche Recherche lohnt sich also im Vorwege einer jeden Produkteinführung (siehe **Abbildung 2**). Allerdings darf die eigene „Betriebsblindheit" dabei nicht unterschätzt werden: Häufig sind Entwickler oder Entscheider derart von ihrer Lösung begeistert, dass es ihnen schwer fällt, eine objektive Erhebung des direkten Umfelds vorzunehmen. Sicherlich

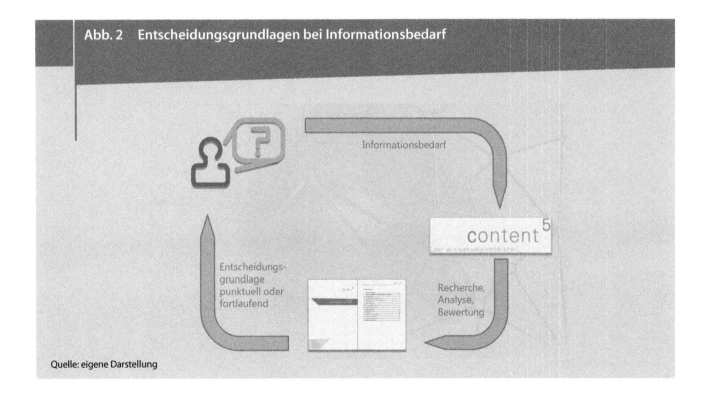

Abb. 2   Entscheidungsgrundlagen bei Informationsbedarf

Informationsbedarf

content⁵

Entscheidungsgrundlage punktuell oder fortlaufend

Recherche, Analyse, Bewertung

Quelle: eigene Darstellung

bringen sie ein hochspezialisiertes Fachwissen mit, auf das im betriebswirtschaftlichen Umfeld keinesfalls verzichtet werden sollte. Dennoch lohnt es sich, ergänzend zum eigenen Bauchgefühl einen zweiten Blick einzuholen, um Risiken rechtzeitig zu erkennen und verdeckte Potenziale zu heben.

Ein besonderes Gewicht erhält diese Empfehlung im Hinblick auf die Positionierung in außereuropäischen Zielmärkten. Will beispielsweise ein internationaler Konzern eine Consumer-Health-Care-Marke im asiatischen Raum strategisch positionieren, gilt es zunächst, alle relevanten Daten zu Marktvolumen, Marktsegmenten und Marktanteilen zu ermitteln. Auch eine konkrete Wettbewerberanalyse ist ratsam, um über die Produktportfolios und Marketingstrategien der Konkurrenz im Bilde zu sein. Hilfreich sind dabei nicht nur Daten und Fakten, sondern auch Übersichtsmaterialien wie Auszüge aus Unternehmensberichten, Broschüren oder Produktanzeigen – so entsteht ein lückenloses Bild der Wettbewerbssituation, die im asiatischen Markt ganz anders gelagert sein kann als in Zentraleuropa.

Externe Wissensdienstleister können in diesem Zusammenhang eine wichtige Funktion einnehmen. Mithilfe professioneller Recherche-Skills erheben sie die benötigten Informationen, die für eine erfolgreiche Produktetablierung von-

nöten sind. Sie sichten über das Web zugängliche Quellen ebenso wie zugangsbeschränkte Datenbanken, werten Zahlen und Fakten aus und führen bei Bedarf strukturierte Experteninterviews. Entscheidend ist auch die sprachliche Kompetenz, die externen Research-Experten zur Verfügung steht:

„Häufig sind Entwickler oder Entscheider derart von ihrer Lösung begeistert, dass es ihnen schwerfällt, eine objektive Erhebung des direkten Umfelds vorzunehmen.“

Durch ein gewachsenes Netzwerk an Spezialisten können auch in fremdsprachigen Zielmärkten Originalquellen evaluiert und in ihrer Relevanz korrekt bewertet werden.

Ob Produkteinführung im Aus- oder Inland – verifizierte Informationen aus verschiedenen Blickwinkeln sind gefragt, um Unternehmen strategische Entscheidungen zu erleichtern. Wagt ein Unternehmen erstmals den Schritt in einen ihm unbekannten Markt und betritt damit Neuland, kann ein umfas-

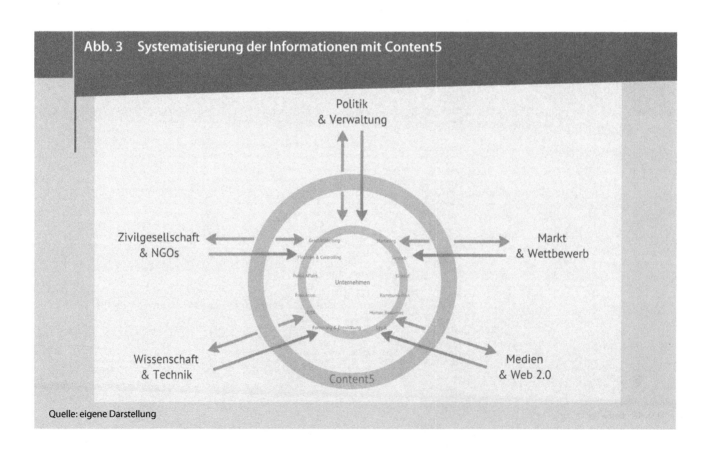

Abb. 3   Systematisierung der Informationen mit Content5

Quelle: eigene Darstellung

sender 360°-Grad-Ansatz sinnvoll sein, der sich auf die fünf relevanten Umfeldbereiche stützt, die im Zuge einer Produkteinführung Beachtung finden sollten: „Politik, Verwaltung und Öffentliche Hand als Marktteilnehmer", „Wettbewerb, Markt und Branche", „Medien & Web 2.0", „Wissenschaft & Technik" sowie „Zivilgesellschaft & NGOs". Politische und regulatorische Rahmenbedingungen von Zielmärkten werden also ebenso herausgearbeitet wie die genaue Positionierung relevanter Wettbewerber und – daraus hervorgehend – etwaige Marktnischen und Zukunftsmärkte. Die mediale Wahrnehmung eines Unternehmens, seiner Konkurrenten, seiner Produkte oder damit zusammenhängender Themenfelder stehen ebenfalls im Fokus. Aus wissenschaftlicher Sicht werden vor allem aktuelle technologische Entwicklungen sowie die Patent- und Förderlandschaft erwogen. Und schließlich stehen die Veränderungen sozioökonomischer Rahmenbedingungen und die laufenden Aktivitäten von Verbänden, NGOs und Bürgerinitiativen unter Beobachtung, um vorauszusagen, ob ein zukünftiges Produkt Gefahr läuft, auf dem Markt kritisch anzuecken.

In den seltensten Fällen beauftragen Unternehmen einen Wissensdienstleister tatsächlich mit einem derartigen Rundumschlag an Informationsbeschaffung; in der Regel sind die Fragestellungen bereits deutlich konkreter oder werden in einem ersten Auftaktgespräch präzisiert. Doch auch wenn das zu untersuchende Problemfeld intern bereits bekannt ist, lohnt sich das hinzuziehen externer Ressourcen: Durch das Outsourcing wird den internen Mitarbeitern wieder mehr Zeit und Freiraum verschafft, um die eingehenden Informationen auch tatsächlich im Sinne des Unternehmens auszuwerten und entsprechende Maßnahmen daraus abzuleiten, die die Produkteinführung sinnvoll vorbereiten oder den Vertrieb durch solide Verkaufsargumente vereinfachen.

Einmaliger Report oder fortlaufendes Monitoring

Auch komplexe Anliegen wie beispielsweise die Frage, wie groß der Markt für eine bestimmte Dienstleistung ist, können mit einem professionellen Wissensmanagement strukturierter angegangen werden. Die Herausforderung liegt hier darin, überhaupt zu evaluieren, wie groß der Markt für die geplante Dienstleistung tatsächlich ist, insbesondere dann, wenn die Verbraucher sie bei anderen Anbietern nur als Teil einer Gesamtleistung erhalten. Der Weg führt dann nicht über die Auswertung von aggregierten Kennzahlen, sondern über Experteninterviews, bei denen branchenkundige Fachkräfte

> ### Handlungsempfehlungen
> • Wagen Sie den Markteintritt nicht unvorbereitet – Wissen ist der Schlüssel zum Markterfolg Ihres Produktes.
> • Verlieren Sie politische Regularien, die Ihr Produkt beeinflussen, nicht aus dem Blick.
> • Entwickeln Sie marktgerechte Verkaufsargumente, indem Sie sich von Ihren Mitbewerbern abheben.
> • Achten Sie für die Wissensaggregation auf verifizierte Informationen, auch aus fremdsprachigen Quellen.
> • Nutzen Sie die Unterstützung eines professionellen Wissensdienstleisters.

oder Analysten darüber Auskunft geben, welchen Anteil am Gesamtumsatz eine Teildienstleistung hat. Der Zugang zu den richtigen Interviewpartnern für solche Anliegen steht Unternehmensvertretern nicht immer offen – ein professioneller Wissensdienstleister dagegen verfügt in der Regel über ein breites Netzwerk an Branchenspezialisten und kann die benötigten Informationen leichter erfragen und zielgruppenspezifisch auswerten.

Im Ernstfall kann das Ergebnis dazu führen, dass ein Dienstleister ein geplantes Rollout letztlich doch nicht wagt, weil der Markt für sein Angebot schlicht zu klein ist. Was auf den ersten Blick wie ein ärgerlicher Schritt zurück wirkt, ist in der Regel eine sinnvolle Entscheidung, die einen Dienstleister vor einem risikoreichen Schritt mit immensen Folgekosten bewahrt. Professionelles Wissensmanagement kann dem ersten Bauchgefühl eines Entscheiders also konträr entgegenstehen und offenlegen, dass vermeintliche Wachstumschancen de facto zu risikoreich sind, um sie tatsächlich zu nutzen. Mindestens ebenso oft unterstützt es aber die Ausgangsthese, dass eine Ausweitung der Geschäftsaktivitäten sich lohnt und liefert die nötige Faktenbasis, um konkrete Schritte einzuleiten (siehe **Abbildung 3**).

Ob es um das Ausloten der Chancen für eine klassische Produkteinführung geht oder aber um die Zielmarktbeobachtung für ein neues Dienstleistungsangebot, ob eine Konkurrenzbeobachtung gefragt ist oder ob schlagkräftige Vertriebsargumente erarbeitet werden sollen – am Ende der Recherche eines Wissensdienstleisters steht immer ein übersichtlich aufbereiteter Report, aus dem sich konkrete Handlungsempfehlungen zur Optimierung der Produkteinführung ableiten lassen. Dem Unternehmen bietet sich damit eine solide Entscheidungsgrundlage für die strategische Vorbereitung des Markteintritts.

Für gewöhnlich reicht ein einmaliger Report aus, um Management und Vertrieb dazu alle erforderlichen Informationen an die Hand zu geben. In manchen Fällen kann es aber auch sinnvoll sein, fortlaufende Reports über einen längeren Zeitraum hinweg erstellen zu lassen und auf diese Weise beispielsweise aktuelle Relaunches von Wettbewerbern zu artverwandten Produkten oder Dienstleistungen im Blick zu behalten. Ein Beispiel dafür ist die Automobilindustrie, ein vom engen Wettbewerb getriebener Markt. Ein deutscher Automobilzulieferer, der in diesem Umfeld langfristig erfolgreich sein und Kundenbeziehungen erhalten oder gar ausweiten will, muss die nationale und internationale Konkurrenz fest im Blick behalten.

Neben europäischen Kernmärkten und der USA sind dabei auch aufstrebende Wirtschaftsregionen aus Südamerika und dem asiatischen Raum zu berücksichtigen – und hier stoßen interne Research-Abteilungen schnell an ihre Grenzen. Mithilfe eines international vernetzten Dienstleisters lassen sich dagegen auch landessprachliche Quellen beobachten und fortlaufend in die interne Wettbewerberdatenbank einspeisen. Durch die genaue Marktkenntnis infolge eines solchen Monitorings erhöht sich die Flexibilität des Zulieferers merklich, weil die Leistungen direkt an den Bedarf der Abnehmer angepasst werden können.

Fazit

Produkteinführungen auf neuen Zielmärkten oder aber die Ausweitung des eigenen Dienstleistungsportfolios sind ein wichtiger Beitrag zu unternehmerischem Wachstum. Aber sie wollen gut vorbereitet sein, andernfalls kann es im laufenden Markteintrittsprozess zu kostspieligen Projektverzögerungen kommen. Systematisch aggregiertes Wissen über Marktvolumina, Wettberwerber und Kundenstrukturen ist daher unverzichtbar, um finanzielle Risiken im Vorwege zu minimieren und Chancen umfassend zu nutzen. Dadurch gewinnt auch der Vertrieb: Die systematische Analyse der Produkte von Konkurrenzunternehmen und ihren Marketingstrategien kann dabei helfen, die eigene Positionierung zu schärfen und auf Basis einer fundierten Marktkenntnis die besten Verkaufsargumente zu entwickeln.

SfP Zusätzlicher Verlagsservice für Abonnenten von „Springer für Professionals | Vertrieb"

Zum Thema | Produkteinführung . | Suche

finden Sie unter www.springerprofessional.de 838 Beiträge, davon 59 im Fachgebiet Vertrieb   Stand: November 2014

Medium
☐ Online-Artikel (5)
☐ Kompakt-Dossier (1)
☐ Zeitschriftenartikel (99)
☐ Buchkapitel (724)
☐ Nachrichten (9)

Sprache
☐ Deutsch (838)

Von der Verlagsredaktion empfohlen

Herrmann, A., Huber, F.: Produkte testen, in: Herrmann, A., Huber, F.: Produktmanagement, Wiesbaden 2013, S. 205-239, www.springerprofessional.de/4971642

Hass, A., Stübinger, N.: Acht Erfolgsfaktoren der Vertriebsführung, in: Hass, A., Stübinger, N.: Erfolgreiche Vertriebsführung, Wiesbaden 2014, S. 3-32, www.springerprofessional.de/ 5267146

Service

ITK-Branche schafft 10.000 Arbeitsplätze

953.000 Menschen in Deutschland werden laut aktuellen Berechnungen des Hightech-Verbands Bitkom Ende des Jahres für Unternehmen der Informationstechnologie und Telekommunikation arbeiten. Das sind 10.000 mehr als im Vorjahr. Insgesamt hat die Branche in den vergangenen fünf Jahren fast 90.000 Arbeitsplätze geschaffen. Getragen wird das Wachstum maßgeblich vom Bereich Software & IT-Services, auf den 75 Prozent aller ITK-Jobs entfallen. Dagegen sieht es bei Hardware (IT und TK) und Unterhaltungselektronik weniger gut aus. Im laufenden Jahr werden hier 3.500 Arbeitsplätze verloren gehen. Der Telekommunikationssektor schwächelt dabei schon seit Jahren. Insgesamt ist die Zahl der Erwerbstätigen hier gegenüber 2010 um 26.500 zurückgegangen.

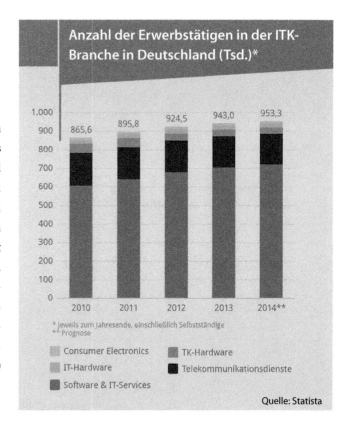

Anzahl der Erwerbstätigen in der ITK-Branche in Deutschland (Tsd.)*

Jahr	Wert
2010	865,6
2011	895,8
2012	924,5
2013	943,0
2014**	953,3

* jeweils zum Jahresende, einschließlich Selbstständige
** Prognose

- Consumer Electronics
- IT-Hardware
- Software & IT-Services
- TK-Hardware
- Telekommunikationsdienste

Quelle: Statista

Mobile und Cloud beflügeln IT-Services

IT-Dienstleister verzeichnen eine größere Nachfrage nach effizienten Daten- und Analyse-Services.

Mobile Anwendungen und Cloud Computing stehen weiterhin ganz oben auf der Agenda der Unternehmen. Vor allem die IT-Dienstleister profitieren davon. Das hat die Unternehmensberatung KPMG mit einer Befragung von 100 Entscheidern in Technologie-Unternehmen herausgefunden. Laut dem „Technology Industry Outlook 2014" geben 53 Prozent der Befragten an, dass ihre Umsatz-Prognosen hinsichtlich mobiler Dienste übertroffen wurden. Bei 46 Prozent trifft das auch auf Cloud-Services zu. Die IT-Dienstleister schreiben vor allem dem Bereich Daten und Analyse das größte Wachstumspotenzial zu. Kein Wunder, schließlich generieren, sammeln und verwerten Unternehmen durch die Cloud und mobile Apps sehr große Datenmengen. Die Hälfte (51 Prozent) der Befragten rechnet damit, mit Daten- und Analysewerkzeugen deutlich mehr Einnahmen zu erzielen. Im Vorjahr waren es erst ein Drittel.
SMP* www.springerprofessional.de/5316632

Gesetz soll Unternehmen vor Hacker-Angriffen schützen

Als Teil der Digitalen Agenda werden verbindliche IT- Sicherheitsstandards für Unternehmen geschaffen.

Die Pläne der Bundesregierung für ein IT-Sicherheitsgesetz vergleicht Innenminister Thomas de Maizière mit der Einführung der Sicherheitsgurte in den 70er Jahren. Nach anfänglichem Widerstand ist diese Sicherheitsmaßnahme heute selbstverständlich. Der Gesetzentwurf zielt nun darauf ab, die IT-Infrastruktur sensibler Bereiche in Deutschland besser abzusichern, aber auch die Datensicherheit für Anwender zu erhöhen. Dabei geht es insbesondere um die Gefahr von Hacker-Angriffen auf kritische Systeme wie Krankenhäuser, Finanzinsititute und Verkehrsbetriebe. Die Regierung plant, die IT-Infrastruktur der gesamten Wirtschaft und des öffentlichen Sektors im Rahmen der Digitalen Agenda auf einen einheitlichen Sicherheitsstandard zu bringen. Auch wenn noch offen ist, wie die deutschen IT-Sicherheitsstandards genau aussehen werden, sollten Unternehmen in den kommenden zwei Jahren ihre IT auf den Prüfstand stellen, um die neuen Regelungen fristgerecht umsetzen zu können.
SMP* www.springerprofessional.de/5313136

Buchrezensionen

Karl Herndl

Das 15-Minuten-Zielgespräch

Wie Sie Ihre Verkäufer zu Spitzenleistungen bringen

SpringerGabler, 3. Auflage

Wiesbaden, 2014

179 Seiten, 29,99 Euro

ISBN 978-3-8349-4724-6

Marco Wunderlich, Cpt. Jens J. Olthoff,
Martin Hinsch

Kann Ihr Vertriebs-Team einen Airbus
A320 auf dem Hudson landen?

Uhlenbruch, 1. Auflage

Bad Soden/Ts., 2014

248 Seiten, 39,80 Euro

ISBN: 978-3-933207-83-8

Andreas Buhr

Führung im Vertrieb

7 Schritte zur einfachen
Vertriebsführung

Inside Partner, 1. Auflage

Legden, 2014

253 Seiten, 19,90 Euro

ISBN: 9978-3-9812749-4-3

Kerngedanke

„Spitzenleistungen im Vertrieb sind immer abhängig davon, wie gut Verkäufer
von ihren Führungskräften geführt werden."

Nutzen für die Praxis

Führungskräfte im Vertrieb erfahren,
wie sie mit den richtigen Fragen Problembereiche aufdecken, Lösungen erarbeiten und mit ihren Mitarbeitern vereinbarte Ziele nachverfolgen.

Abstract

In diesem Buch wird gezeigt, wie sich
Führungsgespräche im Vertrieb in nur
15 Minuten effizient und zielgerichtet
gestalten lassen, was die häufigsten Fehler im Zielgespräch sind und wie sie vermieden werden können.

Kerngedanke

„Es ist ein guter Zeitpunkt, sich in Branchen umzusehen, die bei der Erreichung
von Qualität und Effizienz seit Jahrzehnten sehr erfolgreich sind und einen
Benchmark setzen."

Nutzen für die Praxis

Erfahren Sie, wie Sie die Vertriebsressourcen bestmöglich nutzen, Silo-
denken überwinden und systematisches
Handeln im Team fördern.

Abstract

Was die Luftfahrtbranche in drei Jahrzehnten revolutioniert hat, lässt sich auf
den Vertrieb übertragen: Ausgefeilte
Konzepte und teamorientierte Maßnahmen gleichen systemische und menschliche Schwächen zu 99 Prozent aus.

Kerngedanke

„Das Wichtigste in der Führung ist für
mich, bei Menschen die Erlaubnis zu
entwickeln, mir vertrauen zu können…"

Nutzen für die Praxis

Jedes Kapitel in diesem Buch ist aufgebaut nach den wichtigsten Praxisfragen
„Was ist in dieser Phase zu tun?", „Warum ist es zu tun?", „Wie genau ist es zu
tun?" und bietet Praxiswissen für den
sofortigen Einsatz.

Abstract

„Führung im Vertrieb" richtet sich an
alle, die vor der Aufgabe stehen, die Vertriebsleitung in einem Unternehmen zu
übernehmen, zu etablieren und zu entwickeln.

Veranstaltungen

Veranstaltungen zum Thema Vertrieb				
Datum	**Event**	**Thema**	**Ort**	**Veranstalter/Website**
24.02.2015 25.02.2015 03.03.2015 04.03.2015 05.03.2015	Best of salesRecruiting 2015: Die besten Verkäufer finden	Tagesseminar für noch mehr Vertriebserfolg. Sie erhalten einen roten Faden für die erfolgreiche Gewinnung, gezielte Auswahl, langfristige Bindung und praktische Führung der besten Talente im Vertrieb.	Hamburg Düsseldorf Frankfurt Stuttgart München	BV Bestseller Verlag GmbH www.bestseller-verlag.com
24.03.2015	Sales OnBoarding 2015: So bringen Sie Ihre neuen Vertriebsmitarbeiter sicher und schnell an den Start.	Mit einem professionellen OnBoarding-System im Vertrieb bringen Sie Ihre Verkäufer bis zu 34 % schneller bzw. bis zu vier Monate früher auf das Umsatzniveau Ihrer etablierten Vertriebsmannschaft.	Wien	BV Bestseller Verlag GmbH www.bestseller-verlag.com
17.11. - 22.11.2014	Vertriebswissen kompakt	Die Winterakademie bietet den Teilnehmern die Chance, eine professionelle B2B-Vertriebsausbildung auf der Grundlage der Miller-Heimann-Methodik zu erlangen.	Amberg	Miller Heiman Europe GmbH www.millerheiman.eu
10.12.2014	After Work: Wertschätzende Kommunikation	Die Kunst, über eine gezielte gewaltlose Sprache bessere Ergebnisse zu erreichen. Sprache ist Ausdruck der Epoche, in der wir leben und sie ist Ausdruck unserer Persönlichkeit. Über unsere Sprache nehmen wir Einfluss auf die Befindlichkeit unserer Mitmenschen. Lernen Sie ein neues sprachliches Miteinander.	Wuppertal	Technische Akademie Wuppertal e.V. www.taw.de
25.02.- 26.02.2015	3. Westdeutscher Vertriebstag	Hochkarätiges Erfolgswissen für das B2B-Vertriebmanagement: Tag 1: Mehr Umsatz und Gewinn durch Kundenorientierung und erfolgreiche Kundenbindung Tag 2: Professionelles Preismanagement	Mönchengladbach	Gesellschaft für Kongressmanagement Köhler-Lürssen GbR www.westdeutscher-vertriebskongress.de

Stichtagsklauseln in Zielvereinbarungen

Das Bundesarbeitsgericht hat seine Rechtsprechung zu Stichtagsklauseln in Ziel-/Bonusvereinbarungen nochmals verschärft.

Ein Instrument zur Steigerung der Produktivität des Vertriebs stellen Zielvereinbarungen dar: Werden vereinbarte oder vorgegebene Ziele im Geschäfts- oder Kalenderjahr erreicht, erwirbt der Mitarbeiter einen Anspruch auf einen Bonus.

Die Details solcher Zielvereinbarungen sind in der Praxis außerordentlich vielgestaltig. Oft enthalten die Vereinbarungen allerdings allgemeine Regelungen wie:

„Ein Anspruch auf den Bonus besteht nur, wenn das Arbeitsvertragsverhältnis am 31.12. des Jahres noch ungekündigt besteht."

Mit einer solchen so genannten Stichtagsklausel musste sich das Bundesarbeitsgericht erneut in einem Urteil vom 13. November 2013 – 10 AZR 848/12 auseinandersetzen.

Bisherige Rechtsprechung

Bereits im Jahr 2009 hatte das Bundesarbeitsgericht entschieden, dass eine solche Stichtagsklausel nur eingeschränkt wirksam ist: Führt die Klausel dazu, dass der Arbeitnehmer auch noch über den Bemessungszeitraum der Zielvereinbarung hinaus an das Unternehmen gebunden wird, wenn er nach der Klausel seinen Bonusanspruch nicht verlieren will, so geht das zu weit und ist unangemessen benachteiligend.

Genau dazu führt aber das Wort „ungekündigt" in vorstehend zitiertem Beispiel. Will der Arbeitnehmer seinen Anspruch nicht verlieren, darf er nach dem Wortlaut der Klausel bis zum 31. Dezember eine Kündigung nicht einmal aussprechen: Er muss damit bis Januar warten und dann noch die für ihn geltende Kündigungsfrist einhalten.

Das hielt das Bundesarbeitsgericht schon 2009 für zu weitgehend: Das Gericht strich das Wort „ungekündigt" als unwirksamen Teil aus der Klausel heraus (so genannter „Bluepencil-Test"). Voraussetzung für den Bonusanspruch blieb

Dr. Michael Wurdack
ist Rechtsanwalt und Partner der seit 40 Jahren auf Vertriebsrecht spezialisierten Kanzlei Küstner, v. Manteuffel & Wurdack in Göttingen. Tel.: +49 (0)551/49 99 60 E-Mail: kanzlei@vertriebsrecht.de Weitere Informationen, aktuelle Urteile und Seminarangebote rund ums Vertriebsrecht finden Sie auf der Kanzlei-Homepage: www.vertriebsrecht.de

danach nur noch der Bestand des Vertragsverhältnisses bis zum 31. Dezember des Jahres, also für den gesamten Bemessungszeitraum. Der Arbeitnehmer hätte somit die Möglichkeit gehabt, das Arbeitsvertragsverhältnis schon im laufenden Jahr unter Einhaltung der Kündigungsfrist zum 31. Dezember zu kündigen, ohne seinen Bonusanspruch zu verlieren.

Neue Leitlinie

Nunmehr hat das Bundesarbeitsgericht diese Rechtsprechung noch einmal verschärft. Entgegen seiner 2009 geäußerten Auffassung hält es nach der aktuellen Entscheidung vom 13. November 2013 Stichtagsklauseln grundsätzlich nicht mehr für in dem Sinne teilbar, dass das Wort „ungekündigt" isoliert aus einer solchen Regelung herausgestrichen werden kann.

Vor allem aber könne eine Sonderzahlung, die zumindest auch eine Gegenleistung für die laufend erbrachte Arbeit darstellt, in allgemeinen Geschäftsbedingungen regelmäßig nicht davon abhängig gemacht werden, dass das Arbeitsverhältnis während des gesamten Bemessungszeitraums besteht.

Wichtig: Die Überlegungen des Gerichts gelten unmittelbar nur für Zahlungen, deren Zweck es (auch) ist, geleistete Arbeit zu vergüten. Das ist bei Bonusansprüchen, die für die Erreichung von individuellen Zielen versprochen werden, regelmäßig der Fall (vgl. zu der Unterscheidung auch Beitrag „Boni in der Insolvenz des Unternehmens" in Sales Management Review Nr. 3/2014): Diese sollen ja gerade einen positiven Leistungsanreiz schaffen.

Dabei griff das Bundesarbeitsgericht auf Argumente zurück, die es bereits 2009 vorgebracht hatte: Eine Stichtagsklausel stehe im Widerspruch zum Grundgedanken des § 611 Absatz 1 BGB, da sie dem Arbeitnehmer bereits erarbeiteten Lohn entziehe. Ein berechtigtes Interesse des Arbeitgebers, dem Arbeitnehmer Lohn für geleistete Arbeit gegebenenfalls vorenthalten zu können, sei nicht ersichtlich. Diese Überlegungen würden auch dann gelten, wenn der Stichtag innerhalb des Bezugsjahres liege und die Sonderzahlung – auch – Arbeitsleistung abgelten solle, die in dem Zeitraum vor dem Stichtag erbracht wurde.

Auch in diesem Fall sei die Sonderzahlung zum Teil Gegenleistung für erbrachte Arbeit. Ein im Austausch von Arbeit und Vergütung liegender Grund für die Kürzung der Vergütung bestehe nicht. Die Kürzung erfolge vielmehr aufgrund einer aus Sicht des Arbeitgebers nicht hinreichend erwiesenen Betriebstreue. Dieser Gesichtspunkt ändere aber nichts daran, dass der Arbeitnehmer die nach dem Vertrag geschuldete Leistung erbracht habe. Irgendeine Störung des Austauschverhältnisses sei nicht gegeben.

Darüber hinaus erschwere auch ein Stichtag innerhalb des Bemessungszeitraums dem Arbeitnehmer die Ausübung des Kündigungsrechts, obwohl er seine Arbeitsleistung jedenfalls teilweise erbracht habe. Er erleide einen ungerechtfertigten Nachteil. Der Wert der Arbeitsleistung für den Arbeitgeber hänge von ihrer Qualität und vom Arbeitserfolg ab, regelmäßig jedoch nicht von der reinen Verweildauer des Arbeitnehmers im Arbeitsverhältnis.

Ausnahmen: Anderes könne allenfalls dann gelten, wenn die Arbeitsleistung gerade in einem bestimmten Zeitraum vor dem Stichtag besonderen Wert habe. Das könne etwa bei so genannten Saisonbetrieben der Fall sein, aber auch auf anderen branchen- oder betriebsbezogenen Besonderheiten beruhen. Möglich sei auch, dass eine Sonderzahlung an bis zu bestimmten Zeitpunkten eintretende Unternehmenserfolge anknüpfe. In diesen Fällen sei eine zu bestimmten Stichtagen erfolgende Betrachtung oftmals zweckmäßig und nicht zu beanstanden.

Fazit

Das Bundesarbeitsgericht hat vom Arbeitgeber vorformulierten Stichtagsklauseln in Zielvereinbarungen in seiner aktuellen Entscheidung eine deutliche Absage erteilt: Im Regelfall werden diese in der Praxis kaum noch wirksam vorgegeben werden können. Zur weiteren Begründung verwies das Gericht auch auf seine Rechtsprechung zu Bonusansprüchen in der Insolvenz, die in Sales Management Review Nr. 3/2014 vorgestellt wurde: Zusammengefasst entstehen danach Bonusansprüche pro rata temporis. Danach bereits verdiente Anteile sollen dem Arbeitnehmer nicht im Nachhinein durch eine Stichtagsklausel wieder entzogen werden können.

Die Entscheidung des Bundesarbeitsgerichts stützt sich nicht auf Besonderheiten, die nur das Arbeitsrecht vorsieht. Die Überlegungen gelten mithin in ähnlicher Weise auch in Vertragsverhältnissen mit selbständigen Handelsvertretern.

Zusammenfassung

- Eine Sonderzahlung, die zumindest auch eine Gegenleistung für die laufend erbrachte Arbeit darstellt, kann in allgemeinen Geschäftsbedingungen regelmäßig nicht davon abhängig gemacht werden, dass das Arbeitsverhältnis während des gesamten Bemessungszeitraums besteht.
- Eine andere Beurteilung kommt allenfalls bei Sonderzahlungen in Betracht, die an bestimmte Arbeits- oder Unternehmenserfolge geknüpft sind oder für bestimmte, vor dem Stichtag zu erbringende Leistungen versprochen werden.
- Diese Grundsätze dürften auch bei Zielvereinbarungen mit selbständig tätigen Handelsvertretern gelten.

In Kürze

Gehaltsbarometer für Social Media Manager

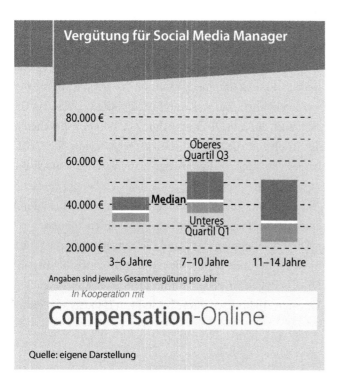

Social Media ist innerhalb weniger Jahre zu einem der wichtigsten Kommunikationsinstrumente von Unternehmen geworden. Mit dieser gewachsenen Bedeutung sind auch die Karriere-Perspektiven im Bereich Social Media gestiegen. Für den direkten Dialog mit ihren Kunden in den sozialen Netzen schaffen viele Unternehmen neue Arbeitsplätze: Social Media Manager zum Beispiel koordinieren, steuern und überwachen die Social-Media-Marketingaktivitäten der Firmen und verfolgen dabei die unterschiedlichsten Unternehmensziele: von der Steigerung der Markenloyalität durch Interaktion (beispielsweise mit einer Facebook-Spiele-App) über Marktforschung, Produktentwicklung (Crowdsourcing) und Weiterempfehlung („Word of Mouth") bis hin zu Kundenbindung und interner Kommunikation. Die Gehaltserhebung von Personalmarkt zeigt, dass eine jährliche Gesamtvergütung bis zur 60.000-Euro-Grenze möglich ist. An 22 Prozent der Social Media Manager werden Prämien gezahlt.

Dauerthema Change

Dank des schnell voranschreitenden technischen Wandels wird die Informationstransparenz beim Kunden deutlich erhöht. Der Kunde kann den Erfolg von Produkten, Dienst- und Serviceleistungen durch das Bewerten über soziale Netzwerke beeinflussen. Wettbewerber nutzen neue Vertriebswege und erhöhen den Preisdruck. So bleibt ein professionelles Change Management im Vertrieb wichtigster Stellhebel für unternehmerischen Erfolg. Viele Veränderungsprozesse laufen auch im Vertrieb gleichzeitig ab und müssen – um produktiv zu bleiben – aufeinander abgestimmt sein. Hohe Veränderungsfrequenzen sind aber in allen Unternehmensbereichen festzustellen. Dies macht die aktuelle Change-Fitness-Studie der Mutaree GmbH deutlich, wonach nahezu alle der befragten Unternehmen (96 Prozent) in der Vergangenheit von Veränderungsprozessen betroffen waren.

Mehr Social Media im E-Commerce

Social Media gewinnen bei deutschen Online-Shops immer mehr an Bedeutung. Zu diesem Ergebnis kommt die vierte Auflage der Online-Shop-Studie der Aufgesang Online Marketing GbR. Zwar sind organische Suchergebnisse – vor allem über Google – mit nahezu 82 Prozent nach wie vor wichtigster Traffic-Lieferant, doch fast alle Branchen verstärken gleichzeitig auch ihre Aktivitäten über alle Social-Media-Kanäle hinweg. Das betrifft insbesondere Shops für Kleidung, Komplettsortiment und Spielwaren (siehe Grafik). Facebook ist für alle untersuchten Shops und Bereiche mit Abstand der Social-Media-Kanal Nummer eins.

 * www.springerprofessional.de/5244026

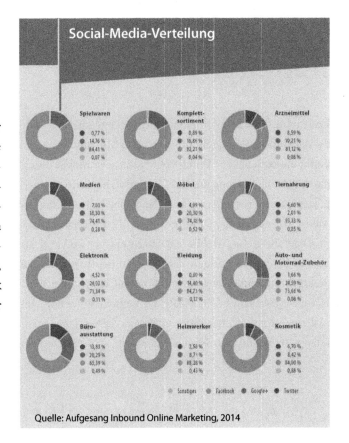

Quelle: Aufgesang Inbound Online Marketing, 2014

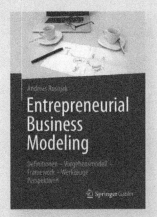

Einfluss des Mobile-Kanals auf Verbraucher nimmt rasant zu

Das mobile Internet wird immer intensiver genutzt – sowohl bei der Informationssuche als auch beim M-Commerce. Das ergibt die aktuelle G+J Mobile 360° Studie. Der Mobile-Kanal hat die Mediennutzung und das Einkaufsverhalten in nur zwei Jahren massiv verändert und ist längst im Lebensalltag der Menschen verankert. Die Ergebnisse der zum dritten Mal durchgeführten G+J Mobile 360° Studie machen im Vergleich zu den beiden vorherigen Befragungen deutlich, dass das Smartphone immer mehr zum Shopping-Instrument wird. Hatte vor zwei Jahren die Hälfte der Verbraucher schon einmal einen Kauf damit getätigt, sind es in diesem Jahr bereits knapp 70 Prozent. Der Mobile-Markt wird von Amazon be-herrscht, bei dem mehr als 80 Prozent der Nutzer mobile Bestellungen aufgaben. Ebay als Zweitplatzierter wird von etwa 42 Prozent der Befragten genutzt. Gekauft werden hauptsächlich kostenpflichtige Apps (69 Prozent), Bücher (62 Prozent) und Flug- oder Bahntickets (46 Prozent). In der Customer Journey ist das Smartphone ein sehr wichtiger Ausgangspunkt: 37 Prozent der Befragten geben an, als erstes zum Smartphone zu greifen, wenn sie Informationen über Produkte oder Dienstleistungen brauchen. Und für knapp drei Viertel ist das Smartphone ein wichtiger Kanal, um Informationen für Kaufentscheidungen einzuholen. Weitere Ergebnisse: ⒮ⓘⓟ* www.springerprofessional.de/5438338

CE & Elektro Umsatztreiber im E-Commerce

Das E-Commerce-Engagement stationärer Händler zahlt sich aus. Treiber ist insbesondere der CE- und Elektromarkt. Die starke Position der „Stationären Händler Online" im Bereich CE und Elektro zeigt sich bis auf Ebene der einzelnen Konsumgütermärkte. So werden 2014 beispielsweise rund 41 Prozent des Online-Umsatzes mit Elektro-Kleingeräten in den Online-Shops der stationären Händler erwirtschaftet. Zum Vergleich: Internet-Pure-Player kommen hier lediglich auf einen Umsatzanteil von 22,5 Prozent. Zu diesen Ergebnissen kommt die Studie „Branchenreport Online-Handel" des IFH Köln. Mehr dazu: ⒮ⓘⓟ* www.springerprofessional.de/5411756

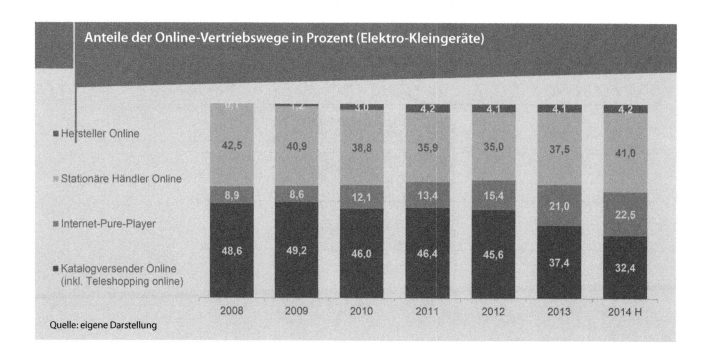

Anteile der Online-Vertriebswege in Prozent (Elektro-Kleingeräte)

	2008	2009	2010	2011	2012	2013	2014 H
Hersteller Online	0,1	1,2	3,0	4,2	4,1	4,1	4,2
Stationäre Händler Online	42,5	40,9	38,8	35,9	35,0	37,5	41,0
Internet-Pure-Player	8,9	8,6	12,1	13,4	15,4	21,0	22,5
Katalogversender Online (inkl. Teleshopping online)	48,6	49,2	46,0	46,4	45,6	37,4	32,4

Quelle: eigene Darstellung

Service der Verlagsredaktion

Der Kanal Vertrieb im Wissensportal Springer für Professionals bietet aktuelle Themen sowie fundiertes Hintergrundwissen für Vertriebsmanager. In der Datenbank finden Sie derzeit rund 40.000 Fachbücher und 300 Fachzeitschriften aus den Bereichen Wirtschaft und Technik.

Grafik des Monats aus unserer Datenbank

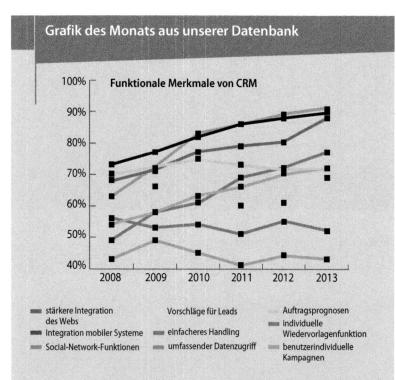

Funktionale Merkmale von CRM

- stärkere Integration des Webs
- Integration mobiler Systeme
- Social-Network-Funktionen
- Vorschläge für Leads
- einfacheres Handling
- umfassender Datenzugriff
- Auftragsprognosen
- individuelle Wiedervorlagenfunktion
- benutzerindividuelle Kampagnen

Im operativen Vertriebscontrolling zeichnet sich nach einer Studie der Unternehmensberatung ec4u expert consulting ag in einem Panel bei > 200 Vertriebsentscheidern und -anwendern über mehrere Jahre der Trend ab, dass die Vertriebsförderung sowohl in den Maßnahmen als auch in der IT-Unterstützung eine immer größere Rolle spielt.

Quelle: ec4u 2013, in: Pufahl, M. (2014): Vertriebscontrolling, 5. Auflage, S. 196, Wiesbaden, www.springerprofessional.de/5332898

Das Wissensportal Springer für Professionals

Alle Beiträge und Literaturtipps im Heft, die mit **SfP** gekennzeichnet sind, sind für Abonnenten des Portals Springer für Professionals im Volltext unter www.springerprofessional.de frei zugänglich. Abonnenten dieser Zeitschrift können das Portal drei Monate kostenfrei unter Angabe des Aktionscodes C0006818 testen und danach zum Vorzugspreis beziehen.

 www.springerprofessional.de/fachzeitschriften/

Weiterführende Inhalte aus dem Portal

Der richtige Einsatz von Sales-Instrumenten

Der richtige Einsatz von Instrumenten zur Vertriebssteuerung entscheidet über den Erfolg von Vertriebsteams.
www.springerprofessional.de/5155118

Der Vertrieb im Leistungscheck

Die Überprüfung zukunftsfähiger Marktchancen spielt in allen vertriebsgetriebenen Märkten und Prozessen eine wichtige strategische Rolle.
www.springerprofessional.de/5204054

Wenn Zeit Geld ist

In den Führungsetagen deutscher Unternehmen hat Zeitmanagement einen hohen Stellenwert. Zeit ist Geld – das gilt im besonderen Maße im Vertrieb, wo es um Umsatz und Ertrag geht.
www.springerprofessional.de/5115996

Lesetipp aus der Marketing Review St. Gallen

Controlling-Kultur als Schlüssel im Umgang mit Volatilität: Warum manche Unternehmen auf volatile Bedingungen besser reagieren als andere.
www.springerprofessional.de/5370964

Dienstleisterverzeichnis

**Präsentieren Sie Ihr
Unternehmen.**

Thema der nächsten Ausgabe:

Kundenorientierung

Die Bedürfnisse und Erwartungen des Kunden zu erkennen und sich zu bemühen, diese zu erfüllen, gilt als Maßstab von Kundenorientierung im Vertrieb. In den Vertriebsorganisationen werden kontinuierlich neue Wege diskutiert und Tools implementiert, die das Ziel haben, die Kundenorientierung zu verbessern. Ein strategischer Ansatzpunkt ist zum Beispiel der Service, ein weiterer kann der Einsatz eines professionellen CRM-Systems sein, das die Bedürfnisse und Erwartungen der Kunden in den Fokus stellt. In der nächsten Ausgabe von Sales Management Review werden die Herausforderungen, Chancen und Grenzen von Kundenorientierung beleuchtet.

Impressum

Sales Management Review
Zeitschrift für Vertriebsmanagement
www.salesmanagementreview.de
Ausgabe 6/2014 | 23. Jahrgang
ISSN 1865-6544

Verlag
Springer Gabler
Springer Fachmedien Wiesbaden GmbH
Abraham-Lincoln-Straße 46
65189 Wiesbaden
www.springer-gabler.de
Amtsgericht Wiesbaden | HRB 9754
USt-IdNr. DE811148419

Geschäftsführer
Armin Gross | Peter Hendriks |
Joachim Krieger

Gesamtleitung Anzeigen und Märkte
Armin Gross

Gesamtleitung Produktion
Olga Chiarcos

Leitung Magazine
Stefanie Burgmaier

Herausgeber
Prof. Dr. Ove Jensen
WHU – Otto Beisheim School of Management, Lehrstuhl für Vertriebsmanagement und Business-to-Business-Marketing, Vallendar

Verantwortliche Redakteurin WHU
Cristina Hofmann Gonzalez
Tel.: +49 (0)261 6509-347
E-Mail: c.hofmanngonzalez@whu.edu

Redaktionsleitung Springer Gabler
Gabi Böttcher
Tel.: +49 (0)611 7878-220
gabi.boettcher@springer.com

**Leitung Programmbereich Marketing |
Sales | Kommunikation**
Barbara Roscher
Tel.: +49 (0)611 7878-233
barbara.roscher@springer.com

Kundenservice
Springer Customer Service GmbH
Springer Gabler-Service
Haberstr. 7 | D-69126 Heidelberg
Tel.: +49 (0)6221 345-4303
Fax: +49 (0)6221 345-4229
Montag – Freitag 8.00 Uhr – 18.00 Uhr
springergabler-service@springer.com

Produktmanagement
Melanie Engelhard-Gökalp
Tel.: +49 (0)611 7878-315
melanie.engelhard-goekalp@springer.com

Verkaufsleitung Anzeigen
Mandy Braun
Tel.: +49 (0)611 7878-313
Fax: +49 (0)611 7878-78313
mandy.braun@best-ad-media.de

Anzeigenpreise
Es gelten die Mediainformationen
vom 01.10.2014

Anzeigendisposition
Susanne Bretschneider
Tel.: +49 (0)611 7878-153
Fax: +49 (0)611 7878-443
susanne.bretschneider@best-ad-media.de

Layout und Produktion
Erik Dietrich
erik.dietrich@springer.com

Titelbild
Jörg Block
info@joergblock.de

Bezugsmöglichkeit
Das Heft erscheint sechsmal jährlich.
Bezugspreise Print + Online in Deutschland: 169 € Studenten/Azubis in Deutschland 70 € (jeweils inkl. MwSt., Porto und Versand), Einzelheftpreis 33 €, Bezugspreise Print + Online im Ausland: 195 €
Jedes Abonnement enthält eine Freischaltung für das Online-Archiv auf www.springerprofessional.de/2787710 (Registrierung erforderlich). Der Zugang gilt ausschließlich für den einzelnen Empfänger des Abonnements.
Das Abonnement kann jederzeit zur nächsten erreichbaren Ausgabe schriftlich mit Nennung der Kundennummer gekündigt werden. Eine schriftliche Bestätigung erfolgt nicht. Zuviel gezahlte Beträge für nicht gelieferte Ausgaben werden zurückerstattet.

Druck und Verarbeitung
Stürtz, Würzburg

CRM Report

EXTRAAUSGABE 01 | 2014

Noch kein Vertrauen in die Wolke • CRM goes xRM • Bessere Prozesse im Vertrieb • Trends im CRM-Markt

CRM Cloud
Innovationen für den Vertrieb

Springer Gabler

Foto: © C.Baitg / iStockphoto.com

Foto: © M. Rosenthal - Fotolia.com

Service

Foto: © F. Froese / iStockphoto.com

Impressum

CRM Report
Sonderpublikation
Ausgabe 2014

Verlag
Springer Gabler
Springer Fachmedien Wiesbaden GmbH
Abraham-Lincoln-Straße 46
65189 Wiesbaden
www.springer-gabler.de
Amtsgericht Wiesbaden | HRB 9754
USt-IdNr. DE811148419

Geschäftsführer
Armin Gross | Peter Hendriks |
Joachim Krieger

Gesamtleitung Anzeigen, Märkte und Marketing
Armin Gross

Gesamtleitung Produktion
Olga Chiarcos

Gesamtleitung Publishing
Stefanie Burgmaier

Redaktionsleitung
Gabi Böttcher
Tel.: +49 (0)611 7878-220
gabi.boettcher@springer.com

Redaktion
Eva-Susanne Krah

Kundenservice
Springer Customer Service GmbH
Springer Gabler-Service
Haberstr. 7 | D-69126 Heidelberg
Telefon: +49 (0)6221 345-4303
Fax: +49 (0)6221 345-4229
Montag – Freitag 8.00 Uhr – 18.00 Uhr
springergabler-service@springer.com

Produktmanagement
Melanie Engelhard-Gökalp
Tel.: +49 (0)611 7878-315
melanie.engelhard-goekalp@springer.com

Verkaufsleitung Anzeigen
Mandy Braun
Tel.: +49 (0)611 7878-313
Fax: +49 (0)611 7878-78313
mandy.braun@best-ad-media.de

Anzeigenpreise
Es gelten die Mediainformationen
vom 01.10.2013

Anzeigendisposition
Susanne Bretschneider
Tel.: +49 (0)611 7878-153
Fax: +49 (0)611 7878-443
susanne.bretschneider@best-ad-media.de

Layout und Produktion
Erik Dietrich
erik.dietrich@springer.com

Titelbild
© vege / Fotolia.com

Bezugsmöglichkeit
Der CRM Report erscheint als jährliche Sonderpublikation. Bestell-Fax: 0611/7878-
412. Schutzgebühr: 20 Euro. Abonnenten
von Sales Management Review, Marketing
Review St. Gallen und Bankmagazin erhalten ein Exemplar des CRM Reports kostenlos.

Druck und Verarbeitung
Stürtz, Würzburg

CRM Clouds haben Zukunft

CRM Clouds sind im modernen Kundenmanagement 3.0 eigentlich nicht mehr wegzudenken. Denn sie ermöglichen dem Vertrieb einen schnellen, unkomplizierten und ortsunabhängigen Zugriff auf alle kundenbezogenen Daten. Doch die Entscheidung, welches Cloud-Modell für welche Vertriebsorganisation am besten passt, ist durchaus nicht immer leicht zu treffen, wie unser Beitrag zu den Trends bei Clouds ab Seite 4 zeigt. Wichtige Kriterien bei der Cloud-Auswahl sind beispielsweise die Datensicherheit oder der Nutzen, der durch hybride Cloud-Modelle oder Private Clouds am umfassendsten erfüllt werden.

Was in diesem Jahr besonders deutlich wird, ist ein klarer Generationswechsel von klassischen CRM-Lösungen hin zu Cloud CRM, xRM und iCRM. Gefragt sind flexible, mobile, unternehmensübergreifend nutzbare und vernetzte Systeme mit möglichst nur einem zentralen Datenpool. Doch in nicht wenigen Unternehmen schlummern noch immer veraltete Standardsysteme, die den neuen Anforderungen an das Kundenmanagement nicht mehr gewachsen sind.

Unter dem Strich geht es auf der Anbieterseite bei neuen CRM-Anwendungen mehr denn je darum, dem komplexeren Kundenbedarf zu begegnen und diesen individuell beispielsweise in mobilen CRM-Lösungen abzubilden. Denn eine aktuelle PAC-Studie zeigt: Gerade bei Mobile CRM entscheiden intelligente Reporting- und Analysefunktionen und der Nutzen für Vertriebsprozesse darüber, wie effizient Vertriebsteams mit CRM-Software arbeiten können. Standard hat ausgedient.

Eine anregende Lektüre wünscht Ihnen

Eva-Susanne Krah
Redakteurin
Springer Fachmedien
eva-susanne.krah@springer.com

Noch kein Vertrauen in die Wolke

Seit Jahren liegt es im Trend, CRM-Lösungen über das Internet zu betreiben. Dennoch sind Cloud-Computing, Software as a Service (SaaS) oder CRM on demand im deutschsprachigen Markt und in Europa nicht unumstritten. Ein Überblick über Trends und Entwicklungen bei CRM-Clouds.

Wolfgang Schwetz

Laut aktuellen Marktbeobachtungen entscheidet sich der B2B-Mittelstand bei CRM-Auswahlverfahren derzeit eher für die klassische Inhouse-Lösung, während bei global agierenden Konzernen der Einsatz von CRM-Lösungen aus der Cloud oft Vorteile haben kann.

Nach aktuellen Marktanalysen von Gartner stieg der weltweite Umsatz mit CRM-Software im Jahr 2013 um knapp 14 Prozent auf 20,4 Milliarden Dollar. Mehr als 41 Prozent davon entfielen auf SaaS-Implementierungen. Der Marktführer Salesforce.com erreichte mit rund 30 Prozent das höchste Wachstum vor SAP, dem CRM-Marktführer in Deutschland, mit knapp 13 Prozent. Microsoft wuchs in diesem Zeitraum um knapp 23 Prozent.

Cloud Computing setzt sich neben dem Vertrieb inzwischen auch in anderen Anwendungsgebieten wie beispielsweise

- Enterprise Ressource Programmen (ERP),
- Industrie-4.0-Lösungen,
- Business Intelligence,
- Human Resources oder der
- Logistik durch.

Auch Dienstleister wie beispielsweise Systemhäuser und Rechenzentren rüsten ihre Angebote für das Hosting von Cloud-Anwendungen auf. Für professionelle Cloud-Anwendungen sind gesicherte Datenzugriffe und eine ebenfalls sichere Datenspeicherung unumgänglich.

Im CRM-Markt steht Cloud Computing gemeinsam mit der Forderung nach mehr Mobilität und Social CRM seit Jahren im Vordergrund neuer Anwendungsgebiete. Kein Wunder, denn dieser Dreiklang erfordert gerade auch im Business-Einsatz im Vertrieb einen ortsunabhängigen Zugriff auf die eigenen Kundendaten über Smartphones oder Tablets. Dazu kommt die ständige Verbindung mit seinen Beziehungen auf sozialen Plattformen.

Eine aktuelle CRM-Studie der buw Consulting aus 2014 zeigt auf, dass es bereits 23 Prozent Nutzer von Social CRM und 38 Prozent Mobile-CRM-Anwendert gibt. Die Vorteile einer Cloud-basierten Lösung liegen nach Erfahrungen der Anbieter vor allem in großen Einsparpotenzialen für die IT und in einer hohen Skalierbarkeit.

Mit der Mobilität wird die Loslösung von stationären Servern gefordert und die Verlagerung der Programme und Datenspeicherung in die Cloud. Allerdings gibt es nach wie vor schwerwiegende Hindernisse, beispielsweise datenschutzrechtliche Bedenken, die gerade in der Vertriebsarbeit im Hinblick auf die Verwaltung der Kundendaten von großer Bedeutung sind.

Nur 40 Prozent von CRM Clouds überzeugt

Noch vor sechs Jahren haben sich bei einer Befragung über geplante CRM-Einführungen noch 70 Prozent für eine Inhouse-Lösung und nur zehn Prozent für eine SaaS-/On-Demand-Lösung ausgesprochen. Im vergangenen Jahr hat Techconsult in einer Untersuchung ermittelt, dass rund 40 Prozent der Befragten den Einsatz von Cloud Computing im eigenen Kundenbeziehungsmanagement für nützlich halten. Allerdings sind 53 Prozent der Befragten von Cloud Computing nicht überzeugt.

Dieser Trend wird auch durch eine neue Umfrage des IT-Matchmaker, der Online-Plattform für Softwareauswahl, untermauert. Aus ihr geht hervor, dass sich nur 15,2 Prozent der

Unternehmen für eine CRM-Software entscheiden, die auf SaaS als Betriebsmodell basiert.

In der aktuellen Erhebung zum CRM-Marktspiegel des Portalbetreibers Trovarit AG sind in Deutschland derzeit rund 140 CRM-Hersteller mit rund 160 CRM-Systemen registriert. Dabei zeigt sich, dass rund 45 Prozent der CRM-Anbieter nur über ein On-Premise-Produkt verfügen, ohne eine Cloud-Lösung im Angebot zu haben. Umgekehrt fällt auf, dass nur neun der CRM-Systeme, also nur rund sechs Prozent, ausschließlich als SaaS- beziehungsweise Cloud-Lösung verfügbar sind. Dazu gehören beispielsweise die deutschen CRM-Hersteller Scopevisio, TecArt und Wice, wobei auch diese Anbieter eine Inhouse-Lösung im Angebot haben. Die Zurückhaltung gegenüber dem Cloud Computing wird auch durch die Absage der „Cloudzone", einer regionalen Fachmesse zum Thema Cloud Computing in Karlsruhe, unterstrichen. Nach vier Veranstaltungen mit nur geringer Besucher- und Ausstellerresonanz wird es keine Fortsetzung geben.

Wolfgang Schwetz
ist Geschäftsführer von Schwetz Consulting in Karlsruhe, CRM-Experte und Herausgeber des CRM-Marktspiegels.
www.schwetz.de

Konsequenzen von Cloud CRM

Das zeigt: Aufseiten der CRM-Anbieter ist man offenbar noch nicht durchgehend davon überzeugt, dem Cloud-Computing-Trend mit oberster Priorität zu folgen. Immerhin hat die Entscheidung für Lösungen in der Wolke weitreichende IT-technische Konsequenzen: Zunächst muss die Software als Thin Client auf die Browserebene transformiert und dann auf beliebigen Anwenderoberflächen wie Notebook, Tablet oder Smartphone lauffähig gemacht werden. Entgegen des bisher üblichen „On-premise"-Betriebsmodells im eigenen Rechenzentrum oder auf eigenen Servern kommen durch den ausgelagerten Softwarebetrieb weitere Herausforderungen auf die Anbieter der CRM-Software sowie auf die IT-Dienstleister zu. Betroffen sind zum Beispiel Rechenzentren und ITK-Anbieter wie Telefon- und Internet-Provider.

IT-Experten sind sich einig, dass Cloud Computing die Welt verändert hat und weiter verändern wird. Allerdings haben viele CRM-Softwareanbieter den Schritt weg von einer geräteabhängigen Programm- und Datenspeicherung heute noch nicht vollzogen. Denn die Kunden sind angesichts vieler öffentlich diskutierter Bedenken zur Datensicherheit ausgelagerter Daten und wegen der wirtschaftlichen Vorteile nach wie vor skeptisch.

Tim Schütte, Geschäftsführer bei Cloudpartner.de, bewertet die Cloud-Situation in Deutschland so: „Bei mittelständischen Endkunden ist eine deutliche Verunsicherung zu spüren. Der Begriff Cloud ist momentan mehrheitlich negativ besetzt." Nach der Erfahrung vieler Anbieter bevorzugt der Markt gegenwärtig noch immer eher die Inhouse-Lösung. Maximilian Borgmann, Presales Consultant beim CRM-Anbieter Quinscape, bringt es auf den Punkt: „Unsere CRM-Plattform ist zwar Cloud-fähig, aber unsere Kunden bevorzugen aus Sicherheitsgründen die klassische Inhouse-Lösung."

Auch der Schweizer CRM-Anbieter BSI hat ähnliche Erfahrungen gemacht. Jens Thuesen, Verwaltungsratspräsident der BSI Business Systems Integration AG in Bern: „Wir beobachten, dass die Kunden in unserem Segment Finanzdienstleistungen Cloud-Lösungen nur in Teilbereichen von

Wolfgang Schwetz
Schwetz Consulting, Karlsruhe, Deutschland
E-Mail: wolfgang.schwetz@schwetz.de

CRM akzeptieren." „Vor allem Kunden aus der Banken-, Finanzdienstleistungs- und Versicherungsindustrie äußern Bedenken in Bezug auf die Datensicherheit. Die jüngsten Skandale rund um die NSA haben das Vertrauen in die Datensicherheit erschüttert", sagt Thuesen.

Etwa die Hälfte der rund 160 CRM-Lösungen wird im DACH-Markt sowohl als On-Premise-(Inhouse Installation) als auch als Cloud-Lösung angeboten. Dazu gehört auch ITML. Michael Stump, Director ITML-Solutions beim SAP-Systemhaus und CRM-Anbieter ITML, weiß: „Die Cloud-Systeme sind dann interessant, wenn die Integration der Prozesse überschaubar ist und der Kunde immer wieder kurzfristig die Userzahlen wechseln möchte." Der CRM-Anbieter Cursor Software AG aus Gießen betreibt seine Cloud-Lösung beispielsweise in einem deutschen Hochsicherheits-Rechenzentrum. Häufig berufen sich Softwareanbieter auf ein hybrides CRM-Cloud-Modell. Das bedeutet, dass sie ihre Software sowohl per Cloud als auch im On-Premise-Modell bereitstellen und es den Kunden überlassen, die Lösung zu wählen, die zu den eigenen Anforderungen und den jeweiligen Compliance-Regeln passt. Kunden können auch zwischen beiden Modellen wechseln.

Der Wiener CRM-Anbieter Update.Software AG fährt seit 2011 zweigleisig (hybrid) mit einer SaaS- und einer On-Premise-Lösung. Die Verkaufserfolge im vergangenen Jahr führt das Unternehmen zum einen auf eine neue Softwaregeneration zurück, zum anderen auf Anwendungen für Mobilgeräte wie beispielsweise das iPad. Zur Crm-expo 2014 wird Update die native App CRM.pad.2.0 auf dem iPad vorführen. Die

neue Version verfügt auch über einen ausgereiften Offline-Modus für Vielflieger. Laut dem Halbjahresbericht 2014 des Unternehmens gibt es nach wie vor aber „deutliche regionale und industriespezifische Unterschiede in der Adaptionsgeschwindigkeit dieses Businessmodells."

Private Cloud als Alternative

Diese Aussage führt zur Betrachtung typischer IT-Infrastrukturen als Voraussetzungen für eine erfolgreiche Cloud-Implementierung, wie sie der Vertrieb benötigt. Günstig als idealtypisches Szenario für eine CRM-Lösung aus der Cloud scheint ein globaler Einsatz in weltweit tätigen Unternehmen mit dezentral agierenden mobilen Usern in vielen Ländern. Gegen mehrere Eigenentwicklungen von Softwarelösungen in einzelnen Landesgesellschaften sprechen einerseits

- die hohen Investitionen in Systementwicklung und Hardware,
- die Personal-Ressourcen,
- der Aufwand für die Wartung der Systeme,
- der Zeitfaktor sowie
- die Gesamtkosten.

Andererseits wird in solchen Strukturen meist auch ein länderübergreifender Zugriff auf eine gemeinsame Kundenbasis gefordert, was für eine zentrale Server-Konfiguration spricht.

Ein Vorteil weltweit einheitlicher Cloud-Lösungen ist, dass sie unter einer zentralen Führung administriert werden können. Im Endergebnis lassen sich so der Entwicklungsaufwand und die laufenden Kosten minimieren sowie die Zeitpläne für die Umsetzung in den einzelnen Ländern drastisch verkürzen.

Auch für Start-ups und kleine mittelständische Unternehmen, die über zu wenig Ressourcen und Know-how verfügen, bietet sich für neue Softwareanwendungen die Cloud-Variante an. Damit kommen die Anwender ohne große Investitionen und Aufbau von Ressourcen rasch aus den Startlöchern und können flexibel nach Bedarf wachsen.

Cloud-Lösungen sorgfältig prüfen

Im jedem Fall ist es für die Unternehmen ratsam, sorgfältig zu prüfen, unter welchen Bedingungen Cloud-Computing die beste Lösung für ihr Unternehmen ist. Dazu sollten

- konkrete Anwendungsgebiete,
- Zeitaufwand und Kosten betrachtet und dann
- Vergleiche zwischen den Betriebsmodellen durchgeführt werden.

So kann zum Beispiel überprüft werden, ob eine Verlagerung des Betriebs der Software einschließlich der Datenhaltung auf

---

Zusammenfassung

- CRM in der Cloud ist nach wie vor umstritten. Nur 40 Prozent der CRM-Anwender halten CRM in der Cloud für nützlich. 53 Prozent sind von Cloud Computing nicht überzeugt.
- Cloud Computing ist nicht generell besser als die Inhouse-Lösungen. Kritisch sind Datensicherheit und Wirtschaftlichkeit.
- Kompromissmodelle sind Private Cloud, Hybrid Cloud und Kombination von Inhouse mit Cloud.
- Gute Voraussetzungen für CRM in der Cloud bieten sich für Start-ups und kleine Unternehmen, da keine Investitionen in die IT-Infrastruktur nötig sind.

einen externen Dienstleister, SaaS (Software-as-a-Service) oder Cloud-Computing, von Vorteil ist. Die Alternative einer Private Cloud – also Cloud Computing auf eigenen Servern – genießt bei den B2B-Unternehmen derzeit eine hohe Akzeptanz. Umgekehrt kann unter anderen Voraussetzungen der Inhouse-Betrieb, das sogenannte On-Premise, günstiger sein. Der amerikanische CRM-Anbieter Sugar verweist in diesem Zusammenhang darauf, dass sich gerade im deutschsprachigen Raum 87 Prozent der Kunden für eine On-Premise- oder Private-Cloud-Lösung entschieden haben. Positive Erfahrungen mit CRM in der Cloud hat beispielsweise die Vertriebsorganisation der Schweizer Vorwerk Kobold Gruppe gemacht. Die Kundenberater von Vorwerk reisen seit 2012 mit ihrem iPad zu den Kundenterminen und werden dort per Cloud-Anwendung durch das Kundengespräch geführt.

Ausgelagerte Kundendaten sind eine Cloud-Hürde

Auch der Cloud-Spezialist und CRM-Marktführer Salesforce.com spürt die Zurückhaltung der Cloud-Anwender in der DACH-Region. Vermutlich ist dies der Grund, warum bei der diesjährigen Hausmesse von Salesforce in München Anfang Juli dieses Jahres der Firmengründer und CEO Marc Benioff nicht müde wurde zu betonen, dass bei der Salesforce-Cloud die Daten den Kunden gehören. Damit wollte er vermutlich eines der schwerwiegendsten Hindernisse im deutschen Markt aus dem Weg räumen: die problematische Sicherheit der Kundendaten bei der Auslagerung in ein externes Rechenzentrum, dem Basiselement des Cloud Computing. In der Vergangenheit kam es diesbezüglich auch im Zusammenhang mit der NSA-Affäre und dem Patriot Act der USA zu zunehmender Zurückhaltung der deutschen Unternehmen gegenüber Cloud-Anwendungen. Das Unternehmen plant in Deutschland mit der neuen Plattform Salesforce1 nach eigenen Angaben Umsätze in der Größenordnung von einer Milliarde Dollar, um dort beliebige Anwendungen auf Smartphones und Tablets zu bringen. 2015 soll zudem ein eigenes Rechenzentrum errichtet werden.

Strategische Partnerschaften

Neben der Partnerschaft zwischen Salesforce mit T-Systems wurden in 2014 neue Partnerschaften und Kooperationen über Rechenzentrumsdienste für Cloud-Lösungen umgesetzt. Im Mittelpunkt dieser Partnerschaften stehen Salesforce, IBM, SAP und Microsoft. Auf der Sapphire in Orlando kündigten IBM und SAP die Verfügbarkeit von SAP-Diensten in IBMs Softlayer Cloud an. Dadurch können SAP-Anwendungen in die Cloud verlagert werden. Demnächst werden Anwenderunternehmen Salesforce-Lösungen auf ihren mobilen Geräten nutzen können, die zum Beispiel mit Windows oder Windows Phone betrieben werden. Auch das Walldorfer Softwarehaus verstärkt seine Cloud-Aktivitäten im Zusammenhang mit der neuen Hana-Technologie.

Das standortunabhängige Speichern von Daten in der Cloud vereinfacht viele CRM-Prozesse. Eng damit verbunden ist der Trend zur Mobilität auf Smartphones und Tablets. Kai Hessenmüller vom Center of Expertise for

Kerngedanken

- Cloud Computing, Mobilität und Social CRM sind wichtige Treiber für CRM im B2B-Segment.
- Der Markt bevorzugt gegenwärtig noch immer eher Inhouse-Lösungen.
- Vorteil weltweit einheitlicher Cloud-Lösungen ist, dass sie unter einer zentralen Führung administriert werden können.

CRM-Solutions bei SAP in Walldorf betont, dass sich die Nachfrage nach den klassischen CRM-Themen Sales, Service und Marketing immer stärker in Richtung Cloud bewegen. Treiber seien dabei die B2C-Branchen. Bis zum Ende des zweiten Quartals 2014 sollten verschiedene SAP-Anwendungen auf Microsofts Cloud-Plattform Azure laufen. Die beiden Unternehmen planen zudem, die Interoperabilität zwischen ihren Anwendungen und Plattformen mit einer neuen Version von SAP Gateway for Microsoft zu verbessern. Kunden sollen darüber in der Lage sein, Geschäftsprozesse zu automatisieren und via Office 365 und Azure auf SAP-Applikationen zuzugreifen. Weiterhin will man SAP Mobile Apps für Windows und Windows Phone 8.1 gemeinsam entwickeln und vermarkten. Die Karlsruher Ec4u Expert Consulting AG hat in einer aktuellen Marktstudie herausgefunden, dass die Akzeptanz von Cloud-Lösungen gegenüber 2013 deutlich gestiegen ist. Die 200 befragten Unternehmen führten als Vorteile der Cloud-Lösung die schnellere Implementierung und Investitionsersparnisse sowie besser kalkulierbare Betriebskosten an.

Neben den Megatrends Mobile, Cloud Computing, Social Media und Big Data zählt Sabine Kirchem von Ec4u zu den wichtigsten künftigen Entwicklungstrends im CRM-Markt

unter anderem: „Der Zugriff auf ein CRM-System erfolgt überwiegend webbasiert und via Tablets. Die Integration des Social-Media-Kanals im Kundenmanagementsystem wird sich in sämtlichen Unternehmen am deutschen Markt etabliert haben. Zur Förderung einer optimalen abteilungsübergreifenden Kommunikation im Unternehmen werden zunehmend unternehmensinterne Social Collaboration Networks eingeführt."

Trends bei mobilen CRM-Apps

Die folgenden Beispiele von mobilen Apps für Smartphones und Tablets dürften Vertriebsmitarbeitern im mobilen Außendienst in Zukunft interessante Optionen für die Arbeit bei Kundenterminen bieten:

BlueStone Nexus ist eine App für das Smartphone. Mit ihr können auf einem Messestand die Besucherkontakte inklusive Gesprächsnotizen erfasst werden. Dabei wird die Visitenkarte mit dem Smartphone fotografiert und die Kontaktdaten per Texterkennung automatisch so gespeichert, dass sie ebenso wie die Gesprächsergebnisse anschließend an das CRM-System oder in eine Excel-Datei übertragen werden können.

Reischer CRM Consultants GmbH und der Diktatexperte DictaTeam haben das Diktier- und Dokumentationssystem dictate on demand mobile in Microsoft Dynamics CRM integriert. Dies macht aus einem Smartphone oder einem Tablet-PC nicht nur ein Premium-Diktiergerät, es lässt sich auch in andere Software-Systeme wie CRM integrieren. Das ermöglicht einen durchgängigen Workflow.

Mehr Datensicherheit in der Wolke

Nachdem die Datensicherheit ein wesentliches Hemmnis für den Durchbruch des Cloud Computing darstellt, haben sich diesen Punkt alle CRM-Anbieter auf die Fahnen geschrieben. Cloud Services „made in Germany" fordert zum Beispiel Peter Kobler, Geschäftsführer beim CRM-Anbieter Adito. Damit sollen die deutschen Gesetze zur Datensicherheit und Compliance-Vorgaben erfüllt werden. Die Datenspeicherung in deutschen Rechenzentren müsse Vorrang haben gegenüber Standorten in Osteuropa und den USA. Um die Sicherheitsbedürfnisse deutscher Unternehmen zu erfüllen, hat der Bundesverband IT Mittelstand (BITMi) unter der Schirmherrschaft des Bundesministeriums für Wirtschaft und Energie auf der CeBIT 2014 das Gütesiegel „Software Hosted in Germany" verabschiedet. Durch eine Selbstverpflichtung der Geschäftsführer der Anbieter von Softwarelösungen aus der

CRM Marktspiegel 2014

Wolfgang Schwetz: CRM-Marktspiegel 2014 – mit 140 CRM-Softwareherstellern, 160 CRM-Systemen und 120 CRM-Systemintegratoren, 390 Seiten, 300 Euro zzgl. Versandkosten und Mwst. Bestellung über www.schwetz.de

Cloud sichern diese den Datenzugriff, den Standort der Rechenzentren und das ausschließlich angewandte deutsche Recht verbindlich zu. Eine unberechtigte Weitergabe von Software und von Daten an Dritte wird ausgeschlossen. Martin Hubschneider, Vorstandsvorsitzender der CAS AG, sieht Cloud-Lösungen aus deutschen Rechenzentren daher im Aufwind: „Auf dem Weltmarkt eröffnen sich vor dem Hintergrund der NSA-Diskussionen für Software-Hosted-in-Germany enorme Chancen. Die Kunden wünschen sich deutsche Qualität, beste Verfügbarkeit, Zukunftssicherheit und begründetes Vertrauen in den Datenschutz – gerade bei ihren sensiblen Unternehmensdaten im Internet.“

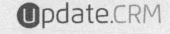

CRM goes xRM

IT-basiertes, persönliches Kundenmanagement hat weder an Faszination, Potenzial noch Relevanz verloren. Doch klassische CRM-Instrumente sind in die Jahre gekommen. Schlanke, mobile und hoch effiziente xRM-Systeme leiten daher die Wachablösung konventioneller CRM-Software ein.

Markus Zink

Obwohl lange Jahre im Vertrieb der Unternehmen etabliert, offenbaren klassische CRM-Lösungen inzwischen einige Schwachstellen. Frustrierte Mitarbeiter, verärgerte Kundschaft, irritierte Partner und ausufernde Zeit- wie Kosten-Budgets stehen dem CRM-Ziel des optimierten Kundenmanagements inzwischen diametral gegenüber. Kurzfristige Reaktionen auf dynamisches Kundenverhalten sind bei statischen und isolierten, klassischen Systemen für das Customer Relationship Management (CRM) eher die Ausnahme denn die Regel. Ein weiteres wichtiges Thema ist oftmals die mangelhafte Datenqualität herkömmlicher CRM-Lösungen. Müssen beispielsweise Office-Dokumente und E-Mails manuell hinzugefügt werden, sind Lücken vorprogrammiert. Fehlen Dokumente aus anderen Fachabteilungen, wie Projektplanungen, Spezifikationen oder Kalkulationen des Vertriebs, wird das CRM-System zum unkalkulierbaren Risiko. Integrierte CRM-Software der neuen Generation ist im Vergleich dazu nach dem xRM-Prinzip aufgestellt.

Im Gegensatz zu klassischer CRM-Software, die Kundendaten und Kontakte primär erfasst und verwaltet, analysiert xRM-Software der neuen Generation hingegen jegliche Beziehungen in- und außerhalb einer Organisation.

Zusammenfassung
- xRM-Software verwaltet jegliche Beziehungen in- und außerhalb einer Organisation.
- Unternehmen sollten ausbaufähige Lösungen einsetzen, sodass ERP/ECM- und CRM-Funktionalitäten aus einem einzigen System heraus verfügbar sind.
- Alle Daten sollten in Datenpools gebündelt werden.

Der Begriff xRM ist eigentlich ein Akronym. Die Abkürzung „x" Relationship Management dient als Variable im Sinne von „any" oder „anything". Im Gegensatz zu klassischer CRM-Software, die Kundendaten und Kontakte primär erfasst und verwaltet, analysiert xRM-Software jegliche Beziehungen in- und außerhalb einer Organisation. Eine solche CRM-Software sorgt außerdem für durchgängige Automatismen. Das bedeutet: Alle Korrespondenzen, E-Mails oder Dokumente sollen automatisch in einer Kundenakte hinterlegt sein. Weiterhin dürfen diese Dokumente im Sinne ihrer Eindeutigkeit nur einmal verfügbar sein. Bei Änderungen muss die jeweils neue Version hinterlegt und für Beteiligten verfügbar sein.

Integriert statt isoliert

Zudem sollten bei Bedarf ausbaufähige Lösungen eingesetzt werden, so dass die volle ERP/ECM- und CRM-Funktionalität aus einem einzigen System heraus verfügbar ist. Auswertungen lassen sich dann per Knopfdruck auf Basis von Echtzeitinformationen erzeugen und müssen nicht erst manuell konsolidiert werden. Falls erforderlich, können die Daten in Experten-Programme wie zum Beispiel Excel oder Access weiterexportiert werden. Die zeitaufwändige Aufbereitung und Normierung von Daten aus unterschiedlichen Quellen sollte jedoch der Vergangenheit angehören.

CRM eliminiert keine erfolgskritischen Risiken

Ein weiteres Manko klassischer CRM-Software: Die Anwendungen können im Regelfall keine Prognose über die Liquidität von Kunden, die Termintreue bei Zahlungen oder die grundsätzliche Bonität von bestimmten Kunden bieten. Diese Informationen stehen dem Vertrieb und Marketing bei integrierten CRM-Tools der neuen Generation vor den großen Akquise- und Geschäftsanbahnungsinvestitionen automa-

Kerngedanken

- Moderne xRM-Systeme bündeln, sortieren und aktualisieren Daten automatisiert.
- Sie ermöglichen ein Informationsmanagement unabhängig von Standort, Zeit und verwendetem Endgerät.
- xRM-Anwendungen sind benutzerfreundlich und entlasten alle Mitarbeiter – vom Empfang bis zum Controlling.

tisch zur Verfügung. Prioritäten können so anders gesetzt oder Zahlungsbedingungen so verändert werden, dass Außenstände in großer Dimension gar nicht erst auflaufen – zum Beispiel durch engmaschige Milestone-Zahlungen, Vorauskasse oder Zahlung bei Lieferung und nicht bei Abnahme. xRM-Lösungen können diese Risiken frühzeitig erfassen, aufzeigen und eliminieren. Dabei werden alle Daten in einem System integriert. Angefangen von der Prüfung der Adressen auf Mahnsicherheit in Verbindung mit einer Adressaktualisierung bis hin zu detaillierten Wirtschafts- und Bonitätsauskünften zu Kunden und Lieferanten. Auf dieser Datengrundlage lässt sich profunde beurteilen, ob und wie ein Kundengeschäft angebahnt werden kann. Dokumente sollten in einem Datenpool gebündelt und aktualisiert werden, damit sie abteilungsübergreifend zur Verfügung stehen. Das reduziert die Komplexität und erhöht den Output im Kundenmanagement.

E-Collaboration noch in den Kinderschuhen

E-Collaboration wird zwar seit einiger Zeit in Verbindung mit CRM-Software gepredigt, findet im klassischen CRM-Umfeld jedoch noch kaum statt. Damit hinkt klassische CRM-Software den Workflows von heute deutlich hinterher. Die Zusammenarbeit mit in- und/oder externen Beteiligten, wie Kollegen, Abteilungen, Lieferanten und Kunden durch ein entsprechendes Rechtemanagement, ist eine Kernfunktionalität von ECM-Systemen. Diese ist Stand heute jedoch noch völlig entkoppelt vom CRM. Das führt zur Parallelverwendung zweier Systeme mit der Konsequenz der doppelten Datenhaltung und fehlenden Aktualisierungsmöglichkeiten. Im Zusammenspiel mit externen Dienstleistern, Lieferanten und Kunden, aber auch im eigenen Unternehmen müssen Dokumente jeweils in der neuesten Version nur einmal verfügbar sein und eine automatische Versionierung mit Backup sichergestellt werden. Sie sollten außerdem mobil abgerufen werden können. Gefragt sind künftig schlanke xRM-Systeme, die mit den Geschäftsprozessen des 21. Jahrhunderts Schritt halten.

Markus Zink ist Leiter Marketing beim Anbieter für Cloud-Unternehmenssoftware Scopevisio AG in Bonn.

🆂🅵🅿* Mehr zum Thema xRM erfahren Sie unter www.springerprofessional.de/5325084.

Bessere Prozesse im Vertrieb

Mobile Kundenmanagement-Lösungen ermöglichen den Datenzugriff in Echtzeit und verbessern den Kundendialog. Wie Vertriebsteams von modernem Mobile CRM profitieren.

Eva-Susanne Krah

Von der Dokumentation von Kundenbesuchen über mobiles Kampagnenmanagement im Vertrieb bis hin zur laufenden Information der Außendienstteams sind mobile CRM-Tools auf Smartphones, Ios-basierten iPads oder Laptops in den Unternehmen inzwischen weit verbreitet: Laut einer branchenübergreifenden Studie von Pierre Audoin Consultants (PAC) unter mehr als 100 deutschen Unternehmen in den Bereichen Vertrieb, Kundenservice und Marketing werden in 90 Prozent der Firmen bereits mobile CRM-Anwendungen eingesetzt. In 70 Prozent der Unternehmen sind dies vorwiegend webbasierte Lösungen. Führungskräfte in 38 Prozent der Unternehmen planen dieses Jahr Investitionen in mobile CRM-Anwen-

dungen. Und in 45 Prozent der Organisationen nutzen mehr als drei Viertel aller CRM-Anwender ihre CRM-Lösungen auf mobilen Endgeräten wie beispielsweise auf Laptops. Der Blick auf den weltweiten Markt zeigt, dass der Nutzungsgrad für mobile CRM-Applikationen auch länderübergreifend rasant wächst: Für das Jahr 2014 progostizieren die Marktforscher der Gartner Group, dass sich das Marktvolumen von Apps verfünffachen wird. Gleichzeitig wird die Zahl der verfügbaren mobilen CRM-Applikationen 1.200 erreichen. Damit sind mobile CRM-Lösungen aus Sicht von Gartner einer der am stärksten wachsenden CRM-Trends. Die Akzeptanz wird mit schnelleren Internetverbindungen und stärkeren Verbrei-

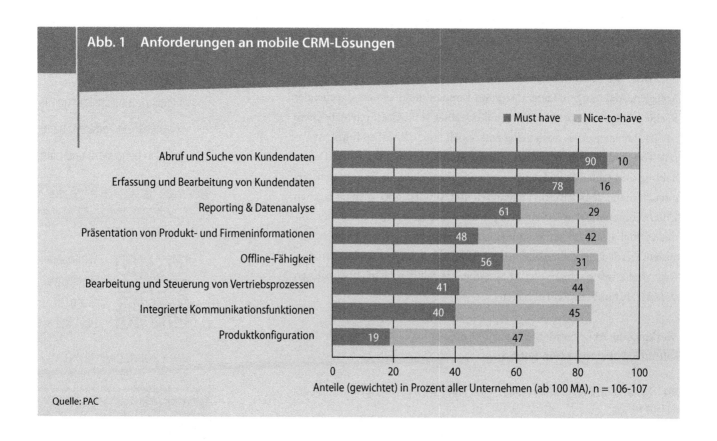

Abb. 1   Anforderungen an mobile CRM-Lösungen

■ Must have   ■ Nice-to-have

	Must have	Nice-to-have
Abruf und Suche von Kundendaten	90	10
Erfassung und Bearbeitung von Kundendaten	78	16
Reporting & Datenanalyse	61	29
Präsentation von Produkt- und Firmeninformationen	48	42
Offline-Fähigkeit	56	31
Bearbeitung und Steuerung von Vertriebsprozessen	41	44
Integrierte Kommunikationsfunktionen	40	45
Produktkonfiguration	19	47

Anteile (gewichtet) in Prozent aller Unternehmen (ab 100 MA), n = 106-107

Quelle: PAC

tung mobiler Endgeräte dynamisch weiter wachsen, so die Marktforscher von Gartner.

Bessere Serviceabläufe im Vertrieb

Die Nutzung von Mobile CRM im Kundenmanagement hat auch deshalb wachsende Bedeutung, weil sich durch den schnelleren Zugriff auf wichtige Kundendaten, Besuchs- und Aktivitätenberichte oder archivierte Vertriebsinformationen letztlich die Prozesse und die Servicequalität gegenüber dem Kunden im Vertrieb verbessern. Zudem unterstützen mobile Anwendungen beispielsweise im Einsatz auf Tablets maßgeblich die Kundenberatung vor Ort, weil sich die Nutzerfreundlichkeit erhöht und Kunden aktiv im Beratungsgespräch mit einbezogen werden können, insbesondere bei Präsentationen. Weitere Beispiele dafür liefern die Versicherungs- und die Bankenbranche. Hier profitieren Kunden und Vertriebsmitarbeiter nicht nur durch den schnellen Datenabruf und die Möglichkeit, mobil vor Ort vollständige Vertragsabschlüsse zu tätigen, sondern auch, weil sie ein vollständiges Dokumentenmanagement basierend auf mobile CRM durchführen können, das andere Abteilungen wie den Vertriebsinnendienst einbindet. Dazu gehört die Zusammenstellung wichtiger Vertragsdokumente, die für einen Auftrag zusammengeführt und Kunden meist im Nachgang zugesendet werden müssen.

Die Hebelwirkung von mobilem CRM auf externe und interne Kundenprozesse wird im Vertrieb als hoch eingeschätzt. So sehen laut der PAC-Studie beispielsweise 40 Prozent der befragten Abteilungsleiter einen hohen Bedarf, in ihrem Unternehmen Abläufe im Kundenmanagement effizienter zu gestalten. Dabei geht es um eine

- schnelle Reaktion auf Kundenanfragen,
- umfassende Angebotserstellung und
- die beschleunigte Auftragserfassung neuer Kundenabschlüsse sowie

Zusammenfassung
- Mobile CRM-Tools sind einer der weltweit am stärksten wachsenden CRM-Trends.
- Mobile CRM-Lösungen machen Vertriebs- und Serviceinformationen orts- und zeitunabhängig verfügbar.
- Anwendungen der Generation Mobile CM 3.0 müssen hybridfähig und sowohl online als auch offline anwendbar sein.

• schnelle Updates aller nötigen Vertriebsinformationen. Zudem sind Faktoren wie

• der Aufbau eines Vertriebsreportings,

• Business Intelligence-Strukturen und

• optimierte Außendienst-Strukturen

durch mobile CRM-Software steuerbar.

Aufgrund der komplexer werdenden Kundenbedarfe sind laut Studie jedoch zunehmend sogenannte Customized-Lösungen im Mobile CRM gefragt. Obwohl Vertriebsmitarbeiter im Außendienst in der Regel mit Laptops und Smartphone ausgestattet sind, findet die eigentliche Interaktion mit den Kunden immer häufiger auf Tablet-PCs statt. So überrascht es nicht, dass es für 60 Prozent der befragten Unternehmen zwar wichtig ist, mobiles CRM auf Laptops zu nutzen. Doch jedes zweite Unternehmen möchte bei mobilen Kundenmanagement-Lösungen am liebsten über den Tablet-PC

„Aufgrund komplexer Kundenbedarfe sind zunehmend kundenindividuelle Mobile-CRM-Lösungen gefragt. "

zugreifen – nicht zuletzt wegen des höheren Bedienkomforts und der besseren Präsentationsmöglichkeiten. Die Ergebnisse zeigen, dass Tablet-PCs mit mobilen CRM-Anwendungen künftig immer stärker zum entscheidenen Werkzeug des mobilen Vertriebs werden.

Anbindung an nachgelagerte Prozesse

Wesentlich bei Mobile-CRM-Lösungen der Generation 3.0 ist die Anbindung an vor- und nachgelagerte Serviceprozesse im Vertrieb. Dies betrifft beispielsweise die Integration aller Kundendaten im Servicecenter oder dem Vertriebsinnendienst, der dann die Besuchsplanung über die aus mobilen CRM-Anwendungen generierten Informationen weiter steuern kann. Eine weitere Anforderung an ortsunabhängige Lösungen ist die Hybrid-Fähigkeit. Mobile CRM muss heute sowohl als Online- wie auch als Offline-Lösung einsetzbar sein. Zudem haben CRM-Manager laut einer Trenderhebung der Cintellic Consulting Group die Anforderung, mobiles Kundenmanagement auch in Kombination mit vielfältigen Informationen aus dem (Social) Web zu nutzen und das gesammelte Wissen wiederum direkt für die persönliche Ansprache von Kunden oder Interessenten in den digitalen Kanälen zu nutzen. So beispielsweise im Cross-Selling, für multimediale Kampagnen

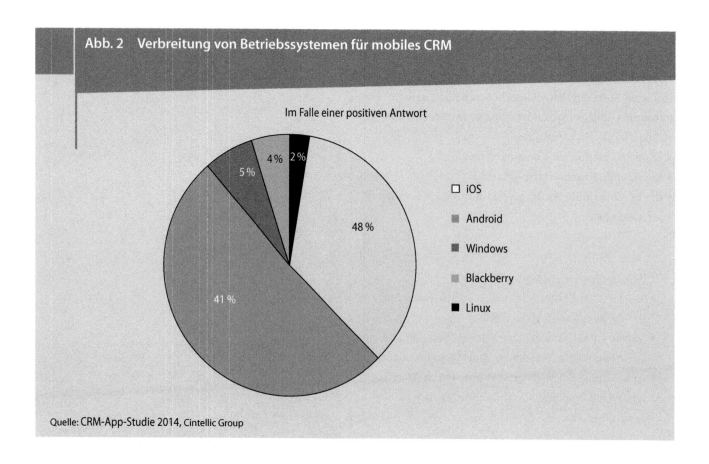

Abb. 2 Verbreitung von Betriebssystemen für mobiles CRM

Im Falle einer positiven Antwort

2 %
4 %
5 %
48 %
41 %

☐ iOS
▨ Android
▨ Windows
▨ Blackberry
■ Linux

Quelle: CRM-App-Studie 2014, Cintellic Group

Kerngedanken
- Mobiles CRM muss heute sowohl als Online- wie auch als Offline-Lösung einsetzbar sein.
- Tablet-PCs mit mobilen CRM-Anwendungen werden zum entscheidenden Werkzeug des Vertriebs.
- Modernes mobiles CRM verknüpft zentral verwaltete Daten aus verschiedenen Quellen in nur einem System.

mit Bestandskunden oder in der Neukundengewinnung. Weiterhin lassen sich in der Zusammenführung von mobilen CRM-Daten und Dashboards aus Social-Media-Daten für den Vertrieb mit allen wichtigen Informationen und Kennzahlen erstellen. Sie fließen in den Vertriebs-Forecast ein und ermöglichen einen kundenzentrierten Blick auf bestehende und künftige Kundenbeziehungen. Im Vertrieb lassen sich mobil abrufbare Informationen vielfältig nutzen: So sind beispielsweise Reports zu aktuellen Vertriebs- und Marketingkampagnen, Auswertungen zur aktuellen Vertriebskennzahlen oder auch Detailinformationen zu spezifischen Produkten auf Knopfdruck präsent und unterstützen die Vertriebsarbeit des Außendienstes. „Mobile Business-Intelligence-Lösungen bringen sowohl im analytischen als auch operativen CRM großen Mehrwert", ist man im Beratungshaus Cintellic überzeugt. Genauso wichtig sind jedoch entsprechend professionelle, intuitiv aufgebaute Darstellungen und Navigationsmög-

lichkeiten. Sie müssen speziell auf die Darstellung auf mobilen Endgeräten ausgelegt sein. Einige Lösungen hinken hier der Entwicklung noch hinterher, was eine effiziente Nutzung zuweilen noch eher erschwert. In Hinblick auf Business-Intelligence-Systeme verweist der Trendreport darauf, dass zunehmend sogenannte „Self-BI-Systeme" mobile CRM-Anwendungen ergänzen. Da umfangreiches Wissen von Unternehmen innerhalb verschiedener Auswertungs- und Analyseprozesse generiert wird, könnten über solche Systeme Potenzialanalysen, Recherchen oder auch Informationen aus laufenden Kampagnendaten direkt abgerufen werden. Vertriebsmitarbeiter können durch den Echtzeit-Zugang zudem im Kundenkontakt Fragen direkt beantworten.

Ein Log-in für alle CRM-Systeme
Die wachsende Mobilität im Kundenbeziehungsmanagement stellt laut der Studie nicht nur aus der Kundensicht ein Trendpotenzial dar, sondern bildet es auch in den Unternehmen selbst die Basis für den Einsatz mobiler CRM-Lösungen. Die nächste Stufe wird die nahtlose Verknüpfung verschiedener Nutzungsquellen im Vertrieb auf nur ein umfassendes CRM-System mit nur einem zentralen Log-in sein. Nutzer werden dann alle Daten in einer zentralen Online-CRM-Plattform zusammenführen können. Dies bietet zum einen die Chance für eine bessere Datenkontrolle. Zum anderen sorgt es für eine geringere Abhängigkeit von einzelnen Applikationen.

Eva-Susanne Krah ist Redakteurin bei Springer Fachmedien mit dem Schwerpunkt Vertrieb und IT.

---

sfp Zusatzservice für Abonnenten von „Springer für Professionals | Vertrieb"

Zum Thema Mobiles CRM 🔍 Suche

finden Sie unter www.springerprofessional.de 2.431 Beiträge, davon 228 im Fachgebiet Vertrieb   Stand: September 2014

Medium
- ☐ Online-Artikel (23)
- ☐ Kompakt-Dossiers (5)
- ☐ Interview (1)
- ☐ Zeitschriftenartikel (426)
- ☐ Buchkapitel (1.975)
- ☐ Veranstaltung (1)

Sprache
- ☐ Deutsch (1.255)
- ☐ Englisch (1.175)

Von der Redaktion empfohlen

Haaßengier, R. (2013): Mobile Kundendaten schnell erfasst, in: CRM Report 2013, Wiesbaden, Ausgabe 13/2013, S.14-15, www.springerprofessional.de/ 4743302

Mann, A./Watt,G./Matthews, P. (2013): Pull and Push, in: The innovative CIO, Wiesbaden, S.83-101, www.springerprofessional.de/4992778

iCRM für Organisationen

Der US-CRM-Anbieter Sugar CRM bringt eine iCRM-Version für den Einsatz in Organisationen auf den Markt.

Unter dem diesjährigen Motto „Putting the ‚i' in CRM" stellt SugarCRM, Anbieter von CRM-Lösungen, die neue Rolle des Individuums bei der Schaffung von außergewöhnlichen Kundenbeziehungen auf der CRM-expo in den Mittelpunkt, die vom 8. bis 10. Oktober 2014 in Stuttgart stattfindet. Die neue Lösung macht Vorteile des iCRM-Ansatzes für Organisationen nutzbar. Nach Angaben des Herstellers können mit der CRM-Software intelligentere und nachhaltigere Kundenerlebnisse aufgebaut werden – statt simplem Reporting- und Tracking-Werkzeug ist der Fokus stärker auf die individuellen Anforderungen des Mitarbeiters ausgerichtet. „Mit der neuen Version unserer Lösung, die den Fokus auf den individuellen Nutzer legt, schaffen wir ein individuell steuerbares Kundenerlebnis", erklärt Henning Ogberg, Executive Vice President Worldwide Sales von SugarCRM. Das Unterneh-

men stellt gemeinsam mit den sechs Business-Partnern Insignio, DRI, Fellow Consulting, ISC, atlantis media und My-CRM verschiedene CRM-Lösungen auf Basis von Sugar vor. Das Software-Tool soll in der Lage sein, Daten nicht nur einfacher und anschaulicher zu präsentieren, sondern sie auch auf einem Bildschirm mit einfacher Navigation verfügbar machen. Die Customer-Engagement-Plattform bietet eine 360-Grad-Sicht auf die Kunden sowie ein individuelles und lückenloses Kundenmanagement. Weitere Neuerungen sind sogenannte Activity-Streams, die für eine effiziente Zusammenarbeit von Teams eingebunden werden können, sowie eine gleichbleibende Dateneinsicht auf allen eingesetzten Endgeräten und nutzerfreundliche Personalisierungswerkzeuge. „iCRM" soll es ermöglichen, die gesamte Vertriebsorganisation noch besser zu vernetzen.

Neue Android-Version für mobiles CRM

Für mobile Endgeräte mit Android-Betriebssystem gibt es neue Anwendungen mit erweiterten Funktionen, die für mobiles CRM unterwegs genutzt werden können.

Das Konstanzer Softwareunternehmen Cobra bietet zur CRM-expo die native App mit einem erweiterten Funktionsumfang an. Die intuitivere Bedienbarkeit sorgt laut dem Anbieter für bequemes Arbeiten von unterwegs. Die App für iPhone und iPad glänzt mit weiteren Features, die dem Außendienst Zeit sparen, die er in die Kundenbetreuung und andere Vertriebsarbeit investieren kann. Das Mobile-CRM-Tool für Android ist eine native App, die laut dem Unternehmen speziell für Tablets oder Smartphones mit dem Google-Betriebssystem entwickelt und angepasst wurde. Außendienstmitarbeiter im Vertrieb können mit der Anwendung alle wichtigen Informationen direkt auf ihrem Tablet oder Smartphone abrufen und gegebenenfalls bearbeiten. Berichte können dann beispielsweise im Anschluss an einen Kundentermin direkt über die mobilen Geräte der Außendienstmitarbeiter eingegeben werden. Die Änderungen werden sofort in

der zentralen Cobra-Datenbank des Unternehmens gespeichert und die doppelte Datenpflege für den Vertrieb entfällt somit. Neben den Adressdaten ermöglicht die App außerdem den Zugriff auf alle wichtigen Informationen und Kundentransaktionen. So können unterwegs beispielsweise auch Vertriebsprojekte aufgerufen sowie offene oder erledigte Servicefälle angezeigt und zeitnah bearbeitet werden. Weitere Funktionen der Applikation sind zum Beispiel die Erfassung von Terminen, die Speicherung von Fotodateien zu Kundendatensätzen oder eine Unterschriftenfunktion. Auch eine native App für das Apple-Betriebssystem iOS wurde im Funktionsumfang erweitert. Dies soll dem Vertrieb mehr Flexibilität in der Kundenbetreuuung über iPhone und iPad ermöglichen.

SIP[*] Mehr zum Thema finden Sie auf www.springerprofessional.de/4944534.

IT-Sharing und Outsourcing im Trend

IT-Sharing liegt im Trend bei großen wie kleinen und mittleren Unternehmen. Dabei geht es um die Nutzung einheitlicher, automatisierte Plattformen in der IT-Infrastruktur.

Flexibilität, Mobilität und Kostenoptimierung erfordern die Neuausrichtung von Unternehmen in Vertrieb, Organisation, IT und Kundenmanagement. Insbesondere durch mobiles Arbeiten müssen Daten und Applikationen mit verschiedenen Geräten immer und überall erreichbar und nutzbar sein, sieht man auch beim Systemhaus Teamix. Dabei spiele es keine Rolle, ob Daten auf internen Servern gespeichert oder in der Cloud abgelegt sind. Alte Infrastrukturen könnten dies nicht immer abdecken und müssten daher entsprechend angepasst werden, so das Unternehmen. Die Folge: Immer mehr Anwendungen und auch ganze Hardware-Systeme werden vom eigenen Inhouse-Arbeitsplatz in die IT-Infrastruktur und das Rechenzentrum ausgelagert. „CIO‘s sind aufgefordert sich nach Alternativen für eine flexible und effiziente Shared IT Infrastruktur umzuschauen", so Oliver Kügow, Geschäftsführer, teamix GmbH. Gerade in der Banken- und Finanzdienstleistungsbranche lässt sich dieser Trend beobachten. Eine Standardisierung und Automatisierung der IT-Infrastruktur bieten zum Beispiel Systeme wie der FlexPod. Die Lösung von NetApp und Cisco kombiniert nach Unternehmensangaben die Server-/Netzwerk-Komponenten von Cisco (UCS) mit den Storage-Systemen von NetApp und den Virtualisierungs-Plattformen von VMware (vSphere), Citrix (Xen) und Microsoft (Hyper-V). Sie bieten also eine einheitliche Plattform für Netzwerk, Computing und Storage. Das gemeinsame Konzept wurde entwickelt, um die Implementierung von Infrastrukturen für Business Workloads zu beschleunigen und die Risiken und Kosten bei der Bereitstellung geschäftskritischer Applikationen zu verringern. Außerdem verringern sich insgesamt die Implementierungsrisiken.

Anbieterverzeichnis 2014

BSI Business Systems Integration AG
Täfernstrasse 16a, 5405 Baden / Schweiz
Tel. +41 56 484 19 20, Fax. +41 56 484 19 30
email: info@bsiag.com
www.bsiag.com

Anwendungsgebiete
Business-to-Business (B2B), Business-to-Consumer (B2C),
Business-to-Business-to-Consumer (B2B2C)

Kategorie
Integrierte CRM-Lösung, Cross-Channel, Kontaktmanagement,
Contact Center, Service-Kundendienst, Vertriebsunterstützung,
Marketing-Kampagnen

Branchen
Für alle Branchen geeignet, u.a. für Versicherungen,
Krankenkassen, Post- und Logistikdienstleister, Verlagshäuser,
Automobil, Versandhändler oder Retail

Services
Contact Center, Help Desk, Kundendienst, Beschwerdemanagement, Mobile CRM, Cross-Channel-Prozesse

Besonderheiten
Geführte Prozesse, 360°-Kundensicht, Multichannel-Marketing-
Kampagnen, Bestandsabgrenzung und Partnersysteme, CRM-
Kasse für die Filiale

ITML GmbH
Stuttgarter Str. 8, 75179 Pforzheim
Tel. +49 7231/145 46 0, Fax. +49 7231/ 145 46 99
email: sales@itml.de
www.itml.de, crm.itml.de

Anwendungsgebiete
Business-to-Business (BtoB)

Kategorie
100% in SAP integrierte CRM-Lösung für Marketing,
Vertrieb, Service & Analytics

Branchen
Hightech & Elektro, Maschinen- & Anlagenbau,
Metallverarbeitung, Baumaterialien, Automotive,
Chemie & Pharma, Holz & Papier, Dienstleister & Handel

Services/Einsatzbereiche
Marketingplanung, Marketingdurchführung,
Sales Management, Service Management
(Werkstattreparatur, Vor-Ort-Kundendienst),
Mobile CRM

Besonderheiten
Das Beste aus zwei Welten: SAP & Microsoft,
End-to-End-Prozesse: vom Marketing bis zur Reparatur

cobra – computer's brainware GmbH
Weberinnenstraße 7, 78467 Konstanz
Tel. +49 7531 8101-0, Fax. +49 7531 8101-22
email: vertrieb@cobra.de
www.cobra.de

Anwendungsgebiete
Business-to-Business, Business-to-Consumer

Kategorie
Integrierte CRM-Lösung, Business Intelligence,
Analytisches CRM, Kunden- und Kontaktmanagement

Branchen
Branchenunabhängig skalierbar für Dienstleister, Konsumgüter,
Verwaltung, Speziallösungen für Wirtschaftsförderungen,
Pressearbeit, Personal- und Finanzdienstleister, Wirtschaftsprüfer

Services/Einsatzbereiche
Vertrieb, Service, Marketing, Mobiles CRM für Außendienst,
Ticket-System, Eventmanagement,
Vertriebssteuerung, Lead- und Kampagnenmanagement,
E-Mail-Marketing, Workflows

Besonderheiten
Schnittstellen zu ERP, DMS, E-Mailsystemen, flexible
Anpassung und kurze Einführungszeiten

Sage Software GmbH
Emil-von-Behring-Str. 8-14, 60439 Frankfurt am Main
Tel. +49 69 50007-0, Fax. +49 69 50007-1110
email: info@sage.de, www.sage.de

Anwendungsgebiete:
Business to Business (B2B), Business to Consumer (B2C)

Kategorie
Integrierte CRM-Lösung, Adress-, Kunden- und Kontakt-
mangement, Marketing- und Vertriebsunterstützung, Service-
und Ticketmanagement, übergreifende Analyse- und Workflow-
Funktionen, ERP-Integration

Branchen
Speziell für kleine und mittelständische Unternehmen
zugeschnittene, branchenübergreifende Lösung.

Services/Einsatzbereiche
Marketing, Telesales, Vertrieb, Außendienst, Callcenter,
Helpdesk, Mobiles CRM (online/offline), Social CRM,
Marketing- und vertriebsautomatisierung, Workflow

Besonderheiten
Schnell, flexibel und ohne Programmierkenntnisse anpassbar.
Einfache Integration in vorhandene IT-Systeme wie ERP,
Outlook, Word, Exchange, Webseiten, Datenbanken ...
Fertige Schnittstellen zu den Sage ERP Produkten enthalten.
Marktplatz für branchenspezifische Erweiterungen

Scopevisio AG
Rheinwerkallee 3, 53227 Bonn
Tel. +49 228 4334-3000, Fax. +49 228 4334-3200
email: info@scopevisio.com
www.scopevisio.com

Anwendungsgebiete
Business-to-Consumer (B2C)
Business-to-Business (B2B)

Kategorie
Kontaktmanagement, integrierte CRM-Lösung,
SaaS/Cloud-Computing

Branchen
branchenübergreifend, Schwerpunkt Dienstleistung

Services/Einsatzbereiche
Vertriebs, Marketing, Mobile CRM

Besonderheiten
Cloud-CRM, auch als Bestandteil einer integrierten ERP-,
CRM- und ECM-Suite nutzbar;
Cloud-Kundenakte (CRM + DMS) für eine 360-Grad-
Kundensicht

SuperOffice GmbH
Martin-Schmeißer-Weg 3b, 44227 Dortmund
Tel. 0231/7586-0, Fax. 0231-7586-111
email: info@superoffice.de
www.superoffice.de

Anwendungsgebiete
Business-to-Business

Kategorie
Kontaktmanagement, integrierte CRM-Lösung,
SaaS/ Cloud Computing, Kundenservice-Lösung,
Mobile CRM

Branchen
branchenübergreifend

Services/Einsatzbereiche
Vertriebs- und Marketingunterstützung
Mobile CRM
Help Desk

Besonderheiten
ERP-Schnittstellen, Reklamationsmanagement
Ticketsystem, Newsletterversand inkl. Tracking
Business-Analysen, Angebotsmanagement

SugarCRM Deutschland GmbH
Erika-Mann-Str. 53, 80636 München
Tel. +49 89 1 89 17 21 00, Fax. +49 89 1 89 17 21 50
email: sales-emea@sugarcrm.com
www.sugarcrm.com/de

Anwendungsgebiete
Business-to-Business (BtoB)
Business-to-Consumer (BtoC)

Kategorie
Kontaktmanagement, analytisches CRM,
Business Intelligence
integrierte CRM-Lösung, SaaS / Cloud Computing,

Branchen
Branchenübergreifend

Services
Mobile CRM, Social CRM, Callcenter, Help Desk,
Kundendienst, Vertrieb, Marketing, Projektmanagement,

Besonderheiten
On-Site Deployment oder On-Demand
individualisierbare Nutzererfahrung

update software AG
Opergasse 17-21, 1040 Wien
Tel. +43 (1) 878550, Fax. +43 (1) 87855-220
email: info@update.com
www.update.com

Anwendungsgebiete
Business-to-Business (BtoB)
Business-to-Consumer (BtoC)

Kategorie
Integrierte CRM-Lösung
CRM on demand
CRM on Premise
mobiles CRM
Social CRM

Branchen
Maschinen- und Anlagebau, Bau- und Bauzulieferer,
Konsumgüter, Life Sciences, Finanzdienstleistungen

Services
Sales, Marketing, Service, mobiles CRM, Social CRM,
Support Center, Callmanagement

Besonderheiten
Offlinefähigkeit der mobilen CRM-Lösung (CRM.pad)

 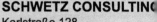

Printed by Printforce, the Netherlands